# HSK 4급 고수들의 합격전략

## 4주 단기완성

**"선생님, HSK는 어떻게 공부해야 하나요?"**

**"한자를 꼭 다 외워야 하나요?"**

다년간 HSK 강의 현장에서 학생들로부터 매번 접한 질문들입니다. 이것은 아마도 "어떻게 하면 HSK 급수를 취득할 수 있는가?"라는 질문으로 요약될 수 있을 것입니다. 다시 말해 학습자들이 선생님에게 그리고 강의에 기대하는 바가 바로 급수 취득의 비법이란 뜻입니다. 몸을 건강하게 단련시키는 것에도 상당한 노력과 시간이 필요하다는 것은 누구나 다 알지만, 우리가 헬스 트레이너에게 바라는 것은 짧은 시간 안에 효과적으로 건강한 몸을 만들 수 있도록 '도와 달라는 것'입니다. 이에 수년간 강의 현장에 있으면서 지식을 일방적으로 '전달'하는 앵무새 같은 역할이 아니라, 자료를 분석하고 연구하면서 한국인 학습자들이 가지고 있는 학습 장애물에 대한 극복 방법까지 연구하여 목표를 달성할 수 있도록 '최선의 방법을 제시'하고자 하였습니다.

한국에서 현재 HSK는 대학 입시와 학점 취득, 기업의 입사 및 승진 등에 중요한 자격증으로 활용되고 있습니다. HSK 급수 자체는 궁극적인 목표가 아니라 관문을 통과하는 수단으로서의 역할을 한다는 것입니다. 어떤 분들은 취미로 중국어를 배우기도 하고, 어떤 분들은 원어민 같이 중국어에 능통한 통역사가 되는 것이 목적일 수 있으며, 또 어떤 분들은 해외 주재원으로 중국어를 활용하고자 하는 목적을 가질 수 있습니다. 이에 학습자들이 각각의 목적을 향한 관문으로서 HSK 시험을 부담없이 준비할 수 있게 하는 데에 주안점을 두고 본 교재를 집필하게 되었습니다.

HSK는 낮은 급수라고 할지라도 중국어의 전체 어법을 다루며, 듣기 · 독해 · 쓰기 3영역에 걸쳐 중국어에 대한 이해력과 표현력을 검증하는 시험이기 때문에, 적절한 가이드 없이 무작정 시작했다가는 바다에 빠져 수영하는 것과 같은 부담감에 쉽게 지칠 수 있습니다. 따라서 신뢰할 수 있는 전문가의 학습 가이드를 따라 자신의 현재 수준에서 한 스텝 한 스텝 전진하는 것이 필요합니다. 본 교재에는 단기간 목표를 달성할 수 있도록 먼저 시험의 최신 기출 경향을 분석하였고, 이를 기반으로 4급 출제 유형을 98개로 분류하여 학습자들이 이 98개 합격 공략만 파악하면 급수 취득과 고득점을 모두 달성할 수 있도록 교재를 구성하였습니다. 세부적으로는 학습자들이 각 영역에서 반드시 학습해야 하는 기본 어법과 함께 반드시 암기해야 하는 빈출 어휘 등을 수록하여 보다 전략적으로 학습할 수 있게 하였습니다.

우리는 전문가급의 실력을 갖추고자 함이 아니라 4급이라는 푯대가 있는 단거리를 완주하고자 합니다. 이 레이스에 최적화되어 있는 본 교재를 통해 다 같이 즐겁게 목표를 달성하시길 두 손 모아 힘찬 응원의 메세지를 드립니다.

저자 **이선민, 김보름, 김은정, 정소연**

# ❶ HSK란?

HSK(汉语水平考试 Hànyǔ Shuǐpíng Kǎoshì)는 제1언어가 중국어가 아닌 사람의 중국어 능력을 평가하기 위해 만들어진 중국 정부 유일의 국제 중국어 능력 표준화 고시로 생활·학습·업무 등 실생활에서의 중국어 운용 능력을 중점적으로 평가하며 현재 세계 112개 국가, 860개 지역에서 시행되고 있습니다.

# ❷ 시험 진행 방식

| 지필 시험(Paper-Based Test) | 기존 방식의 시험지와 OMR답안지로 진행하는 시험 |
| --- | --- |
| IBT 시험(Computer-Based Test) | 컴퓨터로 진행하는 시험 |

# ❸ HSK의 용도 및 등급별 수준

HSK는 국내외 대학(원) 및 특목고 입학·졸업 시 평가 기준, 중국 정부 장학생 선발 시 평가 기준, 각급 업체 및 기관의 채용·승진 시 평가 기준이 되는 시험입니다. HSK는 1급~6급으로 구성된 시험이며, 등급별 수준은 하단의 표와 같습니다.

| 급수 | 어휘량 | 수준 |
| --- | --- | --- |
| HSK 6급 | 5,000 단어 | 중국어 정보를 듣거나 읽는데 있어 쉽게 이해할 수 있고, 중국어로 구두상이나 서면상으로 자신의 견해를 유창하고 적절하게 전달 가능 |
| HSK 5급 | 2,500 단어 | 중국어 신문과 잡지를 읽을 수 있고 중국어 영화나 TV프로그램을 감상할 수 있으며, 중국어로 비교적 완전한 연설 가능 |
| HSK 4급 | 1,200 단어 | 여러 분야의 화제에 대해 중국어로 토론을 할 수 있으며, 비교적 유창하게 중국인과 대화 및 교류가 가능 |
| HSK 3급 | 600 단어 | 중국어로 일상생활, 학습, 업무 등 각 분야의 상황에서 기본적인 회화가 가능하고, 중국여행 시 대부분의 상황에서 중국어로 대응 가능 |
| HSK 2급 | 300 단어 | 중국어로 간단하게 일상생활에서 일어나는 화제에 대해 이야기를 하는 것이 가능 |
| HSK 1급 | 150 단어 | 간단한 중국어 단어와 문장을 이해하고 사용할 수 있으며, 기초적인 일상회화를 구사하는 것이 가능 |

## ❹ 시험 접수 방법 & 준비물

| 인터넷 접수 | HSK한국사무국 홈페이지(http://www.hsk.or.kr)를 통해 접수 |
|---|---|
| 우편 접수 | 구비 서류를 준비하여 HSK한국사무국에 등기우편으로 발송<br>• 구비 서류 : 응시원서(홈페이지 다운로드), 사진 2장(1장은 응시원서에 부착), 응시비입금영수증 |
| 방문 접수 | 서울공자아카데미에 방문하여 접수<br>• 구비 서류 : 응시원서(홈페이지 다운로드), 사진 3장, 응시료 |

▶ 시험 당일 준비물

• 수험표 : 인터넷/우편접수 시 홈페이지에서 출력, 방문 접수 시 접수처에서 배부

• 유효신분증 & 필기구 : '주민등록증, 운전면허증, 기간 만료 전의 여권, 주민등록증발급신청확인서, 청소년증, 청소년증발급신청확인서' 등의 신분증 & '2B연필 및 지우개' 등의 필기구

## ❺ HSK 4급 시험의 구성

| 시험 내용 | | 문항수 | | 시험 시간 | 점수 |
|---|---|---|---|---|---|
| 듣기 | 제1부분 | 10 | 45문항 | 약 30분 | 100점 |
| | 제2부분 | 15 | | | |
| | 제3부분 | 20 | | | |
| 듣기 영역에 대한 답안 작성시간 | | | | 5분 | |
| 독해 | 제1부분 | 10 | 40문항 | 40분 | 100점 |
| | 제2부분 | 10 | | | |
| | 제3부분 | 20 | | | |
| 쓰기 | 제1부분 | 10 | 15문항 | 25분 | 100점 |
| | 제2부분 | 5 | | | |
| 합계 | | 100문항 | | 약100분 | 300점 |

## ❻ 합격 점수 및 성적 조회

• 각 영역별 만점은 100점으로 총점 180점 이상이면 합격

• 성적 조회는 시험일로부터 1개월 후, 중국고시센터 홈페이지(http://www.chinesetest.cn)에서 조회 가능 [수험표 상의 수험번호(准考证号) 총 18자리, 성명(수험표와 동일한 영문 또는 한자 성명), 홈페이지 상의 인증번호(验证号)를 입력하면 조회 가능]

• 성적표는 시험일로부터 45일 후 접수 시 선택한 방법(우편 또는 방문)으로 수령

• HSK 성적은 시험일로부터 2년간 유효

〈4급 성적표 예시〉

HSK 4급은 '듣기, 독해, 쓰기'의 세 가지 영역으로 구성되어 있으며, 각 영역별 문제 유형은 다음과 같습니다.

| | | |
|---|---|---|
| 듣기 | 제1부분 | 일치 · 불일치 판단하기 |
| | 제2부분 | 대화를 듣고 질문에 답하기 |
| | 제3부분 | 단문을 듣고 질문에 답하기 |
| 독해 | 제1부분 | 빈칸에 알맞은 어휘 넣기 |
| | 제2부분 | 문장의 순서 배열하기 |
| | 제3부분 | 단문을 읽고 알맞은 정답 고르기 |
| 쓰기 | 제1부분 | 제시된 단어를 조합하여 문장 완성하기 |
| | 제2부분 | 제시어와 사진을 보고 작문하기 |

## 듣기

### 듣기 제1부분 : 일치 · 불일치 판단하기 (총 10문항 / 1번~10번)

서술형으로 된 한두 문장의 짧은 지문을 듣고 제시된 문장이 일치하는지를 판단하는 유형으로 일치하면 ✓ 표시, 일치하지 않으면 ✗를 표시합니다.

> **듣기 제1부분 문제 예시**
>
> **[문제]**
>
> 1. ★ 那本小说很受欢迎。　　　　　　　　　( ✓ )
>
> **[녹음 지문]**
>
> 那位作家的小说在国内很受欢迎，内容丰富，语言幽默。现在已经被翻译成了很多语言。

## 듣기 제2,3부분 대화형 : 대화를 듣고 질문에 답하기 (총 25문항 / 11번~35번)

남녀의 짧은 대화를 듣고 마지막에 제시되는 질문에 알맞은 정답을 보기에서 고르는 형식으로 제2부분에서는 남녀가
한 번씩 주고받는 대화이며, 제3부분에서는 두 번씩 주고받는 대화문이 출제됩니다.

### 듣기 제2부분 문제 예시

**[문제]**

11. A 学校　　　　B 咖啡厅　　　　C 动物园　　　　D 烤鸭店

**[녹음 지문 & 질문]**

男：周末就是儿童节了，你有什么计划？

女：上午女儿要去学校表演节目。下午我带她去动物园吧。

问：女的打算下午去哪儿？

## 듣기 제3부분 단문형 : 단문을 듣고 질문에 답하기 (총 10문항 / 36번~45번)

짧은 글을 듣고 질문에 알맞은 답을 고르는 형식으로 하나의 지문을 듣고 2개의 문제를 풉니다.

### 듣기 제3부분 문제 예시

**[문제]**

36. A 能力差
　　B 经验少
　　C 害怕失败
　　D 不熟悉环境

37. A 多加班
　　B 多跟同事交流
　　C 写报告
　　D 多吃水果

**[녹음 지문 & 질문]**

　　许多刚开始工作的人，往往会因为不熟悉新的工作环境，而感到紧张。如果出现这种情
况，你千万不要失望。为了走出这段困难期，你应该和同事多交流，耐心地向他们学习。这
样才能更快地适应新环境。

36. 刚开始工作的人，为什么会感到紧张？

37. 根据这段话，怎样才能更快地适应新环境？

# 독해

## 독해 제1부분 : 빈칸에 알맞은 어휘 넣기 (총 10문항 / 46번~55번)

제시된 보기에서 적합한 어휘를 골라 문장의 빈칸을 채우는 문제입니다.

### 독해 제1부분 문제 예시

**[보기]**

A 意见      B 首先      C 重      D 坚持      E 窄      F 出差

**[문제]**

46. 谢谢，不用了，这个箱子一点儿都不（        ）。

## 독해 제2부분 : 문장의 순서 배열하기 (총 10문항 / 56번~65번)

문장으로 제시된 보기 A, B, C를 바른 어순에 따라 배열하는 문제입니다.

### 독해 제2부분 문제 예시

56. A 希望大家在工作中多多支持她

    B 既然大家都觉得小明合适

    C 这次博览会就由她来负责 _____

## 독해 제3부분 : 단문을 읽고 알맞은 정답 고르기 (총 20문항 / 66번~85번)

짧은 지문을 읽고 주어진 문제에 알맞은 정답을 고르는 문제입니다.

### 독해 제3부분 문제 예시

66. 我们总是说要保护环境，保护环境不能只是一句空话，我们每个人都要从身边的小事做起，要节约用电、水，多乘坐公共交通工具，少使用空调，养成节约的好习惯。

★ 为了保护环境，我们要：A 用塑料袋    B 不浪费水    C 不要抽烟    D 经常开空调

## 쓰기

### 쓰기 제1부분 : 제시된 단어를 조합하여 문장 완성하기 (총 10문항 / 86번~95번)

제시된 4~5개의 어휘를 중국어의 어순에 맞게 배열하는 문제입니다.

> **쓰기 제1부분 문제 예시**
>
> 86. 葡萄树　　　我家的　　　院子　　　有一棵　　　里

### 쓰기 제2부분 : 제시어와 사진을 보고 작문하기 (총 5문항 / 96번~100번)

제시된 어휘를 사용하여 제시된 사진을 보고 관련있는 문장을 작문하는 문제입니다.

> **쓰기 제2부분 문제 예시**
>
>
>
> 96.　　　　　　　　　　　　　　　　　　擦
>
> _____

# HSK 4급  합격 노하우

## HSK 4급 준비반(20명)

> "저는 체계적으로 문법을 배운 적이 없고 간단한 회화 위주로 공부했는데 이번에 처음으로 HSK 시험을 보려고 해요. 그래서 어떻게 공부해야 할지 막막해요ㅠㅠ."

> "4급에 한자를 쓰는 문제가 나온다는데 그럼 한자를 꼭 다 쓸 줄 알아야 하나요?ㅠㅠ 저희는 중고등학교 때 한자 수업이 없어서 한자 쓰는 게 너무 어렵거든요."

> "저같은 경우엔 인사 고과에 필요해서 HSK 급수를 따려고 하는데 기초부터 다시 공부하기에는 시간이 너무 부족합니다. 좀 빠른 시간 안에 급수를 취득할 수 있는 방법이 없을까요?"

❓ 체계적으로 중국어 문법을 배워 본 적이 없는 분들
❓ 한자 쓰는 게 익숙하지 않아서 쓰기 영역이 부담되시는 분들
❓ 시험 준비할 시간이 너무 부족한 직장인 분들

**"** 저희 학생 분들은 모두 이러한 고민을 하고 계셨습니다.
이러한 고민을 가진 학습자들과 수년간 수업을 하면서 파헤친 HSK 합격 노하우를
이제 공개합니다!!! **"**

HSK 시험을 처음으로 혼자서 준비하는 분들 중에는 전체 문법을 다루는 두꺼운 문법책을 고르거나 예전에 수업하면서 배웠던 필기가 빼곡한 회화책을 공부하려는 분들이 계십니다. 여기서 주의할 점은 "HSK 학습과 문법 학습과 회화 학습은 각각 그 목적과 학습 방법이 다르다"라는 것입니다. HSK 시험 내용에 문법과 회화가 모두 포함되긴 하지만, 그렇다고 해서 이 모든 것을 통달해야 볼 수 있는 시험은 아닙니다.

**우선,** 처음부터 모든 것을 다 알아야 한다는 부담을 내려놓고, HSK 시험이 어떤 형식으로 출제되는지 파악하도록 합니다. 각 부분마다 평가하는 언어 능력(듣기, 독해, 쓰기)이 다른데 문제 유형에 익숙해질수록 스스로 문제를 푸는 방식을 터득할 수 있고 시간을 단축할 수 있습니다. 지피지기면 백전백승이다! 문제를 알아야 풀지요.^^

**그 다음,** 이제 중국어 문법의 핵심(강조!)인 문장 성분을 파악하여, 기본 문장의 어순에 대한 감각을 기릅니다. 이 말은 복잡한 문법 지식을 다 갖추라는 말이 아니라, '주어+술어+목적어'를 판단하는 능력을 갖추라는 뜻입니다. 이 기본 뼈대를 세우면 조금씩 근육과 살(보어, 부사어, 관형어 등등)을 붙여 나갈 수 있습니다. 뼈대 없이 근육과 살을 먼저 붙이는 것은 있을 수 없는 일이죠!!

**그리고 나서,** 전문가의 가이드를 적극 활용합니다. 산 정상에 오르는 데에도 등산로가 있듯이 급수를 취득하는 데에도 가이드가 필요합니다. (헤매지 마세요!) HSK 전문강사의 강의 노하우가 담긴 출제 빈도가 높은 문제 유형과 꼭 알아야 하는 핵심 이론을 집중적으로 공략합니다. HSK는 다루는 주제와 문법 범위가 넓고 또 제한된 시간 안에 풀어야 하기 때문에 전략적인 접근과 훈련이 없으면 급수 취득은 물론 시작부터 쉽게 지치게 됩니다.

**마지막으로,** HSK 4급은 초급에서 중급으로 난이도가 상승하는 급수이기 때문에 어휘량을 대폭 늘려야 합니다. 4급과 3급은 출제되는 문법은 비슷하지만 어휘의 양이 2배 정도 차이가 납니다. 따라서 국가한반에서 제공한 4급 필수 어휘를 꼭 암기해야 합니다.

4급을 취득하기 위해서는 중국어의 기본 문장 구조를 충실히 학습하되 어휘량을 대폭 늘려야 합격과 고득점이란 두 마리 토끼를 모두 잡을 수 있습니다. 또한 장기간 준비하기보다는 전략적으로 단기간 집중해서 준비하는 것이 급수 취득에 더 유리합니다. 덧붙여 한자 쓰기가 부담스러우신 분들은 IBT 시험(컴퓨터로 진행하는 시험)에 응시하실 수 있습니다. 학습자 여러분의 친절한 학습 가이드가 되어 줄 본 교재의 합격 공략법 98개를 공략1부터 차근차근 꾸준히 학습해 봅시다. 학습 플랜을 따라 학습하다 보면 4주 후에는 시험에 대한 자신감과 실력이 모두 향상된 자신을 발견하게 될 것입니다.

**여러분 모두의 합격을 기원합니다.**

「HSK 4급 고수들의 합격전략」은 HSK 전문 강사들이 다년간에 걸쳐 축적한 HSK 4급 합격 공략법 98개를 단기간에 효과적으로 학습할 수 있도록 구성한 교재입니다. 또한 합격 공략법을 '영역별 유형 분석 및 풀이 전략 파악 → 유형별 기본기 다지기 → 유형별 합격 공략 비법을 익히며 실전 문제 풀어보기 → 유형별 실전 테스트 풀기 → 영역별 미니모의고사 풀기 → 실전모의고사로 마무리'의 효과적인 흐름을 따라가며 마스터할 수 있도록 했습니다. 따라서 합격에 필요한 기본기를 다지는 것부터 시작해 실전모의고사까지 풀어볼 수 있어 교재 한 권만으로도 '기본 개념 탑재 + 실전 대비'가 가능합니다. 아래의 도표를 보면 각 영역별 합격 공략 비법을 한눈에 파악할 수 있습니다.

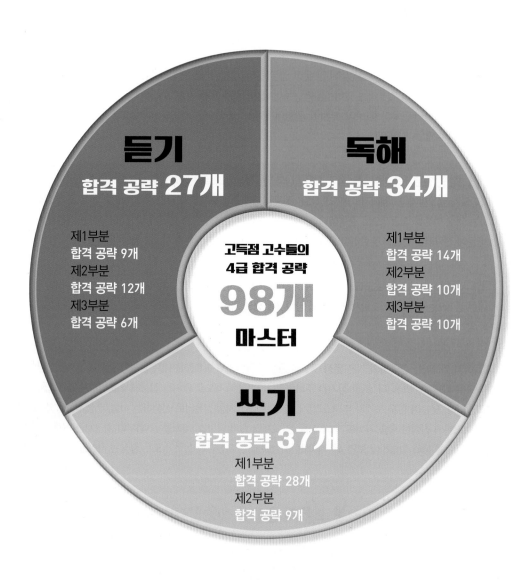

**듣기**
합격 공략 **27개**

제1부분
합격 공략 9개
제2부분
합격 공략 12개
제3부분
합격 공략 6개

**독해**
합격 공략 **34개**

제1부분
합격 공략 14개
제2부분
합격 공략 10개
제3부분
합격 공략 10개

고득점 고수들의
4급 합격 공략
**98개**
**마스터**

**쓰기**
합격 공략 **37개**

제1부분
합격 공략 28개
제2부분
합격 공략 9개

# 1 영역별 유형 분석 & 풀이 전략 파악

듣기·독해·쓰기 영역별 세부 출제 유형 및 각 유형별 출제 확률을 분석한 후, HSK 전문 강사의 노하우가 담겨 있는 '문제 접근법+정답률을 높이는 방법'을 학습한 다음, 체계적인 풀이 STEP에 따른 '문제 풀이 전략'까지 학습하도록 구성하여 문제 풀이 시간을 단축하고 정답을 정확히 고를 수 있도록 하였습니다.

# 2 HSK 4급 합격 공략법 98개 마스터

듣기·독해·쓰기 전 영역에서 가장 많이 출제되는 문제를 98개로 분류한 뒤 이에 맞는 합격 공략법 98개를 '① 공략법 및 주요 문법·어휘 학습 → ② 공략법에 따라 실전문제 직접 풀어보기'의 체계적 흐름에 따라 마스터할 수 있도록 하였으며, 이와 함께 220점 이상의 고득점까지 얻을 수 있는 고득점 공략도 수록하였습니다.

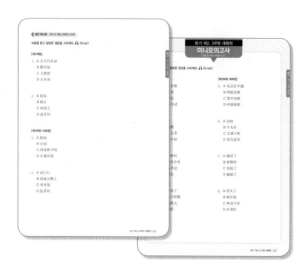

# 3 유형별 실전테스트 & 영역별 미니모의고사

각 문제 유형별 합격 공략 비법을 학습한 후엔 실제 문제 형식을 그대로 옮겨 놓은 '실전테스트'를 풀어 봄으로써 배운 내용을 확인하고 점검할 수 있도록 하였습니다. 또한 듣기 제1부분, 듣기 제2부분 등 각 영역을 학습한 뒤에 '영역별 미니모의고사'를 풀어보며 전체적인 실전 감각까지 기를 수 있도록 하였습니다.

# 4 최종 실전모의고사 2회분 수록

교재의 내용을 모두 학습하고 나서 실제 시험과 동일한 방식의 '실전모의고사'를 풀어봄으로써 자신의 실력을 스스로 테스트하고 실전 감각까지 키울 수 있도록 하였습니다. 또한 시험용 OMR 답안지를 수록하여 직접 정답을 기재하며 문제를 풀어봄으로써 시간을 조절하며 실전에 대비할 수 있도록 하였습니다.

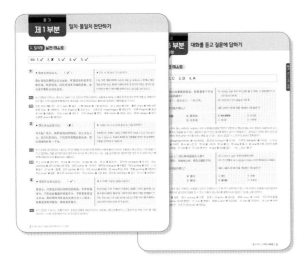

# 5 분권으로 쉽게 보는 해설편 제공

교재의 실전테스트 및 미니모의고사, 실전모의고사 2회분의 해설 · 해석 · 어휘를 수록한 해설편을 학습자들의 편의를 위해 분권으로 분리하여 제공하며, 옆에서 직접 강의하는 듯한 저자의 상세한 해설 및 본 교재에 다 담지 못한 시험 대비 주요 팁 등을 수록해 학습자들의 궁금증을 말끔히 해소할 수 있도록 하였습니다.

# 6 어휘력 향상을 위한 4급 단어장 제공

HSK 3급의 필수 어휘는 600개이지만 4급 필수 어휘는 1200개로 어휘량이 2배 가까이 증가합니다. 따라서 4급을 준비하면서는 기본 문장 구조에 대한 이해력과 더불어 어휘량을 대폭 늘려야 급수 취득과 고득점이란 두 마리 토끼를 모두 잡을 수 있습니다. 이에 1~3급 어휘를 포함한 4급 필수 어휘 1200개를 언제 어디서나 들고 다니며 암기할 수 있도록 휴대용 4급 단어장을 제공합니다.

# 목차

## 쓰기

## 실전모의고사

# 4주 완성 학습 플랜

## ▶ 학습 플랜 활용법

❶ 하단의 학습 플랜은 4급 합격 공략법 98개를 4주에 걸쳐 학습하도록 설계된 것입니다.

❷ 학습 플래너에서 각 날짜별로 배정된 학습 내용을 그날그날 학습하도록 합니다.

❸ 그날그날 학습을 완료하면 '학습 완료'에 체크(✔) 표시를 합니다.

❹ 본 학습 플래너는 자신의 학습 속도 및 학습 분량에 맞게 조절해서 사용 가능합니다.

　(ex) 이틀치를 하루에 학습할 경우 '2주 완성 학습 플랜'으로 활용 가능

❺ 실전모의고사를 풀 때는 OMR 카드에 답안을 기입하며 실전처럼 풀도록 합니다.

| | | | |
|---|---|---|---|
| • 학습 시작 날짜: _____월 _____일 | | • 학습 종료 날짜: _____월 _____일 | |
| • 하루 평균 학습 시간: _____시간 | | • 시험 예정일: _____월 _____일 | |

| | DAY 01 _____월 _____일 | DAY 02 _____월 _____일 | DAY 03 _____월 _____일 |
|---|---|---|---|
| **1 주차** | [듣기 제1부분]<br>합격 공략 01~03<br>+ 실전테스트 | [듣기 제1부분]<br>합격 공략 04~06<br>+ 실전테스트 | [듣기 제1부분]<br>합격 공략 07~09<br>+ 실전테스트<br>+ 미니모의고사 |
| | 학습 완료 (　) | 학습 완료 (　) | 학습 완료 (　) |
| | DAY 04 _____월 _____일 | DAY 05 _____월 _____일 | DAY 06 _____월 _____일 | DAY 07 _____월 _____일 |

| DAY 04 _____월 _____일 | DAY 05 _____월 _____일 | DAY 06 _____월 _____일 | DAY 07 _____월 _____일 |
|---|---|---|---|
| [듣기 제2,3부분 대화형]<br>합격 공략 10~12<br>+ 실전테스트 | [듣기 제2,3부분 대화형]<br>합격 공략 13~15<br>+ 실전테스트 | [듣기 제2,3부분 대화형]<br>합격 공략 16~18<br>+ 실전테스트 | [듣기 제2,3부분 대화형]<br>합격 공략 19~21<br>+ 실전테스트<br>+ 미니모의고사 |
| 학습 완료 (　) | 학습 완료 (　) | 학습 완료 (　) | 학습 완료 (　) |

| | DAY 08 _____월 _____일 | DAY 09 _____월 _____일 | DAY 10 _____월 _____일 |
|---|---|---|---|
| **2 주차** | [듣기 제3부분 단문형]<br>합격 공략 22~24<br>+ 실전테스트 | [듣기 제3부분 단문형]<br>합격 공략 25~27<br>+ 실전테스트<br>+ 미니모의고사 | [독해 제1부분]<br>합격 공략 28~30<br>+ 실전테스트 |
| | 학습 완료 (　) | 학습 완료 (　) | 학습 완료 (　) |

| DAY 11 | DAY 12 | DAY 13 | DAY 14 |
|---|---|---|---|
| _____월 _____일 | _____월 _____일 | _____월 _____일 | _____월 _____일 |
| [독해 제1부분]<br>합격 공략 31~37<br>+ 실전테스트 | [독해 제1부분]<br>합격 공략 38~41<br>+ 실전테스트<br>+ 미니모의고사 | [독해 제2부분]<br>합격 공략 42~44<br>+ 실전테스트 | [독해 제2부분]<br>합격 공략 45~48<br>+ 실전테스트 |
| 학습 완료 (    ) | 학습 완료 (    ) | 학습 완료 (    ) | 학습 완료 (    ) |

| | DAY 15 | DAY 16 | DAY 17 |
|---|---|---|---|
| | _____월 _____일 | _____월 _____일 | _____월 _____일 |
| **3<br>주차** | [독해 제2부분]<br>합격 공략 49~51<br>+ 실전테스트<br>+ 미니모의고사 | [독해 제3부분]<br>합격 공략 52~54<br>+ 실전테스트 | [독해 제3부분]<br>합격 공략 55~57<br>+ 실전테스트 |
| | 학습 완료 (    ) | 학습 완료 (    ) | 학습 완료 (    ) |

| DAY 18 | DAY 19 | DAY 20 | DAY 21 |
|---|---|---|---|
| _____월 _____일 | _____월 _____일 | _____월 _____일 | _____월 _____일 |
| [독해 제3부분]<br>합격 공략 58~61<br>+ 실전테스트<br>+ 미니모의고사 | [쓰기 제1부분]<br>합격 공략 62~67<br>+ 실전테스트 | [쓰기 제1부분]<br>합격 공략 68~74<br>+ 실전테스트 | [쓰기 제1부분]<br>합격 공략 75~80<br>+ 실전테스트 |
| 학습 완료 (    ) | 학습 완료 (    ) | 학습 완료 (    ) | 학습 완료 (    ) |

| | DAY 22 | DAY 23 | DAY 24 |
|---|---|---|---|
| | _____월 _____일 | _____월 _____일 | _____월 _____일 |
| **4<br>주차** | [쓰기 제1부분]<br>합격 공략 81~86<br>+ 실전테스트 | [쓰기 제1부분]<br>합격 공략 87~89<br>+ 실전테스트<br>+ 미니모의고사 | [쓰기 제2부분]<br>합격 공략 90~92<br>+ 실전테스트 |
| | 학습 완료 (    ) | 학습 완료 (    ) | 학습 완료 (    ) |

| DAY 25 | DAY 26 | DAY 27 | DAY 28 |
|---|---|---|---|
| _____월 _____일 | _____월 _____일 | _____월 _____일 | _____월 _____일 |
| [쓰기 제2부분]<br>합격 공략 93~95<br>+ 실전테스트 | [쓰기 제2부분]<br>합격 공략 96~98<br>+ 실전테스트<br>+ 미니모의고사 | 실전모의고사 1 | 실전모의고사 2 |
| 학습 완료 (    ) | 학습 완료 (    ) | 학습 완료 (    ) | 학습 완료 (    ) |

듣기
제1부분

听力

# 일치·불일치 판단하기

**Warm Up!**
유형 분석 & 풀이 전략

**1. 일치/유사형**
같은 단어와 유사 표현에 주의하기

**2. 혼동형**
헷갈리는 정보에 주의하기

**3. 파악형**
전체적인 의미 파악하기

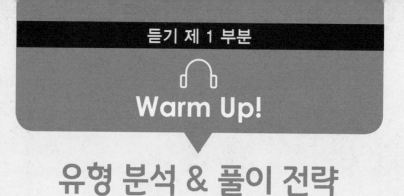

# 유형 분석 & 풀이 전략

## 유형 분석 | 시험엔 이렇게 나온다!

### 출제 방식

HSK 4급 듣기 제1부분은 서술형으로 된 한두 문장의 짧은 지문을 듣고 제시된 문장이 일치하는지를 판단하는 유형이다. 일치하면 ✓표시, 일치하지 않으면 ✗를 표시한다. 1번부터 10번까지 총 10문항이 출제된다.

### 출제 경향 & 유형별 출제 비율

듣기 제1부분은 녹음 지문이 길지 않기 때문에 제시된 문장을 미리 파악해 두면 어렵지 않게 문제를 풀 수 있다. 문제를 푸는 방식에 따라 들리는 그대로가 정답이거나 동의어를 이용한 일치/유사형 문제, 일부 내용이 같아 혼동을 유발하는 혼동형 문제, 그리고 전체 문장을 이해해야 풀 수 있는 파악형 문제 등이 출제된다. 예전에는 일치/유사형 문제의 비율이 높았지만 최근에는 전체를 듣고 의미를 파악해야 풀 수 있는 파악형 문제의 비중이 늘고 있는 추세이다. 따라서 평소에 유사 표현과 문장 전체의 의미를 파악하는 연습을 하는 것이 좋다.

# 풀이 전략 | 문제 풀이 Step & 풀이 전략 적용해 보기

## Step 1

**보기 분석하기**

제시된 문장을 분석하여 무엇에 대한 내용인지 키워드를 찾아 내용을 예상한다. 특히 시간, 장소, 긍정/부정 등 구체적인 정보를 나타내는 어휘를 기억한다.

## Step 2

**들은 내용 표시하고 정답 고르기**

녹음을 들을 때 보기의 키워드를 위주로 집중해서 들으면서 녹음과 일치하는지 또는 일치하지 않는지를 파악한다.

### 풀이 전략 ) 적용해 보기 🎧 01.mp3

★ 那本小说很受欢迎。 ( )

### STEP 1 보기 분석하기

★ 那本小说 | 很受欢迎。   그 소설은 매우 환영을 받는다.
  주어 부분          술어 부분

보기를 주어 부분과 술어 부분으로 나누고 핵심 키워드를 확인한다. 핵심 키워드는 小说(소설)와 受欢迎(환영을 받다)이다. 소설의 인기에 대한 글임을 예상할 수 있다.

### STEP 2 들은 내용 표시하고 정답 고르기

那位作家的小说在国内很受欢迎，内容丰富，语言幽默。现在已经被翻译成了很多语言。

그 작가의 소설은 국내에서 매우 환영을 받았다. 내용이 풍부하고, 문체가 유머러스하다. 현재 이미 많은 언어로 번역되었다.

녹음에서 보기의 핵심 키워드가 그대로 언급되면서 那位作家的小说在国内很受欢迎(그 작가의 소설은 국내에서 매우 환영을 받았다)이라고 하였으므로 보기와 일치하는 내용임을 알 수 있다. 다른 추가적인 내용이 없으므로 일치(✓) 표시를 한다.

**정답** 일치 (✓)

**어휘** 作家 zuòjiā 몡 작가   小说 xiǎoshuō 몡 소설   国内 guónèi 몡 국내   受 shòu 통 받다   欢迎 huānyíng 몡 환영   内容 nèiróng 몡 내용   丰富 fēngfù 혱 풍부하다   语言 yǔyán 몡 언어   幽默 yōumò 혱 유머러스하다   被 bèi 개 ~에게 ~당하다   翻译 fānyì 통 번역하다

# 01 일치/유사형
### 같은 단어와 유사 표현에 주의하기

## 기본기 다지기  기본 개념 잡기 & 공략 미리보기

보기 문장의 핵심 키워드가 녹음에서 그대로 들렸다면 일치하는 정답일 가능성이 높다. 녹음을 듣기 전 보기를 주어 부분과 술어 부분으로 나누어 분석한 뒤 배경 지식을 연상하면서 녹음을 듣고, 일치하는 부분에 바로 표시를 해 둔다.

## l 기본 개념 잡기 l 일치/유사형 문제

### 1. 100% 일치하는 경우

> (녹음)  通过音乐，人们可以交流感情。 음악을 통해 사람들은 감정을 교류할 수 있다.
>
> (보기)  人们可以通过音乐 交流感情。 사람들은 음악을 통해 감정을 교류할 수 있다.

녹음의 通过音乐(음악을 통해)와 交流感情(감정을 교류하다)이 보기에 그대로 등장했다.

### 2. 동의어를 사용한 경우

> (녹음)  我母亲是一位医生。 우리 어머니는 의사이다.
>
> (보기)  我妈妈是大夫。 우리 엄마는 의사이다.

녹음의 母亲(어머니)과 医生(의사)이 보기에 각각 동의어 妈妈(엄마)와 大夫(의사)로 표현되었다.

### 3. 유사한 표현이 사용된 경우

> (녹음)  大家都不太熟悉。 모두들 잘 모른다.
>
> (보기)  他们认识不久。 그들은 안지 얼마 안 되었다.

녹음의 不太熟悉(잘 모르다)가 보기에 认识不久(안지 얼마 안 되다)로 사용되어, 동의어는 아니지만 의미상 비슷한 어휘임을 알 수 있다.

## | 공략 미리보기 |

| 합격 공략 01 | 100% 똑같은지 파악하라! |
| 합격 공략 02 | 유사한 표현에 주의하라! |
| 합격 공략 03 | [220점 이상 고득점] 상식 문제는 상식으로 풀라! |

### 합격 공략 01  100% 똑같은지 파악하라!

**보기의 내용을 그대로 들려주는 경우**

녹음의 내용과 보기의 어휘가 100% 일치하는 경우 일치/불일치를 쉽게 판단할 수 있다. 다만 녹음 후반부에 혼동을 유발하는 내용이 나올 수 있지만 그렇지 않다면 고민하지 말고 정답을 고르면 된다. 이 밖에 녹음과 보기의 단어 순서를 바꾸어 들려주는 경우가 있으므로 들린 내용은 바로 메모하도록 한다.

### 실전문제  🎧 02.mp3

★ 他们明天要加班。　　　　　　　　　　　　　( 　 )

---

#### STEP 1　보기 분석하기

★ 他们 | 明天要加班。　그들은 내일 야근해야 한다.

보기를 주어와 술어로 나누고 핵심 키워드를 확인한다. 핵심 키워드는 他们(그들), 明天(내일), 加班(야근하다)이다. 특별히 시간을 나타내는 표현에 주의해서 듣는다.

#### STEP 2　들은 내용 표시하고 정답 고르기

小明，你通知大家明天要加班，顺便把这份资料复印之后发给大家。

> 샤오밍, 모두에게 내일 야근해야 한다고 알리고, 이 자료들을 복사해서 모두에게 나눠 줘.

녹음에 보기의 키워드 明天要加班(내일 야근해야 한다)이 그대로 언급되었고, 녹음의 大家(모두들)는 보기의 他们(그들)이 가리키는 대상이므로 일치하는 내용이다.

**정답** 　일치( ✓ )

**어휘** 　通知 tōngzhī 통 통지하다, 알리다　加班 jiābān 통 야근하다　顺便 shùnbiàn 부 ~하는 김에　把 bǎ 개 ~을/를　资料 zīliào 명 자료　复印 fùyìn 통 복사하다　之后 zhīhòu 명 ~다음　发 fā 통 보내다

## 합격 공략 02 유사한 표현에 주의하라!

### 동의어나 유사한 표현으로 들려주는 경우

보기의 내용과 녹음 내용이 일치하지만 같은 어휘를 사용하지 않고 유사 표현을 사용한 경우가 있다. 비록 난이도가 높지 않은 어휘일지라도 동의어를 알지 못하면 문제를 풀 수 없으므로 평소 4급에서 자주 등장하는 동의어를 암기해 두자.

### 〈시험에 자주 출제되는 동의어〉

| | |
|---|---|
| □ 不同 = 不一样 같지 않다 | □ 妈妈/爸爸 = 母亲/父亲 어머니/아버지 |
| □ 有意思 = 有趣 재미있다 | □ 爸爸妈妈 = 父母 부모 |
| □ 马马虎虎 = 丢三落四. 粗心大意. 马大哈<br>세심하지 못하다 | □ 汉语 = 中文 중국어 |
| □ 恐怕 = 可能 아마도 | □ 开心 = 高兴 즐겁다 |
| □ 便宜 = 价格低 가격이 싸다 | □ 害怕 = 怕 무섭다 |
| □ 贵 = 价格高 가격이 비싸다 | □ 不停地 = 一个劲儿 쉬지 않고 (끊임없이) |
| □ 不热闹 = 安静 조용하다 | □ 结婚 = 喝喜酒. 吃喜糖 결혼하다 |
| | □ 开夜车 = 熬夜 밤을 새우다 |

## 실전문제 🎧 03.mp3

★ 平时他在外面吃饭。 ( )

### STEP 1 보기 분석하기

★ 平时他 │ 在外面吃饭。 평소에 그는 밖에서 밥을 먹는다.

보기를 주어와 술어로 나누고 핵심 키워드를 확인한다. 핵심 키워드는 平时(평소)과 在外面吃饭(밖에서 밥을 먹다)이다. 시점을 나타내는 平时의 동의어로는 一般(일반적으로), 常(자주), 常常(항상), 经常(항상), 总是(언제나) 등이 있다.

### STEP 2 들은 내용 표시하고 정답 고르기

我一般都是在外面吃饭。不过我不太忙的时候, 也会去我家对面的超市买些东西, 回来自己做。 那个超市很近, 走路十分钟就到。

> 나는 보통 밖에서 밥을 먹는다. 그러나 나는 별로 바쁘지 않을 때, 우리 집 맞은편 마트에서 먹을 것을 사 와서 직접 만들기도 한다. 그 마트는 아주 가까워서 걸어서 10분이면 도착한다.

보기의 키워드가 녹음에 在外面吃饭(밖에서 밥을 먹다)으로 그대로 언급되었고 平时(평소에)가 녹음에서는 동의어인 一般(일반적으로)으로 제시되었으므로 일치하는 내용임을 알 수 있다.

**정답** 일치 (✓)

**어휘** 一般 yìbān 웹 일반적이다   不过 búguò 젭 하지만   对面 duìmiàn 명 맞은편, 건너편   超市 chāoshì 명 슈퍼마켓   走路 zǒulù 동 (길을) 걷다, 가다   平时 píngshí 명 평소, 보통 때

## 합격 공략 **03** [220점 이상 고득점] 상식 문제는 상식으로 풀라!

**간단하게 푸는 상식 문제**

듣기 제1부분에서는 상식과 관련된 내용의 글이 종종 출제된다. 따라서 제시된 문장이 상식적이고 준법적인 내용이라면 녹음과 일치할 가능성이 크다. 다음과 같은 상식 문제가 종종 출제된다.

- 环境保护从我们身边的小事做起。 환경 보호는 우리 주변의 작은 일부터 시작된다.
- 健康比钱更重要。 건강이 돈보다 더 중요하다.
- 过程比结果更重要。 과정이 결과보다 더 중요하다.

### 실전문제 🎧 04.mp3

★ 方向比速度更重要。 ( )

---

**STEP 1** 보기 분석하기

★ 方向 | 比速度更重要。 방향이 속도보다 더 중요하다.

보기를 주어와 술어로 나누고 핵심 키워드를 확인한다. 핵심 키워드는 方向(방향)과 更重要(더 중요하다)이다. 이것은 우리가 일반적으로 알고 있는 상식적인 내용이므로 녹음도 이러한 내용일 가능성이 크다. 'A比B술어'는 'A는 B보다 어떠하다'라는 뜻으로 두 가지 대상을 비교할 때 사용한다.

**STEP 2** 들은 내용 표시하고 정답 고르기

在达到目的的过程中找对方向很重要，如果走错了方向，无论你多么努力，都只会离目的地越来越远。

> 목표를 이루는 과정에서 방향을 잘 찾는 것은 아주 중요하다. 만일 방향이 틀렸다면 당신은 어떤 노력을 해도 목적지로부터 점점 멀어지게 될 것이다.

보기의 핵심 키워드가 녹음에서 找对方向很重要(방향을 잘 찾는 것이 아주 중요하다)라고 그대로 언급되었으므로 일치하는 내용이다.

**정답** 일치 ( ✓ )

**어휘** 达到 dádào 통 도달하다　目的 mùdì 명 목적　过程 guòchéng 명 과정　方向 fāngxiàng 명 방향　重要 zhòngyào 형 중요하다　如果 rúguǒ 접 만약에　无论 wúlùn 접 ~에 관계없이　努力 nǔlì 통 노력하다　离 lí 개 ~로부터　目的地 mùdìdì 명 목적지　越来越 yuèláiyuè 부 점점

녹음을 듣고 제시된 문장이 일치하면 ✓, 일치하지 않으면 ✗를 표시하세요. 🎧 05.mp3

1. ★ 他想去西安玩儿。 ( )

2. ★ 禁止带包进图书馆。 ( )

3. ★ 那家店免费送商品。 ( )

4. ★ 做错事要立刻道歉。 ( )

5. ★ 他认为输赢并不重要。 ( )

# 02 혼동형
### 헷갈리는 정보에 주의하기

## 기본기 다지기 | 기본 개념 잡기 & 공략 미리보기

제시된 문장과 일치하는 내용을 들려준 뒤 녹음 뒷부분에 다른 내용을 제시하여 헷갈리게 하는 문제가 출제된다. 녹음의 앞부분에서 주어가 같거나 일부 내용이 일치한다고 해서 섣부르게 답을 표시하지 말고 녹음을 끝까지 다 듣고 정답을 고르도록 한다.

### | 기본 개념 잡기 | 혼동형 문제

**1. 일부 내용만 일치하는 경우**

(녹음)  今天天气很好，我们 去动物园吧。  오늘 날씨가 좋으니까 우리 동물원에 가자.

(보기)  他们 去逛街。  그들은 아이쇼핑을 간다.

녹음의 我们(우리)과 보기가 지칭하는 他们(그들)은 일치하지만, 술어 부분이 다르다. 녹음은 去动物园(동물원에 간다)이라고 하였고 보기는 去逛街(아이쇼핑을 간다)라고 하였으므로 불일치한다.

**2. 혼동을 유발하는 어휘가 사용된 경우**

(녹음)  我哥哥最近脸色不太好，我以为他身体不舒服，原来他跟女朋友分手了。
우리 형은 요즘 안색이 좋지 않다. 나는 그가 몸이 안 좋기 때문인 줄 알았지만, 알고 보니 여자친구와 헤어진 것이었다.

(보기)  哥哥身体不舒服。  형은 몸이 안 좋다.

보기의 키워드 身体不舒服(몸이 안 좋다)가 녹음에 그대로 언급됐지만 以为(~인 줄 알다)가 있으므로 일치하지 않는 내용이다. 哥哥(형)의 안색이 좋지 않았던 이유는 몸이 안 좋은 것이 아니라 여자친구와 헤어졌기 때문이다.

### | 공략 미리보기 |

| | |
|---|---|
| **합격 공략 04** | 일부 다른 내용에 주의하라! |
| **합격 공략 05** | 오답자판기 以为를 조심하라! |
| **합격 공략 06** | [220점 이상 고득점] 打算/希望/已经/只有에 주의하라! |

**보기의 내용 중 일부만 똑같이 들려주는 경우**

주어만 똑같이 들려주고 행위를 다르게 들려주는 문제가 출제되거나, 보기의 핵심 키워드가 언급되지만 일부 내용이 다른 경우가 주로 출제된다. 이러한 혼동형 문제에서 실수를 피하기 위해서는 보기 문장을 주어와 술어 부분으로 나누고, 키워드를 정확히 파악하여 녹음과 대조해야 한다.

### 실전문제 🎧 06.mp3

★ 不要总是羡慕别人。　　　　　　　　　　　　　　　( 　 )

### STEP 1 보기 분석하기

★ 不要总是羡慕别人。 다른 사람을 항상 부러워하지 말아라.

보기의 키워드는 不要(~하지 마라)와 羡慕别人(다른 사람을 부러워하다)이다. 不要와 같이 부정의 의미를 나타내는 어휘가 있을 때 녹음의 내용도 그러한지를 주의해서 들어야 한다.

### STEP 2 들린 내용 표시하고 정답 고르기

我们总是羡慕别人有个好房子，有份好工作，却往往忘记了自己已经拥有的幸福。其实我们在别人眼中也是幸福的，只是我们没发现。幸福就是有一颗感恩的心。

> 우리는 항상 다른 사람이 좋은 집과 좋은 직업을 가지고 있는 것을 부러워하고, 자신이 이미 가진 행복은 늘 잊어버린다. 사실 우리는 다른 사람의 눈에 역시 행복하지만, 다만 우리가 발견하지 못할 뿐이다. 행복은 바로 감사하는 마음을 갖는 것이다.

녹음의 앞부분에 羡慕别人(다른 사람을 부러워한다)이 언급되었다고 섣부르게 불일치(✗)를 선택하지 말아야 한다. 녹음에서 우리는 다른 사람들이 가진 것을 부러워하지만, 我们在别人眼中也是幸福的(우리도 다른 사람의 눈에는 행복해 보인다)라고 했으므로 글의 내용이 다른 사람을 부러워할 필요가 없다는 것임을 알 수 있다. 따라서 일치하는 내용이다.

**정답** 일치 ( ✓ )

**어휘** 总是 zǒngshì 男 늘　羡慕 xiànmù 통 부러워하다　别人 biérén 때 다른 사람　房子 fángzi 명 집　工作 gōngzuò 명 직업, 일　却 què 男 오히려　忘记 wàngjì 통 잊어버리다　已经 yǐjīng 男 이미　幸福 xìngfú 명 행복　其实 qíshí 男 사실은　眼 yǎn 명 눈　只是 zhǐshì 男 단지　发现 fāxiàn 통 발견하다　不要 búyào 통 ~하지 마라　身边 shēnbiān 명 신변, 곁　感谢 gǎnxiè 통 감사하다

## 합격 공략 **05** 오답자판기 以为를 조심하라!

**以为를 이용하여 오답을 유도하는 경우**

以为는 '~인 줄 알았다'라는 뜻으로 내 생각이 실제 사실과 달랐음을 나타내는 표현이다. 문제의 녹음에는 '以为……, 原来……(~인 줄 알았는데, 원래는 ~였다)'가 나오고 보기 문장에는 以为의 뒷부분, 즉 잘못 알고 있었던 내용이 나와 오답을 유도한다. 따라서 녹음에 以为가 들리면 잘못 알고 있던 내용과 실제 사실을 구분해서 들어야 한다.

### 실전문제 🎧 07.mp3

★ 小张和她丈夫还在上海。 (　　)

**STEP 1** 보기 분석하기

★ 小张和她丈夫 | 还在上海。 샤오장과 그녀의 남편은 아직 상하이에 있다.

보기를 주어와 술어로 나누고 핵심 키워드를 확인한다. 보기의 키워드는 小张(샤오장), 她丈夫(그녀의 남편), 在上海(상하이에 있다)이다.

**STEP 2** 들린 내용 표시하고 정답 고르기

今天去上班时遇见小张和她丈夫了。我本来以为他们俩都去上海工作了，没想到他们还一直留在这里。

> 오늘 출근할 때 샤오장과 그녀의 남편을 우연히 만났다. 나는 그들이 모두 상하이에 일하러 간 줄 알았고, 아직도 여기에 남아 있는 줄은 생각지도 못했다.

녹음에 他们俩都去上海工作了(그들 둘은 모두 상하이에 가서 일한다)가 언급되어 보기의 핵심 키워드가 일치하는 것처럼 보인다. 그러나 그 앞에 以为가 있으므로 이것은 화자의 주관적인 오해였음을 알 수 있다. 뒷부분에 他们还一直留在这里(그들은 아직 여기에 남아 있다)라고 했으므로 녹음과 보기의 내용이 불일치함을 알 수 있다.

**정답** 불일치 ( ✘ )

**어휘** 上班 shàngbān 동 출근하다　时 shí 명 때, 시기　遇见 yùjiàn 동 (우연히) 만나다　和 hé 개 ~와/과　丈夫 zhàngfu 명 남편　本来 běnlái 부 원래　以为 yǐwéi 동 ~라고 생각하다　工作 gōngzuò 동 일하다　没想到 méixiǎngdào 생각하지 못하다　一直 yìzhí 부 계속해서　留 liú 동 머무르다

### 打算/希望/已经/只有는 시간과 범위를 나타낸다

명사나 동사 등 어휘의 실제적인 의미로 일치 여부를 판단하는 것은 비교적 간단하다. 그러나 과거나 미래 등 사건이 일어난 시점을 판단하거나, 범위를 판단해야 할 경우 더욱 꼼꼼히 들어야 한다. 예를 들어 打算(~할 계획이다)과 希望(~하길 희망하다)은 미래에 일어날 일을 나타낸다. 만일 녹음에서는 이 단어를 사용했는데 제시된 문장에는 已经(이미)이 있어 과거에 일어난 일을 나타낸다면 다른 어휘가 모두 일치하더라도 답은 불일치(✗)가 된다.

### 실전문제 🎧 08.mp3

★ 他已经适应南方的气候了。　　　　　　　　　　( 　　 )

### STEP 1 보기 분석하기

★ 他已经适应南方的气候了。　그는 <u>이미</u> 남쪽 기후에 적응했다.

보기의 핵심 키워드는 适应南方的气候(남쪽 기후에 적응하다)이며 이미 일어난 일을 나타내는 已经(이미)이 사용되었음에 주의하여 듣는다.

### STEP 2 들린 내용 표시하고 정답 고르기

我出生在新疆地区。那里一年四季都很干燥，来南方工作以后，我发现南方特别湿润，真希望自己能快点儿适应这里的气候。

> 나는 신장 지역에서 태어났다. 그곳은 1년 4계절 모두 건조했는데, 남쪽에 와서 일하게 된 이후 나는 남쪽이 매우 습하다는 것을 알게 됐다. 내가 빨리 이곳의 기후에 적응할 수 있기를 바란다.

이 문제는 보기의 已经(이미)과 녹음의 希望(~하길 바라다)의 구분이 포인트이다. 녹음에 来南方(남쪽에 오다)과 适应这里的气候(이곳의 기후에 적응하다)가 언급되어 핵심 키워드가 모두 일치하지만 보기의 문장은 이미 일어난 일로, 녹음은 미래의 희망으로 표현되었으므로 불일치한다.

**정답** 불일치 ( ✗ )

**어휘** 出生 chūshēng 통 태어나다　新疆 Xīnjiāng 지명 신장　地区 dìqū 명 지구, 지역　四季 sìjì 명 사계절　干燥 gānzào 형 건조하다　南方 nánfāng 명 남방, 남쪽　发现 fāxiàn 통 발견하다　特别 tèbié 부 특히, 유달리　湿润 shīrùn 형 습윤하다, 축축하다　希望 xīwàng 통 바라다　适应 shìyìng 통 적응하다　气候 qìhòu 명 기후

녹음을 듣고 제시된 문장이 일치하면 √, 일치하지 않으면 ✗를 표시하세요. 🎧 09.mp3

1. ★ 夏天喝冰水更解渴。　　　　　　　　　　　　　　　( 　 )

2. ★ 他已经适应了这儿的生活。　　　　　　　　　　　　( 　 )

3. ★ 传真机坏了。　　　　　　　　　　　　　　　　　　( 　 )

4. ★ 睡觉时间越长越好。　　　　　　　　　　　　　　　( 　 )

5. ★ 那里的煎饺很便宜。　　　　　　　　　　　　　　　( 　 )

# 03 파악형
전체적인 의미 파악하기

## 기본기 다지기 · 기본 개념 잡기 & 공략 미리보기

파악형 문제는 보기의 키워드가 전혀 언급되지 않아 녹음 전체를 듣고 내용을 추론하여 판단해야 하는 경우와, 키워드가 모두 언급되지만 불일치하는 경우 등으로 출제된다.

### | 기본 개념 잡기 | 파악형 문제

### 1. 전체를 듣고 의미(의도)를 파악해야 하는 경우

> (녹음) 他每天做运动，虽然很累，但是减肥效果很不错。
> 그는 매일 운동을 한다. 비록 피곤하지만 다이어트 효과가 아주 좋다.
>
> (보기) 他最近胖了。 그는 최근 뚱뚱해졌다.

녹음에 보기의 어휘가 언급되지 않았지만 每天做运动(매일 운동한다)과 减肥(다이어트)를 통해 그가 현재 뚱뚱함을 알 수 있으므로 일치를 선택한다.

### 2. 보기의 키워드가 모두 언급되지만 불일치하는 경우

> (녹음) 星期五上午九点半，我们在学校北门集合，十点钟准时出发。
> 금요일 오전 9시 반에 우리는 학교 북문에서 집합하여, 10시 정시에 출발하겠습니다.
>
> (보기) 他们周五九点半出发。 그들은 금요일 9시 반에 출발한다.

녹음에서 星期五(금요일)와 九点半(9시 반)이 언급되었지만, 출발은 十点钟(10시)에 한다고 했으므로 불일치함을 알 수 있다.

### | 공략 미리보기 |

| | |
|---|---|
| **합격 공략 07** | 전체를 듣고 의미를 파악하라! |
| **합격 공략 08** | 키워드가 모두 들려도 그 밖의 내용에 주의하라! |
| **합격 공략 09** | [220점 이상 고득점] 여러가지 비슷한 정보에 주의하라! |

## 합격 공략 07 ▶ 전체를 듣고 의미를 파악하라!

**전체를 듣고 의미를 파악해야 하는 경우**

직접적으로 일치하는 내용을 들려주지 않고 추측할 수 있는 내용을 들려주거나 또는 전체를 이해해야만 의도를 파악할 수 있는 유형의 문제가 출제된다. 따라서 이와 같은 파악형 문제는 제시된 문장을 분석한 뒤 어휘에 집중하는 것이 아니라 맥락의 의미를 파악하며 들어야 한다.

### 실전문제 🎧 10.mp3

★ 那件事情他解释不清楚。　　　　　　　　　　　　　( )

**STEP 1** 보기 분석하기

★ 那件事情 | 他解释不清楚。그 일을 그는 정확하게 설명하지 못한다.

보기의 핵심 키워드는 他解释不清楚(그가 정확하게 설명하지 못한다)이다.

**STEP 2** 들은 내용 표시하고 정답 고르기

不好意思，这件事情有点儿复杂，我也不明白。
小李对这方面很了解，你去问她吧。

> 미안해요. 이 일은 좀 복잡해서 저도 잘 몰라요. 샤오리가 이것에 대해 잘 아니까 그녀에게 가서 물어보세요.

그 일에 대한 내용으로 그는 有点儿复杂(조금 복잡하다), 不明白(이해하지 못한다)라고 한 것으로 보아 남자는 이 일에 대해 잘 알고 있지 못함을 알 수 있다. 보기의 단어를 직접적으로 들려주지는 않았지만, 전체적으로 그 일에 대해 잘 모른다고 하였으므로 정답은 일치이다.

**정답** 일치 ( ✓ )

**어휘** 不好意思 bùhǎoyìsi (인사말) 미안합니다　事情 shìqing 몡 일　有点儿 yǒudiǎnr 뷔 약간　复杂 fùzá 톙 복잡하다　明白 míngbai 통 알다, 이해하다　方面 fāngmiàn 몡 방면, 분야　了解 liǎojiě 통 알다, 이해하다　解释 jiěshì 통 설명하다　清楚 qīngchu 톙 분명하다, 명확하다

## 합격 공략 08 ▶ 키워드가 모두 들려도 그 밖의 내용에 주의하라!

**보기의 키워드가 모두 언급되지만 불일치하는 경우**

보기의 키워드가 녹음에 모두 언급되었지만 의미가 일치하지 않는 경우가 있다. 특히 시간과 장소 같은 정보나, 행위는 동일하게 언급되지만 주어는 다른 경우, 주어는 동일하게 언급되지만 행위가 다른 경우 등이 출제된다.

★ 小张是律师。 ( )

---

**STEP 1** 보기 분석하기

★ 小张是律师。 샤오장은 변호사이다.

보기에서 小张(샤오장)과 律师(변호사)가 핵심 키워드이므로 주의해서 듣는다.

**STEP 2** 들린 내용 표시하고 정답 고르기

小张，我最近在法律方面出了问题，你可以给
我介绍一位律师吗？

> 샤오장, 내가 요즘 법률상에 문제가 생겼는데, 나에게 변호사 한 명 소개해 줄 수 있어?

녹음에서 小张(샤오장)과 律师(변호사)가 언급됐지만, 小张(샤오장)이 변호사인 것이 아니라, 변호사를 소개해 달라는 내용이었으므로 불일치함을 알 수 있다.

정답 불일치 ( ✗ )

어휘 最近 zuìjìn 명 최근  法律 fǎlǜ 명 법률  方面 fāngmiàn 명 방면  问题 wèntí 명 문제  介绍 jièshào 동 소개하다  律师
lǜshī 명 변호사

---

## 합격 공략 **09** [220점 이상 고득점] 여러 가지 비슷한 정보에 주의하라!

**여러 가지 정보를 함께 들려주는 경우**

여러 가지 정보를 한꺼번에 들려주어 정답을 현혹시키는 경우가 있다. 인물이 여러 명 등장하거나, 시간 또는 장소 어휘가
여러 개 등장할 때 오답을 선택할 수 있으므로 녹음을 들으면서 인물, 시간, 장소 등의 구체적인 정보를 꼼꼼히 메모해야
한다.

**실전문제** 🎧 12.mp3

★ 他们明天九点集合。 ( )

---

**STEP 1** 보기 분석하기

★ 他们明天九点集合。 그들은 내일 아홉 시에 집합한다.

보기 문장의 핵심 키워드 明天九点(내일 아홉 시)과 集合(집합하다)와 관련된 내용을 주의해서 듣는다.

**STEP 2** 들린 내용 표시하고 정답 고르기

大家今天辛苦了，现在可以回去休息休息。明
天早上七点在门口集合，九点去长城，十二点
钟吃午饭，还有晚上七点去看京剧。

모두들 오늘 수고하셨습니다. 이제 돌아가셔서 쉬셔도 됩니다. 내일 아침 7시에 입구에서 집합하여, 9시에 만리장성에 가고, 12시에는 점심을 먹겠습니다. 그리고 저녁 7시에는 경극을 보러 갑니다.

녹음에 여러 가지 시간이 등장하므로 들으면서 메모해야 한다. 녹음에서 明天早上七点(내일 아침 7시)에는 集合(집합한다)라고 했고 九点去长城(9시에 만리장성에 간다)이라고 했으므로 시간과 행동 정보가 다름을 알 수 있다.

**정답** 불일치 ( ✗ )

**어휘** 大家 dàjiā 데 모두　辛苦 xīnkǔ 형 수고롭다　现在 xiànzài 명 지금　休息 xiūxi 동 휴식하다　明天 míngtiān 명 내일　门口 ménkǒu 명 입구　集合 jíhé 동 집합하다, 모이다　长城 Chángchéng 명 만리장성　午饭 wǔfàn 명 점심밥　晚上 wǎnshang 명 저녁　看 kàn 동 보다　京剧 jīngjù 명 경극

**실전 테스트** 정답 및 해설_해설편 p.005

녹음을 듣고 제시된 문장이 일치하면 ✓, 일치하지 않으면 ✗를 표시하세요. 🎧 13.mp3

1. ★ 那碗面条儿非常咸。　　　　　　　　( 　 )

2. ★ 电影很精彩。　　　　　　　　　　( 　 )

3. ★ 他对这件毛衣很满意。　　　　　　( 　 )

4. ★ 他会打电话通知大家。　　　　　　( 　 )

5. ★ 他们决定去颐和园了。　　　　　　( 　 )

녹음을 듣고 제시된 문장이 일치하면 √, 일치하지 않으면 ✗를 표시하세요. 🎧 14.mp3

1. ★  小李经常迟到。                                    (          )

2. ★  她和丈夫有共同的兴趣。                           (          )

3. ★  产生误会要及时解释清楚。                         (          )

4. ★  小明在晚会上表演了节目。                         (          )

5. ★  这个房子离公司很近。                             (          )

6. ★  我姐姐现在是记者。                               (          )

듣기
제2, 3부분
대화형

# 대화를 듣고 질문에 답하기

**Warm Up!**
유형 분석 & 풀이 전략

## 1. 장소
'어디에서'와 '어디로' 파악하기

## 2. 행동
행동은 '언제'와 '누구'를 함께 파악하기

## 3. 상태/상황
'어떤 상태'와 '어떤 생각' 파악하기

## 4. 직업/신분/사물/숫자
구체적인 명사에 주의하기

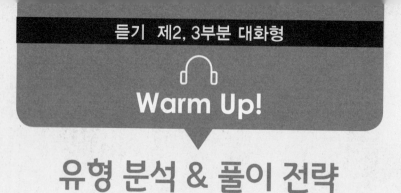

듣기 제2, 3부분 대화형

## Warm Up!

# 유형 분석 & 풀이 전략

## 유형 분석 | 시험엔 이렇게 나온다!

### 출제 방식

HSK 4급 듣기 제2부분과 제3부분 대화형은 짧은 대화를 듣고 마지막에 제시되는 질문에 알맞은 정답을 보기에서 고르는 문제이다. 제2부분은 남자와 여자가 한 번씩 주고받는 대화이며 11번부터 25번까지 총 15문제가 출제된다. 제3부분 대화형은 남자와 여자가 두 번씩 주고받는 대화이며 26번부터 35번까지 총 10문제가 출제된다.

### 출제 경향 & 유형별 출제 비율

출제되는 문제 유형은 장소(15%), 행동 (20%), 상태/상황 (45%), 직업/신분/사물/숫자(20%)로 나눌 수 있다. 문제 난이도는 매해 비슷한 수준으로 출제되고 있으며, 들리는 그대로가 정답인 문제들이 다수 출제되고, 동의어나 반의어를 이용한 문제가 출제되기도 한다. 보기에 제시되는 장소, 행동, 상황별 어휘를 미리 숙지해 두면 어렵지 않게 정답을 고를 수 있다.

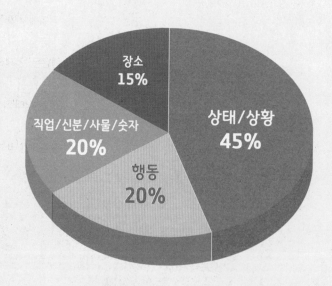

# 풀이 전략 | 문제 풀이 Step & 풀이 전략 적용해 보기

## Step 1

**보기 파악하기**

제시된 보기의 공통점을 찾아 무엇을 묻는 문제인지 미리 예상하고 단어의 뜻을 파악해둔다.

## Step 2

**들은 내용 메모하고 질문에 알맞은 정답 고르기**

들린 내용을 바로 보기에 메모한다. 들린 내용에는 밑줄, 반대되는 것에는 X로 표시하고, 남자와 여자, 먼저 하는 일과 나중에 하는 일 등을 구분해서 메모해둔다. 마지막에 등장하는 질문을 잘 듣고 알맞은 정답을 고른다.

---

**풀이 전략** 적용해 보기 🎧 15.mp3

11. A 学校　　　　　B 咖啡厅　　　　　C 动物园　　　　　D 烤鸭店

---

**STEP 1**　**보기 파악하기**

A 学校　　　　　　B 咖啡厅

C 动物园　　　　　D 烤鸭店

| A 학교 | B 커피숍 |
|---|---|
| C 동물원 | D 오리구이 전문점 |

보기의 어휘가 모두 장소이므로 장소를 묻는 문제임을 예상한다.

**STEP 2**　**들은 내용 표시하고 질문에 알맞은 정답 고르기**

男：周末就是儿童节了，你有什么计划？

女：上午女儿要去学校表演节目。下午我带她
　　去动物园吧。

问：女的打算下午去哪儿？

남: 주말이 어린이날인데 무슨 계획 있어요?

여: 오전에 딸이 학교에 가서 공연을 해야 해요. 오후에는 딸을 데리고
　　동물원에 갈 거예요.

질문: 여자는 오후에 어디에 갈 계획인가?

녹음에 보기 A의 学校(학교)와 C의 动物园(동물원)이 언급되었다. 학교는 上午(오전)에 간다고 했고, 동물원은 下午(오후)에 간다고 하였으므로 시간 정보를 메모한다. 질문에서 오후에 어디에 갈 계획인지를 물었으므로 정답은 C 动物园(동물원)이다.

**정답**　C 动物园

**어휘**　学校 xuéxiào 몡 학교　咖啡厅 kāfēitīng 몡 커피숍　动物园 dòngwùyuán 몡 동물원　烤鸭 kǎoyā 몡 북경오리　周末 zhōumò 몡 주말　儿童节 értóngjié 몡 어린이날　计划 jìhuà 몡 계획　上午 shàngwǔ 몡 오전　女儿 nǚ'ér 몡 딸　表演 biǎoyǎn 동 공연하다　节目 jiémù 몡 프로그램　下午 xiàwǔ 몡 오후　带 dài 동 데리다　打算 dǎsuàn 동 ~할 계획이다

# 01

# 장소
## '어디에서'와 '어디로' 파악하기

### 기본기 다지기 │ 기본 개념 잡기 & 공략 미리보기

듣기 제2부분, 제3부분 대화형에서 장소를 묻는 문제는 단골 출제 유형이며, 난이도도 쉬운 편이다. 장소를 직접 언급하기도 하고, 장소를 추측할 수 있는 단어를 이용하여 정답의 힌트를 제시하기도 한다.

### │ 기본 개념 잡기 1 │ 장소 문제 보기의 예

11. A 饭馆儿
    B 机场
    C 超市
    D 学校

보기가 모두 장소 어휘라면 장소를 묻는 문제임을 예상한다. 누가 어디에 있는지 또는 가는지에 주의해서 듣고, 먼저 가는 곳과 나중에 가는 곳 등을 주의해서 듣는다.

### │ 기본 개념 잡기 2 │ 주요 질문 유형

장소를 묻는 질문은 在哪儿(어디에 있는가), 去哪儿(어디에 가는가), 在哪儿+행동(어디에서 무엇을 하다)의 형식으로 제시된다.

- 男的现在最可能在哪儿? 남자는 지금 아마도 어디에 있는가?
- 女的要去哪儿? 여자는 어디에 가려고 하는가?
- 女的刚才在哪儿? 여자는 방금 어디에 있었는가?
- 他们在哪儿见面? 그들은 어디에서 만나는가?
- 会议在哪儿举行? 회의는 어디에서 열리는가?

### │ 공략 미리보기 │

| | |
|---|---|
| 합격 공략 10 | 장소와 함께 쓰이는 어휘에 주의하라! |
| 합격 공략 11 | 관련 어휘를 듣고 장소를 추측하라! |
| 합격 공략 12 | [220점 이상 고득점] 2개 이상의 장소에 주의하라! |

## 합격 공략 10 장소와 함께 쓰이는 어휘에 주의하라!

### 장소 어휘와 함께 쓰이는 '去/在/到'에 주의하기

장소를 묻는 문제는 녹음에 장소가 직접 언급되었으면 그것이 정답일 가능성이 높다. 장소 어휘는 일반적으로 동사 去(가다), 在(있다), 到(도착하다) 또는 개사 在(~에서)와 자주 결합한다. 따라서 이러한 어휘 뒤에 나오는 장소를 주의해서 듣도록 한다.

去公司 회사에 가다    在家 집에 있다    到学校 학교에 도착하다    在公园散步 공원에서 산책하다

### 〈장소 어휘〉

| | | |
|---|---|---|
| □ 机场 jīchǎng 공항 | □ 火车站 huǒchēzhàn 기차역 | □ 学校 xuéxiào 학교 |
| □ 图书馆 túshūguǎn 도서관 | □ 公司 gōngsī 회사 | □ 商店 shāngdiàn 상점 |
| □ 饭馆 fànguǎn 식당 | □ 餐厅 cāntīng 식당 | □ 饭店 fàndiàn 호텔 |
| □ 酒店 jiǔdiàn 호텔 | □ 银行 yínháng 은행 | □ 医院 yīyuàn 병원 |
| □ 邮局 yóujú 우체국 | □ 公园 gōngyuán 공원 | □ 健身房 jiànshēnfáng 헬스장 |

## 실전문제 🎧 16.mp3

| A 教室 | B 公园 | C 大使馆 | D 厨房 |
|---|---|---|---|

### STEP 1 보기 파악하기

A 教室          B 公园
C 大使馆        D 厨房

| A 교실 | B 공원 |
|---|---|
| C 대사관 | D 주방 |

보기의 어휘를 보아 장소를 묻는 문제임을 알 수 있다.

### STEP 2 들은 내용 표시하고 질문에 알맞은 정답 고르기

男：你跟谁这么长时间通话啊？家里的电话我打了好几次，都一直占线。

女：我那会儿在厨房准备做饭呢，出来才发现电话没放好。

问：女的刚才在哪儿？

> 남: 이렇게 오랫동안 누구와 통화를 해요? 집 전화로 몇 번을 전화했는데 계속 통화 중이에요.
> 여: 저 그 때 부엌에서 요리하고 있었어요. 나와서 보니까 전화가 잘못 놓여 있더라고요.
>
> 질문: 여자는 방금 어디에 있었는가?

남자가 여자에게 你跟谁这么长时间通话啊? (이렇게 오랫동안 누구와 통화를 해요?)라고 물었고 여자는 在厨房准备做饭(주방에서 밥을 하고 있었어요)이라며 개사 在(~에 있다) 뒤에 장소 厨房(주방)을 언급했다. 질문에서 여자가 방금 있었던 곳을 물었으므로 정답은 D 厨房(부엌)이다.

정답 D 厨房

어휘 教室 jiàoshì 圆 교실   公园 gōngyuán 圆 공원   大使馆 dàshǐguǎn 圆 대사관   厨房 chúfáng 圆 주방   通话 tōnghuà 图 통화하다   电话 diànhuà 圆 전화   一直 yìzhí 图 계속해서   占线 zhànxiàn 图 통화 중이다   那会儿 nàhuìr 때 그때   厨房 chúfáng 圆 주방   准备 zhǔnbèi 图 준비하다   做饭 zuòfàn 图 밥을 짓다   才 cái 图 비로소   发现 fāxiàn 图 발견하다   放 fàng 图 놓다

## 합격 공략 **11** 관련 어휘를 듣고 장소를 추측하라!

**주변 단어를 이용하여 그 장소를 추측하게 하는 경우**

장소 문제라고 해서 모두 장소가 직접 언급되는 것은 아니다. 특정 장소를 추측할 수 있는 단어들을 들려주고, 그 장소가 어디인지를 맞춰야 하는 문제도 출제된다. 예를 들어, 机场(공항)의 경우 飞机(비행기), 护照(여권), 航班(항공편) 등과 같은 단어를 들려준 뒤 그들이 있는 장소를 묻거나, 服务员(종업원), 你想吃什么? (뭐 드실래요?)와 같은 단어나 문장을 들려주고 饭馆儿(식당), 餐厅(레스토랑)임을 추측하게 한다.

**〈장소와 관련된 어휘〉**

| | | |
|---|---|---|
| **机场** jīchǎng 공항 | ▫ **飞机** fēijī 비행기<br>▫ **航班** hángbān 항공편<br>▫ **护照** hùzhào 여권<br>▫ **签证** qiānzhèng 비자<br>▫ **登机** dēngjī 탑승하다<br>▫ **登机牌** dēngjīpái 탑승권 | ▫ **机票** jīpiào 비행기표<br>▫ **安检** ānjiǎn 보안 검사<br>▫ **起飞** qǐfēi 이륙하다<br>▫ **降落** jiàngluò 착륙하다<br>▫ **空姐** kōngjiě 승무원<br>▫ **行李** xíngli 짐, 수화물 |
| **学校** xuéxiào 학교 | ▫ **学生** xuésheng 학생<br>▫ **老师** lǎoshī 선생님<br>▫ **教授** jiàoshòu 교수<br>▫ **硕士** shuòshì 석사 | ▫ **研究生** yánjiūshēng 석사생, 연구생<br>▫ **博士** bóshì 박사<br>▫ **大学** dàxué 대학교<br>▫ **留学生** liúxuéshēng 유학생 |
| **公司** gōngsī 회사 | ▫ **经理** jīnglǐ 사장<br>▫ **职员** zhíyuán 직원 | ▫ **秘书** mìshū 비서<br>▫ **会议** huìyì 회의 |
| **医院** yīyuàn 병원 | ▫ **医生** yīshēng 의사<br>▫ **大夫** dàifu 의사<br>▫ **护士** hùshi 간호사 | ▫ **看病** kànbìng 진찰하다<br>▫ **打针** dǎzhēn 주사를 놓다, 주사를 맞다<br>▫ **做手术** zuòshǒushù 수술하다 |
| **饭馆儿** fànguǎnr 식당 | ▫ **服务员** fúwùyuán 종업원 | ▫ **点菜** diǎncài 음식을 주문하다 |

| 电视台 diànshìtái 텔레비전 방송국 | □ 演员 yǎnyuán 배우 | □ 明星 míngxīng 연예인 |
| | □ 主持人 zhǔchírén 사회자 | □ 作家 zuòjiā 작가 |
| | □ 记者 jìzhě 기자 | □ 播音员 bōyīnyuán 아나운서 |
| 交通 jiāotōng 교통 | □ 司机 sījī 기사 | □ 公共汽车 gōnggòngqìchē 버스 |
| | □ 师傅 shīfu 기사 | □ 出租车 chūzūchē 택시 |
| | □ 交通工具 jiāotōnggōngjù 교통수단 | □ 火车 huǒchē 기차 |

## 실전문제 🎧 17.mp3

A 动物园　　　B 机场　　　C 学校　　　D 咖啡馆儿

### STEP 1　보기 파악하기

A 动物园　　　B 机场
C 学校　　　D 咖啡馆儿

| A 동물원 | B 공항 |
| C 학교 | D 커피숍 |

보기의 어휘를 보아 장소를 묻는 문제임을 알 수 있다.

### STEP 2　들은 내용 표시하고 질문에 알맞은 정답 고르기

女：师傅，麻烦您开快点儿，我赶飞机。
男：好的，你几点的飞机？
女：五点，来得及吗？
男：没问题，现在不是高峰时间，我估计四点
　　之前就能把你送到。
问：女的要去哪儿？

여: 기사님, 죄송하지만 좀 빨리 가 주세요. 제가 비행기를 타야 해서요.
남: 알겠습니다. 몇 시 비행기세요?
여: 5시요, 늦지 않겠죠?
남: 문제없습니다. 지금 러시아워가 아니니까 4시 전에 도착할 수 있을 겁니다.

질문: 여자는 어디에 가려고 하는가?

직접적으로 장소를 언급하지 않았지만, 师傅(기사)라는 단어를 통해 택시 기사님과의 대화임을 알 수 있고, 또한 赶飞机(비행기를 타다)를 통해 공항으로 가는 길임을 추측할 수 있다. 질문에서 여자가 가려고 하는 장소를 물었으므로 정답은 B 机场(공항)이다.

정답　B 机场

어휘　动物园 dòngwùyuán 몡 동물원　学校 xuéxiào 몡 학교　机场 jīchǎng 몡 공항　咖啡馆儿 kāfēiguǎnr 몡 커피숍　师傅 shīfu 몡 기사님, 선생님　麻烦 máfan 통 폐를 끼치다　开 kāi 통 운전하다　快 kuài 혱 빠르다　赶 gǎn 통 (시간이 정해진 장소에) 가다　飞机 fēijī 몡 비행기　点 diǎn 양 시　来得及 láidejí 늦지 않다　没问题 méiwèntí 통 문제없다　高峰时间 gāofēngshíjiān 몡 러시아워　之前 zhīqián 몡 ~이전　把 bǎ 개 ~을/를　送 sòng 통 데려다 주다

### 2개 이상의 장소가 언급된 경우

녹음에서 여러 장소를 언급할 때 녹음에서 들리는 보기 어휘가 여러 개가 있을 수 있다. 따라서 듣는 즉시 보기 옆에 추가 정보를 메모해 둔 후, 질문을 끝까지 듣고 정답을 선택해야 한다. 누가, 언제, 구체적인 행동 등의 추가 정보를 정확히 들어야 알맞은 정답을 고를 수 있다.

### 실전문제 🎧 18.mp3

| A 商店 | B 公园入口 | C 地铁出口 | D 学校 |
|---|---|---|---|

**STEP 1** 보기 파악하기

| A 商店 | B 公园入口 |
|---|---|
| C 地铁出口 | D 学校 |

| A 상점 | B 공원 입구 |
|---|---|
| C 지하철 출구 | D 학교 |

보기의 어휘를 보아 장소를 묻는 문제임을 알 수 있다.

**STEP 2** 들은 내용 표시하고 질문에 알맞은 정답 고르기

男：喂，我到学校门口了，你在哪儿？

女：地铁比平时晚到，我还在地铁里，大概15
　　分钟后到了。真不好意思。

男：好吧，你到了就从西北门口出来吧，我在
　　那儿等你。

女：好的。我马上过来。

问：他们在哪儿见面？

> 남: 여보세요. 나 학교 입구에 도착했는데, 너 어디야?
> 여: 지하철이 평소보다 늦게 와서 나 아직 지하철 안이야. 15분 정도
> 　　후에 도착할 거 같아. 정말 미안해.
> 남: 알겠어. 도착하면 북서쪽 입구로 나와. 나 거기서 기다릴게.
> 여: 그래. 금방 갈게.
>
> 질문: 그들은 어디에서 만나는가?

처음 나온 장소 学校门口(학교 입구)는 남자가 현재 있는 곳이므로 보기 D에 '남자'라고 메모한다. 이어서 地铁里(지하철 안)는 현재 여자가 있는 곳이므로 보기 C에 '여자'라고 메모한다. 마지막으로 남자가 西北门口(서북쪽 입구)에서 만나자고 했으므로 보기 C에 '만남'이라고 메모한다. 질문에서 그들이 만나기로 한 장소를 물었으므로 정답은 C 地铁出口(지하철 출구)이다.

**정답** C 地铁出口

**어휘** 商店 shāngdiàn 명 상점　公园 gōngyuán 명 공원　入口 rùkǒu 명 입구　地铁 dìtiě 명 지하철　出口 chūkǒu 명 출구　喂 wéi 감탄 여보세요　平时 píngshí 명 보통 때, 평소　晚到 wǎndào 동 늦게 도착하다　大概 dàgài 부 대략　分钟 fēnzhōng 명 분　到 dào 동 도착하다　出来 chūlái 동 나오다　等 děng 동 기다리다　过来 guòlái 동 오다

**실전 테스트**   정답 및 해설_해설편 p.009

녹음을 듣고 알맞은 정답을 고르세요. 🎧 19.mp3

[제2부분]

1. A 公共汽车站
   B 图书馆
   C 大使馆
   D 火车站

2. A 医院
   B 银行
   C 饭馆儿
   D 邮局

[제3부분 대화형]

3. A 机场
   B 公园
   C 国家图书馆
   D 长城宾馆

4. A 家门口
   B 高速公路上
   C 体育馆
   D 洗手间

# 행동

## 행동은 '언제'와 '누구'를 함께 파악하기

**02**

---

### 기본기 다지기 | 기본 개념 잡기 & 공략 미리보기

제2부분과 제3부분 대화형에서는 행동을 묻는 문제가 상당수 출제된다. 질문은 주로 누가 무엇을 했는지, 무엇을 하려고 하는지, 누가 누구에게 무엇을 하라고 시켰는지 등으로 출제된다.

#### | 기본 개념 잡기 1 | 행동 문제 보기의 예

11.  A 坐飞机
     B 去超市
     C 看电影
     D 发邮件

보기가 모두 '동사+목적어'로 구성되어 있어 행동을 묻는 문제임을 예상할 수 있다.

#### | 기본 개념 잡기 2 | 주요 질문 유형

질문은 주로 做什么(무엇을 하는가)의 형식으로 현재 하고 있는 일(在), 앞으로 할 일(要/打算/接下来), 다른 사람에게 건의하는 일(让/建议) 등의 어휘와 함께 제시된다.

• 女的在做什么？  여자는 무엇을 하고 있는가?

• 男的让女的做什么？  남자는 여자에게 무엇을 하라고 하는가?

• 他们最可能在做什么？  그들은 아마 무엇을 하고 있는가?

• 女的明天要做什么？  여자는 내일 무엇을 하려고 하는가?

• 男的接下来要做什么？  남자는 이어서 무엇을 하려고 하는가?

• 男的建议女的怎么做？  남자는 여자에게 어떻게 하라고 권하는가?

#### | 공략 미리보기 |

| | |
|---|---|
| **합격 공략 13** | 남녀를 구분해서 들으라! |
| **합격 공략 14** | 행동과 관련된 추가 정보에 주의하라! |
| **합격 공략 15** | [220점 이상 고득점] 행동을 나타내는 동의어에 주의하라! |

## 합격 공략 **13** 남녀를 구분해서 들으라!

**누가 무엇을 했는지 파악하기**

행동을 묻는 문제에서는 특별히 남자와 여자를 구분해서 들어야 한다. 대부분 녹음에서 여자와 남자의 행동을 다르게 언급한 뒤 누가 어떤 행동을 했는지 묻는다. 녹음을 들으면서 보기에 주어를 메모해야 정확한 정답을 고를 수 있다. 따라서 주어와 행동을 연결시켜 메모해 둔다.

〈행동을 나타내는 어휘〉

| | |
|---|---|
| □ 做菜/做饭 zuò cài/ zuò fàn 밥을 하다 | □ 出差 chūchāi 출장가다 |
| □ 填表 tián biǎo 표를 기입하다 | □ 找工作 zhǎo gōngzuò 일을 구하다 |
| □ 搬沙发 bān shāfā 쇼파를 옮기다 | □ 写报告 xiě bàogào 보고서를 쓰다 |
| □ 去超市 qù chāoshì 마트에 가다 | □ 请假 qǐngjià 휴가를 신청하다 |
| □ 买牙膏 mǎi yágāo 치약을 사다 | □ 洗衣服 xǐ yīfú 옷을 빨다 |
| □ 上课 shàngkè 수업을 하다 | □ 打扫房间 dǎsǎo fángjiān 방을 청소하다 |
| □ 下课 xiàkè 수업이 끝나다 | □ 做家务/干家务 gān jiāwù 집안일을 하다 |
| □ 看书 kàn shū 책을 보다 | □ 上网 shàngwǎng 인터넷을 하다 |
| □ 读书 dú shū 공부하다 | □ 散步 sànbù 산책을 하다 |
| □ 复习 fùxí 복습하다 | □ 看电视 kàn diànshì 티비를 보다 |
| □ 预习 yùxí 예습하다 | □ 看电影 kàn diànyǐng 영화를 보다 |
| □ 考试 kǎoshì 시험 보다 | □ 踢足球 tī zúqiú 축구를 하다 |
| □ 写作业 xiě zuòyè 숙제를 하다 | □ 打网球 dǎ wǎngqiú 테니스를 하다 |
| □ 上班 shàngbān 출근하다 | □ 购物 gòuwù 구매하다 |
| □ 下班 xiàbān 퇴근하다 | □ 逛街 guàngjiē 쇼핑하다 |
| □ 加班 jiābān 야근하다 | □ 试衣服 shì yīfu 옷을 입어보다 |

## 실전문제 🎧 20.mp3

| A 做饭 | B 写报告 | C 搬沙发 | D 去超市 |
|---|---|---|---|

**STEP 1** 보기 파악하기

| A 做饭 | B 写报告 | | A 밥을 하다 | B 보고서를 쓰다 |
|---|---|---|---|---|
| C 搬沙发 | D 去超市 | | C 소파를 옮기다 | D 마트에 가다 |

보기의 어휘를 보아 행동을 묻는 문제임을 알 수 있다.

**들은 내용 표시하고 질문에 알맞은 정답 고르기**

女: 我想去超市买水果，一起去吧？

男: 我不去了，我得继续写报告，明天要交的。

问: 男的接下来要做什么？

여: 나 마트에 가서 과일을 사고 싶은데 같이 갈래?

남: 나 못 가. 보고서를 써야 하는데 내일 제출해야 해.

질문: 남자는 이어서 무엇을 하려고 하는가?

남자와 여자의 행동에 주의해서 듣는다. 여자는 去超市买水果(슈퍼마켓에 가서 과일을 산다)라고 했고, 남자는 得写报告(보고서를 써야 한다)라고 했으므로 보기 B 옆에는 '남자', 보기 D 옆에는 '여자'라고 표시해 두고 질문을 듣는다. 질문에 남자가 이어서 할 행동을 물었으므로 정답은 B 写报告(보고서를 쓰다)이다.

정답 B 写报告

어휘 做饭 zuòfàn 图 밥을 짓다　报告 bàogào 图 보고서　搬 bān 图 옮기다　沙发 shāfā 图 소파　超市 chāoshì 图 슈퍼마켓　水果 shuǐguǒ 图 과일　一起 yìqǐ 图 같이　得 děi 图 ~해야 한다　继续 jìxù 图 계속하다　一定 yídìng 图 반드시　交 jiāo 图 제출하다　接下来 jiēxiàlái 다음은, 이하는

## 합격 공략 14 ▶ 행동과 관련된 추가 정보에 주의하라!

### 행동과 함께 쓰이는 어휘

녹음에서 누가 한 행동인가와 더불어 잘 들어야 하는 정보는 바로 계획, 바램, 지속, 진행, 부탁 등의 추가 정보이다. 이러한 정보는 보통 행동을 나타내는 동사 앞에 등장하므로 행동 어휘와 함께 주의해서 들어야 한다. 아래의 문제를 통해 유형을 파악해 보자.

〈행동과 함께 쓰이는 어휘〉

| | |
|---|---|
| □ **打算** + 행동　~할 계획이다 | □ **继续** + 행동　계속해서 ~하다 |
| □ **要/得/想** + 행동　~하려고 하다 | □ **请** + 행동　~해 주세요 |
| □ **去** + 장소 + 행동　~에 가서 ~을 하다 | □ **帮我** + 행동　날 도와서 ~을 해 줘 |
| □ **正在/在** + 행동　~하고 있다 | □ 주어 + **让** + 사람 + 행동　~가 ~에게 ~을 시키다 |

## 실전문제 🎧 21.mp3

| A 爬山 | B 跳舞 | C 办签证 | D 逛街 |
|---|---|---|---|

**보기 파악하기**

A 爬山　　　　B 跳舞

C 办签证　　　D 逛街

| A 등산하다 | B 춤을 추다 |
|---|---|
| C 비자를 신청하다 | D 아이쇼핑을 하다 |

보기의 어휘를 보아 행동을 묻는 문제임을 알 수 있다.

**STEP 2** 들은 내용 표시하고 질문에 알맞은 정답 고르기

女：太累了，我们在这儿休息一会儿吧，我实在没有力气继续爬了。

男：好，正好我也有点儿饿了。你有没有吃的？

女：我包里有饼干和水果，你要吃什么？

男：饼干吧。

问：他们最可能在做什么？

---

여: 너무 힘들다. 우리 여기에서 좀 쉬자. 나 정말 계속 올라갈 힘이 없어.

남: 좋아. 마침 나도 배가 좀 고팠어. 먹을 거 있어?

여: 내 가방에 과자랑 과일이 있는데 뭐 먹을래?

남: 과자 먹을게.

질문: 그들은 아마도 무엇을 하고 있는가?

---

'계속해서 ~하다'라는 뜻의 继续 뒤에 爬(오르다)라는 행동이 언급됐다. 보기 A에 밑줄을 그어 표시해둔다. 질문에 그들은 지금 무엇을 하고 있는지 물었으므로 정답은 A 爬山(등산하다)이다.

**정답** A 爬山

**어휘** 爬山 páshān 통 등산하다　跳舞 tiàowǔ 통 춤을 추다　办 bàn 통 처리하다　签证 qiānzhèng 명 비자　逛街 guàngjiē 통 아이쇼핑하다　累 lèi 형 힘들다　休息 xiūxi 통 쉬다　一会儿 yíhuìr 명 잠시　实在 shízài 부 확실히, 참으로　力气 lìqi 명 힘　继续 jìxù 통 계속하다　爬 pá 통 오르다　正好 zhènghǎo 부 마침　饿 è 형 배고프다　包 bāo 명 가방　饼干 bǐnggān 명 과자　水果 shuǐguǒ 명 과일

---

## 합격 공략 **15** [220점 이상 고득점] 행동을 나타내는 동의어에 주의하라!

### 행동을 나타내는 동의어

행동을 나타내는 어휘를 보기에 동의어로 제시하는 경우가 있다. 이때는 녹음을 완벽하게 들었다고 해도 동의어의 뜻을 몰라서 답을 고르지 못할 수 있으므로 행동을 나타내는 동의어를 미리 숙지해 두도록 한다.

〈행동을 나타내는 동의어〉

| | |
|---|---|
| □ **看书** = **学习** 공부하다 | □ **打车** = **坐出租车** 택시를 타다 |
| □ **运动** = **锻炼身体** 운동하다 | □ **骑车** = **骑自行车** 자전거를 타다 |
| □ **写作业** = **做作业** 숙제하다 | □ **做菜** = **做饭** 요리하다 |
| □ **准备考试** = **复习** 시험을 준비하다 | □ **去医院** = **看病** 병원에 가다 |
| □ **打扫** = **清理** 청소하다 | □ **读研究生** = **读硕士** 석사를 밟다 |
| □ **买东西** = **购物** 쇼핑하다 | □ **抽烟** = **吸烟** 담배를 피우다 |

---

**실전문제** 🎧 22.mp3

| A 坐出租汽车 | B 坐飞机 | C 坐公交车 | D 骑自行车 |
|---|---|---|---|

STEP 1 보기 파악하기

A 坐出租汽车　　　　B 坐飞机
C 坐公交车　　　　　D 骑自行车

| A 택시를 타다 | B 비행기를 타다 |
| C 버스를 타다 | D 자전거를 타다 |

보기의 어휘를 보아 행동을 묻는 문제임을 알 수 있다.

STEP 2 들은 내용 표시하고 질문에 알맞은 정답 고르기

男：您大概什么时候下飞机？我去接您吧。
女：不用了，我直接打车去会场，你不用来了。

问：女的打算怎么去会场？

남: 언제쯤 비행기에서 내려요? 제가 마중 나갈게요.
여: 괜찮아요. 바로 택시 타고 회의장에 가니까 올 필요 없어요.

질문: 여자는 어떻게 회의장에 가려고 하는가?

녹음에서 남자의 말에 飞机(비행기)가 들렸고 여자의 말에 打车(택시를 타다)가 언급되었으므로 보기 A와 B에 메모해 둔다. 질문에서 여자가 어떻게 회의장에 가는지 물었으므로 정답은 A 坐出租汽车(택시를 타다)이다. 坐出租汽车와 打车(=打的)는 동의어이다.

정답　A 坐出租汽车

어휘　坐 zuò 동 타다　出租汽车 chūzūqìchē 명 택시　公交车 gōngjiāochē 명 버스　飞机 fēijī 명 비행기　骑 qí 동 타다　自行车 zìxíngchē 명 자전거　大概 dàgài 부 대략　什么时候 shénmeshíhou 언제　接 jiē 동 마중하다　不用 búyòng 부 ~할 필요가 없다　直接 zhíjiē 형 직접적인　打车 dǎchē 동 택시를 타다　会场 huìchǎng 명 회의장

---

실전 테스트　정답 및 해설_해설편 p.011

녹음을 듣고 알맞은 정답을 고르세요. 🎧 23.mp3

[제2부분]

1. A 买铅笔
　 B 发邮件
　 C 填表
　 D 看演出

2. A 学游泳
　 B 学弹钢琴
　 C 锻炼身体
　 D 学英语

[제3부분 대화형]

3. A 看电影
　 B 排队买票
　 C 买果汁
　 D 打扫房间

4. A 办收入证明
　 B 爬山
　 C 取签证
　 D 交材料

**03**

# 상태/상황
## '어떤 상태'와 '어떤 생각' 파악하기

**기본기 다지기** **기본 개념 잡기 & 공략 미리보기**

상태와 상황을 묻는 문제에서는 사람이나 사물의 상태/상황이 어떠한지, 특정 인물의 생각이 어떠한지를 묻는다. 출제 비중이 다소 높은 편이며, 직접적인 어휘가 언급되기도 하지만 상황 및 사람의 감정을 파악해야 풀 수 있는 문제도 출제된다.

**| 기본 개념 잡기 1 | 상태/상황 문제 보기의 예**

| 11. A 很无聊 <br> B 十分精彩 <br> C 非常奇怪 <br> D 让人感动 | 보기가 형용사로 구성되어 있어 묘사하는 뜻을 나타내므로 사람 또는 사물의 상태나 상황을 묻는 문제임을 예상할 수 있다. |
|---|---|

**| 기본 개념 잡기 2 | 주요 질문 유형**

상태나 상황을 묻는 질문은 怎么了(어떻게 된 일인가), 怎么样(어떤가) 등의 형식으로 제시된다.

- 关于男的，下列哪个正确？  남자에 대해 옳은 것은?
- 女的是什么意思？  여자는 어떤 의미인가?
- 男的怎么了？  남자는 왜 그러는가?
- 关于那家店，可以知道什么？  그 가게에 대해 알 수 있는 것은?
- 女的觉得比赛怎么样？  여자는 시합이 어떻다고 생각하는가?
- 他们觉得那位作者的小说写得怎么样？  그들은 그 작가의 소설이 어떻다고 생각하는가?

**| 공략 미리보기 |**

| **합격 공략 16** | 사람의 상태 또는 상황을 파악하라! |
|---|---|
| **합격 공략 17** | 사물의 상태를 파악하라! |
| **합격 공략 18** | [220점 이상 고득점] 감정과 태도를 파악하라! |

## 합격 공략 **16** 사람의 상태 또는 상황을 파악하라!

### 사람의 상태 또는 상황을 묻는 문제

사람의 상태나 상황을 묻는 질문에서는 주로 怎么了? (어떻게 된 일인가?), 为什么? (왜?), 关于……可以知道什么? (~에 관해 알 수 있는 것은?) 등의 형태로 제시된다. 대상에 관한 주요 정보를 묻기 때문에 먼저 보기의 키워드를 파악한 뒤 녹음과 대조해야 한다. 아래의 문제를 통해 유형을 파악해 보자.

### 〈사람의 상태 또는 상황을 나타내는 어휘〉

| | |
|---|---|
| □ 粗心大意 cūxīndàyì 꼼꼼하지 않다, 데면데면하다 | □ 开心 kāixīn 아주 즐겁다 |
| = 丢三落四 / 马马虎虎 / 马大哈 | = 高兴 / 愉快 |
| □ 变胖 biàn pàng 뚱뚱해지다 | □ 认真 rènzhēn 아주 성실하다 |
| = 胖 | = 努力 ↔ 不认真 |
| □ 减肥 jiǎnféi 다이어트를 하다 | □ 生病 shēngbìng 병이 나다 |
| = 做运动 / 不吃甜食 | = 感冒 / 身体不舒服 |
| □ 想喝水 xiǎng hē shuǐ 물을 마시고 싶다 | □ 笨 bèn 어리석다 |
| = 口渴 | = 不聪明 |
| □ 出汗 chūhàn 땀이 나다 | □ 难受 nánshòu 괴롭다 |
| = 热 | = 难过 |

## 실전문제 🎧 24.mp3

A 变瘦了          B 变化不大          C 很可怜          D 变胖了

---

### STEP 1    보기 파악하기

A 变瘦了            B 变化不大

C 很可怜            D 变胖了

| A 날씬해졌다 | B 변화가 크지 않다 |
|---|---|
| C 아주 불쌍하다 | D 뚱뚱해졌다 |

보기의 어휘를 보아 상태를 묻는 문제이며 변화를 나타내는 어휘임을 알 수 있다.

### STEP 2    들은 내용 표시하고 질문에 알맞은 정답 고르기

男：要不是你和我打招呼，我都没认出来你。
　　你怎么这么瘦了？

女：我减肥了，不吃甜食，每天去健身房锻炼
　　身体。

问：关于女的，可以知道什么？

남: 네가 나에게 인사하지 않았다면 너를 몰라볼 뻔 했어. 어떻게 이렇게 날씬해졌어?

여: 나 다이어트했어. 단 거 안 먹고, 매일 헬스장에 가서 운동해.

질문: 여자에 대해 알 수 있는 것은?

여자가 인사하지 않았다면 못 알아볼 뻔 했다는 남자의 말을 통해 여자는 변화가 매우 큼을 알 수 있다. 따라서 보기 B에 X 표시를 한다. 你怎么这么瘦了? (왜 이렇게 살이 빠졌어?)라는 남자의 말을 통해 여자가 예전에는 뚱뚱했음을 알 수 있다. 녹음이 여자는 남자가 알아보지 못할 만큼 변화가 매우 크며, 다이어트를 통해 살을 많이 뺐다는 내용이므로 정답은 A 变瘦了(날씬해졌다)이다.

**정답** A 变瘦了

**어휘** 变 biàn 통 변하다   瘦 shòu 형 마르다   变化 biànhuà 명 변화   可怜 kělián 형 가련하다   胖 pàng 형 뚱뚱하다   要不是 yàobúshì 접 ~이 아니었다면   和 hé 개 ~와/과   打招呼 dǎzhāohu 통 인사하다   认出来 rènchūlai 알아보다   减肥 jiǎnféi 통 살을 빼다   甜食 tiánshí 명 단맛의 식품   每天 měitiān 명 매일   健身房 jiànshēnfáng 명 헬스 클럽   锻炼 duànliàn 통 단련하다   身体 shēntǐ 명 몸

---

## 합격 공략 17 사물의 상태를 파악하라!

### 사물의 상태를 묻는 문제

사물의 상태를 묻는 질문에서는 주로 关于……可以知道什么? (~에 관하여 알 수 있는 것은?), 关于……下列哪项正确? (~에 관하여 다음 중 옳은 것은?), ……怎么样? (~은 어떠한가?) 등이 사용된다. 특히 형용사는 비슷한 다른 표현으로 바꾸어 제시되거나, 여러 가지 정보가 함께 제시되기도 한다.

〈사물의 상태를 나타내는 형용사〉

| | |
|---|---|
| □ 优秀 yōuxiù 우수하다 = 成绩好 | □ 轻 qīng 가볍다 ↔ 重 |
| □ 安静 ānjìng 조용하다 ↔ 热闹 | □ 新 xīn 새롭다 ↔ 旧 |
| □ 暖和 nuǎnhuo 따뜻하다 ↔ 凉快 | □ 干净 gānjìng 깨끗하다 ↔ 脏 |
| □ 热 rè 덥다 = 闷热 | □ 难 nán 어렵다 ↔ 容易 |
| □ 好 hǎo 좋다 = 不错 ↔ 坏 huài | □ 饿 è 배고프다 ↔ 饱 |
| □ 高 gāo 높다 ↔ 低 / 矮 | □ 厚 hòu 두껍다 ↔ 薄 |

### 실전문제 🎧 25.mp3

| A 很热闹 | B 价格低 | C 环境不错 | D 交通不方便 |
|---|---|---|---|

### STEP 1  보기 파악하기

| A 很热闹 | B 价格低 | | A 아주 시끌벅적하다 | B 가격이 낮다 |
|---|---|---|---|---|
| C 环境不错 | D 交通不方便 | | C 환경이 좋다 | D 교통이 불편하다 |

보기의 어휘는 모두 '무엇이 어떠하다'라는 뜻의 형용사이므로 사물의 상태를 묻는 문제임을 알 수 있다.

女 : 这儿不是郊区吗? 怎么房价这么高?

男 : 可能是因为这周围环境很好, 附近有学校、
医院、超市, 而且离地铁站也很近。

问 : 关于这个房子, 可以知道什么?

여: 여기 교외 아닌가요? 집값이 왜 이렇게 비싸요?

남: 아마도 이 주변 환경이 너무 좋아서 그럴 거예요. 근처에 학교, 병원, 마트가 있고 지하철역도 가까워요.

질문: 이 집에 대해 알 수 있는 것은?

녹음에서 房价这么高(방값이 비싸다)라고 했으므로 보기 B에 X로 표시해 둔다. 또한 离地铁站也很近(지하철역으로부터 가깝다)이라고 했으므로 보기 D의 交通不方便(교통이 불편하다)에 X표시를 한다. 周围环境很好(주위 환경이 아주 좋다)는 보기 C의 环境不错(환경이 좋다)와 같은 내용이므로 보기 C에 밑줄을 그어 표시한다. 질문은 이 집에 관하여 알 수 있는 것을 묻고 있으므로 정답은 C 环境不错(환경이 좋다)이다.

정답 C 环境不错

어휘 热闹 rènao 형 시끌벅적하다   价格 jiàgé 명 가격   低 dī 형 낮다   环境 huánjìng 명 환경   不错 búcuò 형 좋다   交通 jiāotōng 명 교통   方便 fāngbiàn 형 편리하다   郊区 jiāoqū 명 교외 지역   房价 fángjià 명 집값   高 gāo 형 높다   可能 kěnéng 부 아마도   因为 yīnwèi 접 ~때문에   周围 zhōuwéi 명 주위   附近 fùjìn 명 근처   学校 xuéxiào 명 학교   医院 yīyuàn 명 병원   超市 chāoshì 명 슈퍼마켓   而且 érqiě 접 게다가   离 lí 개 ~로부터   地铁站 dìtiězhàn 명 지하철역   近 jìn 형 가깝다   房子 fángzi 명 집

## 합격 공략 **18** [220점 이상 고득점] 감정과 태도를 파악하라!

### 감정과 태도를 파악하는 문제

감정과 태도를 파악하는 질문은 주로 男的是什么意思? (남자는 무슨 의미인가?), 觉得怎么样? (어떻게 생각하는가?)의 형식으로 제시된다. 녹음에서 감정과 태도 어휘가 직접 언급될 수도 있으나 대부분 대화를 통해 유추해야 하는 경우가 많다. 따라서 대화에서 드러나는 감정과 태도를 파악하기 위해 감정 어휘와 표현을 함께 숙지하는 것이 필요하다.

• 再好不过了。 더 좋을 수 없어요. → 满意 만족하다

• 哪里哪里, 您夸奖了。 별말씀을요. 과찬이세요. → 客气 사양하다, 谦虚 겸손하다

• 真受不了, 气死了。 정말 못 참겠어요. 화나요. → 生气 화가 나다

### 〈감정과 태도를 나타내는 어휘〉

| | |
|---|---|
| □ 表扬 biǎoyáng 칭찬하다 | □ 怀疑 huáiyí 의심하다 |
| □ 批评 pīpíng 비판하다 | □ 讨厌 tǎoyàn 싫어하다 |
| □ 放心 fàngxīn 마음을 놓다, 안심하다 | □ 可惜 kěxī 아쉽다. 섭섭하다 |
| □ 担心 dānxīn 염려하다, 걱정하다 | □ 抱歉 bàoqiàn 미안해하다 |
| □ 伤心 shāngxīn 상심하다, 슬퍼하다 | = 道歉 = 对不起 = 不好意思 |
| □ 后悔 hòuhuǐ 후회하다 | □ 感谢 gǎnxiè 감사하다 = 谢谢 |
| □ 骄傲 jiāo'ào 자랑스럽다 | □ 感动 gǎndòng 감동하다 |

| | |
|---|---|
| □ **不在乎** búzàihu 대수롭지 않게 여기다 | □ **鼓励** gǔlì 격려하다 |
| = **不介意** = **无所谓** | □ **烦恼** fánnǎo 번뇌하다, 걱정하다 |
| □ **同意** tóngyì 동의하다 | □ **严格** yángé 엄격하다 |
| □ **反对** fǎnduì 반대하다 | □ **失望** shīwàng 실망하다 |
| □ **相信** xiāngxìn 믿다 | □ **幸福** xìngfú 행복하다 |

## 실전문제 🎧 26.mp3

A 很孤单  B 非常紧张  C 很放松  D 很得意

### STEP 1  보기 파악하기

A 很孤单  B 非常紧张
C 很放松  D 很得意

| | | | |
|---|---|---|---|
| A 아주 외롭다 | | B 매우 긴장된다 | |
| C 아주 홀가분하다 | | D 아주 의기양양하다 | |

보기의 어휘로 보아 감정을 묻는 문제임을 알 수 있다.

### STEP 2  들은 내용 표시하고 질문에 알맞은 정답 고르기

女：这儿的风景真美，空气也很好。
男：你怎么样？心情好些了吧？
女：好多了，最近工作特别忙，好久没这么轻
　　松了。太谢谢你了。
男：不用谢。
问：女的现在心情怎么样？

여: 이곳 경치가 정말 아름답다. 공기도 좋네.
남: 어때? 기분이 좋아졌어?
여: 많이 좋아졌어. 요즘 일이 너무 바빴는데 오랜만에 홀가분해진 거
　　같아. 정말 고마워.
남: 아니야.

질문: 여자는 지금 기분이 어떤가?

남자의 心情好些了吗? (기분은 좀 좋아졌어?)라는 질문에 여자는 好多了(좋아졌어)라고 대답하였고 이어 好久没这么
放松了(오랜만에 홀가분해진 거 같아)라는 문장을 통해 지금 여자의 기분이 매우 홀가분한 상태임을 알 수 있다. 질문이
여자의 현재 기분을 묻는 질문이므로 轻松과 동의어인 放松이 있는 보기 C 很放松(아주 홀가분하다)이 정답이다.

**정답**  C 很放松

**어휘**  孤单 gūdān 형 외롭다  紧张 jǐnzhāng 형 긴장해 있다  放松 fàngsōng 동 느슨하게 하다  得意 déyì 동 의기양양하다  风景
fēngjǐng 명 풍경  空气 kōngqì 명 공기  怎么样 zěnmeyàng 대 어떠하다  心情 xīnqíng 명 기분  最近 zuìjìn 명 최근  特别
tèbié 부 아주  好久 hǎojiǔ 형 (시간이) 오래되다  轻松 qīngsōng 동 홀가분하다

녹음을 듣고 알맞은 정답을 고르세요. 🎧 27.mp3

[제2부분]

1. A 下雨了
   B 特别冷
   C 很热
   D 很暖和

2. A 做事冷静
   B 可以做翻译
   C 没有经验
   D 比较热情

[제3부분 대화형]

3. A 肚子难受
   B 腿疼
   C 感冒了
   D 不想打针

4. A 房子很便宜
   B 很暖和
   C 压力很大
   D 机会很少

# 04 직업/신분/사물/숫자
## 구체적인 명사에 주의하기

### 기본기 다지기 | 기본 개념 잡기 & 공략 미리보기

보기가 모두 명사로 이루어진 문제는 주로 말하는 사람의 직업이나 신분, 사물을 묻기 때문에 구체적인 세부 정보에 집중해서 들어야 한다.

#### | 기본 개념 잡기 1 | 직업/신분/사물/숫자를 묻는 문제 보기의 예

| 11. A 桌子 | 보기가 모두 명사로 이루어져 있다면 무엇을 사려고 하는지, 무엇을 찾는지를 |
|---|---|
| B 沙发 | 묻는 문제임을 예상하고, 보기가 신분을 나타내는 어휘라면 직업/관계를 묻는 |
| C 椅子 | 문제임을 예상할 수 있다. |
| D 电视 | |

#### | 기본 개념 잡기 2 | 주요 질문 유형

직업/신분/사물/숫자를 묻는 질문은 谁(누구), 什么关系(어떤 관계), 什么(무엇) 등의 대사를 사용한 형식으로 제시된다.

- 男的最可能是做什么的?  남자는 무엇을 하는 사람인가?
- 小李和谁去医院了?  샤오리는 누구와 병원에 갔는가?
- 他们最可能是什么关系?  그들은 어떤 관계인가?
- 男的向女的借什么?  남자는 여자에게 무엇을 빌리는가?
- 女的在找什么?  여자는 무엇을 찾고 있는가?
- 女的提醒男的带什么?  여자는 남자에게 무엇을 가져오라고 했는가?

#### | 공략 미리보기 |

| **합격 공략 19** | 직업 또는 관계를 파악하라! |
|---|---|
| **합격 공략 20** | 사물 명사를 주의해서 들으라! |
| **합격 공략 21** | [220점 이상 고득점] 숫자는 간단한 계산을 하라! |

**보기가 직업 또는 관계를 나타내는 경우**

직업이나 관계를 묻는 문제에서는 녹음에 그 명사를 직접 언급하거나 또는 그것을 추측할 수 있는 단어를 제시해서 비교적 간단히 정답을 고를 수 있다. 그런데 녹음의 내용은 이해했으나 정작 보기의 어휘를 몰라서 정답을 고르지 못하는 경우가 있으므로 직업과 관계를 나타내는 어휘를 미리 숙지하는 것이 필요하다.

〈사람의 직업 또는 관계를 나타내는 어휘〉

| | |
|---|---|
| □ 学生 xuésheng 학생 | □ 明星 míngxīng 연예인 |
| □ 老师 lǎoshī 선생님 | □ 作家 zuòjiā 작가 |
| □ 教授 jiàoshòu 교수 | □ 司机 sījī 기사 |
| □ 经理 jīnglǐ 사장 | □ 师傅 shīfu 기사 |
| □ 职员 zhíyuán 직원 | □ 导游 dǎoyóu 가이드 |
| □ 秘书 mìshū 비서 | □ 律师 lùshī 변호사 |
| □ 医生 yīshēng = 大夫 dàifu 의사 | □ 同事 tóngshì 동료 |
| □ 护士 hùshi 간호사 | □ 同学 tóngxué 학우 |
| □ 服务员 fúwùyuán 종업원 | □ 朋友 péngyou 친구 |
| □ 售货员 shòuhuòyuán 판매원 | □ 夫妻 fūqī 부부 |
| □ 演员 yǎnyuán 배우 | □ 邻居 línjū 이웃 |
| □ 主持人 zhǔchírén 사회자 | □ 亲戚 qīnqi 친척 |
| □ 记者 jìzhě 기자 | □ 兄弟姐妹 xiōngdìjiěmèi 형제자매 |

**실전문제** 🎧 28.mp3

| A 同事 | B 导游 | C 亲戚 | D 朋友 |
|---|---|---|---|

STEP 1 보기 파악하기

A 同事　　　　B 导游
C 亲戚　　　　D 朋友

| A 회사 동료 | B 가이드 |
|---|---|
| C 친척 | D 친구 |

보기의 어휘를 보아 직업이나 관계를 묻는 문제임을 알 수 있다.

**STEP 2** 들은 내용 표시하고 질문에 알맞은 정답 고르기

女: 这西瓜真好吃，你在哪儿买的?

男: 是家里亲戚寄过来的，他们那儿的西瓜非
常甜。

问: 西瓜是谁送的?

여: 이 수박이 정말 맛있는데 어디서 샀어요?

남: 우리 친척 분이 보내주신 건데 그곳의 수박이 정말 달아요.

질문: 수박은 누가 보낸 것인가?

관계를 묻는 문제에서는 녹음에서 관계를 나타내는 어휘를 직접 언급하는 경우가 많다. 이 문제에서도 수박을 어디서 샀냐는 여자의 질문에 남자는 是家里亲戚寄过来的(친척이 보내주었다)라고 亲戚(친척)를 직접 언급했으므로 보기 C에 밑줄을 그어둔다. 질문에서 수박을 누가 보내준 것인지를 묻고 있으므로 정답은 C 亲戚(친척)이다.

**정답** C 亲戚

**어휘** 同事 tóngshì 명 동료   导游 dǎoyóu 명 가이드   亲戚 qīnqi 명 친척   朋友 péngyou 명 친구   西瓜 xīguā 명 수박   好吃 hǎochī 형 맛있다   寄 jì 동 (우편으로) 보내다   甜 tián 형 달다   送 sòng 동 보내다, 선물하다

## 합격 공략 ⑳ 사물 명사를 주의해서 들으라!

### 보기가 사물을 나타내는 경우

보기가 모두 명사로 되어 있다면 그 명사가 녹음에 직접 언급될 가능성이 높다. 따라서 녹음을 듣기 전에, 보기 어휘의 발음을 미리 빠르게 떠올려 두는 것이 좋다. 또한 사물 명사는 동사와 함께 제시되므로 找什么(무엇을 찾다), 要买什么(무엇을 사려고 하다)와 같이 동사에 주의해서 듣는다.

〈사물을 나타내는 명사〉

| | |
|---|---|
| □ 牙膏 yágāo 치약 | □ 钥匙 yàoshi 열쇠 |
| □ 水果 shuǐguǒ 과일 | □ 钱包 qiánbāo 지갑 |
| □ 苹果 píngguǒ 사과 | □ 衣服 yīfu 옷 |
| □ 香蕉 xiāngjiāo 바나나 | □ 衬衫 chènshān 셔츠 |
| □ 西红柿 xīhóngshì 토마토 | □ 裤子 kùzi 바지 |
| □ 饼干 bǐnggān 과자 | □ 裙子 qúnzi 치마 |
| □ 果汁 guǒzhī 과일 주스 | □ 运动鞋 yùndòngxié 운동화 |
| □ 手机 shǒujī 핸드폰 | □ 袜子 wàzi 양말 |
| □ 充电器 chōngdiànqì 충전기 | □ 词典 cídiǎn 사전 |
| □ 电脑 diànnǎo 컴퓨터 | □ 杂志 zázhì 잡지 |
| □ 抽屉 chōuti 서랍 | □ 小说 xiǎoshuō 소설 |

| A 牙膏 | B 糖 | C 饼干 | D 牛奶 |
|---|---|---|---|

**STEP 1** 보기 파악하기

A 牙膏  B 糖
C 饼干  D 牛奶

| A 치약 | B 사탕 |
|---|---|
| C 과자 | D 우유 |

보기의 어휘는 모두 사물이므로 '무엇을 사다' 또는 '무엇을 찾다'와 같이 행동을 나타내는 동사와 연결시켜 들어야 한다.

**STEP 2** 들은 내용 표시하고 질문에 알맞은 정답 고르기

男：我想出去走走，你去不去？
女：我不去了，你顺便买几盒牛奶回来吧，家
　　里没有牛奶。
男：我早上买了一些，放在厨房了。
女：是吗？我没注意到。
问：女的让男的买什么？

남: 나 좀 나가서 걷고 싶은데 같이 갈래?
여: 안 갈래. 네가 나간 김에 우유 몇 개 사다 줘. 집에 우유가 없어.
남: 내가 아침에 좀 사서 부엌에 놔 뒀어.
여: 그래? 내가 못 봤네.

질문: 여자는 남자에게 무엇을 사달라고 했는가?

듣기에서 顺便이라는 단어가 들리면 주의한다. 顺便은 '~하는 김에'라는 뜻으로 부탁하는 상황에서 자주 사용되어 '누가 누구에게 무엇을 해 달라고 했는가'의 형식으로 질문이 제시된다. 여자는 남자에게 산책을 가는 김에 买几盒牛奶(우유 몇 팩 좀 사다 줘)라고 했으므로 보기 D에 밑줄을 그어 표시한다. 질문에서 여자가 남자에게 무엇을 사 달라고 했는지를 묻고 있으므로 정답은 D 牛奶(우유)이다.

정답 D 牛奶

어휘 牙膏 yágāo 명 치약  糖 táng 명 사탕  饼干 bǐnggān 명 과자  走 zǒu 통 가다  顺便 shùnbiàn 부 ~하는 김에  盒 hé 양 통, 갑  牛奶 niúnǎi 명 우유  早上 zǎoshang 명 아침  放 fàng 통 놓다  厨房 chúfáng 명 주방  注意 zhùyì 통 주의하다  让 ràng 통 ~하게 하다

## 합격 공략 ㉑ [220점 이상 고득점] 숫자는 간단한 계산을 하라!

**보기가 숫자로 이루어진 경우**

듣기 제2부분, 제3부분 대화형에서 숫자를 묻는 문제는 주로 날짜, 수량, 요일, 무게, 나이 등을 묻는다. 해당 숫자가 직접 언급되는 간단한 문제도 있지만, 간단한 계산을 해야 하는 문제도 출제된다. 숫자 어휘를 녹음에서 정확히 듣기 위해 함께 쓰이는 양사, 명사 어휘를 미리 숙지해 두는 것이 필요하다.

### 〈숫자와 함께 쓰이는 어휘〉

| □ 斤 근 | □ 公斤 킬로그램 | □ 个 개 | □ 米 미터 | □ 公里 킬로미터 | □ 岁 살 |
|---|---|---|---|---|---|
| □ 年 년 | □ 月 월 | □ 号(日) 일 | □ 月底 월말 | □ 中旬 중순 | □ 年级 학년 |

## 실전문제 🎧 30.mp3

| A 1号 | B 10号 | C 20号 | D 30号 |
|---|---|---|---|

---

**STEP 1**　보기 파악하기

보기의 어휘가 숫자에 号(일)가 사용되었으므로 날짜를 묻는 문제임을 알 수 있다.

**STEP 2**　들은 내용 표시하고 질문에 알맞은 정답 고르기

女：小王，你知道小张什么时候回来吗？

男：他上个星期去出差了。估计月底才能回来。

　　你找他有急事吗？

问：小张什么时候回来？

> 여: 샤오왕, 샤오장이 언제 돌아오는지 알아요?
>
> 남: 그는 지난주에 출장 갔어요. 아마 월말에 돌아올 수 있을 거예요.
> 무슨 급한 일 있어요?
>
> 질문: 샤오장은 언제 돌아오는가?

여자의 질문에 남자는 估计月底才回来(월말에야 돌아올 것이다)라고 하였다. 숫자를 직접 언급하지는 않았지만 月底는 '월말'이라는 뜻이므로 보기에 제시된 날짜 중 30号(30일)가 가장 적합함을 알 수 있다. 질문에서 샤오장이 언제 돌아오는 지를 묻고 있으므로 정답은 D 30号(30일)이다.

**정답**　D 30号

**어휘**　号 hào 명 일(날짜를 가리킴)　知道 zhīdào 동 알다　什么时候 shénme shíhou 언제　上个星期 shàng ge xīngqī 지난주　出差 chūchāi 동 출장 가다　估计 gūjì 동 추측하다　月底 yuèdǐ 명 월말　才 cái 부 비로소　找 zhǎo 동 찾다　急事 jíshì 명 급한 일

녹음을 듣고 알맞은 정답을 고르세요. 🎧 31.mp3

[제2부분]

1. A 爸爸
   B 儿子
   C 老师
   D 大夫

2. A 筷子
   B 电脑
   C 桌子
   D 沙发

[제3부분 대화형]

3. A 钱包
   B 钥匙
   C 手机
   D 照片

4. A 李律师
   B 李医生
   C 李经理
   D 李老师

# 듣기 제2, 3부분 대화형
# 미니모의고사
| 정답 및 해설 | 해설편 p.017

녹음을 듣고 알맞은 정답을 고르세요. 🎧 32.mp3

**[제2부분]**

1. A 多穿衣服
   B 吃早饭
   C 去睡觉
   D 准备考试

2. A 很帅
   B 很幽默
   C 有点儿笨
   D 脾气不好

3. A 翻译材料
   B 打扫办公室
   C 准备开会
   D 写报告

4. A 来不及了
   B 身体不舒服
   C 坐地铁去
   D 要加班

**[제3부분 대화형]**

5. A 电话打不通
   B 网址没错
   C 想买电脑
   D 网速很快

6. A 很好
   B 不太好
   C 交通方便
   D 景色很美

7. A 感冒了
   B 胳膊疼
   C 住院了
   D 腿破了

8. A 很久了
   B 刚开始
   C 味道不好
   D 在郊区

듣기
제3부분
단문형

# 단문을 듣고 질문에 답하기

听力

**Warm Up!**
유형 분석 & 풀이 전략

**1. 설명문, 논설문, 실용문**
주제, 교훈, 정보 파악하기

**2. 이야기 글**
이야기의 흐름 파악하기

# 듣기 제3부분 단문형

## Warm Up!

# 유형 분석 & 풀이 전략

## 유형 분석 | 시험엔 이렇게 나온다!

### 출제 방식

HSK 4급 듣기 제3부분 단문 유형은 짧은 글을 듣고 질문에 알맞은 정답을 고르는 문제이다. 하나의 지문을 듣고 2 문제를 푸는 형식으로 36번부터 45번까지 총 10문제가 출제된다. 지문과 질문은 모두 음성으로 제시되며 시험지의 A, B, C, D로 구성된 4개의 보기에서 알맞은 답을 골라야 한다.

### 출제 경향 & 유형별 출제 비율

듣기 제3부분 단문 유형은 객관적인 정보를 바탕으로 하는 설명문과 논설문, 실용문의 출제 비중이 높으며, 일상생활에서 벌어질 수 있는 에피소드나 유명인의 일화 등의 이야기 글이 출제된다. 특히 설명문과 논설문의 경우 난이도가 다소 높은 어휘들이 사용되어 지문 전체를 다 이해하기 힘들기 때문에 보기를 먼저 파악하여 보기의 키워드를 중심으로 녹음을 들어야 한다.

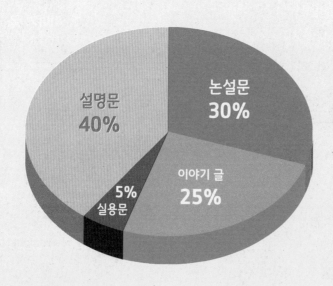

# 풀이 전략 | 문제 풀이 Step & 풀이 전략 적용해 보기

## Step 1

**보기 파악하기**

한 지문을 듣고 2문제를 풀어야 하므로 문제의 보기를 미리 파악해야 한다. 보기의 공통점을 찾아 질문을 미리 예상하고 핵심 키워드를 찾는다.

## Step 2

**들은 내용 메모하기**

문제 순서는 녹음의 흐름과 대부분 일치한다. 녹음의 앞부분은 첫 번째 문제에 집중하고 뒷부분은 두 번째 문제에 집중해서 듣는다. 보기의 키워드와 관련된 내용이 들리면 O/X 등으로 보기에 메모해 둔다.

## Step 3

**질문에 알맞은 정답 고르기**

마지막 질문을 듣고 보기에 메모한 내용을 바탕으로 질문에 알맞은 답을 고른다.

---

**풀이 전략** ) 적용해 보기 🎧 33.mp3

36. A 能力差
    B 经验少
    C 害怕失败
    D 不熟悉环境

37. A 多加班
    B 多跟同事交流
    C 写报告
    D 多吃水果

---

**STEP 1**  **보기 파악하기**

36. A 能力差
    B 经验少
    C 害怕失败
    D 不熟悉环境

| A 능력이 형편없다 |
| B 경험이 부족하다 |
| C 실패를 두려워한다 |
| D 환경이 익숙하지 않다 |

보기의 어휘를 통해 상태나 상황을 묻는 문제임을 알 수 있다. 보기의 키워드 能力(능력), 经验(경험), 失败(실패), 环境(환경)을 주의해서 듣는다.

37. A 多加班

B 多跟同事交流

C 写报告

D 多吃水果

A 야근을 많이 해라
B 동료와 많이 교류해라
C 보고서를 써라
D 과일을 많이 먹어라

보기를 통해 행동을 묻는 문제임을 알 수 있다. 공통적으로 동사 앞에 多(많이)가 사용되었으므로 무엇을 해야 한다는 주장을 나타내는 글임을 예상한다. 보기의 키워드 加班(야근하다), 交流(교류하다), 报告(보고서), 吃水果(과일을 먹다)를 주의해서 듣는다.

### STEP 2 들은 내용 메모하기

许多刚开始工作的人，往往会36因为不熟悉新的工作环境，而感到紧张。如果出现这种情况，你千万不要失望。为了走出这段困难期，37你应该和同事多交流，耐心地向他们学习。这样才能更快地适应新环境。

막 일을 시작한 많은 사람들은 36새로운 업무 환경에 익숙하지 않아 긴장하게 된다. 만일 이러한 상황이 나타난다면 절대 실망하지 말아라. 이러한 어려운 시기에서 벗어나기 위해 37동료와 많이 교류하고 인내심을 가지고 배워야 한다. 그래야 새로운 환경에 빨리 적응할 수 있다.

因为不熟悉新的工作环境(새로운 업무 환경에 익숙하지 않기 때문에)이라고 하였으므로 36번의 보기 D에 메모한다. 또 이로 인해 感到紧张(긴장한다)이라고 했으므로 '긴장'을 메모해 둔다. 你应该和同事多交流(동료와 많이 교류해야 한다)라는 내용도 37번 보기 B에 그대로 언급되었으니 37번 보기 B에 밑줄을 그어 두자.

### STEP 3 질문에 알맞은 정답 고르기

36. 问：刚开始工作的人，为什么会感到紧张？ 막 일을 시작한 사람은 왜 긴장하는가?

일을 막 시작한 사람들이 긴장하는 이유를 물었으므로 정답은 D이다.

37. 问：根据这段话，怎样才能更快地适应新环境？ 어떻게 새로운 환경에 더 빨리 적응할 수 있는가?

새로운 환경에 빨리 적응하는 방법에 대해 물었으므로 정답은 B이다.

정답 36. D 不熟悉环境　37. B 多跟同事交流

어휘 能力 nénglì 몡 능력　差 chà 톙 좋지 않다　经验 jīngyàn 몡 경험　少 shǎo 톙 적다　害怕 hàipà 통 두려워하다　失败 shībài 통 실패하다　熟悉 shúxī 톙 잘 알다, 익숙하다　环境 huánjìng 몡 환경　加班 jiābān 통 초과 근무하다　跟 gēn 개 ～와/과　同事 tóngshì 몡 동료　交流 jiāoliú 통 교류하다　报告 bàogào 몡 보고서　水果 shuǐguǒ 몡 과일　许多 xǔduō 톙 매우 많다　刚 gāng 븻 막, 바로　开始 kāishǐ 통 시작하다　工作 gōngzuò 통 일을 하다　往往 wǎngwǎng 븻 왕왕, 자주　因为 yīnwèi 젭 ～때문에　新 xīn 톙 새롭다　而 ér 젭 그리고　感到 gǎndào 통 느끼다　紧张 jǐnzhāng 톙 긴장해 있다　如果 rúguǒ 젭 만약에　出现 chūxiàn 통 나타나다　种 zhǒng 양 종류, 가지　情况 qíngkuàng 몡 상황　千万 qiānwàn 븻 제발　不要 búyào 통 ～하지 마라　失望 shīwàng 톙 실망하다, 낙담하다　为了 wèile 개 ～을 위하여　走 zǒu 통 걷다　段 duàn 양 동안(시간이나 공간의 일정한 거리를 나타냄)　困难 kùnnan 톙 곤란하다, 어렵다　期 qī 몡 시기　应该 yīnggāi 통 마땅히 ～해야 한다　和 hé 개 ～와/과　耐心 nàixīn 톙 참을성이 있다　向 xiàng 개 ～에게　学习 xuéxí 통 공부하다　才 cái 븻 비로소　更 gèng 븻 더욱　快 kuài 톙 빠르다　适应 shìyìng 통 적응하다

# 듣기 제3부분 단문형

## 01 설명문, 논설문, 실용문

주제, 교훈, 정보 파악하기

### 기본기 다지기 기본 개념 잡기 & 공략 미리보기

설명문은 문화나 상식, 과학에 관한 내용이 출제되고, 논설문은 특정 주제에 관한 화자의 견해와 주장이 제시된다. 또한 실용문은 안내문, 광고문 등이 출제된다.

#### | 기본 개념 잡기 1 | 설명문과 논설문 문제 보기의 예

36. A 聪明人
    B 懒人
    C 热情的
    D 骄傲的

설명문의 보기는 다양한 형식으로 제시되기 때문에 보기만으로 글의 종류를 파악하기 어렵다. 따라서 녹음의 도입부를 듣고 글의 종류를 파악해야 한다.

37. A 做人要诚实
    B 要学会放弃
    C 学习要努力
    D 要互相帮助

논설문의 보기에는 당위를 나타내는 要(해야 한다)와 같은 단어가 함께 쓰인다.

#### | 기본 개념 잡기 2 | 주요 질문 유형

설명문, 논설문, 실용문에서는 주로 녹음 지문에 근거한 구체적인 정보를 묻거나, 핵심 키워드에 관한 내용을 묻는다.

· 根据这段话，什么样的人受欢迎？ 이 글에 따르면 어떤 사람이 환영을 받는가?
· 根据这段话，我们应该养成什么习惯？ 이 글에 따르면 우리는 어떤 습관을 길러야 하는가?
· 关于吹糖人，下列哪项正确？ 설탕 과자에 관하여 옳은 것은?
· 为了环境保护，我们应该怎么做？ 환경보호를 위해 우리가 해야 하는 것은?

#### | 공략 미리보기 |

| **합격 공략 22** | 설명문은 구체적인 정보에 주의하라! |
| **합격 공략 23** | 논설문은 주장과 견해를 파악하라! |
| **합격 공략 24** | [220점 이상 고득점] 도입부를 듣고 실용문임을 파악하라! |

## 설명문은 구체적인 정보를 대조한다

설명문은 설명하고자 하는 주제를 먼저 언급하기 때문에 녹음의 도입부를 듣고 글의 종류를 파악할 수 있다. 주로 중국 문화나 상식, 과학에 관한 글이 출제되며 주제에 관한 구체적인 내용을 묻는 문제가 출제된다. 따라서 녹음에서 언급된 정보를 보기와 대조하면서 듣는 것이 중요하다. 아래의 문제를 통해 유형을 파악해 보자.

### 실전문제 🎧 34.mp3

1. A 酒
   B 药
   C 饮料
   D 水果

2. A 历史很长
   B 中国人只喝绿茶
   C 味道很酸
   D 当成一种食品

---

**STEP 1** 보기 파악하기

1. A 酒        B 药
   C 饮料       D 水果

| A 술 | B 약 |
|------|------|
| C 음료수 | D 과일 |

보기의 어휘로 보아 음식에 관한 문제임을 알 수 있다.

2. A 历史很长
   B 中国人只喝绿茶
   C 味道很酸
   D 当成一种食品

| A 역사가 오래됐다 |
|------|
| B 중국인은 녹차만 마신다 |
| C 맛이 시다 |
| D 하나의 식품으로 여긴다 |

보기의 어휘가 모두 어떤 특징을 나타내며, 키워드 绿茶(녹차)와 味道(맛), 食品(식품)을 보고 이에 관한 설명문임을 예상할 수 있다.

**STEP 2** 들은 내용 메모하기

中国是茶的故乡，也是茶文化的发源地。²茶在中国有着悠久的历史，是目前在中国最常见的饮料之一。¹最早的时候，茶只被看做是一种药，而不是饮料。后来，人们对茶的认识发生了些变化，慢慢开始把它当做解渴的饮料。这样一来逐渐产生了中国的饮茶文化。

중국은 차의 고향이며 차문화의 발원지이다. ²차는 중국에서 유구한 역사를 가지고 있으며 중국에서 가장 자주 볼 수 있는 음료이다. ¹처음에 차는 약의 하나로 여겼지 음료는 아니었다. 훗날 사람들이 차에 대한 인식이 바뀌어 서서히 차를 갈증을 해소하는 음료로 여기기 시작했다. 이렇게 해서 점차 중국의 차문화가 생겼다.

일반적으로 문제의 순서와 녹음 내용의 순서는 동일하지만 여기에서는 2번 문제의 보기가 먼저 언급되었다. 茶在中国有着悠久的历史(차는 중국에서 유구한 역사가 있다)이라고 하였으므로 2번 보기 A에 밑줄로 메모한다. 이어 最早的时候, 茶只被看做是一种药, 而不是饮料(처음에는 차를 단지 약으로만 여겼지 음료가 아니었다)라고 했으므로 1번 보기 B에 O를, 보기 C에 X를 표시한다.

STEP 3    최종 정답 고르기

1. 问：茶最早被看做什么？  차는 최초에 무엇으로 여겨졌는가?

   차를 최초에 무엇으로 여겼는지 물었으므로 정답은 B이다.

2. 问：关于茶，下列哪项正确？  차에 대해 옳은 것은?

   차에 대해 옳은 것을 물었으므로 정답은 A이다.

정답 　1. B 药　　2. A 历史很长

어휘 　酒 jiǔ 명 술　 药 yào 명 약　 饮料 yǐnliào 명 음료　 水果 shuǐguǒ 명 과일　 历史 lìshǐ 명 역사　 长 cháng 형 길다　 只 zhǐ 부
단지　 绿茶 lǜchá 명 녹차　 味道 wèidao 명 맛　 酸 suān 형 시다　 当成 dàngchéng 동 ~로 여기다　 种 zhǒng 양 종류, 가지
食品 shípǐn 명 식품　 茶 chá 명 차　 故乡 gùxiāng 명 고향　 发源地 fāyuándì 명 발원지, 발생지　 悠久 yōujiǔ 형 유구하다
历史 lìshǐ 명 역사　 中国 Zhōngguó 명 중국　 最 zuì 부 가장　 常见 chángjiàn 동 자주 보다　 看做 kànzuò 동 ~라고 생각하다
认识 rènshi 명 인식　 解渴 jiěkě 동 갈증을 풀다　 这样一来 zhèyàng yīlái 이런 이유로　 逐渐 zhújiàn 부 점점　 饮茶 yǐnchá
동 차를 마시다　 文化 wénhuà 명 문화

---

합격 공략 **23**  논설문은 주장과 견해를 파악하라!

**화자의 주장과 견해를 파악한다**

논설문은 어떤 주제에 관한 화자의 견해와 주장을 전달하는 글이다. 따라서 당위를 나타내는 어휘 要(~해야 한다), 应该
(마땅히 ~해야 한다), 不能(~하면 안 된다)을 녹음에서 주의해서 들어야 한다. 또한 녹음에 여러 가지 정보가 제시될 경
우 오답을 선택할 수 있으므로 녹음을 정확히 듣고 보기에 메모하고, 마지막에 제시되는 질문을 끝까지 듣고 정답을 선택
해야 한다.

**실전문제**  🎧 35.mp3

1. A 身体条件
   B 天气情况
   C 自己的性格
   D 周围环境

2. A 保暖
   B 速度
   C 运动量
   D 衣服颜色

STEP 1    보기 파악하기

1. A 身体条件
   B 天气情况
   C 自己的性格
   D 周围环境

| |
|---|
| A 신체 조건 |
| B 날씨 상황 |
| C 자신의 성격 |
| D 주변 환경 |

보기가 모두 명사형이므로 녹음에 그대로 언급되는지 주의해서 듣는다.

2.  A 保暖
    B 速度
    C 运动量
    D 衣服颜色

| | |
|---|---|
| A 보온 | |
| B 속도 | |
| C 운동량 | |
| D 옷의 색깔 | |

보기의 速度(속도), 运动量(운동량)을 보아 运动(운동)에 관한 글임을 알 수 있다.

**STEP 2  들은 내용에 메모하기**

通过运动来锻炼身体的人，一定要记住
以下三点：第一，¹要根据自己的身体条件，
来选择适当的运动项目。第二，²要注意运动
量。运动时间并不是越长越好，关键在于能
否每天坚持下去。第三，要穿适合各种运动
的运动服和鞋子。

운동을 통해 신체를 단련하는 사람들은 반드시 다음 3가지를 기억해
야 한다. 첫째, ¹자신의 신체 조건에 따라서 적합한 운동을 선택해야 한
다. 둘째, ²운동량에 주의해야 한다. 운동 시간은 꼭 길수록 좋은 것은
아니다. 중요한 것은 매일 꾸준히 하는 데에 있다. 셋째, 각 운동에 맞는
편안한 옷과 신발을 신어야 한다.

녹음의 앞부분에서 운동하려는 사람들은 3가지를 주의해야 한다고 했으므로 이 3가지에 대해 집중해서 듣는다. 첫째로 要
根据自己的身体条件，来选择适当的运动(자신의 신체 조건에 따라 적합한 운동을 선택해야 한다)이라고 했으므로 1
번 보기 A에 밑줄을 긋고 '운동 선택'이라고 메모한다. 둘째로 要注意运动量(운동량에 주의해야 한다)이라고 했으므로 2
번 보기 C에 밑줄을 긋고 '주의'라고 메모한다. 셋째로 要穿适合各种运动的衣服和鞋子(각 운동에 맞는 옷과 신발을 신
어야 한다)라고 했으므로 2번 보기 D는 관계없는 내용임을 알 수 있다.

**STEP 3  질문에 알맞은 정답 고르기**

1. 问：应该根据什么来选择合适的运动？ 무엇에 근거해서 적합한 운동을 골라야 하는가?
   적합한 운동을 고르는 기준에 대해 묻고 있으므로 정답은 A이다.

2. 问：运动时要注意什么？ 운동할 때 무엇을 주의해야 하는가?
   운동할 때 주의할 점에 대해 묻고 있으므로 정답은 C이다.

정답  1. A 身体条件    2. C 运动量

어휘  身体 shēntǐ 몡 몸   条件 tiáojiàn 몡 조건   天气 tiānqì 몡 날씨   情况 qíngkuàng 몡 상황   自己 zìjǐ 떼 스스로   性格 xìnggé
몡 성격   周围 zhōuwéi 몡 주위   环境 huánjìng 몡 환경   保暖 bǎonuǎn 통 보온하다   速度 sùdù 몡 속도   运动量
yùndòngliàng 몡 운동량   衣服 yīfu 몡 옷   颜色 yánsè 몡 색깔   通过 tōngguò 개 ~을 통하여   运动 yùndòng 몡 운동
锻炼 duànliàn 통 단련하다   一定 yídìng 분 반드시   记住 jìzhù 통 기억하다   以下 yǐxià 몡 그 다음   点 diǎn 몡 사물의 방
면이나 부분   根据 gēnjù 개 ~에 근거하여   选择 xuǎnzé 통 선택하다   适当 shìdàng 혱 적당하다   项目 xiàngmù 몡 항목
注意 zhùyì 통 주의하다   时间 shíjiān 몡 시간   并不 bìngbù 분 결코 ~하지 않다   越……越…… yuè……yuè…… ~할수록
~하다   长 cháng 혱 길다   关键 guānjiàn 몡 관건   在于 zàiyú 통 ~에 있다   每天 měitiān 분 매일   坚持 jiānchí 통 지속하다
穿 chuān 통 입다   运动服 yùndòngfú 몡 운동복   和 hé 접 ~와/과   鞋子 xiézi 몡 신발

## 합격 공략 **24** [220점 이상 고득점] 도입부를 듣고 실용문임을 파악하라!

### 각종 안내 및 광고 등의 실용문

안내 및 소개, 광고 등의 실용문은 보기의 어휘보다는 녹음의 도입부를 듣고 파악할 수 있다. 일반적으로 대중을 대상으로 정보를 전달하는 글이기 때문에 尊敬的(존경하는), 大家(여러분)와 같은 어휘가 사용된다. 시험에 출제되는 실용문의 종류는 제한되어 있으며 주로 기내 방송, 여행 가이드 안내말 등이 출제된다.

### 〈실용문 도입 부분 및 어휘 특징〉

• 기내 방송 : 女士们、先生们，现在飞机已经开始下降，请您坐好、系好安全带，打开遮阳板，并关闭所有电子设备。谢谢! 신사 숙녀 여러분. 비행기가 현재 하강하고 있으니 자리 앉으시어 안전벨트를 착용해 주시길 바랍니다. 햇빛 가리개를 올려 주시고 전자 기계를 꺼 주십시오. 감사합니다.

• 쇼핑 광고 : 顾客朋友们，下午好。本店现推出"购书送好礼"活动。 고객 여러분, 안녕하십니까? 저희 쇼핑몰에서는 '도서 구매 시 증정품 증정' 행사를 하고 있습니다.

• 실용문에 등장하는 직업 : 空姐 스튜어디스  售货员 판매원  导游 관광 가이드

### 실전문제 🎧 36.mp3

1. A 律师
   B 导游
   C 警察
   D 售货员

2. A 很有名
   B 门票免费
   C 很安静
   D 冬季游客多

---

**STEP 1** 보기 파악하기

1. A 律师
   B 导游
   C 警察
   D 售货员

   | |
   |---|
   | A 변호사 |
   | B 관광 가이드 |
   | C 경찰 |
   | D 판매원 |

보기의 어휘를 보아 직업을 묻는 문제임을 알 수 있다.

2. A 很有名
   B 门票免费
   C 很安静
   D 冬季游客多

   | |
   |---|
   | A 매우 유명하다 |
   | B 입장권이 무료이다 |
   | C 매우 조용하다 |
   | D 겨울철에 관광객이 많다 |

보기에 门票(입장권)와 游客(관광객)가 있으므로 관광지에 대해 묻는 문제임을 알 수 있다. 보기의 키워드 有名(유명하다), 免费(무료), 安静(조용하다), 冬季游客多(겨울철 관광객이 많다)에 주의해서 듣는다.

<sup>1</sup>大家好，欢迎来到美丽的西安。这几天，就由我带着大家参观旅游景点。旅行中有任何事，大家随时可以找我商量，希望我的服务能让大家满意。今天首先要参观的景点是<sup>2</sup>西安非常有名的动物园，希望大家今天玩儿得愉快。

<sup>1</sup>여러분, 안녕하세요. 아름다운 시안에 오신 것을 환영합니다. 며칠 동안 제가 여러분들을 모시고 관광 명소를 참관하게 됩니다. 여행 중 어떤 일이 있으면 아무때나 제게 상의해 주세요. 제 서비스가 여러분을 만족시킬 수 있기를 바랍니다. 오늘 가장 먼저 참관할 곳은 <sup>2</sup>시안에서 매우 유명한 동물원입니다. 모두들 즐거운 시간이 되시기를 바랍니다.

各位朋友，大家好，欢迎来到美丽的西安(여러분 안녕하세요. 아름다운 시안에 오신 것을 환영합니다)과 由我带着大家参观旅游景点(제가 여러분을 모시고 관광 명소를 참관합니다)을 통해 말하는 사람의 직업이 관광 가이드임을 알 수 있다. 이어서 西安非常有名的动物园(시안에서 매우 유명한 동물원)이라고 했으므로 키워드가 언급된 2번 보기 A에 밑줄을 긋고 그 옆에 '동물원'을 메모해 둔다.

1. 问：说话人最可能是做什么的？ 말하는 사람은 무엇을 하는 사람인가?
   말하는 사람의 직업을 물었으므로 정답은 B이다.

2. 问：关于那个动物园，可以知道什么？ 그 동물원에 관해 알 수 있는 것은?
   동물원에 관한 정보를 물었으므로 정답은 A이다.

정답  1. B 导游   2. A 很有名

어휘  律师 lǜshī 명 변호사   导游 dǎoyóu 명 관광가이드   警察 jǐngchá 명 경찰   售货员 shòuhuòyuán 명 판매원   有名 yǒumíng 형 유명하다   门票 ménpiào 명 입장권   免费 miǎnfèi 형 무료로 하다   安静 ānjìng 형 조용하다   冬季 dōngjì 명 겨울   游客 yóukè 명 여행객   各位 gèwèi 명 여러분   朋友 péngyǒu 명 친구   欢迎 huānyíng 동 환영하다   美丽 měilì 형 아름답다   西安 Xī'ān 지명 시안   这几天 zhèjǐtiān 요 며칠   带 dài 동 인솔하다   参观 cānguān 동 참관하다   旅游景点 lǚyóujǐngdiǎn 관광 명소   旅行 lǚxíng 동 여행하다   任何 rènhé 대 어떠한   随时 suíshí 부 언제든지   找 zhǎo 동 찾다   商量 shāngliang 동 상의하다   希望 xīwàng 동 희망하다   服务 fúwù 명 서비스   让 ràng 동 ~하게 하다   满意 mǎnyì 형 만족하다   今天 jīntiān 명 오늘   首先 shǒuxiān 명 맨 먼저, 우선   动物园 dòngwùyuán 명 동물원   玩儿 wánr 동 놀다   愉快 yúkuài 형 기분이 좋다, 기쁘다

녹음을 듣고 알맞은 정답을 고르세요. 🎧 37.mp3

1. A 爱吃西瓜
   B 很奇怪
   C 数量少
   D 动作很快

2. A 为表示友好
   B 为增加收入
   C 为环境保护
   D 为发展经济

3. A 不要在别人面前
   B 发音要清楚
   C 随便说
   D 要说重点

4. A 只说缺点
   B 提前通知
   C 先表扬后批评
   D 声音要大

# 02 이야기 글
### 이야기의 흐름 파악하기

## 기본기 다지기 │ 기본 개념 잡기 & 공략 미리보기

듣기 제3부분 단문형에서 이야기 글은 일상생활에 관한 에피소드나 유명인의 일화, 유머 이야기 등이 출제되며 난이도는 비교적 쉬운 편이다. 인물을 중심으로 이야기의 흐름과 세부 정보를 파악해야 한다.

### | 기본 개념 잡기 1 | 이야기 글 문제 보기의 예

36. A 照片
    B 地图
    C 鲜花
    D 围巾

보기가 모두 사물을 나타내는 명사이므로 구체적인 정보를 묻는 문제임을 예상한다.

37. A 很旧
    B 当时很流行
    C 是蓝色的
    D 样子复杂

보기가 모두 어떤 특징을 나타내는 어휘로 세부 정보를 묻는 문제가 출제된다.

### | 기본 개념 잡기 2 | 주요 질문 유형

이야기 글에서는 인물과 사건의 내용을 묻는 문제가 출제된다.

• 王先生在买什么？ 왕 씨는 무엇을 사고 있는가?

• 奶奶的房间里挂着什么？ 할머니의 방에는 무엇이 걸려 있는가?

• 关于那件衣服，可以知道什么？ 그 옷에 관해 알 수 있는 것은?

• 小张放弃医生工作，大家是什么态度？ 샤오장이 의사 일을 포기했을 때 모두들 어떤 태도였나?

### | 공략 미리보기 |

| **합격 공략 25** | 인물의 행동을 파악하라! |
| --- | --- |
| **합격 공략 26** | 구체적인 사건을 파악하라! |
| **합격 공략 27** | [220점 이상 고득점] 풍자하는 내용을 이해하라! |

## 합격 공략 **25** 인물의 행동을 파악하라!

### 일상생활에 관한 문제

이야기 글에서 일상생활에 관한 주제는 주로 '여행에 관한 이야기, 면접을 본 경험, 학창 시절 경험' 등에 관한 이야기가 출제된다. 녹음을 들을 때는 누가(인물), 무엇을 했는지(행동), 또는 어떤 성향인지(성격)에 주의해서 듣는다.

### 실전문제 🎧 38.mp3

1. A 爱做饭
   B 要去留学了
   C 跳舞很好
   D 很害羞

2. A 签证没办好
   B 考试成绩不好
   C 朋友要分开
   D 找不到工作

---

**STEP 1** 보기 파악하기

1. A 爱做饭
   B 要去留学了
   C 跳舞很好
   D 很害羞

   A 밥하는 것을 좋아한다
   B 유학 가려고 한다
   C 춤을 잘 춘다
   D 아주 부끄러워한다

보기의 어휘로 보아 사람의 행동 또는 성향을 묻는 문제임을 알 수 있다.

2. A 签证没办好
   B 考试成绩不好
   C 朋友要分开
   D 找不到工作

   A 비자를 아직 신청하지 않았다
   B 시험 성적이 좋지 않다
   C 친구와 헤어지려고 한다
   D 일을 찾지 못했다

보기의 어휘로 보아 어떠한 상황을 묻는 문제임을 알 수 있다.

**STEP 2** 들은 내용 메모하기

小夏是我最好的朋友，我们俩从小一起长大，后来还在同一个大学读书。[1]她今年申请了出国留学，下个星期就要走了，[2]一想到我们就要离开，心里又有点儿难过。

샤오샤는 나의 가장 친한 친구이다. 우리는 어릴 때부터 같이 컸고 훗날 같은 대학에서 공부하게 되었다. [1]그녀는 올해 외국 유학을 신청해서 다음 주면 떠난다. [2]우리가 헤어질 것을 생각하면 슬프다.

시작 부분에서 小夏(샤오샤)라는 인명이 등장하므로 인물에 관한 이야기임을 알 수 있다. 她今年申请了出国留学(그녀는 외국 유학을 신청했다)라고 했으므로 1번의 보기 B에 밑줄을 긋는다. 一想到我们就要离开(우리가 헤어질 것을 생각하면)를 보고 离开의 동의어 分开가 있는 2번 보기 C에 밑줄을 긋고 이로 인한 감정 难过(슬프다)를 메모해 둔다.

1. 问：关于小夏，可以知道什么？ 샤오샤에 관해 알 수 있는 것은?

　　小夏에 관해 알 수 있는 것을 물었으므로 정답은 B이다.

2. 问：说话人为什么感到难过？ 말하는 사람은 왜 슬퍼하는가?

　　말하는 사람이 슬퍼하는 이유를 물었으므로 정답은 C이다.

정답 　1. B 要去留学了　　2. C 朋友要分开

어휘 　做饭 zuòfàn 图 밥을 짓다　留学 liúxué 图 유학하다　跳舞 tiàowǔ 图 춤을 추다　害羞 hàixiū 图 수줍어하다　签证 qiānzhèng 图 비자　办 bàn 图 처리하다　考试 kǎoshì 图 시험　成绩 chéngjì 图 성적　朋友 péngyou 图 친구　分开 fēnkāi 图 헤어지다　找不到 zhǎobúdào 찾을 수 없다　工作 gōngzuò 图 직업　最 zuì 图 가장　从小 cóngxiǎo 어려서부터　一起 yìqǐ 图 같이　长大 zhǎngdà 자라다　后来 hòulái 图 그 후　同 tóng 图 같다　大学 dàxué 图 대학　读书 dúshū 图 학교를 다니다　今年 jīnnián 图 올해　申请 shēnqǐng 图 신청하다　出国 chūguó 图 출국하다　下个星期 xià ge xīngqī 다음 주　就要 jiùyào 图 곧　要 yào 图 ~하려고 하다　离开 líkāi 图 떠나다　心里 xīnli 图 마음속　又 yòu 图 또　难过 nánguò 图 슬프다　感到 gǎndào 图 느끼다

---

합격 공략 **26** 구체적인 사건을 파악하라!

**에피소드에 관한 문제**

이야기 글에서 에피소드는 '변호사에서 작가로 직업을 바꾼 이야기, 수영 선수가 어렸을 때 겪었던 이야기' 등에 관한 글이 출제된다. 사건의 서술을 위해 대화체가 종종 등장하고, 인물과 행동에 주의하여 이야기의 흐름을 전체적으로 파악하는 것이 중요하다.

**실전문제** 🎧 39.mp3

1. A 肚子很难受　　　　　2. A 坚持下去
　 B 饿了　　　　　　　　　 B 自信
　 C 很开心　　　　　　　　 C 适合自己
　 D 流泪了　　　　　　　　 D 积累经验

1. A 肚子很难受
　 B 饿了
　 C 很开心
　 D 流泪了

| |
|---|
| A 배가 아주 아프다 |
| B 배고프다 |
| C 아주 기쁘다 |
| D 눈물이 나다 |

보기의 어휘가 모두 사람의 상태를 나타낸다.

2. A 坚持下去
   B 自信
   C 适合自己
   D 积累经验

A 계속해 나가다
B 자신감 있다
C 자신에게 적합하다
D 경험을 쌓다

보기의 어휘가 공통적으로 어떤 가치를 나타낸다.

**STEP 2** 들은 내용 메모하기

　　小白发现姐姐有三个包子，可自己只有一个。于是她又跟妈妈要了两个。都吃完后，¹她肚子不舒服。这时，妈妈对小白说："你多吃了两个，却没有得到它们的好处。你记住，²重要的不是得到多少，而是是否适合自己。"

　　샤오바이가 언니에게는 만두가 3개 있는데 자신은 하나 밖에 없는 것을 발견했다. 그래서 엄마에게 2개를 더 달라고 했다. 다 먹고 나서 ¹샤오바이는 배가 아팠다. 그때 엄마가 샤오바이에게 말했다. "너는 2개를 더 먹었지만 되려 그것의 좋은 점은 얻지 못했어. 기억하렴. ²얼마큼을 얻었느냐가 아니라 자신에게 적합한지가 중요한 거야.

녹음에서 她肚子不舒服(그녀는 배가 불편하다)라고 했으므로 不舒服의 동의어인 难受(괴롭다)가 있는 1번 보기 A에 밑줄로 표시한다. 마지막 문장에서 重要的不是得到多少，而是是否适合自己(중요한 것은 얼마나 얻었냐는 것이 아니라, 나에게 적합한가이다)라고 했으므로 2번 보기 C에 밑줄을 그어둔다.

**STEP 3** 질문에 알맞은 정답 고르기

1. 问：小白吃完包子后怎么了？　샤오바이는 만두를 먹은 후 어땠는가?
   만두를 먹고 난 상태를 물었으므로 정답은 A이다.

2. 问：根据这段话，最重要的是什么？　이 글에 따르면 가장 중요한 것은 무엇인가?
   가장 중요한 것을 묻고 있으므로 정답은 C이다.

**정답** 1. A 肚子很难受　　2. C 适合自己

**어휘** 肚子 dùzi 몡 복부, 배　难受 nánshòu 혱 (육체적·정신적으로) 괴롭다　饿 è 혱 배고프다　开心 kāixīn 혱 기쁘다　流泪 liúlèi 동 눈물을 흘리다　坚持 jiānchí 동 지속하다　自信 zìxìn 혱 자신감 있다　适合 shìhé 동 적합하다　自己 zìjǐ 때 스스로　积累 jīlěi 동 축적하다　经验 jīngyàn 몡 경험　发现 fāxiàn 동 발견하다　姐姐 jiějie 몡 언니　包子 bāozi 몡 만두　可 kě 젭 그러나　只 zhǐ 甼 단지　于是 yúshì 젭 그래서　又 yòu 甼 또　跟 gēn 깨 ~와/과　完 wán 혱 다하다, 끝나다　后 hòu 몡 뒤, 후　舒服 shūfu 혱 편안하다　这时 zhèshí 이때　对 duì 깨 ~에게　却 què 甼 ~하지만　得到 dédào 동 얻다　好处 hǎochù 몡 장점　记住 jìzhù 동 기억하다　重要 zhòngyào 혱 중요하다　不是……, 而是…… búshì……, érshì…… ~이 아니고 ~이다　是否 shìfǒu ~인지 아닌지

### 유머에 관한 문제

이야기 단문에서 가장 난이도가 높은 문제는 바로 유머 이야기이다. 주로 표면적인 사건에 대해 묻는 것이 아니라 그 사건이 풍자하는 내용을 묻기 때문에 이야기의 흐름과 행동의 의도 등을 파악할 수 있어야 한다.

**실전문제** 🎧 40.mp3

1. A 面条儿不好吃
   B 节目不精彩
   C 没人请她跳舞
   D 观众不多

2. A 吃饭
   B 找座位
   C 抽烟
   D 去洗手间

---

**STEP 1** 보기 파악하기

1. A 面条儿不好吃
   B 节目不精彩
   C 没人请她跳舞
   D 观众不多

   A 국수가 맛이 없다
   B 프로그램이 흥미진진하지 않다
   C 아무도 그녀에게 춤을 청하지 않는다
   D 관중이 많지 않다

보기의 어휘로 보아 상황을 묻는 문제임을 알 수 있다. 키워드 面条(국수), 节目(프로그램), 跳舞(춤), 观众(관중)이 언급되는지 유의해서 듣는다.

2. A 吃饭          B 找座位
   C 抽烟          D 去洗手间

   A 밥을 먹다          B 자리를 찾다
   C 담배를 피우다      D 화장실에 가다

보기의 어휘로 보아 행동을 묻는 문제임을 알 수 있다. 인물의 행동에 유의해서 듣는다.

**STEP 2** 들은 내용 메모하기

晚会上小张一直等着有人邀请她跳舞。但是晚会快结束了，¹还没有人邀请小张跳舞，她感到很失望。这时，一个个子又高长得又帅的小伙子向她过来，她心里非常期待这位小伙子的邀请，他一到面前她就马上站起来了。小伙子问："小姐，你想跳舞吗？" 她不好意思地回答道："是的。"小伙子高兴地说：² "太好了，我可以坐您的座位了。"

파티에서 샤오장은 계속 누군가가 그녀에게 춤을 권해 주기를 기다리고 있었다. 하지만 파티가 곧 끝나가는데 ¹아무도 샤오장에게 춤을 권하지 않아 그녀는 매우 실망했다. 이때 한 키도 크고 잘생긴 남자가 그녀에게 왔고, 그녀는 마음 속으로 이 남자의 요청을 기대했다. 그가 앞에 오자마자 그녀는 바로 일어났다. 젊은 남자가 물었다. "아가씨, 춤 추고 싶으세요?" 그녀는 부끄러워하며 대답했다. "네." 남자는 기뻐하며 말했다. ² "잘됐네요. 제가 당신 자리에 앉을 수 있겠어요."

还没人邀请小张跳舞，她感到很失望(아직 샤오장에게 춤을 추자고 청한 사람이 없어서, 그녀는 매우 실망했다)라고 했으므로 1번 보기 C에 밑줄을 긋고 그로 인한 감정인 '실망'을 메모해 둔다.

STEP 3 질문에 알맞은 정답 고르기

1. 问：小张为什么感到很失望? 샤오장은 왜 실망했는가?

   샤오장이 실망한 이유를 물었으므로 정답은 C이다.

2. 问：小伙子想要做什么? 젊은 남자는 무엇을 하고 싶어 하는가?

   남자의 행동에 대한 직접적인 언급은 없었지만 마지막 부분에서 샤오장이 남자가 춤을 청하러 온 줄 알고 기뻐하며 일어났을 때 太好了，我可以坐您的座位了(너무 잘됐네요. 제가 당신 자리에 앉을 수 있겠네요.)라고 했으므로 남자는 앉을 자리를 찾고 있었음을 알 수 있다. 따라서 정답은 B이다. 이처럼 유머와 풍자는 내용의 흐름과 진의를 알아야 이해할 수 있다.

정답 1. C 没人请她跳舞   2. B 找座位

어휘 面条 miàntiáo 몡 국수   好吃 hǎochī 혱 맛있다   节目 jiémù 몡 프로그램   精彩 jīngcǎi 혱 멋지다   请 qǐng 동 청하다   跳舞 tiàowǔ 동 춤을 추다   观众 guānzhòng 몡 관중   找 zhǎo 동 찾다   座位 zuòwèi 몡 좌석   抽烟 chōuyān 동 담배를 피우다   洗手间 xǐshǒujiān 몡 화장실   晚会 wǎnhuì 몡 파티   一直 yìzhí 부 계속해서   等 děng 동 기다리다   邀请 yāoqǐng 동 요청하다   结束 jiéshù 동 끝나다   感到 gǎndào 동 느끼다   失望 shīwàng 혱 낙담하다   这时 zhèshí 이때   帅 shuài 혱 잘생기다   小伙子 xiǎohuǒzi 몡 젊은이   向 xiàng 개 ~에게   期待 qīdài 동 기대하다   面前 miànqián 몡 앞, 면전   马上 mǎshàng 부 곧   站起来 zhànqǐlái 일어서다   等 děng 동 기다리다   小姐 xiǎojiě 몡 아가씨   不好意思 bùhǎoyìsi 부끄럽다   回答 huídá 동 대답하다   道 dào 동 말하다   高兴 gāoxìng 혱 기쁘다

실전 테스트   정답 및 해설_해설편 p.023

녹음을 듣고 알맞은 정답을 고르세요. 🎧 41.mp3

1. A 老师
   B 医生
   C 警察
   D 司机

2. A 能到动物园
   B 速度慢
   C 很旧
   D 免费上车

3. A 锻炼身体
   B 骑自行车
   C 吃晚饭
   D 唱京剧

4. A 是老师
   B 喜欢京剧
   C 工作认真
   D 很胖

녹음을 듣고 알맞은 정답을 고르세요. 🎧 42.mp3

1. A 经验
   B 轻松获得成功
   C 父母的支持
   D 目标

5. A 工资高
   B 找工作容易
   C 能到处玩儿
   D 不需要经验

2. A 结果最重要
   B 要努力
   C 要学会拒绝
   D 尊重别人

6. A 导游工作很辛苦
   B 要保护环境
   C 健康最重要
   D 要多喝水

3. A 锻炼身体
   B 系安全带
   C 多吃水果
   D 去洗手间

7. A 增加知识
   B 积累经验
   C 看到自己的缺点
   D 适应气候

4. A 会议结束了
   B 要尊重别人
   C 过程很重要
   D 飞机快要起飞了

8. A 帮助别人
   B 完成任务
   C 准时吃药
   D 不要生气

독해
제1부분

阅读

# 빈칸에 알맞은 어휘 넣기

독해 제 1 부분

## Warm Up!

# 유형 분석 & 풀이 전략

## 유형 분석 | 시험엔 이렇게 나온다!

### 출제 방식

HSK 4급 독해 제1부분은 제시된 보기에서 적합한 어휘를 골라 문장의 빈칸을 채우는 문제로 46번부터 55번까지 총 10문항이 출제된다. 5개 문항은 서술문의 빈칸을 채우는 문제이며, 나머지 5개 문항은 대화문의 빈칸을 채우는 문제이다. 제시된 보기의 어휘(예시문 1개 어휘는 제외) 중에서 정답을 선택해야 하며 정답은 중복되지 않는다.

### 출제 경향 & 유형별 출제 비율

독해 제1부분에서는 동사를 채우는 문제가 가장 많이 출제되며 그 다음으로 명사, 형용사, 양사, 부사, 접속사를 채우는 문제가 출제된다. 독해 제1부분은 난이도가 아주 높은 영역은 아니지만, 어휘의 뜻을 모르면 풀 수 없는 영역이며, 최근에는 기존에 출제되지 않던 단어들이 출제되는 경향을 보이고 있다. 하지만 모두 HSK 4급 어휘 안에서 출제되므로 국가한반에서 지정한 4급 어휘를 꼼꼼하게 숙지하면 정답률을 높일 수 있는 영역이다.

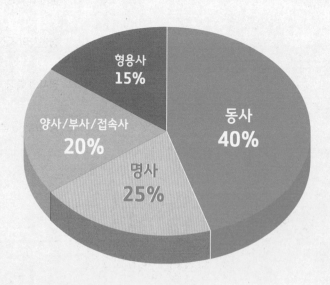

# 풀이 전략 | 문제 풀이 Step & 풀이 전략 적용해 보기

## Step 1

**보기 파악하기**

문제를 읽기 전에 먼저 보기를 살펴본다. 예시로 제시된 어휘 1개를 제외한 5개 어휘의 품사와 의미를 빠르게 분석한다.

## Step 2

**빈칸의 위치 파악한 뒤 정답 고르기**

빈칸의 앞뒤 성분을 살펴 문장 구조를 파악하고 빈칸에 들어갈 문장 성분을 파악한다. 해당 문장 성분에 들어갈 수 있는 품사를 예상하여 보기의 어휘 중에서 문맥상 가장 어울리는 것을 고른다.

### 풀이 전략 | 적용해 보기

[보기]   A 意见   B 首先   C 重   D 坚持   E 窄   F 出差

46. 谢谢，不用了，这个箱子一点儿都不（        ）。

---

**STEP 1  보기 파악하기**

A 意见          B 首先          C 重
D 坚持          E 窄            F 出差

| A 명 의견 | B 명 우선 | C 형 무겁다 |
| D 동 지속하다 | E 형 좁다 | F 동 출장 가다 |

제시된 보기 어휘의 품사와 뜻을 먼저 파악한다.

**STEP 2  빈칸의 위치 파악한 뒤 정답 고르기**

谢谢，不用了，   这个箱子   一点儿   都   不   （      ）。
　　　　　　　　　　 주어　　　　부사어　　　　　 술어

이 문장은 주어(这个箱子)와 부사어(一点儿, 都, 不)만 있고 술어가 없다. 따라서 빈칸은 동사나 형용사가 와야 한다. 문장의 '一点都不+형용사/심리동사(조금도 ~하지 않다)' 구조에 들어갈 수 있는 것은 重(무겁다)과 窄(좁다)인데 重은 무게에, 窄는 너비에 사용하므로 의미상 가장 어울리는 것은 C 重(무겁다)이다.

**정답**  C 重

**문장**  谢谢，不用了，这个箱子一点儿都不重。 고맙지만 괜찮습니다. 이 상자 조금도 안 무거워요.

**어휘**  意见 yìjiàn 명 의견   首先 shǒuxiān 부 우선   重 zhòng 형 무겁다   窄 zhǎi 형 좁다   出差 chūchāi 동 출장 가다   不用了 búyòng le 괜찮아요   箱子 xiāngzi 명 상자

# 01 동사 넣기
## 동사의 특징 이해하기

### 기본기 다지기 | 기본 개념 잡기 & 공략 미리보기

빈칸 채우기에서는 동사를 채우는 문제가 가장 많이 출제된다. 동사는 문장에서 주로 술어 역할을 담당한다. 동사가 술어로 쓰일 때의 특징과 다른 성분과의 위치 관계를 알아보자.

### | 기본 개념 잡기 | 동사의 특징

**1. 동사는 술어로 쓰이고, 동사 술어는 목적어를 가질 수 있다.**

| 주어 + 동사 술어 | 我 吃。 나는 먹는다. |
| --- | --- |
| | 주어 술어 |

| 주어 + 동사 술어 + 목적어 | 我 吃 烤鸭。 나는 오리구이를 먹는다. |
| --- | --- |
| | 주어 술어 목적어 |

**2. 동사 술어는 부사어(부사/조동사/개사구)의 수식을 받는다.**

| 부사 + 동사 술어 | 我 也 吃 烤鸭。 나도 오리구이를 먹는다. |
| --- | --- |
| | 주어 부사 술어 목적어 |

| 조동사 + 동사 술어 | 我 想 吃 烤鸭。 나는 오리구이를 먹고 싶다. |
| --- | --- |
| | 주어 조동사 술어 목적어 |

| 개사구 + 동사 술어 | 我 在餐厅 吃 烤鸭。 나는 식당에서 오리구이를 먹는다. |
| --- | --- |
| | 주어 개사구 술어 목적어 |

**3. 동사 술어는 동태조사 了(완료)/着(지속)/过(경험)와 결합할 수 있다.**

| 동사 술어 + 了/着/过 | 我 吃 过 烤鸭。 나는 오리구이를 먹어본 적이 있다. |
| --- | --- |
| | 주어 술어 过 목적어 |

**4. 동사 술어는 뒤에 보어를 사용해서 의미를 보충할 수 있다.**

| 동사 술어 + 보어 | 我 吃 完 了 烤鸭。 나는 오리구이를 다 먹었다. |
| --- | --- |
| | 주어 술어 보어 了 목적어 |

### | 공략 미리보기 |

| | |
| --- | --- |
| **합격 공략 28** | 부사/조동사 뒤에는 동사를 넣으라! |
| **합격 공략 29** | 동태조사(了，着，过)/보어 앞에는 동사를 넣으라! |
| **합격 공략 30** | [220점 이상 고득점] 把자문의 동사는 단독으로 쓰이지 않는다! |

## 합격 공략 **28** 부사/조동사 뒤에는 동사를 넣으라!

**빈칸 앞에 부사/조동사가 있는 경우**

빈칸 앞에 '부사' 또는 '조동사'가 있으면 빈칸에는 동사가 들어갈 수 있다. 문장에서 부사와 조동사는 술어 앞에 위치하여 부사어 역할을 하며 의미상 술어를 꾸며준다.

• 부사 + 동사

老师　经常　（ 表扬 ）　小王。　선생님께서는 항상 샤오왕을 칭찬하신다.
주어　부사　　동사　　목적어

• 조동사 + 동사

我　 想　（ 参加 ）　足球比赛，你参加吗?　나는 축구시합에 참가하고 싶은데 넌 참가하니?
주어　조동사　동사　　　　　목적어

〈동사 앞에 사용하는 '부사/조동사'의 예〉

| 부정/긍정 부사 | 不 부정을 나타냄　没(有) 아직 ~않다　别 ~하지 마라　一定 반드시 |
| --- | --- |
| 정도 부사 | 很 매우　非常 매우　十分 매우　最 가장　稍微 조금　真 정말　多么 얼마나　几乎 거의 |
| 범위 부사 | 都 모두　完全 완전히　只 다만　一起 같이 |
| 시간 부사 | 已经 이미　刚刚 방금　正(在) 마침 ~하고 있는 중이다　就 곧　将 장차　才 ~에야 비로소<br>一直 계속해서　马上 곧　从来 여태껏　总(是) 늘 |
| 빈도 부사 | 又 또　再 다시　还 아직　也 ~도　常常 항상　往往 자주 |
| 어기 부사 | 究竟 결국　到底 도대체　也许 아마　大约 대략　差点儿 하마터면 |
| 정태 부사 | 仍然 여전히　互相 서로 |
| 조동사 | 可以 ~할 수 있다　能 ~할 수 있다　会 ~할 수 있다/~할 것이다　要 ~하려고 하다　需要 ~해야 한다<br>应该 마땅히 ~해야 한다　想 ~하고 싶다　愿意 ~하기를 바라다 |

## 실전문제 📖🔍

[보기]　A 占线　B 标准　C 出差　D 坚持　E 意见　F 所有

李教授办公室的电话怎么一直（　　　）呢？

STEP 1　보기 파악하기

A 占线　　　B 标准　　　C 出差

D 坚持　　　E 意见　　　F 所有

| A 통 통화 중이다 | B 명 표준 | C 통 출장 가다 |
| --- | --- | --- |
| D 통 지속하다 | E 명 의견 | F 명 소유 |

제시된 보기 어휘의 품사와 뜻을 먼저 파악한다.

빈칸의 위치 파악한 뒤 정답 고르기

李教授办公室的电话　　怎么　　一直　　（　　）　　呢?
　　　주어　　　　　　　부사어　　부사어　　술어　　어기조사

빈칸 앞에 부사(一直)가 있다. 부사는 술어를 꾸며주므로 빈칸은 술어 자리임을 알 수 있다. 보기에서 술어가 될 수 있는 것은 동사 占线(통화 중이다)과 出差(출장 가다)이다. 이 중에서 주어 电话(전화)와 어울리는 것은 占线이므로 정답은 A 占线(통화 중이다)이다.

정답 A 占线

문장 李教授办公室的电话怎么一直占线呢? 이 교수님 사무실 전화가 왜 계속 통화 중인가요?

어휘 占线 zhànxiàn 통 통화 중이다　标准 biāozhǔn 명 표준　出差 chūchāi 통 출장 가다　意见 yìjiàn 명 의견　所有 suǒyǒu 형 모든　教授 jiàoshòu 명 교수　办公室 bàngōngshì 명 사무실　电话 diànhuà 명 전화　一直 yìzhí 분 계속해서

## 합격 공략 29 동태조사(了, 着, 过)/보어 앞에는 동사를 넣으라!

### 빈칸 뒤에 동태조사(了, 着, 过)/보어가 있는 경우

만일 빈칸 뒤에 동작의 완료, 지속, 경험 등을 나타내는 '了, 着, 过' 또는 동작의 정도, 결과, 방향 등을 나타내는 '보어'가 있으면 빈칸은 동사 자리이다. 동태조사 '了, 着, 过'와 보어는 항상 동사의 바로 뒤에 쓰인다.

• 동사 + 동태조사(了, 着, 过)

公司　　正好　（发）　了　　一千元奖金。　회사는 때마침 1000위안의 보너스를 줬다.
주어　　부사어　동사　동태조사　목적어

• 동사 + 보어(정도, 결과, 방향, 수량, 동량)

行李　（收拾）　好　　了　　吗?　짐은 다 정리했어?
주어　동사　결과보어　동태조사　어기조사

你　　把这份材料　（整理）　一下。　이 자료 좀 정리해 줘.
주어　把+명사　　동사　　동량보어

〈자주 출제되는 결과보어와 동량보어의 예〉

| 동사 + 결과보어 | 收拾好 다 정리하다　做完 다 하다　梦到 (꿈을) 꾸다　弄脏 더럽히다 |
|---|---|
| 동사 + 동량보어 | 打扫一下 좀 청소하다　收拾一下 좀 정리하다　填一下 좀 기입하다　商量一下 좀 상의하다 |

## 실전문제

[보기]　A 耐心　　B 整理　　C 温度　　D 暖和　　E 尝　　F 按时

A: 小王，你能把材料发到我的邮箱里吗?

B: 没问题，我（　　）好了就发给您。

STEP 1  보기 파악하기

| A 耐心 | B 整理 | C 温度 |
| D 暖和 | E 尝 | F 按时 |

| A 몡 인내심 | B 통 정리하다 | C 몡 온도 |
| D 몡 따뜻하다 | E 통 맛보다 | F 뷔 제시간에 |

제시된 보기 어휘의 품사와 뜻을 먼저 파악한다.

STEP 2  빈칸의 위치 파악한 뒤 정답 고르기

没问题，我 （ ） 好 了 就发给您。
　　　　주어　술어　보어　동태조사

빈칸 앞에는 명사(我)가 있고 뒤에는 보어(好)가 있으므로 빈칸은 술어 자리임을 알 수 있다. 보기에서 술어가 될 수 있는 것은 동사 整理(정리하다)와 尝(맛보다)이다. 이 중에서 문장에서 언급된 材料(자료)와 어울리는 것은 B 整理(정리하다)이다.

정답  B 整理

문장  A：小王，你能把材料发到我的邮箱里吗？ 샤오왕, 자료를 내 이메일로 보내 줄 수 있어요?
　　　B：没问题，我整理好了就发给您。 그럼요, 제가 정리해서 바로 보내 드리겠습니다.

어휘  耐心 nàixīn 몡 인내심　整理 zhěnglǐ 통 정리하다　暖和 nuǎnhuo 휑 따뜻하다　尝 cháng 통 맛보다　按时 ànshí 뷔 제때에
　　　把 bǎ 꼐 ~을/를　材料 cáiliào 몡 자료　发 fā 통 보내다　邮箱 yóuxiāng 몡 메일　没问题 méiwèntí 통 문제없다

## 합격 공략 30 [220점 이상 고득점] 把자문의 동사는 단독으로 쓰이지 않는다!

### 把자문 술어의 특징

把자문은 개사 把를 사용해서 목적어를 동사 앞에 두는 특수 구문으로 '무엇을 어떻게(어떤 결과로) 처치하다'라는 뜻을 나타낸다. 이러한 어순 특징 외에도 把자문에서 술어는 동사를 단독으로 쓰지 않고 다른 성분과 함께 쓴다는 특징이 있다.

〈把자문의 어순〉

주어 + 부사어 + 把목적어 + 동사 + 기타성분(了, 一下, 결과보어, 방향보어, 목적어 등)

你　　快　　把房间　（收拾）　一下。　방을 빨리 좀 정리해라.
주어　부사어　把+목적어　동사　기타성분

### 실전문제

[보기]  A 正常  B 弄  C 棵  D 坚持  E 收拾  F 钥匙

真抱歉，我不小心把你的大衣（　　）脏了，我不是故意的。

보기 파악하기

A 正常          B 弄          C 棵

D 坚持          E 收拾        F 钥匙

| A 혱 정상적이다 | B 통 하다 | C 양 그루 |
|---|---|---|
| D 통 지속하다 | E 통 정리하다 | F 명 열쇠 |

제시된 보기 어휘의 품사와 뜻을 먼저 파악한다.

**STEP 2** 빈칸의 위치 파악한 뒤 정답 고르기

真抱歉，我　不小心　把你的大衣　（　）　脏　了，我不是故意的。
　　　　　주어　　부사어　　把+목적어　　술어　　결과보어 동태조사

빈칸 앞에 개사 把가 있고 뒤에는 脏了(결과보어+동태조사)가 있으므로 빈칸은 동사 술어 자리임을 알 수 있다. 보기에서
동사는 弄(하다)과 收拾(정리하다)인데 의미상 옷을 지저분하게 '만들다'라는 뜻에 알맞은 것은 B 弄(하다)이다.

**정답** B 弄

**문장** 真抱歉，我不小心把你的大衣弄脏了，我不是故意的。
정말 죄송합니다. 제가 부주의해서 당신의 외투를 더럽혔어요. 고의가 아니었습니다.

**어휘** 正常 zhèngcháng 혱 정상적인　弄 nòng 통 하다　棵 kē 양 그루　收拾 shōushi 통 정돈하다　钥匙 yàoshi 명 열쇠　抱歉
bàoqiàn 통 미안해하다　小心 xiǎoxīn 통 조심하다　把 bǎ 개 ~을/를　大衣 dàyī 명 외투　脏 zāng 혱 더럽다　故意 gùyì 뷔
고의로

**실전 테스트** 정답 및 해설_해설편 p.029

**다음 중 빈칸에 알맞은 단어를 넣으세요.**

[보기] A 份　B 弄　C 包　D 坚持　E 味道　F 改变

例如：她每天都（　D　）走路上下班，所以身体一直很不错。

1. 我很喜欢春节，过年的时候，全家人在一起（　　）饺子，非常热闹。

2. 互联网的发展在很多方面（　　）了我们的生活。

3. 小心地滑，我刚才不小心把杯子（　　）倒了。

[보기]  A 危险  B 搬  C 温度  D 不过  E 赶  F 发

例如：A: 今天真冷啊，好像白天最高（ C ）才2℃。
　　　　B: 刚才电视里说明天更冷。


4. A: 看来你对这里很熟悉。
   B: 我从小在这儿长大，生活了大概20年，前年才（　　）走的。


5. A: 已经10点了，我们能及时（　　）到机场吗?
   B: 你这急性子，不用担心，是下午两点的飞机呢。


6. A: 我刚办好登机手续，现在该去安检了，你回去吧。
   B: 好，你下了飞机，别忘了给我（　　）个短信。

## 02 형용사 넣기
### 형용사의 특징 이해하기

---

### 기본기 다지기 | 기본 개념 잡기 & 공략 미리보기

형용사는 문장에서 술어가 될 수 있으며 부사어와 관형어도 될 수 있다. 형용사의 특징과 다른 성분과의 위치 관계를 알아보자.

#### | 기본 개념 잡기 | 형용사의 특징

**1. 형용사는 술어로 쓰이며 목적어를 가지지 않는다.**

| 주어 + 형용사 술어 | 你 | 很 | **漂亮**。 너는 아주 예쁘다. |
| --- | --- | --- | --- |
| | 주어 | 부사어 | 술어 |

**2. 형용사 술어는 정도부사의 수식을 받는다.**

| 정도부사 + 동사 술어 | 我 | 很 | **满意**。 나는 아주 만족한다. |
| --- | --- | --- | --- |
| | 주어 | 부사어 | 술어 |

**3. 형용사는 관형어와 부사어 자리에 쓰여 명사 또는 동사를 꾸며준다.**

| 관형어(형용사+的) + 명사 | 我 | 买 | 了 | **漂亮**的 | 衣服。 나는 예쁜 옷을 샀다. |
| --- | --- | --- | --- | --- | --- |
| | 주어 | 술어 | 동태조사 | 형용사的 | 명사 |

| 부사어(형용사+地) + 동사 | 请 | **安静**地 | 打开 | 窗户。 조용히 창문을 열어 주세요. |
| --- | --- | --- | --- | --- |
| | 请 | 형용사地 | 동사 | 목적어 |

#### | 공략 미리보기 |

| 합격 공략 31 | 형용사는 정도부사와 친하다! |
| --- | --- |
| 합격 공략 32 | 형용사는 관형어와 부사어가 될 수 있다! |
| 합격 공략 33 | [220점 이상 고득점] 형용사와 심리동사를 구분하라! |

## 합격 공략 **31** 형용사는 정도부사와 친하다!

### 빈칸 앞에 정도부사가 있는 경우

형용사는 정도를 나타내는 어휘와 항상 함께 쓰인다. 정도를 나타내는 정도부사는 형용사 앞에서 형용사를 꾸며주기 때문에 만일 빈칸 앞에 '정도부사'가 있으면 빈칸은 형용사 자리일 가능성이 크다. 또한 빈칸 뒤에 极了(대단히)나 不得了 liǎo(매우 심하다)와 같은 정도보어가 있으면 빈칸은 형용사 자리이다.

• 정도부사 + 형용사

金老师　对学生　非常　（ 严格 ）。 김 선생님은 학생에게 매우 (엄격하다).
　주어　　부사어　정도부사　형용사

### 〈형용사와 함께 쓰이는 정도부사〉

| | |
|---|---|
| □ 很 아주 | □ 有点儿 조금 |
| □ 非常 매우 | □ 比较 비교적 |
| □ 真 정말 | □ 太……了 너무 ~하다 |
| □ 十分 매우 | □ 挺……啊/的 매우 ~하다 |

### 실전문제 📖

[보기]　A 拉　B 整理　C 意见　D 坚持　E 热闹　F 圆

小明这人又活泼又热情。有他在的地方，总是很（ 　 ），大家都喜欢他。

### STEP 1　보기 파악하기

| A 拉 | B 整理 | C 意见 |
|---|---|---|
| D 坚持 | E 热闹 | F 圆 |

| | | |
|---|---|---|
| A 통 당기다 | B 통 정리하다 | C 명 의견 |
| D 통 지속하다 | E 통 시끌벅적하다 | F 형 둥글다 |

제시된 보기 어휘의 품사와 뜻을 먼저 파악한다.

### STEP 2　빈칸의 위치 파악한 뒤 정답 고르기

小明这人又活泼又热情。有他的地方，　总是　很　（ 　 ），大家都喜欢他。
　　　주어　　　　　　　　　부사어　정도부사　술어

빈칸 앞에 정도부사 很(매우)이 있다. 정도부사는 형용사를 꾸며주므로 빈칸은 형용사 자리이다. 보기 중 형용사는 热闹(시끌벅적하다)와 圆(둥글다)이다. 이 중에서 活泼(활발하다)와 의미상 어울리는 것은 E 热闹(시끌벅적하다)이다.

정답　E 热闹

문장　小明这人又活泼又热情。有他的地方，总是很热闹，大家都喜欢他。
　　　샤오밍은 매우 활발하고 친절하다. 그가 있는 곳은 늘 시끌벅적해서 모두들 그를 좋아한다.

어휘　拉 lā 통 당기다　整理 zhěnglǐ 통 정리하다　意见 yìjiàn 명 의견　热闹 rènao 형 시끌벅적하다　圆 yuán 형 둥글다　活泼 huópō 형 활발하다　热情 rèqíng 형 친절하다　地方 dìfang 명 장소, 곳　总是 zǒngshì 부 항상

## 합격 공략 32 형용사는 관형어와 부사어가 될 수 있다!

**빈칸 뒤에 구조조사 的와 地가 있는 경우**

형용사는 문장에서 관형어와 부사어로 쓰일 수 있다. 만일 빈칸 뒤에 '구조조사 的(~의/~한) + 명사'가 있으면 빈칸은 관형어 자리이므로 형용사를 넣을 수 있다. 또한 빈칸 뒤에 '구조조사 地(~하게) + 동사'가 있으면 빈칸은 부사어 자리이므로 형용사를 넣을 수 있다. (단, 관형어를 만드는 '的' 앞에는 동사도 쓰일 수 있음에 주의한다. 예: 他穿的衣服 그가 입은 옷)

- **형용사 + 的명사**

  他　已经　找到了　（合适）　的　工作。그는 이미 알맞은 일을 찾았다.
  주어　부사어　술어+보어+了　형용사　的　목적어

- **형용사 + 地동사**

  她　（开心）　地　工作。그녀는 즐겁게 일한다.
  주어　형용사　地　술어

### 실전문제 📖🔍

> [보기]　A 麻烦　B 负责　C 共同　D 坚持　E 垃圾桶　F 篇
>
> 工作中，应该以诚实、（　　）的态度来做事。

---

**STEP 1 보기 파악하기**

| A 麻烦 | B 负责 | C 共同 |
|---|---|---|
| D 坚持 | E 垃圾桶 | F 篇 |

| A 형 귀찮다 | B 형 책임감이 강하다 | C 부 함께 |
|---|---|---|
| D 동 지속하다 | E 명 쓰레기통 | F 양 편 |

제시된 보기 어휘의 품사와 뜻을 먼저 파악한다.

**STEP 2 빈칸의 위치 파악한 뒤 정답 고르기**

工作中，应该　以　诚实、（　）的　态度　来做事。
　　　　　　　개사　형용사,　형용사　的　명사

빈칸 뒤에는 구조조사 的와 명사가 있으므로 관형어 자리이다. 관형어는 다양한 품사가 맡을 수 있지만 빈칸 앞의 형용사(诚实)가 모점(、)으로 연결되었으므로 형용사 자리임을 알 수 있다. 보기에서 형용사는 麻烦(귀찮다)과 负责(책임감이 강하다)이다. 이 중에서 态度(태도)와 어울리는 것은 B 负责(책임감이 강하다)이다.

정답 B 负责

문장 工作中，应该以诚实、负责的态度来做事。일할 때는 성실하고 책임감 있는 태도로 일해야 한다.

어휘 麻烦 máfan 동 폐를 끼치다　负责 fùzé 형 책임감이 강하다　共同 gòngtóng 부 함께　垃圾桶 lājītǒng 명 휴지통　篇 piān 양 편(글 세는 단위)　工作 gōngzuò 동 일하다　应该 yīnggāi 조동 마땅히 ~해야 한다　以 yǐ 개 ~으로　诚实 chéngshí 형 성실하다　态度 tàidu 명 태도

**합격 공략 33** [220점 이상 고득점] 형용사와 심리동사를 구분하라!

### 형용사와 심리동사의 구분

빈칸 앞에 정도부사가 있다고 해서 빈칸이 무조건 형용사 자리인 것은 아니다. 정도부사는 동사 중 심리활동을 나타내는 동사를 꾸며줄 수 있다. 또한 심리동사는 목적어를 가지므로 빈칸 앞에 정도부사, 뒤에 명사가 있다면 빈칸은 형용사가 아닌 심리동사를 넣어야 한다.

• 정도부사 + 심리동사 + 목적어

妈妈　很　（担心）　自己的　孩子。　엄마는 자신의 아이를 매우 (걱정한다).
주어　정도부사　심리동사　관형어　목적어

### 〈주요 심리동사의 예〉

| | |
|---|---|
| □ **喜欢** 좋아하다 | □ **担心** 걱정하다 |
| □ **讨厌** 싫어하다 | □ **爱** 사랑하다 |
| □ **感到** 느끼다 | □ **怀疑** 의심하다 |

### 실전문제 📖

> [보기]　A 皮肤　B 首先　C 讨厌　D 坚持　E 入口　F 重
>
> 我真（　　　）这样没有礼貌的人。

**STEP 1** 보기 파악하기

A 皮肤　　　　B 首先　　　　C 讨厌
D 坚持　　　　E 入口　　　　F 重

| A 명 피부 | B 부 우선 | C 동 싫어하다 |
|---|---|---|
| D 동 지속하다 | E 명 입구 | F 형 무겁다 |

제시된 보기 어휘의 품사와 뜻을 먼저 파악한다.

**STEP 2** 빈칸의 위치 파악한 뒤 정답 고르기

我　真　（　）　这样没有礼貌的　人。
주어　정도부사　심리동사　관형어　목적어

빈칸 앞에 정도부사(真)가 있고 뒤에는 목적어(人)가 있으므로 빈칸은 심리동사 자리임을 알 수 있다. 보기에서 심리동사는 讨厌(싫어하다)뿐이므로 정답은 C 讨厌(싫어하다)이다.

**정답** C 讨厌

**문장** 我真讨厌这样没有礼貌的人。　저는 정말 이렇게 예의 없는 사람을 싫어합니다.

**어휘** 皮肤 pífū 명 피부　首先 shǒuxiān 부 우선　讨厌 tǎoyàn 동 싫어하다　入口 rùkǒu 명 입구　重 zhòng 형 무겁다　礼貌 lǐmào 명 예의

다음 중 빈칸에 알맞은 단어를 넣으세요.

---

[보기] A 圆  B 短信  C 标准  D 坚持  E 改变  F 凉快

例如：她每天都（ D ）走路上下班，所以身体一直很不错。

---

1. 你的动作还不太（　　），左手再抬高一点儿。

2. 你看见了吗？昨天晚上的月亮又大又（　　），真漂亮。

3. 小张，你别站在太阳底下，天气太热了，快到这里来，这儿很（　　）。

---

[보기] A 正常  B 香  C 温度  D 难受  E 郊区  F 出差

例如：A: 今天真冷啊，好像白天最高（ C ）才2℃。
　　　B: 刚才电视里说明天更冷。

---

4. A: 师傅，请开慢点好吗？我有点儿（　　）。
　 B: 你怎么了？实在不行，我可以在路边停车。

5. A: 我累死了，这个学期的专业课太多了。
　 B: 这是很（　　），第一学年基础课和选修课多，第二学年主要就是专业课了。

6. A: 饺子煮好了，快来吃吧。
　 B: 真（　　）啊，我最喜欢吃你包的饺子了。

---

# 03 명사 넣기
## 명사의 특징 이해하기

## 기본기 다지기 │ 기본 개념 잡기 & 공략 미리보기

명사는 문장에서 주로 주어와 목적어로 사용되고 개사의 목적어로 쓰여 개사구를 이루기도 한다. 명사의 특징과 다른 성분과의 위치 관계를 알아보자.

### │ 기본 개념 잡기 │ 명사의 특징

**1. 명사는 주어/목적어 자리에 쓰인다.**

주어(명사) + 술어 　　咖啡　　很　　好喝。　커피가 아주 맛있다.
　　　　　　　　　　　주어　　부사어　　술어

술어 + 목적어(명사)　　孩子　　吃　　饼干。　아이는 과자를 먹는다.
　　　　　　　　　　　주어　　술어　　목적어

**2. 명사는 관형어의 수식을 받을 수 있다.**

관형어(명사/형용사/동사) + 的 + 명사　　减肥的　　效果　　很　　好。　다이어트 효과가 아주 좋다.
　　　　　　　　　　　　　　　　　　　관형어　　주어　　부사어　술어

관형어(지시대사/수사+양사) + 명사　　这本　　书　　很　　有意思。　이 책은 아주 재미있다.
　　　　　　　　　　　　　　　　　지시대사+양사　주어　부사어　　술어

**3. 명사는 개사와 함께 개사구를 이루어 술어를 수식한다.**

개사구(개사+명사) + 술어　　我　　在书店　　买　　了　　一本书。　나는 서점에서 책을 한 권 샀다.
　　　　　　　　　　　　　주어　개사+명사　술어　동태조사　목적어

### │ 공략 미리보기 │

| | |
|---|---|
| **합격 공략 34** | 的 뒤에는 명사를 넣으라! |
| **합격 공략 35** | 양사 뒤에는 명사를 넣으라! |
| **합격 공략 36** | 동사 뒤에는 명사를 넣으라! |
| **합격 공략 37** | [220점 이상 고득점] 개사 뒤에는 명사를 넣으라! |

## 빈칸 앞에 구조조사 的가 있는 경우

명사는 관형어의 수식을 받을 수 있다. 형용사, 동사, 명사는 관형어로 쓰일 때 구조조사 的를 사용해서 명사를 꾸며준다.
따라서 빈칸 앞에 구조조사 的가 있으면 빈칸은 명사 자리이므로 품사가 명사인 어휘를 채우도록 한다.

• 관형어(형용사/동사/명사) + 구조조사 的 + 명사

这次晚会   的   （ 地点 ）   不   是   我选   的。   이번 파티의 장소는 내가 고른 게 아니다.<br>
관형어   구조조사的   주어   부사어   是……的구문   주+술   조사

## 실전문제 📖🔍

> [보기] A 超过   B 遍   C 意见   D 坚持   E 倒   F 严重
>
> 你把今天大家在会议上提的（   ）都整理出来，发给我邮件。

### STEP 1   보기 파악하기

| A 超过 | B 遍 | C 意见 |
|--------|------|--------|
| D 坚持 | E 倒 | F 严重 |

| A 동 초과하다 | B 양 번 | C 명 의견 |
|--------------|---------|-----------|
| D 동 지속하다 | E 동 넘어지다 | F 형 심각하다 |

제시된 보기 어휘의 품사와 뜻을 먼저 파악한다.

### STEP 2   빈칸의 위치 파악한 뒤 정답 고르기

你   把   今天大家在会议上   提   的   （   ）   都   整理   出来，发给我邮件。<br>
주어   把   주술구   동사   的   명사   부사어   술어   보어<br>
관형어

빈칸 앞에 구조조사 的가 있으므로 빈칸은 명사 자리임을 알 수 있다. 이 명사는 개사 把가 이끄는 목적어이고, 문장 전체
의 술어는 **整理**(정리하다)이다. 보기에서 명사는 **意见**(의견)뿐이므로 정답은 C 意见(의견)이다.

**정답**   C 意见

**문장**   你把今天大家在会议上提的意见都整理出来，发给我邮件。
오늘 모두가 회의에서 제시한 의견을 모두 정리해서 이메일로 제게 보내 주세요.

**어휘**   超过 chāoguò 통 초과하다   遍 biàn 양 번, 회   意见 yìjiàn 명 의견   倒 dǎo 통 넘어지다   严重 yánzhòng 형 심각하다   把
bǎ 개 ~을/를   今天 jīntiān 명 오늘   会议 huìyì 명 회의   提 tí 통 제시하다   整理 zhěnglǐ 통 정리하다   发 fā 통 보내다
邮件 yóujiàn 명 메일

## 합격 공략 (35) 양사 뒤에는 명사를 넣으라!

### 빈칸 앞에 양사가 있는 경우

명사는 관형어 '지시대사/수사+양사'의 수식을 받을 수 있다. 따라서 만일 빈칸 앞에 양사가 있으면 빈칸은 명사 어휘를 채우도록 한다.

- **수사 + 양사 + 명사**

他　在书店　买　了　**两**　**本**　（**汉语书**）。 그는 서점에서 중국어책 두 권을 샀다.
주어　부사어　술어 동태조사　수사　양사　　목적어

- **지시대사 + 양사 + 명사**

你　把　**这**　**份**　（**材料**）　发　给　大家。 이 자료를 사람들에게 나눠 주세요.
주어　把　지시대사 양사　　명사　　술어　보어　목적어

〈양사와 명사의 결합〉

| | |
|---|---|
| □ **双** 켤레, 쌍<br>　一双鞋 신발 한 켤레　一双袜子 양말 한 켤레 | □ **份** 신문, 문건을 세는 단위<br>　一份材料 자료 한 통　一份报纸 신문 한 부 |
| □ **位** 분<br>　一位老师 선생님 한 분　两位律师 변호사 두 분 | □ **个** 개, 명 (전용 양사가 없는 명사에 두루 쓰임)<br>　上个世纪 지난 세기　一个人 한 사람 |
| □ **家** 가정, 가게, 기업을 세는 단위<br>　两家超市 마트 두 곳　这家公司 이 회사 | □ **篇** 편 (문장을 세는 단위)<br>　那篇文章 그 글 |
| □ **部** 서적, 영화 등을 세는 단위<br>　一部电影 영화 한 편 | □ **条** 가늘고 긴 것을 세는 단위<br>　一条河 강 한 줄기　一条马路 도로 |

## 실전문제 📖

[보기] A 所有　B 文章　C 首先　D 坚持　E 擦　F 棵

这篇（　　）是由王教授的学生写的，题材非常新颖。

**STEP 1** 보기 파악하기

| A 所有 | B 文章 | C 首先 |
|---|---|---|
| D 坚持 | E 擦 | F 棵 |

| A 형 모든 | B 명 글 | C 부 우선 |
|---|---|---|
| D 동 지속하다 | E 동 닦다 | F 양 그루 |

제시된 보기 어휘의 품사와 뜻을 먼저 파악한다.

**STEP 2** 빈칸의 위치 파악한 뒤 정답 고르기

这　　篇　　（　　）　是　　由王教授的学生　　写　　的，题材非常新颖。
지시대사　양사　　명사　是……的구문　강조하는 내용　　술어　조사
　　관형어

빈칸 앞에 양사(篇)가 있으므로 빈칸은 명사 자리임을 알 수 있다. 보기에서 명사는 文章(글)과 首先(우선)인데 빈칸 앞의

篇은 글을 세는 양사이므로 B 文章(글)이 들어가야 한다. 양사는 수사/지시대사와 명사 사이에 사용하여 '수사/지시대사+양사+명사'의 어순을 이룬다는 것을 꼭 기억해 두자.

정답 B 文章

문장 这篇文章是由王教授的学生写的，题材非常新颖。 이 글은 왕 교수님의 학생이 쓴 것인데, 소재가 매우 참신하다.

어휘 所有 suǒyǒu 형 모든   文章 wénzhāng 명 글   首先 shǒuxiān 부 우선   擦 cā 동 닦다   棵 kē 양 그루   篇 piān 양 편, 장   由 yóu 개 ~이/가   教授 jiàoshòu 명 교수   学生 xuésheng 명 학생   一起 yìqǐ 부 같이   写 xiě 동 쓰다   题材 tícái 명 제재   新颖 xīnyǐng 형 참신하다

## 합격 공략 36 · 동사 뒤에는 명사를 넣으라!

### 빈칸 앞에 동사가 있는 경우

명사는 문장에서 주로 주어와 목적어로 쓰인다. 실제 시험에서는 주어를 채우는 문제보다 목적어를 채우는 문제의 출제 비중이 더 높다. 만일 빈칸 앞에 동사가 있으면 명사 어휘를 넣도록 한다.

• 동사 술어 + 명사

他　　决定　　乘坐　　（飞机）　　去　　上海。　그는 비행기를 타고 상하이에 가기로 결정했다.
주어　　술어　　동사1　　명사1　　동사2　　명사2
　　　　　　　　　　　　목적어

他在会议上提的意见　　引起了　　很多人的　　（关注）。　그가 회의에서 발표한 의견은 많은 사람들의 주목을 끌었다.
　　　주어　　　　　　술어　　　관형어　　　목적어

## 실전문제 📖

[보기]  A 作者  B 引起  C 轻  D 坚持  E 竟然  F 重点

我们讲话的时候应该先讲（　　　），这样才能使别人更有效地明白你要表达的意思。

STEP 1  보기 파악하기

A 作者          B 引起          C 轻
D 坚持          E 竟然          F 重点

| A 명 작가 | B 동 (주의를) 끌다 | C 형 가볍다 |
| D 동 지속하다 | E 부 뜻밖에도 | F 명 중점 |

제시된 보기 어휘의 품사와 뜻을 먼저 파악한다.

**STEP 2** 빈칸의 위치 파악한 뒤 정답 고르기

我们讲话的时候 应该先 讲 （ ），这样才能使别人更有效地明白你要表达的意思。
　　　 주어　　　　　　부사어　 동사　　　명사

빈칸 앞에 동사(讲)가 있으므로 빈칸은 목적어 자리이다. 명사나 대명사가 와야 한다. 보기에서 명사는 作者(작가)와 重点
(중점)인데 讲과 어울리는 것은 F 重点(중점)이다. 讲은 讲话(말을 하다), 讲笑话(농담을 하다), 讲道理(도리를 중시하다)
등으로 쓰인다.

**정답** F 重点

**문장** 我们讲话的时候应该先讲重点，这样才能使别人更有效地明白你要表达的意思。
우리는 말을 할 때 먼저 중요한 것을 말해야 한다. 그래야 다른 사람이 더욱 효과적으로 당신이 전하려는 의미를 이해할 수 있다.

**어휘** 作者 zuòzhě 명 작가　引起 yǐnqǐ 동 (주의를) 끌다　轻 qīng 형 가볍다　竟然 jìngrán 부 뜻밖에도　重点 zhòngdiǎn 명 중점
讲话 jiǎnghuà 동 말하다　应该 yīnggāi 조동 마땅히 ~해야 한다　先 xiān 부 우선　讲 jiǎng 동 말하다　才 cái 부 비로소　使
shǐ 동 ~하게 하다　别人 biérén 대 다른 사람　更 gèng 부 더욱　有效 yǒuxiào 효과적　明白 míngbai 동 이해하다, 알다
表达 biǎodá 동 나타내다　意思 yìsi 명 의미

## 합격 공략 **37** [220점 이상 고득점] 개사 뒤에는 명사를 넣으라!

### 빈칸 앞에 개사가 있는 경우

명사는 개사와 함께 개사구를 이루어 술어를 꾸며줄 수 있다. 만일 빈칸 앞에 개사가 있고 뒤에 술어가 있으면 빈칸은 명사
자리이다.

• **개사 + 명사**

会议 按 （ **计划** ） 进行。 회의는 계획에 따라 진행됩니다.
주어　개사　　명사　　　술어

〈주요 개사〉

| | |
|---|---|
| **对** + 명사 | 张经理对我们的工作很满意。장 사장은 우리의 업무에 매우 만족한다. |
| **通过** + 명사 | 通过调查发现了很多问题。조사를 통하여 많은 문제가 발견됐다. |
| **按照** + 명사 | 这次会议按照规定进行。이번 회의는 규정에 따라 진행된다. |
| **由** + 명사 | 这次活动由他来负责。이번 행사는 그가 책임진다. |

## 실전문제

[보기] A 由于　B 皮肤　C 正好　D 坚持　E 乱　F 短信

多吃水果对（ ）好，这是我刚买的西瓜，吃点儿吧。

**보기 파악하기**

A 由于          B 皮肤          C 正好

D 坚持          E 乱          F 短信

| A 집 ~때문에 | B 명 피부 | C 부 마침 |
| D 동 지속하다 | E 형 어수선하다 | F 명 문자 메시지 |

제시된 보기 어휘의 품사와 뜻을 먼저 파악한다.

STEP 2  **빈칸의 위치 파악한 뒤 정답 고르기**

多吃水果   对   (   )   好，   这是我刚买的西瓜，吃点儿吧。
　주어　　개사　　명사　　술어

빈칸 앞에 개사 对가 있다. 개사는 명사나 대사를 목적어로 두기 때문에 빈칸에는 명사 또는 대사가 와야 한다. 보기에서 명사는 皮肤(피부)와 短信(문자 메시지)인데 문맥상 어울리는 단어는 皮肤이므로 정답은 B 皮肤(피부)이다.

정답  B 皮肤

문장  多吃水果对皮肤好，这是我刚买的西瓜，吃点儿吧。
　　　과일을 많이 먹으면 피부에 좋아요. 이거 제가 막 사온 수박인데 좀 드세요.

어휘  由于 yóuyú 집 ~때문에   皮肤 pífū 명 피부   正好 zhènghǎo 부 마침   乱 luàn 형 어수선하다   短信 duǎnxìn 명 문자 메시지   水果 shuǐguǒ 명 과일   对 duì 개 ~에 대해   刚 gāng 부 방금   西瓜 xīguā 명 수박

---

**실전 테스트**   정답 및 해설_해설편 p.032

**빈칸에 알맞은 보기를 넣어 문장을 완성하세요.**

[보기] A 往往   B 友谊   C 味道   D 坚持   E 重   F 入口

例如：  她每天都 ( D ) 走路上下班，所以身体一直很不错。

1. 生活中幽默很重要，如果少了幽默，就好像菜里忘了放盐，让人感觉少了些 (   )。

2. 不好意思，我现在在 (   ) 处，马上就到。

3. 在人际关系上有了误会，要及时解释，不然时间长了就会影响 (   )。

[보기]　A 地点　B 辛苦　C 温度　D 郊区　E 交通　F 整理

例如：A: 今天真冷啊，好像白天最高（　C　）才2℃。

　　　　B: 刚才电视里说明天更冷。

4. A: 小王，这次聚会在哪儿进行？

　　B: 不好意思，这次聚会的（　　）是小张选的，时间也是她定的，你问她吧。

5. A: 听说公司明年要搬到（　　），到时候我又得重新找房子了。

　　B: 真的吗？你听谁说的？我怎么不知道？

6. A: 你新买的房子，怎么样？

　　B: 不错，周围很安静，离地铁站很近，（　　）很方便。

# 04 양사/부사/접속사 넣기
## 양사/부사/접속사의 특징 이해하기

## 기본기 다지기 기본 개념 잡기 & 공략 미리보기

독해 제1부분에서는 주요 품사 외에도 양사, 부사, 접속사를 채우는 문제가 빈번하게 출제된다. 양사, 부사, 접속사와 다른 성분과의 위치 관계를 알아보자.

### | 기본 개념 잡기 | 양사. 부사. 접속사의 특징

**1. 양사 : 수사/지시대사와 명사 사이에 위치한다.**

수사 + 양사 + 명사 　我　昨天　看　了　一　**部**　电影。 나는 어제 영화 한 편을 봤다.
　　　　　　　　　주어　부사어　술어　동태조사　수사　양사　명사

지시대사 + 양사 + 명사 　这　**本**　书　很　有意思。 이 책은 매우 재밌다.
　　　　　　　　　　지시대사　양사　명사　부사어　술어

**2. 부사 : 술어 앞에서 술어를 꾸며준다.**

부사 + 술어 　这个　内容　**十分**　重要。 이 내용은 매우 중요하다.
　　　　　　관형어　주어　부사어　술어

**3. 접속사 : 문장과 문장을 연결시켜준다.**

문장, 접속사 + 문장 　运动不但可以锻炼身体，　**而且**　可以减少压力。
　　　　　　　　　　　　　　문장　　　　　　　접속사　　　문장
운동은 신체를 단련시킬 수 있을 뿐만 아니라, 게다가 스트레스도 감소시킬 수 있다.

### | 공략 미리보기 |

| | |
|---|---|
| **합격 공략 38** | 수사/지시대사와 명사 사이에는 양사를 넣으라! |
| **합격 공략 39** | 주어와 술어 사이에는 부사를 넣으라! |
| **합격 공략 40** | 문장과 문장 사이에는 접속사를 넣으라! |
| **합격 공략 41** | [220점 이상 고득점] 접속사의 호응 관계를 파악하라! |

## 합격 공략 **38** 수사/지시대사와 명사 사이에는 양사를 넣으라!

**수사/지시대사와 명사 사이에 빈칸이 있는 경우**

양사는 사물이나 사람의 수를 세는 단위이다. 수사 또는 지시대사와 함께 명사 앞에 사용한다. 따라서 빈칸 앞에 수사나 지시대사가 있고 뒤에 명사가 있으면 빈칸은 양사 자리이다.

• 수사 + 양사 + 명사

我奶奶家 有 一 （**棵**） 树。 우리 할머니 집에는 나무 한 그루가 있다.
<u>주어</u> <u>술어</u> <u>수사</u> <u>양사</u> <u>명사</u>

• 지시대사 + 양사 + 명사

这 （**篇**） 文章 是 他写的。 이 글은 그가 쓴 것이다.
<u>지시대사</u> <u>양사</u> <u>명사</u> <u>술어</u> <u>목적어</u>

## 실전문제 📖🔍

> [보기] A 尊重 B 份 C 郊区 D 坚持 E 恐怕 F 挺
>
> 小姐，您要办签证吗？请您先填这（　　　）表格。

**STEP 1** 보기 파악하기

A 尊重 B 份 C 郊区
D 坚持 E 恐怕 F 挺

| A 통 존중하다 | B 양 부 | C 명 교외 지역 |
|---|---|---|
| D 통 지속하다 | E 부 아마 ~일 것이다 | F 부 매우 |

제시된 보기 어휘의 품사와 뜻을 먼저 파악한다.

**STEP 2** 빈칸의 위치 파악한 뒤 정답 고르기

小姐，您要办签证吗？请您先填 这 （　） 表格。
　　　　　　　　　　　　　　<u>지시대사</u> <u>양사</u> <u>명사</u>

빈칸 앞에 지시대사(这)가 있고 뒤에는 명사(表格)가 있으므로 빈칸은 양사 자리임을 알 수 있다. 양사 份은 表格(표)/资料(자료)/杂志(잡지) 등과 함께 쓰이고 보기에서 양사는 份뿐이므로 정답은 B 份(부)이다.

정답 B 份

문장 小姐，您要办签证吗？请您先填这份表格。 아가씨, 비자를 신청하실 건가요? 우선 이 표를 작성해 주세요.

어휘 尊重 zūnzhòng 통 존중하다 份 fèn 양 부(신문, 문건을 세는 단위) 郊区 jiāoqū 명 교외 지역 恐怕 kǒngpà 부 아마 ~일 것이다 挺 tǐng 부 매우 小姐 xiǎojiě 명 아가씨 办 bàn 통 하다, 처리하다 签证 qiānzhèng 명 비자 请 qǐng 통 ~해 주세요 先 xiān 부 우선 表格 biǎogé 명 표

## 합격 공략 **39** 주어와 술어 사이에는 부사를 넣으라!

### 주어와 술어 사이에 빈칸이 있는 경우

부사는 술어 앞에서 술어를 꾸며주는 역할을 한다. 따라서 주어와 술어 사이에 빈칸이 있으면 빈칸에는 부사가 올 수 있다.

• 주어 + 부사 + 술어

你这样说，妈妈 （**恐怕**） 不 会 同意。 네가 이렇게 말하니 아마도 엄마는 동의하지 않을 거야.
　　　　　　　　주어　　　　부사　　부정부사　조동사　술어

---

### 실전문제 📖🔍

> [보기]  A 客厅  B 联系  C 温度  D 到底  E 公里  F 困
>
> A: 寒假去欧洲旅游想好了吗？（　　）去不去？
> B: 那个地方实在太远了，我得考虑一下，明天再告诉你吧。

---

**STEP 1**  보기 파악하기

A 客厅　　　　　B 联系　　　　C 温度
D 到底　　　　　E 公里　　　　F 困

| | | |
|---|---|---|
| A 명 거실 | B 통 연락하다 | C 명 온도 |
| D 부 도대체 | E 양 킬로미터 | F 형 졸리다 |

제시된 보기 어휘의 품사와 뜻을 먼저 파악한다.

---

**STEP 2**  빈칸의 위치 파악한 뒤 정답 고르기

寒假去欧洲旅游想好了吗？ （　　） 去不去？
　　　　　　　　　　　　　　부사　　술어

문장은 주어가 없는 대화체로 你(너)가 생략되었다. 빈칸 뒤에 술어 去不去(가요?)가 있으므로 빈칸은 부사어의 자리이다.
보기에서 부사어가 될 수 있는 것은 부사 到底이므로 정답은 D 到底(도대체)이다.

---

**정답**  D 到底

**문장**  A: 寒假去欧洲旅游想好了吗？到底去不去？ 생각해 봤어? 도대체 갈 거야 말 거야?
　　　 B: 那个地方实在太远了，我得考虑一下，明天再告诉你吧。 거긴 진짜 너무 멀어. 나 생각 좀 해 보고 내일 다시 말해 줄게.

**어휘**  客厅 kètīng 명 거실　联系 liánxì 통 연락하다　到底 dàodǐ 부 도대체　公里 gōnglǐ 양 킬로미터　困 kùn 형 졸리다　地方 dìfang 명 그 곳　实在 shízài 부 정말　远 yuǎn 형 멀다　得 děi 통 ~해야 한다　考虑 kǎolǜ 통 고려하다　明天 míngtiān 명 내일　再 zài 부 또, 다시　告诉 gàosu 통 알려 주다

## 합격 공략 40 문장과 문장 사이에는 접속사를 넣으라!

### 문장과 문장 사이에 빈칸이 있는 경우

접속사는 명사와 명사를, 또 문장과 문장을 연결해 준다. 만일 빈칸이 문장이 끝나는 쉼표(,) 바로 뒤에 있으면 이 빈칸에는 접속사가 올 수 있다.

• 문장, 접속사 + 문장

　以后你再不能抽烟了，　（否则）　你的感冒会更严重。
　　　　　문장　　　　　　　　접속사　　　　　문장

담배 피우시면 안 돼요. 안 그러면 감기가 더 심해질 거예요.

### 〈주요 접속사〉

| 명사의 연결 | 和/跟/与/通 ~와/과　或 혹은 |
|---|---|
| 문장의 연결 | 并且/而且 게다가　不过/可是/但是 그러나　那么 그러면　否则 그렇지 않으면　即使 설령<br>不但 ~일 뿐만 아니라　因为 ~이기 때문에 |

### 실전문제 📖

> [보기]　A 不过　B 轻　C 温度　D 意见　E 出差　F 页
>
> A: 这首歌真好听，是谁唱的？
> B: 声音听着挺熟悉的，（　）我一下子想不起来了。

#### STEP 1　보기 파악하기

A 不过　　　　　B 轻　　　　　　C 温度
D 意见　　　　　E 出差　　　　　F 页

| A 접 그러나 | B 형 가볍다 | C 명 온도 |
|---|---|---|
| D 명 의견 | E 통 출장 가다 | F 양 페이지 |

제시된 보기 어휘의 품사와 뜻을 먼저 파악한다.

#### STEP 2　빈칸의 위치 파악한 뒤 정답 고르기

　声音听着挺熟悉的，　（　）　我一下子想不起来了。
　　　　　문장　　　　　접속사　　　　　문장

빈칸 앞에 쉼표(,)가 있고 뒤에 '주-술' 구조의 문장이 있으므로 빈칸은 접속사 자리임을 알 수 있다. 보기에서 접속사는 不过뿐이므로 정답은 A 不过(그러나)이다.

**정답**　A 不过

**문장**　A: 这首歌真好听，是谁唱的？ 이 노래 진짜 좋다. 누가 부른 거야?
　　　　B: 声音听着挺熟悉的，不过我一下子想不起来了。 목소리는 아주 익숙한데, 그런데 갑자기 생각이 안 나요.

**어휘**　不过 búguò 접 그러나　轻 qīng 형 가볍다　意见 yìjiàn 명 의견　出差 chūchāi 통 출장 가다　页 yè 양 페이지　首 shǒu 양 수(노래를 세는 단위)　歌 gē 명 노래　好听 hǎotīng 형 듣기 좋다　唱 chàng 통 노래하다　声音 shēngyīn 명 목소리　熟悉 shúxī 형 익숙하다　一下子 yíxiàzi 갑자기　想不起来 xiǎngbuqǐlai 생각나지 않다

**빈칸의 앞뒤에 호응하는 접속사가 있는 경우**

일반적으로 접속사 채우기 문제는 빈칸 뒤에 문장이 시작되는 형식으로 출제되지만 가끔씩 접속사의 호응 관계를 묻는 문제도 출제되므로 평소에 기본적인 접속사의 호응 관계를 숙지해두는 것이 필요하다. (p.122~123 참고)

**실전문제**

[보기]　A 既然　B 响　C 温度　D 刚　E 客厅　F 份

A: 我考虑了很久，还是决定出国留学。
B: (　　) 这样，那我尊重你的选择。

---

STEP 1　**보기 파악하기**

| A 既然 | B 响 | C 温度 |
|---|---|---|
| D 刚 | E 客厅 | F 份 |

| A 접 기왕 그렇게 된 이상　B 통 울리다 | C 명 온도 |
|---|---|
| D 부 막　　　E 명 거실 | F 양 부(문건을 세는 단위) |

제시된 보기 어휘의 품사와 뜻을 먼저 파악한다.

STEP 2　**빈칸의 위치 파악한 뒤 정답 고르기**

(　　) 这样，　那　我尊重你的选择。
접속사　술어　접속사　　문장

문장 맨 앞에 빈칸이 있다. 이 경우 빈칸은 주어, 접속사, 难道와 같은 어기부사 등이 올 수 있다. 뒷절이 접속사 那로 시작하므로 빈칸은 이와 호응하는 접속사가 와야 함을 알 수 있다. 보기의 접속사 既然(기왕 ~한 바에야)은 뒤의 那와 호응 구조를 이루므로 정답은 A 既然(기왕 그렇게 된 이상)이다.

정답　A 既然

문장　A: 我考虑了很久，还是决定出国留学。 나 오랫동안 고민했는데 외국으로 유학 가기로 했어.
　　　B: 既然这样，那我尊重你的选择。 기왕 이렇게 됐으니 너의 선택을 존중할게.

어휘　既然 xiāng 접 기왕 ~한 바에야　响 xiǎng 통 울리다　刚 gāng 부 막　客厅 kètīng 명 거실　份 fèn 양 부(신문, 문건을 세는 단위)　考虑 kǎolǜ 통 고려하다　久 jiǔ 형 오래다　还是 háishi 부 그래도　决定 juédìng 통 결정하다　出国 chūguó 통 출국하다　留学 liúxué 통 유학하다　尊重 zūnzhòng 통 존중하다　选择 xuǎnzé 명 선택

빈칸에 알맞은 보기를 넣어 문장을 완성하세요.

[보기]  A 竟然  B 估计  C 公里  D 坚持  E 往往  F 讨论

例如：她每天都（ D ）走路上下班，所以身体一直很不错。

1. 小明总是加班，他（　　）是最后离开办公室。

2. 他一直都很重视这个机会，最后（　　）放弃了，这让我很吃惊。

3. 这种火车的速度一般在每小时200到300（　　）之间。

[보기]  A 由于  B 次  C 温度  D 热闹  E 页  F 并且

例如：A: 今天真冷啊，好像白天最高（ C ）才2℃。
　　　B: 刚才电视里说明天更冷。

4. A: 我现在去办公室交申请表，要不要帮你交啊？
   B: 不用了，我才填到第二（　　），我一会儿自己去，你先去吧。

5. A: 你怎么不接电话呢？
   B: 这个号码打给我好几（　　）了，又是广告。

6. A: 我想让小王做这件事情，你觉得怎么样？
   B: 她不但性格活泼，（　　）很有耐心，非常适合做那件事情。

빈칸에 알맞은 보기를 넣어 문장을 완성하세요.

> **[보기]** A 引起　B 观众　C 擦　　D 坚持　E 辛苦　F 份
>
> 例如：她每天都（ D ）走路上下班，所以身体一直很不错。

1. 她是网红，无论走到哪里（　　）了很多人的关注。

2. 橡皮能（　　）掉铅笔写的字，但圆珠笔写的不行。

> **[보기]** A 尊重　B 出差　　C 温度　D 味道　E 估计　F 棵
>
> 例如：A: 今天真冷啊，好像白天最高（ C ）才2℃。
>
> 　　　　B: 刚才电视里说明天更冷。

3. A: 周末我们一起去逛街，怎么样？
   　B: 不好意思，我周六得去北京（　　），我去不了。

4. A: 公交车突然出了故障，我（　　）5点多才能到。
   　B: 没事儿，我在咖啡厅等你。

독해
제2부분

阅读

# 문장의 순서 배열하기

**Warm Up!**
유형 분석 & 풀이 전략

**1. 접속사의 호응 관계**
접속사로 연결 관계 파악하기

**2. 문장의 서두**
서두에 오는 것과 오지 않는 것 구분하기

**3. 문장의 흐름**
문맥의 논리성 파악하기

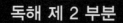

## Warm Up!

# 유형 분석 & 풀이 전략

## 유형 분석 | 시험엔 이렇게 나온다!

### 출제 방식

HSK 4급 독해 제2부분은 문장으로 제시된 보기 A, B, C를 바른 어순에 따라 배열하는 문제로 56번부터 65번까지 총 10문제가 출제된다.

### 출제 경향 & 유형별 출제 비율

문장 배열하기는 단순히 해석에만 의존하여 어순을 배열하면 오답이 나올 수 있으므로 글의 논리적인 흐름을 파악할 수 있는 단서를 찾아 배열해야 한다. 구체적으로 접속사의 호응 관계에 따라 문장 배열하기, 문장의 서두에 쓸 수 있는 것과 없는 것을 찾아 배열하기, 문장의 흐름을 파악하여 배열하기 등의 방법을 활용하면 올바른 어순에 따라 문장을 배열할 수 있다. 문항 내 세부 출제 비율은 문장의 서두 정하기 40%, 문장의 흐름 파악하기 35%, 접속사의 호응 관계 파악하기 25%로 출제된다.

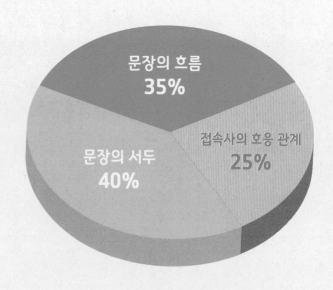

# 풀이 전략 | 문제 풀이 Step & 풀이 전략 적용해 보기

---

## Step 1

**단서 찾기**

어순을 배열할 수 있는 단서를 보기에서 찾는다. 접속사와 대사, 문장의 서두에 쓸 수 있거나 또는 없는 절 등 눈에 보이는 단서를 찾는다.

---

## Step 2

**문맥에 따라 어순 배열하기**

눈에 보이는 단서 이외에도 원인과 결과, 사건이 일어난 순서 등 논리적인 흐름을 파악하여 어순을 배열한다.

---

### 풀이 전략 ) 적용해 보기

56. A 希望大家在工作中多多支持她
    B 既然大家都觉得小明合适
    C 这次博览会就由她来负责 _____

---

**STEP 1  단서 찾기**

A 希望大家在工作中多多支持她 → 대사 她가 있다.
B 既然大家都觉得小明合适 → 접속사 既然이 있다.
C 这次博览会就由她来负责 → 부사 就와 대사 她가 있다.

접속사 既然은 '既然……就……'의 형식으로 쓰여 '기왕 ～한 바에야 ～하다'라는 뜻을 나타낸다. 따라서 B—C의 순서가 되어야 한다. 보기 A의 대사 她(그녀)가 가리키는 대상인 小明(샤오밍)이 보기 B에 있으므로 보기 A도 보기 B의 뒤에 위치해야 한다.

---

**STEP 2  문맥에 따라 어순 배열하기**

Step1의 단서에 따라서 접속사의 호응 구조인 B—C로 배열하고 A를 제일 마지막에 배치하여 문장을 완성한다.

**정답**  B—C—A

**문장**  既然大家都觉得小明合适，这次博览会就由她来负责，希望大家在工作中多多支持她。
모두들 샤오밍이 적합하다고 생각하니 이번 박람회는 그녀가 담당하도록 하겠습니다. 모두들 업무상 그녀를 많이 도와 주시길 바랍니다.

**어휘**  既然 jìrán 접 ～된 바에야  觉得 juéde 통 ～라고 느끼다  合适 héshì 형 적당하다  次 cì 양 회, 번  博览会 bólǎnhuì 명 박람회  由 yóu 개 ～이/가  负责 fùzé 통 책임지다  希望 xīwàng 통 희망하다  工作 gōngzuò 통 일을 하다  支持 zhīchí 통 지지하다

# 01 접속사의 호응 관계
### 접속사로 연결 관계 파악하기

---

**기본기 다지기** **기본 개념 잡기 & 공략 미리보기**

어순을 파악할 수 있는 가장 대표적이고 눈에 보이는 단서는 바로 접속사이다. 접속사는 일반적으로 다른 접속사 또는 부사와 함께 쓰이므로 접속사의 호응 관계를 파악하면 어순을 쉽게 배열할 수 있다.

## ㅣ기본 개념 잡기ㅣ 접속사의 호응 관계

### 1. 인과 관계

- **因为 ……, 所以……。** ~때문에, 그래서 ~하다

  因为我感冒了，所以不能去学校。 나는 감기에 걸렸기 때문에, 그래서 학교에 갈 수 없다.

- **由于……, 所以/因此/因而……。** ~때문에, 그래서 ~하다

  由于他的成绩很好，因此受到了老师的表扬。 그의 성적은 너무 좋기 때문에, 그래서 선생님의 칭찬을 받았다.

- **之所以……, 是因为……。** ~한 까닭은 ~때문이다

  她之所以成功，是因为她十分努力。 그녀가 성공한 까닭은 굉장히 노력했기 때문이다.

### 2. 전환 관계

- **虽然/虽说/尽管/固然……, 但是/可是/不过/却……。** 비록 ~이지만, 그러나 ~하다

  学习汉语虽然很难，但是越学越有意思。 중국어는 비록 어렵지만, 그러나 배우면 배울수록 재미있다.

### 3. 가정 관계

- **如果/要是/哪怕/假如……, 就/那(么)……。** 만약 ~라면, ~이다

  如果你去，我就去。 만약 네가 간다면, 나도 가겠다.

- **即使……, 也……。** 설령 ~하더라도, ~하다

  即使下雨，也要去。 설령 비가 온다고 해도, 가야 한다.

### 4. 조건 관계

- **只要……, 就……。** ~하기만 하면 ~하다

  只要不放弃，就行。 포기하지만 않으면 된다.

- **只有……, 才……。** ~해야만 ~하다

  只有坚持下去，才能成功。 꾸준히 견지해야만 성공할 수 있다.

- **无论/不管/不论……, 也/都……。** ~에도 불구하고/관계없이 모두 ~하다

  无论如何都一样。 어떻게 하든지 모두 똑같다.

## 5. 병렬 관계

- **又/既……，又……。** ~하기도 하고 ~하기도 한다

  骑自行车上下班既可以锻炼身体，又可以保护环境。 자전거를 타고 출퇴근을 하면 신체를 단련할 수 있고, 환경보호
  도 할 수 있다.

- **不是……，而是……。** ~가 아니라 ~이다

  这个水果不是苹果，而是香蕉。 이 과일은 사과가 아니라 바나나이다.

## 6. 선택 관계

- **不是……，就是……。** ~가 아니면 ~이다

  不是你去，就是我去。 네가 안 가면 내가 간다.

- **……，或者……。** ~이거나 ~이다

  我周末或者看电视，或者玩游戏。 난 주말에 티비를 보거나 게임을 한다.

## 7. 점층 관계

- **不但/不仅……，而且/并且……也/还……。** ~뿐만 아니라, 또한 ~하다

  我儿子不但聪明，而且可爱。 내 아들은 똑똑할 뿐만 아니라, 또한 귀엽다.

- **先/首先……，然后/其次/再……，最后……。** 먼저 ~하고, 그 다음에 ~하고, 마지막으로 ~하다

  你先填这张表，然后交给我。 이 표를 먼저 작성한 뒤에 저에게 주세요.

## 8. 양보 관계

- **既然……，就……。** 기왕 ~인 바에야 ~하다

  既然开始了，就要做好。 기왕 시작했으니 잘해야 한다.

---

| 공략 미리보기 |

**합격 공략 42**    접속사의 호응 관계를 찾으라!

**합격 공략 43**    절과 절의 의미 관계를 파악하라!

**합격 공략 44**    [220점 이상 고득점] 동일한 구조를 찾으라!

---

## 합격 공략 42   접속사의 호응 관계를 찾으라!

### 접속사의 호응 관계

접속사는 주로 문장과 문장을 연결시키는데, 호응 관계를 이루는 접속사들은 문장의 앞절에서 쓰이는 것과 뒷절에서 쓰이
는 것으로 나눌 수 있다. 때문에 접속사의 호응 구조는 어순 배열에 중요한 단서가 된다. 보통 접속사가 쓰인 문장은 앞절
에는 주어가 있지만, 뒷절에는 주어가 없이 접속사나 부사로 시작하는 형태임을 기억하자.

〈쓰이는 위치가 다른 접속사〉

| 앞절 접속사 | 뒷절 접속사/부사 |
|---|---|
| 因为 왜냐하면　如果 만일　要是 만일　虽然 비록<br>不管 ~에 관계없이　无论 ~에도 불구하고<br>即使 설령 ~하더라도　只要 ~하기만 하면　只有 ~해야만 | 所以 그래서　但是 그러나　而且/并且 게다가/또한<br>那么 그러면　否则 그렇지 않으면　甚至 심지어<br>因此 따라서　因而 그러므로　就 곧, 바로　也 ~도<br>都 모두　才 그제서야　还 아직, 또한 |

## 실전문제 📖🔍

> A 不管做什么事情
> B 这样到时候你才不会急急忙忙的
> C 最好是提前做好准备
>
> _____

**STEP 1**　단서 찾기

A 不管做什么事情 → 접속사 不管이 있다.

B 这样到时候你才不会急急忙忙的 → 대사 这样이 있다.

C 最好是提前做好准备

접속사 不管은 '不管……都……'의 형식으로 쓰여 '~에 관계없이 모두 ~하다'라는 뜻을 나타내는데 어떠한 조건이든 관계없이 가장 좋은 대안은 이것이라고 방법을 제시할 때 '不管……, 最好……'의 형식을 사용한다. 따라서 A–C의 순서가 되어야 한다. 보기 B의 这样(이렇게)은 행동이나 현상을 가리키는 대사이므로 앞에 가리킨 행동이 와야 한다.

**STEP 2**　문맥에 따라 어순 배열하기

Step1의 단서에 따라서 접속사의 호응 구조인 A–C로 배열하고 대사 这样은 A–C를 가리키므로 B를 제일 마지막에 배치하여 문장을 완성한다.

정답　A–C–B

문장　不管做什么事情，最好是提前做好准备，这样到时候你才不会急急忙忙的。
어떤 일을 하든지 미리 계획을 잘 세워 두는 것이 가장 좋다. 이렇게 하면 그때 가서 허둥지둥 하지 않게 된다.

어휘　不管 bùguǎn 웹 ~에 관계없이　事情 shìqing 뗑 일　最好 zuìhǎo 뿐 제일 좋기는　提前 tíqián 됭 앞당기다　准备 zhǔnbèi 됭 준비하다　到时候 dàoshíhòu 그때 되면　才 cái 뿐 비로소　急急忙忙 jíjímángmáng 허둥지둥하다

## 합격 공략 **43** 절과 절의 의미 관계를 파악하라!

**접속사가 생략된 경우**

문장에서 간혹 접속사를 생략하는 경우가 있다. 특히 주로 원인을 나타내는 접속사인 因为/由于 등이 생략되거나, 결과를 나타내는 所以/因此/于是과 같은 접속사가 생략되는데, 이때는 문맥의 의미를 파악하여 '원인→결과'의 순서로 배치해야 한다. 문장의 의미 관계는 인과, 전환, 가정, 조건, 병렬, 선택, 점층, 양보 등이 있다.

### 실전문제 📖🔍

A 所以我打算换个工作
B 我现在的工作是每个月都要去出差
C 陪在妻子和孩子身边的时间太少了 _____

### STEP 1 단서 찾기

A 所以我打算换个工作 → 뒷절에 쓰이는 접속사 所以가 있으며 결과를 나타낸다.
B 我现在的工作是每个月都要去出差 → 의미상 C의 원인이 된다.
C 陪在妻子和孩子身边的时间太少了 → 의미상 A의 원인이 된다.

눈에 보이는 단서는 보기 A의 결과를 나타내는 접속사 所以(그래서)뿐이고, 所以는 뒷절에 쓰이므로 원인과 결과의 의미 관계를 살펴본다.

### STEP 2 문맥에 따라 어순 배열하기

의미상 보기 B와 C는 A의 원인이 되므로 모두 A 앞에 배치한다. 또한 보기 B와 C에서 B가 C의 원인이 되므로 B–C의 순서로 배열한다. 따라서 전체 문장의 어순은 B–C–A가 된다.

**정답** B–C–A

**문장** 我现在的工作是每个月都要去出差，陪在妻子和孩子身边的时间太少了，所以我打算换个工作。
나의 현재 일은 매달 출장을 가야 해서 부인과 아이들의 곁에 있을 시간이 너무 적다. 그래서 나는 직업을 바꿀 예정이다.

**어휘** 现在 xiànzài 몡 현재   工作 gōngzuò 몡 직업   总是 zǒngshì 분 늘   出差 chūchāi 동 출장 가다   陪 péi 동 곁에서 도와 주다
妻子 qīzi 몡 부인   和 hé 젭 ~와/과   孩子 háizi 몡 아이   身边 shēnbiān 몡 곁   时间 shíjiān 몡 시간   少 shǎo 혱 적다
所以 suǒyǐ 젭 그래서   打算 dǎsuàn 동 ~할 계획이다   换 huàn 동 바꾸다

**절과 절의 동일한 구조**

접속사와 같이 눈에 보이는 단서가 없다고 해도 문장 구조의 형태를 보고 어순을 배열할 수 있다. 예를 들어 두 가지를 대조하거나 비교할 때는 비슷한 어휘 또는 구조를 사용하곤 한다. 따라서 만일 동일한 어휘나 구조가 반복된다면 의미가 어울리는 비슷한 구조로 어순을 배열하도록 한다.

## 실전문제 📖🔍

A 做自己感兴趣的事，即使再困难，也不会觉得很累

B 相反，做自己不感兴趣的事

C 即使再简单也会觉得很辛苦

_____

**STEP 1  단서 찾기**

A <u>做自己感兴趣的事</u>，<u>即使再困难，也不会觉得很累</u>
      a               b

B 相反，<u>做自己不感兴趣的事</u> → 접속사 相反이 있다
           a'

C <u>即使再简单也会觉得很辛苦</u>
         b'

눈에 보이는 단서는 보기 B의 접속사 相反(반대로)뿐이다. 相反 앞에는 상반되는 내용이 와야 하므로 B는 서두에 오지 않음을 알 수 있다.

**STEP 2  문맥에 따라 어순 배열하기**

절의 구조를 살펴보면 보기 A의 구조는 보기 B와 C를 합친 구조임을 알 수 있다. (a와 a', b와 b'가 대조되는 구조임) 따라서 보기 A의 구조에 따라 B-C의 순서가 되어야 한다. 보기 B는 서두에 올 수 없으므로 문장의 순서는 A-B-C가 된다.

**정답** A-B-C

**문장** 做自己感兴趣的事，即使再困难，也不会觉得很累。相反，做自己不感兴趣的事，即使再简单也会觉得很辛苦。
자신이 관심있는 일을 하면, 설령 아무리 힘들어도 고되다고 느끼지 않을 것이다. 반대로 자신이 관심없는 일을 하면 설령 아무리 쉬울지라도 힘들다고 느끼게 된다.

**어휘** 自己 zìjǐ 때 스스로　感兴趣 gǎnxìngqù 통 관심있다　即使 jíshǐ 접 설령 ~하더라도　再 zài 男 아무리　困难 kùnnan 형 곤란하다　觉得 juéde 통 ~라고 느끼다　累 lèi 형 힘들다, 고되다　相反 xiāngfǎn 접 반대로　简单 jiǎndān 형 간단하다

다음 제시된 보기를 문맥에 맞게 순서를 배열하세요.


1. A 那么永远没有机会获得成功

　 B 所以，千万不要因为害怕失败而不敢开始

　 C 如果你害怕失败不能走出第一步　　　　　　＿＿＿＿＿＿＿＿＿＿＿＿


2. A 不仅可以锻炼身体

　 B 还能帮助你快速入睡

　 C 每天做半小时的运动　　　　　　　　　　　＿＿＿＿＿＿＿＿＿＿＿＿


3. A 因此我们既要学会原谅别人

　 B 每个人都有缺点，没有十全十美的

　 C 也要试着原谅自己　　　　　　　　　　　　＿＿＿＿＿＿＿＿＿＿＿＿


4. A 就可以在短时间内了解文章的大意

　 B 只要找出文中的关键内容

　 C 速读其实并不难　　　　　　　　　　　　　＿＿＿＿＿＿＿＿＿＿＿＿

# 02 문장의 서두

### 서두에 오는 것과 오지 않는 것 구분하기

### 기본기 다지기 ) 기본 개념 잡기 & 공략 미리보기

여러 절로 이루어진 문장에서 앞절과 뒷절은 각각 사용하는 어휘가 다르다. 접속사 외에도 문장의 서두에 올 수 있는 것과 없는 것을 구분하면 어순을 올바르게 배열할 수 있다.

**| 기본 개념 잡기 | 문장의 서두에 쓸 수 있는 것과 없는 것**

**1. 문장의 서두에 올 수 있는 절 : 시간/장소 어휘나 주어가 있는 절은 문장의 서두에 쓰인다.**

- 시간/장소 어휘

  <u>今天</u>我们请来了著名漫画家蔡志忠先生，他从15岁开始成为职业漫画家。

- 주제 또는 행위의 주체자

  <u>海南</u>是中国的第二大岛，非常美丽，很适合跟家人一起去旅行。

- 책이나 영화 제목

  <u>《浪漫动画》</u>是韩国有名的电视剧，他描写了两个人的爱情故事。

- 开头语: 调查显示과 같은 도입부

  <u>据天气预报，</u>16日首尔最低气温为零下8度，全国将出现冬季气温。

**2. 문장의 서두에 오지 않는 절 : 주어가 없거나 부사로 시작하는 절은 뒷문장에 쓰인다.**

- 주어가 없이 부사(就/还/也)로 시작하는 절

  只要抓紧时间，<u>就能按时完成</u>。

- 대사(这/那/这儿/那儿/这种/那种/这样/那样/他/她/它)가 있는 절

  (단, 대사가 가리키는 대상이 없는 경우, 대사도 서두에 쓰일 수 있다.)

  我姐姐在减肥，<u>她通过运动和节食来减肥</u>。

- 뒷절 접속사(所以/但是/而且)로 시작하는 절

  尽管他还比较小，<u>但是已经特别懂事了</u>。

**| 공략 미리보기 |**

| | |
|---|---|
| **합격 공략 45** | 서두에 올 수 있는 절을 찾으라! |
| **합격 공략 46** | 서두에 올 수 없는 절을 찾으라! |

| 합격 공략 47 | 대사는 가리키는 대상의 뒤에 와야 한다! |
|---|---|
| 합격 공략 48 | [220점 이상 고득점] 큰따옴표(" ")가 있는 절은 서두에 두라! |

## 합격 공략 **45** 서두에 올 수 있는 절을 찾으라!

### 문장 서두의 특징

문장의 서두에는 사건이 일어난 시간/장소 어휘가 오거나, 행동의 주체가 되는 주어, 설명의 대상인 주제 등이 온다. 따라서 이러한 어휘가 있는 절은 문장 서두에 배치하도록 한다.

### 실전문제 📖🔍

A 是参加人数最多的一次
B 亚洲艺术节于9月21日在北京举办
C 这次艺术节吸引了3000多人参加 _____

### STEP 1   단서 찾기

A 是参加人数最多的一次  → 주어가 없이 술어로 시작한다.
B 亚洲艺术节于9月21日在北京举办  → 주어와 술어, 시간, 장소 어휘가 있다.
C 这次艺术节吸引了3000多人参加  → 대사 这가 있다.

시간과 장소 어휘는 주로 문장의 서두에 쓰이므로 B를 가장 앞에 배치한다. 보기 C의 这次艺术节(이번 아트 페스티벌)는 보기 B의 亚洲艺术节(아시아 아트 페스티벌)를 가리키므로 C는 B의 뒤에 쓰여야 한다.

### STEP 2   문맥에 따라 어순 배열하기

STEP1에 따라 B–C의 순서로 배치하고, 보기 A의 参加人数最多的一次(참가 인원수가 가장 많았던 회)는 보기 C의 3000여 명이 참가했다고 한 这次艺术节(이번 예술제)를 가리키므로 C 뒤에 A를 배치한다. 따라서 정답은 B–C–A이다.

**정답**  B–C–A

**문장**  亚洲艺术节于9月21日在北京举办，这次艺术节吸引了3000多人参加，是参加人数最多的一次。
아시아 아트 페스티벌은 9월21일 베이징에서 개최된다. 이번 예술제는 3000여 명의 참가를 이끌었으며 참가 인원수가 가장 많은 회차였다.

**어휘**  亚洲 Yàzhōu 몡 아시아   艺术节 yìshùjié 예술제   于 yú 께 ~에(장소나 시간을 나타냄)   举办 jǔbàn 통 개최하다   吸引 xīyǐn 통 끌어당기다   参加 cānjiā 통 참가하다   人数 rénshù 몡 사람 수   最 zuì 튄 가장   次 cì 양 회, 번

## 합격 공략 46 서두에 올 수 없는 절을 찾으라!

**뒷절의 특징**

문장의 뒷절은 주어가 없이 부사, 대사, 접속사로 시작하는 경우가 많다. 따라서 보기에 이러한 절이 있으면 뒷부분에 배치하도록 한다.

### 실전문제 📖🔍

A 但是一直都打不通
B 也不知道到底是怎么回事
C 我给李老师打了好几次电话了

---

### STEP 1 단서 찾기

A 但是一直都打不通 → 뒷절에 쓰이는 접속사 但是가 있고 주어가 없다.
B 也不知道到底是怎么回事 → 부사 也로 시작하고 주어가 없는 절이다.
C 我给李老师打了好几次电话了 → 주어와 술어, 목적어가 있다.

보기 A와 B는 각각 주어가 없이 접속사 但是(그러나)과 부사 也(~도)로 시작한다. 보기 C만 유일하게 주어가 있으므로 C를 문장의 서두에 놓는다.

### STEP 2 문맥에 따라 어순 배열하기

보기 C의 내용이 打了好几次电话了(여러 번 전화를 했다)이고 A는 一直都打不通(계속 전화 연결이 안 된다)이므로 C–A의 순서로 배열한다. 그리고 보기 B는 이 상황에 대한 화자의 생각을 나타내므로 제일 뒤에 배치해야 한다. 따라서 정답은 C–A–B이다.

**정답** C–A–B

**문장** 我给李老师打了好几次电话了，但是一直都打不通，也不知道到底是怎么回事。
나는 이 선생님께 여러 번 전화했는데 계속 전화가 안 된다. 도대체 어떻게 된 일인지 모르겠다.

**어휘** 给 gěi 개 ~에게  老师 lǎoshī 명 선생님  打 dǎ 동 (전화를) 걸다  次 cì 양 회, 번  电话 diànhuà 명 전화  但是 dànshì 접
그러나  一直 yìzhí 부 계속해서  打不通 dǎbutōng 전화 연결이 안 되다  知道 zhīdào 동 알다  到底 dàodǐ 부 도대체

## 합격 공략 **47** 대사는 가리키는 대상의 뒤에 와야 한다!

### '가리키는 대상' + '대사'

대사는 구체적인 사람/사물/현상을 대신 가리키는 역할을 한다. 따라서 보기에 대사(这/那/它/他/她/这样/那样)가 있는 절과 그것이 가리키는 대상이 있는 절이 있을 경우, 대사가 있는 절을 뒤에 배치하도록 한다. 다만 경우에 따라 일부 대사가 문장의 서두에 쓰일 수 있으며, '它(그것)는 항상 뒷절에 쓰임을 기억하자.

### 실전문제 📖

A 您可以把车停到那儿
B 先生，这里不允许停车
C 前方300米左右有个停车场，9点后不收费　_____

### STEP 1 단서 찾기

A 您可以把车停到那儿　→ 대사 您과 那儿이 있다.

B 先生，这里不允许停车　→ 사람을 부르는 호칭으로 시작한다.

C 前方300米左右有个停车场，9点后不收费 → 키워드 停车场이 있다.

보기 A에 대사 您(당신)과 那儿(그곳)이 있다. 您이 가리키는 것은 보기 B의 先生(선생님)이고, 那儿이 가리키는 것은 보기 C의 停车场(주차장)이므로 A는 가리키는 대상이 있는 B와 C 뒤에 와야 한다.

### STEP 2 문맥에 따라 어순 배열하기

보기 B와 C의 순서를 배열해야 하는데, 의미상 B는 这里不允许停车(여기에 주차할 수 없다)라고 했고, C는 前方300米左右有个停车场(전방 300미터쯤에 주차장이 있다)이라고 했으므로 내용상 B-C의 순서가 적합하다. 또한 호칭이 주로 문장의 서두에 등장하므로 알맞은 순서는 B-C-A이다.

**정답** B-C-A

**문장** 先生，这里不允许停车，前方300米左右有个停车场，9点后不收费，您可以把车停到那儿。
선생님, 여기에 주차를 하시면 안됩니다. 전방 300미터쯤에 주차장이 있는데 9시 이후에는 요금을 받지 않아요. 그곳에 차를 세우시면 됩니다.

**어휘** 先生 xiānsheng 명 선생님(성인 남성에 대한 경칭)　允许 yǔnxǔ 동 허가하다　停车 tíngchē 동 주차하다　前方 qiánfāng 명 앞쪽　米 mǐ 양 미터　左右 zuǒyòu 명 가량　停车场 tíngchēchǎng 명 주차장　收费 shōufèi 동 비용을 받다　把 bǎ 개 ~을/를　停 tíng 동 정지하다

## 합격 공략 48 [220점 이상 고득점] 큰따옴표(" ")가 있는 절은 서두에 두라!

### 큰따옴표(" ")를 사용한 어휘

큰따옴표(" ")는 인용하거나 강조하려는 문구에 주로 사용하기 때문에 보통 그 글의 주제인 경우가 많다. 보기 중에 쌍 따옴표가 있는 문장은 대부분 글의 서두에 제시되고 그 뒤에 설명이 따른다. 따라서 보기에 큰따옴표가 있는 절은 문장의 서두에 두자.

### 실전문제 📖

> A 这意味着实现理想要从眼前的小事做起
>
> B 换句话说，一切成功都是慢慢积累起来的
>
> C 人们常说"千里之行，始于足下"

### STEP 1 단서 찾기

A 这意味着实现理想要从眼前的小事做起 → 의미를 설명할 때 사용하는 意味着가 있다.

B 换句话说，一切成功都是慢慢积累起来的 → 부연 설명할 때 사용하는 换句话说가 있다.

C 人们常说"千里之行始于足下" → 쌍 따옴표가 사용된 어휘가 있다.

보기 C에 쌍 따옴표(" ")가 있다. 쌍따옴표는 주제나 강조하는 말에 사용하므로 주로 문장의 서두에 쓰인다. 보기 A의 意味着(~을 의미한다)는 의미를 설명할 때 사용한다. B의 换句话说(다시 말하면 ~이다)는 부연 설명할 때 사용하는 표현이다.

### STEP 2 문맥에 따라 어순 배열하기

보기 A가 의미를 설명하는 절이므로 C-A의 순서가 적합하고 부연 설명을 나타내는 보기 B는 가장 뒤에 배치해야 한다. 따라서 정답은 C-A-B이다.

정답  C-A-B

문장  人们常说"千里之行始于足下"，这意味着实现理想要从眼前的小事做起，换句话说，一切成功都是慢慢积累起来的。
사람들은 '천 리 길도 한 걸음부터'라고 말하는데 이것은 꿈을 이루는 것은 눈 앞의 작은 일부터 해야 한다는 뜻이다. 다시 말해서 모든 성공은 모두 천천히 쌓여서 이루진다는 것이다.

어휘  常 cháng 🗷 자주   千里之行始于足下 qiānlǐzhīxíngshǐyúzúxià 천 리 길도 한 걸음부터   意思 yìsi 🗷 의미   实现 shíxiàn 🗷 실현하다   理想 lǐxiǎng 🗷 이상   从……起 cóng……qǐ ~부터 시작해서   眼前 yǎnqián 🗷 현재   一切 yíqiè 🗷 모든   成功 chénggōng 🗷 성공   慢慢 mànmàn 🗷 천천히   积累 jīlěi 🗷 축적되다

다음 제시된 보기를 문맥에 맞게 순서를 배열하세요.

1. A 她的中文说得很流利

   B 但跟中国人聊起来完全没问题

   C 就是发音上会有点儿小错误　　　_____


2. A 这跟他每天早上锻炼身体很有关系

   B 我爷爷今年已经80多岁了

   C 可是看起来比他的实际年龄小很多　　_____


3. A 一年中这时人们吃年夜饭，在门上贴着春联等等

   B 春节是全年一年中最重要的一个传统节日

   C 对于中国人来说　　_____


4. A 我来中国以后坚持看中文报纸

   B 还能扩大知识面

   C 这样不但可以提高汉语水平　　_____

# 03 문장의 흐름
### 문맥의 논리성 파악하기

---

## 기본기 다지기 | 기본 개념 잡기 & 공략 미리보기

문제의 보기에 접속사나 대사 등 눈에 띄는 단서가 없을 경우에는 문맥의 논리에 따라 어순을 배열해야 한다. 문장의 논리 관계를 파악하여 자연스러운 흐름으로 어순을 배열하는 법을 익혀본다.

### | 기본 개념 잡기 | 문맥의 논리성

**1. 추상적인 내용(주제) → 구체적인 내용(근거, 예시)**

A 中国少数民族很多 → B 共有56个民族
　소수민족 많음　　　　　　모두 56개 민족

A 我们要保护环境 → B 首先，我们可以节约用水
　환경보호 해야 함　　　　　물을 아껴 쓰자

**2. 시간적 순서**

**1) 시간의 흐름(과거 → 현재 → 미래)에 따른 배열**

A 起得很晚 → B 迟到了 → C 受到批评
　늦게 일어남　　지각함　　　혼남

**2) 원인과 결과(원인 → 결과)에 따른 배열 : 접속사가 있는 경우에는 인과관계 접속사의 호응 관계에 따라 배열하고 접속사가 없는 경우에는 의미상 원인과 결과를 파악하여 배열한다.**

A 本来打算去爬山 → B 下雨 → C 不得不改变计划
　원래 등산을 가려고 했음　　비가 옴　　어쩔 수 없이 계획을 바꿈

### | 공략 미리보기 |

| | |
|---|---|
| **합격 공략 49** | 추상적인 내용을 앞에 배치하라! |
| **합격 공략 50** | 시간의 흐름에 따라 배치하라! |
| **합격 공략 51** | [220점 이상 고득점] 확장하는 말을 찾으라! |

## 합격 공략 49 추상적인 내용을 앞에 배치하라!

**주제(추상적인 내용) + 뒷받침하는 근거/예시(구체적인 내용)**

일반적으로 추상적인 개념의 주제가 먼저 등장하고 이에 대한 구체적인 근거와 예시가 뒤따른다. 따라서 보기에서 주제가 있는 문장은 앞에 배치하고 그 근거가 되는 내용은 뒤쪽에 배치하도록 한다. 구체적인 예를 들 때에는 주로 '比如说, 例如'와 같은 단어를 사용한다. 따라서 이러한 어휘가 있다면 주제 문장의 뒤에 배치한다.

### 실전문제 📖

A 例如生命，时间和爱情等

B 但是世界上还有很多是用钱得不到的

C 有钱虽然能买到很多东西

_____

**STEP 1 단서 찾기**

A 例如生命，时间和爱情等 → 예시를 나타내는 例如가 있다.

B 但是世界上还有很多是用钱得不到的 → 전환을 나타내는 접속사 但是가 있다.

C 有钱虽然能买到很多东西 → 주어가 있고, 접속사 虽然이 있다.

보기 C와 B의 虽然(비록)과 但是(그러나)는 '虽然……，但是……(비록 ～이지만 그러나～)'의 호응 구조를 이루므로 C–B의 순서로 배열한다. 주어가 있는 보기 C는 서두에 배치한다.

**STEP 2 문맥 파악하여 어순 배열하기**

보기 A의 例如(예를 들어)는 구체적인 예시를 들 때 사용하는 어휘로서 주제 문장의 뒤에 쓰이므로 C–B의 뒤에 배치하여 문장을 완성한다. 따라서 정답은 C–B–A이다.

**정답** C–B–A

**문장** 有钱虽然能买到很多东西，但是世界上还有很多是用钱得不到的，例如生命，时间和爱情等。
돈이 있으면 비록 많은 것을 살 수 있지만 그러나 세상에는 돈으로 살 수 없는 것도 많다. 예를 들어 생명, 시간 그리고 사랑이다.

**어휘** 钱 qián 명 돈　虽然 suīrán 접 비록 ～일지라도　东西 dōngxi 명 물건　但是 dànshì 접 그러나　世界 shìjiè 명 세상　买不到 mǎibudào 살 수 없다　例如 lìrú 동 예를 들다　生命 shēngmìng 명 생명　时间 shíjiān 명 시간　和 hé 접 ～와/과　爱情 àiqíng 명 사랑

## 합격 공략 50 시간의 흐름에 따라 배치하라!

### 시간의 흐름에 따른 배치

일이 일어난 시간적 순서(과거, 현재, 미래)에 따라 배열하는데, 만일 2개의 보기가 모두 과거에 일어난 일인 경우, 먼저 일어난 일을 예상하여 배열해야 한다. 또한 원인과 결과를 나타내는 절은 원인이 먼저 발생한 뒤 결과가 그에 뒤따르는 것이므로 원인을 앞에, 결과를 뒤에 배치하도록 한다.

### 실전문제 📖

A 妈妈说我小时候害怕打针

B 我长大后竟然会成为一名医生

C 一进医院就哭，可她真没想到 _____

### STEP 1 단서 찾기

A 妈妈说我小时候害怕打针 → 주어가 있고 시간을 나타내는 어휘가 있다.

B 我长大后竟然会成为一名医生 → 주어가 있고 시간을 나타내는 어휘가 있으며 부사 竟然이 있다.

C 一进医院就哭，可她真没想到 → 주어가 없다.

보기 A와 B에 시간을 나타내는 어휘 小时候(어렸을 때)와 长大后(큰 후에)가 있는데 시간 순서에 따라 A-B로 배치해야 한다.

### STEP 2 문맥 파악하여 어순 배열하기

보기 A에서 小时候害怕打针(어릴 때 주사를 무서워했다)이라고 했고, 보기 C에 이에 대한 구체적인 예시 一进医院就哭(병원에 들어가자마자 울었다)가 있으므로 A-C의 순서로 배열한다. 보기 B 长大后竟然会成为一名医生(자란 뒤에 뜻밖에도 의사가 되다)는 보기 C의 没想到(생각지 못하다)와 연결되므로 C-B의 순서로 배열한다. 따라서 정답은 A-C-B이다.

정답  A-C-B

문장  妈妈说我小时候害怕打针，一进医院就哭，可她真没想到，我长大后竟然会成为一名医生。
엄마가 말씀하시길 난 어렸을 때 주사 맞는 것을 무서워했다고 한다. 병원에만 가면 바로 울어서 엄마는 내가 커서 뜻밖에도 의사가 될 수 있을 거라곤 생각하지 못했다.

어휘  小时候 xiǎoshíhòu 어린 시절　害怕 hàipà 통 무서워하다　打针 dǎzhēn 통 주사를 맞다　看见 kànjiàn 통 보다　医生 yīshēng 명 의사　哭 kū 통 울다　没想到 méixiǎngdào 생각지 못하다　长大 zhǎngdà 통 자라다　竟然 jìngrán 부 뜻밖에도　成为 chéngwéi 통 ~으로 되다

## 합격 공략 **51** [220점 이상 고득점] 확장하는 말을 찾으라!

**뒷절에 쓰이는 확장하는 말 – 还/也/甚至/更/仍然**

눈에 보이는 단서가 없고 해석상으로도 순서가 명확하지 않은 경우, 이럴 때는 확장하는 어휘를 통해 순서를 파악할 수 있다. 예를 들면 有(있다) → 还有(더 있다), 要(해야 한다) → 也要(또한 해야 한다)와 같이 배열되므로, 확장하는 어휘가 있는 절은 뒤에 배치하도록 한다.

- 这道题太难了，甚至连老师都不知道。

  이 문제는 너무 어려워서, 심지어 선생님조차도 모른다.

- 无论成绩好不好，这不是重要的问题，更重要的是自己的幸福。

  성적이 좋고 나쁘고는 중요한 문제가 아니다. 더 중요한 것은 자신의 행복이다.

### 실전문제 📖

> A 冰箱里还有包子，你要是饿了
> B 我今天要加班，晚点儿才能回去，桌子上有炒饭
> C 就先吃点儿吧 _____

**STEP 1** 단서 찾기

A 冰箱里还有包子，你要是饿了 → 앞절에 쓰이는 접속사 要是가 있다.

B 我今天要加班，晚点儿才能回去，桌子上有炒饭 → 주어와 시간을 나타내는 어휘가 있다.

C 就先吃点儿吧 → 주어가 없고 부사 就로 시작하는 절이다.

보기 A와 C의 **要是**(만약에)과 **就**(~하면)는 '要是……就……(만일 ~한다면 ~하다)'의 구조를 이루므로 A-C로 배치한다.

**STEP 2** 문맥 파악하여 어순 배열하기

보기 A에 还有(더 있다), B에는 有(있다)가 있다. 还나 也와 같이 확장하는 말은 뒷절에 배치하므로 B-A가 된다. 따라서 정답은 B-A-C이다.

**정답** B-A-C

**문장** 我今天要加班，晚点儿才能回去，桌子上有炒饭，冰箱里还有包子，你要是饿了，就先吃点儿吧。
나 오늘 야근해야 해서 늦게나 집에 갈 수 있어. 테이블 위에 볶음밥 있고 냉장고 안에는 만두도 있어. 배고프면 먼저 먹어.

**어휘** 今天 jīntiān 몡 오늘　加班 jiābān 통 초과근무하다　晚 wǎn 혱 늦다　才 cái 뮈 비로소　桌子 zhuōzi 몡 테이블　炒饭 chǎofàn 몡 볶음밥　冰箱 bīngxiāng 몡 냉장고　包子 bāozi 몡 만두　要是 yàoshi 젭 만약　饿 è 혱 배고프다　先 xiān 뮈 우선

다음 제시된 보기를 문맥에 맞게 순서를 배열하세요.


1. A 后来就交给我来做了

   B 由于她突然要去出差了

   C 这次会议本来是由小张负责的                    _____


2. A 比如说，做事认真、对自己要求严格等

   B 调查发现，成功的人都有一些共同点

   C 你有没有这样的特点呢                          _____


3. A 还要弄清楚答案是怎么得来的

   B 只有这样，才能把知识真正弄懂

   C 老师告诉我，学习时，不光要知道答案是什么      _____


4. A 今天北京市突然下起了大雪

   B 不得不推迟起飞

   C 飞往该市的航班                                _____

다음 제시된 보기를 문맥에 맞게 순서를 배열하세요.

1. A 力气却很大

   B 别看小明个子不高，人也瘦

   C 这些东西都是他抬上来的 ＿＿＿＿＿＿＿＿＿＿


2. A 这个盒子太小了

   B 放不下这些衣服

   C 衣柜里还有个更大的，我去拿一下 ＿＿＿＿＿＿＿＿＿＿


3. A 欢迎大家来到国家动物园

   B 请不要在动物园里抽烟，谢谢

   C 为了保证您和他人的安全 ＿＿＿＿＿＿＿＿＿＿


4. A 所以周末我一般都会回家

   B 我家离上海不太远

   C 只有70多公里，开车的话大概一个小时就到了 ＿＿＿＿＿＿＿＿＿＿

독해
제3부분

# 단문을 읽고
# 알맞은 정답 고르기

## Warm Up!

# 유형 분석 & 풀이 전략

## 유형 분석 | 시험엔 이렇게 나온다!

### 출제 방식

HSK 4급 독해 제3부분은 단문을 읽고 주어진 문제에 알맞은 정답을 고르는 문제로 66번에서 85번까지 총 20문제가 출제된다. 66~79번은 하나의 지문을 읽고 하나의 문제를 푸는 유형이고, 80~85번까지는 하나의 지문을 읽고 두 개의 문제를 푸는 유형이다.

### 출제 경향 & 유형별 출제 비율

독해 제3부분은 문제의 유형에 따라 주제와 교훈을 묻는 문제, 글의 세부 내용을 파악하는 문제, 의문대사로 묻는 문제 등이 출제된다. 예전에는 직접적인 답이 보기로 제시되곤 했지만 최근에는 유추형 문제가 많이 출제되고 있기 때문에 문제를 푸는 데 상대적으로 시간이 더 많이 걸리게 되었다. 따라서 시간을 효과적으로 활용하기 위해서 지문을 모두 해석하는 것보다는 키워드를 중심으로 신속하게 필요한 내용을 파악하는 것이 중요하다.

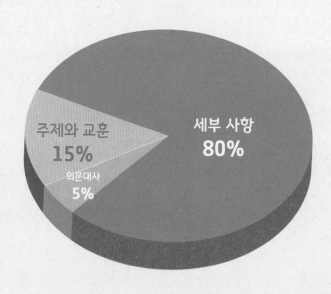

# 풀이 전략 | 문제 풀이 Step & 풀이 전략 적용해 보기

### Step 1

**문제 파악하기**

지문보다 문제를 먼저 읽고 문제의 키워드를 찾아 질문의 요지를 파악한다.

### Step 2

**지문에서 키워드 찾아 정답 고르기**

문제의 키워드를 지문에서 빠르게 찾아 보기에서 알맞은 정답을 고른다. 지문과 보기를 일일이 대조해 봐야 하는 문제도 있지만 핵심 키워드를 찾는 것만으로 풀리는 문제도 있다.

## 풀이 전략 　적용해 보기

66. 我们总是说要保护环境，保护环境不能只是一句空话，我们每个人都要从身边的小事做起，要节约用电、水，多乘坐公共交通工具，少使用空调，养成节约的好习惯。

    ★ 为了保护环境，我们要：
    A 用塑料袋　　　　B 不浪费水　　　　C 不要抽烟　　　　D 经常开空调

---

**STEP 1**　**문제 파악하기**

★ 为了保护环境，我们要：　환경보호를 위해 우리가 해야 하는 것은?

문제의 핵심 키워드는 保护环境(환경을 보호하다)과 要(해야 한다)이므로 이것을 지문에서 빠르게 찾아 환경 보호를 위해 해야 할 일이 언급되었는지 살펴본다.

**STEP 2**　**지문에서 키워드 찾아 정답 고르기**

　　我们总是说要保护环境，保护环境不能只是一句空话，我们每个人都要从身边的小事做起，要节约用电、水，多乘坐公共交通工具，少使用空调，养成节约的好习惯。

A 用塑料袋　　　　B 不浪费水
C 不要抽烟　　　　D 经常开空调

　　우리는 항상 환경을 보호해야 한다고 말한다. 환경보호는 단지 빈 말이어서는 안 된다. 우리는 모두 내 주변의 작은 일부터 시작해야 한다. 전기와 물을 절약하고, 대중교통을 많이 이용하며, 에어컨을 적게 사용하는 등, 절약하는 좋은 습관을 길러야 한다.

A 비닐봉투를 사용해라　　　　B 물을 낭비하지 말아라
C 담배를 피우지 말아라　　　　D 에어컨을 항상 켜라

지문의 앞부분에 保护环境이 있고 그 뒤로 要(해야 한다), 不能(해서는 안 된다), 多(많이 ~하라), 少(적게 ~하라) 등을 사용하여 해야 할 일을 언급하고 있다. 水(물)는 지문에서 절약해야 한다(要节约)고 했으므로 정답은 B 不浪费水(물을 낭비하지 말라)이다. 보기 D의 空调(에어컨)는 적게 사용해야 한다(少使用)고 했으므로 D는 오답이다. 다른 보기는 언급되지 않았다.

정답 B 不浪费水

어휘 总是 zǒngshì 用 늘, 언제나   保护 bǎohù 명 통 보호(하다)   环境 huánjìng 명 환경, 주위 상황   只是 zhǐshì 用 다만, 오직   句 jù 양 마디, 편(말 · 글의 수를 세는 단위)   空话 kōnghuà 명 공염불, 빈말   每个人 měigèrén 사람마다   从……起 cóng……qǐ ~부터   身边 shēnbiān 명 신변, 몸   小事 xiǎoshì 명 사소한 일   节约 jiéyuē 통 절약하다   用 yòng 통 쓰다, 사용하다   电 diàn 명 전기   乘坐 chéngzuò 통 (탈것에) 타다   公共交通 gōnggòngjiāotōng 대중교통   少 shǎo 형 적다   使用 shǐyòng 명 통 사용(하다)   空调 kōngtiáo 명 에어컨   养成 yǎngchéng 통 양성하다, 기르다   好习惯 hǎoxíguàn 좋은 습관   为了 wèile 개 ~를 위하여   塑料袋 sùliàodài 명 비닐봉지   浪费 làngfèi 통 낭비하다   不要 búyào ~하지 마라   抽烟 chōuyān 통 담배를 피우다   经常 jīngcháng 用 늘, 항상   开 kāi 통 열다

## 독해 제 3 부분

# 01 주제와 교훈
### 핵심 내용 파악하기

## 기본기 다지기 기본 개념 잡기 & 공략 미리보기

독해 제3부분에서 주제와 교훈을 묻는 문제는 매회 빠짐없이 출제되는 유형이다. 비슷한 질문 형식으로 문제가 출제되므로 주요 질문 유형을 익혀두면 문제를 파악하는 데 시간을 절약할 수 있다.

### l 기본 개념 잡기 l 주요 질문 유형

주제는 글쓴이가 나타내고자 하는 중심 생각을 말하고 교훈은 앞으로의 행동이나 생활에 지침이 될 만한 것을 말한다. 주요 질문 유형은 다음과 같다.

### 1. 주제를 묻는 질문

- 这段话主要谈的是：이 글이 주로 말하고자 하는 것은?
- 这段话主要谈什么？ 이 글이 주로 무엇을 말하는가?
- 这段话主要谈的是什么？ 이 글이 주로 말하는 것은 무엇인가?
- 这段话主要讲的是：이 글이 주로 말하는 것은?

### 2. 교훈을 묻는 질문

- 这段话主要想告诉我们：이 글이 우리에게 주로 알려 주고자 하는 것은?
- 这段话告诉我们要：이 글은 우리가 무엇을 해야 한다고 하는가?
- 这段话主要想告诉我们什么？ 이 글이 우리에게 알려 주고자 하는 것은 무엇인가?
- 根据这段话，我们应该：이 글에 따라 우리가 해야 하는 것은?
- 作者想告诉年轻人，应该：작가는 젊은 사람들에게 무엇을 해야 한다고 하는가?

### l 공략 미리보기 l

| | |
|---|---|
| **합격 공략 52** | 글의 서두에서 주제를 찾으라! |
| **합격 공략 53** | 글의 말미에서 교훈을 파악하라! |
| **합격 공략 54** | [220점 이상 고득점] 전체를 읽고 의미를 파악하라! |

## 합격 공략 52 글의 서두에서 주제를 찾으라!

### 주제는 보통 첫 문장에 등장한다

주제는 일반적으로 지문의 서두에 제시되고 이어 주제를 뒷받침하는 설명이나 근거가 되는 내용을 제시한다. 따라서 주제를 묻는 문제라면 지문의 첫 문장을 가장 먼저 살펴보고 그 이후의 뒷받침하는 내용을 통해 중심 내용을 파악하도록 한다.

· 글의 구성 : 주제 + 근거 / 뒷받침하는 설명

### 실전문제 📖🔍

> 人一定要去旅游。对年轻人来说，旅游不仅能丰富你的经历，还会让你有很多新的认识和看法。对老年人来说，旅游能带来生活的一种乐趣。
>
> ★ 这段话主要谈:
> A 知识的重要性 　　 B 旅行的好处 　　　 C 让人伤心 　　　　 D 经济的发展

### STEP 1 　 문제 파악하기

★ 这段话主要谈: 이 글이 주로 말하는 것은?

主要谈(주로 말하다)은 주제를 물을 때 주로 사용한다. 주제는 지문의 서두를 먼저 살펴본다.

### STEP 2 　 지문에서 키워드 찾아 정답 고르기

人一定要去旅游。对年轻人来说，旅游不仅能丰富你的经历，还会让你有很多新的认识和看法。对老年人来说，旅游能带来生活的一种乐趣。

A 知识的重要性 　　　 B 旅行的好处
C 让人伤心 　　　　　 D 经济的发展

> 사람은 반드시 여행을 가야 한다. 젊은 사람에게 여행은 경험을 풍부하게 해줄 뿐만 아니라, 또 당신으로 하여금 새로운 인식과 견해를 갖게 한다. 나이 든 사람에게 여행은 삶의 즐거움을 가져다 준다.
>
> A 지식의 중요성 　　　 B 여행의 장점
> C 사람을 슬프게 하다 　 D 경제의 발전

보기의 키워드는 知识(지식), 旅行(여행), 伤心(슬프다), 经济(경제)이다. 지문의 서두에 人一定要去旅游(사람은 여행을 가야 한다)라고 언급하여 글쓴이의 중심 생각을 나타내고 있으며 뒷부분에는 이에 대한 근거를 제시하였다. 글쓴이가 여행에 대한 필요성을 말하며 여행의 좋은 점을 구체적으로 나열하고 있으므로 알맞은 정답은 B 旅行的好处(여행의 장점)이다. 好处의 동의어는 优点(장점)이고 坏处의 동의어는 缺点(단점)이다. 자주 출제되는 동의어는 외워 두자.

**정답** B 旅行的好处

**어휘** 一定 yídìng 🄫 반드시　旅游 lǚyóu 🄭 여행하다　年轻人 niánqīngrén 🄬 젊은 사람　不仅 bùjǐn 🄮 ~뿐만 아니라　丰富 fēngfù 🄱 풍부하다　经历 jīnglì 🄬 경험　让 ràng 🄳 ~~에게 ~되다　新 xīn 🄱 새롭다　认识 rènshi 🄬 인식　和 hé 🄮 ~와/과　看法 kànfǎ 🄬 견해　老年人 lǎoniánrén 🄬 노인　带来 dàilái 🄭 가져오다　乐趣 lèqù 🄬 즐거움　知识 zhīshi 🄬 지식　重要性 zhòngyàoxìng 🄬 중요성　旅行 lǚxíng 🄭 여행하다　好处 hǎochù 🄬 장점　伤心 shāngxīn 🄭 상심하다　经济 jīngjì 🄬 경제　发展 fāzhǎn 🄬 발전

## 합격 공략 **53** 글의 말미에서 교훈을 파악하라!

**교훈은 주로 글의 뒷부분에 등장한다**

교훈은 일반적으로 글의 뒷부분에 등장한다. 구체적인 사건을 예로 설명한 뒤 이를 통해 얻을 수 있는 교훈을 정리하는 형식으로 글이 전개되기 때문에 교훈을 묻는 문제일 경우 지문의 뒷부분을 집중적으로 살펴보도록 한다.

• 글의 구성 : 구체적인 사건/예시/비교 + 교훈

### 실전문제

> 时间是无价的，你再有钱，也买不到时间。钱花光了可以再赚，知识忘了可以重新学习，可时间是一过去就永远回不来的，所以我们要重视时间。
>
> ★ 这段话主要想告诉我们：
> A 不要浪费时间　　B 钱的重要性　　　C 选好方向　　　　D 多听意见

---

**STEP 1** 문제 파악하기

★ 这段话主要想告诉我们：　이 글이 우리에게 주로 알려 주고자 하는 것은?

이 질문은 교훈을 묻는 것으로 교훈은 보통 지문의 뒤쪽에 등장한다.

**STEP 2** 지문에서 키워드 찾아 정답 고르기

时间是无价的，你再有钱，也买不到时间。钱花光了可以再赚，知识忘了可以重新学习，可时间是一过去就永远回不来的，所以我们要重视时间。

A 不要浪费时间　　B 钱的重要性
C 选好方向　　　　D 多听意见

시간은 가치를 매길 수 없다. 당신이 아무리 돈이 있다 할지라도 시간은 살 수 없다. 돈은 다 써 버리면 다시 벌면 되고, 지식은 잊어버리면 다시 공부하면 된다. 하지만 시간은 지나가면 영원히 돌아오지 않는다. 그래서 우리는 시간을 중시해야 한다.

A 시간을 낭비하지 말아라　　B 돈의 중요성
C 방향을 잘 선택해라　　　　D 의견을 많이 들어라

보기의 키워드는 时间(시간), 钱(돈), 方向(방향), 意见(의견)이다. 지문에는 时间과 钱이 언급됐는데 钱花光了可以再赚(돈은 다 쓰면 다시 벌면 된다)이라고 하여 돈의 중요성을 말한 것이 아니므로 B는 정답이 아니다. 글의 마지막 부분에 所以我们要重视时间(그래서 우리는 시간을 중시해야 한다)이라고 했으므로 알맞은 정답은 A 不要浪费时间(시간을 낭비하지 말아라)이다.

**정답** A 不要浪费时间

**어휘** 时间 shíjiān 몡 시간　无价 wújià 톙 값을 헤아릴 수 없다　再 zài 틘 아무리　钱 qián 몡 돈　买不到 mǎibudào 살 수 없다　花光 huāguāng 동 전부 써 버리다　赚 zhuàn 동 (돈을) 벌다　知识 zhīshi 몡 지식　忘 wàng 동 잊다　重新 chóngxīn 틘 다시　学习 xuéxí 동 공부하다　可是 kěshì 젭 그러나　过去 guòqù 동 지나가다　永远 yǒngyuǎn 틘 영원히　所以 suǒyǐ 젭 그래서　重视 zhòngshì 동 중시하다　告诉 gàosu 동 알려 주다　不要 búyào 동 ~하지 마라　浪费 làngfèi 동 낭비하다　重要性 zhòngyàoxìng 몡 중요성　选 xuǎn 동 선택하다　方向 fāngxiàng 몡 방향　意见 yìjiàn 몡 의견

**지문의 전체 내용 이해하기**

도입에서 주제를, 말미에서 교훈을 발견할 수 없는 지문일 경우, 전체 지문을 읽고 의미를 파악하여야 한다. 이런 문제의 경우 정답이 눈에 쉽게 보이지 않기 때문에 보기의 내용을 하나하나 대조하며 풀어야 한다.

**실전문제**

> 大家好，我叫小明，我是中文系三年级的学生，昨天在教室丢了一张学生证，卡上有我的姓名和学号。如果有同学看见了我的学生证，请和我联系，非常感谢。
>
> ★ 他写这段话的目的是：
> A 找回学生证　　　B 表示抱歉　　　　C 找工作　　　　D 报名考试

**STEP 1  문제 파악하기**

★ 他写这段话的目的是：　그가 이 글을 쓴 목적은 무엇인가?

이 글을 쓴 목적을 묻는 문제로 글의 중심 내용을 파악하도록 한다.

**STEP 2  지문에서 키워드 찾아 정답 고르기**

大家好，我叫小明，我是中文系三年级的学生，昨天在教室丢了一张学生证，卡上有我的姓名和学号。如果有同学看见了我的学生证，请和我联系，非常感谢。

A 找回学生证　　　　B 表示抱歉
C 找工作　　　　　　D 报名考试

여러분 안녕하세요, 저는 샤오밍입니다. 저는 중문과 3학년이에요. 어제 교실에서 학생증을 잃어버렸습니다. 학생증 위에 제 이름과 학번이 적혀있어요. 만약에 제 학생증을 보신 분이 있다면 저에게 연락해주십시오. 감사합니다.

A 학생증을 찾기 위해　　　　B 미안함을 나타내려고
C 직업을 찾기 위해　　　　　D 시험에 등록하려고

지문에 目的(목적)라는 어휘를 이용해 명확하게 목적을 나타내지 않았으므로 전체 글을 읽고 글의 성격을 파악해야 한다. 보기의 키워드는 学生证(학생증), 抱歉(사과), 找工作(일을 찾다), 考试(시험)이다. 글의 도입 부분은 자신에 대한 소개이고, 이어 在教室丢了一张学生证(교실에서 학생증을 분실했다)과 如果同学看见了我的学生证，请给我联系(학생증을 보신 분이 있으면 제게 연락 주세요)라고 했으므로 분실물을 찾으려 한다는 것을 알 수 있다. 따라서 정답은 A 找回学生证(학생증을 찾기 위해)이다.

정답  A 找回学生证

어휘  叫 jiào 통 ~라고 부르다　中文系 zhōngwénxì 명 중문과　年级 niánjí 명 학년　教室 jiàoshì 명 교실　丢 diū 통 잃어버리다　学生证 xuéshēngzhèng 명 학생증　卡 kǎ 명 카드　姓名 xìngmíng 명 이름　学号 xuéhào 명 학번　如果 rúguǒ 접 만약에　联系 liánxì 통 연락하다　感谢 gǎnxiè 통 감사하다　表示 biǎoshì 통 표현하다　抱歉 bàoqiàn 통 미안해하다　工作 gōngzuò 명 직업　报名 bàomíng 통 신청하다　考试 kǎoshì 명 시험

다음 지문을 읽고 질문에 알맞은 답을 고르세요.

1. 对现代人来说，逛街购物是一种减轻压力、放松心情的好方法。尤其是当买到自己喜欢的东西的时候，那种愉快的感觉可以让他们暂时忘掉一些生活中的烦恼和压力。

   ★ 这段话主要谈的是什么？
   A 阅读的作用　　B 购物的好处　　C 怎样保护环境　　D 旅行的优点

2. 生活中有这样两种人：一种是边看别人怎么生活边爱把自己的生活给别人看，另一种是把所有的精力集中在自己的现实生活上，并享受每时每刻。其实每个人都有每个人的生活，不用总是羡慕别人，也不用向别人证明我是什么样的人。只要走好自己的路，幸福就在前方。

   ★ 根据这段话，我们应该：
   A 过好自己的生活　　B 努力锻炼身体　　C 多交朋友　　D 学会放弃

[3–4]

　　回忆是生活中不可缺少的一部分，但是我们不能总活在回忆里，尤其是那种不愉快的回忆。有些人活在过去痛苦的回忆当中，不重视现在的生活。但是我们要面对现实，过去发生的事情已经不能改变，后悔也没有用，重要的是现在。所以我们应该认真做好现在要做的事，这样才能走好以后的路。

3. ★ 关于回忆，下列哪项正确？

   A 不值得表扬　　　　B 是一种饮料　　　　C 不是生活的全部　　D 很浪漫

4. ★ 根据这段话，我们应该：

   A 对自己严格　　　　B 接受批评　　　　C 重视现在　　　　D 学会冷静

# 02 세부 사항

### 구체적인 정보 대조하기

---

### 기본기 다지기 | 기본 개념 잡기 & 공략 미리보기

세부 사항을 묻는 문제는 어떤 대상에 관한 설명이 옳고 그른지를 판단하는 형식으로 출제된다. 따라서 문제와 보기의 키워드를 파악하여 지문과 대조하는 방식으로 문제를 풀어야 한다. 문제 푸는 시간을 절약하기 위해 주요 질문 형식을 알아두자.

### | 기본 개념 잡기 | 주요 질문 유형

세부 내용을 파악하는 문제는 전체 지문을 모두 파악해야 하는 문제 유형과, 특정 키워드의 내용만 파악하면 되는 문제로 나눌 수 있다.

### 1. 옳은 내용을 묻는 문제 : 지문 전체를 파악한다.

- 根据这段话，可以知道： 이 글에 근거하여 알 수 있는 것은?
- 根据这段话，可以知道什么？ 이 글에 근거하여 무엇을 알 수 있는가?
- 根据这段话，可以知道冰心： 이 글에 근거하여 깨끗한 마음에 대해 알 수 있는 것은?
- 关于那些学生，可以知道： 그 학생에 관해 알 수 있는 것은?
- 关于回忆，下列哪个正确？ 추억에 관해 아래에서 옳은 것은?

### 2. 특정 키워드에 대한 세부 내용을 묻는 문제 : 키워드를 중심으로 파악한다.

- 那位先生： 그 선생님은?
- 根据这段话，失败时要： 이 글에 근거하여 실패했을 때는?
- 父母应教7岁的孩子： 부모가 7살 아이에게 가르쳐야 하는 것은?
- 根据这段话，马医生： 이 글에 근거하여 마 의사 선생님은?
- 在聚会上，他： 모임에서 그는?

### | 공략 미리보기 |

---

**합격 공략 55**     옳은 내용을 찾으라!

---

**합격 공략 56**     특정 키워드에 대한 세부 정보를 대조하라!

---

**합격 공략 57**     [220점 이상 고득점] 동의어에 주의하라!

---

## 합격 공략 **55** 옳은 내용을 찾으라!

### 지문과 일치하는 내용 고르기

옳은 내용을 묻는 문제는 보기와 지문 전체를 일일이 대조하여 확인해야 한다. 전체 지문을 다 읽고 보기를 파악하기보다는 보기를 먼저 파악한 뒤 지문을 읽으면서 바로 보기 옆에 O/X로 옳고 그름을 표시해야 시간을 절약할 수 있다.

### 실전문제

没有别的意见，今天的会议就开到这儿了，请大家在下次会议前找些解决的方案，希望在下次会议上得到满意的结论。

★ 根据这段话，可以知道：

A 会议刚开始　　　 B 问题还没解决　　 C 问价格　　　　 D 表示感谢

**STEP 1　문제 파악하기**

★ 根据这段话，可以知道： 이 글에 근거하여 알 수 있는 것은?

글의 내용에 근거하여 옳은 내용을 고르는 문제 유형이다. 먼저 보기의 키워드를 파악한 뒤 지문과 대조해야 한다.

**STEP 2　지문에서 키워드 찾아 정답 고르기**

没有别的意见，今天的会议就开到这儿了，请大家在下次会议前找些解决的方案，希望在下次会议上得到满意的结论。

A 会议刚开始
B 问题还没解决
C 问价格
D 表示感谢

다른 의견이 없으면 오늘 회의는 여기까지 합시다. 모두들 다음 회의 전까지 해결 방안을 찾아 주세요. 다음 번 회의에서 만족스러운 결론을 얻길 바랍니다.

A 회의는 방금 시작했다
B 문제는 아직 해결되지 않았다
C 가격을 물었다
D 고마움을 표했다

보기의 키워드는 会议(회의), 问题(문제), 价格(가격), 感谢(감사)이다. 글의 앞부분에 今天的会议就开到这儿了(오늘 회의는 여기까지 하겠습니다)이라고 했으므로 보기 A는 틀린 내용이다. 이어 请大家在下次会议前找些解决的方案(모두들 다음 회의 전까지 해결 방안을 찾아 주세요)이라고 했으므로 해결 방법을 찾지 못했음을 알 수 있다. 따라서 옳은 내용은 B 问题还没解决(문제는 해결되지 않았다)이다.

**정답** B 问题还没解决

**어휘** 别 bié 형 다른, 별도의　意见 yìjiàn 명 의견　今天 jīntiān 명 오늘　会议 huìyì 명 회의　开 kāi 동 시작하다　下次 xiàcì 명 다음 번　找 zhǎo 동 찾다　解决方案 jiějuéfāng'àn 해결 방안　得到 dédào 동 얻다　满意 mǎnyì 형 만족스럽다　结论 jiélùn 명 결론　刚 gāng 부 막　开始 kāishǐ 동 시작하다　解决 jiějué 동 해결하다　问 wèn 동 질문하다　价格 jiàgé 명 가격　表示 biǎoshì 동 나타내다　感谢 gǎnxiè 동 감사하다

독해 제 3 부분 | 151

**빠르게 키워드를 찾고 대조하기**

특정 키워드에 대한 세부내용을 파악하는 문제는 우선 지문에서 문제의 키워드가 등장한 부분을 찾은 후 보기의 내용을 기준으로 하나씩 지문과 대조한다.

### 실전문제 📖🔍

这种植物喜欢晒阳光，不适合放在这么暗的地方，你最好把它放到窗边，多见见太阳，这样它才能长得快，花也会开的。

★ 这种植物：

A 适合放窗边　　　　B 叶子是红色的　　　C 很香　　　　　　D 不好看

---

**STEP 1**　문제 파악하기

★ 这种植物：　이 식물은?

특정 키워드에 관해 옳은 내용을 묻는 문제이다. 지문에서 植物(식물)에 관한 내용을 파악한다.

**STEP 2**　지문에서 키워드 찾아 정답 고르기

| | |
|---|---|
| 这种植物喜欢晒阳光，不适合放在这么暗的地方，你最好把它放到窗边，多见见太阳，这样它才能长得快，花也会开的。<br><br>A 适合放窗边　　　　B 不开花的<br>C 很香　　　　　　D 不好看 | 이런 식물은 햇빛 쬐는 것을 좋아해서 이렇게 어두운 곳에 두는 곳은 맞지 않다. 그것을 창가에 두어 햇빛을 많이 볼 수 있게 해주는 것이 가장 좋다. 이렇게 하면 그것은 빠르게 자라고, 꽃도 필 것이다.<br><br>A 창가에 두는 것이 적합하다　　B 꽃을 피우지 않는다<br>C 매우 향기롭다　　　　　　　D 안 예쁘다 |

보기의 키워드는 窗边(창가), 叶子(잎), 香(향기롭다), 不好看(안 예쁘다)이다. 지문은 植物(식물)에 관한 설명으로 시작하며 最好把它放到窗边(그것을 창가에 두는 것이 가장 좋다)이라고 했으므로 보기 A 适合放窗边(창가에 두는 것이 적합하다)가 알맞은 정답이다.

**정답**　A 适合放窗边

**어휘**　种 zhòng 양 종류　植物 zhíwù 명 식물　阳光 yángguāng 명 햇빛　适合 shìhé 동 적합하다　放 fàng 동 두다　暗 àn 형 어둡다, 깜깜하다　地方 dìfang 명 장소, 곳　最好 zuìhǎo 부 가장 좋기는　把 bǎ 개 ~을/를　窗边 chuāngbiān 창가　太阳 tàiyáng 명 태양　才 cái 부 비로소　长 zhǎng 동 자라다　快 kuài 형 빠르다　叶子 yèzi 명 잎사귀　越来越 yuèláiyuè 부 점점 더　绿 lǜ 형 푸르다　红色 hóngsè 명 붉은색　香 xiāng 형 향기롭다　好看 hǎokàn 형 보기 좋다

## 합격 공략 57 [220점 이상 고득점] 동의어에 주의하라!

### 동의어 표현 미리 숙지하기

지문에 제시된 어휘가 아닌 유의어가 보기에 제시되는 경우가 있는데, 지문에 나온 어휘의 유의어를 모르면 정답을 고를 수 없다. 예를 들어 지문에서는 马马虎虎(대충대충 하다)라고 했고 보기에서는 很粗心(부주의하다)으로 제시되는 경우가 있으므로 평소에 필수 동의어를 암기하도록 한다.

〈동의어 표현〉

| | |
|---|---|
| □ 这 = 此 이 | □ 发脾气 = 生气. 发火 화내다 |
| □ 就 = 便 곧 | □ 便宜 = 价格低 가격이 싸다 |
| □ 说 = 道 말하다 | □ 贵 = 价格高 가격이 비싸다 |
| □ 不得不 = 只好. 无可奈何 어쩔 수 없이 | □ 难过 = 难受 힘들다 |
| □ 看上去 = 看起来. 看来. 看样子 보아하니 | □ 方便 = 便利 편리하다 |
| □ 不在乎 = 无所谓 개의치 않다 | |

### 실전문제 📖

这本杂志介绍了最新科学技术和研究。它的语言简单，也十分幽默。像我这样对科学完全不懂的人，读起来竟然也会觉得很有意思。

★ 那本杂志：

A 适合专家　　　　B 很有趣　　　　C 很难懂　　　　D 很浪费时间

---

### STEP 1 문제 파악하기

★ 那本杂志： 그 잡지는?

특정 키워드인 杂志(잡지)에 대한 옳은 내용을 묻는 문제이다.

### STEP 2 지문에서 키워드 찾아 정답 고르기

这本杂志介绍了最新科学技术和研究。它的语言简单，也十分幽默。像我这样对科学完全不懂的人，读起来竟然也会觉得很有意思。

A 适合专家　　　　B 很有趣
C 很难懂　　　　　D 很浪费时间

이 잡지는 최신 과학 기술과 연구를 소개하고 있다. 그것은 언어가 간결하고 유머러스하여, 나 같이 과학에 대해 하나도 모르는 사람일지라도 읽어보면 의외로 재미있다고 느끼게 된다.

A 전문가에게 적합하다　　　B 아주 재미있다
C 아주 이해하기 어렵다　　　D 시간 낭비이다

보기의 키워드는 专家(전문가), 有趣(재미있다), 难懂(이해하기 어렵다), 浪费时间(시간 낭비)이다. 글은 杂志(잡지)에 대한 설명으로 시작하며 후반부에서 读起来竟然也会觉得很有意思(읽어보면 의외로 재미있다고 느끼게 된다)라고 했으므로 옳은 내용은 B 很有趣(아주 재미있다)이다. 很有意思는 有趣(재미있다)와 비슷한 의미인 동의어이다.

**실전 테스트**  정답 및 해설_해설편 p.046

다음 지문을 읽고 질문에 알맞은 답을 고르세요.

1. 云南是中国少数民族最多的省。中国的55个少数民族中，在云南地区就有52个，其中人口超过5000以上的民族有26个。

    ★ 关于云南，可以知道：

    A 景色优美　　　　B 少数民族多　　　　C 中国的首都　　　D 常常下雨

2. 鲁迅是著名的作家。原名樟寿，后来改名周树人。他的《阿Q正传》和《故乡》不仅深得中国人的喜爱，在国外读者中也很受欢迎。

    ★ 根据这段话，可以知道鲁迅：

    A 很受欢迎　　　　B 脾气不好　　　　C 是美国出生的　　D 很幽默

[3-4]

    小王，你这个总结报告写得不错，尤其是公司这一年的发展情况这部分，数据既有根据，内容也很详细。但是还有几个地方需要补充一下。我都帮你画出来了，你改完之后重新发我一份。

3. ★ 关于这份总结报告，可以知道：

    A 要补充内容　　　B 写得不好　　　　C 没有重点　　　　D 被人笑话

4. ★ 他希望小王：

    A 复印一份　　　　B 减少字数　　　　C 重新再写　　　　D 再改改

# 03 의문대사
## 질문의 요지 파악하기

### 기본기 다지기 | 기본 개념 잡기 & 공략 미리보기

의문대사가 등장하는 문제에서는 정확히 무엇을 묻는지를 파악하는 것이 중요하다. 의문대사의 종류를 파악한 뒤 함께 결합된 어휘를 지문에서 찾아 정답을 고르도록 한다.

#### | 기본 개념 잡기 | 주요 질문 유형

의문대사를 사용한 질문은 보통 다른 어휘와 결합된 채 제시된다. 따라서 질문의 키워드를 중심으로 지문을 파악하도록 한다.

- 多数人坚持什么想法？　대다수의 사람들은 어떤 생각을 가지고 있는가?
- 孩子在12岁之前学外语，有什么好处？　아이가 12살 전에 외국어를 배우는 것은 어떤 장점이 있는가?
- "6"有什么意思？　'6'은 어떤 뜻인가?
- 高速公路有什么优点？　고속도로는 어떤 장점이 있는가?
- 拒绝握手后为什么要马上道歉？　악수를 거절한 뒤에 왜 바로 사과해야 하는가?
- 那家公司要招聘什么样的人？　그 회사는 어떤 사람을 뽑고자 하는가?
- 他觉得那个小伙子怎么样？　그는 그 청년이 어떻다고 생각하는가?
- 女儿为什么后来又高兴了？　딸은 왜 나중에 또 기뻐했는가?
- 怎么才能为明天做好准备？　어떻게 해야 내일을 위해 준비를 잘 할 수 있는가?

#### | 공략 미리보기 |

| 합격 공략 58 | '무엇/무슨'을 묻는다! |
| 합격 공략 59 | '왜'를 묻는다! |
| 합격 공략 60 | '어떻게'를 묻는다! |
| 합격 공략 61 | [220점 이상 고득점] 조동사 문제는 조동사를 찾으라! |

### 합격 공략 58 '무엇/무슨'을 묻는다!

#### 什么를 이용한 문제

의문대사 什么(무엇)는 구체적인 사물이나 대상을 물을 때 사용한다. 질문에는 주로 '什么 + 명사' 또는 '동사 + 什么'의 형식으로 제시되는데 이때 앞뒤에 결합된 어휘가 바로 핵심 키워드이다. 따라서 지문에서 이 핵심 키워드를 위주로 내용을 파악하도록 한다.

在中国，法律上允许大学生结婚，但是实际上在上学时结婚的人非常少。大多数人表示，没有一份好收入是不能好好照顾家人，所以应该先找到一份好工作，然后再考虑结婚、生孩子的事情。

★ 多数人坚持什么想法：

A 读硕士　　　　　B 先工作后结婚　　　C 不想结婚　　　　　D 去外国留学

---

**STEP 1** 문제 파악하기

★ 多数人坚持什么想法：　대다수의 사람들은 어떤 생각을 가지고 있는가?

의문대사를 사용한 문제로 지문에서 대다수 사람들이 가지고 있는 생각(想法)을 파악한다.

---

**STEP 2** 지문에서 키워드 찾아 정답 고르기

在中国，法律上允许大学生结婚，但是实际上在上学时结婚的人非常少。大多数人表示，没有一份好收入是不能好好照顾家人，所以应该先找到一份好工作，然后再考虑结婚、生孩子的事情。

A 读硕士　　　　　B 先工作后结婚

C 不想结婚　　　　D 去外国留学

중국에서 법률상으로는 대학생의 결혼이 허가되어 있지만 그러나 실제로 재학 중 결혼을 하는 사람은 매우 적다. 대다수의 사람들은 괜찮은 수입이 없다면 가족을 잘 돌볼 수 없기 때문에 그래서 마땅히 먼저 좋은 직장을 찾고 그리고 나서 다시 결혼과 아이를 낳는 일에 대해 고민한다고 밝혔다.

A 석사를 밟다　　　　　　　　B 먼저 일하고 나중에 결혼한다
C 결혼을 하고 싶지 않다　　　　D 외국으로 유학을 가다

보기의 키워드는 硕士(석사), 先工作后结婚(먼저 일하고 나중에 결혼하다), 不想结婚(결혼하고 싶지 않다), 留学(유학)이다. 질문에 사용한 多数人(대다수 사람)이 지문에 그대로 언급되었는데 그 뒷부분을 보면 이 사람들의 생각을 알 수 있다. 이들은 应该先找到一份好工作，然后再考虑结婚、生孩子的事情(먼저 좋은 직장을 찾고 그 다음에 결혼이나 아이 낳는 것을 생각해야 한다)이라고 했다. 따라서 보기 B 先工作后结婚(먼저 일하고 나중에 결혼한다)가 알맞은 정답이다.

---

**정답** B 先工作后结婚

**어휘** 法律 fǎlǜ 몡 법률　允许 yǔnxǔ 통 허가하다　大学生 dàxuéshēng 몡 대학생　结婚 jiéhūn 통 결혼하다　但是 dànshì 젭 그러나　实际上 shíjìshang 뷔 실제로　上学 shàngxué 통 등교하다　时 shí 몡 때　少 shǎo 혱 적다　大多数人 dàduōshùrén 대다수의 사람　表示 biǎoshì 통 나타내다　收入 shōurù 몡 소득　照顾 zhàogù 통 보살피다　家人 jiārén 몡 가족　所以 suǒyǐ 젭 그래서　应该 yīnggāi 조동 마땅히 ~해야 한다　先 xiān 뷔 우선　找 zhǎo 통 찾다　工作 gōngzuò 몡 직업　然后 ránhòu 젭 그러한 후에　再 zài 뷔 다시　考虑 kǎolǜ 통 고려하다　生孩子 shēngháizi 아이를 낳다　事情 shìqing 몡 일　坚持 jiānchí 통 지속하다　想法 xiǎngfǎ 몡 생각　读 dú 통 공부하다　硕士 shuòshì 몡 석사　外国 wàiguó 몡 외국　留学 liúxué 몡 유학

## 합격 공략 **59** '왜'를 묻는다!

### 为什么를 이용한 문제

의문대사 为什么(왜)는 이유를 물을 때 사용한다. '为什么 + 동사'의 형식으로 제시되며 이유를 묻는 대답으로 '因为(~이기 때문에)', '由于(~로 인하여)', '原因是(원인은~)' 등의 단어를 사용한다. 따라서 지문에 이러한 어휘가 있는지 살펴보고 만일 이유를 나타내는 단어가 직접적으로 사용되지 않았다면 문맥의 의미를 파악하여 찾아야 한다.

### 실전문제 📖🔍

> 　　拒绝握手是没有礼貌的，不过当你的手不干净或者有问题的时候，可以先拒绝，然后马上解释清楚原因并对此表示抱歉，否则可能引起误会，让人以为你不友好。
>
> ★ 拒绝握手后为什么要马上道歉？
> A 怕别人怀疑　　　　B 想表示批评　　　　C 减少误会　　　　D 获得奖金

---

**STEP 1** 문제 파악하기

★ 拒绝握手后为什么要马上道歉？　악수를 거절한 뒤에 왜 바로 사과해야 하는가?

질문에서 의문대사 为什么(왜)를 사용해서 악수를 거절한 뒤 사과해야 하는 이유에 대해 묻고 있다.

**STEP 2** 지문에서 키워드 찾아 정답 고르기

　　拒绝握手是没有礼貌的，不过当你的手不干净或者有问题的时候，可以先拒绝，然后马上解释清楚原因并对此表示抱歉，否则可能引起误会，让人以为你不友好。

A 怕别人怀疑　　　　B 想表示批评
C 减少误会　　　　　D 获得奖金

　　악수를 거절하는 것은 예의가 없는 것이다. 그러나 당신의 손이 더럽거나 어떤 문제가 있을 땐 먼저 거절을 하고 바로 원인을 정확하게 설명하고 이에 대해 미안함을 표현하면 된다. 그렇지 않으면 오해를 불러일으킬 수 있고 사람으로 하여금 당신이 우호적이지 못하다고 생각하게 할 수 있다.

A 다른 사람이 의심할까 봐　　　B 비난하고 싶어서
C 오해를 줄이려고　　　　　　　D 보너스를 받으려고

보기의 키워드는 怀疑(의심하다), 批评(비난하다), 误会(오해하다), 奖金(보너스)이다. 지문에서는 악수를 거절할 수 밖에 없는 상황을 구체적인 예로 설명하고, 이어 사과해야 하는 이유로 否则可能引起误会(그렇지 않으면 오해를 일으킬 수 있다)라고 했다. 따라서 알맞은 정답은 C 减少误会(오해를 줄이려고)이다.

**정답** C 减少误会

**어휘** 拒绝 jùjué 통 거절하다　握手 wòshǒu 통 악수하다　礼貌 lǐmào 명 예의　不过 búguò 접 그러나　当……的时候 dāng……deshíhou ~할 때　手 shǒu 명 손　干净 gānjìng 형 깨끗하다　或者 huòzhě 접 또는　问题 wèntí 명 문제　先 xiān 부 우선　然后 ránhòu 접 그 다음에　马上 mǎshàng 부 바로　解释 jiěshì 통 설명하다　清楚 qīngchu 형 분명하다　原因 yuányīn 명 원인　并 bìng 접 또　对 duì 개 ~에 대하여　此 cǐ 대 이것　表示 biǎoshì 통 나타내다　抱歉 bàoqiàn 통 미안해하다　否则 fǒuzé 접 만약 그렇지 않으면　可能 kěnéng 부 아마 ~일지도 모른다　引起 yǐnqǐ 통 일으키다　误会 wùhuì 명 오해　让 ràng 통 ~하게 하다　以为 yǐwéi 통 여기다　友好 yǒuhǎo 형 우호적이다　为什么 wèishénme 대 왜　马上 mǎshàng 부 곧

道歉 dàoqiàn 통 미안해하다　怕 pà 통 걱정하다　别人 biérén 대 다른 사람　怀疑 huáiyí 통 의심하다　表示 biǎoshì 통 나타내다　批评 pīpíng 통 비평하다　减少 jiǎnshǎo 통 줄이다　获得 huòdé 통 얻다　奖金 jiǎngjīn 명 보너스

## 합격 공략 **60** '어떻게'를 묻는다!

### 怎么/怎么样을 이용한 문제

怎么(어떻게)는 어떤 행동을 하는 방법을 물을 때 사용한다. 따라서 지문에서 구체적인 방법과 수단을 나타내는 내용을 찾도록 한다. 의문대사 怎么样(어때)은 어떤 대상의 특징이나 견해를 물을 때 사용한다. 따라서 특징을 묘사하는 어휘를 지문에서 찾거나, 견해를 나타내는 认为(~라고 여기다), 觉得(~라고 생각하다) 등의 어휘에 주목하도록 한다.

### 실전문제 📖🔍

下午来应聘的那个小伙子是学汉语的，成绩很优秀，通过面试时和他的对话，感觉他的性格也很好，我觉得他挺适合我们单位的。

★ 他觉得那个小伙子怎么样？

A 性格不错　　　　B 没有能力　　　　C 成绩不好　　　　D 没有意见

### STEP 1　문제 파악하기

★ 他觉得那个小伙子怎么样? 그는 그 청년이 어떻다고 생각하는가?

질문은 那个小伙子(그 청년)가 어떤지에 대해 묻고 있다.

### STEP 2　지문에서 키워드 찾아 정답 고르기

下午来应聘的那个小伙子是学汉语的，成绩很优秀，通过面试时和他的对话，感觉他的性格也很好，我觉得他挺适合我们单位的。

A 性格不错　　　　B 没有能力

C 成绩不好　　　　D 没有意见

오후에 지원하러 왔던 그 청년은 중국어를 공부했고, 성적도 우수해. 면접 때 그와의 대화를 통해 그의 성격도 좋다고 생각했어. 내 생각에 그가 우리 회사에 적합한 거 같아.

A 성격이 좋다　　　　　　B 능력이 없다

C 성적이 안 좋다　　　　 D 의견이 없다

보기의 키워드는 性格(성격), 能力(능력), 成绩(성적), 意见(의견)이다. 보기 C의 成绩는 지문에서 很优秀(아주 우수하다)라고 했으므로 보기 C는 틀린 내용이다. 보기 A의 性格는 지문에서 性格也很好(성격도 아주 좋다)라고 하였으므로 정답은 A 性格不错(성격이 좋다)이다.

정답 A 性格不错

어휘 下午 xiàwǔ 명 오후　应聘 yìngpìn 통 지원하다　小伙子 xiǎohuǒzi 명 젊은이　学 xué 통 공부하다　汉语 Hànyǔ 명 중국어　成绩 chéngjì 명 성적　优秀 yōuxiù 형 우수하다　通过 tōngguò 개 ~를 통해　面试 miànshì 명 면접　时 shí 명 때　和 hé 개 ~와/과　对话 duìhuà 명 대화　感觉 gǎnjué 통 여기다　性格 xìnggé 명 성격　觉得 juéde 통 ~라고 여기다　挺 tǐng 부 매우　适合 shìhé 통 적합하다　单位 dānwèi 명 회사　不错 búcuò 형 좋다　能力 nénglì 명 능력　意见 yìjiàn 명 의견

## 합격 공략 **61** [220점 이상 고득점] 조동사 문제는 조동사를 찾으라!

**지문에서 같은 뜻의 조동사를 찾는다**

조동사를 이용하여 묻는 문제는 지문에 그 조동사가 그대로 사용된 경우가 많다. 예를 들어 应该를 사용한 질문은 지문에서 应该나 要 뒤쪽을 살펴보면 정답을 쉽게 찾을 수 있다.

### 실전문제

有些人通过节食来减肥，虽然有效果，但是时间长了对身体会有影响。真正健康的减肥方法应该是多运动，这样既对身体好，还能让自己看起来更有活力。

★ 想要健康减肥，应该：

A 少吃饭 　　　　　B 经常坐地铁 　　　　　C 多写日记 　　　　　D 多锻炼身体

---

**STEP 1 　문제 파악하기**

★ 想要健康减肥，应该： 건강하게 다이어트를 하고 싶으면 마땅히 무엇을 해야 하는가?

질문에 조동사 应该(~해야 한다)가 사용되었으므로 지문에서도 비슷한 뜻의 조동사를 찾는다.

**STEP 2 　지문에서 키워드 찾아 정답 고르기**

有些人通过节食来减肥，虽然有效果，但是时间长了对身体会有影响。真正健康的减肥方法应该是多运动，这样既对身体好，还能让自己看起来更有活力。

A 少吃饭 　　　　　B 经常坐地铁

C 多写日记 　　　　　D 多锻炼身体

어떤 사람은 음식의 절제를 통해 다이어트를 하는데, 비록 효과는 있지만 그러나 시간이 길어지면 몸에 영향을 끼칠 수 있다. 진정으로 건강한 다이어트 방법은 운동을 많이 하는 것이다. 이렇게 해야만 몸에 좋고, 게다가 스스로를 훨씬 생기 있어 보이게 할 수 있다.

A 밥을 적게 먹어라 　　　　　B 지하철을 자주 타라

C 일기를 많이 써라 　　　　　D 신체 단련을 많이 해라

지문에서 应该의 뒷부분에 真正健康的减肥方法应该是多运动(진정으로 건강하게 다이어트 하는 방법은 많이 운동하는 것이다)이라고 언급했으므로 정답은 D 多锻炼身体(신체 단련을 많이 해라)이다. 多运动과 多锻炼身体(많이 몸을 단련하다)는 비슷한 의미이다.

**정답** D 多锻炼身体

**어휘** 通过 tōngguò 께 ~을 통해 　节食 jiéshí 동 음식을 절제하다 　减肥 jiǎnféi 동 다이어트하다 　虽然 suīrán 접 비록 ~일지라도 　效果 xiàoguǒ 명 효과 　但是 dànshì 접 그러나 　时间 shíjiān 명 시간 　长 cháng 형 길다 　对 duì 께 ~에 대해 　身体 shēntǐ 명 몸 　影响 yǐngxiǎng 동 영향을 주다 　真正 zhēnzhèng 형 진정한 　健康 jiànkāng 형 건강하다 　方法 fāngfǎ 명 방법 　应该 yīnggāi 조동 마땅히 ~해야 한다 　运动 yùndòng 동 운동하다 　既 jì 접 ~할 뿐만 아니라 　让 ràng 동 ~하게 하다 　自己 zìjǐ 대 스스로 　看起来 kànqǐlái 동 보기에 ~하다 　更 gèng 부 더욱 　活力 huólì 명 활력, 생기 　经常 jīngcháng 부 자주 　坐 zuò 동 (교통 수단을)타다 　地铁 dìtiě 명 지하철 　日记 rìjì 명 일기

다음 지문을 읽고 질문에 알맞은 답을 고르세요.

1. 我看了一家公司的招聘信息，要求电子技术专业，年龄在35岁以下，至少有三年的工作经验，月工资6000到9000元。你正好符合条件，要不要试试？

   ★ 那家公司要招聘什么样的人？

   A 中文专业          B 性格幽默          C 博士毕业          D 不超过35岁

2. 面试时，人们往往会紧张，经常失去表现自己的机会。这时一定要让自己冷静下来，保持平静的心态。回答问题时，要注意声音不要太小，语速也不要太快。

   ★ 应聘时，要注意什么？

   A 表扬自己   B 别太紧张   C 介绍要简单   D 要穿西装

[3–4]

　　现在全世界大约80多个国家有高速公路。高速公路既可以提高行车速度，又可以降低运输成本，往往可以看出一个国家的交通及经济发展水平。高速公路既有优点也有缺点，优点是行车速度快、安全方便，缺点是对环境影响大、收费高。

3. ★ 通过高速公路，可以判断该国家的：

   A 教育情况          B 国土面积          C 经济水平          D 人口

4. ★ 高速公路有什么缺点：

   A 对环境影响大      B 增长知识          C 环境污染小          D 购物方便

다음 지문을 읽고 질문에 알맞은 답을 고르세요.

1. 无论做什么事情，都应该选好方向再做。有的人还没有选好目标却急着去做，这样问题很大。因为自己都不知道走到哪儿，也许浪费了很多精力。因此不管需要等多长时间，还是要做到心里有数后再去行动比较好。

    ★ 这段话告诉我们应该：

    A 需要调查　　　　　B 听取意见　　　　　C 多读书　　　　　D 选好方向

2. 当你经历失败而感到伤心时，应该记住，机会不只有一个。生活中很多人都会经历过无数失败，但其中最终成功的人就是不放弃坚持下来的人。所以千万不要因此而失望甚至怀疑自己。

    ★ 根据这段话，失败时应该：

    A 原谅别人　　　　　B 对自己有信心　　C 多吃饭　　　　　D 找原因

3. 研究发现，一天静坐超过6个小时，就会影响身体健康。科学家提醒人们，每天静坐的时间不要超过4个小时，尤其是司机和久坐办公室的人，有时间要站起来活动活动，放松一下。

    ★ 科学家提醒人们：

    A 不要久坐　　　　　B 不要喝酒　　　　　C 努力工作　　　　D 不要浪费

4. 很多人喜欢在早上做运动，但室外锻炼并不是越早越好，尤其是冬天，日出前温度比较低，并不适合做运动。医生建议，冬天锻炼最好选在日出后，而且充分地做好拉伸，运动量也不要太大。

    ★ 冬季锻炼要注意什么？

    A 运动量要大　　　　B 穿薄点儿　　　　　C 日出后进行　　D 别超过一个小时

[5-6]

　　幸福是什么？有人说，健康就是一种幸福。也有人说，有钱才是最大的幸福。还有人说，小时候幸福是一件东西，比如一个玩具、一盒饼干，得到了就很幸福；长大后幸福是一种态度，而幸福感指数的高低取决于你对待生活的态度，虽然很有钱，但对自己的生活总感到不满，这样的人永远不能得到幸福感。

5. ★ 有人觉得小时候的幸福是什么？

　　A 受到表扬　　　　B 得到一件东西　　C 取得好成绩　　　D 多交朋友

6. ★ 这段话主要谈的是：

　　A 幸福　　　　　　B 友谊　　　　　　C 爱情　　　　　　D 回忆

[7-8]

　　怎样才能成为一个优秀的领导？首先，要有丰富的工作经验和专业知识，这样才能把握全部工作的流程。其次，要善于与人交流。领导不与职员沟通只下命令的话，不能发挥领导力。最后，领导不应该把自己的看法和感情带入工作中，而应该以诚实、负责的态度，公正地为公司和职员的利益而做决定。

7. ★ 一个优秀的领导应该：

　　A 有信心　　　　　B 经验丰富　　　　C 要锻炼身体　　　D 每天写日记

8. ★ 为公司和职员的利益，领导在工作时：

　　A 要有同情心　　　B 要查词典　　　　C 要有幽默感　　D 不应该带入感情

쓰기
제1부분

# 제시된 단어를
# 조합하여 문장 완성하기

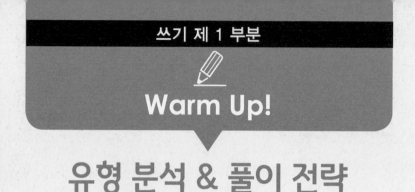

# Warm Up!

# 유형 분석 & 풀이 전략

## 유형 분석 | 시험엔 이렇게 나온다!

### 출제 방식

HSK 4급 쓰기 제1부분은 제시된 4~5개의 어휘를 중국어의 어순에 맞게 배열하는 문제이다. 86번부터 95번까지 총 10문항이 출제된다.

### 출제 경향 & 유형별 출제 비율

쓰기 제1부분에서는 주어, 술어, 목적어를 바탕으로 한 기본 어순을 묻는 문제의 출제 비중이 가장 높으며 관형어나 부사어, 보어 등의 수식 성분을 배치하는 문제와 다양한 특수 문형을 완성하는 문제가 출제된다. 예전에는 단어가 6~7개로 세분화되어 다소 복잡하고 어려운 형식이었지만 최근 들어 4~5개의 어휘로 출제되고 있다. 평소에 기본 어순을 잘 익혀두고 특수 문형의 어순을 이해해둔다면 어렵지 않게 문제를 풀 수 있다.

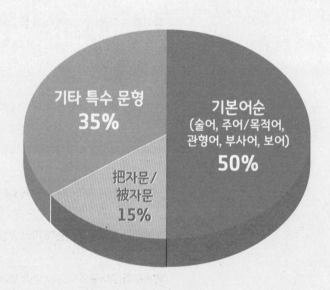

# 풀이 전략 | 문제 풀이 Step & 풀이 전략 적용해 보기

## Step 1

**술어 배치**

제시어를 보고 문장의 종류를 파악한 뒤, 문장의 술어가 될 수 있는 어휘(동사나 형용사)를 찾아서 배치한다.

## Step 2

**주어/목적어 배치**

행위의 주체는 주어에, 행위의 대상은 목적어에 배치한다. 만일 술어가 형용사이거나 목적어를 갖지 않는 동사라면 주어만 배치한다.

## Step 3

**남은 어휘 배치**

수식 성분인 관형어, 부사어, 보어 등을 의미에 맞게 배치한다.

### 풀이 전략 ) 적용해 보기

86. 葡萄树　　我家的　　院子　　有一棵　　里

→ _____

### STEP 1　술어 배치

제시어 중에서 동사와 형용사가 술어가 될 수 있으므로 有를 술어 자리에 배치한다.

### STEP 2　주어/목적어 배치

주어나 목적어 자리에는 보통 명사나 대명사가 쓰인다. 제시어에서 명사는 葡萄树(포도나무)와 院子(정원)이다. '~에 ~이 있다'라는 문장을 만들기 위해 동사 有의 주어로 의미상 알맞은 院子를 배치하고 목적어 자리에 葡萄树를 배치한다.

### STEP 3　남은 어휘 배치

구조조사 的가 있는 我家的(우리집의)를 관형어로 院子 앞에 배치시킨다. 수량사인 一棵(한 그루)도 명사 앞에서 관형어로 쓰여야 하므로 葡萄树 앞에 배치시킨다. 남은 어휘 里(안)는 방향을 나타내는 어휘이므로 장소인 院子 뒤에 배치하여 문장을 완성한다.

**정답** 我家的院子里有一颗葡萄树。 우리 집 정원에는 포도나무 한 그루가 있다.

**어휘** 院子 yuànzi 📝 정원　棵 kē 📝 그루　葡萄树 pútáoshù 포도나무

# 01 술어 배치
### 술어의 특징을 파악하여 어휘 배열하기

## 기본기 다지기 기본 개념 잡기 & 공략 미리보기

술어는 주어에 대해 서술하거나 묘사하는 성분이다. 문장의 핵심 성분인 술어를 배치하기 위해 어떠한 어휘가 술어가 될수 있으며 술어는 어떠한 문법적 특징을 가지고 있는지 알아보자.

### I 기본 개념 잡기 1 I 술어의 특징

**1. 술어는 문장에서 반드시 필요한 핵심 성분이다.**

他　是　韩国人。　그는 한국인이다.
주어　술어　목적어

**2. 술어는 부사어의 수식을 받을 수 있다.**

我　想　学习　汉语。　나는 중국어를 배우고 싶다.
주어　부사어　술어　목적어

**3. 술어 뒤에 보어를 사용할 수 있다.**

她　跑　得　真快。　그녀는 정말 빨리 뛴다.
주어　술어　得　보어

### I 기본 개념 잡기 2 I 술어가 될 수 있는 것

**1. 동사**

我们　要　做　进一步的　调查。　우리는 한층 더 조사가 필요하다.
주어　부사어　술어　관형어　목적어

**2. 형용사**

我　对我的工作　很　满意。　나는 나의 일에 매우 만족한다.
주어　부사어　부사어 술어(형용사)

**3. 명사/대사**

今天　八月二十七号。　오늘은 8월 27일이다.
주어　술어(명사)

### I 공략 미리보기 I

| 합격 공략 62 | 동사는 1순위 술어이다! |
| --- | --- |
| 합격 공략 63 | '了/着/过'가 결합된 동사는 술어에 배치하라! |
| 합격 공략 64 | 형용사도 술어가 될 수 있다! |
| 합격 공략 65 | [220점 이상 고득점] 得가 결합된 동사/형용사는 술어에 배치하라! |

 **합격 공략 62** 동사는 1순위 술어이다!

### 동사 = 술어

술어를 배치하기 위해 제시된 어휘 중 동사가 있으면 1순위로 술어 자리에 배치한다. 술어는 뒤에 목적어를 가질 수 있으므로 의미상 알맞은 목적어를 함께 배치한다.

老师　总是　支持　我的　想法。 선생님께서는 항상 내 생각을 지지해주신다.
주어　부사어　술어(동사)　관형어　목적어

## 실전문제 ✏️

原来的　　我不得不　　计划　　改变

→ _____

---

**STEP 1  술어 배치**

제시어 중에서 술어가 될 수 있는 동사 改变(바꾸다)을 술어 자리에 배치한다.

**STEP 2  주어/목적어 배치**

동사 改变의 주어로는 행위의 주체인 我(나)를 배치하고, 목적어로는 행위의 대상이 될 수 있는 计划(계획)를 배치한다. (我不得不와 같이 두 가지 성분이 결합된 채 제시되는 경우가 많다. 이 때는 주요 성분을 먼저 배치하면 자연스럽게 문장을 완성할 수 있다.)

**STEP 3  남은 어휘 배치**

구조조사 的가 있는 原来的(원래의)는 관형어이므로 의미상 어울리는 计划 앞에 배치하여 문장을 완성한다.

| 주어 | 부사어 | 술어 | 관형어 | 목적어 |
|---|---|---|---|---|
| 我 | 不得不 | 改变 | 原来的 | 计划 |
| 대사(나는) | 부사(어쩔 수 없이) | 동사(바꾸다) | 명사+的(원래의) | 명사(계획) |

**정답** 我不得不改变原来的计划。  나는 원래의 계획을 어쩔 수 없이 바꾼다.

**어휘** 不得不 bùdébù 🖳 어쩔 수 없이  改变 gǎibiàn 🅑 바꾸다  原来 yuánlái 🖳 원래  计划 jìhuà 🅜 계획

**동사 + 了/着/过 = 술어**

동태조사 了/着/过는 동사 술어 뒤에 결합하여 완료, 진행, 경험을 나타낸다. 따라서 제시어 중에 이러한 동태조사가 결합된 동사가 있으면 바로 술어 자리에 배치하도록 한다.

这本　　小说　　受到了　　很多人的　　喜爱。　이 소설은 많은 사람들의 사랑을 받았다.
관형어　　주어　　술어(동사+了)　관형어　　목적어

실전문제

已经　　适应了　　我　　气候　　这儿的

→ _____

**STEP 1** 술어 배치

제시어 중에서 동태조사 了가 결합되어 있는 동사 适应了(적응했다)를 술어 자리에 배치한다.

**STEP 2** 주어/목적어 배치

동사 适应의 주어로는 행위의 주체인 我(나)를 배치하고, '~에 적응하다'에 올 수 있는 목적어로는 气候(기후)를 배치한다.

**STEP 3** 남은 어휘 배치

구조조사 的가 있는 这儿的(이곳의)는 관형어이므로 의미상 어울리는 气候 앞에 배치하여 문장을 완성한다.

| 주어 | 부사어 | 술어 | 관형어 | 목적어 |
|---|---|---|---|---|
| 我<br>대사(나는) | 已经<br>부사(이미) | 适应了<br>동사+了(적응했다) | 这儿的<br>대사+的(이곳의) | 气候<br>명사(기후) |

**정답** 我已经适应了这儿的气候。 나는 이미 이곳의 기후에 적응했다.

**어휘** 已经 yǐjīng 튀 이미　适应 shìyìng 통 적응하다　气候 qìhòu 명 날씨

**합격 공략 64 > 형용사도 술어가 될 수 있다!**

### 형용사 = 술어

형용사도 문장에서 술어가 될 수 있다. 제시된 어휘 중 동사가 없고 형용사만 있다면 형용사를 술어 자리에 배치하도록 한다. 형용사는 목적어를 갖지 않고 앞에 정도부사 '很/非常/真/十分/太' 등과 함께 쓰임을 기억하자.

这部　电影　很　精彩。 이 영화는 매우 재미있다.
관형어　주어　부사어　술어(형용사)

---

## 실전문제 ✏️

那本杂志的　十分　内容　详细

→ ＿＿＿＿＿＿＿＿＿＿＿＿＿＿

---

**STEP 1　술어 배치**

제시어 중에서 동사가 없으므로 형용사 详细(자세하다)를 술어 자리에 배치한다.

**STEP 2　주어/목적어 배치**

형용사는 목적어를 가지지 않으므로 주어를 배치하면 된다. 详细의 주어로 명사 内容(내용)이 적합하다.

**STEP 3　남은 어휘 배치**

구조조사 的가 있는 那本杂志的(그 잡지의)는 관형어이므로 의미상 어울리는 명사 内容 앞에 배치하고 정도부사 十分(매우)는 형용사를 꾸며주므로 详细 앞에 배치하여 문장을 완성한다.

| 관형어 | 주어 | 부사어 | 술어 |
|---|---|---|---|
| **那本杂志的**<br>대사+양사+명사+**的**(그 잡지의) | **内容**<br>명사(내용은) | **十分**<br>부사(매우) | **详细**<br>형용사(자세하다) |

**정답**　那本杂志的内容十分详细。　그 잡지의 내용은 매우 자세하다.

**어휘**　本 běn 양 권　杂志 zázhì 명 잡지　内容 nèiróng 명 내용　十分 shífēn 부 매우　详细 xiángxì 형 상세하다

**동사/형용사 + 구조조사 得 = 술어**

구조조사 得는 술어 뒤에서 보어를 연결해 주는 역할을 한다. 따라서 '동사/형용사+得'의 형태로 된 제시어가 있다면 술어 자리에 배치하도록 한다.

| 这次 | 寒假 | 玩儿得 | 很高兴。 | 이번 겨울 방학은 매우 즐겁게 놀았다. |
| 관형어 | 주어 | 술어(동사+得) | 보어 | |

## 실전문제 ✏️

我妻子的　　不太流利　　说得　　汉语

→ _____

**STEP 1** 술어 배치

동사 说에 구조조사 得가 결합되어 있으므로 제시어 说得를 술어 자리에 배치한다. 得가 있으므로 보어가 있는 문장임을 알 수 있다.

**STEP 2** 주어/목적어 배치

술어 说의 주어로 명사 汉语(중국어)를 배치한다.

**STEP 3** 남은 어휘 배치

동사 说 뒤에 구조조사 得가 있으므로 뒤에 보어를 배치해야 한다. 형용사구인 不太流利(그다지 유창하지 않다)를 보어 자리에 배치하고 구조조사 的가 결합된 我妻子的(내 아내의)를 汉语 앞에 배치하여 문장을 완성한다.

| 관형어 | 주어 | 술어 | 보어 |
| --- | --- | --- | --- |
| **我妻子的**<br>대사+명사+的(제 아내의) | **汉语**<br>명사(중국어는) | **说得**<br>동사+**得**(말하다) | **不太流利**<br>부사+부사+형용사<br>(그다지 유창하지 않다) |

정답 我妻子的汉语说得不太流利。 내 아내의 중국어는 그다지 유창하지 못하다.

어휘 妻子 qīzi 명 부인 汉语 Hànyǔ 명 중국어 流利 liúlì 형 유창하다

**다음 제시된 어휘로 문장을 완성하세요.**

1. 积累了 丰富的 我在工作中 经验

   → _____

2. 已经 我 这里的 适应了 生活

   → _____

3. 奶奶讲的 非常 故事 有趣

   → _____

4. 矿泉水 买了 一箱 我

   → _____

# 02 주어/목적어 배치
### 주어와 목적어의 특징을 파악하여 어휘 배열하기

## 기본기 다지기 | 기본 개념 잡기 & 공략 미리보기

주어는 서술과 묘사의 대상이고, 목적어는 동작을 받는 대상이다. 주어와 목적어를 배치하기 위해 어떠한 어휘가 주어와 목적어가 될 수 있으며 주어와 목적어는 어떤 문법적 특징을 가지고 있는지 알아보자.

### | 기본 개념 잡기 1 | 주어와 목적어의 특징

**1. 주어는 행위의 주체를 나타내는 말로 술어 앞에 쓰인다.**

我　　去　　学校。　나는 학교에 간다.
주어　　술어　　목적어

**2. 목적어는 행위의 대상을 나타내는 말로 술어 뒤에 쓰인다.**

她　　在　　写　　作业。　그녀는 지금 숙제를 하는 중이다.
주어　부사어　술어　목적어

> **참고** 중국어에서 주어는 반드시 행위의 주체만 될 수 있는 것은 아니다. 행위를 받는 대상도 주어가 될 수 있다. (예 饭都做好了。 밥이 다 됐다.)

### | 기본 개념 잡기 2 | 주어와 목적어가 될 수 있는 것

**1. 명사와 대사**

你　　今天　　做　　什么？　오늘 뭐 해요?
주어(대사)　부사어　술어　목적어

**2. 동사와 형용사**

동사가 목적어가 된 경우　我们　　开始　　上课。　우리는 수업을 시작한다.
　　　　　　　　　　　　주어　　술어　목적어(동사)

형용사가 주어가 된 경우　诚实　　是　　最大的　　财富。　성실은 가장 큰 재산이다.
　　　　　　　　　　　주어(형용사)　술어　관형어　목적어

**3. 주술구와 술목구**

술목구가 목적어가 된 경우　我　　喜欢　　吃中国菜。　나는 중국요리 먹는 것을 좋아한다.
　　　　　　　　　　　　주어　술어　목적어(술목구)

주술구가 주어가 된 경우　老师讲课　　很　　有意思。　선생님 수업이 아주 재미있다.
　　　　　　　　　　주어(주술구)　부사어　술어

### | 공략 미리보기 |

| | |
|---|---|
| **합격 공략 66** | 명사나 대사는 주어/목적어에 배치하라 |
| **합격 공략 67** | [220점 이상 고득점] 주술구와 술목구도 주어/목적어가 될 수 있다! |

## 합격 공략 **66** 명사/대사를 주어/목적어에 배치하라!

### 명사와 대사 = 주어/목적어

명사와 대사는 주어와 목적어가 될 수 있는 대표적인 품사로, 제시어 중 명사 또는 대사가 있으면 가장 먼저 주어와 목적어 자리에 배치하도록 한다.

- **명사/대사 + 술어**

| 我 | 打算 | 学习汉语。 | 나는 중국어를 공부할 계획이다. |
|---|---|---|---|
| 주어(대사) | 술어 | 목적어 | |

- **술어 + 명사/대사**

| 我 | 在图书馆 | 看 | 书。 | 나는 도서관에서 책을 본다. |
|---|---|---|---|---|
| 주어 | 부사어 | 술어 | 목적어(명사) | |

실전문제

> 任务　　完成了　　所有的　　他
>
> → _____

### STEP 1 술어 배치

동사 完成에 동태조사 了가 결합된 完成了를 술어에 배치한다.

### STEP 2 주어/목적어 배치

제시어에서 명사는 任务(임무) 하나이다. 문장에서 목적어는 없어도 주어는 반드시 있어야 하므로 任务를 주어에 배치한다.

### STEP 3 남은 어휘 배치

구조조사 的는 관형어를 만듦으로 所有的(모든)를 명사 任务 앞에 배치하여 문장을 완성한다.

| 주어 | 술어 | 관형어 | 목적어 |
|---|---|---|---|
| **他**<br>대사(그는) | **完成了**<br>동사+了(완성했다) | **所有的**<br>명사+的(모든) | **任务**<br>명사(임무를) |

**정답** 他完成了所有的任务。　그는 모든 임무를 다 완성됐다.

**어휘** 所有 suǒyǒu 쥉 모든　任务 rènwu 몡 임무　完成 wánchéng 됭 완수하다

**[220점 이상 고득점] 주술구와 술목구도 주어/목적어가 될 수 있다!**

### 주술구와 술목구 = 주어/목적어

보통 명사나 대사가 주어와 목적어 자리에 쓰이지만 주술구나 술목구도 주어와 목적어 자리에 쓰일 수 있다. 제시어에 '주어+술어', '술어+목적어'의 형태로 제시되는 어휘가 있을 경우 다른 술어가 이미 제시되어 있다면 이것이 주어 또는 목적어가 될 수 있는지 살펴보도록 한다.

我　　打算　　去中国。　나는 중국에 갈 계획이다.
주어　　술어　　목적어(술목구)

---

### 실전문제 ✎

是　　我们每个人的　　环境保护　　责任

→ ＿＿＿＿＿＿＿＿＿＿＿＿＿＿＿＿＿＿

---

**STEP 1　술어 배치**

제시어에서 술어가 될 수 있는 동사 是(이다)를 술어에 배치한다.

**STEP 2　주어/목적어 배치**

제시어 중 '술어+목적어'로 이루어진 环境保护(환경보호)을 의미상 주어에 배치하고 나머지 명사 责任(책임)을 목적어에 배치한다.

**STEP 3　남은 어휘 배치**

구조조사 的가 결합된 我们每个人的(우리 모든 사람의)는 관형어로 목적어 앞에 배치하여 문장을 완성한다.

| 주어 | 술어 | 관형어 | 목적어 |
|---|---|---|---|
| **环境保护**<br>명사(환경보호는) | **是**<br>동사(이다) | **我们每个人的**<br>대사+대사+양사+명사+**的**(우리 모든 사람의) | **责任**<br>명사(책임) |

**정답**　环境保护是我们每个人的责任。　이 물건들은 어떤 차이가 있는가?

**어휘**　环境保护 huánjìngbǎohù 환경보호　每个人 měigèrén 사람마다　责任 zérèn 명 책임

**다음 제시된 어휘로 문장을 완성하세요.**

1.　非常严格　　要求　　有些人　　对自己的

　　→ _____

2.　妈妈　　饺子　　包的　　真香

　　→ _____

3.　谈　　这本杂志　　儿童教育问题　　主要

　　→ _____

4.　这些　　符合　　玩具　　吗　　安全标准

　　→ _____

# 03 관형어 배치

### 관형어의 특징을 파악하여 어휘 배열하기

---

**기본기 다지기** 기본 개념 잡기 & 공략 미리보기

관형어는 명사를 꾸며주거나 범위를 제한하는 말로 문장의 수식 성분이다. 관형어를 배치하기 위해 어떠한 어휘가 관형어가 될 수 있으며 관형어는 어떤 문법적 특징을 가지고 있는지 알아보자.

## | 기본 개념 잡기 1 | 관형어의 특징

### 1. 관형어의 종류

- **제한성 관형어** : 수량(一本书), 시간(几年的努力), 장소(衣柜里的衣服), 소속(我们班), 범위(这些东西)를 나타낸다.
- **묘사성 관형어** : 성질이나 상태(红色的衣服), 사람이나 사물의 특징(五六岁的孩子), 재질(木头桌子), 직업(汉语老师) 등을 나타낸다.

### 2. 관형어는 주어 앞에서 주어를 꾸며주거나 제한하는 역할을 한다.

好的　　开始　　很　　重要。　좋은 시작은 매우 중요하다.
관형어　　주어　　부사어　　술어

### 3. 관형어는 목적어 앞에서 목적어를 꾸며주거나 제한하는 역할을 한다.

每个人　　都　　有　　不同的　　性格。　모든 사람들은 다 다른 성격을 가지고 있다.
주어　　부사어　　술어　　관형어　　목적어

## | 기본 개념 잡기 2 | 관형어가 될 수 있는 것

### 1. 명사와 대사 + 的

他　　改掉了　　自己的　　习惯。　그는 자신의 습관을 바꿔버렸다.
주어　　술어　　관형어(대사+的)　　목적어

### 2. 동사와 형용사 + 的

幽默的　　人　　容易　　交　　朋友。　유머러스한 사람은 친구를 쉽게 사귄다.
관형어(형용사+的)　　주어　　부사어　　술어　　목적어

### 3. 수사/지시대사 + 양사

我　　在百货商店　　买了　　一件　　大衣。　나는 백화점에서 외투를 한 벌 샀다.
주어　　부사어　　술어　　관형어(수사+양사)　　목적어

| 공략 미리보기 |

**합격 공략 68**  '……的'는 관형어에 배치하라!

**합격 공략 69**  '수사/대사+양사'는 관형어에 배치하라!

**합격 공략 70**  두 개 이상의 관형어가 쓰였다면 이렇게 배치하라!

**합격 공략 71**  [220점 이상 고득점] 개사구 안에 관형어가 포함될 수 있다!

 **68** '……的'는 관형어에 배치하라!

……的 = 관형어

주어 또는 목적어 앞에 관형어가 쓰여서 주어나 목적어를 꾸며줄 때 일반적으로 관형어와 주어/목적어 사이에 구조조사 的를 사용한다. 따라서 제시된 어휘에 '동사/형용사/명사+的' 형식이 있으면 관형어이므로 명사 앞에 배치하도록 한다.

- **'명사/동사/형용사的' + 주어**

我们的　老师　对学生非常　严格。　우리 선생님은 학생들에게 매우 엄격하다.
관형어　　주어　　부사어　　술어

- **'명사/동사/형용사的' + 목적어**

我　找到了　失败的　原因。　나는 실패한 원인을 찾았다.
주어　술어　관형어　목적어

## 실전문제

都　　大家　　意见　　自己的　　提了

→ _____

**STEP 1**  술어 배치

동태조사 了가 결합된 提了(제시했다)를 술어 자리에 배치한다.

**STEP 2**  주어/목적어 배치

동사 提의 행동의 주체로 의미상 알맞은 大家(모두들)를 주어 자리에 배치하고, 행동의 대상으로 알맞은 意见(의견)을 목적어 자리에 배치한다.

**STEP 3**  남은 어휘 배치

구조조사 的가 결합된 제시어 自己的(자신의)는 '명사+的' 관형어이므로 의미상 알맞은 意见 앞에 배치시킨다. 남은 어휘 都(모두)는 부사이므로 술어 앞에 배치하여 문장을 완성한다.

| 주어 | 부사어 | 술어 | 관형어 | 목적어 |
|---|---|---|---|---|
| **大家**<br>대사(모두들) | **都**<br>부사(다) | **提了**<br>동사+了(제시했다) | **自己的**<br>대사+的(자신의) | **意见**<br>명사(의견을) |

정답  大家都提了自己的意见。 모두들 다 자신의 의견을 제시했다.

어휘  提 tí 图 제시하다   自己 zìjǐ 데 스스로   意见 yìjiàn 명 의견

---

### 합격 공략 **69** '수사/대사 + 양사'는 관형어에 배치하라!

**수사/대사 + 양사 = 관형어**

수사 또는 대사가 양사와 함께 주어 또는 목적어를 꾸며줄 경우 구조조사 的를 쓰지 않는다. 따라서 제시어에 '수사/지시대사+양사' 형식의 어휘가 있으면 的가 없어도 관형어 자리에 배치하도록 한다.

- **'수사 + 양사' + 주어/목적어**

你　　写错了　　一个　　数字。 너는 숫자 하나를 잘못 썼다.
주어　　술어　　관형어　　목적어

- **'대사 + 양사' + 주어/목적어**

这些　　食品　　通过了　　安全标准。 이 식품들은 안전기준을 통과했다.
관형어　　주어　　술어　　목적어

---

### 실전문제 ✏️

受欢迎　　节目　　十分　　这个

→ _____

---

**STEP 1**　술어 배치

제시어 중 술어가 될 수 있는 동사 受(받다)를 술어 자리에 배치한다.

**STEP 2**　주어/목적어 배치

제시어 중 명사는 节目(프로그램)와 欢迎(환영)이다. 欢迎은 이미 동사 受의 목적어로 사용되었으므로, 남은 명사 节目를 주어에 배치한다.

**STEP 3**　남은 어휘 배치

这个(이)는 '지시대사+양사' 구조인 관형어이므로 의미상 알맞은 节目 앞에 배치하고 부사 十分(매우)은 술어 앞에 배치하여 문장을 완성한다.

| 관형어 | 주어 | 부사어 | 술어 | 목적어 |
|---|---|---|---|---|
| 这个<br>대사+양사(이) | 节目<br>명사(프로그램은) | 十分<br>부사(매우) | 受<br>동사(받는다) | 欢迎<br>목적어(환영을) |

정답 这个节目十分受欢迎。 이 프로그램은 매우 환영을 받는다.

어휘 节目 jiémù 몡 프로그램 十分 shífēn 閈 매우 受 shòu 동 받다 欢迎 huānyíng 동 환영하다

## 합격 공략 70 두 개 이상의 관형어가 쓰였다면 이렇게 배치하라!

### 관형어가 2개 이상 제시된 경우

한 문장에 관형어가 2개 이상 등장할 경우 다음과 같은 어순으로 배치한다.

- ······的 + ······양사
  └▶ 소유/시간/장소를 나타내는 명사/대사이다.

他的　这个　发言　代表了　大家的　意见。 그의 그 발언은 모두의 의견을 대표했다.
······的　······양사　주어　술어　관형어　목적어

- ······양사 + ······的
  └▶ 묘사를 나타내는 형용사이다.

他　成为　一名　优秀的　律师。 그는 우수한 변호사가 되었다.
주어　술어　······양사　······的　목적어

## 실전문제

伤心的时候　　愉快的　　需要　　一个　　心情

→ _____

### STEP 1 술어 배치

제시어 중 술어가 될 수 있는 동사 需要(필요하다)를 술어 자리에 배치한다.

### STEP 2 주어/목적어 배치

제시어 중 명사는 心情(마음) 하나이다. 心情을 의미상 어울리는 동사 需要의 목적어로 배치한다.

### STEP 3 남은 어휘 배치

一个(하나의)는 '수사+양사' 관형어이고 愉快的(유쾌한)은 '형용사+的' 관형어이다. 2개 이상 관형어의 어순에 따라 愉快的가 묘사를 나타내므로 一个愉快的 순으로 배열한다. 伤心的时候(상심했을 때)는 시간을 나타내므로 술어 앞에 배치하여 문장을 완성한다.

| 부사어 | 술어 | 관형어 | | 목적어 |
|---|---|---|---|---|
| | | ……양사 | ……的 | |
| 伤心的时候<br>동사+的+명사(상심했을 때) | 需要<br>동사(필요하다) | 一个<br>수사+양사(하나의) | 愉快的<br>형용사+的(유쾌한) | 心情<br>명사(마음) |

정답  伤心的时候需要一个愉快的心情。  상심했을 때는 유쾌한 마음이 필요하다.

어휘  伤心 shāngxīn 통 상심하다   需要 xūyào 통 필요하다   愉快 yúkuài 형 즐겁다   心情 xīnqíng 명 마음

## 합격 공략 71  [220점 이상 고득점] 개사구 안에 관형어가 포함될 수 있다!

### 개사구 안에 관형어가 쓰이는 경우

개사구는 '개사+명사'의 형식으로 장소, 시간, 방향, 목적, 대상 등을 나타내며 개사의 목적어도 관형어의 수식을 받을 수 있다. 따라서 관형어가 꾸며주는 명사가 무엇인지 파악하여 적절한 곳에 배치하도록 한다.

• 개사 + 관형어 + 명사(개사의 목적어)

我    对    这里的    环境    很    熟悉。  나는 이곳의 환경에 익숙하다.
주어   개사   관형어     명사    부사어  술어
           개사구 부사어

我们的    李经理    对    很满意    工作

→ _____

STEP 1   술어 배치

제시어 중 동사가 없으므로 술어가 될 수 있는 형용사 满意(만족하다)를 술어 자리에 배치한다.

STEP 2   주어/목적어 배치

형용사는 목적어를 가지지 않으므로 주어를 찾는다. 제시어 중 명사는 李经理(이 사장)와 工作(업무)인데 개사 对(~에 대해)가 있으므로 하나는 개사와 함께 쓰여야 한다. 의미상 对工作(업무에 대해)가 어울리므로 李经理를 주어 자리에 배치한다.

STEP 3   남은 어휘 배치

구조조사 的가 결합된 我们的(우리의)는 관형어이므로 의미상 어울리는 工作 앞에 배치하여 문장을 완성한다.

| 주어 | 부사어1 (개사구) | | | 부사어2 | 술어 |
|---|---|---|---|---|---|
| | 개사 | 관형어 | 명사 | | |
| 李经理<br>명사(이 사장은) | 对<br>(~에 대해) | 我们的<br>(우리의) | 工作<br>(업무) | 很<br>부사(매우) | 满意<br>형용사(만족한다) |

정답 李经理对我们的工作很满意。 이 사장은 우리의 업무에 매우 만족한다.

어휘 经理 jīnglǐ 명 사장  对 duì 개 ~에 대해  工作 gōngzuò 명 업무  满意 mǎnyì 형 만족하다

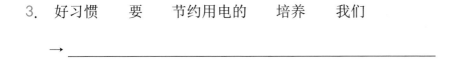

**실전 테스트**  정답 및 해설_해설편 p.057

다음 제시된 어휘로 문장을 완성하세요.

1. 小城市    美丽的    住在    我    一个

   → _____

2. 我    差不多    意见    和你的

   → _____

3. 好习惯    要    节约用电的    培养    我们

   → _____

4. 距离    人们之间的    拉近了    互联网

   → _____

# 04 부사어 배치

## 부사어의 특징을 파악하여 어휘 배열하기

### 기본기 다지기 │ 기본 개념 잡기 & 공략 미리보기

부사어는 술어나 문장 전체를 꾸며주는 말로 문장의 수식 성분이다. 부사어를 배치하기 위해 어떠한 어휘가 부사어가 될 수 있으며 부사어는 어떤 문법적 특징을 가지고 있는지 알아보자.

### │ 기본 개념 잡기 1 │ 부사어의 특징

**1. 부사어는 술어 앞에서 술어를 꾸며주는 역할을 한다.**

- **묘사성 부사어** : 행동을 묘사하며 주로 형용사가 구조조사 地와 결합된 형식으로 사용된다. (예: <u>很顺利地</u>做完 / 他兴奋<u>地</u>问 / <u>热烈地</u>欢迎 / <u>彻底</u>打扫了)
- **비묘사성 부사어** : 시간(今天), 추측(也许), 목적(为了……), 장소(在……), 대상(给……), 부정(不), 정도(很) 등을 나타내는 부사, 시간 명사, 개사구와 조동사(会)가 이에 해당된다.

**2. 부사어는 술어 앞에서 술어를 꾸며주는 역할을 한다.**

我 不想 做 作业。  나는 숙제를 하고 싶지 않다.
주어 부사어 술어 목적어

**3. 부사어는 문장 맨 앞에서 문장 전체를 수식하기도 한다.**

难道 你 不 知道 吗?  설마 너 모르는 건 아니지?
부사 주어 부사어 술어 어기조사

### │ 기본 개념 잡기 2 │ 부사어가 될 수 있는 것

**1. 부사**

老师 经常 表扬 小明。  선생님은 자주 샤오밍을 칭찬하신다.
주어 부사어(부사) 술어 목적어

**2. 조동사**

我 想 参加 乒乓球比赛。  나는 탁구시합에 참가하고 싶다.
주어 부사어(조동사) 술어 목적어

**3. 개사구(개사+명사)**

这件衣服 对你 很 合适。  이 옷은 너에게 잘 어울린다.
주어 부사어(개사구) 부사어 술어

## 합격 공략 72 부사어 간의 어순을 기억하라!

### 부사, 조동사, 개사구가 함께 등장한 경우

부사어가 2개 이상 제시된 경우에는 '부사 + 조동사 + 개사구'의 순서로 배치한다.

• **부사 + 조동사** : 부사(일반부사/부정부사)와 조동사가 함께 쓰인 경우 부사를 조동사 앞에 쓴다.

你　一定　要　注意　安全。 너는 반드시 안전에 주의해야 한다.
주어　부사　조동사　술어　목적어

• **부사 + 조동사 + 개사구** : 개사구가 함께 쓰인 경우 부사와 조동사를 개사구 앞에 쓴다.

大人　也　需要　向孩子　学习。 어른도 아이한테 배울 필요가 있다.
주어　부사　소동사　개사구　술어

참고 예외적으로 '조동사+부사'로 쓰는 경우

你　得　再　考虑一下。 너는 다시 한 번 고민해봐야 한다.
　　조동사　부사

### 실전문제

能　　13个人　　最多　　这部电梯　　乘坐

→ _____

**STEP 1** 술어 배치

제시어 중 술어가 될 수 있는 동사 乘坐(타다)를 술어 자리에 배치한다.

**STEP 2** 주어/목적어 배치

제시어 중 주어와 목적어가 될 수 있는 명사는 电梯(엘리베이터)와 人(사람)이므로 술어 乘坐의 주어와 목적어로 배치하여 这部电梯乘坐13个人을 완성한다.

**STEP 3** 남은 어휘 배치

남은 어휘 조동사 能(~할 수 있다)과 부사 最多(최대로)는 모두 부사어이므로 부사어의 어순에 따라 '부사+조동사'의 순서로 배치하여 문장을 완성한다.

| 주어 | 부사어 | | 술어 | 목적어 |
|---|---|---|---|---|
| | 부사 | 조동사 | | |
| 这部电梯<br>대사+양사+명사(이 엘리베이터는) | 最多<br>(최대로) | 能<br>(~할 수 있다) | 乘坐<br>동사(타다) | 13个人<br>수사+양사+명사(13명이) |

정답  这部电梯最多能乘坐13个人。 이 엘리베이터는 최대로 13명이 탈 수 있다.

어휘  部 bù 양 대  电梯 diàntī 명 엘리베이터  最 zuì 부 가장  乘坐 chéngzuò 통 탑승하다

## 합격 공략 73 부사도 어순이 있다!

### 2개 이상의 부사가 등장한 경우

부사는 술어 앞에서 술어를 꾸며주는 역할을 하고 의미에 따라 시간, 범위, 빈도, 정도, 어기, 부정/긍정, 상태 부사로 나눌 수 있다. 한 문장에 2개 이상의 부사가 쓰이면 '어기+시간+빈도+범위+상태+정도+부정'의 순서로 따라 쓰인다. 그 중 자주 출제되는 어순은 부정부사와 다른 부사 간의 어순이다.

• 일반부사 + 부정부사 : 일반부사와 부정부사가 함께 쓰이면 일반부사를 부정부사 앞에 쓴다.

从来不 여지껏 ~한 적이 없다   还没(有) 아직 ~하지 않았다   并不 결코 ~하지 않다   千万别 절대 ~하지 마라

我　从来　没　去过　美国。 나는 한 번도 미국에 가본 적이 없다.
주어　일반부사　부정부사　술어+동태조사　목적어

• 일반부사 + 일반부사 : 부정부사를 제외한 일반부사의 어순은 자주 출제되는 어휘 결합으로 익혀두자.

一切都 전부 다   也都 역시 모두   马上就 곧 바로   稍微有点儿 약간 좀   一直在 줄곧 ~하는 중
很快就 매우 빨리   马上就 바로 곧

这条裙子　稍微　有点儿　大。 이 치마는 조금 크다.
주어　부사1　부사2　술어

### 실전문제

稍微　这件　薄　有点儿　衬衫

→ _____

### STEP 1  술어 배치

제시어 중 술어가 될 수 있는 형용사 薄(얇다)를 술어 자리에 배치한다.

**STEP 2  주어/목적어 배치**

형용사는 목적어를 가질 수 없으므로 주어를 찾는다. 제시어 중 명사 衬衫(셔츠)을 주어 자리에 배치한다.

**STEP 3  남은 어휘 배치**

남은 어휘 부사 稍微(약간)와 有点儿(좀)은 부사어가 될 수 있으므로 부사의 어순에 따라 稍微有点儿로 배치하여 문장을 완성한다.

| 관형어 | 주어 | 부사어 | | 술어 |
|---|---|---|---|---|
| | | 부사 | 부사 | |
| 这件 | 衬衫 | 稍微 | 有点儿 | 薄 |
| 대사+양사(이) | 명사(셔츠는) | (약간) | (좀) | 형용사(얇다) |

정답  这件衬衫稍微有点儿薄。  이 셔츠는 약간 좀 얇다.

어휘  件 jiàn 양 개   衬衫 chènshān 명 셔츠   稍微 shāowēi 부 조금   薄 báo 형 얇다

---

## 합격 공략 74  [220점 이상 고득점] '……地'와 다른 부사어 간의 어순을 기억하라!

**'동사/형용사地' 부사어의 어순**

동사와 형용사는 구조조사 地와 결합하여 술어를 꾸며주는 부사어 역할을 한다. 만일 한 문장에 '동사/형용사+地' 부사어와 다른 부사어와 함께 제시되면 다음과 같이 배열한다.

• 부사 + 조동사 + 동사/형용사地

我　很　想　安静地　写　东西。　나는 정말 조용히 글을 쓰고 싶다.
주어　부사　조동사　형용사+地　술어　목적어

### 실전문제

不要　你　看　不停地　手机

→ _____

---

**STEP 1  술어 배치**

제시어 중 술어가 될 수 있는 동사 看(보다)을 술어 자리에 배치한다.

**STEP 2  주어/목적어 배치**

제시어 중 명사는 你(너)와 手机(핸드폰)인데 의미상 알맞은 你를 주어 자리에 배치하고 手机를 목적어 자리에 배치한다.

남은 어휘로 부사와 조동사가 결합된 不要(~하지 말아라)와 '동사+地' 형식의 不停地(끊임없이)는 부사어의 어순에 따라 '부사+조동사+동사/형용사+地'로 배열하여 문장을 완성한다.

| 주어 | 부사어 | | 술어 | 목적어 |
|------|--------|--------|------|--------|
| | 부사+조동사 | 동사+地 | | |
| 你<br>대사(너는) | 不要<br>(하지 말아라) | 不停地<br>(끊임없이) | 看<br>동사(보다) | 手机<br>명사(핸드폰) |

정답 你不要不停地看手机。 너는 쉴 새 없이 핸드폰을 보지 말아라.

어휘 不要 búyào 통 ~하지 마라  不停 bùtíng 부 계속해서  手机 shǒujī 명 휴대폰

---

실전 테스트  정답 및 해설_해설편 p.059

**다음 제시된 어휘로 문장을 완성하세요.**

1. 一定    不同的    你    要    意见    听取

   → _____

2. 不    高速公路上    停车    能

   → _____

3. 不要    打扰他    最好    你

   → _____

4. 问题    不能    解决    用这个办法    并

   → _____

# 05 보어 배치

### 보어의 특징을 파악하여 어휘 배열하기

## 기본기 다지기 | 기본 개념 잡기 & 공략 미리보기

보어는 술어 뒤에서 술어를 보충 설명하는 문장 성분이다. 쓰기 제1부분에서는 정도보어의 출제 비중이 가장 높고 방향보어와 시량보어가 간혹 출제되고 있다. 보어를 어순에 맞게 배치하기 위해 보어는 어떤 문법적 특징을 가지고 있는지 알아보자.

## | 기본 개념 잡기 | 보어의 특징과 종류

### 1. 정도보어: 동사/형용사 뒤에서 동작의 상태나 정도를 보충 설명해 준다.

1) 정도보어의 어순

- 주어 + 동사/형용사 + 得 + 정도보어　　她　说　得　很流利。그녀는 매우 유창하게 말한다.
　　　　　　　　　　　　　　　　　　　　주어　술어　得　정도보어

- 주어 + 목적어 + 동사 + 得 + 정도보어　　她　汉语　说　得　很流利。그녀는 중국어를 매우 유창하게 말한다.
　　　　　　　　　　　　　　　　　　　　주어　목적어　술어　得　정도보어

2) 정도보어가 될 수 있는 것

- 형용사구　他　跑　得　真快。그는 정말 빠르게 달린다.
　　　　　　주어　술어　得　정도보어(부사+형용사)
- 술목구　我　感动　得　流了眼泪。나는 너무 감동해서 눈물을 흘렸다.
　　　　　주어　술어　得　정도보어(술목구)

### 2. 결과보어: 술어 뒤에서 동작의 결과를 나타낸다.

1) 결과보어의 어순

- 주어 + 동사 + 결과보어　我　做　好了　作业。나는 숙제를 다 했다.
　　　　　　　　　　　　　주어　술어　결과보어+了　목적어

2) 결과보어가 될 수 있는 것

- 동사　我　看　完了　书。나는 책을 다 봤다.
　　　　주어　술어　결과보어(동사)+了　목적어
- 형용사　你　写　错了　名字。너는 이름을 잘못 썼다.
　　　　　주어　술어　결과보어(형용사)+了　목적어

### 3. 가능보어: 술어 뒤에서 동작의 가능 여부를 나타낸다.

1) 가능보어의 어순

- 주어 + 동사 + 得/不 + 결과/방향보어　你　听　得懂　吗? 너는 알아들을 수 있니?
　　　　　　　　　　　　　　　　　　　주어　술어　得+결과보어　어기조사

### 2) 가능보어가 될 수 있는 것

- **결과보어**　我　爬　不动。나는 오를 수가 없다.
　　　　　　주어　술어 가능보어(결과보어)

- **방향보어**　我　买　不起　这么贵的　衣服。나는 이렇게 비싼 옷을 살 수 없다.
　　　　　　주어　술어 가능보어(방향보어)　관형어　목적어

## 4. 방향보어: 술어 뒤에서 동작의 방향을 나타낸다.

### 1) 방향보어의 어순

- **주어 + 동사 + 방향보어**　儿子　跑　进来。아들이 뛰어 들어왔다.
　　　　　　　　　　주어　술어　방향보어

### 2) 방향보어가 될 수 있는 것

- **단순방향보어**　来, 去, 上, 下, 进, 出, 回, 过, 起
- **복합방향보어**　上来, 上去, 下来, 下去, 进来, 进去, 出来, 出去, 回来, 回去, 过来, 过去, 起来

### 3) 방향보어의 파생용법 : 방향과 관계없는 추상적 의미를 나타낸다.

想起来 생각이 나다　看起来 보아하니　醒过来 깨어나다

## 5. 수량보어: 시량보어는 동작이 지속된 시간을 나타내고 동량보어는 동작이 발생한 횟수를 나타낸다.

### 1) 시량보어　我　在北京　生活了　三年。나는 베이징에서 3년간 생활했다.
　　　　　　주어　부사어　술어　시량보어

### 2) 동량보어　我　去过　一次。나는 한 번 가 봤다.
　　　　　　주어　술어　동량보어

## | 공략 미리보기 |

| **합격 공략 75** | '……得' 뒤에는 보어를 배치하라! |
| --- | --- |
| **합격 공략 76** | 정도보어 문장에서 목적어는 술어 앞에 놓는다! |
| **합격 공략 77** | [220점 이상 고득점] 개사구 보어의 어순에 주의하라! |

## 합격 공략 **75** '……得' 뒤에는 보어를 배치하라!

### '동사/형용사得' + 정도보어

정도보어는 동사나 형용사 뒤에서 구조조사 得와 함께 쓰여 동작의 정도와 상태의 의미를 보충해 준다. 정도보어로 주로 형용사구나 술목구 등을 사용한다. 정도보어의 유형과 어순은 다음과 같다.

- **동사得 + 형용사구/술목구**

我　睡得　不太好。나는 잠을 잘 못 잤다.
주어　술어+得　정도보어

• **형용사/동사**得 + 很/多/不得了/不行/厉害

他　高兴得　很。 그는 매우 기쁘다.
주어　술어+得　정도보어

 **실전문제**

这场　赢得　很轻松　比赛

→ _____

**STEP 1**　술어 배치

제시어 중 술어가 될 수 있는 동사 赢(이기다)을 술어 자리에 배치한다.

**STEP 2**　주어/목적어 배치

제시어 중 명사는 比赛(시합) 하나이므로 주어 자리에 배치한다.

**STEP 3**　남은 어휘 배치

동사 赢 뒤에 구조조사 得가 결합되어 있으므로 정도보어가 와야 함을 알 수 있다. 제시어 숭 '부사+형용사' 형식의 很轻松(아주 쉽게)을 보어 자리에 배치한다. 这场(이)은 '지시대사+양사' 형식의 관형어이므로 比赛 앞에 배치하여 문장을 완성한다.

| 관형어 | 주어 | 술어 | 보어 |
|---|---|---|---|
| 这场 | 比赛 | 赢得 | 很轻松 |
| 대사+양사(이) | 명사(시합은) | 동사+得(이기다) | 부사+형용사(아주 쉽게) |

**정답**　这场比赛赢得很轻松。　이 시합은 아주 쉽게 이겼다.

**어휘**　场 chǎng 양 번, 회　比赛 bǐsài 명 시합　赢 yíng 동 이기다　轻松 qīngsōng 형 수월하다

**합격 공략 76**　정도보어 문장에서 목적어는 술어 앞에 놓는다!

**주어 + 목적어 + 동사**得 + 정도보어

정도보어가 있는 문장에서는 목적어를 술어 앞에 배치한다. 목적어만 술어 앞에 사용할 수도 있고 동사와 목적어를 함께 술어 앞에 둘 수도 있다.

她　网球　打得　真棒。 그녀는 테니스를 정말 잘 친다.
주어　목적어　술어+得　정도보어

她　打网球　打得　真棒。 그녀는 테니스를 정말 잘 친다.
주어　동사+목적어　술어+得　정도보어

儿子    钢琴    真棒    李经理的    弹得

→ _____

### STEP 1  술어 배치

제시어 중 술어가 될 수 있는 동사 弹(치다)을 술어 자리에 배치한다.

### STEP 2  주어/목적어 배치

제시어 중 명사는 儿子(아들)와 钢琴(피아노)인데 동사 弹의 주어로 儿子를 배치하고 목적어로 钢琴을 배치한다.

### STEP 3  남은 어휘 배치

동사 弹 뒤에 구조조사 得가 결합되어 있으므로 정도보어가 와야 함을 알 수 있다. 제시어 중 '부사+형용사' 형식의 真棒(정말 잘)을 보어 자리에 배치한다. 李经理的(이 사장님의)는 '명사+的' 관형어이므로 儿子 앞에 배치하여 문장을 완성한다.

| 관형어 | 주어 | 목적어 | 술어 | 정도보어 |
|---|---|---|---|---|
| **李经理的**<br>명사+的(이 사장님의) | **儿子**<br>명사(아들은) | **钢琴**<br>명사(피아노를) | **弹得**<br>동사+得(치다) | **真棒**<br>부사+형용사(정말 잘) |

정답  李经理的儿子钢琴弹得真棒。  이 사장님의 아들은 피아노를 정말 잘 친다.

어휘  经理 jīnglǐ 명 사장   儿子 érzi 명 아들   钢琴 gāngqín 명 피아노   弹 tán 동 (악기를) 연주하다   棒 bàng 형 뛰어나다

---

## 합격 공략 77  [220점 이상 고득점] 개사구 보어의 어순에 주의하라!

**'동사 + 到/在/给' + 시간/장소**

제시어 중 동사 뒤에 到/在/给가 결합되어 있으면 이것은 개사구 결과보어로 동사 뒤에 시간이나 장소 어휘를 배치한다.

我       出生在       北京 。  나는 베이징에서 태어났다.
주어     동사+在       장소

他       工作到       晚上10点 。  그는 밤 10시까지 일한다.
주어     동사+到       시간

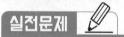

这件    上个世纪末    事情    发生在

→ _____

STEP 1 **술어 배치**

제시어 중 술어가 될 수 있는 동사 发生(발생하다)을 술어 자리에 배치한다.

STEP 2 **주어/목적어 배치**

제시어 중 명사 事情(일)을 주어 자리에 배치한다.

STEP 3 **남은 어휘 배치**

동사 发生 뒤에 개사 在가 결합된 개사구 결과보어 형태이므로 시간/장소 어휘가 와야 함을 알 수 있다. 上个世纪末(지난 세기말)를 发生 뒤에 배치한다. '지시대사+양사' 형식의 관형어 这件은 事情 앞에 배치하여 문장을 완성한다.

| 관형어 | 주어 | 술어 | 보어 |
|---|---|---|---|
| 这件<br>대사+양사(이) | 事情<br>명사(일은) | 发生<br>동사(발생하다) | 在上个世纪末<br>在+명사(지난 세기말에) |

정답 这件事情发生在上个世纪末。 이 일은 지난 세기말에 발생했다.

어휘 件 jiàn 양 건　事情 shìqing 명 사건　发生 fāshēng 동 발생하다　世纪 shìjì 명 세기　末 mò 명 마지막

**실전 테스트** 정답 및 해설_해설편 p.060

**다음 제시된 어휘로 문장을 완성하세요.**

1. 顺利　很　一切都　进行得

→ _____

2. 掉　这棵树的　叶子　都　光了

→ _____

3. 这本　有意思　很　书　写得

→ _____

4. 举办　非常　得　这次活动　成功

→ _____

# 06 把자문/被자문

## 把자문과 被자문의 어순에 따라 문장 완성하기

### 기본기 다지기 | 기본 개념 잡기 & 공략 미리보기

把자문과 被자문은 특수 문형으로 기본 문형과 다른 독특한 어순을 가지고 있다. 구체적으로 어떠한 어순을 가지고 있는지 把자문과 被자문의 특징에 대해 알아보자.

### | 기본 개념 잡기 | 把자문과 被자문

#### 1. 把자문

把자문은 개사 把를 사용하여 목적어를 술어 앞에 배치하며 '무엇을 어떤 결과로 처치하다'는 뜻을 나타낸다.

행위의 주체    把    행위의 대상    술어    기타성분
他    把    我的衣服    弄    脏了。    그가 내 옷을 더럽혔다.

#### 2. 被자문

被자문은 주어가 행위를 받는 대상이 되고 행위의 주체를 개사 被와 함께 술어 앞에 배치하여 '무엇에 의해 어떻게 되다'는 뜻을 나타낸다.

행위의 대상    被    행위의 주체    술어    기타성분
我的衣服    被    他    弄    脏了。    그가 내 옷을 더럽혔다.

#### 3. 把자문과 被자문의 술어

把자문과 被자문의 술어는 동사 하나만 사용하지 않고 기타 성분과 함께 쓴다. 왜냐하면 把자문은 목적어에 어떤 처지를 한 결과를 나타내고, 被자문은 무엇에 의해 어떻게 된 결과를 나타내기 때문에 동사를 보충 설명해주는 성분이 필요하다. 주로 동태조사 了나 목적어, 결과보어, 수량보어, 방향보어, 정도보어 등과 함께 결합된 형식으로 쓰인다.

我把词典带 (X) → 我把词典带来了。 나는 사전을 가져왔다.
我的手机被小偷儿偷 (X) → 我的手机被小偷儿偷走了。 내 핸드폰을 도둑이 훔쳐갔다.

### | 공략 미리보기 |

| | |
|---|---|
| **합격 공략 78** | 把자문의 어순에 주의하라! |
| **합격 공략 79** | 被자문은 의미 관계에 주의하라! |
| **합격 공략 80** | [220점 이상 고득점] 请은 문장 맨 앞에 배치하라! |

## 합격 공략 78 把자문의 어순에 주의하라!

### 把자문의 어순

제시어에 개사 把가 있으면 把자문임을 예상하고 어순에 맞게 문장을 완성해야 한다. 중국어의 어순은 '술어+목적어'이나 把자문은 목적어가 술어 앞에 위치하며, 부사어는 把의 앞에 위치한다.

- 행위의 주체 + 把행위의 대상 + 술어 + 기타성분

| 我 | 把孩子 | 送 | 到学校。 | 나는 아이를 학교에 데려다 줬다. |
|---|---|---|---|---|
| 행위의 주체 | 把+행위의 대상 | 술어 | 기타성분 | |

- 행위의 주체 + 부사/부정부사/조동사 + 把행위의 대상 + 술어 + 기타성분

| 我 | 已经 | 把行李箱 | 收拾 | 好了。 | 나는 이미 캐리어를 다 쌌다. |
|---|---|---|---|---|---|
| 행위의 주체 | 부사 | 把+행위의 대상 | 술어 | 기타성분 | |

### 실전문제

打扫　　房间　　把　　我　　干净了

→ _____

### STEP 1  술어 배치

제시어 중 술어가 될 수 있는 동사 打扫(청소하다)을 술어 자리에 배치한다.

### STEP 2  주어/목적어 배치

제시어 중 명사는 房间(방)과 我(나)이므로 의미상 我를 주어 자리에 배치한다. 제시어에 개사 把가 있으므로 把자문임을 알 수 있다. 把의 목적어, 행위의 대상으로 房间을 배치한다.

### STEP 3  남은 어휘 배치

남은 어휘 干净了는 결과보어로 동사 打扫의 뒤에 배치하여 문장을 완성한다.

| 주어 | 부사어 | 술어 | 보어 |
|---|---|---|---|
| 행위의 주체 | 把+행위의 대상 | | 기타성분 |
| 我<br>대사(나는) | 把房间<br>把+명사(방을) | 打扫<br>동사(청소하다) | 干净了<br>형용사+了(깨끗하게) |

**정답**　我把房间打扫干净了。　나는 방을 깨끗하게 청소했다.

**어휘**　把 bǎ 개 ~을/를　房间 fángjiān 명 방　打扫 dǎsǎo 동 청소하다　干净 gānjìng 형 깨끗하다

### 자문의 어순

제시어에 개사 被가 있으면 被자문임을 예상하고 어순에 맞게 문장을 완성한다. 被자문은 피동의 의미를 나타내므로 의미 관계를 파악하여 배치해야 한다. 被 뒤에 행위를 가하는 행위의 주체를 두고, 주어에 행위를 당하는 대상을 두어야 한다.

• 행위의 대상 + 被 + 행위의 주체 + 술어 + 기타성분

| 瓶子 | 被 | 儿子 | 打 | 破了。 | 병이 아들에 의해 깨졌다. |
|------|-----|--------|------|--------|
| 행위의 대상 | 被 | 행위의 주체 | 술어 | 기타성분 | |

• 행위의 대상 + 부사 + 被 + 행위의 주체 + 술어 + 기타성분

| 我的意见 | 没 | 被 | 教授 | 接受 | 过。 | 내 의견은 교수님께 받아들여지지 않았다. |
|----------|-----|-----|--------|--------|------|
| 행위의 대상 | 부정부사 | 被 | 행위의 주체 | 술어 | 기타성분 | |

| 树 | 被 | 刮 | 倒了。 | 나무가 바람에 넘어졌다. |
|-----|-----|-----|--------|
| 행위의 대상 | 被 | 술어 | 기타성분 | |

(※ 구체적으로 언급할 필요가 없으면 행위의 주체는 생략할 수 있다)

### 실전문제

| 女儿 | 那盒饼干 | 吃光了 | 被 |
|------|----------|--------|-----|

→ _____

---

**STEP 1** 술어 배치

제시어 중 술어가 될 수 있는 동사 吃(먹다)를 술어 자리에 배치한다.

**STEP 2** 주어/목적어 배치

제시어 중 명사는 饼干(과자)과 女儿(딸)이다. 제시어에 개사 被가 있으므로 被자문임을 알 수 있다. 被자문은 행위의 대상이 주어가 되고 행위의 주체가 被 뒤에 쓰이므로 饼干被女儿의 순서로 배치한다.

**STEP 3** 남은 어휘 배치

남은 어휘 光了는 결과보어로 동사 吃의 뒤에 배치하여 문장을 완성한다.

| 관형어 | 주어 | 부사어 | 술어 | 보어 |
|--------|------|--------|------|------|
| | 행위의 대상 | 被+행위의 주체 | | 기타성분 |
| **那盒**<br>대사+양사(그) | **饼干**<br>명사(과자는) | **被女儿**<br>被+명사(딸이) | **吃**<br>동사(먹다) | **光了**<br>형용사+了(남김없이) |

정답 那盒饼干被女儿吃光了。 그 과자를 딸이 전부 먹었다.

어휘 盒 hé 양 갑　饼干 bǐnggān 명 과자　被 bèi 개 ~에게 ~을 당하다　女儿 nǚ'ér 명 딸　光 guāng 형 하나도 남아 있지 않다

## 합격 공략 **80** [220점 이상 고득점] 请은 문장 맨 앞에 배치하라!

### 请청유문의 어순

请청유문에는 처치를 나타내는 把자문을 종종 함께 쓰는데, 이때는 제시어 중 먼저 请을 문장 맨 앞에 배치하고, 그 후에 把자문의 어순을 완성하도록 한다. 청유문에서는 행위의 주체(주어)를 종종 생략한다는 것을 기억하자.

• 请 + (행위의 주체) + 把행위의 대상 + 술어 + 기타성분

请　把　垃圾　　扔进　　垃圾桶里。 쓰레기를 쓰레기통에 버리세요.
请　 把　 행위의 대상　술어+방향보어　 목적어

　　　英文　　这本小说　　请　　把　　翻译成

→ _____

---

**STEP 1**　술어 배치

제시어 중 청유문을 나타내는 请을 문장 맨 앞에 배치하고, 술어가 될 수 있는 동사 翻译(번역하다)를 술어 자리에 배치한다.

**STEP 2**　주어/목적어 배치

제시어 중 翻译의 행위의 대상이 되는 这本小说(이 소설)를 把목적어로 배치한다. 청유문에서 행위의 주체는 보통 생략한다.

**STEP 3**　남은 어휘 배치

동사 翻译가 결과보어 成과 결합되어 있으므로 英文을 뒤에 배치하여 문장을 완성한다.

| 请 | 부사어 | | 술어 | 결과보어 |
|---|---|---|---|---|
| | 把 | 행위의 대상 | | |
| **请** | **把这本小说** | | **翻译** | **成英文** |
| 请(~해 주세요) | 把+대사+양사+명사(이 소설을) | | 동사(번역하다) | 동사+명사(영어로) |

**정답**　请把这本小说翻译成英文。 이 소설을 영어로 번역해 주세요.

**어휘**　请 qǐng 통 ~하세요　把 bǎ 개 ~을/를　本 běn 양 권　小说 xiǎoshuō 명 소설　翻译 fānyì 통 번역하다　成 chéng 통 ~으로 되다　英文 Yīngwén 명 영어

**다음 제시된 어휘로 문장을 완성하세요.**

1. 发给我　　您的　　请把　　地址和电话号码

　→ _____

2. 妈妈　　把　　收拾得　　很整齐　　客厅

　→ _____

3. 报纸　　整理一下　　那些　　把　　你

　→ _____

4. 外面的响声　　被　　她　　吵醒了

　→ _____

**07**

# 연동문/겸어문
### 연동문과 겸어문의 어순에 따라 문장 완성하기

## 기본기 다지기 | 기본 개념 잡기 & 공략 미리보기

연동문과 겸어문은 모두 한 문장에 2개의 동사를 사용하는 특수 문형이다. 연동문과 겸어문이 어떠한 어순 특징을 가지고 있는지 알아보자.

### | 기본 개념 잡기 | 연동문과 겸어문

**1. 연동문 : 2개 이상의 술어가 쓰여 동작의 선후 관계 또는 수단 · 목적 관계를 나타낸다.**

1) **연동문의 어순**

- 주어 + 술어1 + (목적어1) + 술어2 + (목적어2)

我　去　超市　买　水果。　나는 슈퍼마켓에 가서 과일을 샀다.
주어　술어1　목적어1　술어2　목적어2

2) **부사와 조동사는 주로 술어1 앞에 쓴다.**

她　没　去　银行　取　钱。　그녀는 은행에 가서 돈을 인출하지 않았다.
주어　부사어　술어1　목적어1　술어2　목적어2

3) **동태조사 着는 주로 술어1 뒤에, 了와 过는 주로 술어2 뒤에 쓴다.**

孩子　哭着　睡觉。　아이는 울다 잠들었다.
주어　술어1　술어2

我　去　超市　买了　三瓶　可乐。　나는 마트에 가서 세 병의 콜라를 샀다.
주어　술어1　목적어1　술어2　관형어　목적어2

4) **술어2 앞에 就/才/再/还가 있는 경우 了는 술어1 뒤에 쓰인다.**

- 주어 + 술어1 + 了 + 목적어1 + 就/才/再/还 + 술어2 + 목적어2

我　吃了　饭　就　去　学校。　나는 밥을 먹고 바로 학교에 갔다.
주어　술어1　목적어1　부사어　술어2　목적어2

5) **연동문의 종류**

- 선후 관계　　我　去　学校　上课。　나는 학교에 가서 수업을 듣는다.
　　　　　　　　주어　술어1　목적어1　술어2

- 来/去의 목적　他　来　北京　学习　汉语。　그는 베이징에 중국어를 배우러 왔다.
　　　　　　　　주어　술어1　목적어1　술어2　목적어2

- 수단/방식　　我　骑　自行车　去　学校。　나는 자전거를 타고 학교에 간다.
　　　　　　　　주어　술어1　목적어1　술어2　목적어2

2. 겸어문 : 겸어문은 술어1의 목적어가 술어2의 주어가 되는 문장으로 한 문장 성분이 2가지 역할을 맡기 때문에 겸어문이라고 한다.

1) 겸어문의 어순

· 주어 + 술어1 + 겸어 + 술어2 + (목적어2)

妈妈　让　我　写　作业。 엄마는 나에게 숙제를 하라고 했다.
주어　술어1　겸어　술어2　목적어2

2) 부사와 조동사는 주로 술어1 앞에 쓰인다.

我　想　请　他　来　我家。 나는 그를 우리 집에 초대하고 싶다.
주어　부사어　술어1　겸어　술어2　목적어2

3) 겸어문의 술어1에 사용되는 동사

· 사역동사　妈妈　让　我　打扫　房间。 엄마는 나에게 방을 청소하라고 했다.
　　　　　　주어　술어1　겸어　술어2　목적어2

· 요청동사　我　请　他　吃　饭。 나는 그에게 밥을 먹자고 청했다.
　　　　　　주어　술어1　겸어　술어2　목적어2

I 공략 미리보기 I

합격 공략 81　동사가 2개 이상이면 연동문을 만들라!

합격 공략 82　让이 있으면 겸어문을 만들라!

합격 공략 83　[220점 이상 고득점] 부사어는 첫 번째 술어 앞에 배치하라!

 **합격 공략 81　동사가 2개 이상이면 연동문을 만들라!**

**연동문에서 동사의 의미 관계　주어+동사1+(목적어1)+동사2+(목적어2)**

제시어에 동사가 2개 이상 등장하면 연동문일 가능성이 높다. 따라서 동사1과 동사2를 동작이 발생한 순서 또는 수단과 방식, 목적 관계에 따라 어순을 배열하도록 한다.

我　坐　飞机　去　中国。 나는 비행기를 타고 중국에 간다.
주어　술어1　목적어1　술어2　목적어2

**실전문제** ✎

坐什么　　你　　出差　　去

→ _____

**STEP 1** 술어 배치

제시어 중 동사가 3개이므로 연동문임을 예상한다. 동사 간의 의미 관계를 파악해야 하는데 坐(타다)는 去(가다)의 수단이 되므로 坐를 술어1에, 去를 술어2에 배치한다. 남은 동사 出差(출장가다)는 일이 일어난 순서에 따라 술어 3에 배치한다.

**STEP 2** 주어/목적어 배치

제시어 중 명사인 你(당신)을 주어에 배치하여 문장을 완성한다.

| 주어 | 술어1 | 목적어1 | 술어2 | 술어3 |
|---|---|---|---|---|
| 你 | 坐 | 什么 | 去 | 出差 |
| 대사(당신은) | 동사(타다) | 대사(무엇을) | 동사(가다) | 동사(출장가다) |

**정답** 你坐什么去出差？ 당신은 무엇을 타고 출장을 갑니까?

**어휘** 坐 zuò 통 (교통 도구를) 타다  出差 chūchāi 통 출장 가다

---

**합격 공략 82** 让이 있으면 겸어문을 만들라!

### 겸어문에 쓰이는 동사

제시어 중에서 겸어문에 쓰이는 동사가 있으면 겸어문을 염두에 두고 술어1에 배치한다. 겸어 동사의 목적어가 술어2의 주어를 겸하여 맡으므로 의미에 맞게 어순을 배치한다.

妈妈　叫　我　帮　姐姐。 엄마가 나에게 누나를 도우라고 했다.
주어　술어1　겸어　술어2　목적어2

〈겸어문에 쓰이는 동사〉

| | |
|---|---|
| □ 让 ràng ~하게 하다 | □ 请 qǐng 청하다 |
| □ 使 shǐ ~하게 하다 | □ 建议 jiànyì 제안하다 |
| □ 叫 jiào ~하게 하다 | □ 要求 yāoqiú 요구하다 |

---

**실전문제** ✏️

表扬　　使他　　自信　　父母的　　越来越

→ _____

---

**STEP 1** 술어 배치

제시어 중 겸어문을 만드는 동사 使(~하게 하다)를 술어1 자리에 배치한다. 使뒤에 결합된 他가 겸어임을 알 수 있다. 다른 동사 自信(자신 있다)을 술어2에 배치한다.

**주어/목적어 배치**

제시어 중 명사 表扬(칭찬)을 주어 자리에 배치하여 表扬使他自信(칭찬이 그를 자신 있게 한다)을 만든다.

**STEP 3** **남은 어휘 배치**

구조조사 的가 결합된 父母的(부모의)는 관형어로 의미상 알맞은 명사 表扬 앞에 배치하고, 越来越(점점)는 부사어이므로 술어 自信 앞에 배치하여 문장을 완성한다.

| 관형어 | 주어 | 술어1 | 겸어 | 부사어 | 술어2 |
|---|---|---|---|---|---|
| 父母的 | 表扬 | 使 | 他 | 越来越 | 自信 |
| 명사+的(부모의) | 명사(칭찬은) | 동사(~하게 한다) | 대사(그) | 부사(점점) | 형용사(자신있다) |

정답 父母的表扬使他越来越自信。 부모의 칭찬이 그를 점점 자신 있게 한다.

어휘 父母 fùmǔ 몡 부모  表扬 biǎoyáng 통 칭찬하다  使 shǐ 통 ~하게 하다  越来越 yuèláiyuè 뷔 더욱더  自信 zìxìn 혱 자신감 있다

---

## 합격 공략 83 [220점 이상 고득점] 부사어는 첫 번째 술어 앞에 배치하라!

### 연동문과 겸어문에서 부사어의 위치

연동문과 겸어문에서 부사와 조동사는 일반적으로 첫 번째 술어 앞에 배치한다.

我    想    建议    她    做    运动。 나는 그녀에게 운동을 하라고 제안하고 싶다.
주어 부사어(조동사) 술어1    겸어   술어2   목적어2

---

### 실전문제 ✏️

不    抽烟    让我    妈妈

→ _____

**STEP 1** **술어 배치**

제시어 중 겸어문을 만드는 동사 让(~하게 하다)을 술어1에 배치하고, 동사 抽烟(담배를 피우다)을 술어2에 배치한다.

**STEP 2** **주어/목적어 배치**

제시어 중 명사 妈妈(엄마)를 주어 자리에 배치하여 妈妈让我(엄마가 나에게 ~하게 한다)를 만든다.

**STEP 3** 남은 어휘 배치

연동문과 겸어문에서 부사어는 술어1 앞에 위치하므로 부정부사 不(안/못)를 술어1 让 앞에 배치하여 문장을 완성한다.

| 주어 | 부사어 | 술어1 | 겸어 | 술어2 |
|---|---|---|---|---|
| 妈妈<br>명사(엄마는) | 不<br>부사(안/못) | 让<br>동사(~하게 하다) | 我<br>대사(내가) | 抽烟<br>동사(담배를 피우다) |

**정답** 妈妈不让我抽烟。 엄마는 내가 담배를 피우지 못하게 하신다.

**어휘** 让 ràng 동 ~하게 하다  抽烟 chōuyān 동 담배를 피우다

---

**실전 테스트** 정답 및 해설_해설편 p.064

**다음 제시된 어휘로 문장을 완성하세요.**

1. 让我　超市　去　哥哥　买牙膏

　　→ _____

2. 每天早上　我　公园　去　跑步

　　→ _____

3. 学校的　打网球　体育馆　我们　去　吧

　　→ _____

4. 复印　会议材料　让我　老板

　　→ _____

# 08 존현문 / '是……的' 강조구문
## 존현문과 '是……的' 강조구문의 어순에 따라 문장 완성하기

### 기본기 다지기 기본 개념 잡기 & 공략 미리보기

존현문과 '是……的' 강조구문도 특수 문형의 한 종류이다. 이들이 가지고 있는 문법적 특징을 알아보자.

**| 기본 개념 잡기 | 존현문과 '是……的' 강조구문**

**1. 존현문** : 존재/출현/소실을 나타내는 문장으로 시간과 장소가 주어가 된다. '~에 ~이 존재하다/출현하다/소실하다' 등의 뜻을 나타낸다.

   **1) 존현문의 어순**

     • 주어(장소/시간) + 동사 + 着/了 + 목적어(존재/출현/소실하는 대상)

     墙上　　挂着　　一幅画。 벽에 그림 한 폭이 걸려있다.
     주어　　술어　　목적어

   **2) 존현문 술어의 특징**

     •**존재의 의미** 桌子上放着一本书。 책상 위에 책이 한 권 놓여져 있다.
     •**출현의 의미** 今天来了一位新职员。 오늘 새 직원이 한 명 왔다.
     •**소실의 의미** 昨天走了一个朋友。 어제 친구 한 명이 떠났다.

**2. '是……的' 강조구문** : 이미 발생한 동작에 대한 시간/장소/행위자/목적/방식 등을 강조한다.

   **1) '是……的' 강조구문의 어순**

     • 주어 + 是 + 강조할 내용 + 동사 + (목적어) + 的

     这　　是　　小明　　做　　的。 이것은 샤오밍이 한 것이다.
     주어　 是　 행위자　 술어　 的

   **2) '是……的' 강조구문과 是자문의 비교** : 是가 쓰였다고 해서 무조건 '是……的' 강조구문은 아니다.

     我哥哥　　是　　卖水果　　的。 우리 오빠는 과일을 파는 사람이다.
     주어　　 술어　　관형어　　 的

     (이 문장은 的 뒤의 목적어가 생략된 것으로, 이미 일어난 일을 강조하는 것이 아니라 주어의 직업을 나타내는 문장이다. 따라서 '是……的' 강조구문으로 보지 않는다.)

**| 공략 미리보기 |**

| | |
|---|---|
| **합격 공략 84** | 이러한 동사가 있으면 장소/시간을 주어에 배치하라! |
| **합격 공략 85** | 是과 的가 있으면 '是……的' 강조구문을 예상하라! |
| **합격 공략 86** | [220점 이상 고득점] 是자문과 '是……的' 강조구문은 다르다! |

**주어(장소/시간)+동사着/了+목적어(존재/출현/소실하는 대상)**

제시된 어휘에 존현문에 자주 쓰이는 술어와 장소/시간 어휘가 있으면 존현문을 완성한다. 존현문의 주어에는 주로 방위사 (上/里)가 함께 사용된다. (墙上 벽에，路上 길에，村子里 마을에，楼里 건물에) 또한 동사 뒤에 동태조사 着와 了 를 함께 사용하는데, 존재를 나타낼 경우에는 着를, 출현/소실을 나타낼 경우에는 了를 함께 사용한다.

桌子上 　放着 　一本 　杂志。 책상에 잡지 한 권이 놓여 있다.
주어　　　술어　　 관형어　 목적어

---

**실전문제** 🖉

挂着 　牌子 　一块 　公司门口

→ _____

---

STEP 1 　**술어 배치**

제시어 중 술어가 될 수 있는 동사 挂(걸다)를 술어 자리에 배치한다. 挂에 동태조사 着가 결합되어 있고 장소 어휘가 있 으므로 존현문임을 예상한다.

STEP 2 　**주어/목적어 배치**

존현문의 주어는 시간/장소 어휘이므로 公司门口(회사 입구)를 주어에 배치한다. 남은 명사 牌子(팻말)는 목적어 자리에 배치한다.

STEP 3 　**남은 어휘 배치**

남은 어휘 一块(한 조각)는 '수사+양사' 관형어이므로 牌子 앞에 배치하여 문장을 완성한다.

| 주어 | 술어 | | 관형어 | 목적어 |
|---|---|---|---|---|
| | 동사 | 着 | | |
| **公司门口** | **挂着** | | **一块** | **牌子** |
| 명사(회사 입구에) | (걸려 있다) | | 수사+양사(한 조각) | 명사(팻말) |

정답 公司门口挂着一块牌子。 회사 입구에 팻말이 하나 걸려 있다.

어휘 公司 gōngsī 몡 회사 门口 ménkǒu 몡 입구 挂 guà 통 걸다 块 kuài 양 조각 牌子 páizi 몡 팻말

## 합격 공략 85 是과 的가 있으면 '是……的' 강조구문을 예상하라!

**'是……的' 강조구문의 어순**

제시어에 是과 的가 있고 동사가 있으면 '是……的' 강조구문임을 예상해 본다. '是……的' 강조구문에서는 강조할 내용(행위자/시간/장소/목적/방식)을 동사 앞에 배치하여 사용한다.

- **수단·방식 강조**

  我　是　坐公共汽车　来　的。　나는 버스를 타고 왔다.
  주어　是　강조하는 내용　술어　的

- **시간 강조**

  那张照片　是　去年　拍　的。　그 사진은 작년에 찍은 것이다.
  　주어　是　강조하는 내용 술어　的

- **목적 강조**

  这本书　是　为我儿子　买　的。　이 책은 아들을 위해 산 것이다.
  주어　是　강조하는 내용　술어　的

### 실전문제

是　　负责的　　这次活动　　由小李

→ _____

---

**STEP 1　술어 배치**

제시어 중 동사 是(~이다)과 负责(책임지다)가 있고 조사 的가 있으므로 '是……的' 강조구문임을 예상할 수 있다. 술어로 负责를 배치한다.

**STEP 2　주어/목적어 배치**

제시어 중 명사 这次活动(이번 행사)을 是의 주어로 배치한다.

**STEP 3　남은 어휘 배치**

남은 어휘 '개사+명사' 형식의 由小李(샤오리가)를 술어 负责 앞에 두어 '是……的' 강조구문이 강조하는 내용으로 만든다.

| 관형어 | 주어 | 是 | 강조하는 내용 | 술어 | 的 |
|---|---|---|---|---|---|
| **这次**<br>대사+양사(이번) | **活动**<br>명사(행사는) | **是**<br>'是……的' 강조구문 | **由小李**<br>개사+명사(샤오리가) | **负责**<br>동사(책임지다) | **的**<br>어기조사 |

정답　这次活动是由小李负责的。　이번 행사는 샤오리가 책임진다.

어휘　次 cì 양 번, 회　活动 huódòng 명 행사　由 yóu 개 ~이/가　负责 fùzé 동 책임지다

**'是자문'인지 '是……的' 강조구문인지를 구분하라**

제시된 어휘에 是과 的가 있으면 是자문인지 '是……的' 강조구문인지를 구분해야 한다. 만일 제시어에 是를 제외한 강조하는 내용(행위자/시간/장소/목적/방식)과 술어가 없으면 是자문을 만들고, 이러한 어휘가 있으면 '是……的' 강조구문을 만든다.

**1. '是……的' 강조구문**

他是在百货商店买水果的。  그는 백화점에서 과일을 산 것이다.

**2. 是자문(的이하 목적어가 생략된 문장)**

他是卖水果的。  그는 과일을 파는 사람이다.

**3. 是자문(단정적 의미를 나타냄)**

你的想法是可以理解的。  너의 생각은 이해할 수 있다.

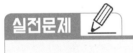 **실전문제**

儿童医院的    他    医生    是

→ _____

**STEP 1  술어 배치**

제시어 중 동사 是과 조사 的가 있지만 다른 술어가 없으므로 是자문임을 예상할 수 있다.

**STEP 2  주어/목적어 배치**

명사는 他(그)와 医生(의사)인데 의미상 '그가 무엇이다'가 자연스러우므로 他를 주어 자리에 배치하고 医生을 목적어 자리에 배치한다.

**STEP 3  남은 어휘 배치**

구조조사 的가 결합되어 있는 儿童医院的(아동병원의)를 医生 앞에 배치하여 문장을 완성한다.

| 주어 | 술어 | 관형어 | 목적어 |
|------|------|--------|--------|
| 他<br>대사(그는) | 是<br>동사(이다) | 儿童医院的<br>명사+的(아동병원의) | 医生<br>명사(의사) |

정답  他是儿童医院的医生。  그는 아동병원의 의사이다.

어휘  儿童 értóng 몡 아동   医院 yīyuàn 몡 병원   医生 yīshēng 몡 의사

**다음 제시된 어휘로 문장을 완성하세요.**

1. 来了    一位    昨天    新职员

   → _____


2. 客厅    桌子    里    一张    有

   → _____


3. 孙阿姨    送的    这    是

   → _____


4. 放着    鲜花    窗台上    很多

   → _____

# 09 비교문
## 비교문의 어순에 따라 문장 완성하기

---

## 기본기 다지기 | 기본 개념 잡기 & 공략 미리보기

비교문은 두 대상을 비교한 차이를 나타내는 문장으로 기본 문형과 다른 어순을 가진 특수 문형이다. 비교문의 종류와 어법적 특징에 대해 알아보자.

### | 기본 개념 잡기 | 비교문

**1. 比자 비교문** : 비교문의 대표적인 형식으로 개사 比를 사용하여 '~보다 ~하다'의 뜻을 나타낸다.

- 주어 + 比 + 비교대상 + (更/还) + 술어

1) 술어 앞에 비교한 정도를 강조하는 更과 还를 쓸 수 있다.

北京的天气　比　上海　更　冷。 북경의 날씨는 상해보다 더 춥다.
　주어　　　　比　비교대상　更　술어

2) 구체적인 비교의 결과는 술어 뒤에 쓴다.

我　比　弟弟　大　三岁。 나는 남동생보다 3살 많다.
주어　比　비교대상　술어　비교결과

3) 부정 형식은 比를 没(有)로 바꾼다.

今天　没有　昨天　热。 오늘은 어제보다 덥지 않다.
주어　没有　비교대상　술어

**2. 有자 비교문** : 동사 有를 사용해서 '~만큼 ~하다/하지 않다'의 뜻을 나타낸다.

- 주어 + 有/没有 + 비교대상 + (那么/这么) + 술어

这里　没有　那里　那么　好。 여기는 거기만큼 그렇게 좋지 않다.
주어　没有　비교대상　那么　술어

**3. 跟……一样 비교문** : '~와 같이 ~하다'의 뜻을 나타낸다.

- 주어 + 跟/和 + 비교대상 + 一样 + 술어

他　跟　你　一样　聪明。 그는 너처럼 똑똑하다.
주어　跟　비교대상　一样　술어

### | 공략 미리보기 |

| **합격 공략 87** | 比가 있으면 비교문을 만들라! |
|---|---|
| **합격 공략 88** | 비교대상에서 주어와 중복되는 어휘는 생략할 수 있다! |
| **합격 공략 89** | [220점 이상 고득점] 구체적인 비교결과는 술어 뒤에 배치하라! |

## 합격 공략 87 比가 있으면 비교문을 만들라!

比비교문의 어순 : 주어 + 比 + 비교대상 + (更/还) + 술어

제시어 중 개사 比가 있으면 比자 비교문임을 예상할 수 있다. 比 뒤에 비교하는 대상을 배치하고 정도부사 更/还는 동사 또는 형용사 앞에 놓도록 한다.

哥哥　比　我　更　高。 형이 나보다 더 크다.
주어　　比　비교대상　更　술어

---

## 실전문제 ✏️

高　　更　　这座山　　比那座山

→ _____

---

**STEP 1** 술어 배치

비교문을 만드는 개사 比가 있으므로 비교문임을 예상할 수 있다. 제시어 중 술어가 될 수 있는 형용사 高(높다)를 술어 자리에 배치한다.

**STEP 2** 주어/목적어 배치

비교문의 주어 자리에 这座山(이 산)을 배치한다.

**STEP 3** 남은 어휘 배치

비교문의 어순에 따라 '주어+比+비교대상+更/还+술어'의 순서로 배치한다. 개사 比와 결합되어 있는 那座山(그 산)은 비교대상이므로 부사어 자리에 배치하고 부사 更(더)은 술어 高 앞에 배치하여 문장을 완성한다.

| 관형어 | 주어 | 부사어 | | 술어 |
|---|---|---|---|---|
| | | 개사구 | 부사 | |
| **这座**<br>대사+양사(이) | **山**<br>명사(산은) | **比那座山**<br>(그 산보다) | **更**<br>(더) | **高**<br>형용사(높다) |

정답 这座山比那座山更高。　이 산은 그 산보다 더 높다.

어휘 座 zuò 양 동, 채(산, 건축물, 교량 등을 세는 단위)　山 shān 명 산　比 bǐ 개 ~보다　更 gèng 부 더욱　高 gāo 형 높다

## 비교대상에 주어와 동일한 내용이 있으면 생략할 수 있다

주어와 비교대상에 같은 단어가 쓰일 경우 비교대상의 것을 주로 생략한다. 따라서 제시어의 어휘를 배치할 때 주어는 자세한 어휘로 비교대상은 간단한 어휘로 구성하도록 한다.

他的成绩　比　我（的成绩）　更　优秀。 그의 성적은 나보다 더 우수하다.
　주어　　　比　　비교내용　　부사어　술어

### 실전문제 ✎

郊区的　比市区　房价　低

→ _____

### STEP 1　술어 배치

제시어 중 술어가 될 수 있는 형용사 低(싸다)를 술어 자리에 배치한다. 비교문을 만드는 개사 比가 있으므로 비교문임을 예상할 수 있다.

### STEP 2　주어/목적어 배치

비교문의 주어 자리에 명사 房价(집값)를 배치한다.

### STEP 3　남은 어휘 배치

비교문의 어순에 따라 '주어+比+비교대상+(更/还)+술어' 순서로 배치한다. 개사 比와 결합되어 있는 市区(시내지역)는 비교대상이므로 부사어 자리에 배치한다. 구조조사 的와 결합된 郊区的(교외지역의)는 房价 앞에 배치하여 문장을 완성한다.

| 관형어 | 주어 | 부사어 | 술어 |
|---|---|---|---|
| 郊区的<br>명사+的(교외 지역의) | 房价<br>명사(집값은) | 比市区<br>比+명사(시내지역보다) | 低<br>형용사(싸다) |

정답　郊区的房价比市区低。　교외지역의 집값은 시내지역보다 싸다.

어휘　郊区 jiāoqū 몡 교외 지역　房价 fángjià 몡 집값　比 bǐ 개 ~보다　市区 shìqū 몡 시내 지역　低 dī 형 (높이가) 낮다

**주어 + 比 + 비교대상 + 술어 + 비교결과**

두 대상을 비교한 결과, 즉 차이는 술어 뒤에 사용한다. 비교한 결과는 구체적인 수량사를 사용하거나 대략의 정도를 나타내는 표현(得多/一点儿/一些)을 사용한다.

今天　比　昨天　高　八度。 오늘은 어제보다 8도가 높다.
　주어　比　비교대상　술어　비교결과

---

실전문제

> 比去年　　减少了　　收入　　今年公司的　　一半儿
>
> → _____

---

**STEP 1** **술어 배치**

제시어 중 동태조사 了가 결합되어 있는 동사 减少를 술어 자리에 배치한다.

**STEP 2** **주어/목적어 배치**

비교문의 주어로 명사 收入(수입)을 주어 자리에 배치한다.

**STEP 3** **남은 어휘 배치**

개사 比와 결합되어 있는 去年(작년)은 비교대상이므로 부사어 자리에 배치한다. 구체적인 수량을 나타내는 어휘 一半儿(절반)은 비교결과로서 술어 뒤에 배치한다. 구조조사 的와 결합된 今年公司的(올해 회사의)는 收入 앞에 배치하여 문장을 완성한다.

| 관형어 | 주어 | 부사어 | 술어 | 보어 |
|---|---|---|---|---|
| **今年公司的**<br>명사+的(올해 회사의) | **收入**<br>명사(수입은) | **比去年**<br>比+명사(작년보다) | **减少了**<br>동사+了(줄었다) | **一半儿**<br>명사(절반이) |

**정답** 今年公司的收入比去年减少了一半儿。 올해 회사의 수익은 작년보다 절반이 줄었다.

**어휘** 今年 jīnnián 명 올해　公司 gōngsī 명 회사　收入 shōurù 명 소득　比 bǐ 개 ~보다　去年 qùnián 명 작년　减少 jiǎnshǎo 동 감소하다　一半儿 yíbànr 명 절반

**다음 제시된 어휘로 문장을 완성하세요.**

1. 今年报名的    增加了    比去年    一倍    人数

    → _____


2. 这本杂志    更    比那本    有意思

    → _____


3. 妹妹的    完全    我跟    性格    一样

    → _____


4. 比    昨天    三度    今天的最高气温    高

    → _____

다음 제시된 어휘로 문장을 완성하세요.

1. 大部分同学　　中国　　来自　　这个班的

   → _____

2. 请大家　　顺序　　排好队　　按照

   → _____

3. 下来　　快把　　脱　　湿衣服

   → _____

4. 生活的压力　　理想　　放弃　　使她

   → _____

5. 区别　　东西　　这些　　有什么

   → _____

쓰기
제2부분

# 제시어와 사진을
# 보고 작문하기

# 쓰기 제 2 부분

## Warm Up!

# 유형 분석 & 풀이 전략

## 유형 분석 | 시험엔 이렇게 나온다!

### 출제 방식

HSK 4급 쓰기 제2부분은 제시된 어휘를 사용하여 제시된 사진을 보고 관련있는 문장을 만드는 유형이다. 96번부터 100번까지 총 5문제가 출제된다.

### 출제 경향 & 유형별 출제 비율

쓰기 제2부분에 제시된 어휘는 문장의 핵심 성분이 되는 동사, 형용사, 명사가 가장 많이 출제되며 양사나 부사 문제도 종종 출제된다. 제시어로 주어지는 어휘는 4급 어휘 안에서 출제되기 때문에 평소에 4급 필수 어휘를 암기해 두는 것이 필요하다. 이 영역에서는 제시된 어휘를 사용하여 문장을 다양하게 만드는 능력이 필요하기 때문에 '주어-술어-목적어'로 이루어진 중국어 문장 구조에 대한 기본기를 갖추는 것이 매우 필수적이다. 작문 실력이 다소 부족한 학습자들은 단어를 암기할 때 예문을 함께 외워 두는 것이 좋다.

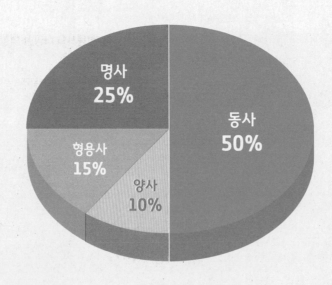

# 풀이 전략 | 문제 풀이 Step & 풀이 전략 적용해 보기

## Step 1

**어휘의 품사와 의미 파악하기**

제시된 어휘의 품사와 의미를 파악한다.

## Step 2

**사진 보고 관련 어휘 떠올리기**

사진을 보고 제시어와 관련된 어휘를 떠올린다. 사진의 배경이 되는 장소, 시간, 상황을 파악하고 인물이 있으면 표정과 감정을 살펴 다양한 어휘를 구상해 본다.

## Step 3

**문장 완성하기**

제시어와 관련 어휘를 조합하여 문장을 완성한다. 이때 부사어, 관형어, 보어 등의 수식 성분과 복문 형식으로 더 풍성한 문장을 만들 수 있다.

※ 주―술―목으로 구성된 기본 문장으로 완성할 수도 있고 다양한 수식어를 첨가한 확장 문장으로도 완성할 수도 있다. 기본 문장과 확장된 문장 모두 답이다.

---

**풀이 전략** 적용해 보기

96 　　　　擦

---

**STEP 1** 어휘의 품사와 의미 파악하기

擦(cā)는 동사로 '닦다'라는 뜻이다.

**STEP 2** 사진 보고 관련 어휘 떠올리기

사진은 남자 아이가 칠판을 지우고 있는 모습이다. 주어로 他(그), 孩子(어린 아이), 小男孩子(남자 아이) 등을 사용할 수 있겠고, 술어로는 제시어인 擦(닦다)를, 그 밖의 어휘로는 黑板(칠판)과 教室(교실) 등을 떠올릴 수 있다.

**문장 완성하기**

문장의 핵심 성분이 되는 어휘만을 사용해서 기본 문장 孩子擦黑板(아이는 칠판을 지운다)을 완성할 수 있다. 보다 풍성한 문장을 만들려면 부사어, 관형어, 보어 등의 수식 성분을 덧붙인다. 사진을 통해 장소 정보를 알 수 있으므로 在教室里(교실에서)를 추가한다.

정답 孩子在教室里擦黑板。 아이는 교실에서 칠판을 지우고 있다.

어휘 孩子 háizi 몡 어린아이 在 zài 갠 ~에서 擦 cā 동 닦다 黑板 hēibǎn 몡 칠판 教室 jiàoshì 몡 교실

# 01 동사 제시어

동사의 종류에 따라 작문하기

## 기본기 다지기 기본 개념 잡기 & 공략 미리보기

동사는 형태와 의미에 따라 다음과 같이 분류할 수 있다. 올바른 문장을 만들기 위해 단어의 뜻뿐만 아니라 쓰임을 정확히 아는 것이 중요하다.

### | 기본 개념 잡기 | 동사의 종류와 특징

**1. 일반동사** : 동사는 목적어를 가질 수 있으며 일부 동사는 동사/형용사/구를 목적어로 갖는다.

- 주어 + 동사 + 목적어

我 参加 比赛。 나는 시합에 참가한다.
주어　술어　목적어

我 估计 不会有问题。 나는 문제가 없을 거라고 생각한다.
주어　술어　　목적어(술목구)

**2. 이합동사** : 이합동사는 '동사+명사'의 구조로 이루어져 목적어를 사용하지 않으며 개사구를 사용해서 표현한다.

- 주어 + 개사구 + 이합동사

我 和朋友 见面。 나는 친구와 만난다.
주어　개사구　술어

**3. 심리동사** : 심리동사는 사람의 심리 활동이나 상태를 나타내는 동사로 정도부사의 수식을 받고 목적어를 가질 수 있다.

- 주어 + 정도부사 + 심리동사 + 목적어

我 非常 喜欢 水果。 나는 과일을 매우 좋아한다.
주어　부사　술어　목적어

**4. 이중목적어를 갖는 동사** : 목적어를 2개 가지는 동사로 목적어1에는 사람, 목적어2에는 사물이 온다.

- 주어 + 이중목적어를 갖는 동사 + 목적어1(사람) + 목적어2(사물)

老师 给 我 一本书。 선생님이 나에게 책 한 권을 주신다.
주어　술어 목적어1 목적어2

### | 공략 미리보기 |

**합격 공략 90**　동사는 문장의 기본 구조부터 완성하라!

**합격 공략 91**　심리동사는 정도부사와 겸어문을 활용하라!

**합격 공략 92**　[220점 이상 고득점] 이합동사는 목적어가 아닌 개사구를 활용하라!

## 합격 공략 90 동사는 문장의 기본 구조부터 완성하라!

**문장의 기본 구조에 수식 성분을 덧붙인다**

제시된 어휘가 동사라면 해당 동사와 어울리는 목적어를 구상하여 먼저 주어–술어(동사)–목적어라는 기본 구조를 완성한다. 그런 다음 수식 성분인 부사어, 관형어, 보어 중에서 어울리는 성분을 추가하여 살을 붙인다. 사진의 배경이나 분위기를 파악하여 수식 성분으로 표현할 수 있다.

- **주어 + 부사어 + 동사 + 목적어** : 기본 문장에서 부사어를 추가한다.

  我参加足球比赛。 → 我在参加足球比赛。

  나는 축구 시합에 참가한다.　나는 축구 시합에 참가하고 있다.

- **주어 + 동사 + 관형어 + 목적어** : 기본 문장에서 관형어를 추가한다.

  我参加足球比赛。 → 我参加全国足球比赛。

  나는 축구 시합에 참가한다.　나는 전국 축구 시합에 참가한다.

- **주어 + 동사 + 보어 + 목적어** : 기본 문장에서 보어를 추가한다.

  妈妈包水饺。 → 妈妈包好了水饺。

  엄마는 만두를 빚으신다. 엄마는 만두를 다 빚으셨다.

### 실전문제 ✏

脱

---

**STEP 1** 어휘의 품사와 의미 파악하기

脱(tuō)는 동사로 '벗다'라는 뜻이다.

**STEP 2** 사진 보고 관련 어휘 떠올리기

사진은 남자 아이가 옷을 벗고 있는 모습이다. 주어로 他(그), 孩子(어린아이), 小男孩子(남자 아이), 我儿子(내 아들) 등을 구상하고, 술어로는 제시어 脱(벗다)를 사용한다. 그 밖의 어휘로는 衣服(옷), 衬衫(셔츠) 등을 떠올릴 수 있다.

문장 완성하기

**정답**　기본　他脱衣服。　그는 옷을 벗는다.

　　　확장　孩子在脱衣服。　아이는 지금 옷을 벗는 중이다.

　　　　　　我儿子已经四岁了，自己不可以脱衣服。　내 아들은 4살인데 스스로 옷을 벗지 못한다.

**어휘**　孩子 háizi 圐 어린아이　小男孩子 xiǎonánháizi 圐 남자 아이　脱 tuō 圐 벗다　衣服 yīfu 圐 옷　衬衫 chènshān 圐 셔츠
　　　儿子 érzi 圐 아들　已经 yǐjīng 튄 이미　岁 suì 圐 살, 세

## 합격 공략 **91** 심리동사는 정도부사와 겸어문을 활용하라!

### 심리동사는 정도부사와 겸어문을 활용한다

제시된 어휘가 심리동사라면 먼저 어울리는 목적어를 구상하여 주어–술어(동사)–목적어인 기본 구조를 완성한다. 심리동사는 정도부사의 수식을 받을 수 있으므로 어울리는 정도부사를 추가한다. 또한 감정을 느끼게 된 원인을 추가하여 '누구로 인해 어떠한 감정을 느끼게 되었다'라는 표현으로도 나타낼 수 있으므로 심리동사를 겸어문으로 표현해 본다.

- **주어 + 정도부사 + 심리동사 + 목적어** : 기본 문장에서 정도부사를 추가한다.

　小孩子喜欢小狗。 → 小孩子非常喜欢小狗。

　아이는 강아지를 좋아한다.　　아이는 강아지를 매우 좋아한다.

- **주어 + 让/使 + 겸어 + 심리동사** : 기본 문장을 겸어문으로 바꾼다.

　她很感动。 → 她的男朋友让她很感动。

　그녀는 감동했다.　　그녀의 남자친구가 그녀를 아주 감동하게 했다.

### 〈자주 출제되는 심리동사의 종류〉

| | |
|---|---|
| □ 讨厌 tǎoyàn 싫어하다 | □ 怀疑 huáiyí 의심하다 |
| □ 感动 gǎndòng 감동하다 | □ 感谢 gǎnxiè 고맙다 |
| □ 后悔 hòuhuǐ 후회하다 | □ 失望 shīwàng 실망하다 |
| □ 羡慕 xiànmù 부러워하다 | □ 尊重 zūnzhòng 존중하다 |

## 실전문제

伤心

어휘의 품사와 의미 파악하기

伤心(shāngxīn)은 동사로 '상심하다, 슬퍼하다'라는 뜻이다.

STEP 2　사진 보고 관련 어휘 떠올리기

사진은 여자가 슬퍼하고 있는 모습이다. 주어로는 她(그녀), 我(나), 我朋友(내 친구) 등을 구상하고, 술어로는 제시어 伤心(상심하다)을 사용한다. 그 밖의 어휘로는 슬퍼하는 이유를 나타내줄 수 있는 分手(헤어지다), 这件事(이 일) 등과 流眼泪(눈물을 흘리다)와 같은 표현도 떠올릴 수 있다.

STEP 3　문장 완성하기

정답 **기본** 我非常伤心。 나는 매우 슬프다.
　　 **확장** 这件事让我很伤心。 이 일은 나를 매우 슬프게 했다.
　　　　 我跟男朋友分手了，非常伤心。 나는 남자친구랑 헤어져서 마음이 너무 아프다.

어휘 朋友 péngyou 몡 친구　伤心 shāngxīn 통 상심하다, 슬퍼하다　分手 fēnshǒu 통 헤어지다　这件事 zhè jiàn shì 이 일　流眼泪 liú yǎnlèi 눈물을 흘리다

---

## 합격 공략 92 [220점 이상 고득점] 이합동사는 목적어가 아닌 개사구를 활용하라!

### 이합동사는 뒤에 목적어를 사용하지 않는다

이합동사는 '동사+목적어'로 구성된 단어이기 때문에 목적어를 두지 않는다. 따라서 만일 의미상 목적어가 필요한 경우에는 개사구(개사+명사)의 형식을 이용하거나 이합동사를 분리하여 관형어가 있는 목적어로 바꾸도록 한다. 이합동사가 있는 문장은 개사구나 조동사를 이용하여 다양하게 살을 덧붙일 수 있다.

- **주어 + 개사구 + 이합동사** : 기본 문장에서 개사구를 추가한다.

　他道歉。 → 他向顾客道歉。

　그는 사과한다.　그는 고객에게 사과한다.

- **주어 + 조동사 + 이합동사** : 기본 문장에서 조동사를 추가한다.

　小孩子洗澡。 → 小孩子不愿意洗澡。

　아이가 목욕한다.　아이가 목욕하는 걸 싫어한다.

### 〈자주 출제되는 이합동사의 종류〉

| | |
|---|---|
| □ 毕业 bìyè 졸업하다 | □ 理发 lǐfà 이발하다 |
| □ 吃惊 chījīng 놀라다 | □ 散步 sànbù 산책하다 |
| □ 道歉 dàoqiàn 사과하다 | □ 洗澡 xǐzǎo 목욕하다 |

打针

---

STEP 1  어휘의 품사와 의미 파악하기

打针(dǎzhēn)은 이합동사로 '주사를 놓다'라는 뜻이다.

STEP 2  사진 보고 관련 어휘 떠올리기

사진은 간호사가 주사를 놓고 있는 모습이다. 주어로 护士(간호사), 她(그녀) 등을 구상하고, 술어로는 제시어 打针(주사를 놓다)을 사용한다. 그 밖의 어휘로는 누구에게 주사를 놓는지 孩子(어린아이), 我(나) 등을 떠올리고, 주사를 맞는 장소인 医院(병원)이나, 주사를 맞는 이유인 感冒(감기에 걸리다) 등도 떠올릴 수 있다.

STEP 3  문장 완성하기

정답  기본  她在打针。  그녀는 주사를 놓고 있다.
   확장  护士给孩子打针。  간호사는 아이에게 주사를 놓는다.
       我感冒了，要去医院打针。  나는 감기에 걸려서, 병원에 가서 주사를 맞아야 한다.

어휘  打针 dǎzhēn 동 주사를 놓다   护士 hùshi 명 간호사   孩子 háizi 명 어린아이   感冒 gǎnmào 동 감기에 걸리다   医院 yīyuàn 명 병원

---

**실전 테스트**  정답 및 해설_해설편 p.071

제시된 어휘를 이용하여 문장을 완성하세요.

1.         扔

---

2.  抽烟

_____

3.  挂

_____

4.  激动

_____

# 형용사 제시어

## 02

### 형용사의 다양한 역할에 따라 작문하기

---

**기본기 다지기** **기본 개념 잡기 & 공략 미리보기**

형용사를 이용하여 문장을 만들기 위하여 형용사의 뜻뿐만 아니라 문장에서 쓰이는 위치와 역할을 아는 것이 중요하다. 형용사가 문장에서 어떠한 역할을 하는지 알아보자.

**| 기본 개념 잡기 |** **형용사의 특징**

**1. 형용사가 술어로 쓰이는 경우 :** 형용사는 술어로 쓰이며 정도부사의 수식을 받는다.

- 주어 + 정도부사 + 형용사

  这里　很　凉快。 여기는 매우 선선하다.
  주어　부사어　술어

**2. 형용사가 관형어로 쓰이는 경우 :** 형용사는 관형어로 주어 또는 목적어를 수식한다.

- 형용사的 + 주어 + 술어 + 목적어

  苦的　药　对身体　很好。 쓴 약은 몸에 좋다.
  관형어　주어　부사어　　술어

- 주어 + 술어 + 형용사的 + 목적어

  他　是　优秀的　学生。 그는 우수한 학생이다.
  주어　술어　관형어　목적어

**3. 형용사가 보어로 쓰이는 경우 :** 형용사는 보어로 쓰여 동사의 의미를 보충해 준다.

- 주어 + 술어 + 得 + 형용사

  他　跑得　很快。 그는 매우 빨리 달린다.
  주어　술어+得　보어

**| 공략 미리보기 |**

| | |
|---|---|
| **합격 공략 93** | 형용사에는 정도를 나타내는 표현을 추가하라! |
| **합격 공략 94** | 고정격식 '又……又……'를 활용하라! |
| **합격 공략 95** | [220점 이상 고득점] 형용사를 보어 자리에 배치하라! |

## 합격 공략 93 | 형용사에는 정도를 나타내는 표현을 추가하라!

### 형용사는 정도를 나타내는 어휘와 함께 쓰인다

형용사는 정도부사의 수식을 받을 수 있다. 제시된 어휘가 형용사인 경우 앞에 정도부사를 넣어 문장을 만든다. 자주 사용하는 정도부사에는 '很, 非常, 十分, 太……了' 등이 있고 정도부사 뿐만 아니라 정도보어를 추가할 수도 있다. 또한 원인을 나타내는 표현을 앞에 추가할 수도 있다.

- **주어 + 정도부사 + 형용사 / 형용사 + 정도보어** : 형용사에 정도부사/정도보어를 추가한다.

  这个人 + 高兴 → 这个人非常高兴。 / 这个人高兴极了。

  이 사람은 + 즐겁다　　이 사람은 매우 즐겁다. / 이 사람은 매우 즐겁다.

- **원인, 주어+형용사** : 기본 문장에서 원인을 나타내는 표현을 추가한다.

  我太饿了。 → 今天没有吃东西，现在我太饿了。

  나는 너무 배고프다. 오늘 아무 것도 안 먹어서 지금 너무 배고프다.

### 실전문제 ✏️

轻

---

**STEP 1** 　 어휘의 품사와 의미 파악하기

轻(qīng)은 형용사로 '가볍다'라는 뜻이다.

**STEP 2** 　 사진 보고 관련 어휘 떠올리기

사진은 한 남자가 상자를 들고 웃고 있는 모습이다. 따라서 주어로 他(그), 这个箱子(이 상자) 등을 구상하고, 술어로는 제시어 轻(가볍다)를 사용한다. 그 밖의 어휘로는 정도부사 很(아주), 看起来(보아하니), 东西(물건) 등을 떠올릴 수 있다.

**STEP 3** 　 문장 완성하기

**정답**　**기본** 这个箱子很轻。　이 상자는 매우 가볍다.

　　**확장** 这个箱子看起来很轻。　이 상자는 매우 가벼워 보인다.

　　　　 这个箱子里面没有东西，所以很轻。　이 상자 안에는 아무것도 없어서 매우 가볍다.

**어휘** 这个箱子 zhè ge xiāngzi 이 상자　轻 qīng 형 가볍다　东西 dōngxi 명 물건　看起来 kànqǐlái 동 보기에 ~하다

 **합격 공략 94** 고정격식 '又……又……'를 활용하라!

**주어 + 又형용사 + 又형용사**

제시어가 형용사인 경우 사진을 보고 어울리는 다른 형용사 하나를 더 활용하여 '又……又……' 형식으로 문장을 만들 수 있다. 이 구조에는 비슷한 의미의 형용사가 사용됨을 기억하자.

- **주어 + 又 + 형용사A + 又 + 형용사B** : 기본 문장에서 형용사 더 추가하여 문장을 만든다.

  她很漂亮。 → 她又聪明又漂亮。

  그녀는 아주 예쁘다. 그녀는 똑똑하고 예쁘다.

 **실전문제**

脏

_____

**STEP 1** 어휘의 품사와 의미 파악하기

脏(zāng)은 형용사로 '더럽다'라는 뜻이다.

**STEP 2** 사진 보고 관련 어휘 떠올리기

사진은 더럽고 정리가 되지 않은 방의 모습이다. 따라서 주어로 房间(방), 술어로는 제시어인 脏(더럽다)을 사용한다. 형용사가 있으므로 '又……又……' 구조에 들어갈 수 있는 다른 형용사 乱(어수선하다)을 구상할 수 있다. 그 밖의 어휘로는 打扫(청소하다) 등을 활용한다.

**STEP 3** 문장 완성하기

정답 기본 房间很脏。 방이 매우 더럽다.
　　확장 房间又脏又乱。 방이 더럽고 어수선하다.
　　　　 你的房间太脏了，打扫一下。 너 방 너무 더럽다. 청소 좀 해.

어휘 房间 fángjiān 명 방　脏 zāng 형 더럽다　乱 luàn 형 어수선하다　打扫 dǎsǎo 통 청소하다

**합격 공략 95** [220점 이상 고득점] 형용사를 보어 자리에 배치하라!

### 형용사를 보어로 사용하기

문장을 더 풍성하기 만들기 위해서는 문장의 핵심 성분(주어, 술어, 목적어) 외에 수식 성분(관형어, 부사어, 보어)을 활용할 수 있다. 만일 제시어가 형용사라면 사진을 묘사하는 보어로 활용하는 것도 좋은 방법이다.

• **주어 + 동사得 + 형용사** : 형용사를 정도보어로 활용한다.

　他说汉语说得很流利。그는 중국어를 아주 잘한다.

　他今天起得很晚。그는 오늘 늦게 일어났다.

### 실전문제 🖍

严重

---

**STEP 1**　어휘의 품사와 의미 파악하기

严重(yánzhòng)은 형용사로 '심각하다'라는 뜻이다.

**STEP 2**　사진 보고 관련 어휘 떠올리기

사진은 남자가 소파에 앉아 기침을 하는 모습이다. 주어로 他(그), 我(나) 등을 구상하고, 술어로는 기침을 하는 이유인 感冒(감기에 걸리다)나 咳嗽(기침하다)를 떠올릴 수 있다. 제시어인 형용사 严重(심각하다)은 술어 뒤에 보어로 활용해 본다.

**STEP 3**　문장 완성하기

정답　**기본** 他感冒很严重。　그는 감기가 심하다.

　　　**확장** 我咳嗽得很严重。　나는 기침이 너무 심하다.

　　　　　　我感冒了，咳嗽得很严重。　나는 감기에 걸렸는데 기침이 너무 심하다.

어휘　感冒 gǎnmào 동 감기에 걸리다　咳嗽 késòu 동 기침하다　严重 yánzhòng 형 심각하다

**실전 테스트** 정답 및 해설_해설편 p.072

다음 제시된 보기를 문맥에 맞게 순서를 배열하세요.

1.  重

_____

2.  正式

_____

3. 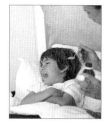 苦

_____

4.  凉快

_____

**03**

# 명사/양사 제시어
### 명사와 양사는 주어와 목적어로 만들고 작문하기

기본기 다지기 **기본 개념 잡기 & 공략 미리보기**

명사와 양사 작문 문제는 제시어만 사용해서 문장을 풍부하게 만들기가 어렵기 때문에 제시어가 포함된 다른 핵심 어휘(동사, 형용사)를 선정하는 것이 중요하다. 또한 명사와 양사가 주로 사용되는 위치를 파악해야 한다.

**| 기본 개념 잡기 | 명사와 양사의 특징**

**1. 명사의 특징 : 명사는 주어와 목적어가 될 수 있다.**

- 주어 + 술어

  这道菜的　味道　很　香。 이 음식은 아주 맛있다.
  <br>관형어　　　주어　부사어 술어

- 주어 + 술어 + 목적어

  我　想　吃　饼干。 나는 과자가 먹고 싶다.
  <br>주어 부사어 술어　목적어

**2. 양사의 특징 : 양사는 수사 또는 대사와 명사 사이에 쓰이며 각 사물을 세는 단위를 나타낸다.**

- 수사 + 양사 + 명사

  我　买了　一　本　书。 나는 책 한 권을 샀다.
  <br>주어　술어　수사 양사 명사

- 대사 + 양사 + 명사

  这　部　电影　非常　精彩。 이 영화는 매우 훌륭하다.
  <br>대사 양사 명사　부사어　　술어

**| 공략 미리보기 |**

| | |
|---|---|
| **합격 공략 96** | 명사는 주어나 목적어로 만들라! |
| **합격 공략 97** | 양사는 짝꿍 명사를 활용하라! |
| **합격 공략 98** | [220점 이상 고득점] 명사에 다양한 관형어를 덧붙여라! |

## 명사는 주어나 목적어로 사용한다

제시어가 명사이면 주어나 목적어로 활용할 수 있다. 주어로 사용할 경우 이 명사를 묘사/설명할 수 있는 내용을 구상하고, 목적어로 사용할 경우에는 어울리는 동사를 구상하도록 한다.

- **명사(주어)** + 묘사/설명 : 명사를 묘사/설명하는 문장을 만든다.

  这道菜看起来很香。 이 요리는 맛있어 보인다.

- **주어** + **동사** + **명사(목적어)** : 명사와 어울리는 동사로 문장을 만든다.

  奶奶在看电视。 할머니께서 TV를 보고 계신다.

**실전문제** ✎

钥匙

_____

---

STEP 1 **어휘의 품사와 의미 파악하기**

钥匙(yàoshi)은 명사로 '열쇠'라는 뜻이다.

STEP 2 **사진 보고 관련 어휘 떠올리기**

사진은 가방에서 무언가를 찾고 있는 여자의 모습이다. 주어로 她(그녀), 我(나) 등을 구상하고, 술어로는 找(찾다), 丢(잃어 버리다) 등을 떠올릴 수 있다. 그 밖의 어휘로는 包(가방) 등을 활용해 본다.

STEP 3 **문장 완성하기**

정답 **기본** 她找钥匙。 그녀는 열쇠를 찾는다.

**확장** 我在找钥匙。 나는 열쇠를 찾는 중이다.

我把钥匙放在包里。 나는 열쇠를 가방 안에 두었다.

어휘 找 zhǎo 통 찾다  丢 diū 통 잃어버리다  包 bāo 명 가방

## 합격 공략 **97** 양사는 짝꿍 명사를 활용하라!

### 양사와 짝꿍이 되는 명사

중국어에는 양사의 종류가 매우 다양하기 때문에 제시어가 양사일 경우 어울리는 명사를 사용해야 한다. 그리고 나서 이 명사를 주어 또는 목적어로 만들어 문장을 완성하도록 한다.

• **수사/대사 + 양사 + 명사 + 술어** : 양사에 어울리는 명사를 주어/목적어로 삼아 문장을 완성한다.

　这篇文章写得非常好。　이 글은 매우 잘 썼다.

### 〈양사와 명사의 결합〉

| | |
|---|---|
| □ 只 zhǐ : 狮子 shīzi 사자　熊猫 xióngmāo 판다 | □ 棵 kē : 树 shù 나무 |
| □ 份 fèn : 材料 cáiliào 자료　报纸 bàozhǐ 신문 | □ 篇 piān : 文章 wénzhāng 글 |
| □ 场 chǎng : 比赛 bǐsài 시합　电影 diànyǐng 영화 | □ 张 zhāng : 纸 zhǐ 종이　桌子 zhuōzi 책상 |

### 실전문제

　　　　只

_____

**STEP 1**　어휘의 품사와 의미 파악하기

只(zhǐ)은 양사로 '마리'라는 뜻이다.

**STEP 2**　사진 보고 관련 어휘 떠올리기

사진은 동물원에 있는 팬더의 모습이다. 주어로는 熊猫(팬더)를 제시어인 양사 只과 함께 一只熊猫(한 마리의 팬더) 또는 这只熊猫(이 팬더)로 구상하고, 술어로는 有(있다), 可爱(귀엽다) 등을 떠올릴 수 있다. 그 밖의 어휘로는 팬더가 있는 장소인 动物园(동물원)을 떠올릴 수 있다.

**STEP 3**　문장 완성하기

**정답** **기본** 这只熊猫很可爱。　이 팬더는 매우 귀엽다.
　　　　**확장** 动物园里有一只熊猫。　동물원 안에는 팬더 한 마리가 있다.
　　　　　　　这只熊猫在吃竹叶。　이 팬더는 대나무 잎을 먹고 있다.

**어휘** 熊猫 xióngmāo 명 팬더　可爱 kě'ài 형 귀엽다　动物园 dòngwùyuán 명 동물원　竹叶 zhúyè 명 대나무 잎

**합격 공략 98** [220점 이상 고득점] **명사에 다양한 관형어를 덧붙이라!**

## 명사는 관형어의 수식을 받는다

제시어가 명사일 경우 명사를 꾸며주는 관형어를 다양하게 활용하는 것이 좋다. 제한성 관형어(소속, 수량)와 묘사성 관형어(동사구, 형용사구)를 사용하면 보다 자세하고 다양한 문장을 만들 수 있다.

• **주어 + 술어 +** 제한성 관형어 + 묘사성 관형어 **+ 목적어** : 명사를 꾸며주는 관형어를 덧붙인다.

　他成为一名优秀的老师。　그는 우수한 선생님이 되었다.

## 실전문제 ✏️

　　　包子

───────────────────

STEP 1　**어휘의 품사와 의미 파악하기**

包子(bāozi)는 명사로 '만두'라는 뜻이다.

STEP 2　**사진 보고 관련 어휘 떠올리기**

사진에 만두가 있다. 주어로 包子(만두)를 구상하고, 술어로는 好吃(맛있다)를 떠올릴 수 있다. 그 밖의 어휘로 만두를 '빚다'라는 의미의 包(빚다)를 활용한다.

STEP 3　**문장 완성하기**

정답 **기본** 这是我包的包子。　이건 내가 만든 만두이다.

　　 **확장** 奶奶包的包子真好吃。　할머니가 만든 만두는 너무 맛있다.

　　　　 孩子吃了五个很大的包子。　아이는 큰 만두 5개를 먹었다.

어휘 包子 bāozi 명 만두　好吃 hǎochī 형 맛있다　包 bāo 동 (만두를) 빚다

다음 제시된 보기를 문맥에 맞게 순서를 배열하세요.

1  袜子

_____

2  味道

_____

3  长城

_____

4  棵

_____

쓰기 제 2 부분
# 미니모의고사
| 정답 및 해설 | 해설편 p.074

다음 제시된 보기를 문맥에 맞게 순서를 배열하세요.

1  　酸

_____

2  　禁止

_____

3  　压力

_____

4  　厚

_____

# HSK 4급
고수들의 합격전략
4주 단기완성

# 실전모의고사

실전모의고사 1
실전모의고사 2

# 新汉语水平考试
# HSK(四级)

## 注　意

一、HSK(四级)分三部分：

    1. 听力(45题，约30分钟)

    2. 阅读(40题，40分钟)

    3. 书写(15题，25分钟)

二、**听力结束后，有5分钟填写答题卡。**

三、全部考试约105分钟(含考生填写个人信息时间5分钟)。

# 실전모의고사 1

| 정답 및 해설 | 해설편 p.076

# 一、听 力
## 第一部分

第 1-10 题：判断对错。

例如：我想去办个信用卡，今天下午你有时间吗？陪我去一趟银行？

　　★ 他打算下午去银行。　　　　　　　　　　　　　　( ✓ )

　　现在我很少看电视，其中一个原因是，广告太多了，不管什么时间，也不管什么节目，只要你打开电视，总能看到那么多的广告，浪费我的时间。

　　★ 他喜欢看电视广告。　　　　　　　　　　　　　　( ✗ )

1. ★ 环保要从身边小事做起。　　　　　　　　　　　( 　 )

2. ★ 看书速度最重要。　　　　　　　　　　　　　　( 　 )

3. ★ 他决定参加生日晚会。　　　　　　　　　　　　( 　 )

4. ★ 手机让生活更方便了。　　　　　　　　　　　　( 　 )

5. ★ 他反对把任务交给小李。　　　　　　　　　　　( 　 )

6. ★ 吃甜的东西能让心情变好。 　　　　　　　( 　 )

7. ★ 我现在很安静。 　　　　　　　　　　　　( 　 )

8. ★ 他家离公司很近。 　　　　　　　　　　　( 　 )

9. ★ 晚会将在这个星期天举行。 　　　　　　　( 　 )

10. ★ 父母对孩子讲信用很重要。 　　　　　　　( 　 )

# 第二部分

第 11-25 题：请选出正确答案。

例如：女：该加油了，去机场的路上有加油站吗？

男：有，你放心吧。

问：男的主要是什么意思？

A 去机场 B 快到了 C 油是满的 D 有加油站

11. A 家具店 B 银行 C 大使馆 D 洗手间

12. A 身体不舒服 B 心情不好 C 家人找他 D 想休息

13. A 图书馆 B 学校附近 C 游泳馆附近 D 超市旁边

14. A 感冒了 B 睡不好 C 腿疼 D 发烧

15. A 洗澡 B 买东西 C 打乒乓球 D 读书

16. A 买衣服 B 跟朋友吃饭 C 加班 D 打扫房子

17. A 在减肥 B 牙疼 C 肚子不舒服 D 想吃饭

18. A 太吵了 B 准备考试 C 压力很大 D 空调坏了

19. A 不认真　　　　　B 很幽默　　　　C 脾气不好　　　　D 很安静

20. A 去旅行　　　　　B 签证没办好　　C 出国留学　　　　D 想找工作

21. A 要准备读硕士　　B 想去旅游　　　C 要做生意　　　　D 跟弟弟吵架了

22. A 要读硕士　　　　B 专业不符合　　C 工资太少　　　　D 条件不好

23. A 很无聊　　　　　B 让她吃惊　　　C 不好看　　　　　D 非常精彩

24. A 没准备　　　　　B 复习得不错　　C 没预习　　　　　D 考试太难了

25. A 服务态度很好　　B 很有名　　　　C 很便宜　　　　　D 啤酒不打折

# 第三部分

第 26-45 题：请选出正确答案。

例如：男：把这个文件复印五份，一会儿拿到会议室发给大家。

女：好的。会议是下午三点吗？

男：改了。三点半，推迟了半个小时。

女：好，602会议室没变吧？

男：对，没变。

问：会议几点开始？

A 两点          B 3点          C 3：30          D 6点

26. A 医院          B 办公室          C 图书馆          D 超市

27. A 很麻烦          B 有点儿困          C 身体不舒服          D 要写报告

28. A 很胖          B 会唱京剧          C 喜欢去旅行          D 性格很好

29. A 太薄了          B 颜色不好看          C 质量不错          D 很便宜

30. A 打网球          B 看电影          C 逛街          D 买电脑

31. A 啤酒          B 牛奶          C 西红柿          D 鸡蛋

32. A 机场          B 公司          C 大使馆          D 酒店

33. A 哥哥和弟弟          B 邻居          C 师生          D 同学

34. A 马经理      B 新来的职员      C 王医生      D 李老师

35. A 长得像哥哥      B 个子不高      C 是美国人      D 脾气很好

36. A 变薄      B 掉颜色      C 穿着更舒服      D 变小

37. A 多挂会儿      B 用洗衣机      C 再买一条      D 用盐水洗

38. A 不太好      B 很无聊      C 很不错      D 很浪漫

39. A 李老师      B 王大夫      C 孙阿姨      D 总经理

40. A 孤单      B 诚实      C 激动      D 马虎

41. A 自己先做好      B 让孩子努力学习      C 降低标准      D 表示感谢

42. A 不能工作      B 不能喝酒      C 不能逛街      D 吃饭后要运动

43. A 多休息      B 要穿薄点儿      C 别喝水      D 不能开车

44. A 选择丈夫      B 买衣服      C 怎样会挣钱      D 女儿的烦恼

45. A 爱开玩笑      B 喜欢喝酒      C 十分幽默      D 很会修东西

# 二、阅 读
## 第一部分

第 46-50 题：选词填空。

    A 粗心       B 热闹       C 讨论       D 坚持       E 世纪       F 遍

例如：她每天都（ D ）走路上下班，所以身体一直很不错。

46. 大家都看看桌子上的材料，两点十分我们就开始（　　）。

47. 这本小说非常有趣，我已经看了几（　　），你有时间看看吧。

48. 这座桥是1930年修的，到现在都快一个（　　）了。

49. 你又把钥匙丢了？你太（　　）了，总是丢三落四的。

50. 有没有别的房子？我觉得这里有点儿（　　），我比较喜欢安静的地方。

第 51-55 题：选词填空。

　　A 刚　　　B 乱　　　C 温度　　　D 效果　　　E 严格　　　F 毕业

例如：A：今天真冷啊，好像白天最高（ C ）才2℃。

　　　　B：刚才电视里说明更冷。

51. A：你们班新来的汉语老师怎么样？

　　 B：他对学生的要求非常（ 　 ）。

52. A：喂，马医生在吗？

　　 B：他（ 　 ）出去了，他说一个小时后回来。

53. A：你马上就要（ 　 ）了吧？以后有什么计划？

　　 B：我想出国读博士，在准备考试呢。

54. A：看起来你比以前瘦了很多，你在减肥吗？

　　 B：是吗？我每天早上跑步，虽然很辛苦，但是（ 　 ）不错。

55. A：房间太（ 　 ）了，你快把房间打扫一下。

　　 B：知道了，妈。

# 第二部分

第 56-65 题：排列顺序。

例如：A 可是今天起晚了

B 平时我骑自行车上下班

C 所以就打车来公司        B    A    C

56. A 我通过护士考试了

B 以后就是一名正式的护士了

C 妈妈，告诉你一个好消息     _____

57. A 我是不可能取得今天的成绩的

B 如果没有他们的帮助

C 我要感谢一直支持我的老师和同学们     _____

58. A 懂得互相尊重才是最重要的

B 那么只有浪漫和爱情是不够的

C 两个人既然决定结婚     _____

59. A 生活中，我们要多听听周围人的意见和建议

B 帮我们发现自己没注意到的问题

C 有时候他们能更清楚地看到我们的缺点     _____

60. A 都应该考虑清楚然后再做决定

B 不要等到将来再后悔

C 无论做任何事     _____

61. A 不过这里以前很安静

　　B 我小时候在这里长大的，当然熟悉了

　　C 不像现在这么热闹　　　　　　　　　　　　　_____


62. A 小夏经验丰富，而且做事认真

　　B 我觉得这次也可以让她来负责

　　C 尤其是上次的讨论会，她安排得很好　　　　　_____


63. A 我觉得，只要能做自己喜欢的事，就是幸福

　　B 什么是幸福

　　C 每个人会说出不同的观点　　　　　　　　　　_____


64. A 当她知道这个消息后，开心得跳了起来

　　B 这次期末考试

　　C 小李取得了第一名　　　　　　　　　　　　　_____


65. A 觉得不适应很正常

　　B 北方的冬天特别干燥，你刚来

　　C 我建议你多喝点儿水　　　　　　　　　　　　_____

# 第三部分

第 66-85 题： 请选出正确答案。

例如： 她很活泼，说话很有趣，总能给我们带来快乐，我们都很喜欢和她在一起。

    ★ 她是个什么样的人？

        A 幽默　　　　　B 马虎　　　　　C 骄傲　　　　　D 害羞

66. 卖东西时，了解顾客的需求非常重要，一样的东西，不管质量多好、价格多便宜，如果顾客完全不需要它，我们就很难把它卖出去。

    ★ 顾客购物前会考虑：

        A 产品的颜色　　B 自己的需求　　C 售货员的态度　　D 赠送礼物

67. 小明本来很想去德国学习音乐，但由于他母亲出了车祸，这次不得不决定放弃了。虽然这有点儿遗憾，但是家人最重要，学习的机会以后还会再有的。

    ★ 关于小明，我们可以知道什么？

        A 想去旅行　　　B 要找工作　　　C 脾气不好　　　D 放弃留学

68. 有的人总是不会拒绝朋友的要求，担心这样影响两个人的友谊。但是如果因为你的一次拒绝就受到影响，那就不是真正的朋友了。

    ★ 有的人不愿拒绝朋友，是害怕会：

        A 影响友谊　　　B 遇到困难　　　C 受到批评　　　D 被人笑话

69. 我来中国已经两年了，大家都说我的汉语水平比以前提高了很多，但是我觉得我的阅读还是不太好，需要多背单词。

    ★ 她想要：

        A 多背单词　　　B 多交中国朋友　　C 多看电视　　　D 多学习语法

70. 小王的汉语说得非常流利，他不但跟中国人聊天儿没什么问题，而且还看得懂中文报纸。老师也天天表扬，让我们像他那样努力学习。

★ 根据这段话，可以知道小王：

A 不太聪明　　　B 很懒　　　　　C 汉语说得不错　　D 很骄傲

71. 一般三岁左右的孩子就可以学习使用筷子了。在正式教使用筷子前，父母可以让孩子自己选择喜欢的筷子和勺子，这样更能引起他们的兴趣。

★ 让孩子选筷子，能使他们：

A 引起兴趣　　　B 动作更标准　　C 减少麻烦　　　D 学会拒绝

72. 小姐，我们这种苹果汁，不但很好喝，而且由于没放糖对身体也很好，所以比其他果汁贵一些。

★ 这种苹果汁，我们可以知道什么？

A 不好喝　　　　B 没放糖　　　　C 有点儿咸　　　D 很便宜

73. 很多人遇到困难的时候，就放弃。但是困难只是暂时的，只要不放弃，坚持正确的方向继续努力，就一定会成功。

★ 遇到困难我们应该：

A 锻炼身体　　　B 写日记　　　　C 继续努力　　　D 去逛街

74. 保护环境不是复杂的事。比如说，买菜时自备购物袋、买咖啡时自备随行杯，这样做可以减少白色污染，虽然这是一件小的事，但对保护环境却有很大的作用。

★ 自备购物袋：

A 浪费时间　　　B 可以减肥　　　C 很方便　　　　D 能减少污染

75. 我今天去机场的时候，不小心把护照忘在出租车上了。多亏司机发现后马上叫住我，否则我赶不上飞机了。

★ 司机叫住他，是因为：

A 还他护照 　　　B 钱不够 　　　C 找他零钱 　　　D 想和他吃饭

76. 当我觉得无聊时，就读书。读书是一件值得花时间去做的事。书中有很多我没有经历过的经验和智慧。无论是普通杂志，还是著名小说，我都喜欢看。

★ 这段话主要谈的是：

A 怎样减肥 　　　B 值得阅读 　　　C 语言的艺术 　　　D 要写日记

77. 这段时间大家都很辛苦，这次活动也很精彩，如果没有各位的支持和努力，就不会有这样的结果。来，咱们一起干一杯。干杯！

★ 说话人在：

A 批评别人 　　　B 表示感谢 　　　C 表示道歉 　　　D 讨论问题

78. 在生活中输赢不是重要的，没有人会永远输，也没有人会永远赢。关键是只要你努力做了，不管是输还是赢，都一样精彩。

★ 这段话主要想告诉我们：

A 要有自信 　　　B 输赢不重要 　　　C 要节约用水 　　　D 要锻炼身体

79. 和不同国家的人交流时，最好先了解一下这个国家的文化，否则很可能会引起误会，带来麻烦。

★ 交流时，了解他国文化，可以：

A 增加信心 　　　B 增长知识 　　　C 减少误会 　　　D 变得有礼貌

80-81.

顾客朋友们，您好！本店在搞"购物送好礼"活动，购物满50元即可获得矿泉水6瓶，满100元可获得方便面5袋。另外，还有打折活动，水果3折，肉类9折，还有学习用品6折。欢迎选购！祝您购物愉快！

★ 购物满50元能获得什么礼物？

A 牛肉　　　　　B 果汁　　　　　C 矿泉水　　　　　D 词典

★ 根据这段话，可以知道：

A 水果半价　　　B 超市快关门了　　C 有些东西打折　　D 东西很贵

82-83.

每个人都希望获得更多的东西，但是一个人只有两只手，不可能得到所有想要的东西。有时候放弃才是一种聪明的选择。只有学会放弃，把自己的精力和能力用到最该做的事情上，才能获得成功。

★ 根据这段话，每个人都想：

A 出去旅行　　　B 得到更多的东西　C 多交朋友　　　D 想结婚

★ 这段话，主要想告诉我们：

A 要学习外语　　　B 要学会放弃　　　C 要积累经验　　　D 要冷静下来

84-85.

目的地也许只有一个，但是达到目的地的道路却有很多条。所以，当一条路走不通时，我们可以走另外一条路。我们只需要一点勇气。只要不放弃努力，总会找到一条通往成功的路。

★ 当一条路走不通时，我们应该：

A 试试别的路　　B 就放弃　　　　C 给妈妈打电话问问　　D 看地图

★ 根据这段话，我们可以知道：

A 要积累经验　　B 多练习发音　　C 学习要积极　　D 成功需要坚持

# 三、书写
## 第一部分

第 86-95 题：完成句子。

例如：那座桥　　800年的　　历史　　有　　了

　　　　那座桥有800年的历史了。

86. 非常感谢您　　支持和帮助　　对　　我们工作的

87. 咳嗽　　越来越　　得　　她　　厉害

88. 网球　　她的父亲　　是位　　运动员

89. 这张桌子　　搬到　　会议室　　你　　把

90. 共同的爱好　　我们俩　　有　　许多

91. 不一样　　那里的　　和北方　　气候

92. 在图书馆　　丢了　　一张　　今天上午　　饭卡

93. 让　　我　　很吃惊　　这个　　消息

94. 我们应该　　接受自己的　　学会　　缺点

95. 院子　　有　　葡萄树　　里　　我家的　　一棵

# 第二部分

第 96-100 题：看图，用词造句。

例如：

乒乓球

她很喜欢打乒乓球。

96.
果汁

97.
打扮

98.
盐

99.
降落

100.
复杂

# 新汉语水平考试
# HSK(四级)

## 注　意

一、HSK(四级)分三部分：

    1. 听力(45题，约30分钟)

    2. 阅读(40题，40分钟)

    3. 书写(15题，25分钟)

二、**听力结束后，有5分钟填写答题卡。**

三、全部考试约105分钟(含考生填写个人信息时间5分钟)。

# 실전모의고사 2

| 정답 및 해설 | 해설편 p.113

# 一、听 力
## 第一部分

第 1-10 题：判断对错。

例如：我想去办个信用卡，今天下午你有时间吗？陪我去一趟银行？

　　　★ 他打算下午去银行。　　　　　　　　　　　　　　（ ✓ ）

　　　现在我很少看电视，其中一个原因是，广告太多了，不管什么时间，也不管什么节目，只要你打开电视，总能看到那么多的广告，浪费我的时间。

　　　★ 他喜欢看电视广告。　　　　　　　　　　　　　　（ ✗ ）


1. ★ 在出口处换礼物。　　　　　　　　　　　　　　　　（　　）


2. ★ 大家认识不久。　　　　　　　　　　　　　　　　　（　　）


3. ★ 用手机上网使生活更加方便了。　　　　　　　　　　（　　）


4. ★ 女儿晚上想看电影。　　　　　　　　　　　　　　　（　　）


5. ★ 生气时不要急着做决定。　　　　　　　　　　　　　（　　）

6. ★ 他希望大家给他发传真。                                   (     )

7. ★ 他们在谈工作。                                               (     )

8. ★ 他让小明去出差。                                           (     )

9. ★ 他几乎每天都去打网球。                               (     )

10. ★ 现在报名还来得及。                                       (     )

# 第二部分

第 11-25 题：请选出正确答案。

例如：女：该加油了，去机场的路上有加油站吗？

男：有，你放心吧。

问：男的主要是什么意思？

A 去机场　　　　B 快到了　　　　C 油是满的　　　　D 有加油站

11. A 重新修改　　　B 写得很好　　　C 不怎么样　　　D 没原来的好

12. A 想带点饼干　　B 要理发　　　　C 要早出门　　　D 想睡觉

13. A 复印材料　　　B 开会　　　　　C 收拾行李　　　D 买电脑

14. A 电脑　　　　　B 手机　　　　　C 词典　　　　　D 杯子

15. A 很脏　　　　　B 服务态度不好　C 蛋糕好吃　　　D 饮料很贵

16. A 买果汁　　　　B 打扫客厅　　　C 洗碗　　　　　D 写日记

17. A 考上了大学　　B 准备去旅行　　C 拿到签证了　　D 成绩不好

18. A 他们在吃饭　　B 男的没带现金　C 女的在借钱　　D 男的没带卡

19. A 下大雨　　　　B 阴天　　　　　C 晴天　　　　　D 很冷

20. A 博物馆　　　　B 机场　　　　　C 海洋公园　　　　D 出租车上

21. A 铅笔　　　　　B 钱包　　　　　C 眼镜　　　　　D 手机

22. A 马经理　　　　B 王医生　　　　C 新同学　　　　D 老张的儿子

23. A 寄信给她　　　B 发邮件　　　　C 重新改一改　　　D 翻译成英文

24. A 机场　　　　　B 火车站　　　　C 地铁站　　　　D 动物园

25. A 向老师学习　　B 放弃　　　　　C 降低标准　　　　D 多练习

# 第三部分

第 26-45 题：请选出正确答案。

例如：男：把这个文件复印五份，一会儿拿到会议室发给大家。

女：好的。会议是下午三点吗？

男：改了。三点半，推迟了半个小时。

女：好，602会议室没变吧？

男：对，没变。

问：会议几点开始？

A 两点　　　　　B 3点　　　　　C 3：30　　　　　D 6点

26. A 要表演节目　　　B 要去面试　　　C 要参加比赛　　　D 要看父母

27. A 电视节目　　　B 足球比赛　　　C 流行音乐　　　D 电脑游戏

28. A 地点不好　　　B 太小了　　　C 交通不方便　　　D 有点儿吵

29. A 理发店　　　B 大使馆　　　C 办公室　　　D 公园

30. A 国家海洋馆　　　B 图书馆旁边　　　C 动物园售票处　　　D 商店入口

31. A 想去洗手间　　　B 换条路　　　C 迷路了　　　D 没带手机

32. A 降低标准　　　B 结果最重要　　　C 多积累经验　　　D 做打折活动

33. A 饮料很贵　　　B 服务态度不好　　　C 菜好吃　　　D 很安静

34. A 钢琴　　　　　B 英语　　　　　C 科学　　　　　D 数学

35. A 交通方便　　　B 很热闹　　　　C 房价很贵　　　D 和以前一样

36. A 少用塑料袋　　B 多坐公交车　　C 用杯子喝水　　D 多穿衣服

37. A 管理时间　　　B 怎样阅读　　　C 环境保护　　　D 社会责任

38. A 作家　　　　　B 老师　　　　　C 律师　　　　　D 服务员

39. A 不支持　　　　B 羡慕　　　　　C 鼓励　　　　　D 感动

40. A 刷卡机坏了　　B 停电了　　　　C 卡有问题　　　D 卡里没有钱

41. A 宾馆入口　　　B 电梯右边　　　C 办公室旁边　　D 商场楼下

42. A 爱说话的　　　B 懒人　　　　　C 没有礼貌的人　D 幽默的

43. A 做人要诚实　　B 要学会放弃　　C 学习要努力　　D 要互相帮助

44. A 颜色很好看　　B 很合适　　　　C 有点儿大　　　D 很贵

45. A 百货商店　　　B 图书馆　　　　C 理发店　　　　D 邮局

# 二、阅 读
## 第一部分

第 46-50 题： 选词填空。

　　A 棵　　　B 吸引　　　C 乱　　　D 坚持　　　E 辛苦　　　F 联系

例如：她每天都（ D ）走路上下班，所以身体一直很不错。

46. 报告写好了吗？你发邮件后和我（ 　　 ）一下。

47. 春节的时候，很多商场为了（ 　　 ）顾客而搞打折活动。

48. 我家有两（ 　　 ）苹果树，每到秋天就会长满又大又甜的苹果。

49. 你不是明天有面试吗？头发长了，看上去有些（ 　　 ）。

50. 大家都（ 　　 ）了，今天早点儿回去休息吧，明天早上八点在这儿集合。

第 51-55 题： 选词填空。

　　A 超过　　　B 轻　　　C 温度　　　D 客厅　　　E 演员　　　F 严重

例如：A：今天真冷啊，好像白天最高（　C　）才2℃。

　　　　B：刚才电视里说明更冷。

51. A：身体好点儿了吗？

　　B：没事儿。医生说不（　　），明天可以出院。

52. A：你看见我的手机了吗？我怎么也找不着。

　　B：你看看（　　）的桌子上吧，我好像在那里看到过。

53. A：你最近在减肥吗？

　　B：对啊。我比上个月（　　）了四公斤。

54. A：我从小就想成为一名（　　），你呢？

　　B：我想成为数学老师，谁知道我当了一名记者。

55. A：你好，请问我儿子可以买儿童票吗？

　　B：可以，年龄没（　　）五岁就可以买。

# 第二部分

第 56-65 题：排列顺序。

例如：A 可是今天起晚了

    B 平时我骑自行车上下班

    C 所以就打车来公司            B   A   C

56. A 我儿子给我发短信了

    B 有几门还得了优

    C 他说这个学期的课都合格了           _____

57. A 我们还是把它搬到里面去吧

    B 我们买的桌子太大了，放这里进出不方便

    C 把这个地方空出来           _____

58. A 所以她能来参加这次跳舞大赛

    B 在我的印象中，小张一直是个不爱说话的孩子

    C 让我感到非常吃惊           _____

59. A 入口处有存包的地方

    B 抱歉，先生，您的包不能带入馆内

    C 您可以把包放在那儿，谢谢您的配合           _____

60. A 当你想联系一个人，但是又不清楚他是不是有空儿

    B 这时最好先给他发条短信

    C 又担心直接打电话会打扰到他           _____

61. A 一切顺利，永远幸福

    B 希望大家在一年里

    C 新的一年开始了                    _____


62. A 人们常说"天下没有免费的午餐"

    B 意思是你想得到什么

    C 就必须付出努力                    _____


63. A 乘客您好，欢迎乘坐北京地铁 。为了保证您和他人的安全

    B 请您按照"先下后上"的顺序上下车

    C 并坐好扶稳，照顾好自己的小孩        _____


64. A 相信这些都会成为我日后的美好回忆

    B 我在这里学到了很多知识，也积累了很多经验

    C 4年的留学生活很快就要结束了          _____


65. A 这几天随着天气变暖

    B 很多人都前去参观

    C 那儿的花儿都开了，非常漂亮          _____

# 第三部分

第 66-85 题： 请选出正确答案。

例如：她很活泼，说话很有趣，总能给我们带来快乐，我们都很喜欢和她在一起。

　　★ 她是个什么样的人？

　　A 幽默　　　　　B 马虎　　　　　C 骄傲　　　　　D 害羞


66. 音乐是一种语言，人们可以通过音乐来表达自己的感情，而且和其他语言比起来，音乐表达的感情有时更容易让人感动。

　　★ 根据这段话，音乐表达的感情：

　　A 更感动　　　　B 更复杂　　　　C 让人难过　　　　D 听不懂


67. 小姐，这儿是云山路307号没错，可是没有您找的李经理这个人，您最好再打电话问问，这个地址是不是正确。

　　★ 那位小姐：

　　A 要点菜　　　　B 想买衣服　　　　C 要找李经理　　　D 要办签证


68. 我本来很喜欢吃甜的东西，但是下个月我就要结婚了，我希望那时候的自己是最漂亮的，所以我决定从今天开始减肥，不再吃巧克力、蛋糕等一切甜的东西。

　　★ 她：

　　A 很瘦　　　　　B 快结婚了　　　　C 准备考试　　　　D 能力不好


69. 叶诗文是中国著名的游泳运动员，她6岁时老师看她的身体条件很符合游泳运动员的要求，就鼓励她专门去学游泳。尽管她现在只有16岁，但已经获得了好几个国际大奖。

　　★ 叶诗文是一名：

　　A 运动员　　　　B 作家　　　　　C 老师　　　　　D 记者

70. 教育学家建议，父母应该让孩子认识钱、了解钱的作用，对于6到10岁的孩子，很适合教他们管理自己的钱，并认识到存钱的重要性。

   ★ 父母应教孩子：
      A 节约用水　　　B 做饭　　　　　　C 别随便借钱　　　D 怎样管理钱


71. 市区和郊区各有各的好处。市区的交通很方便，但是空气污染很严重；相反，在郊区的生活虽然出行不方便，但风景很美，空气很新鲜。

   ★ 他觉得市区：
      A 很热闹　　　　B 收入高　　　　　C 空气不好　　　　D 容易找房子


72. 学习外语时，很多人遇到不懂的词就去查词典。你可以先根据上下文来猜它的意思，实在猜不出，再去查词典，这样才能提高你的外语水平。

   ★ 遇到不懂的词语，最好先：
      A 猜词语的意思　B 上网查查　　　　C 问问老师　　　　D 写在笔记本上


73. 旅行前要做个计划，比如怎样坐车，要去什么地方，找个酒店，带什么衣服，一共要玩儿多少天等。把这些都详细计划好，旅游时才会更轻松。

   ★ 旅游前，我们应该：
      A 提前做好计划　B 先挣钱　　　　　C 请假　　　　　　D 准备做饭


74. 人们常说"抽烟有害无益"。抽烟不仅对自己的身体不好，还会影响周围人的健康。为了自己和他人的健康，少抽烟。

   ★ 这段话主要告诉我们要：
      A 每天运动　　　B 少抽烟　　　　　C 保护环境　　　　D 多读书

75. 做决定之前一定要考虑清楚，不要以为你还年轻，就可以想做什么就做什么，你现在做出的每一个决定都有可能影响到你的将来。

    ★ 根据这段话，做决定前要：

    A 考虑清楚　　　　B 和父母商量　　　　C 多运动　　　　D 去逛街

76. 要想交个朋友，其实有很多办法。例如多和周围的人打招呼，在别人遇到麻烦的时候去帮助他，或者跟别人聊聊他感兴趣的事，这样使人更快地接受你。

    ★ 怎样可以交朋友？

    A 多和人聊天　　　　B 请客　　　　C 讲笑话　　　　D 说自己的缺点

77. 如果必须要完成一件自己不喜欢的事情，很多人把它留到最后才做，但是我觉得最好的办法就是早点儿把它做完，这样才能提前结束烦恼。

    ★ 说话人觉得对不喜欢却又必须做的事，最好：

    A 找人帮忙　　　　B 早点儿完成　　　　C 不做　　　　D 叫别人来做

78. 小明，你认识的人，有学法律的吗？我有个朋友想找个律师，咨询一下有关法律方面的问题，你可以给他介绍一个吗？

    ★ 说话人的朋友：

    A 找律师　　　　B 想买空调　　　　C 是公司职员　　　　D 明天结婚

79. 选择职业时，不要只考虑收入，应该要根据自己的性格去判断什么样的工作适合自己，这样才能找到自己满意的工作。

    ★ 选择职业时：

    A 打好基础　　　　B 考虑自己的性格　C 接受批评　　　　D 多读书

80-81.

　　有句话叫"规定是死的，人是活的"。虽然要按规定做事，但是当"规定"和"经验"不能解决问题时，应该试着以前从来没做过的方法，也许这样就能找到解决问题的好方法了。

　　★ "人是活的"这里"活"指的是：
　　　A 懂得放弃　　　　B 有信心　　　　　C 懂得改变　　　　D 有责任心


　　★ 根据这段话，不能解决问题时：
　　　A 试试新的方法　　B 再做计划　　　　C 去旅行　　　　　D 找自己的缺点


82-83.

　　很多人认为选择越多越好。有大学做了一个研究：让前10名学生在3种饮料中选择一种，后10名学生在20种饮料中选择。结果发现，后10名学生中有更多的人觉得自己选的饮料不好喝，后悔当时的选择。太多的东西往往让人无法选择。

　　★ 关于那些学生，可以知道：
　　　A 不喜欢运动　　　B 成绩优秀　　　　C 很马虎　　　　　D 一共20名


　　★ 这段话主要想告诉我们什么？
　　　A 要认真学习　　　B 要保护环境　　　C 重视结果　　　　D 选择多不一定好

84-85.

　　为了了解学生的想法，我请他们对我提出批评。有个学生说："教授，您教得非常好，但是您总是在课前等那些迟到的同学。"我听了很吃惊，就问她："难道这样不对吗？"有个学生向我解释说："迟到说明不尊重别人的时间，您当然也不必尊重他。只有尊重别人时间的人，才值得别人尊重。"

★ 学生建议教授：

A 别等迟到的学生　B 早点儿下课　　　C 声音大点儿　　　D 少留作业

★ 这段话告诉我们要：

A 学会放弃　　　　B 学习要认真　　　C 尊重他人时间　　D 学会原谅

# 三、书写
## 第一部分

第 86-95 题：完成句子。

例如：那座桥　　800年的　　历史　　有　　了

　　　　那座桥有800年的历史了。

86. 严格　　那家公司的　　挺　　的　　规定

87. 比赛　　赢得　　轻松　　这场　　非常

88. 四分之三的人　　大概　　这样做　　反对

89. 把　　我　　扔　　不穿的衣服　　掉了

90. 这台　　不错　　洗衣机的　　质量

91. 被　　知道了　　同学们　　这个消息

92. 他的工资　　3000元　　比　　高　　我

93. 里　　拍照　　不允许　　博物馆

94. 普通话水平考试　　怎么样　　考得　　你的

95. 真让人　　感动　　这个　　故事

# 第二部分

第 96-100 题：看图，用词造句。

例如： 乒乓球

她很喜欢打乒乓球。

96. 打折

97. 抱

98. 毕业

99. 零钱

100. 愉快

# 〈답안지 작성법〉

# 新汉语水平考试
# HSK（四级）答题卡

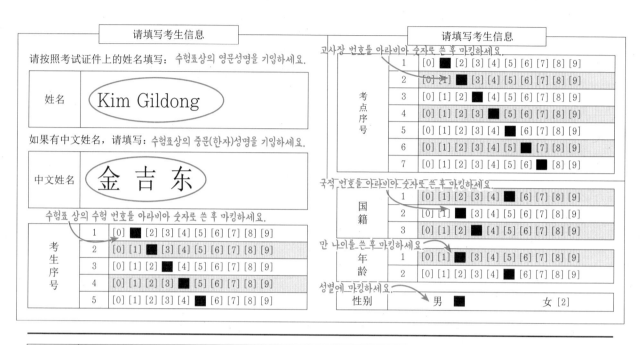

| 请填写考生信息 | 请填写考生信息 |

请按照考试证件上的姓名填写：수험표상의 영문성명을 기입하세요.

| 姓名 | Kim Gildong |

如果有中文姓名，请填写：수험표상의 중문(한자)성명을 기입하세요.

| 中文姓名 | 金 吉 东 |

수험표 상의 수험 번호를 아라비아 숫자로 쓴 후 마킹하세요.

考生序号
1 [0] ■ [2] [3] [4] [5] [6] [7] [8] [9]
2 [0] [1] ■ [3] [4] [5] [6] [7] [8] [9]
3 [0] [1] [2] ■ [4] [5] [6] [7] [8] [9]
4 [0] [1] [2] [3] ■ [5] [6] [7] [8] [9]
5 [0] [1] [2] [3] ■ [6] [7] [8] [9]

고사장 번호를 아라비아 숫자로 쓴 후 마킹하세요.

考点序号
1 [0] ■ [2] [3] [4] [5] [6] [7] [8] [9]
2 [0] [1] ■ [3] [4] [5] [6] [7] [8] [9]
3 [0] [1] [2] ■ [4] [5] [6] [7] [8] [9]
4 [0] [1] [2] [3] ■ [5] [6] [7] [8] [9]
5 [0] [1] [2] [3] [4] ■ [6] [7] [8] [9]
6 [0] [1] [2] [3] [4] [5] ■ [7] [8] [9]
7 [0] [1] [2] [3] [4] [5] [6] ■ [8] [9]

국적 번호를 아라비아 숫자로 쓴 후 마킹하세요.

国籍
1 [0] [1] [2] [3] [4] ■ [6] [7] [8] [9]
2 [0] [1] ■ [3] [4] [5] [6] [7] [8] [9]
3 [0] [1] [2] ■ [4] [5] [6] [7] [8] [9]

만 나이를 쓴 후 마킹하세요.

年龄
1 [0] [1] ■ [3] [4] [5] [6] [7] [8] [9]
2 [0] [1] [2] [3] [4] ■ [6] [7] [8] [9]

성별에 마킹하세요.

性别    男 ■        女 [2]

---

| 注意 | 请用2B铅笔这样写：■ 2B 연필로 정답을 마킹하세요. |

## 一、听力

| | | | | |
|---|---|---|---|---|
| 1. [✓] [✗] | 6. [✓] [✗] | 11. [A] [B] [C] [D] | 16. [A] [B] [C] [D] | 21. [A] [B] [C] [D] |
| 2. [✓] [✗] | 7. [✓] [✗] | 12. [A] [B] [C] [D] | 17. [A] [B] [C] [D] | 22. [A] [B] [C] [D] |
| 3. [✓] [✗] | 8. [✓] [✗] | 13. [A] [B] [C] [D] | 18. [A] [B] [C] [D] | 23. [A] [B] [C] [D] |
| 4. [✓] [✗] | 9. [✓] [✗] | 14. [A] [B] [C] [D] | 19. [A] [B] [C] [D] | 24. [A] [B] [C] [D] |
| 5. [✓] [✗] | 10. [✓] [✗] | 15. [A] [B] [C] [D] | 20. [A] [B] [C] [D] | 25. [A] [B] [C] [D] |

문항 배열 방향에 주의하세요.

| | | | | |
|---|---|---|---|---|
| 26. [A] [B] [C] [D] | 31. [A] [B] [C] [D] | 36. [A] [B] [C] [D] | 41. [A] [B] [C] [D] | |
| 27. [A] [B] [C] [D] | 32. [A] [B] [C] [D] | 37. [A] [B] [C] [D] | 42. [A] [B] [C] [D] | |
| 28. [A] [B] [C] [D] | 33. [A] [B] [C] [D] | 38. [A] [B] [C] [D] | 43. [A] [B] [C] [D] | |
| 29. [A] [B] [C] [D] | 34. [A] [B] [C] [D] | 39. [A] [B] [C] [D] | 44. [A] [B] [C] [D] | |
| 30. [A] [B] [C] [D] | 35. [A] [B] [C] [D] | 40. [A] [B] [C] [D] | 45. [A] [B] [C] [D] | |

## 二、阅读

| | |
|---|---|
| 46. [A] [B] [C] [D] [E] [F] | 51. [A] [B] [C] [D] [E] [F] |
| 47. [A] [B] [C] [D] [E] [F] | 52. [A] [B] [C] [D] [E] [F] |
| 48. [A] [B] [C] [D] [E] [F] | 53. [A] [B] [C] [D] [E] [F] |
| 49. [A] [B] [C] [D] [E] [F] | 54. [A] [B] [C] [D] [E] [F] |
| 50. [A] [B] [C] [D] [E] [F] | 55. [A] [B] [C] [D] [E] [F] |

56. _____ — 58. _____ — 60. _____ — 62. _____ — 64. _____

57. _____ — 59. _____ — 61. _____ — 63. _____ — 65. _____

| | | | |
|---|---|---|---|
| 66. [A] [B] [C] [D] [E] | 71. [A] [B] [C] [D] [E] | 76. [A] [B] [C] [D] [E] | 81. [A] [B] [C] [D] [E] |
| 67. [A] [B] [C] [D] [E] | 72. [A] [B] [C] [D] [E] | 77. [A] [B] [C] [D] [E] | 82. [A] [B] [C] [D] [E] |
| 68. [A] [B] [C] [D] [E] | 73. [A] [B] [C] [D] [E] | 78. [A] [B] [C] [D] [E] | 83. [A] [B] [C] [D] [E] |
| 69. [A] [B] [C] [D] [E] | 74. [A] [B] [C] [D] [E] | 79. [A] [B] [C] [D] [E] | 84. [A] [B] [C] [D] [E] |
| 70. [A] [B] [C] [D] [E] | 75. [A] [B] [C] [D] [E] | 80. [A] [B] [C] [D] [E] | 85. [A] [B] [C] [D] [E] |

86. _____

87. _____

88. _____

89. _____

90. _____

91. _____

92. _____

93. _____

94. _____

95. _____

96. _____

97. _____

98. _____

99. _____

100. _____

# 新 汉 语 水 平 考 试
# HSK（四级）答题卡

| 注意 | 请用2B铅笔这样写： |
|---|---|

## 一、听力

1. [✔] [✘]　　6. [✔] [✘]　　11. [A] [B] [C] [D]　　16. [A] [B] [C] [D]　　21. [A] [B] [C] [D]
2. [✔] [✘]　　7. [✔] [✘]　　12. [A] [B] [C] [D]　　17. [A] [B] [C] [D]　　22. [A] [B] [C] [D]
3. [✔] [✘]　　8. [✔] [✘]　　13. [A] [B] [C] [D]　　18. [A] [B] [C] [D]　　23. [A] [B] [C] [D]
4. [✔] [✘]　　9. [✔] [✘]　　14. [A] [B] [C] [D]　　19. [A] [B] [C] [D]　　24. [A] [B] [C] [D]
5. [✔] [✘]　　10. [✔] [✘]　　15. [A] [B] [C] [D]　　20. [A] [B] [C] [D]　　25. [A] [B] [C] [D]

26. [A] [B] [C] [D]　　31. [A] [B] [C] [D]　　36. [A] [B] [C] [D]　　41. [A] [B] [C] [D]
27. [A] [B] [C] [D]　　32. [A] [B] [C] [D]　　37. [A] [B] [C] [D]　　42. [A] [B] [C] [D]
28. [A] [B] [C] [D]　　33. [A] [B] [C] [D]　　38. [A] [B] [C] [D]　　43. [A] [B] [C] [D]
29. [A] [B] [C] [D]　　34. [A] [B] [C] [D]　　39. [A] [B] [C] [D]　　44. [A] [B] [C] [D]
30. [A] [B] [C] [D]　　35. [A] [B] [C] [D]　　40. [A] [B] [C] [D]　　45. [A] [B] [C] [D]

## 二、阅读

46. [A] [B] [C] [D] [E] [F]　　51. [A] [B] [C] [D] [E] [F]
47. [A] [B] [C] [D] [E] [F]　　52. [A] [B] [C] [D] [E] [F]
48. [A] [B] [C] [D] [E] [F]　　53. [A] [B] [C] [D] [E] [F]
49. [A] [B] [C] [D] [E] [F]　　54. [A] [B] [C] [D] [E] [F]
50. [A] [B] [C] [D] [E] [F]　　55. [A] [B] [C] [D] [E] [F]

56. _____　— 58. _____　— 60. _____　— 62. _____　— 64. _____　—

57. _____　— 59. _____　— 61. _____　— 63. _____　— 65. _____　—

66. [A] [B] [C] [D] [E]　　71. [A] [B] [C] [D] [E]　　76. [A] [B] [C] [D] [E]　　81. [A] [B] [C] [D] [E]
67. [A] [B] [C] [D] [E]　　72. [A] [B] [C] [D] [E]　　77. [A] [B] [C] [D] [E]　　82. [A] [B] [C] [D] [E]
68. [A] [B] [C] [D] [E]　　73. [A] [B] [C] [D] [E]　　78. [A] [B] [C] [D] [E]　　83. [A] [B] [C] [D] [E]
69. [A] [B] [C] [D] [E]　　74. [A] [B] [C] [D] [E]　　79. [A] [B] [C] [D] [E]　　84. [A] [B] [C] [D] [E]
70. [A] [B] [C] [D] [E]　　75. [A] [B] [C] [D] [E]　　80. [A] [B] [C] [D] [E]　　85. [A] [B] [C] [D] [E]

三、书写

86. _____

87. _____

88. _____

89. _____

90. _____

91. _____

92. _____

93. _____

94. _____

95. _____

96. _____

97. _____

98. _____

99. _____

100. _____

# 新 汉 语 水 平 考 试
# HSK（四级）答题卡

请按照考试证件上的姓名填写：

| 姓名 | |
|---|---|

如果有中文姓名，请填写：

| 中文姓名 | |
|---|---|

| 考点序号 | 1 | [0] [1] [2] [3] [4] [5] [6] [7] [8] [9] |
|---|---|---|
| | 2 | [0] [1] [2] [3] [4] [5] [6] [7] [8] [9] |
| | 3 | [0] [1] [2] [3] [4] [5] [6] [7] [8] [9] |
| | 4 | [0] [1] [2] [3] [4] [5] [6] [7] [8] [9] |
| | 5 | [0] [1] [2] [3] [4] [5] [6] [7] [8] [9] |
| | 6 | [0] [1] [2] [3] [4] [5] [6] [7] [8] [9] |
| | 7 | [0] [1] [2] [3] [4] [5] [6] [7] [8] [9] |

| 考生序号 | 1 | [0] [1] [2] [3] [4] [5] [6] [7] [8] [9] |
|---|---|---|
| | 2 | [0] [1] [2] [3] [4] [5] [6] [7] [8] [9] |
| | 3 | [0] [1] [2] [3] [4] [5] [6] [7] [8] [9] |
| | 4 | [0] [1] [2] [3] [4] [5] [6] [7] [8] [9] |
| | 5 | [0] [1] [2] [3] [4] [5] [6] [7] [8] [9] |

| 国籍 | 1 | [0] [1] [2] [3] [4] [5] [6] [7] [8] [9] |
|---|---|---|
| | 2 | [0] [1] [2] [3] [4] [5] [6] [7] [8] [9] |
| | 3 | [0] [1] [2] [3] [4] [5] [6] [7] [8] [9] |

| 年龄 | 1 | [0] [1] [2] [3] [4] [5] [6] [7] [8] [9] |
|---|---|---|
| | 2 | [0] [1] [2] [3] [4] [5] [6] [7] [8] [9] |

| 性别 | 男 [1] | 女 [2] |
|---|---|---|

| 注意 | 请用2B铅笔这样写： |
|---|---|

## 一、听力

1. [✓] [✗]　　6. [✓] [✗]　　11. [A] [B] [C] [D]　　16. [A] [B] [C] [D]　　21. [A] [B] [C] [D]
2. [✓] [✗]　　7. [✓] [✗]　　12. [A] [B] [C] [D]　　17. [A] [B] [C] [D]　　22. [A] [B] [C] [D]
3. [✓] [✗]　　8. [✓] [✗]　　13. [A] [B] [C] [D]　　18. [A] [B] [C] [D]　　23. [A] [B] [C] [D]
4. [✓] [✗]　　9. [✓] [✗]　　14. [A] [B] [C] [D]　　19. [A] [B] [C] [D]　　24. [A] [B] [C] [D]
5. [✓] [✗]　　10. [✓] [✗]　　15. [A] [B] [C] [D]　　20. [A] [B] [C] [D]　　25. [A] [B] [C] [D]

26. [A] [B] [C] [D]　　31. [A] [B] [C] [D]　　36. [A] [B] [C] [D]　　41. [A] [B] [C] [D]
27. [A] [B] [C] [D]　　32. [A] [B] [C] [D]　　37. [A] [B] [C] [D]　　42. [A] [B] [C] [D]
28. [A] [B] [C] [D]　　33. [A] [B] [C] [D]　　38. [A] [B] [C] [D]　　43. [A] [B] [C] [D]
29. [A] [B] [C] [D]　　34. [A] [B] [C] [D]　　39. [A] [B] [C] [D]　　44. [A] [B] [C] [D]
30. [A] [B] [C] [D]　　35. [A] [B] [C] [D]　　40. [A] [B] [C] [D]　　45. [A] [B] [C] [D]

## 二、阅读

46. [A] [B] [C] [D] [E] [F]　　51. [A] [B] [C] [D] [E] [F]
47. [A] [B] [C] [D] [E] [F]　　52. [A] [B] [C] [D] [E] [F]
48. [A] [B] [C] [D] [E] [F]　　53. [A] [B] [C] [D] [E] [F]
49. [A] [B] [C] [D] [E] [F]　　54. [A] [B] [C] [D] [E] [F]
50. [A] [B] [C] [D] [E] [F]　　55. [A] [B] [C] [D] [E] [F]

56. ＿＿＿＿　　— 58. ＿＿＿＿　　— 60. ＿＿＿＿　　— 62. ＿＿＿＿　　— 64. ＿＿＿＿

57. ＿＿＿＿　　— 59. ＿＿＿＿　　— 61. ＿＿＿＿　　— 63. ＿＿＿＿　　— 65. ＿＿＿＿

66. [A] [B] [C] [D] [E]　　71. [A] [B] [C] [D] [E]　　76. [A] [B] [C] [D] [E]　　81. [A] [B] [C] [D] [E]
67. [A] [B] [C] [D] [E]　　72. [A] [B] [C] [D] [E]　　77. [A] [B] [C] [D] [E]　　82. [A] [B] [C] [D] [E]
68. [A] [B] [C] [D] [E]　　73. [A] [B] [C] [D] [E]　　78. [A] [B] [C] [D] [E]　　83. [A] [B] [C] [D] [E]
69. [A] [B] [C] [D] [E]　　74. [A] [B] [C] [D] [E]　　79. [A] [B] [C] [D] [E]　　84. [A] [B] [C] [D] [E]
70. [A] [B] [C] [D] [E]　　75. [A] [B] [C] [D] [E]　　80. [A] [B] [C] [D] [E]　　85. [A] [B] [C] [D] [E]

三、书写

86. _____

87. _____

88. _____

89. _____

90. _____

91. _____

92. _____

93. _____

94. _____

95. _____

96. _____

97. _____

98. _____

99. _____

100. _____

여러분의 합격을 기원합니다.

# 정답 & 해설

# 제 1 부분

## 일치·불일치 판단하기

### 1. 일치형 실전 테스트

정답  1. ✔  2. ✘  3. ✔  4. ✔  5. ✔

---

**1**

★ 他想去西安玩儿。　（ ✔ ）

★ 그는 시안에 놀러 가고 싶어한다.

我打算这次暑假去西安旅游，听说西安有很多名胜古迹，风景很美，而且有很多当地的美食，相信这次暑假会很有意思。

나는 이번 여름 방학에 시안에 여행 갈 계획이다. 시안에는 많은 명승고적이 있고, 풍경이 아름다우며, 또 현지의 맛있는 음식이 많이 있다고 한다. 이번 여름 방학이 아주 재미있을 거라 믿는다.

**해설** 보기 문장의 키워드는 想去玩儿(놀러 가고 싶다)과 西安(시안)이다. 녹음에서 화자는 打算去西安旅游(시안에 여행 갈 계획이다)라고 했고, 이어 相信很有意思(아주 재미있을 거라고 믿는다)라고 했으므로 일치하는 내용임을 알 수 있다.

**어휘** 西安 Xī'ān 지명 시안　玩儿 wánr 통 놀다　打算 dǎsuàn 통 ~할 생각이다　这次 zhècì 대 이번　暑假 shǔjià 명 여름 방학　旅游 lǚyóu 통 여행하다　听说 tīngshuō 통 듣자 하니　名胜古迹 míngshènggǔjì 명 명승고적　风景 fēngjǐng 명 풍경　美 měi 형 아름답다　而且 érqiě 접 게다가　当地 dāngdì 명 현지　美食 měishí 명 맛있는 음식　相信 xiāngxìn 통 믿다　有意思 yǒuyìsi 형 재미있다

---

**2**

★ 禁止带包进图书馆。　（ ✘ ）

★ 가방을 가지고 도서관에 들어가는 것을 금지한다.

对不起！先生。按照博物馆的规定，禁止带包入内。您可以把钱包、手机等贵重物品拿出来，然后到保险柜存一下包。

죄송합니다. 선생님. 박물관 규정에 따라 가방을 가지고 안에 들어가실 수 없습니다. 지갑과 휴대폰 등 귀중품을 꺼내신 뒤 보관함에 가방을 보관하실 수 있습니다.

**해설** 보기 문장은 금지문이며 키워드는 带包(가방을 지니다)와 进图书馆(도서관에 들어가다)이다. 녹음에서 禁止带包入内(가방을 가지고 입장하는 것을 금지한다)라고 했으므로 보기의 禁止带(가지고 가는 것을 금지한다)와 일치하지만 장소가 도서관이 아닌 博物馆(박물관)이므로 불일치하는 내용이다.

**어휘** 禁止 jìnzhǐ 통 금지하다　带 dài 통 가져가다　包 bāo 명 가방　进 jìn 통 들어가다　图书馆 túshūguǎn 명 도서관　先生 xiānsheng 명 성인 남자에 대한 존칭　按照 ànzhào 개 ~에 따라　博物馆 bówùguǎn 명 박물관　规定 guīdìng 명 규정　入 rù 통 들다　把 bǎ 개 ~을/를　钱包 qiánbāo 명 지갑　手机 shǒujī 명 휴대폰　等 děng 조 등, 따위　贵重 guìzhòng 형 귀중하다　物品 wùpǐn 명 물품　拿出来 náchūlái 꺼내다　然后 ránhòu 접 그런 후에　保险柜 bǎoxiǎnguì 명 금고　存 cún 통 보관하다

---

**3**

★ 那家店免费送商品。　（ ✔ ）

★ 그 가게는 무료로 상품을 배송한다.

您放心，只要是在我们店购买的商品，不管价钱多少，不管商品数量和重量多少，不管您家离这儿多远，我们都将为您提供免费送货上门服务。如果您需要该服务，请前来咨询台。

안심하세요. 저희 가게에서 구매하신 상품은 가격이 얼마이든, 상품 수량과 중량이 얼마이든, 귀하의 집이 얼마나 멀든 관계없이 저희는 무료 배송 서비스를 제공해 드립니다. 만일 서비스를 이용하고 싶으시면 안내데스크로 와 주십시오.

**해설** 보기 문장의 키워드는 免费(무료)와 送商品(상품을 배송하다)이다. 녹음에서 提供免费送货上门服务(무료 배송 서비스를 제공한다)라고 그대로 언급되었으므로 보기 문장과 일치한다.

**어휘** 家 jiā 양 점포 등을 세는 단위　店 diàn 명 상점　免费 miǎnfèi 통 무료로 하다　送 sòng 통 주다　商品 shāngpǐn 명 상품　放心 fàngxīn 통 마음을 놓다　只要 zhǐyào ~하기만 하면　购买 gòumǎi 사다　不管 bùguǎn 접 ~에 관계없이　价钱 jiàqián 명 가격　数量 shùliàng 명 수량　重量 zhòngliàng 명 무게　将 jiāng 부 ~일 것이다　为 wèi 개 ~을 위하여　提供 tígōng 통 제공하다　送货上门 sònghuòshàngmén 집까지 배송해 주다　服务 fúwù 명 서비스　该 gāi 대 이, 그　前来 qiánlái 이쪽으로 오다　咨询台 zīxúntái 명 안내데스크

---

**4**　★ 做错事要立刻道歉。　（ ✓ ）　　★ 잘못을 하면 즉시 사과해야 한다.

当自己做错事，而影响到别人时，一定要及时道歉。否则时间一长误会就会更深，到那时再去解决恐怕就不容易了。

자신이 잘못해서 다른 사람에게 영향을 끼쳤을 때, 반드시 즉시 사과해야 한다. 그렇지 않고 시간이 길어지면 오해가 깊어질 수 있고, 그때가 되어 해결하려고 하면 쉽지 않을 수 있다.

**해설** 보기 문장의 키워드는 立刻(제때에)과 道歉(사과하다)이다. 녹음에서 当自己做错事，一定要及时道歉(스스로 잘못했을 때 반드시 제때에 사과해야 한다)라고 했으므로 보기의 핵심 키워드가 그대로 언급되었다. 일치하는 내용이다.

**어휘** 做 zuò 통 하다　错事 cuòshì 명 착오　立刻 lìkè 부 즉시, 곧　道歉 dàoqiàn 통 사과하다　当……时 dāng……shí ~할 때　自己 zìjǐ 대 자신　而 ér 접 그리하여　影响 yǐngxiǎng 영향을 주다　别人 biérén 대 다른 사람　及时 jíshí 부 즉시, 신속히　否则 fǒuzé 접 만약 그렇지 않으면　时间 shíjiān 명 시간　误会 wùhuì 통 오해하다　更 gèng 부 더욱　深 shēn 통 깊다　那时 nàshí 대 그때　解决 jiějué 통 해결하다　恐怕 kǒngpà 부 아마도 ~일 것이다　容易 róngyì 형 쉽다

---

**5**　★ 他认为输赢并不重要。　（ ✓ ）　　★ 그는 승패가 결코 중요하지 않다고 여긴다.

很多人都重视比赛结果。可在我看来，输赢并不是最重要的，在和他人竞争的过程中使自己能够提高一些，学到耐心和体育精神，这才是参赛的最终目的。

많은 사람들은 시합의 결과를 중시한다. 그러나 내가 보기에 승패가 가장 중요한 것은 아니다. 다른 사람과 경쟁하는 과정에서 스스로 조금이라도 발전할 수 있고 인내심과 스포츠 정신을 배울 수 있다면 이것이야말로 시합에 참가하는 궁극적인 목적이 된다.

**해설** 보기 문장의 키워드는 输赢(승패)과 并不重要(결코 중요하지 않다)이다. 녹음에서 在我看来，输赢并不是最重要的(내가 보기에 승패가 가장 중요한 것은 아니다)라고 했으므로 일치하는 내용이다.

**어휘** 认为 rènwéi 통 ~라고 생각하다　输赢 shūyíng 명 승패　并不 bìngbù 부 결코 ~하지 않다　重要 zhòngyào 형 중요하다　重视 zhòngshì 통 중시하다　比赛 bǐsài 명 시합　结果 jiéguǒ 명 결과　最 zuì 부 가장　他人 tārén 명 타인　竞争 jìngzhēng 통 경쟁하다　过程 guòchéng 명 과정　使 shǐ 통 ~하게 만들다　自己 zìjǐ 대 자신　提高 tígāo 통 향상시키다　耐心 nàixīn 명 인내심　体育精神 tǐyù jīngshén 스포츠 정신　才 cái 부 비로소　参赛 cānsài 통 시합에 참가하다　最终 zuìzhōng 형 최후의, 궁극의　目的 mùdì 명 목적

---

## 2. 혼동형 실전 테스트

정답　1. ✗　2. ✓　3. ✗　4. ✗　5. ✓

---

**1**　★ 夏天喝冰水更解渴。　（ ✗ ）　　★ 여름에 얼음물을 마시면 갈증이 더 풀린다.

有些人认为，夏天喝冰水更解渴，这是不正确的。其实，喝热水更容易帮人解渴。同样，夏天用热水洗澡，也比用冷水洗澡更凉快。

어떤 사람들은 여름에 얼음물을 마시면 갈증이 더 풀린다고 생각하지만 이것은 옳지 않다. 사실 뜨거운 물을 마시면 갈증을 더 쉽게 해소할 수 있다. 마찬가지로 여름에 더운물로 샤워하는 것이 찬물로 샤워하는 것보다 더 시원하다.

**해설** 보기 문장의 키워드는 喝冰水(얼음물을 마시다)와 更解渴(갈증이 더 풀린다)이다. 지문에서 夏天喝冰水更解渴，这是不正确的(여름에 얼음물을 마시면 갈증이 더 풀린다는 것은 옳지 않다)라고 했으므로 불일치하는 내용이다.

**어휘** 夏天 xiàtiān 명 여름　冰水 bīngshuǐ 명 얼음물　更 gèng 부 더욱　解渴 jiěkě 통 갈증을 풀다　有些 yǒuxiē 대 어떤　认为 rènwéi 통 ~라고 생각하다　正确 zhèngquè 형 정확하다, 옳다　其实 qíshí 부 사실은　热水 rèshuǐ 명 뜨거운 물　容易 róngyì 형 쉽다　帮 bāng 통 돕다　同样 tóngyàng 접 마찬가지로　用 yòng 통 사용하다　洗澡 xǐzǎo 통 샤워하다　也 yě 부 ~도　比 bǐ 개 ~보다　冷水 lěngshuǐ 명 냉수　凉快 liángkuai 형 시원하다

---

### 2

★ 他已经适应了这儿的生活。　( ✓ )　　★ 그는 이미 이곳의 생활에 적응했다.

我刚来这儿的时候吃的喝的都不习惯，而且没有朋友，觉得很孤单，后来交了几个好朋友，他们带我去很多地方，让我体验很多东西。现在我越来越喜欢这里的生活了。

내가 막 이곳에 왔을 때 먹는 거나 마시는 게 모두 익숙하지 않았고 친구가 없어서 아주 외로웠다. 그 후에 몇몇 친구를 사귀었고 그들이 나를 많은 곳에 데려가서 많은 것들을 경험하게 해 줬다. 지금은 점점 이곳의 생활이 좋아지고 있다.

**해설** 보기 문장의 키워드는 已经适应了(이미 적응했다)이다. 녹음에서 刚来这儿的时候吃的喝的都不习惯(막 이곳에 왔을 때 먹는 거나 마시는 게 모두 익숙하지 않았다)고 했지만 이어 后来交了几个好朋友，他们带我去很多地方，让我体验很多东西(그 후에 몇몇 친구를 사귀었고 그들이 나를 많은 곳에 데려가서 많은 것들을 경험하게 해 줬다)라고 했으므로 일치하는 내용임을 알 수 있다.

**어휘** 已经 yǐjing 부 이미　适应 shìyìng 통 적응하다　生活 shēnghuó 명 생활　刚 gāng 부 방금　的时候 deshíhou ~할 때　习惯 xíguàn 통 익숙해지다　朋友 péngyǒu 명 친구　觉得 juéde 통 ~라고 생각하다　孤单 gūdān 형 외롭다　后来 hòulái 명 그 후, 그 뒤에　交 jiāo 통 사귀다　带 dài 통 데리다, 인솔하다　体验 tǐyàn 통 체험하다　越来越 yuèláiyuè 부 더욱더, 점점　喜欢 xǐhuan 통 좋아하다

---

### 3

★ 传真机坏了。　( ✗ )　　★ 팩스기가 고장났다.

王先生，很抱歉，我们办公室的打印机坏了，现在还在修理。我待一会儿把材料送给您，可以吗？

왕 선생님 죄송합니다. 저희 사무실의 프린터가 고장나서 지금 수리 중입니다. 제가 잠시 뒤에 자료를 보내드려도 될까요?

**해설** 보기 문장의 키워드는 传真机(팩스)와 坏了(고장났다)이다. 녹음에서 坏了(고장났다)가 언급됐지만 팩스기가 아닌 打印机(프린터)라고 했으므로 불일치하는 내용임을 알 수 있다.

**어휘** 传真机 chuánzhēnjī 명 팩스기　坏 huài 형 고장나다　先生 xiānsheng 명 성인 남자에 대한 호칭　抱歉 bàoqiàn 통 미안해하다　办公室 bàngōngshì 명 사무실　打印机 dǎyìnjī 명 프린터　修理 xiūlǐ 통 수리하다　待 dài 통 기다리다　一会儿 yíhuìr 명 잠시　把 bǎ 개 ~을/를　材料 cáiliào 명 자료　送 sòng 통 보내다

---

### 4

★ 睡觉时间越长越好。　( ✗ )　　★ 수면 시간은 길수록 좋다.

很多人一到周末就喜欢睡懒觉，他们认为这样能够解除疲劳。可是专家提醒我们，睡眠时间太长并不好，有时会引起头疼和腰疼，一般睡八个小时就够了。

많은 사람들은 주말이 되면 늦잠 자길 좋아하는데 그들은 이렇게 해야 피로가 풀린다고 생각한다. 그러나 전문가들은 수면 시간이 너무 긴 것은 결코 좋지 않고, 때로 두통과 요통을 일으킬 수 있으며, 일반적으로 8시간을 자면 충분하다고 말한다.

**해설** 보기 문장의 키워드는 睡觉时间(수면 시간)과 越长越好(길수록 좋다)이다. 녹음에서 睡觉时间太长并不好(수면 시간이 너무 긴 것은 결코 좋지 않다)라고 했으므로 불일치하는 내용이다.

**어휘** 睡觉 shuìjiào 통 자다　时间 shíjiān 명 시간　越……越…… yuè……yuè…… ~할수록 ~하다　长 cháng 형 길다　一……，就…… yī……, jiù…… ~하자마자 ~하다　周末 zhōumò 명 주말　睡懒觉 shuìlǎnjiào 늦잠을 자다　认为 rènwéi 여기다, 생각하다　解除 jiěchú 통 없애다, 해소하다　疲劳 píláo 명 피로　专家 zhuānjiā 명 전문가　提醒 tíxǐng 통 일깨우다　并

bìng 🔢 결코   有时 yǒushí 🔢 때로는   引起 yǐnqǐ 🔢 일으키다   头疼 tóuténg 🔢 두통   腰疼 yāoténg 🔢 요통   一般 yìbān
🔢 일반적으로   够 gòu 🔢 충분하다

**5**

| ★ 那里的煎饺很便宜。　（ ✓ ） | ★ 그곳의 군만두는 아주 저렴하다. |
|---|---|
| 我家附近有一家小吃店，那里的煎饺和酸辣粉很好吃，价格也不贵，我和我丈夫经常去那儿吃早餐。 | 우리 집 근처에 분식점이 하나 있는데 그곳의 군만두와 쑤안라펀은 아주 맛있고, 가격도 비싸지 않아서 나와 내 남편은 자주 그곳에 가서 아침을 먹는다. |

**해설** 보기 문장의 키워드는 煎饺(군만두)와 便宜(저렴하다)이다. 녹음에서 那里的煎饺(그곳의 군만두)와 价格也不贵(가격도 안 비싸다)가 언급되었는데 便宜와 不贵는 비슷한 의미이므로 일치하는 내용임을 알 수 있다.

**어휘** 煎饺 jiānjiǎo 🔢 군만두   便宜 piányi 🔢 싸다   家 jiā 🔢 집   附近 fùjìn 🔢 근처   家 jiā 🔢 가게를 세는 양사   小吃店 xiǎochīdiàn 🔢 분식점, 작은 식당   酸辣粉 suānlàfěn 🔢 쑤안라펀(중국 충칭의 특색음식)   好吃 hǎochī 🔢 맛있다   价格 jiàgé 🔢 가격   经常 jīngcháng 🔢 항상   吃 chī 🔢 먹다   早餐 zǎocān 🔢 조식

## 3. 파악형 실전 테스트

정답 1. ✗　2. ✗　3. ✓　4. ✗　5. ✗

**1**

| ★ 那碗面条儿非常咸。　（ ✗ ） | ★ 그 국수는 아주 짜다. |
|---|---|
| 这家餐厅的牛肉面非常有名。在网上得了好评，从很远的地方来这儿吃饭的人也很多，大部分人都点这个。我们也尝尝吧。 | 이 식당의 쇠고기면은 아주 유명해. 인터넷에서 좋은 평을 받아서 먼 곳에서 여기에 식사를 하러 오는 사람들이 아주 많아. 대부분 사람들이 모두 이것을 주문해. 우리도 먹어 보자. |

**해설** 보기 문장의 키워드는 面条儿(국수)과 非常咸(매우 짜다)이다. 녹음에서 牛肉面非常有名(쇠고기면이 매우 유명하다)이라고 언급되었고 국수의 맛에 대한 다른 표현이 나오지 않았으므로 불일치하는 내용이다.

**어휘** 碗 wǎn 🔢 그릇   面条儿 miàntiáor 🔢 국수   咸 xián 🔢 짜다   家 jiā 🔢 점포를 세는 단위   餐厅 cāntīng 🔢 레스토랑   牛肉面 niúròumiàn 🔢 쇠고기면   有名 yǒumíng 🔢 유명하다   网上 wǎngshàng 🔢 인터넷   得 dé 🔢 얻다   好评 hǎopíng 🔢 좋은 평판, 호평   点 diǎn 🔢 주문하다   尝 cháng 🔢 맛보다

**2**

| ★ 电影很精彩。　（ ✗ ） | ★ 영화가 아주 훌륭하다. |
|---|---|
| 这部电影讲的是一个男孩儿和一个女孩儿的爱情故事。听说非常棒，不过我觉得很无聊，看了一半就出来了。 | 이 영화는 한 남자와 여자의 사랑 이야기를 다루었다. 아주 대단하다고 들었지만 나는 너무 지루해서 절반만 보고 나와버렸다. |

**해설** 보기 문장의 키워드는 电影(영화)과 很精彩(매우 훌륭하다)이다. 녹음에서 이 영화가 听说非常棒, 不过我觉得很无聊(아주 대단하다고 들었지만 나는 아주 지루했다)라고 했으므로 불일치하는 내용임을 알 수 있다.

**어휘** 电影 diànyǐng 🔢 영화   精彩 jīngcǎi 🔢 훌륭하다   部 bù 🔢 편   讲 jiǎng 🔢 이야기하다   个 gè 🔢 사람을 세는 양사   男孩儿 nánháir 🔢 남자아이   女孩儿 nǚháir 🔢 여자아이   爱情 àiqíng 🔢 사랑   故事 gùshi 🔢 이야기   听说 tīngshuō 🔢 듣자 하니   棒 bàng 🔢 훌륭하다   不过 búguò 🔢 그러나   觉得 juéde 🔢 ~라고 생각하다   无聊 wúliáo 🔢 재미없다   一半 yíbàn 🔢 절반

**3**

★ 他对这件毛衣很满意。　（ ✓ ）

★ 그는 이 스웨터에 매우 만족한다.

我觉得这件毛衣很适合儿子，现在穿肯定特别暖和，正好打七折，咱们就买这件给儿子吧。

이 스웨터가 아들에게 잘 어울릴 것 같아요. 지금 입으면 아주 따뜻할 거예요. 마침 30% 할인하니까 우리 이거 아들 사 줍시다.

**해설** 보기 문장의 키워드는 毛衣(스웨터)와 很满意(만족하다)이다. 녹음에서 화자는 我觉得这件毛衣很适合儿子(이 스웨터가 아들에게 아주 어울릴 것 같다)라고 하며 买这件给儿子吧(아들에게 사 주자)라고 했으므로 보기의 문장과 일치하는 내용이다.

**어휘** 对 duì 깨 ~에 대하여　件 jiàn 영 벌　毛衣 máoyī 명 스웨터　满意 mǎnyì 형 만족하다　觉得 juéde 동 생각하다　适合 shìhé 동 적합하다　儿子 érzi 명 아들　现在 xiànzài 명 지금　穿 chuān 동 입다　肯定 kěndìng 부 분명히　特别 tèbié 부 매우　暖和 nuǎnhuo 형 따뜻하다　正好 zhènghǎo 부 마침　打折 dǎzhé 동 할인하다　给 gěi 동 주다

**4**

★ 他会打电话通知大家。　（ ✘ ）

★ 그는 모두에게 전화로 알릴 것이다.

应聘结果还没出来，请大家先回去等消息吧。我会这个星期之内发邮件通知大家的。

채용 결과가 아직 나오지 않았습니다. 모두들 우선 돌아가셔서 소식을 기다려 주세요. 제가 이번주 내에 이메일로 알려드리겠습니다.

**해설** 보기 문장의 키워드는 打电话(전화하다)와 通知(알리다)이다. 녹음에서 我会发邮件通知大家的(제가 이메일로 여러분께 알려드리겠습니다)라고 하여 전화가 아닌 이메일이라고 했으므로 불일치하는 내용임을 알 수 있다.

**어휘** 打电话 dǎdiànhuà 전화를 걸다　通知 tōngzhī 동 통지하다　应聘 yìngpìn 동 지원하다　结果 jiéguǒ 명 결과　请 qǐng 동 ~해 주세요　先 xiān 부 먼저　等 děng 동 기다리다　消息 xiāoxi 명 소식　之内 zhīnèi ~이내　发邮件 fāyóujiàn 이메일을 보내다

**5**

★ 他们决定去颐和园了。　（ ✘ ）

★ 그들은 이화원에 가기로 결정했다.

我问过大家了，我们二十个人中十六个同学都去过颐和园。这次春游得换个地方了。咱们后天开个班会，再商量一下去哪儿玩儿吧。

내가 모두에게 물어봤는데, 우리 20명 중 16명의 반 친구들이 이화원에 가 봤다고 해. 이번 봄소풍은 장소를 바꿔야겠어. 우리 모레 학급 회의를 열어서 어디에 가서 놀지 다시 의논해 보자.

**해설** 보기 문장의 키워드는 去颐和园(이화원에 가다)이다. 녹음에서 많은 학우들이 去过颐和园(이화원에 가 봤다)이라고 하며 이어 得换个地方了(장소를 바꿔야겠다)라고 했으므로 불일치하는 내용임을 알 수 있다.

**어휘** 决定 juédìng 동 결정하다　颐和园 Yíhéyuán 명 이화원(베이징의 서북쪽에 있는, 청나라 광서(光緒) 연간에 서태후가 만든 명원)　问 wèn 동 물어보다　同学 tóngxué 명 학우　春游 chūnyóu 명 봄놀이　得 děi 조동 ~해야 한다　换 huàn 동 바꾸다　地方 dìfang 명 장소　后天 hòutiān 명 모레　开 kāi 동 개최하다　班会 bānhuì 명 학급 회의　商量 shāngliang 동 의논하다　玩儿 wánr 동 놀다

## 듣기 제1부분 미니모의고사

정답 1. ✘ 2. ✓ 3. ✓ 4. ✓ 5. ✓ 6. ✘

---

**1** ★ 小李经常迟到。 ( ✘ )

★ 샤오리는 자주 지각한다.

小李平时很准时，上班从来不迟到。现在上午10点她还没来，好像出了什么事情，你打个电话问问她吧。

샤오리는 평소에 매우 시간을 잘 지켜서 출근할 때 지각한 적이 없어요. 지금 10시인데 아직 안 오는데 아무래도 무슨 일이 있는 것 같으니 전화해서 물어보세요.

**해설** 보기 문장의 키워드는 经常迟到(자주 지각하다)이다. 녹음에서 平时很准时，上班从来不迟到(평소에 매우 시간을 잘 지켜서 출근할 때 지각한 적이 없다)라고 했으므로 불일치하는 내용이다.

**어휘** 经常 jīngcháng 🅫 항상　迟到 chídào 🅱 지각하다　平时 píngshí 🅜 평소　准时 zhǔnshí 🅫 제때에　上班 shàngbān 🅱 출근하다　从来 cónglái 🅫 지금까지　现在 xiànzài 🅜 지금　好像 hǎoxiàng 🅫 마치 ~인 것 같다　事情 shìqing 🅜 일　打电话 dǎdiànhuà 전화를 걸다　问 wèn 🅱 물어보다

---

**2** ★ 她和丈夫有共同的兴趣 。 ( ✓ )

★ 그녀와 남편은 같은 취미를 가지고 있다.

我和丈夫有个相同的爱好，那就是学习外语。我们俩三年前，就是在法语补习班上认识的。

나와 남편은 같은 취미가 있다. 그것은 바로 외국어를 공부하는 것이다. 우리는 3년 전에 프랑스어 학원에서 알게 되었다.

**해설** 보기 문장의 키워드는 共同的兴趣(같은 취미)이다. 녹음의 도입부에서 我和丈夫有个相同的爱好(나와 남편은 같은 취미가 있다)라고 했는데 共同과 相同, 兴趣 와 爱好는 모두 동의어이므로 일치하는 내용이다.

**어휘** 丈夫 zhàngfu 🅜 남편　共同 gòngtóng 🅗 공동의　兴趣 xìngqù 🅜 흥미, 취미　相同 xiāngtóng 🅗 서로 같다　爱好 àihào 🅜 취미　学习 xuéxí 🅱 공부하다　外语 wàiyǔ 🅜 외국어　俩 liǎ 🅢 두 개, 두 사람　法语 Fǎyǔ 🅜 프랑스어　补习班 bǔxíbān 🅜 학원　认识 rènshi 🅱 알다

---

**3** ★ 产生误会要及时解释清楚。 ( ✓ )

★ 오해가 생기면 즉시 정확하게 해명해야 한다.

朋友之间有了误会一定要及时解释清楚。我们一般认为非常亲密的关系不需要很多话，然后总是期待对方理解我。但是，不管两人认识有多久，互相有多么信任，如果双方不解释各自的情况，那么都没办法解除误会。

친구 사이에 오해가 생기면 반드시 즉시 정확하게 해명해야 한다. 우리는 보통 아주 친한 관계에서는 많은 말이 필요 없다고 생각하고 상대방이 나를 늘 이해해 주기만을 바란다. 하지만 두 사람이 얼마나 오래 알았든지 얼마나 신뢰하는지 관계없이, 만일 두 사람이 각자의 상황을 설명하지 않으면 오해를 풀 수 있는 방법은 없다.

**해설** 보기 문장의 키워드는 误会(오해)와 及时解释清楚(즉시 정확히 설명하다)이다. 녹음에서 有了误会一定要及时解释清楚(오해가 생기면 반드시 즉시 정확히 설명해야 한다)라고 했으므로 일치하는 내용임을 알 수 있다.

**어휘** 产生 chǎnshēng 🅱 생기다, 발생하다　误会 wùhuì 🅜🅱 오해(하다)　及时 jíshí 🅫 제때에, 즉시　解释 jiěshì 🅱 해명하다　清楚 qīngchu 🅗 분명하다　亲密 qīnmì 🅗 사이가 좋다　需要 xūyào 🅱 필요로 하다　期待 qīdài 🅱 기대하다　对方 duìfāng 🅜 상대방　理解 lǐjiě 🅱 이해하다　认识 rènshi 🅱 알다　多么 duōme 🅫 얼마나　信任 xìnrèn 🅱 신임하다　各自 gèzì 🅜 각자　解除 jiěchú 🅱 없애다

**4**

★ 小明在晚会上表演了节目。（ ✓ ）

我记得我们班的小明平时不太爱说话，是个很害羞的同学。但在一次新年晚会上，他表演了节目，他唱得特别好，这让我感到很吃惊。

★ 샤오밍은 파티에서 공연을 했다.

내가 기억하기에 우리반 샤오밍은 평소 말이 없고, 수줍음이 많은 친구였다. 그런데 한번은 새해 파티에서 그는 공연을 했는데 노래를 정말 잘 불러서 난 너무 놀랐다.

**해설** 보기 문장의 키워드는 小明(샤오밍)과 表演了节目(공연을 했다)이다. 녹음에서 在一次新年晚会上，他表演了节目(새해 파티에서 그는 공연을 했다)라고 했으므로 일치하는 내용이다.

**어휘** 晚会 wǎnhuì 명 파티, 연회　表演 biǎoyǎn 동 공연하다　节目 jiémù 명 프로그램　记得 jìdé 동 기억하다　班 bān 명 반　平时 píngshí 명 평소　爱 ài 동 ~하기를 좋아하다　说话 shuōhuà 동 말하다　害羞 hàixiū 형 수줍어하다　但 dàn 접 그러나　一次 yícì 한번　新年 xīnnián 명 새해　唱 chàng 동 노래하다　让 ràng 동 ~하게 하다　感到 gǎndào 동 느끼다　吃惊 chījīng 형 놀라다

**5**

★ 这个房子离公司很近。（ ✓ ）

这个房子离你们公司不太远，周围环境很好，附近有超市和地铁站，生活也很方便，房租也不贵。你看，怎么样？

★ 이 집은 회사에서 가깝다.

이 집은 너희 회사에서 그다지 멀지 않아. 주위 환경도 좋고 근처에 슈퍼마켓하고 지하철역이 있어서 생활이 편리하고 집세도 비싸지 않아. 네가 보기엔 어때?

**해설** 보기 문장의 키워드는 房子(집)와 离公司很近(회사에서 가깝다)이다. 녹음의 시작 부분에서 这个房子离你们公司不太远(이 집은 너희 회사에서 그다지 멀지 않아)이라고 했는데 近과 不太远은 유사한 뜻이므로 일치하는 내용이다.

**어휘** 房子 fángzi 명 집　离 lí 개 ~로부터　公司 gōngsī 명 회사　近 jìn 형 가깝다　远 yuǎn 형 멀다　周围 zhōuwéi 명 주위　环境 huánjìng 명 환경　附近 fùjìn 명 근처　超市 chāoshì 명 슈퍼마켓　地铁站 dìtiězhàn 명 지하철역　生活 shēnghuó 명 생활　方便 fāngbiàn 형 편리하다　房租 fángzū 명 집세　贵 guì 형 비싸다

**6**

★ 我姐姐现在是记者。（ ✗ ）

我姐姐以前是记者。因为职业的关系，她几乎走遍了欧洲所有的国家，看到了很多美景，后来她把自己的经历写成了一本书。

★ 우리 언니는 현재 기자이다.

우리 언니는 예전에 기자였다. 직업 때문에 언니는 거의 유럽의 모든 국가들을 다니며 멋진 풍경을 많이 보았다. 그리고 나서 그녀는 자신의 경험을 책으로 써냈다.

**해설** 보기 문장의 키워드는 我姐姐(우리 언니), 现在(현재), 记者(기자)이다. 녹음에서 我姐姐以前是记者(우리 언니는 예전에 기자였다)라고 하여 과거의 직업을 말하고 있기 때문에 현재의 직업이 기자라고 한 보기의 내용과 불일치하는 내용이다.

**어휘** 姐姐 jiějie 명 언니　记者 jìzhě 명 기자　以前 yǐqián 명 이전　因为 yīnwèi 접 왜냐하면　职业 zhíyè 명 직업　关系 guānxi 명 관계　几乎 jīhū 부 거의　走遍 zǒubiàn 동 두루 다니다　欧洲 Ōuzhōu 명 유럽　所有 suǒyǒu 형 모든　国家 guójiā 명 국가　美景 měijǐng 명 풍경　后来 hòulái 부 그 뒤에　把 bǎ 개 ~을/를　自己 zìjǐ 대 자신　经历 jīnglì 명 경험　写 xiě 동 쓰다　成 chéng 동 ~이 되다

# 듣기
## 제 2, 3 부분
### 대화형
# 대화를 듣고 질문에 답하기

## 1. 장소 실전 테스트

정답 1. A   2. C   3. D   4. A

---

**1**

女：763路和58路都能到我家，你看看那个车站有没有这两趟车？
男：763路来了，我先挂了，一会儿见。

问：男的最可能在哪儿？

여: 763번과 58번 모두 우리 집에 올 수 있어. 그 정류장에 이 두 대가 있는지 봐 봐.
남: 763번 왔다. 먼저 끊을게. 이따 봐.

질문: 남자는 어디에 있을 가능성이 가장 높은가?

| | | | |
|---|---|---|---|
| **A 公共汽车站** | B 图书馆 | **A 버스정류장** | B 도서관 |
| C 大使馆 | D 火车站 | C 대사관 | D 기차역 |

**해설** 보기의 어휘는 모두 장소 어휘이다. 녹음에서 여자가 763路和58路(763번과 58번)라고 했는데 路는 버스 번호에 사용하므로 버스에 관한 대화를 하고 있음을 알 수 있다. 질문에서 남자가 있는 장소를 물었고 남자가 763路来了，我先挂了(763번 왔다. 먼저 끊을게)라고 했으므로 현재 남자는 버스를 타려고 함을 알 수 있다. 따라서 정답은 A 公共汽车站(버스정류장)이다.

**어휘** 公共汽车站 gōnggòngqìchēzhàn 명 버스정류장   图书馆 túshūguǎn 명 도서관   大使馆 dàshǐguǎn 명 대사관   火车站 huǒchēzhàn 명 기차역   路 lù 양 노선, 번   和 hé 접 ~와/과   家 jiā 명 집   两 liǎng 수 둘, 2   趟 tàng 양 차례, 번(차의 왕래하는 횟수를 나타냄)   车 chē 명 차   先 xiān 부 먼저   挂 guà 동 전화를 끊다   一会儿 yíhuìr 명 곧

---

**2**

男：你想吃什么？西红柿鸡蛋面怎么样？
女：我什么都行，你随便点吧。我先去趟洗手间。

问：他们最可能在哪儿？

남: 너 뭐 먹고 싶어? 토마토계란면 어때?
여: 난 다 괜찮아. 네가 마음대로 주문해. 나 우선 화장실 좀 다녀올게.

질문: 그들은 어디에 있을 가능성이 가장 높은가?

| | | | |
|---|---|---|---|
| A 医院 | B 银行 | A 병원 | B 은행 |
| **C 饭馆儿** | D 邮局 | **C 음식점** | D 우체국 |

**해설** 보기의 어휘는 모두 장소 어휘이다. 녹음에서 남자가 你想吃什么？(뭐 먹고 싶어?)라고 했고, 이어 여자가 你随便点吧(마음대로 주문해)라고 했으므로 음식점에 있음을 알 수 있다. 이들이 있는 장소를 물었으므로 정답은 C 饭馆儿(음식점)이다.

**어휘** 医院 yīyuàn 명 병원   银行 yínháng 명 은행   饭馆儿 fànguǎnr 명 음식점   邮局 yóujú 명 우체국   西红柿鸡蛋面 xīhóngshìjīdànmiàn 토마토계란면   行 xíng 형 괜찮다   随便 suíbiàn 부 마음대로   点 diǎn 동 주문하다   先 xiān 부 먼저   趟 tàng 양 차례, 번   洗手间 xǐshǒujiān 명 화장실

**3**

| 女：这次晚会在什么地方举行？ | 여: 이번 파티 어디에서 해요? |
|---|---|
| 男：是安排在长城宾馆。 | 남: 만리장성 호텔에서 해요. |
| 女：离我们这儿远不远？ | 여: 여기에서 멀어요? |
| 男：不远，坐公共汽车大概十分钟就能到。 | 남: 안 멀어요. 버스 타고 대략 10분이면 도착할 수 있어요. |
| 问：晚会在哪儿举行？ | 질문: 파티는 어디에서 개최되는가? |

| A 机场 | B 公园 | A 공항 | B 공원 |
|---|---|---|---|
| C 国家图书馆 | **D 长城宾馆** | C 국립도서관 | **D 만리장성 호텔** |

**해설** 보기의 어휘는 모두 장소 어휘이다. 녹음에서 여자의 질문 晚会在什么地方举行?(파티가 어디에서 열리는가?)에 남자가 是安排在长城宾馆(만리장성 호텔로 정해졌어)이라고 했으므로 파티가 열리는 장소는 D 长城宾馆(만리장성 호텔)이다.

**어휘** 机场 jīchǎng 명 공항　公园 gōngyuán 명 공원　国家图书馆 guójiātúshūguǎn 명 국립도서관　长城宾馆 Chángchéngbīnguǎn 명 만리장성호텔　这次 zhècì 대 이번　晚会 wǎnhuì 명 파티　地方 dìfang 명 장소　举行 jǔxíng 통 개최하다　安排 ānpái 통 준비하다　离 lí 개 ~로부터　远 yuǎn 형 멀다　坐 zuò 통 (교통수단을) 타다　公共汽车 gōnggòngqìchē 명 버스　大概 dàgài 부 대략　分钟 fēnzhōng 명 분

**4**

| 男：喂，你在哪儿啊？ | 남: 여보세요, 당신 어디에요? |
|---|---|
| 女：我来接孩子，怎么了？ | 여: 저 아이 데리러 왔어요. 무슨 일이에요? |
| 男：我的钥匙丢了，进不了门，你什么时候回来？ | 남: 나 열쇠를 잃어버려서 못 들어가요. 당신 언제 돌아와요? |
| 女：等一下，我马上就回去。 | 여: 조금 기다리세요. 제가 바로 갈게요. |
| 问：男的最有可能在哪儿？ | 질문: 남자는 어디에 있을 가능성이 가장 높은가? |

| **A 家门口** | B 高速公路上 | **A 집 문 앞** | B 고속도로 위 |
|---|---|---|---|
| C 体育馆 | D 洗手间 | C 체육관 | D 화장실 |

**해설** 보기의 어휘는 모두 장소 어휘이다. 녹음에서 남자가 我的钥匙丢了，进不了门(열쇠를 잃어버려서 못 들어가)이라고 했으므로 남자는 집 문 앞에 있음을 알 수 있다. 따라서 정답은 A 家门口(집 문 앞)이다.

**어휘** 家门口 jiāménkǒu 명 (집의) 현관　高速公路 gāosùgōnglù 명 고속도로　体育馆 tǐyùguǎn 명 체육관　洗手间 xǐshǒujiān 명 화장실　喂 wéi 감탄 여보세요　接 jiē 통 마중하다　孩子 háizi 명 아이　钥匙 yàoshi 명 열쇠　丢 diū 통 잃어버리다　进 jìn 통 들어가다　……不了 ……buliǎo ~할 수 없다　门 mén 명 문　什么时候 shénmeshíhou 언제　等 děng 통 기다리다　马上 mǎshàng 부 바로

## 2. 행동 실전 테스트

정답 1. C   2. B   3. B   4. A

---

**1**

女：先生，请您先填一下这张表格，姓名、年龄和联系方式都是必须要填的。

男：好的，抱歉，我没带笔。可以借一下笔吗？

问：女的让男的做什么？

여: 선생님. 우선 이 표를 작성해 주세요. 성명, 나이, 그리고 연락처를 모두 기입하셔야 합니다.

남: 알겠습니다. 죄송한데, 제가 펜을 안 가지고 왔는데, 펜 좀 빌릴 수 있을까요?

질문: 여자는 남자에게 무엇을 하라고 했는가?

| A 买铅笔 | B 发邮件 | A 연필을 사다 | B 이메일을 보내다 |
|---|---|---|---|
| **C 填表** | D 看演出 | **C 표를 작성하다** | D 공연을 보다 |

**해설** 보기의 어휘가 모두 행동을 나타낸다. 녹음에서 여자가 남자에게 请您先填一下这张表格(우선 이 표를 작성해 주세요)라고 했으므로 여자가 남자에게 시키는 일은 C 填表(표를 작성하다)이다.

**어휘** 铅笔 qiānbǐ 몡 연필   发邮件 fāyóujiàn 메일을 보내다   填表 tiánbiǎo 통 표에 기입하다   演出 yǎnchū 몡 공연   先生 xiānsheng 몡 성인 남자에 대한 호칭   请 qǐng 통 ~해 주세요   先 xiān 뷔 먼저   张 zhāng 양 장   表格 biǎogé 몡 표   姓名 xìngmíng 몡 이름   年龄 niánlíng 몡 나이   和 hé 접 ~와/과   联系 liánxì 몡 연락   方式 fāngshì 몡 방식   必须 bìxū 뷔 반드시   抱歉 bàoqiàn 형 미안하게 생각하다   带 dài 통 가져가다   笔 bǐ 몡 펜

---

**2**

男：快放寒假了，你有什么安排？

女：我想学弹钢琴，正好我家旁边有一家学钢琴的补习班，很方便。

问：女的寒假打算做什么？

남: 곧 겨울 방학인데, 무슨 계획이 있어?

여: 난 피아노를 배우고 싶어. 때마침 우리 집 옆에 피아노를 배울 수 있는 학원이 있거든. 아주 편해.

질문: 여자는 겨울 방학에 무엇을 할 계획인가?

| A 学游泳 | **B 学弹钢琴** | A 수영을 배우다 | **B 피아노를 배우다** |
|---|---|---|---|
| C 锻炼身体 | D 学英语 | C 몸을 단련하다 | D 영어를 배우다 |

**해설** 보기의 어휘가 모두 행동을 나타낸다. 녹음에서 남자의 질문에 여자가 我想学弹钢琴(피아노를 배우고 싶어)이라고 했으므로 질문에 알맞은 정답은 B 学弹钢琴(피아노를 배우다)이다.

**어휘** 学 xué 통 배우다   游泳 yóuyǒng 통 수영하다   弹 tán 통 (악기를) 연주하다   钢琴 gāngqín 몡 피아노   锻炼 duànliàn 통 단련하다   身体 shēntǐ 몡 신체, 몸   英语 Yīngyǔ 몡 영어   快……了 kuài……le 곧 ~하려고 하다   放 fàng 통 (학교나 직장이) 쉬다   寒假 hánjià 몡 겨울 방학   安排 ānpái 통 안배하다   正好 zhènghǎo 뷔 마침   家 jiā 몡 집   旁边 pángbiān 몡 옆   家 jiā 양 점포를 세는 단위   补习班 bǔxíbān 몡 학원   方便 fāngbiàn 형 편리하다

**3**

女：你买好票了吗？
男：还没有，在排队呢。
女：别忘了选后边的座位。
男：好的。是8点半的那场，对吧？

问：男的最可能在做什么？

| A 看电影 | B 排队买票 |
|---|---|
| C 买果汁 | D 打扫房间 |

여: 표 샀어요?
남: 아니 아직. 지금 줄 서고 있어요.
여: 뒷좌석으로 고르는 거 잊지 마세요.
남: 알겠어요. 8시 반 거 맞지요?

질문: 남자는 아마도 지금 무엇을 하고 있는가?

| A 영화를 보다 | B 줄 서서 표를 사다 |
|---|---|
| C 주스를 사다 | D 방을 청소하다 |

**해설** 보기의 어휘가 모두 행동을 나타낸다. 녹음에서 여자가 남자에게 你买好票了吗?(표 샀어?)라고 물었을 때 남자가 还没有, 在排队呢(아직, 줄 서고 있어)라고 했으므로 남자는 현재 표를 구하기 위해 줄을 서 있는 상태임을 알 수 있다. 따라서 정답은 B 排队买票(줄 서서 표를 사다)이다.

**어휘** 电影 diànyǐng 명 영화　排队 páiduì 통 줄을 서다　票 piào 명 티켓　果汁 guǒzhī 명 과일주스　打扫 dǎsǎo 통 청소하다　房间 fángjiān 명 방　在 zài 부 ~하고 있는 중이다　别 bié 부 ~하지 마라　忘 wàng 통 잊어버리다　选 xuǎn 통 선택하다　座位 zuòwèi 명 좌석　点 diǎn 양 시　半 bàn 수 절반　场 chǎng 양 회, 번　对 duì 형 맞다

**4**

男：听说你准备去出国留学？
女：是啊，我打算下个学期就去。
男：那你材料准备得怎么样了？
女：差不多了，明天下午去银行办收入证明就完了。

问：女的明天要做什么？

| A 办收入证明 | B 爬山 |
|---|---|
| C 取签证 | D 交材料 |

남: 듣자 하니 너 외국에 유학 갈 준비 한다며?
여: 맞아. 다음 학기에 바로 갈 계획이야.
남: 그럼 너 자료 준비는 어떻게 되어 가?
여: 거의 다 됐어. 내일 오후에 은행에 가서 소득증명만 떼면 끝나.

질문: 여자는 내일 무엇을 하려고 하는가?

| A 소득증명서를 떼다 | B 등산을 하다 |
|---|---|
| C 비자를 찾다 | D 자료를 제출하다 |

**해설** 보기의 어휘가 모두 행동을 나타낸다. 녹음에서 여자는 유학을 다음 학기에 간다고 했고 이어 明天下午去银行办收入证明(내일 오후에 은행에 가서 소득증명을 뗀다)이라고 했으므로 여자가 내일 할 일은 A 办收入证明(소득증명서를 떼다)이다.

**어휘** 办 bàn 통 처리하다　收入证明 shōurùzhèngmíng 명 소득증명　爬山 páshān 통 등산하다　取 qǔ 통 찾다　签证 qiānzhèng 명 비자　交 jiāo 통 제출하다　材料 cáiliào 명 자료　听说 tīngshuō 통 듣자 하니　准备 zhǔnbèi 통 준비하다　出国 chūguó 통 출국하다　留学 liúxué 통 유학 가다　打算 dǎsuàn 통 ~할 생각이다　下个学期 xiàgexuéqī 다음 학기　差不多 chàbuduō 형 대충되다　明天 míngtiān 명 내일　下午 xiàwǔ 명 오후　银行 yínháng 명 은행　完 wán 통 끝내다

## 3. 상태/상황 실전 테스트

정답  1. D  2. B  3. A  4. C

**1**

女：今天很暖和，正好去散散步。

男：好主意，我们吃完晚饭就去吧。

问：今天天气怎么样？

여: 오늘 너무 따뜻해서 산책 가기 딱 좋다.

남: 좋은 생각이네. 우리 저녁 먹고 바로 가자.

질문: 오늘 날씨는 어떤가？

| A 下雨了 | B 特别冷 | A 비가 내린다 | B 너무 춥다 |
| C 很热 | **D 很暖和** | C 매우 덥다 | **D 아주 따뜻하다** |

**해설** 보기의 어휘가 모두 날씨와 관련된 내용이다. 녹음에서 여자가 今天很暖和(오늘 너무 날씨가 따뜻하다)라고 했으므로 질문에 알맞은 답은 D 很暖和(아주 따뜻하다)이다.

**어휘** 下雨 xiàyǔ 동 비가 내리다  特别 tèbié 부 매우  冷 lěng 형 춥다  热 rè 형 덥다  暖和 nuǎnhuo 형 따뜻하다  今天 jīntiān 명 오늘  正好 zhènghǎo 부 마침  散步 sànbù 동 산책하다  主意 zhǔyì 명 생각  晚饭 wǎnfàn 명 저녁밥

**2**

男：明天下午的访问，还需要一个翻译，你看谁去比较合适？

女：小张怎么样？她就是这个专业毕业的，而且经验也很丰富。

问：关于小张，下列哪个正确？

남: 내일 오후 방문에 통역이 한 명 필요한데, 누가 비교적 적합하다고 생각해요？

여: 샤오장 어떠세요？ 그녀는 이 전공으로 졸업했고, 게다가 경험도 아주 풍부하거든요.

질문: 샤오장에 관하여 다음 중 옳은 것은？

| A 做事冷静 | **B 可以做翻译** | A 일은 냉정하게 한다 | **B 통역할 수 있다** |
| C 没有经验 | D 比较热情 | C 경험이 없다 | D 비교적 열정적이다 |

**해설** 보기의 어휘가 모두 사람의 성격과 특징을 나타낸다. 녹음에서 남자가 통역할 사람이 있냐고 물었고 이어 여자가 샤오장을 추천하며 她就是这个专业毕业的，而且经验也很丰富(그녀는 이 전공으로 졸업했고 경험도 풍부하다)라고 했으므로 샤오장에 관한 옳은 내용은 B 可以做翻译(통역할 수 있다)가 정답이다. 보기 C의 경험(경험)이 언급됐다고 해서 성급하게 답을 고르지 않도록 한다.

**어휘** 做事 zuòshì 동 일을 하다  冷静 lěngjìng 형 냉정하다  做翻译 zuòfānyì 통역하다  经验 jīngyàn 명 경험  比较 bǐjiào 부 비교적  热情 rèqíng 형 열정적이다  明天 míngtiān 명 내일  下午 xiàwǔ 명 오후  访问 fǎngwèn 동 방문하다  需要 xūyào 동 필요하다  个 gè 양 사람을 세는 양사  合适 héshì 형 적당하다  专业 zhuānyè 명 전공  毕业 bìyè 동 졸업하다  而且 érqiě 접 게다가  也 yě 부 ～도  丰富 fēngfù 형 풍부하다

**3**

女：小明，你怎么了？
男：我肚子有点儿不舒服。
女：严不严重？我陪你去医院吧？
男：不用了，休息一会儿就好了。

问：男的怎么了？

| | |
|---|---|
| A 肚子难受 | B 腿疼 |
| C 感冒了 | D 不想打针 |

여: 샤오밍, 너 왜그래?
남: 나 배가 좀 아파.
여: 심각해? 내가 병원에 데려다 줄까?
남: 아니야. 좀 쉬면 괜찮을 거야.

질문: 남자는 어떻게 된 일인가?

| | |
|---|---|
| A 배가 아프다 | B 다리가 아프다 |
| C 감기에 걸렸다 | D 주사를 맞고 싶지 않다 |

**해설** 보기의 어휘가 모두 신체와 관련된 내용들이다. 녹음에서 여자의 질문(왜 그러냐)에 남자가 我肚子有点儿不舒服(나 배가 좀 안 아파)라고 했으므로 A 肚子难受(배가 아프다)가 정답이다. 难受(괴롭다)는 육체적, 정신적으로 괴롭다는 뜻을 나타낸다.

**어휘** 肚子 dùzi 몡 복부　难受 nánshòu 톙 (육체적으로) 괴롭다　腿 tuǐ 몡 다리　疼 téng 통 아프다　感冒 gǎnmào 통 감기에 걸리다　打针 dǎzhēn 통 주사를 맞다　舒服 shūfu 톙 편하다　严重 yánzhòng 톙 심각하다　陪 péi 통 동반하다　医院 yīyuàn 몡 병원　不用了 búyòngle 괜찮아요　休息 xiūxi 통 휴식하다　一会儿 yíhuìr 몡 잠깐

**4**

男：毕业后你打算留在北京吗？
女：是，我在这儿生活已经4年了，对这儿比较
　　熟悉。
男：但是北京的竞争压力不是很大吗？
女：是这样，但是我觉得这儿机会也很多。

问：女的觉得北京怎么样？

| | |
|---|---|
| A 房子很便宜 | B 很暖和 |
| C 压力很大 | D 机会很少 |

남: 졸업한 뒤에 넌 베이징에 남을 계획이야?
여: 응. 여기에서 생활한 지 이미 4년이나 돼서 여기가 비교적 익숙해.
남: 근데 베이징의 경쟁 스트레스가 많지 않아?
여: 그렇지. 근데 난 이곳이 기회도 많다고 생각해.

질문: 여자는 베이징이 어떻다고 생각하는가?

| | |
|---|---|
| A 집이 아주 싸다 | B 아주 따뜻하다 |
| C 스트레스가 아주 많다 | D 기회가 아주 적다 |

**해설** 보기의 어휘가 모두 상태를 나타낸다. 녹음에서 여자는 남자의 北京的竞争压力不是很大吗？(베이징의 경쟁 스트레스가 많지 않아?)라는 물음에 是这样(그래)이라고 대답했으므로 질문에 알맞은 정답은 C 压力很大(스트레스가 아주 많다)이다.

**어휘** 便宜 piányi 톙 싸다　暖和 nuǎnhuo 톙 따뜻하다　压力 yālì 몡 스트레스　机会 jīhuì 몡 기회　毕业 bìyè 통 졸업하다　打算 dǎsuàn 통 ～할 생각이다　留 liú 통 남다　生活 shēnghuó 몡 생활　已经 yǐjing 뷔 이미　年 nián 몡 년　对 duì 개 ～에 대해　比较 bǐjiào 뷔 비교적　熟悉 shúxī 익숙하다　但是 dànshì 졥 그러나　竞争 jìngzhēng 몡 경쟁　觉得 juéde 통 ～라고 생각하다　也 yě 뷔 ～도　房子 fángzi 몡 집

## 4. 직업/신분/사물/숫자 실전 테스트

정답 1. B   2. C   3. C   4. D

**1**

女：小王今天怎么没来上班？去出差了吗？
男：没有，她请假了，她说，儿子突然发烧，带儿子去医院打针了。

问：小王跟谁去医院了？

여: 샤오왕 오늘 왜 아직 출근 안 했어요? 출장 갔어요?
남: 아니요. 그녀는 휴가를 냈어요. 아들이 갑자기 열이 나서, 아들 데리고 병원 가서 주사 맞게 한다고 했어요.

질문: 샤오왕은 누구와 병원에 갔는가?

| A 爸爸 | B 儿子 |
|---|---|
| C 老师 | D 大夫 |

| A 아빠 | **B 아들** |
|---|---|
| C 선생님 | D 의사 |

**해설** 보기의 어휘가 모두 신분을 나타내는 명사이다. 녹음에서 남자가 샤오왕이 휴가를 냈고 儿子突然发烧, 带儿子去医院打针了(아들이 갑자기 열이 나서 아들 데리고 병원에 주사 맞으러 갔다)라고 했으므로 샤오왕이 데리고 간 사람은 B 儿子(아들)이다.

**어휘** 儿子 érzi 몡 아들   老师 lǎoshī 몡 선생님   大夫 dàifu 몡 의사   上班 shàngbān 툉 출근하다   出差 chūchāi 툉 출장 가다   请假 qǐngjià 툉 휴가를 내다   突然 tūrán 뮈 갑자기   发烧 fāshāo 툉 열이 나다   带 dài 툉 데리다   医院 yīyuàn 몡 병원   打针 dǎzhēn 툉 주사를 맞다

**2**

男：这个家具店竟然这么大！我还是第一次来这么大的家具店。
女：我也是。咱们慢慢儿看一下！我今天一定要买到合适的桌子和椅子。

问：女的打算买什么？

남: 이 가구점 이렇게나 크다니 의외다! 나 이렇게 큰 가구점에 처음 와 봐.
여: 나도. 우리 천천히 보자. 나 오늘 반드시 적합한 테이블이랑 의자를 살거야.

질문: 여자는 무엇을 살 계획인가?

| A 筷子 | B 电脑 |
|---|---|
| **C 桌子** | D 沙发 |

| A 젓가락 | B 컴퓨터 |
|---|---|
| **C 테이블** | D 소파 |

**해설** 보기의 어휘가 모두 사물을 나타내는 명사이다. 녹음에서 여자가 我今天一定要买到合适的桌子和椅子(나는 오늘 반드시 적합한 테이블과 의자를 살거야)라고 했으므로 여자가 사려고 하는 것은 C 桌子(테이블)이다.

**어휘** 筷子 kuàizi 몡 젓가락   电脑 diànnǎo 몡 컴퓨터   桌子 zhuōzi 몡 탁자   沙发 shāfā 몡 소파   家具店 jiājùdiàn 몡 가구점   竟然 jìngrán 뮈 의외로   第一次 dìyīcì 몡 최초   也 yě 뮈 ~도   慢慢儿 mànmānr 천천히   今天 jīntiān 몡 오늘   一定 yídìng 뮈 반드시   合适 héshì 톙 적합하다   和 hé 젭 ~와/과   椅子 yǐzi 몡 의자

**3**

| | |
|---|---|
| 女: 你在找什么呢？ | 여: 뭐 찾고 있어? |
| 男: 我的手机不见了。恐怕是丢了。 | 남: 내 핸드폰이 안 보여. 아마도 잃어버린 거 같아. |
| 女: 啊？你不是刚才去洗手间了吗？是不是忘在那儿了？你再好好回忆一下。 | 여: 어? 너 방금 화장실 가지 않았어? 거기에 놓고 온 거 아니야? |
| 男: 我也不太清楚，我先去找一下。 | 남: 나도 잘 모르겠어. 내가 우선 가서 찾아볼게. |
| | |
| 问: 男的在找什么？ | 질문: 남자는 지금 무엇을 찾고 있는가? |
| A 钱包　　　　　　B 钥匙 | A 지갑　　　　　　B 열쇠 |
| **C 手机**　　　　　D 照片 | **C 핸드폰**　　　　D 사진 |

해설　보기의 어휘가 모두 사물을 나타내는 명사이다. 지문에서 여자의 뭘 찾고 있느냐는 질문에 남자가 我的手机不见了(내 핸드폰이 안 보여)라고 했으므로 남자는 핸드폰을 찾고 있음을 알 수 있다. 따라서 정답은 C 手机(핸드폰)이다.

어휘　钱包 qiánbāo 몡 지갑　钥匙 yàoshi 몡 열쇠　手机 shǒujī 몡 핸드폰　照片 zhàopiàn 몡 사진　在 zài 뷘 ~하고 있는 중이다　找 zhǎo 통 찾다　恐怕 kǒngpà 뷘 아마도 ~일 것이다　丢 diū 통 잃어버리다　刚才 gāngcái 몡 방금　洗手间 xǐshǒujiān 몡 화장실　忘 wàng 통 잊어버리다　清楚 qīngchu 혱 분명하다　先 xiān 뷘 우선

**4**

| | |
|---|---|
| 男: 今天报名的人都到了吗？ | 남: 오늘 신청한 사람들은 모두 도착했나요? |
| 女: 除了李老师以外，其他人都到了。 | 여: 이 선생님을 제외하고 다른 사람들은 모두 도착했어요. |
| 男: 你跟她联系了吗？ | 남: 그녀와 연락해 봤어요? |
| 女: 我已经打了好几次了，可她不接电话。 | 여: 이미 몇 번이나 전화했지만 전화를 받지 않아요. |
| | |
| 问: 谁还没有来？ | 질문: 누가 아직 안 왔는가? |
| A 李律师　　　　　B 李医生 | A 이 변호사　　　　B 이 의사 선생님 |
| C 李经理　　　　　**D 李老师** | C 이 사장　　　　　**D 이 선생님** |

해설　보기의 어휘가 모두 직업을 나타내는 명사이다. 녹음에서 남자는 신청한 사람들이 모두 도착했는지 물었고, 이에 여자가 除了李老师以外，其他人都到了(이 선생님 빼고 다른 사람은 다 왔어요)라고 했으므로 아직 오지 않은 사람은 D 李老师(이 선생님)임을 알 수 있다.

어휘　律师 lǜshī 몡 변호사　医生 yīshēng 몡 의사　经理 jīnglǐ 몡 사장　老师 lǎoshī 몡 선생님　报名 bàomíng 통 신청하다　除了……以外 chúle……yǐwài ~을 제외하고　其他 qítā 몡 그 외　跟 gēn 개 ~와/과　联系 liánxì 통 연락하다　已经 yǐjing 뷘 이미　打 dǎ 통 (전화를) 하다　好几次 hǎojǐcì 여러 차례　可 kě 젭 그러나　接电话 jiēdiànhuà 전화를 받다

## 듣기 제2, 3부분 대화형 미니모의고사

정답 1. A  2. B  3. D  4. C  5. B  6. A  7. D  8. B

**1**

女：天气预报说，今天特别冷，你多穿点儿！小心别感冒了！
男：妈，放心吧！我不是孩子，我能照顾好自己。

问：女的让男的做什么？

| A 多穿衣服 | B 吃早饭 |
| C 去睡觉 | D 准备考试 |

여：일기예보에서 오늘 엄청 춥다는데 옷 많이 입으렴. 감기 걸리지 않게 조심하고.
남：엄마, 걱정 마세요. 저 어린애 아니에요. 스스로 잘 돌볼 수 있어요.

질문：여자는 남자에게 무엇을 하라고 했는가?

| A 옷을 많이 입어라 | B 아침을 먹어라 |
| C 가서 자라 | D 시험 준비를 해라 |

**해설** 보기가 모두 행동을 나타낸다. 여자가 남자에게 今天特别冷，你多穿点儿(오늘 엄청 춥다는데 옷 많이 입으렴)이라고 했다. 여자가 남자에게 무엇을 하라고 했는지 물었으므로 정답은 A 多穿衣服(옷을 많이 입어라)이다.

**어휘** 穿 chuān 图 입다　衣服 yīfu 명 옷　早饭 zǎofàn 명 아침밥　睡觉 shuìjiào 图 자다　准备 zhǔnbèi 图 준비하다　考试 kǎoshì 명 시험　天气预报 tiānqìyùbào 명 일기예보　今天 jīntiān 명 오늘　特别 tèbié 위 매우　冷 lěng 형 춥다　小心 xiǎoxīn 图 조심하다　别 bié 위 ~하지 마라　感冒 gǎnmào 图 감기에 걸리다　放心 fàngxīn 图 마음을 놓다　孩子 háizi 명 아이　照顾 zhàogù 图 돌보다　自己 zìjǐ 때 자신

**2**

男：你们部门新来的职员的印象怎么样？
女：我感觉他很不错，很幽默，也很有礼貌，和他聊起来很轻松的。

问：女的认为新来的职员怎么样？

| A 很帅 | B 很幽默 |
| C 有点儿笨 | D 脾气不好 |

남：부서에 새로 온 직원 인상 어때요？
여：제 생각에 그는 괜찮은 거 같아요. 유머러스하고 예의도 있어요. 그와 이야기하면 아주 편안해요.

질문：여자의 생각에 새로온 직원은 어떠한가?

| A 잘생겼다 | B 유머러스하다 |
| C 조금 멍청하다 | D 성격이 안 좋다 |

**해설** 보기가 모두 사람의 상태를 나타낸다. 새로온 직원이 어떻냐는 남자의 질문에 여자는 我感觉他很不错，很幽默，也很有礼貌(제 생각에 그는 괜찮은 거 같아요. 유머러스하고 예의도 있어요)라고 했다. 여자가 새로온 직원을 어떻게 생각하는지를 묻고 있으므로 정답은 B 很幽默(유머러스하다)이다.

**어휘** 帅 shuài 형 잘생기다　幽默 yōumò 형 유머러스하다　笨 bèn 형 멍청하다　脾气 píqi 명 성격　部门 bùmén 명 부서　新来 xīnlái 图 새로 오다　职员 zhíyuán 명 직원　印象 yìnxiàng 명 인상　感觉 gǎnjué 图 느끼다　不错 búcuò 형 괜찮다　也 yě 위 ~도　礼貌 lǐmào 명 예의　和 hé 접 ~와/과　聊 liáo 图 한담하다. 잡담하다　轻松 qīngsōng 형 홀가분하다　认为 rènwéi 图 ~라고 생각하다

**3**

女：经理让你写的报告，全都写完了吗？

男：差不多了，我明天上午打印出来，就可以交给他了。

问：经理让男的做什么？

| | |
|---|---|
| A 翻译材料 | B 打扫办公室 |
| C 准备开会 | D 写报告 |

여: 사장님이 쓰라고 하신 보고서는 다 썼어요?

남: 거의 다 썼어요, 내일 오전에 출력하면 사장님께 드릴 수 있어요.

질문: 사장님은 남자에게 무엇을 하라고 했는가?

| | |
|---|---|
| A 자료를 번역하다 | B 사무실을 청소하다 |
| C 회의 준비를 하다 | D 보고서를 쓰다 |

**해설** 보기가 모두 행동을 나타내는 어휘이다. 여자가 남자에게 经理让你写的报告，全都写完了吗？(사장님이 쓰라고 하신 보고서는 다 썼어요?)라고 했으므로 보기 D에 사장님이 남자에게 시킨 내용임을 표시해 둔다. 사장님이 남자에게 무엇을 하라고 했는지를 묻고 있으므로 정답은 D 写报告(보고서를 쓰다)이다.

**어휘** 翻译 fānyì 번역하다　材料 cáiliào 자료　打扫 dǎsǎo 청소하다　办公室 bàngōngshì 사무실　准备 zhǔnbèi 준비하다　开会 kāihuì 회의를 열다　写 xiě 쓰다　报告 bàogào 보고서　经理 jīnglǐ 사장　让 ràng ~하게 하다　全都 quándōu 모두　完 wán 끝내다　差不多 chàbuduō 거의 다 됐다　上午 shàngwǔ 오전　打印 dǎyìn 인쇄하다, 프린트하다　交 jiāo 제출하다

**4**

男：都收拾好了吗？我们怎么去机场？

女：这个时间路上肯定会堵车，我们坐地铁去吧。

问：女的是什么意思？

| | |
|---|---|
| A 来不及了 | B 身体不舒服 |
| C 坐地铁去 | D 要加班 |

남: 다 정리했어? 우리 공항에 어떻게 가지?

여: 이 시간에는 길이 막힐거야, 우리 지하철 타고 가자.

질문: 여자는 무슨 의미인가?

| | |
|---|---|
| A 시간 안에 갈 수 없다 | B 몸이 안 좋다 |
| C 지하철을 타고 간다 | D 야근을 해야 한다 |

**해설** 보기가 모두 사람의 상태, 상황을 나타낸다. 공항에 어떻게 가냐는 남자의 질문에 여자는 这个时间路上肯定会堵车，我们坐地铁去吧(이 시간에는 길이 막힐거야, 우리 지하철 타고 가자)라고 했다. 질문이 여자가 한 말의 의미를 물었으므로 정답은 C 坐地铁去(지하철을 타고 간다)이다.

**어휘** 来不及 láibují 제 시간에 댈 수 없다　身体 shēntǐ 신체　舒服 shūfu 편안하다　坐 zuò (교통 수단을) 타다　地铁 dìtiě 지하철역　加班 jiābān 야근하다　收拾 shōushi 정리하다　机场 jīchǎng 공항　时间 shíjiān 시간　路上 lùshang 길 위　肯定 kěndìng 분명히　堵车 dǔchē 차 막히다

**5**

女：这个网站地址是不是错的？我怎么打不开？

男：是吗？你把网址发给我，我试一下。

女：怎么样？你那儿能打开吗？

男：可以。是不是你网络有问题？

问：根据对话，可以知道什么？

A 电话打不通

B 网址没错

C 想买电脑

D 网速很快

여: 이 웹사이트 주소 틀린거 아니야? 나 왜 안 열리지?

남: 진짜? 주소 나한테 보내줘 봐. 내가 해볼게.

여: 어때? 넌 열려?

남: 되는데. 네트워크에 문제있는 거 아니야?

질문: 대화를 통해 알 수 있는 것은?

A 전화가 안 된다

B 웹사이트 주소는 틀리지 않았다

C 컴퓨터를 사고 싶다

D 인터넷 속도가 빠르다

**해설** 보기는 인터넷과 전화에 관한 어휘들이다. 녹음에서 웹사이트 주소를 두고 你那儿能打开吗？(넌 열려?)라는 여자의 질문에 그

주소로 접속해 본 남자는 잘 된다(可以)고 대답했다. 대화를 통해 알 수 있는 내용을 물었으므로 정답은 B 网址没错(웹사이트 주소는 틀리지 않다)이다.

어휘 电话 diànhuà 명 전화  打不通 dǎbutōng 불통이다  网址 wǎngzhǐ 명 웹 사이트 주소  错 cuò 형 틀리다  电脑 diànnǎo 명 컴퓨터  网速 wǎngsù 명 인터넷 속도  快 kuài 형 빠르다  网站 wǎngzhàn 명 웹사이트  地址 dìzhǐ 명 주소  打不开 dǎbukāi 열리지 않다  把 bǎ 개 ~을/를  发 fā 동 보내다  试 shì 동 시험 삼아 해 보다  打开 dǎkāi 동 열다  问题 wèntí 명 문제

**6**

| | |
|---|---|
| 男：你暑假做什么了？ | 남: 너 여름 방학에 뭐 했어? |
| 女：我去了趟北京。 | 여: 나 베이징에 갔었어. |
| 男：去长城了吗？ | 남: 만리장성에 갔어? |
| 女：当然去了，感觉很好。有时间你也去看看吧。 | 여: 당연히 갔지. 너무 좋았어. 너도 시간 있으면 가 봐. |
| 问：女的觉得北京怎么样？ | 질문: 여자는 베이징이 어떻다고 생각하는가? |
| A 很好　　　　　　B 不太好 | A 아주 좋다　　　　　B 그다지 좋지 않다 |
| C 交通方便　　　　D 景色很美 | C 교통이 편리하다　　D 풍경이 아름답다 |

해설 보기의 어휘에 交通(교통)과 景色(풍경)가 있으므로 지역에 관한 글임을 알 수 있다. 녹음에서 여자가 感觉很好。有时间你也去看看吧(너무 좋았어. 너도 시간 있으면 가 봐)라고 했으므로 베이징에 대한 여자의 생각으로 알맞은 정답은 A 很好(아주 좋다)이다.

어휘 交通 jiāotōng 명 교통  方便 fāngbiàn 형 편리하다  景色 jǐngsè 명 경치  美 měi 형 아름답다  暑假 shǔjià 명 여름 방학  做 zuò 동 하다  趟 tàng 양 번, 회  北京 Běijīng 지명 베이징  长城 Chángchéng 명 만리장성  当然 dāngrán 부 당연히  感觉 gǎnjué 동 느끼다  时间 shíjiān 명 시간  也 yě 부 ~도

**7**

| | |
|---|---|
| 女：你的腿怎么了？ | 여: 너 다리 왜그래? |
| 男：踢足球的时候不小心弄的。 | 남: 축구하다가 조심하지 못해서 이렇게 됐어. |
| 女：没事吗？ | 여: 괜찮아? |
| 男：没关系，只是擦破了点儿皮，过几天就好了。 | 남: 괜찮아. 그냥 좀 까졌어. 며칠 지나면 좋아질거야. |
| 问：男的怎么了？ | 질문: 남자는 어떻게 된 것인가? |
| A 感冒了　　　　　B 胳膊疼 | A 감기에 걸렸다　　　B 팔이 아프다 |
| C 住院了　　　　　D 腿破了 | C 입원했다　　　　　D 다리를 다쳤다 |

해설 보기가 사람의 상태를 나타내며 건강에 관한 내용이다. 녹음에서 你的腿怎么了？(너 다리 왜그래?)라는 여자의 질문에 남자는 只是擦破了点儿皮(단지 피부가 조금 까졌다)라고 했다. 남자가 왜 그러는 것인지를 물었으므로 정답은 D 腿破了(다리를 다쳤다)이다.

어휘 感冒 gǎnmào 동 감기에 걸리다  胳膊 gēbo 명 팔  疼 téng 동 아프다  住院 zhùyuàn 동 입원하다  腿 tuǐ 명 다리  破 pò 동 다치다. 상처를 입다  踢 tī 동 (축구를) 하다  足球 zúqiú 명 축구  的时候 de shíhou ~할 때  不小心 bùxiǎoxīn 부주의하다  弄 nòng 동 하다  没事 méishì 동 괜찮다  没关系 méiguānxi 괜찮다, 문제없다  只 zhǐ 부 단지  擦破 cāpò 동 (살갗 따위가) 스쳐 벗겨지다  皮 pí 명 피부  过 guò 동 지나다  几天 jǐtiān 며칠

**8**

| | |
|---|---|
| 男：听说你开了家饭馆儿。恭喜你。 | 남: 식당 개업하셨다고 들었어요. 축하해요. |
| 女：谢谢，有时间来吃顿饭吧。 | 여: 감사합니다. 시간 있으시면 와서 식사하세요. |
| 男：好的。生意怎么样？ | 남: 알겠어요. 장사는 어때요? |
| 女：还可以，刚开始没有那么多顾客。 | 여: 괜찮아요. 막 시작해서 손님이 그렇게 많지는 않아요. |
| 问：关于女的开的饭馆儿，下列哪个正确？ | 질문: 여자가 개업한 식당에 대하여 다음 중 옳은 것은? |

| | | | |
|---|---|---|---|
| A 很久了 | **B 刚开始** | A 오래됐다 | **B 막 시작했다** |
| C 味道不好 | D 在郊区 | C 맛이 안 좋다 | D 교외에 있다 |

**해설** 녹음의 앞부분에서 남자가 听说你开了家饭馆儿(식당 개업하셨다고 들었어요)이라고 했으므로 여자가 식당을 개업했음을 알 수 있다. 장사가 어떠냐는 남자의 질문에 여자는 还可以，刚开始没有那么多顾客(괜찮아요. 막 시작해서 손님이 그렇게 많지는 않아요)라고 했다. 여자가 개업한 식당에 대해 알 수 있는 것을 물었으므로 정답은 B 刚开始(막 시작했다)이다.

**어휘** 久 jiǔ 혱 오래되다　刚 gāng 閉 방금　开始 kāishǐ 图 시작하다　味道 wèidào 명 맛　郊区 jiāoqū 명 교외 지역　听说 tīngshuō 듣자니　开 kāi 图 열다　家 jiā 양 점포 등을 세는 단위　饭馆儿 fànguǎnr 명 식당　恭喜 gōngxǐ 图 축하하다　时间 shíjiān 명 시간　顿 dùn 양 끼니를 세는 양사　生意 shēngyi 명 장사　怎么样 zěnmeyàng 대 어떻다, 어떠하다　那么 nàme 대 그렇게　顾客 gùkè 명 손님

# 듣기
## 제3부분
### 단문형

# 단문을 듣고 질문에 답하기

## 1. 설명문, 논설문, 실용문  실전 테스트

정답  1. C  2. A  3. A  4. C

### 1-2

|  |  |
|---|---|
| 大熊猫是中国国家一级保护动物，是世界上最可爱的动物之一。但¹它数量不多，全世界只有1000多只。以前只有在中国能看到大熊猫。²为了表示友好，从1957年开始，中国把大熊猫送给其他国家。现在很多国家都能看到大熊猫了。 | 판다는 중국 국가 1급 보호 동물이며 세계에서 가장 귀여운 동물 중 하나이다. 그런데 ¹수가 많지 않아 전 세계에 오직 1000여 마리밖에 없다. 예전에는 중국에서만 판다를 볼 수 있었는데 ²중국이 우호를 나타내기 위해 1957년부터 판다를 다른 나라에 선물하기 시작했다. 그래서 현재 많은 나라에서 판다를 볼 수 있다. |

**어휘**  大熊猫 dàxióngmāo 명 판다   之一 zhīyī 명 ~중의 하나   世界 shìjiè 명 세계   最 zuì 부 가장   可爱 kě'ài 형 귀엽다   动物 dòngwù 명 동물   但 dàn 접 그러나   全世界 quánshìjiè 명 전 세계   只有 zhǐyǒu 오직 ~만 있다   只 zhī 양 마리(동물을 세는 단위)   以前 yǐqián 명 이전   为了 wèile 개 ~을 위해서   从……开始 cóng……kāishǐ ~부터 시작하다   把 bǎ 개 ~을/를   送给 sònggěi 동 주다   其他 qítā 대 기타   国家 guójiā 명 국가

**1**

| 关于大熊猫，下列哪项正确？ | 판다에 관하여 다음 중 옳은 것은? |
|---|---|
| A 爱吃西瓜     B 很奇怪<br>C 数量少     D 动作很快 | A 수박 먹는 걸 좋아한다     B 아주 이상하다<br>C 수가 적다     D 동작이 아주 빠르다 |

**해설**  보기가 모두 특징을 나타내는 어휘이며 키워드는 西瓜(수박), 奇怪(이상하다), 数量(수), 动作(동작)이다. 녹음의 시작 부분이 大熊猫(판다)로 시작하므로 이에 관한 설명문임을 알 수 있다. 녹음에서 它数量不多(그것은 수가 많지 않다)가 언급되었는데, 不多는 少와 비슷한 뜻이므로 판다에 관한 옳은 내용을 묻는 질문에 알맞은 답은 C 数量少(수가 적다)이다.

**어휘**  西瓜 xīguā 명 수박   奇怪 qíguài 동 이상하다   数量 shùliàng 명 수량   动作 dòngzuò 명 동작   快 kuài 형 빠르다

**2**

| 中国为什么送给其他国家大熊猫？ | 중국은 왜 다른 국가에 판다를 선물했는가? |
|---|---|
| A 为表示友好<br>B 为增加收入<br>C 为环境保护<br>D 为发展经济 | A 우호를 나타내기 위해<br>B 수입을 증가시키기 위해<br>C 환경을 보호하기 위해<br>D 경제를 발전시키기 위해 |

**해설**  보기에 为(~을 위하여)가 공통적으로 있어 모두 목적을 나타내며 키워드는 友好(우호), 收入(수입), 环境保护(환경 보호), 发展经济(경제 발전)이다. 녹음의 후반부에 为了表示友好(우호를 나타내기 위하여)가 등장하며 从1957年开始, 中国把大熊猫送给其他国家(중국은 1957년부터 판다를 다른 나라에 선물하기 시작했다)라고 했으므로 중국이 다른 나라에 판다를 선물하는 이유로 알맞은 정답은 A 为表示友好(우호를 나타내기 위해)이다.

**어휘**  为 wèi 개 ~을 위해서   表示 biǎoshì 동 나타내다   友好 yǒuhǎo 형 우호적이다   增加 zēngjiā 동 증가하다   收入 shōurù 명 수입   环境 huánjìng 명 환경   保护 bǎohù 동 보호하다   发展 fāzhǎn 동 발전하다   经济 jīngjì 명 경제

表扬和批评是两门不一样的艺术。一般情况下，表扬可在人多的时候，提出来；而批评正好相反，3批评最好在没有其他人的情况下进行。4如果要对一个人既有表扬又有批评，最好先表扬然后批评，这样可能更容易让人接受。想成为一个好的领导、一个好的管理者，要学会表扬和批评的艺术。

칭찬과 비판은 다른 두 종류의 기술이다. 일반적인 상황에서 칭찬은 사람이 많을 때 해도 되지만 비판은 그 반대이다. 3비판은 다른 사람이 없는 상황에서 하는 것이 좋다. 4만약 어떤 사람에게 칭찬도 해야 하고 비판도 해야 한다면 가장 좋은 것은 먼저 칭찬하고 나중에 비판하는 것이다. 이렇게 하면 그 사람이 더 쉽게 받아들일 수 있다. 좋은 지도자, 관리자가 되고 싶다면 칭찬과 비판의 기술을 배워야 한다.

**어휘** 表扬 biǎoyáng 图 칭찬하다　批评 pīpíng 图 비평하다　两 liǎng 至 둘, 2　门 mén 窗 가지(학문, 기술 따위를 세는데 쓰임)　一样 yíyàng 圈 같다　艺术 yìshù 图 예술, 기술　一般 yìbān 圈 일반적이다　情况 qíngkuàng 图 상황　……的时候 ……de shíhou ~할 때　提 tí 图 제기하다　而 ér 圈 그러나　正好 zhènghǎo 團 마침　相反 xiāngfǎn 圈 반대로　最好 zuìhǎo 團 바람직한 것은　其他人 qítārén 다른 사람　进行 jìnxíng 图 진행하다　如果 rúguǒ 圈 만약　对 duì 꽤 ~에 대해　既……又…… jì……yòu…… ~하면서 ~하다　然后 ránhòu 圈 그런 후에　可能 kěnéng 圈 가능하다　更 gèng 團 더욱　容易 róngyì 圈 쉽다　让 ràng 图 ~하게 하다　接受 jiēshòu 图 받아들이다

**3** 批评别人时要注意什么？　다른 사람을 비판할 때 무엇에 주의해야 하는가？

A 不要在别人面前　　　　　　A 다른 사람 앞에서 하지 말아라
B 发音要清楚　　　　　　　　B 발음이 정확해야 한다
C 随便说　　　　　　　　　　C 함부로 말하는 것
D 要说重点　　　　　　　　　D 요지를 말해야 한다

**해설** 보기에 要(~해야 한다)가 있으므로 해야 할 일이 무엇인지에 주의해서 듣는다. 녹음은 表扬(칭찬)과 批评(비판)을 비교하면서 批评最好在没有其他人的情况下进行(비판은 다른 사람이 없는 상황에서 하는 것이 가장 좋다)이라고 했으므로 보기 A에 메모한다. 질문이 다른 사람을 비판할 때 주의해야 할 점이 무엇인가이므로 정답은 A 不要在别人面前(다른 사람 앞에서 하지 말아라)이다.

**어휘** 不要 búyào ~하지 마라　别人 biéren 때 다른 사람　面前 miànqián 图 면전, 앞　发音 fāyīn 图 발음　清楚 qīngchu 圈 분명하다　随便 suíbiàn 團 마음대로　重点 zhòngdiǎn 图 중점

**4** 如果既要表扬又要批评时，最好怎么做？　만약에 칭찬도 해야 하고 비판도 해야 할 때, 어떻게 하는 것이 가장 좋은가？

A 只说缺点　　　　　　　　　A 단점만 말한다
B 提前通知　　　　　　　　　B 미리 알려 준다
**C 先表扬后批评**　　　　　　**C 먼저 칭찬하고 나중에 비판한다**
D 声音要大　　　　　　　　　D 목소리가 커야 한다

**해설** 보기의 어휘는 모두 특정 행동을 나타낸다. 녹음에서 如果要对一个人既有表扬又有批评，最好先表扬然后批评(만약 어떤 사람에게 칭찬도 해야 하고 비판도 해야 한다면 가장 좋은 것은 먼저 칭찬하고 나중에 비판하는 것이다)이라고 했으므로 키워드가 언급된 보기 C에 메모한다. 질문이 칭찬과 비판을 해야 할 때 어떻게 해야 하는가이므로 정답은 C 先表扬后批评(먼저 칭찬하고 나중에 비판한다)이다.

**어휘** 只 zhǐ 團 단지　缺点 quēdiǎn 图 단점　提前 tíqián 图 사전에　通知 tōngzhī 图 알리다　先 xiān 團 먼저　声音 shēngyīn 图 목소리

## 2. 이야기 글 실전 테스트

> 정답 1. D   2. A   3. D   4. B

### 1-2

| | |
|---|---|
| 有一天，1儿子对我说，他长大后想做45路公交车的司机。我听了很吃惊，就问他："当司机也是很不错的选择，可为什么一定是45路呢？还有出租车的司机或飞机机长呢。"儿子回答道："因为245路车的终点站是动物园，这样我就可以每天去动物园看大熊猫了。" | 어느 날 1아들이 내게 크면 45번 버스 운전사가 되고 싶다고 말했다. 나는 듣고 놀라서 그에게 물었다. "운전사가 되는 것도 좋은 선택이야. 근데 왜 꼭 45번 버스니? 택시 기사나 비행기 기장도 있잖니." 아들이 대답했다. "왜냐하면 245번 버스의 종점은 동물원이거든요. 그럼 매일 동물원에 가서 판다를 볼 수 있잖아요." |

**어휘** 有一天 yǒuyìtiān 어느 날   儿子 érzi 명 아들   对 duì 개 ～에게   长大 zhǎngdà 동 자라다   做 zuò 동 하다   路 lù 양 노선, 번   公交车 gōngjiāochē 명 버스   听 tīng 동 듣다   吃惊 chījīng 형 놀라다   问 wèn 동 물어보다   当 dāng 동 ～이 되다   也 yě 부 ～도   不错 búcuò 형 좋다   选择 xuǎnzé 동 선택하다   可 kě 접 그러나   为什么 wèishénme 부 왜   一定 yídìng 부 반드시   回答 huídá 동 대답하다   因为 yīnwèi 접 왜냐하면   终点站 zhōngdiǎnzhàn 명 종점   每天 měitiān 명 매일   大熊猫 dàxióngmāo 판다   将来 jiānglái 명 장래

---

**1**

| 儿子将来想做什么？ | 아들은 장래에 무엇을 하고 싶어 하는가? |
|---|---|
| A 老师   B 医生<br>C 警察   **D 司机** | A 선생님   B 의사<br>C 경찰   **D 운전사** |

**해설** 보기의 어휘가 모두 신분을 나타내므로 신분 관련 정보에 주의해서 듣는다. 녹음의 시작 부분에 儿子对我说, 他长大后想做45路公交车的司机(아들이 내게 커서 45번 버스 기사가 되고 싶다고 했다)라고 했으므로 질문 아들이 장래에 되고 싶은 것은 D 司机(운전사)이다.

**어휘** 将来 jiānglái 명 장래   老师 lǎoshī 명 선생님   医生 yīshēng 명 의사   警察 jǐngchá 명 경찰   司机 sījī 명 운전사

---

**2**

| 关于45路公交车，下列哪项正确？ | 45번 버스에 관하여 다음 중 옳은 것은? |
|---|---|
| **A 能到动物园**   B 速度慢<br>C 很旧   D 免费上车 | **A 동물원까지 간다**   B 속도가 느리다<br>C 아주 낡았다   D 무료로 탄다 |

**해설** 보기의 어휘가 모두 특징을 나타낸다. 키워드 到动物园(동물원까지 가다), 速度(속도), 旧(낡다), 免费(무료)를 중심으로 듣는다. 녹음에서 45路车的终点站是动物园(45번 버스의 종점이 동물원이다)이라고 했으므로 보기 A에 메모한다. 질문이 45번 버스에 대해 옳은 내용이므로 정답은 A 能到动物园(동물원까지 간다)이다.

**어휘** 动物园 dòngwùyuán 명 동물원   速度 sùdù 명 속도   慢 màn 형 느리다   旧 jiù 형 낡다   免费 miǎnfèi 동 무료로 하다   上车 shàngchē 동 차를 타다

## 3-4

<sup>4</sup>我爸爸非常喜欢京剧，他不仅喜欢看，而且会唱京剧，<sup>3</sup>每天晚上去公园唱上几段。虽然他并不专业，但是唱得很认真，每次都会吸引很多人观看，甚至还有人想跟着他学。

<sup>4</sup>우리 아버지는 경극을 매우 좋아하신다. 경극을 보는 걸 좋아하실 뿐만 아니라 부를 줄도 아신다. <sup>3</sup>매일 저녁에 공원에 가서 몇 소절 부르시는데, 비록 전문적이지는 않지만 아주 열심히 부르셔서 매번 많은 사람들이 구경하고 심지어 어떤 사람은 아버지에게 배우고 싶어한다.

**어휘** 京剧 jīngjù **명** 경극   不仅……, 而且…… bùjǐn……, érqiě…… **접** ~일 뿐만 아니라 게다가 ~하다   每天 měitiān **명** 매일   晚上 wǎnshang **명** 저녁   公园 gōngyuán **명** 공원   唱 chàng **동** 부르다   段 duàn **양** 단락   虽然……, 但是…… suīrán……, dànshì…… **접** 비록 ~일지라도, 그러나 ~하다   并不 bìngbù **부** 결코 ~이 아니다   专业 zhuānyè **명** 전공   认真 rènzhēn **형** 진지하다   每次 měicì **명** 매번   吸引 xīyǐn **동** 끌어당기다   观看 guānkàn **동** 관람하다   甚至 shènzhì **부** 심지어   跟着 gēnzhe **동** 따라가다

### 3

| 爸爸晚上去公园做什么？ | 아버지는 저녁에 공원에 가서 무엇을 하는가? |
|---|---|
| A 锻炼身体   B 骑自行车<br>C 吃晚饭   **D 唱京剧** | A 몸을 단련한다   B 자전거를 탄다<br>C 저녁을 먹는다   **D 경극을 부른다** |

**해설** 보기의 어휘가 모두 행동을 나타내므로 특정 행동에 주의해서 듣는다. 녹음에서 아버지가 경극을 아주 좋아하신다고 말하며 每天晚上去公园唱上几段(매일 저녁 공원에 가서 몇 소절 부르신다)이라고 했으므로 키워드가 언급된 보기 D에 메모한다. 아버지가 저녁에 공원에 가서 하는 일은 D 唱京剧(경극을 부른다)이다.

**어휘** 锻炼 duànliàn **동** 운동하다   身体 shēntǐ **명** 신체   骑 qí **동** 타다   自行车 zìxíngchē **명** 자전거   晚饭 wǎnfàn **명** 저녁밥

### 4

| 关于爸爸，可以知道什么？ | 아버지에 관해 무엇을 알 수 있는가？ |
|---|---|
| A 是老师   **B 喜欢京剧**<br>C 工作认真   D 很胖 | A 선생님이다   **B 경극을 좋아한다**<br>C 일을 열심히 한다   D 아주 뚱뚱하다 |

**해설** 보기의 어휘는 모두 특징을 나타내며 키워드를 중심으로 듣는다. 녹음의 시작 부분에서 我爸爸非常喜欢京剧(아버지가 경극을 매우 좋아하신다)라고 했으므로 보기 B에 메모한다. 질문이 아버지에 관해 알 수 있는 것이므로 B 喜欢京剧(경극을 좋아한다)가 정답이다.

**어휘** 老师 lǎoshī **명** 선생님   工作 gōngzuò **명** 일   胖 pàng **형** 뚱뚱하다

## 듣기 제3부분 단문형 미니모의고사

정답  1. B   2. B   3. B   4. D   5. C   6. A   7. C   8. D

### 1-2

世界上没有免费的午餐，这句话说的是：¹任何东西都要通过努力才能得到。有时我们会觉得有的人好像非常轻松，就获得了成功。其实这是不正确的。我们只是因为没看到他们辛苦的一面。²没有人不经过努力就能成功的，成功都是努力的结果。

세상에 공짜 점심은 없다. 이 말이 말하고자 하는 것은 ¹모든 것은 전부 노력을 통해서만 얻을 수 있다는 것이다. 어떤 때 우리는 어떤 사람이 매우 쉽게 성공을 거두었다고 생각한다. 하지만 이것은 잘못된 것이다. 우리는 단지 그들이 고생하는 면을 보지 못했기 때문이다. ²노력을 하지 않고 성공한 사람은 없다. 성공은 모두 노력의 결과이다.

**어휘** 世界 shìjiè 몡 세상   免费 miǎnfèi 몡 무료   午餐 wǔcān 몡 점심   句 jù 몡 문장   话 huà 몡 말   任何 rènhé 떼 어떠한   东西 dōngxi 몡 물건, 것   通过 tōngguò 통 ~을 통해서   努力 nǔlì 통 노력하다   才 cái 뷔 비로소   得到 dédào 통 얻다   有时 yǒushí 때로는   觉得 juéde 통 ~라고 생각하다   有的人 yǒuderén 어떤 사람   好像 hǎoxiàng 뷔 마치 ~인 것 같다   轻松 qīngsōng 혱 수월하다   获得 huòdé 통 얻다   成功 chénggōng 몡 성공   其实 qíshí 뷔 사실은   正确 zhèngquè 혱 정확하다   只 zhǐ 뷔 단지   因为 yīnwèi 젭 왜냐하면   辛苦 xīnkǔ 혱 고생스럽다   一面 yímiàn 몡 한 방면   经过 jīngguò 통 경험하다, 거치다   结果 jiéguǒ 결과

**1**

这段话中，'免费的午餐'指的是什么？

이 글에서 '공짜 점심'이 가리키는 것은 무엇인가?

A 经验   **B 轻松获得成功**
C 父母的支持   D 目标

A 경험   **B 쉽게 성공하는 것**
C 부모의 지지   D 목표

**해설** 보기의 어휘는 모두 명사형이므로 키워드가 언급되는지 주의해서 듣는다. 녹음의 시작 부분에서 世界上没有免费的午餐(세상에 공짜 점심은 없다)으로 시작하며 이어서 任何东西都要通过努力才能得到(모든 것은 노력을 통해서만 얻을 수 있다)라고 설명했다. 이 내용을 통해 免费的午餐은 노력하지 않고 얻는 것임을 유추할 수 있으므로 질문에 알맞은 답은 B 轻松获得成功(쉽게 성공하는 것)이다.

**어휘** 指 zhǐ 통 가리키다   经验 jīngyàn 몡 경험   父母 fùmǔ 몡 부모   支持 zhīchí 통 지지하다   目标 mùbiāo 몡 목표

**2**

这段话主要想告诉我们什么？

이 글이 우리에게 말하고자 하는 것은 무엇인가?

A 结果最重要
**B 要努力**
C 要学会拒绝
D 尊重别人

A 결과가 가장 중요하다
**B 노력해야 한다**
C 거절할 줄 알아야 한다
D 다른 사람을 존중한다

**해설** 보기에 要(~해야 한다)가 있으므로 교훈적인 내용을 묻는 문제임을 알 수 있다. 녹음의 후반부에 没有人不经过努力就能成功的, 成功都是努力的结果(노력을 하지 않고 성공한 사람은 없다. 성공은 모두 노력한 결과이다)라고 했으므로 보기 B에 메모한다. 질문이 이 글이 우리에게 말하고자 하는 것이므로 정답은 B 要努力(노력해야 한다)이다.

**어휘** 最 zuì 뷔 가장   重要 zhòngyào 혱 중요하다   学会 xuéhuì 통 배워서 ~할 줄 알다   拒绝 jùjué 통 거절하다   尊重 zūnzhòng 통 존중하다   别人 biéren 떼 다른 사람

各位女士，各位先生，大家好。4我们的飞机就要起飞了，乘务员正在进行安全调查。3为了您的安全，请您系好安全带，在座位上坐好，并再次检查您的手机是否关机，谢谢，您的合作。

신사 숙녀 여러분 안녕하십니까? 4저희 비행기는 곧 이륙하겠습니다. 승무원들이 현재 안전검사를 하고 있습니다. 3승객 여러분들의 안전을 위하여 안전벨트를 착용해 주시고, 자리에 앉아 휴대폰 전원을 끄셨는지 다시 한번 확인해 주시기 바랍니다. 협조해 주셔서 감사합니다.

**어휘** 各位 gèwèi 몡 여러분　女士 nǚshì 몡 여사　先生 xiānsheng 몡 성인 남자에 대한 존칭　大家 dàjiā 떼 모두　飞机 fēijī 몡 비행기　就要……了 jiùyào……le 곧 ~하려고 하다　起飞 qǐfēi 통 이륙하다　乘务员 chéngwùyuán 몡 승무원　正在 zhèngzài 囝 지금 ~하고 있다　进行 jìnxíng 통 진행하다　安全 ānquán 혱 안전하다　调查 diàochá 통 조사하다　为了 wèile 깨 ~을 위하여　请 qǐng 통 ~해 주세요　系 jì 통 매다　安全带 ānquándài 몡 안전벨트　座位 zuòwèi 몡 좌석　坐 zuò 통 앉다　并 bìng 囝 결코　再次 zàicì 囝 재차　检查 jiǎnchá 통 검사하다　手机 shǒujī 몡 휴대폰　是否 shìfǒu 囝 ~인지 아닌지　关机 guānjī 통 (휴대폰) 전원을 끄다　合作 hézuò 통 협력하다

**3**　说话人希望乘客：　　말하는 사람이 승객에게 바라는 것은?

A 锻炼身体　　**B 系安全带**
C 多吃水果　　D 去洗手间

A 신체를 단련하라　　**B 안전벨트를 착용하라**
C 과일을 많이 먹어라　　D 화장실에 가라

**해설** 보기가 모두 행동을 나타내므로 행동에 주의해서 듣는다. 녹음에 飞机(비행기), 起飞(이륙하다) 등의 어휘가 등장하므로 비행기 안에서의 대화임을 알 수 있다. 이어 为了您的安全，请您系好安全带(승객 여러분들의 안전을 위하여 안전벨트를 착용해 주십시오)라고 했으므로 키워드가 언급된 보기 B에 메모한다. 질문이 말하는 사람이 승객에게 바라는 것이므로 정답은 B 系安全带(안전벨트를 메다)이다.

**어휘** 希望 xīwàng 통 희망하다　乘客 chéngkè 몡 승객　锻炼 duànliàn 통 단련하다　身体 shēntǐ 몡 신체　水果 shuǐguǒ 몡 과일　洗手间 xǐshǒujiān 몡 화장실

**4**　关于这段话，我们可以知道什么？　　이 글에 근거하여 알 수 있는 것은?

A 会议结束了
B 要尊重别人
C 过程很重要
**D 飞机快要起飞了**

A 회의가 끝났다
B 다른 사람을 존중해야 한다
C 과정이 아주 중요하다
**D 비행기가 곧 이륙하려고 한다**

**해설** 보기의 키워드는 会议(회의), 尊重(존중하다), 过程(과정), 起飞(이륙하다)이다. 녹음의 시작 부분에서 我们的飞机就要起飞了(저희 비행기는 곧 이륙하겠습니다)라고 했으므로 키워드가 그대로 언급된 보기 D에 메모한다. 질문이 이 글에 근거하여 알 수 있는 내용이므로 정답은 D 飞机快要起飞了(비행기가 곧 이륙하려고 한다)이다.

**어휘** 会议 huìyì 몡 회의　结束 jiéshù 통 끝나다　尊重 zūnzhòng 통 존중하다　别人 biérén 떼 다른 사람　过程 guòchéng 몡 과정　重要 zhòngyào 혱 중요하다　快要……了 kuàiyào……le 곧 ~하려고 하다　起飞 qǐfēi 통 이륙하다

## 5-6

| | |
|---|---|
| ⁵很多人都羡慕导游，觉得他们能到处旅游。其实，做导游并不轻松。⁶导游每天都要走很多路，只有能吃苦，才能坚持下来。另外，旅行中会出现各种各样的问题，导游必须能够冷静地解决问题。 | ⁵많은 사람들은 관광 가이드를 부러워하는데 그들이 곳곳을 여행할 수 있다고 생각하기 때문이다. 사실 관광 가이드는 그렇게 수월하지 않다. ⁶관광 가이드는 매일 많이 걸어야 해서 고생을 견딜 수 있어야만 계속 할 수 있다. 그 밖에도 관광 가이드는 여행 중 발생하는 각종 문제를 반드시 냉정하게 해결할 수 있어야 한다. |

**어휘** 羡慕 xiànmù 통 부러워하다  导游 dǎoyóu 몡 관광 가이드  觉得 juéde 통 ~라고 생각하다  到处 dàochù 몡 곳곳  旅游 lǚyóu 통 여행하다  其实 qíshí 튀 사실은  并 bìng 튀 결코  轻松 qīngsōng 혱 수월하다  每天 měitiān 몡 매일  走 zǒu 통 걷다  路 lù 몡 길  只有……, 才…… zhǐyǒu……, cái…… ~해야만 ~하다  吃苦 chīkǔ 통 고생하다  坚持 jiānchí 지속하다  另外 lìngwài 튀 그밖에  旅行 lǚxíng 통 여행하다  出现 chūxiàn 통 출현하다  各种各样 gèzhǒnggèyàng 셍 각양각색, 온갖  问题 wèntí 몡 문제  必须 bìxū 튀 반드시  能够 nénggòu 통 ~할 수 있다  冷静 lěngjìng 혱 냉정하다  解决 jiějué 통 해결하다

### 5

| 很多人为什么羡慕导游？ | 많은 사람들은 왜 관광 가이드를 부러워하는가? |
|---|---|
| A 工资高 | A 월급이 많다 |
| B 找工作容易 | B 취업이 쉽다 |
| **C 能到处玩儿** | **C 곳곳에 놀러 갈 수 있다** |
| D 不需要经验 | D 경험이 필요하지 않다 |

**해설** 보기의 키워드는 工资(월급), 找工作(취업), 玩儿(놀다), 经验(경험)이다. 녹음의 시작 부분에서 很多人都羡慕导游, 觉得他们能到处旅游(많은 사람들은 모두 관광 가이드를 부러워하는데 그들이 많은 곳을 여행할 수 있다고 생각하기 때문이다)라고 했으므로 키워드가 언급된 보기 C에 메모한다. 질문이 사람들이 관광 가이드를 부러워하는 이유이므로 정답은 C 能到处玩儿(곳곳에 놀러 다닐 수 있다)이다.

**어휘** 工资 gōngzī 몡 월급  高 gāo 혱 높다  找 zhǎo 통 찾다  工作 gōngzuò 몡 직업  容易 róngyì 혱 쉽다  玩儿 wánr 통 놀다  需要 xūyào 통 필요하다  经验 jīngyàn 몡 경험

### 6

| 根据这段话，可以知道什么？ | 이 글에 근거하여, 알 수 있는 것은? |
|---|---|
| **A 导游工作很辛苦** | **A 가이드 일은 아주 힘들다** |
| B 要保护环境 | B 환경을 보호해야 한다 |
| C 健康最重要 | C 건강이 가장 중요하다 |
| D 要多喝水 | D 물을 많이 마셔야 한다 |

**해설** 보기의 키워드는 辛苦(힘들다), 保护环境(환경보호), 健康(건강), 多喝水(물을 많이 마시다)이다. 녹음에서 导游每天都要走很多路, 只有能吃苦, 才能坚持下来(관광 가이드는 매일 많이 걸어야 해서 고생을 견딜 수 있어야만 계속 할 수 있다)라고 했으므로 비슷한 내용인 보기 A에 메모한다. 질문이 이 글에 근거해서 알 수 있는 내용이므로 정답은 A 导游工作很辛苦(가이드 일은 아주 힘들다)이다.

**어휘** 保护 bǎohù 통 보호하다  环境 huánjìng 몡 환경  健康 jiànkāng 몡 건강  最 zuì 튀 가장  重要 zhòngyào 혱 중요하다  水 shuǐ 몡 물

## 7-8

批评不一定是件坏事。⁷别人的批评往往能帮助我们知道自己的缺点，所以⁸当我们听到批评时，先不要发脾气，而是应该冷静地想想他们提出的意见是否正确，对我们有没有帮助。

비평은 꼭 나쁜 것만은 아니다. ⁷다른 사람의 비평은 종종 우리가 자신의 단점을 알 수 있게 해 준다. 그래서 ⁸우리는 비평을 들었을 때 우선 화를 내지 말고, 냉정하게 그들이 제시한 의견이 옳은 것인지 우리에게 도움이 되는지를 생각해 봐야 한다.

**어휘** 批评 pīpíng 图 비평하다  不一定 bùyídìng 图 반드시 ~한 것은 아니다  件 jiàn 영 사건 세는 양사  坏事 huàishì 명 나쁜 일  别人 biérén 때 다른 사람  往往 wǎngwǎng 图 종종  帮助 bāngzhù 图 돕다  自己 zìjǐ 때 스스로  缺点 quēdiǎn 명 단점  所以 suǒyǐ 젭 그래서  当……时 dāng……shí ~할 때  先 xiān 图 우선  不要 búyào ~하지 마라  发脾气 fāpíqi 图 화내다  而是 érshì 젭 그러나  冷静 lěngjìng 형 냉정하다  提出 tíchū 图 제시하다  意见 yìjiàn 명 의견  是否 shìfǒu 图 ~인지 아닌지  正确 zhèngquè 형 정확하다  对 duì 개 ~에 대하여  帮助 bāngzhù 图 돕다

## 7

| 根据这段话，别人的批评能让我们： | 이 글에 근거하여, 다른 사람의 비평은 우리를 어떻게 만드는가? |
|---|---|
| A 增加知识 | A 지식을 늘어난다 |
| B 积累经验 | B 경험이 쌓인다 |
| **C 看到自己的缺点** | **C 자신의 단점을 보게 된다** |
| D 适应气候 | D 기후에 적응하게 된다 |

**해설** 보기의 키워드 知识(지식), 经验(경험), 缺点(단점), 气候(기후)에 주의해서 듣는다. 녹음에서 别人的批评往往能帮助我们知道自己的缺点(다른 사람의 비평은 종종 우리로 하여금 자신의 단점을 알게 해 준다)이라고 했으므로 키워드가 언급된 보기 C에 메모한다. 질문이 비평이 우리에게 주는 영향이므로 정답은 C 看到自己的缺点(자신의 단점을 보게 된다)이다.

**어휘** 增加 zēngjiā 图 증가하다  知识 zhīshi 명 지식  积累 jīlěi 图 쌓다  经验 jīngyàn 명 경험  适应 shìyìng 图 적응하다  气候 qìhòu 명 기후

## 8

| 受到批评时，我们首先应该： | 비판을 받을 때, 우리는 먼저 어떻게 해야 하는가? |
|---|---|
| A 帮助别人 | A 다른 사람을 돕는다 |
| B 完成任务 | B 임무를 완성한다 |
| C 准时吃药 | C 제시간에 약을 먹는다 |
| **D 不要生气** | **D 화를 내지 말아라** |

**해설** 보기는 모두 행동을 나타내며 키워드는 帮助(돕다), 任务(임무), 吃药(약을 먹다), 生气(화를 내다)이다. 녹음에서 当我们听到批评时，先不要发脾气(우리는 비평을 들었을 때, 우선 화를 내지 말아라)라고 했으므로 发脾气와 같은 의미인 生气가 있는 보기 D에 메모한다. 질문이 비판을 받을 때 어떻게 해야 하는가이므로 정답은 D 不要生气(화를 내지 말아라)이다.

**어휘** 受到 shòudào 图 받다  首先 shǒuxiān 图 우선  帮助 bāngzhù 图 돕다  完成 wánchéng 图 완성하다  任务 rènwu 명 임무  准时 zhǔnshí 图 제때에  吃药 chīyào 图 약을 먹다  不要 búyào ~하지 마라

# 빈칸에 알맞은 어휘 넣기

## 1. 동사 넣기 실전 테스트

정답 1. C   2. F   3. B   4. B   5. E   6. F

### 1-3

| [보기] | A 份 | B 弄 | C 包 | A 부 | B 하다 | C (만두를) 빚다 |
|---|---|---|---|---|---|---|
| | D 坚持 | E 味道 | F 改变 | D 지속하다 | E 맛 | F 바꾸다 |

**어휘** 份 fèn 양 부(서류를 세는 양사)   弄 nòng 동 하다   包 bāo 동 (만두를) 빚다   坚持 jiānchí 동 지속하다   味道 wèidào 명 맛   改变 gǎibiàn 동 바꾸다

**1** 我很喜欢春节，过年的时候，全家人在一起（ C 包 ）饺子，非常热闹。

나는 설날을 아주 좋아한다. 설을 쇨 때 온 가족이 같이 만두를 ( C 빚고 ) 아주 시끌벅적하다.

**해설** 빈칸 앞에 주어 全家人(온 가족)과 부사어 在一起(함께)가 있고, 뒤에는 목적어 饺子(만두)가 있으므로 빈칸에는 동사가 와야 한다. 의미상 饺子와 어울리는 동사는 C 包(빚다)이다.

**어휘** 春节 chūnjié 명 설, 춘절   过年 guònián 동 설을 쇠다   ⋯的时候 deshíhou ～할 때   全家人 quánjiārén 온 집안 사람   在一起 zàiyìqǐ 함께   饺子 jiǎozi 명 교자만두   热闹 rènao 형 시끌벅적하다

**2** 互联网的发展在很多方面（ F 改变 ）了我们的生活。

인터넷의 발전은 많은 부분에서 우리의 삶을 크게 ( F 바꾸었다 ).

**해설** 빈칸 앞에 부사어 在很多方面(많은 부분에서)이 있고, 뒤에는 동태조사 了가 있으므로 빈칸에는 동사가 와야 한다. 목적어인 生活(생활)와 어울리는 동사는 F 改变(바꾸다)이다.

**어휘** 互联网 hùliánwǎng 명 인터넷   发展 fāzhǎn 명 발전   生活 shēnghuó 명 생활

**3** 小心地滑，我刚才不小心把杯子（ B 弄 ）倒了。

바닥 미끄러우니까 조심하세요. 저 방금 실수로 컵을 ( B 넘어뜨렸어요 ).

**해설** 문장에 '把+명사'가 있으므로 把자문임을 알 수 있다. 把자문의 술어는 '동사+기타성분'이므로 보어 倒(넘어지다) 앞 빈칸에는 동사가 와야 한다. 따라서 '넘어뜨리다'라는 뜻을 만들 수 있는 B 弄(하다)이 적합하다. 동사 弄은 원래 쓰여야 할 동사의 구체적인 설명이 불필요하거나 곤란한 경우 그 동사를 대신해서 쓴다.

**어휘** 刚才 gāngcái 명 방금   不小心 bùxiǎoxīn 부주의하다   把 bǎ 개 ～을/를   杯子 bēizi 명 컵   倒 dǎo 동 넘어지다, 자빠지다

## 4-6

| [보기] | A 危险 | B 搬 | C 温度 | A 위험하다 | B 이사하다 | C 온도 |
|---|---|---|---|---|---|---|
| | D 不过 | E 赶 | F 发 | D 그러나 | E (시간에) 대다 | F 보내다 |

어휘 　危险 wēixiǎn 톙 위험하다　搬 bān 통 이사하다　温度 wēndù 톙 온도　不过 búguò 젭 그러나　赶 gǎn 통 (시간에) 대다
发 fā 통 보내다

**4**

A：看来你对这里很熟悉。

B：我从小在这儿长大，生活了大概20年，前年才（ B 搬 ）走的。

A : 이곳에 대해 아주 잘 아시는 것 같아요.

B : 저 어릴 때부터 여기서 자라서 20년 정도 살았어요. 재작년에서야 ( B 이사 )간 거예요.

해설　빈칸 앞에 부사 才(그제서야)가 있고, 뒤에는 동사 走(가다)가 있다. 문장이 '어릴 때 여기서 자라서 20년 정도 살다가 재작년에서야 ~간 거예요'를 나타낸다. 따라서 走는 보어이고 빈칸은 동사 자리임을 알 수 있다. 따라서 문맥상 어울리는 B 搬(이사하다)이 적합하다.

어휘　看来 kànlái 보아하니 ~하다　对 duì 개 ~에 대하여　熟悉 shúxī 톙 잘 알다　小时候 xiǎoshíhòu 몡 어렸을 때　生活
shēnghuó 통 생활하다　大概 dàgài 뮈 대략　年 nián 몡 해, 년　前年 qiánnián 몡 재작년　走 zǒu 통 가다

**5**

A：已经10点了，我们能及时（ E 赶 ）到机场吗？

B：你这急性子，不用担心，是下午两点的飞机呢。

A : 벌써 10시인데 우리 제시간에 공항에 ( E 도착할 ) 수 있을까?

B : 성격 급하긴. 걱정하지 마. 오후 2시 비행기잖아.

해설　빈칸 앞에 주어 我们(우리)과 부사어 及时(제때에)가 있고, 뒤에는 到机场(공항에 도착하다. 공항까지)이 있다. 문맥상 '제때에 도착할 수 있어?'라는 뜻이므로 빈칸은 到를 보어로 두는 동사가 와야 한다. '열차나 버스의 시간에 대다'의 뜻을 가진 동사 E 赶(시간에 대다)이 적합하다.

어휘　已经 yǐjīng 뮈 이미　点 diǎn 양 시　及时 jíshí 뮈 제때에　机场 jīchǎng 몡 공항　急性子 jíxìngzi 몡 성급한 사람　不用
búyòng ~할 필요 없다　担心 dānxīn 통 걱정하다　下午 xiàwǔ 몡 오후　飞机 fēijī 몡 비행기

**6**

A：我刚办好登机手续，现在该去安检了，你回去吧。

B：好，你下了飞机，别忘了给我（ F 发 ）个短信。

A : 탑승 수속 마쳐서 이제 보안 검색대에 들어가야 해요. 이제 들어가세요.

B : 그래. 비행기에서 내리면 문자 메시지 ( F 보내는 거 ) 잊지 마렴.

해설　빈칸 앞에 개사구 给我(나에게)가 있고, 뒤에는 목적어 短信(문자 메시지)이 있으므로 빈칸에는 동사가 와야 한다. 의미상 短信과 어울리는 동사는 F 发(보내다)이다.

어휘　刚 gāng 뮈 막, 방금　登记 dēngjì 통 체크인하다　手续 shǒuxù 몡 수속　现在 xiànzài 몡 지금　安检 ānjiǎn 몡 안전 검사, 보
안 검사　下飞机 xiàfēijī 비행기에서 내리다　别 bié 뮈 ~하지 마라　忘 wàng 통 잊다　短信 duǎnxìn 몡 문자 메시지

## 2. 형용사 넣기 실전 테스트

> 정답 1. C   2. A   3. F   4. D   5. A   6. B

### 1-3

| [보기] | A 圆 | B 短信 | C 标准 | A 둥글다 | B 문자 메시지 | C 표준적이다 |
|---|---|---|---|---|---|---|
| | D 坚持 | E 改变 | F 凉快 | D 지속하다 | E 바꾸다 | F 시원하다 |

**어휘** 圆 yuán 혱 둥글다   短信 duǎnxìn 몡 문자 메시지   标准 biāozhǔn 혱 표준적이다   坚持 jiānchí 툉 지속하다   改变 gǎibiàn 툉 바꾸다   凉快 liángkuai 혱 시원하다

**1** 你的动作还不太（ C 标准 ），左手再抬高一点儿。

동작이 아직 별로 ( 정확하지 ) 않으니 왼손을 좀 더 높이 드세요.

**해설** 빈칸 앞에 정도부사 太(매우)가 있으므로 빈칸에는 형용사가 와야 한다. 문장이 '동작이 그다지 ~하지 않다'를 나타내므로 의미상 알맞은 것은 C 标准(표준적이다)이다.

**어휘** 动作 dòngzuò 몡 동작   不太 bú tài 그다지 ~하지 않다   左手 zuǒshǒu 몡 왼손   再 zài 囝 더   抬 tái 툉 들어올리다   高 gāo 혱 높다

**2** 你看见了吗？昨天晚上的月亮又大又（ A 圆 ），真漂亮。

봤어요? 어젯밤 달이 크고 ( A 둥글더라구요 ). 진짜 예뻤어요.

**해설** 빈칸 앞에 부사 又(또)가 있고 고정격식인 '又……又……(~하면서 ~하다)'를 이루고 있으므로 빈칸에는 형용사가 와야 한다. 주어인 달을 묘사하는데 적합한 형용사는 A 圆(둥글다)이다.

**어휘** 昨天 zuótiān 몡 어제   晚上 wǎnshang 몡 저녁   月亮 yuèliang 몡 달   又……又…… yòu……yòu…… ~하면서 ~하다   漂亮 piàoliang 혱 예쁘다

**3** 小张，你别站在太阳底下，天气太热了，快到这里来，这儿很（ F 凉快 ）。

샤오장, 햇볕 아래 서 있지 마. 날씨가 너무 더우니까 얼른 이쪽으로 와. 여긴 아주 ( F 시원해 ).

**해설** 빈칸 앞에 정도부사 很(아주)이 있으므로 빈칸에는 형용사가 와야 한다. 태양 아래 서 있는 사람에게 더우니 이쪽으로 오라고 했으므로 의미상 적합한 형용사는 F 凉快(시원하다)이다.

**어휘** 别 bié 囝 ~하지 마라   站 zhàn 툉 서다   太阳 tàiyáng 몡 태양   底下 dǐxia 몡 아래   天气 tiānqì 몡 날씨   热 rè 혱 덥다   快 kuài 혱 빠르다

### 4-6

| [보기] | A 正常 | B 香 | C 温度 | A 정상적이다 | B 맛있다 | C 온도 |
|---|---|---|---|---|---|---|
| | D 难受 | E 郊区 | F 出差 | D 견디기 어렵다 | E 교외 지역 | F 출장 가다 |

**어휘** 正常 zhèngcháng 혱 정상적이다   香 xiāng 혱 맛있다   温度 wēndù 몡 온도   难受 nánshòu 혱 견디기 어렵다   郊区 jiāoqū 몡 교외지역   出差 chūchāi 툉 출장 가다

**4**

A：师傅，请开慢点好吗？我有点儿（ D 难受 ）。

B：你怎么了？实在不行，我可以在路边停车。

A: 기사님, 좀 천천히 운전해 주실 수 있나요? 제가 조금 ( D 견디기 힘들어서요 ).

B: 왜 그러세요? 너무 힘드시면 잠시 길가에 차를 세울게요.

해설 빈칸 앞에 부사 有点儿(좀 ~하다)이 있으므로 빈칸에는 형용사가 와야 한다. 화자가 몸이 조금 안 좋아져서 운전을 천천히 해달라고 요구하고 있으므로 D 难受(견디기 어렵다)가 적합하다.

어휘 师傅 shīfu 명 기사님  请 qǐng 동 ~해 주세요  开 kāi 동 운전하다  慢 màn 형 느리다  实在 shízài 부 정말  不行 bùxíng 동 좋지 않다  路边 lùbiān 명 길가  停车 tíngchē 동 차를 세우다

**5**

A：我累死了，这个学期的专业课太多了。

B：这是很（ A 正常 ），第一学年基础课和选修课多，第二学年主要就是专业课了。

A: 힘들어 죽겠네. 이번 학기 전공 과목이 너무 많아.

B: 이건 아주 ( A 정상적인 거야 ). 1학년 때는 기초 과목하고 선택 과목이 많고, 2학년 때는 주로 전공 과목이거든.

해설 빈칸 앞에 정도부사 很(아주)이 있으므로 빈칸에는 형용사가 와야 한다. B가 힘들어하는 A에게 일반적인 상황에 대해 말해주고 있으므로 문맥상 A 正常(정상적이다)이 적합하다.

어휘 累 lèi 형 피곤하다  学期 xuéqī 명 학기  专业课 zhuānyèkè 명 전공 과목  第一 dìyī 수 첫 번째  基础课 jīchǔkè 명 기초 과목  选修课 xuǎnxiūkè 명 선택 과목  主要 zhǔyào 부 주로

**6**

A：饺子煮好了，快来吃吧。

B：真（ B 香 ）啊，我最喜欢吃你包的饺子了。

A: 만두 다 됐어요. 어서 와서 드세요.

B: 진짜 ( B 맛있어요 ). 저는 당신이 만든 만두를 먹는 게 제일 좋아요.

해설 빈칸 앞에 정도부사 真(정말)이 있으므로 빈칸에는 형용사가 와야 한다. 뒷절에 A가 만든 만두를 좋아한다는 내용이므로, 맛을 표현하는 B 香(맛있다)이 적합하다.

어휘 饺子 jiǎozi 명 만두  煮 zhǔ 동 삶다, 익히다  快 kuài 형 빠르다  最 zuì 부 가장  包 bāo 동 싸다, 싸매다

## 3. 명사 넣기 실전 테스트

정답 1. C  2. F  3. B  4. A  5. D  6. E

**1-3**

| [보기] | A 往往 | B 友谊 | C 味道 | A 자주 | B 우정 | C 맛, 재미 |
|---|---|---|---|---|---|---|
| | D 坚持 | E 重 | F 入口 | D 지속하다 | E 무겁다 | F 입구 |

어휘 往往 wǎngwǎng 부 자주  友谊 yǒuyì 명 우정  味道 wèidào 명 맛, 재미  坚持 jiānchí 동 지속하다  重 zhòng 형 무겁다  入口 rùkǒu 명 입구

**1** 生活中幽默很重要，如果少了幽默，就好像菜里忘了放盐，让人感觉少了些（ C 味道 ）。

삶에서 유머는 매우 중요하다. 만약 유머가 없다면, 음식에 소금 넣는 것을 깜빡한 것과 같아서 ( C 맛 )이 없다고 느끼게 된다.

**해설** 빈칸 앞에 양사 些(약간)가 있으므로 빈칸에는 명사가 와야 한다. 유머와 음식을 비교하며 삶에 유머가 없는 것은 마치 음식에 소금을 깜빡한 것과 같다는 표현으로 미루어 보아 의미상 C 味道(맛, 재미)가 적합하다.

**어휘** 生活 shēnghuó 몡 생활   幽默 yōumò 혱 유머러스하다   重要 zhòngyào 혱 중요하다   如果 rúguǒ 젭 만약   少 shǎo 통 부족하다, 결핍하다   好像 hǎoxiàng 뷔 마치 ~과 같다   菜 cài 몡 요리   忘 wàng 통 잊어버리다   放盐 fàngyán 소금을 치다   让 ràng 통 ~하게 하다   感觉 gǎnjué 통 느끼다

**2** 不好意思，我现在在（ F 入口 ）处，马上就到。

미안해. 나 지금 ( F 입구 )야. 곧 도착해.

**해설** 빈칸 앞의 在는 동사(~에 있다)와 부사(~을 하고 있다)로 쓰이는데, 빈칸 뒤에 장소를 나타내는 处(곳)가 있으므로 동사로 쓰였음을 알 수 있고, 따라서 빈칸에는 장소를 나타내는 명사가 와야 한다. 문맥상 处와 어울리는 것은 F 入口(입구)이다.

**어휘** 现在 xiànzài 몡 지금   处 chù 몡 곳   马上 mǎshàng 뷔 곧

**3** 在人际关系上有了误会，要及时解释，不然时间长了就会影响（ B 友谊 ）。

친구 사이에 오해가 생기면 즉시 해명해야 한다. 시간이 길어지면 ( B 우정 )에 영향을 줄 수 있다.

**해설** 빈칸 앞에 동사 影响(영향을 주다)이 있으므로 빈칸에는 목적어가 와야 한다. 문장이 친구 사이의 관계에 대한 내용이므로 B 友谊(우정)가 적합하다.

**어휘** 朋友 péngyou 몡 친구   之间 zhījiān 몡 사이   误会 wùhuì 통 오해하다   及时 jíshí 뷔 즉시   解释 jiěshì 통 해명하다   不然 bùrán 젭 그렇지 않으면   时间 shíjiān 몡 시간   长 cháng 혱 길다   影响 yǐngxiǎng 통 영향을 미치다

## 4-6

| [보기] | A 地点 | B 辛苦 | C 温度 | A 장소 | B 고생스럽다 | C 온도 |
|--------|--------|--------|--------|--------|-------------|--------|
|        | D 郊区 | E 交通 | F 整理 | D 교외 지역 | E 교통 | F 정리하다 |

**어휘** 地点 dìdiǎn 몡 장소   辛苦 xīnkǔ 혱 고생스럽다   温度 wēndù 몡 온도   郊区 jiāoqū 몡 교외 지역   交通 jiāotōng 몡 교통   整理 zhěnglǐ 통 정리하다

**4** A：小王，这次聚会在哪儿进行？
B：不好意思，这次聚会的（ A 地点 ）是小张选的，时间也是她定的，你问她吧。

A: 샤오왕, 이번 모임 어디에서 해?
B: 미안해. 이번 모임 ( A 장소 )는 샤오장이 골랐어. 시간도 그녀가 결정한 거야. 그녀한테 물어봐.

**해설** 빈칸 앞에 관형어를 만드는 구조조사 的가 있으므로 빈칸에는 명사가 와야 한다. 모임의 장소에 대해 묻고 있고, 모임 장소와 시간은 모두 샤오장이 결정한 것이라는 내용이므로 A 地点(장소)이 들어가야 한다.

**어휘** 这次 zhècì 때 이번   聚会 jùhuì 몡 모임   进行 jìnxíng 통 진행하다   选 xuǎn 통 선택하다   时间 shíjiān 몡 시간   定 dìng 통 정하다   问 wèn 통 물어보다

**5**

A：听说公司明年要搬到（ D 郊区 ），到时候我又得重新找房子了。

B：真的吗？你听谁说的？我怎么不知道？

A: 회사가 내년에 ( D 교외 )로 옮긴다는데, 그때 난 또 새로 집을 구해야 해.

B: 진짜? 너 누구한테 들었어? 나는 왜 몰랐지?

**해설** 빈칸 앞에 술어와 결과보어가 있으므로 빈칸에는 목적어가 될 수 있는 명사가 와야 한다. 결과보어 到와 어울리는 장소가 필요하므로 D 郊区(교외)를 넣는다.

**어휘** 听说 tīngshuō 듣자 하니　公司 gōngsī 명 회사　明年 míngnián 명 내년　搬到 bāndào 통 이사하다　到时候 dàoshíhou 그때 가서　又 yòu 부 또　得 děi 조동 ~해야 한다　重新 chóngxīn 부 다시　找 zhǎo 통 찾다　房子 fángzi 명 집　知道 zhīdào 통 알다

**6**

A：你新买的房子，怎么样？

B：不错，周围很安静，离地铁站很近，（ E 交通 ）很方便。

A: 너 새로 산 집 어때?

B: 좋아. 주변이 조용하고, 지하철역이 가까워서 ( E 교통 )이 매우 편리해.

**해설** 빈칸 뒤에 형용사 方便(편리하다)이 있고, 주어가 결핍되어 있으므로 빈칸에는 주어가 될 수 있는 명사가 와야 한다. 앞절에 지하철역이 매우 가깝다는 내용으로 미루어 보아 E 交通(교통)이 적합하다.

**어휘** 新 xīn 형 새롭다　不错 búcuò 형 좋다　周围 zhōuwéi 명 주위　安静 ānjìng 형 조용하다　离 lí 개 ~로부터　地铁站 dìtiězhàn 명 지하철역　近 jìn 형 가깝다　方便 fāngbiàn 형 편리하다

## 4. 양사/부사/접속사 넣기 　실전 테스트

**정답** 1. E　2. A　3. C　4. E　5. B　6. F

**1-3**

| [보기] | A 竟然 | B 估计 | C 公里 | A 뜻밖에도 | B 추측하다 | C 킬로미터 |
|---|---|---|---|---|---|---|
| | D 坚持 | E 往往 | F 讨论 | D 지속하다 | E 종종 | F 토론하다 |

**어휘** 竟然 jìngrán 부 뜻밖에도　估计 gūjì 통 추측하다　公里 gōnglǐ 양 킬로미터　坚持 jiānchí 통 지속하다　往往 wǎngwǎng 부 종종　讨论 tǎolùn 통 토론하다

**1**

小明总是加班，他（ E 往往 ）是最后离开办公室。

샤오밍은 늘 야근해서 그는 종종 마지막으로 사무실을 떠난다.

**해설** 빈칸 앞에 주어 他(그)가 있고, 뒤에 술어 是(이다)가 있으므로 빈칸에는 부사어가 와야 한다. 부사어 자리에 쓰일 수 있으며 문맥에 적합한 어휘는 E 往往(종종)이다

**어휘** 总是 zǒngshì 부 늘, 언제나　加班 jiābān 통 야근하다　最后 zuìhòu 명 최후, 맨 마지막　离开 líkāi 통 떠나다, 벗어나다　办公室 bàngōngshì 명 사무실

**2** 他一直都很重视这个机会，最后（ A 竟然 ）放弃了，这让我很吃惊。

그는 줄곧 이 기회를 중요하게 생각했는데, 마지막에 ( A 뜻밖에도 ) 포기해 버려서 나는 많이 놀랐다.

빈칸 뒤에 동사 放弃(포기하다)가 있으므로 빈칸에는 부사어가 와야 한다. 문맥상 앞절에 '이 기회를 중요시했다'고 했는데 뒷부분에서 '포기했다'는 내용이 나오므로 의외의 뜻을 나타내는 A 竟然(뜻밖에도)이 적합하다.

重视 zhòngshì 통 중시하다　机会 jīhuì 명 기회　最后 zuìhòu 명 결국　放弃 fàngqì 통 포기하다　让 ràng 통 ~하게 하다
吃惊 chījīng 형 놀라다

**3** 这种火车的速度一般在每小时200到300( C 公里 )之间。

이런 기차의 속도는 일반적으로 시속 200~300 ( C 킬로미터 ) 사이이다.

빈칸 앞에 숫자가 있으므로 빈칸에는 양사가 와야 한다. 제시된 어휘 중 속도를 나타내는 단위인 C 公里(킬로미터)가 정답이다.

这种 zhèzhǒng 대 이런 종류의, 이와 같은　火车 huǒchē 명 기차　速度 sùdù 명 속도　一般 yìbān 부 일반적으로　每小时
měixiǎoshí 시간당　之间 zhījiān 명 사이

## 4-6

| [보기] | A 由于 | B 次 | C 温度 | A ~때문에 | B 번, 회 | C 온도 |
|---|---|---|---|---|---|---|
| | D 热闹 | E 页 | F 并且 | D 시끌벅적하다 | E 쪽, 페이지 | F 게다가 |

由于 yóuyú 접 ~때문에　次 cì 양 번, 횟수　温度 wēndù 명 온도　热闹 rènao 형 시끌벅적하다　页 yè 양 쪽, 페이지　并且
bìngqiě 접 게다가

**4** A：我现在去办公室交申请表，要不要帮你交啊？
B：不用了，我才填到第二（ E 页 ），我一会儿自己去，你先去吧。

A: 나 지금 신청서 사무실에 제출하러 가는데 네 것도 제출해 줄까?
B: 아니야. 나 아직 2( E 페이지 )밖에 못 적었어. 나는 이따가 직접 갈게. 너 먼저 가.

빈칸 앞에 숫자가 있으므로 빈칸에는 양사가 와야 한다. 동사 填은 '기입하다'라는 뜻이므로 종이를 세는 양사 E 页(쪽, 페이지)가 적합하다.

现在 xiànzài 명 지금　打印 dǎyìn 통 프린트하다　申请表 shēnqǐngbiǎo 명 신청표　帮 bāng 통 돕다　不用了 búyòngle
괜찮아요　才 cái 부 비로소　填 tián 통 채우다, 기입하다　第二 dì'èr 수 제2　一会儿 yíhuìr 이따가　自己 zìjǐ 대 자신　先
xiān 부 먼저

**5** A：你怎么不接电话呢？
B：这个号码打给我好几（ B 次 ）了，又是广告。

A: 왜 전화를 안 받아요?
B: 이 번호로 몇 ( B 번 )이나 전화가 왔는데, 매번 광고였어요.

빈칸 앞에 수를 물어볼 때 사용하는 의문대사 几(몇)가 있으므로 빈칸에는 양사가 와야 한다. 문장에서 전화가 온 횟수를 말하고 있으므로 횟수를 나타내는 양사 B 次(번)가 적합하다.

接电话 jiēdiànhuà 전화를 받다　号码 hàomǎ 명 번호　给 gěi 개 ~에게　打 dǎ 통 걸다　广告 guǎnggào 명 광고

**6**

A: 我想让小王做这件事情，你觉得怎么样？

B: 她不但性格活泼，（F 并且）很有耐心，非常适合做那件事情。

A: 샤오왕에게 이 일을 하게 하려고 하는데, 어떻게 생각해요?

B: 그녀는 성격도 활발하고, ( F 게다가 ) 인내심도 있어서 그 일을 하는 데 아주 적합할 거 같아요.

**해설** 빈칸이 쉼표 뒤에 있을 경우 빈칸에는 보통 접속사가 온다. 빈칸 앞절에 접속사 不但(~뿐만 아니라)이 있으므로 이와 호응하는 접속사가 와야 한다. 따라서 F 并且(게다가)가 적합하다.

**어휘** 让 ràng 图 ~하게 하다   件 jiàn 鄝 일, 사건을 세는 양사   事情 shìqing 圐 일   觉得 juéde 图 ~라고 생각하다   不但 búdàn 圙 ~뿐만 아니라   性格 xìnggé 圐 성격   活泼 huópō 圐 활발하다   耐心 nàixīn 圐 인내심   适合 shìhé 图 적합하다

## 독해 제1부분  미니모의고사

**정답** 1. A   2. C   3. B   4. E

---

**1-2**

| [보기] | A 引起 | B 观众 | C 擦 | A (주의를) 끌다 | B 관중 | C 닦다 |
| --- | --- | --- | --- | --- | --- | --- |
| | D 坚持 | E 辛苦 | F 份 | D 지속하다 | E 고생스럽다 | F 부 |

**어휘** 引起 yǐnqǐ 图 (주의를) 끌다   观众 guānzhòng 圐 관중   擦 cā 图 닦다, 문지르다   坚持 jiānchí 图 지속하다   辛苦 xīnkǔ 圐 고생스럽다   份 fèn 鄝 업무, 일 등을 세는 양사

**1**

她是网红，无论走到哪里（A 引起）了很多人的关注。

그녀는 인터넷 스타라 어디를 가든지 많은 사람들의 관심을 ( A 끌었다 ).

**해설** 빈칸 뒤에 동태조사 了가 있으므로 빈칸에는 동사가 와야 한다. 보기에서 동사는 引起와 擦인데 목적어 关注(관심)와 어울리는 동사는 A 引起(끌다)이다.

**어휘** 网红 wǎnghóng 圐 인터넷 스타   无论 wúlùn 圙 ~에도 불구하고   走 zǒu 图 걷다   关注 guānzhù 圐 관심

**2**

橡皮能（C 擦）掉铅笔写的字，但圆珠笔写的不行。

지우개는 연필로 쓴 글씨를 ( C 지울 ) 수 있지만 볼펜으로 쓴 것은 지울 수 없다.

**해설** 빈칸 앞에 조동사 能이 있고, 뒤에는 결과보어 掉가 있으므로 빈칸에는 동사가 와야 한다. 의미상 주어 橡皮(지우개), 목적어 字(글자)와 어울리는 것은 C 擦(닦다)이다.

**어휘** 橡皮 xiàngpí 圐 지우개   掉 diào ~해 버리다(동사 뒤에 쓰여 동작의 완성을 나타냄)   铅笔 qiānbǐ 圐 연필   写 xiě 图 쓰다   字 zì 圐 글자

## 3-4

| [보기] | A 尊重 | B 出差 | C 温度 | A 존중하다 | B 출장가다 | C 온도 |
|---|---|---|---|---|---|---|
| | D 味道 | E 估计 | F 棵 | D 맛 | E 예측하다 | F 그루 |

**어휘** 尊重 zūnzhòng 图 존중하다　出差 chūchāi 图 출장 가다　温度 wēndù 명 온도　味道 wèidào 명 맛　估计 gūjì 图 예측하다
棵 kē 양 그루

**3**
A : 周末我们一起去逛街，怎么样？
B : 不好意思，我周六得去北京（ B 出差 ），我去不了。

A: 주말에 우리 같이 쇼핑하러 가자. 어때?
B: 미안해. 나 토요일에 베이징으로 ( B 출장가야 ) 해서, 못 갈 것 같아.

**해설** 빈칸 앞에 '술어+목적어'(去北京)가 있으므로 빈칸은 연동문의 술어2 자리임을 알 수 있다. 보기 중에 동사는 尊重(존중하다), 出
差(출장가다), 估计(예측하다)인데 문장의 의미상 어울리는 것은 B 出差(출장가다)이다.

**어휘** 周末 zhōumò 명 주말　一起 yìqǐ 부 같이　逛街 guàngjiē 图 쇼핑하다　周六 zhōuliù 명 토요일　北京 Běijīng 지명 베이징

**4**
A : 公交车突然出了故障，我（ E 估计 ）5点多才能到。
B : 没事儿，我在咖啡厅等你。

A: 버스가 갑자기 고장이 나서 나 5시 넘어서야 도착할 수 ( E 있을 것 같아 ).
B: 괜찮아. 나 카페에서 기다릴게.

**해설** 빈칸 앞에 주어 我(나)가 있고 뒤에는 술목구 5点多才能到(5시 넘어서야 도착할 수 있다)가 있으므로 빈칸에는 술목구를 목적어
로 두는 동사가 와야 한다. 보기의 어휘 중 시간의 의미와 어울리는 것은 보기 E 估计(예측하다)이다.

**어휘** 路上 lùshang 명 길　堵车 dǔchē 图 차가 막히다　点 diǎn 양 시　才 cái 부 비로소　没事儿 méishìr 图 괜찮다　咖啡厅
kāfēitīng 명 커피숍　等 děng 图 기다리다

# 제 2 부분    문장의 순서 배열하기

## 1. 접속사의 호응 관계 실전 테스트

> 정답 1. C A B   2. C A B   3. B A C   4. C B A

**1**

A 那么永远没有机会获得成功 → 접속사 那么가 있고 주어가 없는 절이다.

B 所以，千万不要因为害怕失败而不敢开始 → 접속사 所以가 있고 주어가 없다.

C 如果你害怕失败不能走出第一步 → 접속사 如果가 있다. 주어가 있다.

**해설** 보기 문장에서 접속사의 호응 구조가 눈에 띄는 단서이다. C의 如果(만일)와 A의 那么(그럼)는 '如果……, 那么……(만일 ~한다면, ~하다)'의 형식을 이루므로 C-A로 배치한다. B의 所以(그래서)는 뒷절에 사용하는 접속사이므로 문장의 서두에 쓰일 수 없다. 따라서 C-A-B로 연결하여 문장을 완성한다.

**문장** 如果你害怕失败不能走出第一步，那么永远没有机会获得成功，所以，千万不要因为害怕失败而不敢开始。

만약에 실패가 두려워서 첫걸음을 떼지 못한다면 그럼 영원히 성공할 기회를 얻을 수 없다. 그러므로 절대로 실패가 두려워서 시도하지 못해서는 안 된다.

**어휘** 如果 rúguǒ 쩹 만약   害怕 hàipà 동 무서워하다   失败 shībài 명 실패   走 zǒu 동 걷다   第一步 dìyībù 명 첫걸음   那么 nàme 쩹 그렇다면   永远 yǒngyuǎn 부 영원히   机会 jīhuì 명 기회   获得 huòdé 동 얻다   成功 chénggōng 명 성공   所以 suǒyǐ 쩹 그래서   千万 qiānwàn 부 절대로   不要 búyào ~하지 마라   因为 yīnwèi 쩹 ~때문에   而 ér 쩹 그래서   不敢 bùgǎn 감히 ~하지 못하다   开始 kāishǐ 동 시작하다

**2**

A 不仅可以锻炼身体 → 접속사 不仅이 있다. 주어가 없다.

B 还能帮助你快速入睡 → 부사 还이 있다. 주어가 없다.

C 每天做半小时的运动

**해설** 눈에 띄는 단서를 보면 A의 접속사 不仅(~뿐만 아니라)과 B의 부사 还(~도)는 '不仅……, 还……(~일 뿐만 아니라, ~하다)'의 형식으로 쓰이므로 A-B의 순서로 배열한다. 보기 A와 B는 모두 주어가 없으며 어떤 것에 관한 장점에 대해 말하고 있다. 따라서 화제로 쓰일 수 있는 C를 주어로 배치하여 C-A-B 순으로 연결시킨다.

**문장** 每天做半小时的运动，不仅可以锻炼身体，还能帮助你快速入睡。

매일 30분씩 운동하는 것은 신체를 단련시킬 뿐만 아니라 빨리 잠들도록 도와준다.

**어휘** 运动 yùndòng 명 운동   不仅……, 还…… bùjǐn……, hái…… 쩹 ~일 뿐만 아니라 ~하다   帮助 bāngzhù 명 도움   快速 kuàisù 형 신속하다   入睡 rùshuì 동 잠들다

**3**

A 因此我们既要学会原谅别人 → 접속사 因此와 既가 있다. 주어가 있다.

B 每个人都有缺点，没有十全十美的 → 주어가 있다.

C 也要试着原谅自己 → 부사 也가 있다. 주어가 없다.

**해설** 먼저 눈에 띄는 단서를 보면 A의 접속사 既(~하고)와 C의 부사 也(역시)는 '既……, 也……(~하고, 또한 ~하다)'의 형식으로 쓰이므로 A-C로 배치한다. A의 접속사 因此(그러므로)는 뒷절에 사용하여 결과를 나타내므로 문장의 서두에 쓰일 수 없다. 따라서 B-A-C로 문장을 완성한다.

**문장** 每个人都有缺点，没有十全十美的，因此我们既要学会原谅别人，也要试着原谅自己。

모든 사람은 다 단점이 있으며 완벽한 사람은 없다. 그래서 우리는 다른 사람을 용서하는 것을 배워야 하며 또한 자신을 용서해 봐야 한다.

**어휘** 每个人 měigerén 사람마다 都 dōu 〔부〕 모두 有 yǒu 〔동〕 있다 缺点 quēdiǎn 〔명〕 단점 没有 méiyǒu 〔동〕 없다 十全十美 shí quán shí měi 〔성〕 완전무결하여 나무랄 데가 없다 因此 yīncǐ 〔접〕 그래서, 그리하여 既……, 也…… jì……, yě…… 〔접〕 ~하면서도 ~하다 要 yào 〔조동〕 ~해야 한다 学会 xuéhuì 〔동〕 배워서 ~할 줄 알다 原谅 yuánliàng 〔동〕 용서하다 别人 biérén 〔대〕 남, 타인 试着 shìzhe 한번 시도해 보다 自己 zìjǐ 〔대〕 자신

---

**4**

A 就可以在短时间内了解文章的大意 → 부사 就가 있다. 주어가 없다.

B 只要找出文中的关键内容 → 접속사 只要가 있다.

C 速读其实并不难 → 주어가 있다.

**해설** 눈에 띄는 단서로 B의 只要(~하기만 하면)와 A의 就(그러면)는 '只要……, 就……(~하기만 하면, ~하다)'의 형식으로 쓰이므로 B-A의 순서로 배열한다. A와 B가 속독에 대해 설명하고 있고 중심어인 速读(속독)가 C에 있으므로 C를 문장의 서두에 놓아 C-B-A로 연결시킨다.

**문장** 速读其实并不难, 只要找出文中的关键内容, 就可以在短时间内了解文章的大意。
속독은 사실 그다지 어렵지 않다. 글 속의 핵심 내용만 찾으면 짧은 시간 안에 글의 대의를 이해할 수 있다

**어휘** 速读 sùdú 〔명〕 속독 其实 qíshí 〔부〕 사실은 并不 bìngbù 〔부〕 결코 ~하지 않다 难 nán 〔형〕 어렵다 只要……, 就…… zhǐyào……, jiù…… 〔접〕 ~하기만 하면 ~하다 找出 zhǎochū 〔동〕 찾아내다 文中 wénzhōng 글에 关键 guānjiàn 〔명〕 관건 内容 nèiróng 〔명〕 내용 短时间 duǎnshíjiān 〔명〕 단시간, 짧은 시간 了解 liǎojiě 〔동〕 (자세하게) 알다, 이해하다 文章 wénzhāng 〔명〕 글 大意 dàyì 〔명〕 주요한 의미

---

## 2. 문장의 서두 | 실전 테스트

정답 1. A C B   2. B C A   3. C B A   4. A C B

---

**1**

A 她的中文说得很流利 → 주어가 있다.

B 但跟中国人聊起来完全没问题 → 접속사 但이 있다. 주어가 없다.

C 就是发音上会有点儿小错误 → 부사 就是가 있다. 주어가 없다.

**해설** 눈에 띄는 단서를 보면 B의 접속사 但(그러나)은 전환을 나타내고 뒷절에 쓰이며, C의 부사 就是(다만)도 뒷절에 쓰인다. 따라서 주어가 있는 A를 문장의 서두에 배치하고 의미 관계를 살펴본다. A에서 그녀의 중국어가 유창하다고 했고, B에서 단지 발음에 작은 실수가 있다고 했으므로 A-B의 순서가 자연스럽다. C의 '하지만 중국인과 대화에는 문제가 없다'는 내용은 가장 뒤에 배치하여 A-C-B로 문장을 완성한다.

**문장** 她的中文说得很流利, 就是发音上会有点儿小错误, 但跟中国人聊起来完全没问题。
그녀의 중국어는 매우 유창하다. 다만 발음에 약간의 실수가 있지만 중국인과 이야기하는 데 전혀 문제가 되지 않는다.

**어휘** 中文 Zhōngwén 〔명〕 중국어 流利 liúlì 〔형〕 유창하다 就是 jiùshì 〔부〕 다만 发音 fāyīn 〔명〕 발음 小 xiǎo 〔형〕 작다 错误 cuòwù 〔명〕 실수 但 dàn 〔접〕 그러나 跟 gēn 〔개〕 ~와/과 中国人 Zhōngguórén 〔명〕 중국인 聊 liáo 〔동〕 이야기하다 完全 wánquán 〔부〕 완전히 没问题 méi wèntí 〔동〕 문제없다

---

**2**

A 这跟他每天早上锻炼身体很有关系 → 대사 这와 他가 있다.

B 我爷爷今年已经80多岁了 → 주어가 있다.

C 可是看起来比他的实际年龄小很多 → 접속사 可是가 있다.

**해설** 눈에 띄는 단서를 보면 A에 대사 这(이)가 있고, C에 뒷절에 사용하는 접속사 可是(그런데)가 있으므로 A와 C 모두 문장의 서두에 올 수 없다. 주어가 있는 B를 문장의 서두에 놓고 의미 관계를 살펴본다. B가 아버지가 나이가 많다는 내용이고 C는 어려 보이신다는 내용이므로 B-C로 연결한다. A에 이러한 상황을 가리키는 대사 这를 사용하여 원인을 설명하고 있으므로 B-C-A로 문장을 완성한다.

**문장** 我爷爷今年80多岁了，可是看起来比他的实际年龄小很多，这跟他每天早上锻炼身体很有关系。

우리 할아버지는 올해 80세가 넘으셨다. 하지만 보기에는 실제 나이보다 훨씬 젊어 보이신다. 이것은 그가 매일 아침 운동을 하는 것과 많은 관계가 있다.

**어휘** 今年 jīnnián 몡 올해  已经 yǐjing 뿐 이미  岁 suì 양 살, 세  可是 kěshì 젭 그러나  看上去 kànshàngqu 통 보기에는  比 bǐ 개 ~보다  实际 shíjì 실제  年龄 niánlíng 몡 나이  跟 gēn 개 ~와/과  每天 měitiān 몡 매일  早上 zǎoshang 몡 아침  锻炼 duànliàn 통 운동하다  身体 shēntǐ 몡 신체  关系 guānxi 몡 관계

**3**
A 一年中这时人们吃年夜饭，在门上贴春联等等 → 시간을 나타내는 대사 这时가 있다.
B 春节是全年一年中最重要的一个传统节日 → 주어가 있다.
C 对于中国人来说 → 도입에 사용하는 개사구이다.

**해설** 눈에 띄는 단서를 보면 대사 这时(이때)가 있는 A는 문장의 서두에 쓰일 수 없고 这时가 가리키는 내용이 앞에 와야 한다. C의 '对于……来说(~에 대해 말하자면)'는 문장의 도입에 쓰이는 개사구이므로 서두에 배치하고 주어가 있는 B를 뒤에 배치하여 C-B로 연결한다. A의 这时는 B의 春节(춘절)를 가리키므로 C-B-A로 연결하여 문장을 완성한다.

**문장** 对于中国人来说，春节是全年一年中最重要的一个传统节日，一年中这时人们吃年夜饭，在门上贴春联等等。

중국인에게 춘절은 1년 중 가장 중요한 전통 명절이다. 1년 중 이때 사람들은 설 음식을 먹고 문에 춘련을 붙인다.

**어휘** 对于……来说 duìyú……láishuō ~에게는  中国人 Zhōngguórén 몡 중국인  春节 chūnjié 설, 춘절  全年 quánnián 몡 한 해 전체  最 zuì 뿐 가장  重要 zhòngyào 혱 중요하다  节日 jiérì 몡 명절  年夜饭 niányèfàn 몡 제야 음식  贴春联 tiē chūnlián 춘련을 붙이다

**4**
A 我来中国以后坚持看中文报纸 → 주어가 있다.
B 还能扩大知识面 → 부사 还가 있다. 주어가 없다.
C 这样不但可以提高汉语水平 → 대사 这样이 있다. 접속사 不但이 있다.

**해설** 눈에 띄는 단서를 보면 B에 부사 还(또한)가 있고, C에 대사 这样(이렇다)이 있으므로 B와 C는 문장의 서두에 올 수 없다. C의 접속사 不但은 B의 부사 还와 '不但……, 还……(~일 뿐만 아니라, ~하다)'의 형식을 이루므로 C-B로 연결시킨다. 주어가 있는 A가 서두에 올 수 있으며, C의 대사 这样이 가리키는 내용이 A의 '중국어 신문을 보다'이므로 A-C-B로 연결하여 문장을 완성한다.

**문장** 我来中国以后坚持看中文报纸，这样不但可以提高汉语水平，还能扩大知识面。

나는 중국에 온 이후 계속 중국어 신문을 읽었다. 이렇게 하면 중국어 수준을 높일 수 있을 뿐만 아니라 지식의 폭도 넓힐 수 있다.

**어휘** 中国 Zhōngguó 몡 중국  以后 yǐhòu 몡 이후  坚持 jiānchí 통 지속하다  中文 Zhōngwén 몡 중국어  报纸 bàozhǐ 몡 신문  不但 búdàn 젭 ~뿐만 아니라  提高 tígāo 통 향상시키다  汉语 Hànyǔ 몡 중국어  水平 shuǐpíng 몡 수준  扩大 kuòdà 통 확대하다  知识 zhīshi 몡 지식  面 miàn 졉미 측면

## 3. 문장의 흐름 실전 테스트

정답 1.CBA  2.BAC  3.CAB  4.ACB

**1**
A 后来就交给我来做了 → 접속사 后来가 있다. 주어가 없다.
B 由于她突然要去出差了 → 접속사 由于가 있다. 대사 她가 있다.
C 这次会议本来是由小张负责的 → 주어가 있다.

**해설** 눈에 띄는 단서를 보면 B에 대사 她(그녀)가 있으므로 앞에 가리키는 대상이 와야 한다. A에 뒷절에 사용하는 접속사 后来(그 후)가 있으므로 A와 B는 문장의 서두에 놓일 수 없다. 따라서 주어가 있는 C를 문장의 서두에 배치하고 의미 관계를 살펴본다. B의 由于는 원인/이유를 나타내므로 뒤에 결과가 와야 한다. 따라서 B–A로 배치하고, B의 她가 C의 小张(샤오장)을 가리키므로 C–B–A로 연결하여 문장을 완성한다.

**문장** 这次会议本来是由小张负责的，由于她突然要去出差了，后来就交给我来做了。
이번 회의는 원래 샤오장이 책임지기로 했는데 그녀가 갑자기 출장을 가게 돼서 내가 맡게 되었다.

**어휘** 这次 zhècì 때 이번　会议 huìyì 명 회의　本来 běnlái 부 원래는　由 yóu 개 ~이/가　负责 fùzé 동 책임지다　由于 yóuyú 접 ~때문에　突然 tūrán 부 갑자기　出差 chūchāi 동 출장가다　后来 hòulái 명 그 후　交给 jiāogěi 동 맡기다　做 zuò 동 하다

---

**2**　A 比如说，做事认真、对自己要求严格等 → 예를 들 때 사용하는 어휘가 있다.
　B 调查发现，成功的人都有一些共同点 → 연구결과를 소개할 때 사용하는 어휘가 있다.
　C 你有没有这样的特点呢 → 대사 这样이 있고 의문문이다.

**해설** 보기 A의 比如说(예를 들어)는 구체적인 예를 들 때 사용하므로 앞에 설명하는 대상이 와야 한다. 보기 C의 这样(이렇게)은 대사이므로 문장의 서두에 쓰일 수 없다. 따라서 보기 B를 서두에 배치하고 의미 관계를 살펴본다. A는 B가 말하는 '성공한 사람의 공통점'에 대한 예시이므로 B–A로 연결하고, C의 这样은 A가 말하는 예를 가리키므로 A–C로 연결한다. 따라서 정답은 B–A–C이다.

**문장** 调查发现，成功的人都有一些共同点，比如说，做事认真、对自己要求严格等，你有没有这样的特点呢？
조사에서 성공한 사람들에게는 모두 약간의 공통점이 있는 것으로 나타났다. 예를 들어, 일을 할 때 성실하고, 자신에 대한 요구가 엄격하다는 것 등이다. 당신에게는 이러한 특징이 있는가?

**어휘** 调查 diàochá 명 조사　发现 fāxiàn 동 발견하다　成功 chénggōng 명 성공　共同点 gòngtóngdiǎn 명 공통점　比如 bǐrú 접 예컨대　做事 zuòshì 동 일을 하다　认真 rènzhēn 형 열심히 하다　对 duì 개 ~에 대하여　自己 zìjǐ 때 자신　要求 yāoqiú 동 요구하다　严格 yángé 형 엄격하다　等 děng 조 등, 따위　特点 tèdiǎn 명 특징

---

**3**　A 还要弄清楚答案是怎么得来的 → 부사 还가 있다. 주어가 없다.
　B 只有这样，才能把知识真正弄懂 → 접속사 호응 구조로 이루어졌고 대사 这样이 있다.
　C 老师告诉我，学习时，不光要知道答案是什么 → 주어가 있다. 접속사 不光이 있다.

**해설** 눈에 띄는 단서를 보면 부사 还(또한)로 시작하는 A와 대사 这样(이렇다)이 있는 B는 문장의 서두에 쓰일 수 없으므로 C를 서두에 배치한다. C의 접속사 不光(~뿐 아니라)은 A의 부사 还와 '不光……, 还……(~뿐 아니라, 또한 ~하다)'의 형식을 이루므로 C–A로 연결시킨다. 마지막으로 대사 这样이 있는 B를 말미에 배치하여 C–A–B로 문장을 완성한다.

**문장** 老师告诉我，学习时，不光要知道答案是什么，还要弄清楚答案是怎么得来的，只有这样，才能把知识真正弄懂。
선생님이 알려주시길, 공부할 때, 정답이 무엇인지를 알 뿐만 아니라 정답이 어떻게 얻어진 것인지를 분명하게 알아야만 비로소 지식을 진정으로 이해할 수 있다고 하셨다.

**어휘** 告诉 gàosu 동 알리다　学习 xuéxí 동 공부하다　时 shí 명 때　不光 bùguāng 접 ~뿐 아니라　知道 zhīdào 동 알다　答案 dá'àn 명 답안　弄 nòng 동 하다　清楚 qīngchu 형 분명하다　得 dé 동 얻다　只有……, 才…… zhǐyǒu……, cái…… ~해야만 ~하다　把 bǎ 개 ~을/를　知识 zhīshi 명 지식　真正 zhēnzhèng 부 정말로　懂 dǒng 동 알다

---

**4**　A 今天北京市突然下起了大雪 → 시간을 나타내는 어휘가 있다. 주어가 있다.
　B 不得不推迟起飞 → 주어가 없다.
　C 飞往该市的航班 → 대사 该가 있다. 술어가 없이 '관형어+명사'로 이루어져 있다.

**해설** 눈에 띄는 단서를 보면 C의 대사가 결합된 该市(이 도시)가 A의 北京市(베이징 시)를 가리키며 B는 주어가 없으므로 B와 C는 문장의 서두에 올 수 없다는 것을 알 수 있다. B는 '부사어+술어+목적어' 구조이고 C는 '관형어+명사'의 구조로 주어가 될 수 있으므로 B–C로 연결시킨다. 의미 관계를 살펴보면 A가 B의 원인이 되고, 주어가 있으므로 A를 서두에 배치하여 A–C–B로 문장을 완성한다.

**문장** 今天北京市突然下起了大雪，飞往该市的航班，不得不推迟起飞。

오늘 베이징시에 갑자기 눈이 많이 내려서 그 도시로 이륙하는 항공편이 어쩔 수 없이 출발 지연되었다.

**어휘** 今天 jīntiān 몡 오늘　北京市 Běijīngshì 베이징시　突然 tūrán 뷔 갑자기　下雪 xiàxuě 동 눈이 내리다　飞往 fēiwǎng 동 비행기를 타고 ～로 향하다　该 gāi 때 이, 그　航班 hángbān 몡 항공편　不得不 bùdébù 뷔 어쩔 수 없이 ～해야 한다　推迟 tuīchí 동 연기하다　起飞 qǐfēi 동 이륙하다

### 독해 제2부분 미니모의고사

정답 1. B A C　2. A B C　3. A C B　4. B C A

**1**
A 力气却很大 → 뒷절에 쓰이는 부사 却가 있다.
B 别看小明个子不高，人也瘦 → 명령을 나타내는 别가 있다.
C 这些东西都是他抬上来的 → 대사 他가 있으며 주어가 있다.

**해설** 눈에 띄는 단서를 살펴보면 보기 A에 뒷절에 쓰이는 부사 却(오히려)가 있고 C에 대사 他(그)는 B의 小明(샤오밍)을 가리키므로 A와 C는 문장의 서두에 올 수 없다. 따라서 B를 문장의 서두에 둔다. 보기 A는 B와 상반된 의미이므로 B-A로 연결하고 대사 他가 있는 C를 제일 뒤에 배치하여 B-A-C로 문장을 완성한다.

**문장** 别看小明个子不高，人也瘦，力气却很大，这些东西都是他抬上来的。

샤오밍이 키가 크지 않고 말라서 힘이 세지 않을 거라고 보지 말아라. 이 물건들은 모두 그가 나른 것이다.

**어휘** 别 bié 뷔 ～ 하지 마라　个子 gèzi 몡 키　高 gāo 혱 (키가) 크다　也 yě 뷔 ～도　瘦 shòu 혱 마르다　力气 lìqì 몡 힘　却 què 쩹 오히려　这些 zhèxiē 때 이것들　东西 dōngxi 몡 물건　抬上来 táishànglái 들어올리다

**2**
A 这个盒子太小了 → 대사 这가 있으며 주술목 구조이다.
B 放不下这些衣服 → 주어가 없으며 대사 这가 있다.
C 衣柜里还有个更大的，我去拿一下 → 뒷절에 쓰이는 부사 还가 있다.

**해설** 먼저 눈에 띄는 단서를 살펴보면 보기 A와 B에 대사 这(이)가 사용되었으나 다른 문장에 구체적으로 가리키는 대상이 제시되지 않았다. 보기 B는 주어가 없는 문장이고 C에는 뒷절에 쓰이는 부사 还(또한)가 있으므로 보기 A를 문장의 서두에 둔다. 의미상 A가 B의 원인이 되고 C는 해결책이므로 A-B-C로 연결하여 문장을 완성한다.

**문장** 这个盒子太小了，放不下这些衣服，衣柜里还有个更大的，你去拿一下。

이 상자는 너무 작아서 이 옷들이 다 들어갈 수 없다. 옷장에 더 큰 것이 있으니 네가 가서 가지고 와라.

**어휘** 盒子 hézi 몡 상자　放不下 fàngbúxià 놓을 수 없다　这些 zhèxiē 때 이것들　玩具 wánjù 몡 장난감　衣柜 yīguì 몡 옷장　个 ge 양 개　更 gèng 뷔 더욱　拿 ná (손에) 가지다

**3**
A 欢迎大家来到国家动物园
B 请不要在动物园里抽烟，谢谢 → 청유문이다.
C 为了保证您和他人的安全 → 개사구이다.

**해설** 이 보기에는 눈에 띄는 단서가 거의 없으므로 의미 관계로 접근해야 한다. 보기 C의 为了(～하기 위해서)는 '为了+목적+행위'의 형식으로 쓰여 '～을 위하여 ～하다'라는 뜻을 나타낸다. 의미상 C가 목적이고 B가 행위에 해당하므로 C-B의 순서로 배치한다. 그리고 A의 欢迎(환영합니다)은 인사말의 도입부에 사용하므로 문장의 서두에 놓아 A-C-B로 연결하여 문장을 완성한다.

**문장** 欢迎大家来到国家动物园，为了保证您和他人的安全，请不要在动物园里抽烟，谢谢。

모두들 국립동물원에 오신 것을 환영합니다. 귀하와 다른 사람의 안전을 위하여 동물원 내에서는 담배를 피우지 마십시오. 감사합니다.

**어휘** 欢迎 huānyíng 통 환영하다   国家 guójiā 명 국가   动物园 dòngwùyuán 명 동물원   为了 wèile 개 ～을 위해서   保证 bǎozhèng 통 보장하다   和 hé 접 ～와/과   他人 tārén 명 타인   安全 ānquán 명 안전   请 qǐng 통 ～해 주세요   不要 búyào ～하지 마라   抽烟 chōuyān 통 담배를 피우다

---

**4**   A 所以周末我一般都会回家 → 뒷절에 쓰이는 접속사 所以가 있다.
   B 我家离上海不太远 → 주술목 구조이다.
   C 只有70多公里，开车的话大概一个小时就到了 → 부사로 시작한다.

**해설** 먼저 눈에 띄는 단서를 살펴보면 보기 A에 뒷절에 쓰이는 접속사 所以(그래서)가 있고, 보기 C는 주어가 없이 부사로 시작하므로 모두 서두에 쓸 수 없다. 따라서 보기 B를 문장의 서두에 둔다. 보기 A는 B의 결과이므로 B–A로 연결해야 하는데 보기 C는 B의 부연설명이기 때문에 B–C–A로 연결하여 문장을 완성한다.

**문장** 我家离上海不太远，只有70多公里，开车的话大概一个小时就到了，所以周末我一般都会回家。

우리집은 상하이에서 멀지 않다. 겨우 70여 킬로미터 밖에 안 되어서 차 타고 대략 1시간이면 도착한다. 그래서 주말에 나는 보통 집에 돌아간다.

**어휘** 离 lí 개 ～로부터   上海 Shànghǎi 지명 상하이   远 yuǎn 형 멀다   只有 zhǐyǒu 단지 ～만 있다   公里 gōnglǐ 양 킬로미터   开车 kāichē 통 운전하다   大概 dàgài 부 대략   一个小时 yígexiǎoshí 1시간   所以 suǒyǐ 접 그래서   周末 zhōumò 명 주말   一般 yìbān 부 일반적으로   回家 huíjiā 통 집에 가다

# 제 3 부분

## 단문을 읽고 알맞은 정답 고르기

### 1. 주제와 교훈 실전 테스트

> 정답 1.B  2.A  3.C  4.C

**1**

对现代人来说，逛街购物是一种减轻压力、放松心情的好方法。尤其是当买到自己喜欢的东西的时候，那种愉快的感觉可以让他们暂时忘掉一些生活中的烦恼和压力。

많은 현대인들에게 쇼핑은 스트레스를 덜어주고, 마음을 편안하게 해주는 좋은 방법이다. 특히 자신이 좋아하는 물건을 샀을 때, 그 즐거운 기분은 그들을 잠시 동안 생활 속의 고민과 스트레스를 잊게 해 준다.

★ 这段话主要谈的是什么？

★ 이 글에서 주로 말하고자 하는 것은 무엇인가?

A 阅读的作用
B 购物的好处
C 怎样保护环境
D 旅行的优点

A 독서의 역할
B 쇼핑의 장점
C 어떻게 환경을 보호하는가
D 여행의 장점

**해설** 질문에서 주제를 묻고 있다. 글의 서두를 살펴보면 逛街购物是一种减轻压力、放松心情的好方法(쇼핑은 스트레스를 덜어주고 마음을 편하게 해주는 좋은 방법)라고 하며 이어 쇼핑의 장점에 대해 설명하고 있으므로 정답은 B 购物的好处(쇼핑의 장점)이다.

**어휘** 对……来说 duì……láishuō ~에게 있어서, ~의 입장에서 보면　女孩儿 nǚháir 몡 여자아이　逛街 guàngjiē 통 쇼핑하다　购物 gòuwù 통 물건을 구입하다　种 zhǒng 양 종류　减轻 jiǎnqīng 통 줄다　压力 yālì 몡 스트레스　放松 fàngsōng 통 느슨하게 하다　心情 xīnqíng 몡 기분　方法 fāngfǎ 몡 방법　尤其 yóuqí 뷔 특히　当……时候 dāng……shíhou ~할 때　买到 mǎidào 통 사서 손에 넣다　自己 zìjǐ 때 자신　东西 dōngxi 몡 물건　愉快 yúkuài 혱 기분이 좋다　感觉 gǎnjué 통 느끼다　让 ràng 통 ~하게 하다　暂时 zànshí 뷔 잠시　忘掉 wàngdiào 통 잊어버리다　一些 yìxiē 양 약간　生活 shēnghuó 몡 생활　烦恼 fánnǎo 몡 고민　阅读 yuèdú 통 읽다　作用 zuòyòng 몡 작용　好处 hǎochu 몡 장점　保护 bǎohù 통 보호하다　环境 huánjìng 몡 환경　旅行 lǚxíng 몡 여행　优点 yōudiǎn 몡 장점

**2**

生活中有这样两种人：一种是边看别人怎么生活边把自己的生活给别人看，另一种是把所有的精力集中在自己的现实生活上，并享受每时每刻。其实每个人都有每个人的生活，不用总是羡慕别人，也不用向别人证明我是什么样的人。只要走好自己的路，幸福就在前方。

삶에는 두 종류의 사람이 있다. 한 부류는 다른 사람이 어떻게 사는지 보면서 자신의 삶을 다른 사람에게 보여주는 것을 좋아하는 사람이다. 다른 부류는 모든 에너지를 자신의 현실 생활에 집중해서 항상 즐기는 사람이다. 사실 모든 사람은 모두 자신만의 생활이 있다. 다른 사람을 항상 부러워할 필요가 없고, 다른 사람을 향해 내가 어떤 사람인지를 증명할 필요도 없다. 자신의 길을 잘 간다면, 행복은 바로 앞에 있다.

★ 根据这段话，我们应该：

★ 이 글에 근거하여 우리가 해야 할 일은?

A 过好自己的生活
B 努力锻炼身体
C 多交朋友
D 学会放弃

A 자신의 삶을 잘 산다
B 열심히 운동한다
C 친구를 많이 사귄다
D 포기할 줄 안다

**해설** 질문에서 우리가 해야 하는 일을 묻고 있다. 교훈은 지문의 후반부를 살펴본다. 글은 다른 사람을 부러워할 필요가 없다고 이야기하면서 후반부에 조건을 나타내는 어휘 '只要……，就……(~하기만 하면, ~하다)'를 중심으로 只要走好自己的路，幸福就在前方(열심히 자신의 길을 잘 간다면 행복은 바로 앞에 있다)이라고 언급했으므로 정답은 A 过好自己的生活(자신의 삶을 잘 산다)이다.

**어휘** 生活 shēnghuó 명 생활　两 liǎng 수 둘, 2　种 zhǒng 양 종류　总是 zǒngshì 부 항상　看 kàn 동 보다　别人 biéren 대 다른 사람　另 lìng 대 다른　给 gěi 개 ~에게　其实 qíshí 부 사실은　每个人 měigerén 사람마다　不用 búyòng 동 ~할 필요가 없다　羡慕 xiànmù 동 부러워하다　向 xiàng 개 ~을 향해서　证明 zhèngmíng 동 증명하다　只要……，就…… zhǐyào……，jiù…… ~하기만 하면 ~하다　走 zǒu 동 가다　自己 zìjǐ 대 자신　路 lù 명 길　幸福 xìngfú 명 행복　前方 qiánfāng 명 앞　努力 nǔlì 형 노력하다　锻炼 duànliàn 동 운동하다　身体 shēntǐ 명 신체　过 guò 동 지내다　交 jiāo 동 사귀다　朋友 péngyǒu 명 친구　学会 xuéhuì 동 배워서 ~할 줄 알다　放弃 fàngqì 동 포기하다

## 3-4

回忆是生活中不可缺少的一部分，但是³我们不能总活在回忆里，尤其是那种不愉快的回忆。有些人活在过去痛苦的回忆当中，不重视现在的生活。但是我们要面对现实，过去发生的事情已经不能改变，后悔也没有用，重要的是现在。所以⁴我们应该认真做好现在要做的事，这样才能走好以后的路。

추억은 생활 중 꼭 필요한 부분이지만, ³우리는 늘 추억 속에서만 살 수 없다. 특히 즐겁지 않은 추억 말이다. 어떤 사람은 과거의 고통스러운 기억 속에서 살며 현실의 삶을 중시하지 않는다. 그러나 우리는 현실을 직면해야 한다. 과거에 발생한 일은 이미 바꿀 수 없고, 후회해도 소용없으며, 중요한 것은 현재이다. 그러므로 ⁴우리는 마땅히 현재 해야 할 일을 열심히 해야 하고, 이렇게 해야만 비로소 앞으로의 길을 잘 걸어갈 수 있게 된다.

**어휘** 回忆 huíyì 동 추억하다　生活 shēnghuó 명 생활　不可缺少 bùkěquēshǎo 없어서는 안 된다　一部分 yíbùfēn 명 일부분　但是 dànshì 접 그러나　总 zǒng 부 항상　活 huó 동 살다　尤其 yóuqí 부 특히　种 zhǒng 양 종류　高兴 gāoxìng 형 기쁘다　过去 guòqù 명 과거　发生 fāshēng 동 발생하다　事情 shìqing 명 일　已经 yǐjīng 부 이미　改变 gǎibiàn 동 바뀌다　后悔 hòuhuǐ 동 후회하다　用 yòng 명 쓸모　重要 zhòngyào 형 중요하다　现在 xiànzài 명 지금　所以 suǒyǐ 접 그래서　认真 rènzhēn 형 열심히 하다　做好 zuòhǎo 동 (일을) 해내다　做事 zuòshì 동 일을 하다　才 cái 부 비로소　走 zǒu 동 가다　以后 yǐhòu 명 이후　路 lù 명 길

### 3

★ 关于回忆，下列哪项正确？

★ 추억에 관하여, 다음 중 옳은 것은?

A 不值得表扬
B 是一种饮料
C 不是生活的全部
D 很浪漫

A 칭찬할 가치가 없다
B 음료수의 일종이다
C 생활의 전부가 아니다
D 매우 낭만적이다

**해설** 질문은 回忆(추억)에 관한 옳은 내용을 묻는 질문이다. 回忆가 언급된 부분을 살펴보면 추억은 꼭 필요한 부분이지만, 我们不能总活在回忆里(우리가 늘 추억 속에서만 살 수 없다)라고 했으므로 추억이 생활의 전부가 아니라는 내용의 C 不是生活的全部(생활의 전부가 아니다)가 정답이다.

**어휘** 值得 zhíde 동 ~할 만한 가치가 있다　表扬 biǎoyáng 동 칭찬하다　饮料 yǐnliào 명 음료수　全部 quánbù 명 전부　浪漫 làngmàn 형 낭만적이다

### 4

★ 根据这段话，我们应该：

★ 이 글에 근거하여 우리가 마땅히 해야 하는 것은?

A 对自己严格
B 接受批评
C 重视现在
D 学会冷静

A 스스로에게 엄격해야 한다
B 비평을 받아들여야 한다
C 현재를 중시해야 한다
D 냉정할 줄 알아야 한다

해설 질문에서 우리가 해야 하는 일을 묻고 있다. 지문에서 당위를 나타내는 어휘 应该(~해야 한다)를 중심으로 살펴본다. 글의 후반부에서 我们应该认真做好现在要做的事(우리는 마땅히 현재 해야 할 일을 열심히 해야 한다)이라고 언급했으므로 정답은 C 重视现在(현재를 중시하다)이다.

어휘 对 duì 계 ~에 대하여   自己 zìjǐ 대 자신   严格 yángé 형 엄격하다   接受 jiēshòu 동 받아들이다   批评 pīpíng 동 비평하다   重视 zhòngshì 동 중시하다   学会 xuéhuì 동 배워서 알다   冷静 lěngjìng 형 냉정하다

## 2. 세부 사항 실전 테스트

정답 1. B   2. A   3. A   4. D

**1**

云南是中国少数民族最多的省。中国的55个少数民族中，在云南地区就有52个，其中人口超过5000以上的民族有26个。

★ 关于云南，可以知道：

A 景色优美　　　B 少数民族多
C 中国的首都　　D 常常下雨

원난은 중국에서 소수 민족이 가장 많은 성이다. 중국의 55개의 소수 민족 중 원난에 52개가 있다. 그 중 인구가 5000명 이상인 민족은 26개이다.

★ 원난에 관해 알 수 있는 것은?

A 경치가 아름답다　　　B 소수 민족이 많다
C 중국의 수도　　　　　D 자주 비가 온다

해설 질문에서 云南(윈난)에 관하여 알 수 있는 것을 묻고 있다. 보기의 키워드는 景色(경치), 少数民族(소수민족), 首都(수도), 下雨(비가 오다)이다. 첫 문장에 云南是中国少数民族最多的省(윈난은 중국 소수 민족 가장 많은 성이다)이라고 언급했으므로 B 少数民族多(소수 민족이 많다)가 정답이다.

어휘 云南 Yúnnán 지명 윈난, 운남   中国 Zhōngguó 명 중국   少数民族 shǎoshùmínzú 명 소수 민족   最多 zuìduō 형 가장 많다   省 shěng 명 성   个 gè 양 개   其中 qízhōng 대 그 중에   人口 rénkǒu 명 인구   超过 chāoguò 동 초과하다   以上 yǐshàng 명 이상   民族 mínzú 명 민족   景色 jǐngsè 명 경치   优美 yōuměi 형 아름답다   首都 shǒudū 명 수도   常常 chángcháng 부 항상   下雨 xiàyǔ 동 비가 오다

**2**

鲁迅是著名的作家。原名樟寿，后来改名周树人。他的《阿Q正传》和《故乡》不仅深得中国人的喜爱，在国外读者中也很受欢迎。

★ 根据这段话，可以知道鲁迅：

A 很受欢迎　　　B 脾气不好
C 是美国出生的　D 很幽默

루쉰은 유명한 작가이다. 본명은 저우수런이고, 본명은 장쇼우이다. 그의 「아큐정전」과 「고향」은 중국인에게 큰 사랑을 받았을 뿐만 아니라, 해외 독자들에게도 인기를 얻었다.

★ 이 글에 근거하여 루쉰에 대해 알 수 있는 것은?

A 인기가 많다　　　B 성격이 안 좋다
C 미국에서 태어났다　D 아주 유머러스하다

해설 질문에서 鲁迅(루쉰)에 대하여 알 수 있는 것을 묻고 있다. 보기의 키워드는 受欢迎(인기 있다), 脾气(성격), 美国出生(미국에서 태어나다), 幽默(유머러스하다)이다. 지문에서 그의 소설이 不仅深得中国人的喜爱，在国外读者中也很受欢迎(중국인의 깊은 사랑을 받았을 뿐만 아니라 외국 독자에게도 환영을 받았다)이라고 했으므로 A 很受欢迎(많은 인기를 얻다)이 정답이다.

어휘 鲁迅 LǔXùn 인명 루쉰(중국현대의 저명한 문학가, 사상가, 혁명가)   著名 zhùmíng 형 저명하다   作家 zuòjiā 명 작가   原名 yuánmíng 명 본명   樟寿 Zhāngshòu 인명 장쇼우   后来 hòulái 부 그 후에   改名 gǎimíng 동 개명하다   周树人 Zhōushùrén 인명 저우슈런(루쉰의 본명)   和 hé 접 ~와/과   《故乡》gùxiāng 「고향」(루쉰의 단편소설)   不仅……，也…… bùjǐn……, yě…… 접 ~일 뿐만 아니라 ~도 ~하다   深 shēn 동 깊다   得 dé 동 얻다   中国人 Zhōngguórén 명 중국인   喜爱 xǐài 동 좋아하다   国外 guówài 명 국외   读者 dúzhě 명 독자   也 yě 부 ~도   受欢迎 shòuhuānyíng 환영을 받다, 인기가 있다   脾气 píqì 명 성

격 美国 Měiguó 명 미국　出生 chūshēng 통 태어나다　幽默 yōumò 형 유머러스 하다

## 3-4

| | |
|---|---|
| 　　小王，你这个总结报告写得不错，尤其是公司这一年的发展情况这部分，数据既有根据，内容也很详细。³ 但是还有几个地方需要补充一下。我都帮你画出来了，⁴你改完之后重新发我一份。 | 　　샤오왕. 최종 보고서를 아주 잘 썼어요. 특히 회사가 올 한해 발전한 상황, 이 부분은 데이터도 있고 내용도 아주 자세하네요. ³하지만 몇 군데 보충이 필요해요. 제가 모두 표시해 두었으니 ⁴고친 후 제게 한 부를 보내 주세요. |

어휘　总结 zǒngjié 통 총괄하다　报告 bàogào 명 보고서　写 xiě 통 쓰다　不错 búcuò 형 괜찮다　尤其 yóuqí 부 특히　公司 gōngsī 명 회사　这一年 zhèyìnián 명 금년　发展 fāzhǎn 통 발전하다　情况 qíngkuàng 명 상황　部分 bùfen 명 부분　内容 nèiróng 명 내용　也 yě 부 ~도　详细 xiángxì 형 상세하다　但是 dànshì 접 그러나　个 gè 양 개　地方 dìfang 명 곳　需要 xūyào 통 필요하다　改 gǎi 통 고치다　帮 bāng 통 돕다　画 huà 통 그리다, 선을 긋다　之后 zhīhòu 명 ~후　重新 chóngxīn 부 다시, 새로이　发 fā 통 보내다　份 fèn 양 부

### 3

| ★ 关于这份总结报告，可以知道： | ★ 최종 보고서에 관하여 알 수 있는 것은? |
|---|---|
| A 要补充内容　　B 写得不好<br>C 没有重点　　　D 被人笑话 | A 내용을 보충해야 한다　B 잘못 썼다<br>C 포인트가 없다　　　D 웃음거리가 되다 |

해설　질문은 최종 보고서에 관해 알 수 있는 내용이 무엇인가이다. 지문의 앞부분에서 总结报告写得不错(최종 보고서를 잘 썼다)라고 했으나 이어 但是还有几个地方需要补充一下(그러나 몇 군데 보충해야 한다)라고 하였으므로 부족한 부분이 있음을 알 수 있다. 따라서 정답은 A 要补充内容(내용을 보충해야 한다)이다.

어휘　一些 yìxiē 양 약간　准确 zhǔnquè 형 정확하다　重点 zhòngdiǎn 명 중점　被 bèi 개 ~에 의하여(피동을 나타냄)　笑话 xiàohua 통 비웃다

### 4

| ★ 他希望小王： | ★ 그가 샤오왕에게 바라는 것은? |
|---|---|
| A 复印一份　　　B 减少字数<br>C 重新再写　　　D 再改改 | A 복사를 한 부 하다　B 글자수를 줄이다<br>C 다시 새로 쓰다　　D 다시 고치다 |

해설　질문은 샤오왕이 어떻게 하기를 바라는지에 대해 묻고 있다. 글의 후반부에서 你改完之后重新发我一份(다 고친 후 다시 내게 한 부 보내 줘)이라고 했으므로 D 再改改(다시 고치다)가 정답이다.

어휘　复印 fùyìn 통 복사하다　减少 jiǎnshǎo 통 감소하다　字数 zìshù 명 글자수　再 zài 부 다시

## 3. 의문대사 ❘ 실전 테스트

정답　1. D　2. B　3. C　4. A

### 1

| | |
|---|---|
| 　　我看了一家公司的招聘信息，要求电子技术专业，年龄在35岁以下，至少有三年的工作经验，月工资6000到9000元。你正好符合条件，要不要试试？ | 　　내가 한 회사의 채용공고를 봤는데, 전자기술 전공, 나이는 35세 이하, 최소 3년의 업무 경력이 필요하다고 하고, 월급은 6000 ~9000위안이래. 네가 마침 조건에 맞는데 지원해 볼래? |

| ★ 那家公司要招聘什么样的人？ | ★ 그 회사는 어떤 사람을 채용하려고 하는가? |
|---|---|
| A 中文专业　　　　B 性格幽默<br>C 博士毕业　　　　**D 不超过35岁** | A 중국어 전공　　　B 유머러스한 성격<br>C 박사 졸업　　　　**D 35세를 넘지 않음** |

**해설** 질문에서 회사가 어떤 사람을 채용하려고 하는지를 묻고 있다. 채용 조건이 나열되면서 年龄在35岁以下(나이는 35세 이하)라고 했으므로 D 不超过35岁(35세를 넘지 않음)가 정답이다.

**어휘** 家 jiā 양 기업을 세는 단위　公司 gōngsī 명 회사　招聘 zhāopìn 동 채용하다　信息 xìnxī 명 정보　要求 yāoqiú 동 요구하다　电子 diànzǐ 명 전자　技术 jìshù 명 기술　专业 zhuānyè 명 전공　年龄 niánlíng 명 나이　以下 yǐxià 명 이하　岁 suì 양 살, 세　至少 zhìshǎo 부 최소한　年 nián 명 해, 년　工作 gōngzuò 명 일　经验 jīngyàn 명 경험　月工资 yuègōngzī 명 월급　元 yuán 양 위안(중국화폐단위)　正好 zhènghǎo 부 마침, 딱　符合 fúhé 동 부합하다　条件 tiáojiàn 명 조건　试 shì 동 시도하다　中文 Zhōngwén 명 중국어　超过 chāoguò 동 초과하다　博士 bóshì 명 박사　毕业 bìyè 동 졸업하다　性格 xìnggé 명 성격　幽默 yōumò 형 유머러스하다

**2**

|  面试时，人们往往会紧张，经常失去表现自己的机会。这时一定要让自己冷静下来，保持平静的心态。回答问题时，要注意声音不要太小，语速也不要太快。 | 면접 때 사람들은 자주 긴장해서 자신을 표현할 기회를 잃어버리곤 한다. 이때 반드시 스스로 침착하게 평정심을 유지해야 한다. 질문에 대답을 할 때는 목소리의 크기가 너무 작아서는 안되고, 말의 속도도 너무 빠르지 않도록 주의해야 한다. |
|---|---|
| ★ 应聘时，要注意什么？ | ★ 면접 때, 무엇에 주의해야 하는가? |
| A 表扬自己　　　　**B 别太紧张**<br>C 介绍要简单　　　D 要穿西装 | A 자신을 칭찬하다　　　**B 너무 긴장하지 말아라**<br>C 소개는 간단하게 해라　D 양복을 입어야 한다 |

**해설** 질문에서 입사지원 시 무엇에 주의해야 하는지를 묻고 있다. 지문에서 '반드시 ～해야 한다'라는 뜻의 一定要 뒷부분에 让自己冷静下来, 保持平静的心态(스스로 침착하게 평정심을 유지해야 한다)라고 했으므로 B 别太紧张(너무 긴장하지 말라)이 정답이다.

**어휘** 面试 miànshì 명 면접　时 shí 명 때　往往 wǎngwǎng 부 자주　紧张 jǐnzhāng 형 긴장되다　经常 jīngcháng 부 늘, 항상　失去 shīqù 동 잃어버리다　表现 biǎoxiàn 동 표현하다　自己 zìjǐ 대 자기　机会 jīhuì 명 기회　让 ràng 동 ～하게 하다　冷静 lěngjìng 형 침착하다　回答 huídá 동 대답하다　问题 wèntí 명 문제　注意 zhùyì 동 주의하다　声音 shēngyīn 명 목소리　语速 yǔsù 명 말하는 속도　快 kuài 형 빠르다　应聘 yìngpìn 동 지원하다　表扬 biǎoyáng 동 칭찬하다　介绍 jièshào 동 소개하다　简单 jiǎndān 형 간단하다　穿 chuān 동 입다　西装 xīzhuāng 명 양복

**3-4**

|  现在全世界大约80多个国家有高速公路。高速公路既可以提高行车速度，又可以降低运输成本，³往往可以看出一个国家的交通及经济发展水平。高速公路既有优点也有缺点，优点是行车速度快、安全方便，⁴缺点是对环境影响大、收费高。 | 현재 전 세계 약 80여 개 나라에 고속도로가 있다. 고속도로는 통행 속도를 높일 수 있고 운송 원가를 낮출 수 있어, ³종종 한 나라의 교통 및 경제 발전 수준을 볼 수 있다. 고속도로는 장점도 있고, 단점도 있는데 장점은 통행 속도가 빠르고, 안전하고 편리하다는 것이다. ⁴단점은 환경에 큰 영향을 끼치며 요금이 비싸다는 것이다. |
|---|---|

**어휘** 现在 xiànzài 명 지금　全世界 quánshìjiè 명 전 세계　大约 dàyuē 부 대략　个 gè 양 개　国家 guójiā 명 국가　高速公路 gāosùgōnglù 명 고속도로　既……又…… jì……yòu…… ～하고 또 ～하다　提高 tígāo 동 향상시키다　行车 xíngchē 동 운행하다　速度 sùdù 명 속도　降低 jiàngdī 동 낮추다　运输 yùnshū 동 운송하다　成本 chéngběn 명 원가　往往 wǎngwǎng 부 자주　看出 kànchū 동 알아차리다　交通 jiāotōng 명 교통　及 jí 접 및　经济 jīngjì 명 경제　发展 fāzhǎn 명 발전　水平 shuǐpíng 명 수준　优点 yōudiǎn 명 장점　缺点 quēdiǎn 명 단점　快 kuài 형 빠르다　安全 ānquán 형 안전하다　方便 fāngbiàn 형 편리하다　对 duì 개 ～에 대해　影响 yǐngxiǎng 동 영향을 주다　收费 shōufèi 명 비용　高 gāo 형 높다

**3**

★ 通过高速公路，可以判断该国家的： | ★ 고속도로를 통해 그 나라의 무엇을 판단할 수 있는가?

| A 教育情况 | B 国土面积 | A 교육 상황 | B 국토 면적 |
| **C 经济水平** | D 人口 | **C 경제적 수준** | D 인구 |

**해설** 질문에서 고속도로를 통해 그 국가의 무엇을 판단할 수 있는지를 묻고 있다. 지문에서 고속도로를 통해 可以看出一个国家的交通及经济发展水平(한 국가의 교통 및 경제 발전 수준을 알 수 있다)이라고 했으므로 C 经济水平(경제적 수준)이 정답이다.

**어휘** 教育 jiàoyù 몡 교육   情况 qíngkuàng 몡 상황   国土 guótǔ 몡 국토   面积 miànjī 몡 면적   人口 rénkǒu 몡 인구

**4**

★ 高速公路有什么缺点： | ★ 고속도로는 어떤 단점이 있는가?

| **A 对环境影响大** | B 增长知识 | **A 환경에 큰 영향을 준다** | B 지식이 늘어난다 |
| C 环境污染小 | D 购物方便 | C 환경오염이 적다 | D 구매가 편리하다 |

**해설** 질문에서 고속도로는 어떤 단점이 있는지를 묻고 있다. 질문의 키워드 缺点(단점)이 있는 부분에 对环境影响大, 收费高(환경에 많은 영향을 주고 요금이 비싸다)라고 언급했으므로 A 对环境影响大(환경에 큰 영향을 준다)가 정답이다.

**어휘** 增长 zēngzhǎng 동 늘어나다, 높아지다   知识 zhīshi 몡 지식   污染 wūrǎn 몡 오염   购物 gòuwù 동 구매하다

## 독해 제3부분 미니모의고사

정답 1. D   2. B   3. A   4. C   5. B   6. A   7. B   8. D

**1**

　　无论做什么事情，都应该选好方向再做。有的人还没有选好目标却急着去做，这样问题很大。因为自己都不知道走到哪儿，也许浪费了很多精力。因此不管需要等多长时间，还是要做到心里有数后再去行动比较好。

무슨 일을 하든지, 방향을 잘 선택해서 해야 한다 어떤 사람은 목표를 세우지 않고 조급하게 행동을 하는데 이렇게 하면 문제가 커진다. 왜냐하면 자신도 어디로 가야할지 모르기 때문에 많은 에너지를 낭비하게 되기 때문이다. 그러므로 얼만큼 기다리든지 관계없이 마음에 계획이 선 뒤에 행동을 하는 것이 좋다.

★ 这段话告诉我们应该： | ★ 이 글은 우리가 무엇을 해야 한다고 하는가?

| A 需要调查 | A 조사가 필요하다 |
| B 听取意见 | B 의견에 귀를 기울여라 |
| C 多读书 | C 책을 많이 읽어라 |
| **D 选好方向** | **D 방향을 잘 선택해라** |

**해설** 질문은 우리가 해야 하는 것에 대해 묻고 있다. 교훈적인 내용을 찾아야 하므로 지문에서 应该(마땅히 ~해야 한다)나 得(~해야만 한다)가 언급되었는지 살펴본다. 문장의 시작 부분에서 无论做什么事情，都应该选好方向再做(무슨 일을 하든지, 방향을 잘 선택해서 해야 한다)라고 했으므로 알맞은 정답은 D 选好方向(방향을 잘 선택해라)이다.

**어휘** 无论……, 都…… wúlùn……, dōu…… 접 ~에도 불구하고 ~하다   做 zuò 동 하다   事情 shìqíng 몡 일   选 xuǎn 동 선택하다   方向 fāngxiàng 몡 방향   有的人 yǒuderén 어떤 사람   确定 quèdìng 동 확실히 하다   目标 mùbiāo 몡 목표   却 què 접 그러나   这样 zhèyàng 대 이렇게   保证 bǎozhèng 동 보증하다   自己 zìjǐ 대 자기   知道 zhīdào 동 알다   也许 yěxǔ 부 어쩌면   路上 lùshang 몡 길 위, 도중   浪费 làngfèi 동 낭비하다   精力 jīnglì 몡 정력   因此 yīncǐ 접 그래서   即使 jíshǐ 접

설령 ~하더라도   心里有数 xīnliyǒushù 마음 속에 계산이 있다   行动 xíngdòng 통 행동하다   需要 xūyào 통 필요하다   调查 diàochá 명 조사   听取 tīngqǔ 통 귀를 기울이다   意见 yìjiàn 명 의견   读书 dúshū 통 책을 읽다

**2**

| | |
|---|---|
| 　　当你经历失败而感到伤心时，应该记住，机会不只有一个。生活中很多人都会经历过无数失败，但其中最终成功的人就是不放弃坚持下来的人。所以千万不要因此而失望甚至怀疑自己。 | 　　당신이 실패를 경험해서 상심했을 때 기회는 하나만이 아니라는 것을 기억해야 한다. 삶에서 많은 사람들이 모두 무수한 실패를 겪는다. 그러나 그 중에서 마지막으로 성공하는 사람은 포기하지 않고 끝까지 견지하는 사람이다. 그러므로 절대로 이 때문에 실망하거나 자기을 의심하지 말아라. |
| ★ 根据这段话，失败时应该： | ★ 이 글에 근거하여, 실패했을 때 마땅히 어떻게 해야 하는가? |
| A 原谅别人 | A 다른 사람을 용서해라 |
| **B 对自己有信心** | **B 스스로에게 자신감을 가져라** |
| C 多吃饭 | C 밥을 많이 먹어라 |
| D 找原因 | D 원인을 찾아라 |

**해설** 질문에서 실패했을 때 어떻게 해야하는지를 묻고 있다. 지문은 当你经历失败而感到伤心时(당신이 실패를 경험해서 상심했을 때)로 시작하고 후반부에 所以千万不要因此而失望甚至怀疑自己(그러므로 절대 이로 인해 실망하여 자신을 의심하지 말아라)라고 했으므로 알맞은 정답은 B 对自己有信心(스스로에게 자신감을 가져라)이다.

**어휘** 当……时 dàng……shí ~할 때   经历 jīnglì 통 겪다   失败 shībài 명 실패   而 ér 접 그래서   感到 gǎndào 통 느끼다   伤心 shāngxīn 통 상심하다   记住 jìzhu 통 확실히 기억해 두다   机会 jīhuì 명 기회   生活 shēnghuó 명 생활   无数 wúshù 형 무수하다   但 dàn 접 그러나   其中 qízhōng 대 그 중에   最终 zuìzhōng 형 최후의   成功 chénggōng 통 성공하다   放弃 fàngqì 통 포기하다   坚持 jiānchí 통 견지하다   所以 suǒyǐ 접 그래서   千万 qiānwàn 부 절대로   不要 búyào ~하지 마라   因此 yīncǐ 접 그래서   失望 shīwàng 통 실망하다   甚至 shènzhì 부 심지어   怀疑 huáiyí 통 의심하다   自己 zìjǐ 대 자신   原谅 yuánliàng 통 용서하다   别人 biéren 대 다른 사람   对 duì 개 ~에 대하여   信心 xìnxīn 명 자신감   找 zhǎo 통 찾다   原因 yuányīn 명 원인

**3**

| | |
|---|---|
| 　　研究发现，一天静坐超过6个小时，就会影响身体健康。科学家提醒人们，每天静坐的时间不要超过4个小时，尤其是司机和久坐办公室的人，有时间要站起来活动活动，放松一下。 | 　　한 연구에서 하루에 6시간 넘게 앉아 있으면 신체건강에 영향을 줄 수 있다는 것을 발견했다. 과학자들은 매일 가만히 앉아 있는 시간이 4시간을 초과해서는 안된다고 알려준다. 특히 운전기사나 사무실에 오래 앉아 있는 사람들은 시간이 날 때 일어나서 움직여서 긴장을 완화시켜야 한다. |
| ★ 科学家提醒人们： | ★ 과학자들은 사람들한테 어떤 점을 일깨워 주고 있는가? |
| **A 不要久坐** | **A 오래 앉아 있지 말아라** |
| B 不要喝酒 | B 술을 마시지 말아라 |
| C 努力工作 | C 열심히 일해라 |
| D 不要浪费 | D 낭비하지 말아라 |

**해설** 질문에서 과학자들이 일깨워주는 바를 묻고 있다. 지문에서 科学家提醒人们(과학자들은 사람들에게 일깨워준다)으로 시작하는 문장에서 每天静坐的时间不要超过4个小时(매일 가만히 앉아 있는 시간이 4시간을 넘지 않게 해야 한다)라고 했으므로 알맞은 정답은 A 不要久坐(오래 앉아있지 말아라)이다.

**어휘** 研究 yánjiū 통 연구하다   发现 fāxiàn 통 발견하다   一天 yìtiān 하루   静坐 jìngzuò 통 정좌하다   超过 chāoguò 통 초과하다   小时 xiǎoshí 명 시간   影响 yǐngxiǎng 통 영향을 미치다   身体 shēntǐ 명 신체   健康 jiànkāng 명 건강   科学家 kēxuéjiā 명 과학자   提醒 tíxǐng 통 일깨우다   每天 měitiān 매일   时间 shíjiān 명 시간   不要 búyào ~하지 마라   尤其 yóuqí 부 특히   司机 sījī 명 기사   和 hé 접 ~와/과   久 jiǔ 형 오래되다   坐 zuò 통 앉다   办公室 bàngōngshì 명 사무실   站起来

zhànqǐlái 일어서다　活动 huódòng 통 활동하다　放松 fàngsōng 통 (근육을) 이완시키다　提醒 tíxǐng 통 일깨우다, 깨우치다
努力 nǔlì 통 노력하다　工作 gōngzuò 통 일하다　浪费 làngfèi 통 낭비하다

**4**

| | |
|---|---|
| 很多人喜欢在早上做运动，但室外锻炼并不是越早越好，尤其是冬天，日出前温度比较低，并不适合做运动。医生建议，冬天锻炼最好选在日出后，而且充分地做好拉伸，运动量也不要太大。 | 많은 사람들은 아침에 운동하는 것을 좋아한다. 그러나 실외 운동은 이를수록 좋은 것이 아니다. 특히 겨울철, 해가 뜨기 전에는 온도가 비교적 낮아서 운동을 하기에 적합하지 않다. 의사들은 겨울철 운동은 해가 뜨고 난 후, 충분히 준비운동을 하고, 운동량은 너무 많지 않은 것이 가장 좋다고 권한다. |
| ★ 冬季锻炼要注意什么？ | ★ 겨울철에 운동할 때 주의해야 하는 것은 무엇인가? |
| A 运动量要大<br>B 穿薄点儿<br>**C 日出后进行**<br>D 别超过一个小时 | A 운동량은 많아야 한다<br>B 옷을 얇게 입어라<br>**C 해가 뜨고 난 후 진행해라**<br>D 1시간을 초과하지 말아라 |

**해설** 질문에서 겨울철에 운동할 때 주의해야 하는 것이 무엇인지를 묻고 있다. 지문에서 医生建议(의사들이 건의하기를)로 시작하는 문장에서 冬天锻炼最好选在日出后(겨울철 운동은 해가 뜨고 난 후 하는 것이 가장 좋다)라고 했으므로 알맞은 정답은 C 日出后进行(해가 뜨고 난 후 진행해라)이다.

**어휘** 早上 zǎoshang 명 아침　做 zuò 통 하다　运动 yùndòng 통 운동하다　但 dàn 접 그러나　室外 shìwài 명 실외　锻炼 duànliàn 통 운동하다　并不 bìngbù 부 결코 ~가 아니다　越……越…… yuè……yuè…… ~하면 할수록 ~하다　早 zǎo 형 이르다　尤其 yóuqí 부 특히　冬天 dōngtiān 명 겨울　日出 rìchū 명 일출　温度 wēndù 명 온도　比较 bǐjiào 부 비교적　低 dī 형 낮다　适合 shìhé 형 적합하다　医生 yīshēng 명 의사　建议 jiànyì 통 제안하다　最好 zuìhǎo 부 가장 좋은 것은　选 xuǎn 통 선택하다　而且 érqiě 접 게다가　充分 chōngfèn 충분하다　运动量 yùndòngliàng 명 운동량　拉伸 lāshēn 스트레칭　不要 búyào ~하지 마라　冬季 dōngjì 명 동절기　注意 zhùyì 통 주의하다　穿 chuān 통 입다　薄 báo 형 얇다　进行 jìnxíng 통 (어떠한 활동을) 하다　别 bié 부 ~ 하지 마라　超过 chāoguò 통 초과하다　一个小时 yígexiǎoshí 한 시간

**5-6**

| | |
|---|---|
| 6幸福是什么？有人说，健康就是一种幸福。也有人说，有钱才是最大的幸福。5还有人说，小时候幸福是一件东西，比如一个玩具、一盒饼干，得到了就很幸福；长大后幸福是一种态度，而幸福感指数的高低取决于你对待生活的态度，虽然很有钱，但对自己的生活总感到不满，这样的人永远不能得到幸福感。 | 6행복이란 무엇인가? 어떤 사람은 건강이 곧 행복이라고 한다. 어떤 사람은 돈이 있는 것이 가장 큰 행복이라고 한다. 5또 어떤 사람은 어렸을 때의 행복은 하나의 물건이라고 한다. 예를 들어 장난감 하나, 과자 한 상자를 얻으면 곧 행복을 얻은 것이라고 한다. 크고 나서의 행복은 태도이다. 행복 지수의 높고 낮음은 당신이 삶을 대하는 태도에 달려 있다. 비록 돈이 많아도 자신의 삶에 불만이 있으면 이러한 사람은 영원히 행복감을 얻을 수 없다. |

**어휘** 幸福 xìngfú 명 행복　有人 yǒurén 누군가　健康 jiànkāng 명 건강　一种 yìzhǒng 명 일종　也 yě 부 ~도　钱 qián 명 돈　才 cái 부 비로소　最大 zuìdà 형 제일 크다　小时候 xiǎoshíhòu 어릴 때　东西 dōngxi 명 물건　比如 bǐrú 접 예를 들어　玩具 wánjù 명 장난감　盒 hé 명 상자　饼干 bǐnggān 명 과자　得到 dédào 통 얻다　长大 zhǎngdà 통 자라다　态度 tàidù 명 태도　看待 kàndài 통 대하다　自己 zìjǐ 대 자신　生活 shēnghuó 명 생활　决定 juédìng 통 결정하다　幸福感 xìngfúgǎn 명 행복감　指数 zhǐshù 명 지수　高低 gāodī 명 고저, 정도　总 zǒng 부 늘, 언제나　感到 gǎndào 통 느끼다　不满 bùmǎn 형 불만족하다　永远 yǒngyuǎn 형 영원하다

**5**

| ★ 有人觉得小时候的幸福是什么? | ★ 어떤 사람의 생각에 어렸을 때의 행복은 무엇인가? |
|---|---|
| A 受到表扬 | A 칭찬을 받는 것 |
| **B 得到一件东西** | **B 물건 하나를 얻는 것** |
| C 取得好成绩 | C 좋은 성적을 얻는 것 |
| D 多交朋友 | D 친구를 많이 사귀는 것 |

**해설** 질문에서 어떤 사람의 생각에 어렸을 때의 행복은 무엇이라고 생각하는지를 묻고 있다. 지문에서 小时候(어렸을 때)로 시작하는 문장에서 幸福是一件东西, 比如一个玩具、一盒饼干, 得到了就很幸福 (행복은 하나의 물건인데 예를 들어 장난감 하나, 과자 한 상자를 얻으면 곧 행복을 얻는 것이다)라고 했으므로 알맞은 정답은 B 得到一件东西(물건 하나를 얻는 것)이다.

**어휘** 受到 shòudào 图 받다  表扬 biǎoyáng 图 칭찬하다  取得 qǔdé 图 얻다  好成绩 hǎochéngjì 좋은 성적  交 jiāo 图 사귀다  朋友 péngyou 图 친구

**6**

| ★ 这段话主要谈的是: | ★ 이 글이 우리에게 주로 말하고자 하는 것은? |
|---|---|
| A 幸福　　　　B 友谊 | A 행복　　　　B 우정 |
| C 爱情　　　　D 回忆 | C 사랑　　　　D 추억 |

**해설** 이 글이 우리에게 말하고자 하는 것을 묻고 있으므로 주제를 찾아야 한다. 지문의 시작 부분에서 幸福是什么?(행복이란 무엇인가?)가 언급된 후 행복에 관한 설명을 하고 있으므로 정답은 A 幸福(행복)이다.

**어휘** 友谊 yǒuyì 图 우정  爱情 àiqíng 图 사랑  回忆 huíyì 图 회상하다

## 7-8

| | |
|---|---|
| 　怎样才能成为一个优秀的领导？首先，7要有丰富的工作经验和专业知识，这样才能把握全部工作的流程。其次，要善于与人交流。领导不与职员沟通只下命令的话，不能发挥领导力。最后，8领导不应该把自己的看法和感情带入工作中，而应该以诚实、负责的态度，公正地为公司和职员的利益而做决定。 | 　어떻게 해야 우수한 리더가 될 수 있을까? 우선, 7풍부한 업무 경험과 전문 지식이 있어야 한다. 이렇게 해야 모든 업무 프로세스를 파악할 수 있다. 둘째, 사람과 소통을 잘해야 한다. 리더가 직원과 소통하지 않고 명령만 내린다면 리더십을 발휘할 수 없게 된다. 마지막으로 8리더는 자신의 생각이나 감정을 업무에 대입해서는 안 되며, 성실하고 책임감 있는 태도로 공정하게 회사와 직원의 이익을 위해 결정해야 한다. |

**어휘** 才 cái 图 비로소  成为 chéngwéi 图 ~이 되다  优秀 yōuxiù 图 우수하다  领导 lǐngdǎo 图 지도자  首先 shǒuxiān 图 우선, 맨 먼저  丰富 fēngfù 图 풍부하다  工作经验 gōngzuò jīngyàn 업무 경험  专业 zhuānyè 图 전공  知识 zhīshi 图 지식  把握 bǎwò 图 파악하다  流程 liúchéng 图 과정, 공정  其次 qícì 图 다음  善于 shànyú 图 ~를 잘하다  与 yǔ 게 ~와/과  交流 jiāoliú 图 교류하다  沟通 gōutōng 图 소통하다  下命令 xià mìnglìng 명령을 내리다  发挥 fāhuī 图 발휘하다  领导力 lǐngdǎolì 리더십  最后 zuìhòu 图 맨 마지막  把 bǎ 게 ~을/를  自己 zìjǐ 데 자신  看法 kànfǎ 图 인식, 견해  感情 gǎnqíng 图 감정  带入 dàirù ~속으로 끌어들이다  工作 gōngzuò 图 업무  以 yǐ 게 ~로써  诚实 chéngshí 图 성실하다  负责 fùzé 图 책임을 지다  态度 tàidu 图 태도  公正 gōngzhèng 图 공정하다  为 wèi 게 ~을 위하여  职员 zhíyuán 图 직원  利益 lìyì 图 이익, 이득  做决定 zuò juédìng 결정을 하다

| 7 | | |
|---|---|---|
| ★ 一个优秀的领导应该： | | ★ 우수한 리더는 어떠해야 하는가? |
| A 有信心 | | A 자신감이 있다 |
| **B 经验丰富** | | **B 경험이 풍부하다** |
| C 要锻炼身体 | | C 체력을 단련해야 한다 |
| D 每天写日记 | | D 매일 일기를 써야 한다 |

**해설** 질문에서 우수한 리더는 어떠해야 하는지를 묻고 있다. 지문에서 应该(마땅히 ~해야 한다), 得(~해야만 한다), 要(~해야 한다) 등이 언급되었는지 살펴본다. 우수한 리더가 되는 첫 번째 조건으로 要有丰富的经验和知识(풍부한 경험과 지식이 있어야 한다)이라고 했으므로 알맞은 정답은 B 经验丰富(경험이 풍부하다)이다.

**어휘** 信心 xìnxīn 몡 자신감   锻炼 duànliàn 됭 단련하다   身体 shēntǐ 몡 신체   每天 měitiān 몡 매일   日记 rìjì 몡 일기

| 8 | | |
|---|---|---|
| ★ 为公司和职员的利益，领导在工作时： | | ★ 회사와 직원의 이익을 위해 리더는 일할 때 어떻게 해야 하는가? |
| A 要有同情心 | | A 동정심이 있어야 한다. |
| B 要查词典 | | B 사전을 찾아야 한다 |
| C 要有幽默感 | | C 유머감각이 있어야 한다 |
| **D 不应该带入感情** | | **D 감정을 끌어들여서는 안된다** |

**해설** 질문에서 리더는 회사와 직원을 위해 어떻게 해야 하는지를 묻고 있다. 글에서 领导不应该把自己的看法和感情带入工作中(리더는 자신의 생각과 감정을 업무에 대입시키면 안 된다)라고 했으므로 키워드가 언급된 D 不应该带入感情(감정을 끌어 들여서는 안된다)가 정답이다.

**어휘** 同情心 tóngqíngxīn 몡 동정심   查 chá 됭 찾아보다   词典 cídiǎn 몡 사전   幽默感 yōumògǎn 몡 유머감각

## 1. 술어 배치 · 실전 테스트

정답  1. 我在工作中积累了丰富的经验。
2. 我已经适应了这里的生活。
3. 奶奶讲的故事非常有趣。
4. 我买了一箱矿泉水。

**1** 积累了　丰富的　我在工作中　经验

| 주어 | 부사어 | 술어 | 관형어 | 목적어 |
|------|--------|------|--------|--------|
| 我<br>대사 | 在工作中<br>개사구 | 积累了<br>동사+了 | 丰富的<br>형용사+的 | 经验<br>명사 |

나는 일하는 과정에서 풍부한 경험을 쌓았다.

**해설**　**술어 배치**　제시어 중 동태조사 了가 결합된 积累了(쌓았다)를 술어에 배치한다.
**주어 목적어 배치**　술어 积累의 목적어로 의미상 어울리는 명사 经验(경험)을 배치하고, 주어로는 제시어 我在工作中에 포함되어 있는 我(나)를 배치한다.
**남은 어휘 배치**　개사구 在工作中(업무 중)은 부사어이므로 술어 앞에 배치하고 구조조사 的가 결합된 丰富的(풍부한)는 관형어이므로 목적어 经验 앞에 배치하여 문장을 완성한다.

**어휘**　工作 gōngzuò 통 일을 하다　积累 jīlěi 통 축적하다　丰富 fēngfù 형 풍부하다　经验 jīngyàn 명 경험

**2** 已经　我　这里的　适应了　生活

| 주어 | 부사어 | 술어 | 관형어 | 목적어 |
|------|--------|------|--------|--------|
| 我<br>대사 | 已经<br>부사 | 适应了<br>동사+了 | 这里的<br>대사+的 | 生活<br>명사 |

나는 이미 이곳의 생활에 적응했다.

**해설**　**술어 배치**　제시어 중 동태조사 了가 결합된 适应了(적응했다)를 술어에 배치한다.
**주어 목적어 배치**　适应의 주어와 목적어가 될 수 있는 我(나)와 生活(생활)를 배치해야 하는데 의미상 주어로는 我를, 목적어로는 生活를 배치한다.
**남은 어휘 배치**　부사 已经(이미)은 부사어로 쓰이므로 술어 앞에 배치하고 구조조사 的가 있는 这里的(이곳의)는 목적어 앞에 관형어로 배치하여 문장을 완성한다.

**어휘**　已经 yǐjing 부 이미　适应 shìyìng 통 적응하다　生活 shēnghuó 명 생활

**3**　奶奶讲的　　非常　　故事　　有趣

| 관형어 | 주어 | 부사어 | 술어 |
|---|---|---|---|
| **奶奶讲的**<br>명사+동사+的 | **故事**<br>명사 | **非常**<br>부사 | **有趣**<br>형용사 |
| 할머니가 말씀해 주시는 옛날 이야기는 굉장히 재미있다. | | | |

**해설**　**술어 배치** 제시어 중 술어가 될 수 있는 형용사 有趣(재미있다)를 술어에 배치한다.
　　　**주어 목적어 배치** 형용사는 목적어를 가지지 않으므로 명사 故事(옛날 이야기)를 주어에 배치한다.
　　　**남은 어휘 배치** 정도부사 非常(매우)은 부사어로 쓰이므로 술어 앞에 배치하고, 구조조사 的가 있는 奶奶讲的(할머니가 말씀해 주시는)는 주어 앞에 관형어로 배치하여 문장을 완성한다.

**어휘**　奶奶 nǎinai 몡 할머니　讲 jiǎng 동 말하다　故事 gùshi 몡 옛부터 전해오는 이야기　有趣 yǒuqù 혱 재미있다

**4**　矿泉水　　买了　　一箱　　我

| 주어 | 술어 | 관형어 | 목적어 |
|---|---|---|---|
| **我**<br>대사 | **买了**<br>동사+了 | **一箱**<br>수사+양사 | **矿泉水**<br>명사 |
| 나는 생수 한 상자를 샀다. | | | |

**해설**　**술어 배치** 제시어 중 동태조사 了가 결합된 买了(샀다)를 술어에 배치한다.
　　　**주어 목적어 배치** 주어와 목적어가 될 수 있는 我(나)와 矿泉水(생수) 중에서 술어 买의 주어로 我를 배치하고, 목적어로 矿泉水를 배치한다.
　　　**남은 어휘 배치** '수사+양사' 형식인 一箱(한 상자)은 관형어이므로 목적어 앞에 배치하여 문장을 완성한다.

**어휘**　箱 xiāng 양 상자　矿泉水 kuàngquánshuǐ 몡 생수, 광천수

## 2. 주어/목적어 배치 실전 테스트

**정답**　1. 有些人对自己的要求非常严格。

　　　2. 妈妈做的饺子真香。

　　　3. 这本杂志主要谈儿童教育问题。

　　　4. 这些玩具符合安全标准吗？

**1**　非常严格　　要求　　有些人　　对自己的

| 관형어 | 주어 | 부사어 | 술어 |
|---|---|---|---|
| **有些**<br>부사 | **人**<br>명사 | **对自己的要求非常**<br>개사구+부사 | **严格**<br>형용사 |
| 어떤 사람들은 자신에 대한 요구가 매우 엄격하다. | | | |

**해설** **술어 배치** 제시어 중 술어가 될 수 있는 형용사 严格(엄격하다)를 술어에 배치한다.
**주어 목적어 배치** 형용사는 목적어를 가지지 않으므로 명사 有些人(어떤 사람들)을 주어에 배치한다.
**남은 어휘 배치** 정도부사 非常(매우)은 이미 술어와 결합되어 있으며, 구조조사 的 뒤에는 명사가 와야 하므로 对自己的(자신의)와 要求(요구)를 연결시킨다. 对自己的要求(자신에 대한 요구)는 개사구이므로 부사어로서 술어 앞에 배치하여 문장을 완성한다.

**어휘** 有些 yǒuxiē 때 어떤 사람　对 duì 团 ~에 대해　自己 zìjǐ 때 스스로　要求 yāoqiú 圄 요구　严格 yángé 圄 엄격하다

---

**2**　妈妈　饺子　包的　真香

| 관형어 | 주어 | 부사어 | 술어 |
|---|---|---|---|
| **妈妈包的** | **饺子** | **真** | **香** |
| 명사+동사+的 | 명사 | 부사 | 형용사 |
| 엄마가 만든 만두는 정말 맛있다. | | | |

**해설** **술어 배치** 제시어 중 형용사인 香(맛있다)을 술어에 배치한다.
**주어 목적어 배치** 형용사는 목적어를 가지지 않으므로 香이 묘사하는 대상이 될 수 있는 饺子(만두)를 주어에 배치한다.
**남은 어휘 배치** 정도부사 真(정말)은 이미 술어와 결합되어 있다. 나머지 명사 妈妈(엄마)는 包的(만든) 앞에 배치하여 주술구 妈妈包的(엄마가 만든)를 만들고, 이것은 구조조사 的가 있으므로 주어 앞에 관형어로 배치하여 문장을 완성한다.

**어휘** 包 bāo 图 싸다, 싸매다　饺子 jiǎozi 圄 만두　香 xiāng 圄 맛있다

---

**3**　谈　这本杂志　儿童教育问题　主要

| 관형어 | 주어 | 부사어 | 술어 | 관형어 | 목적어 |
|---|---|---|---|---|---|
| **这本** | **杂志** | **主要** | **谈** | **儿童教育** | **问题** |
| 대사+양사 | 명사 | 부사 | 동사 | 상태/성질 명사 | 명사 |
| 이 잡지는 주로 아동 교육 문제를 다룬다. | | | | | |

**해설** **술어 배치** 제시어 중 술어가 될 수 있는 동사 谈(말하다)을 술어에 배치한다.
**주어 목적어 배치** 술어 谈의 목적어로 의미상 알맞은 儿童教育问题(아동 교육 문제)를 배치하고, 주어로는 这本杂志(이 잡지)를 배치한다.
**남은 어휘 배치** 부사 主要(주로)는 부사어로 술어 앞에 배치하여 문장을 완성한다.

**어휘** 本 běn 圀 권　杂志 zázhì 圄 잡지　主要 zhǔyào 團 주로　谈 tán 图 말하다　儿童 értóng 圄 아동　教育 jiàoyù 圄 교육　问题 wèntí 圄 문제

---

**4**　这些　符合　玩具　吗　安全标准

| 관형어 | 주어 | 술어 | 관형어 | 목적어 |
|---|---|---|---|---|
| **这些** | **玩具** | **符合** | **安全** | **标准吗** |
| 대사+양사 | 명사 | 동사 | 상태/성질 명사 | 명사 |
| 이 장난감들은 안전 기준에 부합합니까? | | | | |

**해설** **술어 배치** 제시어 중 술어가 될 수 있는 동사 符合(부합하다)를 술어에 배치한다.
**주어 목적어 배치** 술어 符合의 목적어로 의미상 알맞은 安全标准(안전 기준)을 배치하고, 주어로는 玩具(장난감)를 배치한다.
**남은 어휘 배치** '대사+양사'인 这些(이)는 관형어이므로 주어 앞에 배치하고, 어기조사 吗는 문장 끝에 배치하여 의문문으로 문장을 완성한다.

**어휘** 玩具 wánjù 몡 장난감   符合 fúhé 통 부합하다   安全 ānquán 톙 안전하다   标准 biāozhǔn 몡 기준

## 3. 관형어 배치 실전 테스트

> **정답** 1. 我住在一个美丽的小城市。
>
> 2. 我和你的意见差不多。
>
> 3. 我们要培养节约用电的好习惯。
>
> 4. 互联网拉近了人们之间的距离。

**1** 小城市　美丽的　住在　我　一个

| 주어 | 술어 | 보어 | | |
| --- | --- | --- | --- | --- |
| | | 개사 | 관형어 | 명사 |
| 我<br>대사 | 住<br>동사 | 在<br>개사 | 一个美丽的<br>수량사+형용사+的 | 小城市<br>명사 |
| 나는 한 아름다운 작은 도시에 산다. | | | | |

**해설** **술어 배치** 제시어 중 술어가 될 수 있는 동사 住(살다)가 포함된 住在를 술어에 배치한다.
**주어 목적어 배치** 술어 住의 주어로 의미상 알맞은 我(나)를 배치한다.
**남은 어휘 배치** 住뒤의 在는 보어로 쓰여 장소 어휘가 필요하므로 小城市(작은 도시)를 뒤에 배치한다. '수사+양사'인 一个(한 개)와 '형용사+的'인 美丽的(아름다운)는 모두 관형어이므로 관형어 어순에 따라 一个美丽的로 연결하여 小城市 앞에 놓아 문장을 완성한다.

**어휘** 住 zhù 통 거주하다   美丽 měilì 톙 아름답다   城市 chéngshì 몡 도시

**2** 我　差不多　意见　和你的

| 관형어 | 주어 | 술어 |
| --- | --- | --- |
| 我和你的<br>대사+접속사+대사+的 | 意见<br>명사 | 差不多<br>형용사 |
| 나와 너의 의견은 비슷하다. | | |

**해설** **술어 배치** 제시어 중 술어가 될 수 있는 형용사 差不多(비슷하다)를 술어에 배치한다.
**주어 목적어 배치** 형용사는 목적어를 가지지 않으므로 명사 我(나)와 意见(의견) 중 의미상 어울리는 意见을 주어 자리에 배치한다.
**남은 어휘 배치** 和(~와/과)는 명사와 명사를 연결하므로 我和你的(나와 너의)로 연결한다. 구조조사 的 뒤에는 명사가 와야 하므로 주어 앞에 관형어로 배치시켜 문장을 완성한다.

**어휘** 和 hé 젭 ~와/과   意见 yìjiàn 몡 의견   差不多 chàbuduō 톙 비슷하다

**3** 好习惯　要　节约用电的　培养　我们

| 주어 | 부사어 | 술어 | 관형어 | 목적어 |
|---|---|---|---|---|
| **我们**<br>대사 | **要**<br>조동사 | **培养**<br>동사 | **节约用电的好**<br>술목구+的+형용사 | **习惯**<br>명사 |
| 우리는 전기를 절약하는 좋은 습관을 길러야 한다. | | | | |

**해설** **술어 배치** 제시어 중 술어가 될 수 있는 동사 培养(기르다)을 술어에 배치한다.
**주어 목적어 배치** 술어 培养의 행위의 대상으로 好习惯(좋은 습관)을 목적어 자리에 배치하고 행위의 주체로 알맞은 我们(우리)을 주어에 배치한다.
**남은 어휘 배치** 조동사 要(~해야 한다)는 부사어이므로 술어 앞에 배치하고, 구조조사 的가 결합된 节约用电的(전기를 절약하는)는 관형어이므로 목적어 앞에 배치하여 문장을 완성한다.

**어휘** 培养 péiyǎng 图 기르다　节约 jiéyuē 图 절약하다　用 yòng 图 사용하다　电 diàn 명 전기　习惯 xíguàn 명 습관

**4** 距离　人们之间的　拉近了　互联网

| 주어 | 술어 | 관형어 | 목적어 |
|---|---|---|---|
| **互联网**<br>명사 | **拉近了**<br>동사+了 | **人们之间的**<br>명사+명사+的 | **距离**<br>명사 |
| 인터넷은 사람 사이의 거리를 좁혔다. | | | |

**해설** **술어 배치** 제시어 중 동태조사 了가 결합된 拉近了(좁혔다)를 술어에 배치한다.
**주어 목적어 배치** 술어 拉近의 목적어로 距离(거리)를 배치하고 행위의 주체로 의미상 적합한 互联网(인터넷)을 주어에 배치한다.
**남은 어휘 배치** 구조조사 的가 결합된 我们之间的(우리 사이의)는 관형어이므로 의미상 자연스러운 距离 앞에 배치하여 문장을 완성한다.

**어휘** 互联网 hùliánwǎng 명 인터넷　拉近 lājìn 图 가깝게 하다　之间 zhījiān 명 사이　距离 jùlí 명 거리

## 4. 부사어 배치 실전 테스트

> 정답 1. 你一定要听取不同的意见。
>
> 2. 高速公路上不能停车。
>
> 3. 你最好不要打扰她。
>
> 4. 用这个办法并不能解决问题。

**1** 一定　不同的　你　要　意见　听取

| 주어 | 부사어 | 술어 | 관형어 | 목적어 |
|---|---|---|---|---|
| 你<br>대사 | 一定要<br>부사+조동사 | 听取<br>동사 | 不同的<br>형용사+的 | 意见<br>명사 |
| 너는 다른 의견에 반드시 귀 기울여야 한다. | | | | |

**해설** **술어 배치** 제시어 중 술어가 될 수 있는 동사 听取(귀를 귀울이다)를 술어에 배치한다.

**주어 목적어 배치** 술어 听取의 목적어로 意见(의견)을 배치하고, 행위의 주체로 의미상 알맞은 你(너)를 주어에 배치한다.

**남은 어휘 배치** 부사 一定(반드시)과 조동사 要(~해야 한다)는 부사어의 어순, '부사+조동사'에 따라 술어 앞에 一定要로 연결하여 배치하고, 구조조사 的가 있는 不同的(다른)는 관형어로 의미상 알맞은 意见 앞에 배치하여 문장을 완성한다.

**어휘** 一定 yídìng 图 반드시　听取 tīngqǔ 图 귀를 기울이다　不同 bùtóng 图 같지 않다　意见 yìjiàn 图 의견

**2** 不　高速公路上　停车　能

| 주어 | 부사어 | 술어 |
|---|---|---|
| 高速公路上<br>명사+방위사 | 不能<br>부정부사+조동사 | 停车<br>동사 |
| 고속도로 위에서는 차를 세울 수 없다. | | |

**해설** **술어 배치** 제시어 중 술어가 될 수 있는 동사 停车(차를 세우다)를 술어에 배치한다.

**주어 목적어 배치** 술어 停车는 이합동사이므로 목적어를 가지지 않는다. '명사+방위사'인 高速公路上(고속도로 위)를 주어에 배치한다.

**남은 어휘 배치** 부정부사 不(안)와 조동사 能(~해야 한다)은 부사어의 어순, '부사+조동사'의 어순에 따라 不能(~해서는 안 된다)으로 연결하여 부사어 자리에 배치하여 문장을 완성한다.

**어휘** 高速公路 gāosùgōnglù 图 고속도로　停车 tíngchē 图 주차하다

**3** 不要　打扰她　最好　你

| 주어 | 부사어 | 술어 | 목적어 |
|---|---|---|---|
| 你 | 最好不要 | 打扰 | 她 |
| 대사 | 부사+조동사 | 동사 | 대사 |
| 되도록 그녀를 방해하지 마세요. | | | |

**해설** **술어 배치** 제시어 중 술어가 될 수 있는 동사 打扰(방해하다)가 포함된 打扰她를 술어에 배치한다.

**주어 목적어 배치** 주어와 목적어를 배치해야 하는데 이미 술어 뒤 목적어 자리에 她(그녀)가 있으므로 你(너)를 주어에 배치한다.

**남은 어휘 배치** 부사 最好(가장 좋기는)와 '부정부사+조동사'인 不要(~하지 마라)는 부사어의 어순에 따라 最好不要로 연결하여 술어 앞에 배치한다. 문장에 부사가 2개 이상인 경우 '일반부사+부정부사'의 어순임을 기억하자.

**어휘** 最好 zuìhǎo 🖣 ~하는게 제일 좋다　打扰 dǎrǎo 🖥 방해하다

**4** 问题　不能　解决　用这个办法　并

| 주어 | 부사어 | 술어 | 목적어 |
|---|---|---|---|
| 用这个办法 | 并不能 | 解决 | 问题 |
| 술목구 | 부사+조동사 | 동사 | 명사 |
| 이 방법으로는 결코 문제를 해결할 수 없다. | | | |

**해설** **술어 배치** 제시어 중 술어가 될 수 있는 동사는 解决(해결하다)와 用(사용하다)인데 用은 이미 목적어와 결합되어 있다. 제시어에 주어가 될 만한 성분이 없으므로 동사가 주어가 될 가능성을 염두해 둔 채 解决를 술어에 배치한다.

**주어 목적어 배치** 제시어에 행위의 주체가 되는 명사 성분이 없으므로 '동사+명사'로 된 술목구 用这个办法(이 방법을 사용하다)를 주어에 배치하고 解决의 목적어로 问题(문제)를 배치한다.

**남은 어휘 배치** '부사+조동사'인 不能은 부사어로 술어 앞에 배치하고, 부사 并은 부사어의 어순에 따라 并不能으로 배치하여 문장을 완성한다. 并은并不(결코 ~하지 않다)의 형태로 자주 쓰인다는 것을 기억하자.

**어휘** 用 yòng 🖥 사용하다　办法 bànfǎ 🖲 방법　并 bìng 🖣 결코　解决 jiějué 🖥 해결하다　问题 wèntí 🖲 문제

## 5. 보어 배치 실전 테스트

정답　1. 一切都进行得很顺利。

2. 这棵树的叶子都掉光了。

3. 这本书写得很有意思。

4. 这次活动举办得非常成功。

**1** 顺利　很　一切都　进行得

| 주어 | 부사어 | 술어 | 보어 |
|---|---|---|---|
| **一切** | **都** | **进行得** | **很顺利** |
| 명사 | 부사 | 동사+得 | 부사+형용사 |

모든 것이 매우 순조롭게 진행되고 있다.

**해설** **술어 배치** 제시어 중 동사 进行(진행하다)이 포함된 进行得를 술어에 배치한다. 得가 있으므로 보어가 있는 문장임을 알 수 있다.
**주어 목적어 배치** 주어가 될 수 있는 대사 一切(모든 것)가 포함된 一切都를 주어에 배치한다.
**남은 어휘 배치** 정도부사 很(아주)은 형용사 앞에 쓰여야 하므로 顺利(순조롭다) 앞에 배치하고 술어 뒤에 보어로 很顺利를 배치하여 문장을 완성한다.

**어휘** 一切 yíqiè 몡 모든 것   进行 jìnxíng 툉 진행하다   顺利 shùnlì 톙 순조롭다

**2** 掉   这棵树的   叶子   都   光了

| 관형어 | 주어 | 부사어 | 술어 | 보어 |
|---|---|---|---|---|
| **这棵树的** | **叶子** | **都** | **掉** | **光了** |
| 대사+양사+명사+的 | 명사 | 부사 | 술어 | 형용사+어기조사了 |

이 나무의 잎은 모두 떨어져 버렸다.

**해설** **술어 배치** 제시어 중 술어가 될 수 있는 동사 掉(떨어지다)를 술어에 배치한다. 제시어에 동사와 '형용사+了'가 있으므로 보어가 있는 문장임을 알 수 있다.
**주어 목적어 배치** 주어가 될 수 있는 명사 叶子(잎)를 주어에 배치한다.
**남은 어휘 배치** 부사 都(모두)는 부사어이므로 술어 앞에 배치한다. 光了(조금도 남지 않다)는 동사 뒤에 쓰여 동작의 결과를 나타내므로 掉 뒤에 배치하고 구조조사 的가 포함된 这棵树的는 주어 앞 관형어 자리에 배치하여 문장을 완성한다.

**어휘** 棵 kē 얭 그루   树 shù 몡 나무   叶子 yèzi 몡 잎   掉 diào 툉 떨어지다   光 guāng 톙 조금도 남지 않다(주로 보어로 쓰임)

**3** 这本   有意思   很   书   写得

| 관형어 | 주어 | 술어 | 보어 |
|---|---|---|---|
| **这本** | **书** | **写得** | **很有意思** |
| 대사+양사 | 명사 | 동사+得 | 부사+형용사 |

이 책은 매우 재미있게 쓰였다.

**해설** **술어 배치** 제시어 중 동사 写(쓰다)가 포함된 写得를 술어에 배치한다. 得가 있으므로 보어가 있는 문장임을 알 수 있다.
**주어 목적어 배치** 주어가 될 수 있는 명사 书(책)를 주어에 배치한다.
**남은 어휘 배치** '대사+양사'인 这本(이)은 관형어이므로 명사 书앞에 배치하고, 정도부사 很(아주)은 형용사 有意思 앞에 배치한다. 술어 뒤에 보어가 필요하므로 很有意思(아주 재미있다)를 보어에 배치하여 문장을 완성한다.

**어휘** 本 běn 얭 권   书 shū 몡 책   有意思 yǒuyìsi 톙 재미있다

**4** 举办　非常　得　这次活动　成功

| 관형어 | 주어 | 술어 | 보어 |
|---|---|---|---|
| **这次**<br>대사+양사 | **活动**<br>명사 | **举办得**<br>동사+得 | **非常成功**<br>부사+형용사 |
| 이번 행사는 매우 성공적으로 개최되었다. | | | |

**해설**　**술어 배치**　제시어 중 술어가 될 수 있는 동사 举办(개최하다)을 술어에 배치한다. 得가 있으므로 보어가 있는 문장임을 알 수 있다.
**주어 목적어 배치**　주어가 될 수 있는 명사 活动(행사)이 포함된 这次活动(이번 활동)을 주어에 배치한다.
**남은 어휘 배치**　得는 술어 뒤에서 보어를 연결해주므로 술어 뒤에 배치하고, 정도부사 非常(매우)은 형용사 成功(성공하다)과 결합시킨 후 이것을 보어 자리에 배치하여 문장을 완성한다.

**어휘**　次 cì 양 회, 번　活动 huódòng 명 활동, 행사　举办 jǔbàn 통 개최하다　成功 chénggōng 형 성공적이다

## 6. 把자문/被자문　실전 테스트

> **정답**　1. 请把地址和电话号码发给我。
> 2. 妈妈把客厅收拾得很整齐。
> 3. 你把那些报纸整理一下。
> 4. 她被外面的响声吵醒了

**1**　发给我　您的　请把　地址和电话号码

| 请 | 부사어 | 술어 | 보어 |
|---|---|---|---|
| **请**<br>请 | **把地址和电话号码**<br>把+명사+접속사+명사 | **发**<br>동사 | **给我**<br>개사+명사 |
| 주소와 전화번호를 저에게 보내 주세요. | | | |

**해설**　**술어 배치**　제시어 중 동사 发(보내다)가 포함된 发给我를 술어에 배치한다. 제시어에 把가 있으므로 把자문임을 알 수 있다. 또한 请이 있으므로 청유문을 만든다.
**주어 목적어 배치**　청유문에는 주로 주어가 생략된다. 술어 发의 행위의 대상이 되는 地址和电话号码(주소와 전화번호)는 把와 결합시킨다.
**남은 어휘 배치**　구조조사 的가 결합된 您的(당신의)는 관형어이므로 地址和电话号码 앞에 놓고, 把您的地址和电话号码를 술어 앞에 배치하여 문장을 완성한다. 把자문의 어순 '행위의 주체+把+행위의 대상+술어+기타 성분'을 기억한다.

**어휘**　请 qǐng 통 부탁하다　把 bǎ 개 ~을/를　地址 dìzhǐ 명 주소　和 hé 접 ~와/과　电话号码 diànhuàhàomǎ 전화번호　发 fā 통 보내다　给 gěi 개 ~에게

**2** 妈妈　把　收拾得　很整齐　客厅

| 주어 | 부사어 | 술어 | 보어 |
|---|---|---|---|
| 妈妈<br>명사 | 把客厅<br>把+명사 | 收拾得<br>동사+得 | 很整齐<br>부사+형용사 |

어머니께서는 거실을 깔끔하게 치우셨다.

**해설**　**술어 배치** 제시어 중 술어가 될 수 있는 동사 收拾(정리하다)가 포함된 收拾得를 술어에 배치한다. 得가 있으므로 보어가 있는 문장이며 개사 把(~을/를)가 있으므로 把자문임을 알 수 있다.
**주어 목적어 배치** 동사 收拾의 행위의 주체가 되는 妈妈(엄마)를 주어에 배치한다. 행위의 대상이 되는 명사 客厅(거실)은 把와 결합시킨다.
**남은 어휘 배치** '부사+형용사'인 很整齐(아주 깔끔하다)는 보어로 술어 뒤에 놓고 把客厅(거실을)은 부사어로 술어 앞에 배치하여 문장을 완성한다.

**어휘**　把 bǎ 〖개〗 ~을/를　客厅 kètīng 〖명〗 거실　收拾 shōushi 〖동〗 정리하다　整齐 zhěngqí 〖형〗 깔끔하다

**3**　报纸　整理一下　那些　把　你

| 주어 | 부사어 | 술어 | 보어 |
|---|---|---|---|
| 你<br>대사 | 把那些报纸<br>把+명사 | 整理<br>동사 | 一下<br>동량사 |

너는 그 신문들을 정리해라.

**해설**　**술어 배치** 제시어 중 술어가 될 수 있는 동사 整理(정리하다)가 포함된 整理一下를 술어에 배치한다.
**주어 목적어 배치** 동사 整理의 행위의 주체가 되는 你(너)를 주어에 배치하고 행위의 대상이 되는 报纸(신문)를 把와 결합시킨다.
**남은 어휘 배치** '대사+양사'인 那些(그)는 관형어로 报纸 앞에 놓고 다시 把那些报纸를 술어 앞에 배치하여 문장을 완성한다.

**어휘**　把 bǎ 〖개〗 ~을/를　报纸 bàozhǐ 〖명〗 신문　整理 zhěnglǐ 〖동〗 정리하다

**4**　外面的响声　被　她　吵醒了

| 주어 | 부사어 | 술어 |
|---|---|---|
| 她<br>대사 | 被外面的响声<br>被+관형어+명사 | 吵醒了<br>동사+了 |

그녀는 바깥 소리에 시끄러워서 깼다.

**해설**　**술어 배치** 제시어 중 술어가 될 수 있는 동태조사 了가 결합된 吵醒了(깼다)를 술어에 배치한다. 개사 被가 있으므로 被자문을 완성한다.
**주어 목적어 배치** 被자문에서는 행위의 대상이 주어가 되므로 吵醒의 행위의 대상이 되는 她(그녀)를 주어에 배치한다.
**남은 어휘 배치** 被 뒤에는 행위의 주체가 되는 外面的响声(바깥 소리)을 결합시킨 후 술어 앞에 배치하여 문장을 완성한다.

**어휘**　被 bèi 〖개〗 ~에게 ~을 당하다　外面 wàimiàn 〖명〗 밖　响声 xiǎngshēng 〖명〗 소리　吵醒 chǎoxǐng 〖동〗 시끄러워 잠을 깨다

> **정답** 1. 哥哥让我去超市买牙膏。
> 2. 我每天早上去公园跑步。
> 3. 我们去学校的体育馆打网球吧。
> 4. 老板让我复印会议材料。

---

**1** 让我　超市　去　哥哥　买牙膏

| 주어1 | 술어1 | 목적어1/주어2 | 술어2 | 목적어2 | 술어3 | 목적어3 |
|---|---|---|---|---|---|---|
| **哥哥**<br>명사 | **让**<br>겸어동사 | **我**<br>대사 | **去**<br>동사 | **超市**<br>명사 | **买**<br>동사 | **牙膏**<br>명사 |

형은 나한테 슈퍼마켓에 가서 치약을 사오라고 시켰다.

**해설** **술어 배치** 제시어에 동사는 让(시키다), 去(가다), 买(사다)인데, 让이 있으므로 겸어문을 만들고 남은 동사가 2개이므로 연동문을 완성한다. 먼저 겸어동사인 让을 첫 번째 술어에 배치한다.
**주어 목적어 배치** 첫 번째 술어 让의 행위의 주체가 될 수 있는 哥哥(형)를 주어에 배치한다. 让의 행위의 대상인 我(나)를 목적어 자리에 배치한다.
**남은 어휘 배치** 남은 동사 去와 买를 각각 어울리는 목적어와 연결하여 일이 일어나는 자연스러운 순서에 따라 去超市(슈퍼마켓에 가다)를 두 번째 술어로, 买牙膏(치약을 사다)를 세 번째 술어로 배치하여 문장을 완성한다.

**어휘** 哥哥 gēge 명 오빠, 형　让 ràng 동 ～하게 하다　超市 chāoshì 명 슈퍼마켓　牙膏 yágāo 명 치약

---

**2** 每天早上　我　公园　去　跑步

| 주어 | 부사어 | 술어1 | 목적어 | 술어2 |
|---|---|---|---|---|
| **我**<br>대사 | **每天早上**<br>시간명사 | **去**<br>동사 | **公园**<br>명사 | **跑步**<br>동사 |

나는 매일 아침 공원에 가서 달리기를 한다.

**해설** **술어 배치** 제시어에 동사가 去(가다)와 跑步(뛰다)이므로 연동문을 만든다. 일이 일어난 순서에 따라 去는 술어1에 배치하고 跑步를 술어2에 배치한다.
**주어 목적어 배치** 술어의 행위의 주체가 될 수 있는 我(나)를 주어에 배치하고, 동사 去의 목적어로 의미상 알맞은 公园(공원)을 배치한다.
**남은 어휘 배치** 시간명사인 每天早上(매일 아침)을 부사어로 술어 앞에 배치하여 문장을 완성한다.

**어휘** 每天 měitiān 부 매일　早上 zǎoshang 명 아침　公园 gōngyuán 명 공원　跑步 pǎobù 동 달리다

---

**3** 学校的　打网球　体育馆　我们　去　吧

| 주어 | 술어1 | 관형어 | 목적어1 | 술어2 | 목적어2 |
|---|---|---|---|---|---|
| 我们<br>대사 | 去<br>동사 | 学校的<br>명사+的 | 体育馆<br>명사 | 打<br>동사 | 网球吧<br>명사+吧 |
| 우리 학교 체육관에 가서 테니스 치자. | | | | | |

**해설** **술어 배치** 제시어에 동사는 去(가다)와 打网球(테니스를 치다)가 있으므로 연동문을 완성한다. 일이 일어난 순서에 따라 去를 술어에 打를 술어2에 배치한다.

**주어 목적어 배치** 의미상 행위의 주체가 되는 我们(우리)을 주어에 배치하고, 동사 去의 목적어로 알맞은 体育馆(체육관)을 배치한다.

**남은 어휘 배치** 구조조사 的가 결합된 学校的(학교의)는 体育馆 앞에 배치하고, 어기조사 吧는 문장 끝에 배치하여 문장을 완성한다.

**어휘** 学校 xuéxiào 몡 학교   体育馆 tǐyùguǎn 몡 체육관   打 dǎ 통 (운동을) 하다   网球 wǎngqiú 몡 테니스

---

**4**   复印   会议材料   让我   老板

| 주어1 | 술어1 | 목적어1/주어2 | 술어2 | 목적어2 |
|---|---|---|---|---|
| 老板<br>명사 | 让<br>겸어동사 | 我<br>대사 | 复印<br>동사 | 会议材料<br>명사 |
| 사장님은 나에게 회의 자료를 복사하라고 하셨다. | | | | |

**해설** **술어 배치** 제시어에 동사 让(시키다)과 复印(복사하다)이 있으므로 연동문을 완성한다. 겸어동사 让은 술어1에 배치한다.

**주어 목적어 배치** 술어 让의 행위의 주체가 되는 老板(사장)을 주어에 배치하고, 행위의 대상인 我(나)를 목적어 자리에 배치한다. 동사 复印의 목적어로 会议材料(회의 자료)를 배치한다. 다른 수식 성분이 없으므로 이대로 문장을 완성한다.

**어휘** 老板 lǎobǎn 몡 사장님   让 ràng 통 ~하게 하다   复印 fùyìn 통 복사하다   会议 huìyì 몡 회의   材料 cáiliào 몡 자료

---

## 8. 존현문/'是……的' 강조구문 실전 테스트

정답   1. 昨天来了一位新职员。

2. 客厅里有一张桌子。

3. 这是孙阿姨送的。

4. 窗台上放着很多鲜花。

---

**1**   来了   一位   昨天   新职员

| 주어 | 술어 | 관형어 | 목적어 |
|---|---|---|---|
| 昨天<br>시간명사 | 来了<br>동사+了 | 一位新<br>수사+양사+형용사 | 职员<br>명사 |
| 어제 새로운 직원이 한 명 왔다. | | | |

**술어 배치**  제시어 중 시간 명사, 출현/소실을 나타내는 동사가 있으므로 존현문을 완성한다. 동태조사 了가 결합된 来了(왔다)를 술어에 배치한다.

**주어 목적어 배치**  존현문은 시간/장소가 주어가 되므로 昨天(어제)을 주어에 배치한다.

**남은 어휘 배치**  '수사+양사'인 一位(한)는 관형어로 명사 新职员(새 직원) 앞에 배치하여 문장을 완성한다.

어휘  昨天 zuótiān 명 어제   位 wèi 양 분, 명   新 xīn 형 새롭다   职员 zhíyuán 명 직원

---

**2**  客厅　桌子　里　一张　有

| 주어 | 술어 | 관형어 | 목적어 |
|---|---|---|---|
| **客厅里**<br>명사+방위사 | **有**<br>동사 | **一张**<br>수사+양사 | **桌子**<br>명사 |
| 거실에는 테이블 하나가 있다. | | | |

해설  **술어 배치**  제시어 중 장소를 나타내는 어휘, 출현/소실을 나타내는 동사가 있으므로 존현문을 완성한다. 동사 有(있다)를 술어에 배치한다.

**주어 목적어 배치**  존현문은 시간/장소가 주어가 되므로 客厅(거실)에 방위사 里(안)를 결합시켜 주어에 배치한다. 그리고 桌子(책상)를 목적어에 배치한다.

**남은 어휘 배치**  '수사+양사'인 一张(한)은 관형어로 명사 桌子 앞에 배치하여 문장을 완성한다.

어휘  客厅 kètīng 명 거실   张 zhāng 양 장   桌子 zhuōzi 명 테이블

---

**3**  孙阿姨　送的　这　是

| 주어 | 是 | 목적어 | | |
|---|---|---|---|---|
| | | 주어 | 술어 | 的 |
| **这**<br>대사 | **是**<br>동사 | **孙阿姨**<br>명사 | **送**<br>동사 | **的**<br>조사 |
| 이것은 손 아주머니가 보내준 것이다. | | | | |

해설  **술어 배치**  제시어 중 是과 的가 있으므로 '是……的' 강조구문을 완성한다. 동사 是(이다)를 술어에 배치한다.

**주어 목적어 배치**  주어가 될 수 있는 대사 这(이)를 주어에 배치하고 구조조사 的가 결합되어 있는 送的(보낸)를 목적어에 배치한다. 강조하는 내용인 행위자 孙阿姨(순 아주머니)를 送的 앞에 배치하여 문장을 완성한다.

어휘  阿姨 āyí 명 아주머니   送 sòng 동 보내다

---

**4**  放着　鲜花　窗台上　很多

| 주어 | 술어 | 관형어 | 목적어 |
|---|---|---|---|
| **窗台上**<br>명사+방위명사 | **放着**<br>동사+着 | **很多**<br>부사+형용사 | **鲜花**<br>명사 |
| 창틀에는 많은 꽃이 놓여져 있다. | | | |

**해설** **술어 배치** 제시어 중 장소를 나타내는 어휘, 출현/소실을 나타내는 동사가 있으므로 존현문임을 예상한다. 동태조사 着가 결합된 放着(놓여 있다)를 술어에 배치한다.

**주어 목적어 배치** 존현문은 시간/장소가 주어가 되므로 窗台上(창틀 위)을 주어에 배치하고 사물인 鲜花(꽃)를 목적어에 배치한다.

**남은 어휘 배치** '부사+형용사'인 很多(아주 많은)를 관형어로 鲜花 앞에 배치하여 문장을 완성한다.

**어휘** 窗台 chuāngtái 몡 창문턱   放 fàng 통 놓다   鲜花 xiānhuā 몡 꽃

## 9. 비교문  실전 테스트

> **정답** 1. 今年报名的人数比去年增加了一倍。
> 2. 这本杂志比那本更有意思。
> 3. 我跟妹妹的性格完全一样。
> 4. 今天的最高气温比昨天高三度。

**1** 今年报名的   增加了   比去年   一倍   人数

| 관형어 | 주어 | 부사어 | 술어 | 보어 |
|---|---|---|---|---|
| 今年报名的<br>명사+동사+的 | 人数<br>명사 | 比去年<br>比+명사 | 增加了<br>동사+了 | 一倍<br>수사+양사 |
| 올해 신청한 인원 수는 작년보다 2배로 늘어났다. | | | | |

**해설** **술어 배치** 제시어 중 동태조사 了가 결합된 增加了(증가했다)를 술어에 배치한다. 개사 比(~보다)가 있으므로 비교문임을 예상한다.

**주어 목적어 배치** 제시어 중 주어가 될 수 있는 명사 人数(인원 수)를 주어에 배치한다.

**남은 어휘 배치** 구조조사 的가 결합된 今年报名的(올해 신청한)는 명사 앞에 배치하고, '比+명사'인 개사구 比去年(작년보다)은 술어 앞에 배치한다. 비교문이므로 '수사+양사'인 一倍(한배)는 술어 뒤에 비교의 결과를 나타내는 보어로 배치하여 문장을 완성한다. 비교문의 어순 '주어+比+비교대상+술어+비교결과'를 기억한다.

**어휘** 今年 jīnnián 몡 올해   报名 bàomíng 통 신청하다, 등록하다   人数 rénshù 몡 사람 수   比 bǐ 게 ~보다   去年 qùnián 몡 작년   增加 zēngjiā 통 증가하다   倍 bèi 양 배

**2** 这本杂志   更   比那本   有意思

| 관형어 | 주어 | 부사어 | 술어 |
|---|---|---|---|
| 这本<br>대사+양사 | 杂志<br>명사 | 比那本更<br>比+대사+양사+부사 | 有意思<br>형용사 |
| 이 잡지는 그 잡지보다 더 재미있다. | | | |

**해설** **술어 배치** 제시어 중 술어가 될 수 있는 형용사 有意思(재미있다)를 술어에 배치한다. 개사 比(~보다)가 있으므로 비교문임을 예상한다.

**주어 목적어 배치** '대사+양사+명사'인 这本杂志(이 잡지)를 주어에 배치한다.

**남은 어휘 배치** 정도부사 更(더욱)을 형용사 앞에 배치하고 '개사+대사+양사'인 개사구 比那本(그 책보다)을 부사어로 술어 앞에 배치하여 문장을 완성한다. 비교문의 어순 '주어+比+비교대상+更+술어'를 기억한다.

**어휘** 本 běn 양 권   杂志 zázhì 명 잡지   比 bǐ 개 ~보다   更 gèng 부 더욱   有意思 yǒuyìsi 형 재미있다

---

**3**   妹妹的   完全   我跟   性格   一样

| 주어 | 부사어 | 술어 |
|---|---|---|
| **我**<br>대사 | **跟妹妹的性格完全**<br>개사구+부사 | **一样**<br>형용사 |

나와 여동생의 성격은 완전 똑같다.

**해설** **술어 배치** 제시어 중 술어가 될 수 있는 형용사 一样(같다)을 술어에 배치한다. 개사 跟과 一样이 있으므로 'A跟B一样(A는 B와 같다)' 비교문임을 알 수 있다.

**주어 목적어 배치** 개사 앞에 我(나)가 있으므로 我를 주어에 배치한다.

**남은 어휘 배치** 부사 完全(완전히)은 술어 앞에 배치하고 구조조사 的이 있는 妹妹的(여동생의)는 명사 性格(성격) 앞에 배치한다. 跟 뒤에 비교하는 대상이 필요하므로 妹妹的性格(여동생의 성격)를 배치하여 문장을 완성한다.

**어휘** 跟 gēn 접 ~와/과   妹妹 mèimei 명 여동생   性格 xìnggé 명 성격   完全 wánquán 부 완전히   一样 yíyàng 형 같다

---

**4**   比   昨天   三度   今天的最高气温   高

| 관형어 | 주어 | 부사어 | 술어 | 보어 |
|---|---|---|---|---|
| **今天的**<br>명사+的 | **最高气温**<br>명사 | **比昨天**<br>比+명사 | **高**<br>형용사 | **三度**<br>수사+양사 |

오늘의 최고 기온은 어제보다 3도 더 높다.

**해설** **술어 배치** 제시어 중 술어가 될 수 있는 高(높다)를 술어에 배치한다. 개사 比(~보다)가 있으므로 비교문을 완성한다.

**주어 목적어 배치** 명사 气温(기온)을 포함한 今天的最高气温(오늘의 최고 기온)을 주어에 배치한다.

**남은 어휘 배치** 개사 比는 명사와 결합하므로 昨天(어제)과 결합시켜 개사구를 만들어 술어 앞에 배치한다. 술어 뒤에 비교결과가 필요하므로 三度(3도)를 高 뒤에 배치하여 문장을 완성한다. 비교문의 어순 '주어+比+비교대상+술어+비교결과'를 기억한다.

**어휘** 今天 jīntiān 명 오늘   气温 qìwēn 명 기온   比 bǐ 개 ~보다   昨天 zuótiān 명 어제   高 gāo 형 높다   度 dù 양 도(온도 단위)

## 쓰기 제1부분 **미니모의고사**

> 정답 1. 这个班的大部分同学来自中国。
> 2. 请大家按照顺序排好队。
> 3. 快把湿衣服脱下来。
> 4. 生活的压力使她放弃理想。
> 5. 这些东西有什么区别？

**1** 大部分同学　　中国　　来自　　这个班的

| 관형어 | 주어 | 술어 | 보어 |
|---|---|---|---|
| 这个班的<br>대사+양사+명사+的 | 大部分同学<br>명사 | 来<br>동사 | 自中国<br>개사+명사 |
| 이 반의 대부분의 학생들은 중국에서 왔다. | | | |

**해설** **술어 배치** 제시어 중 술어가 될 수 있는 동사 来가 포함된 来自(~로부터 오다)를 술어에 배치한다.
**주어 목적어 배치** 술어 来의 주어가 될 수 있는 大部分同学(대부분 학생)를 주어에 배치한다.
**남은 어휘 배치** 구조조사 的가 결합된 这个班的(우리 반의)는 의미상 알맞은 大部分同学 앞에 관형어로 배치하고, 来自 뒤에는 보어가 와야 하므로 中国(중국)를 배치하여 문장을 완성한다.

**어휘** 班 bān 몡 반　大部分 dàbùfen 児 대부분　同学 tóngxué 몡 학우　来自 láizì 동 (~에서) 오다　中国 Zhōngguó 몡 중국

**2** 请大家　　顺序　　排好队　　按照

| 请 | 주어 | 부사어 | 술어 | 보어 | 목적어 |
|---|---|---|---|---|---|
| 请<br>请 | 大家<br>대사 | 按照顺序<br>개사구 | 排<br>동사 | 好<br>결과보어 | 队<br>목적어 |
| 모두들 순서에 맞춰 줄을 서주세요. | | | | | |

**해설** **술어 배치** 제시어 중 술어가 될 수 있는 동사 排(배열하다)가 포함된 排好队(줄을 잘 서다)를 술어에 배치한다. 동사 请(~해 주세요)이 있으므로 청유문임을 알 수 있다.
**주어 목적어 배치** 주어 자리에는 명사/대명사가 와야 하므로 大家(여러분)를 주어에 배치한다.
**남은 어휘 배치** 按照(~에 따라)는 개사로 뒤에 명사가 와야 하므로 顺序(순서)를 연결하여 부사어 자리에 배치하여 문장을 완성한다.

**어휘** 请 qǐng 동 ~해 주세요　按照 ànzhào 계 ~에 따라　顺序 shùnxù 몡 순서　排队 páiduì 동 줄을 서다

**3** 下来　快把　脱　湿衣服

| 부사어 | 술어 | 보어 |
|---|---|---|
| **快把湿衣服**<br>형용사+把+형용사+명사 | **脱**<br>동사 | **下来**<br>방향보어 |

빨리 젖은 옷을 벗어라.

**해설** **술어 배치** 제시어 중 술어가 될 수 있는 동사 脱(벗다)를 술어에 배치한다. 개사 把가 있으므로 把자문임을 예상한다.

**주어 목적어 배치** 把 뒤에는 행위의 대상이 와야 하므로 湿衣服(젖은 옷)를 연결하여 술어 앞에 배치한다.

**남은 어휘 배치** 把자문의 술어는 기타성분이 필요하므로 방향보어 下来를 보어로 배치하여 문장을 완성한다.

**어휘** 湿 shī 통 적시다　衣服 yīfu 명 옷　快 kuài 형 빠르다　把 bǎ 개 ~을/를　脱 tuō 통 벗다

---

**4** 生活的压力　理想　放弃　使她

| 관형어 | 주어 | 술어 | 목/주 | 술어 | 목적어 |
|---|---|---|---|---|---|
| **生活的**<br>명사+的 | **压力**<br>명사 | **使**<br>겸어동사 | **她**<br>대사 | **放弃**<br>동사 | **理想**<br>명사 |

생활의 스트레스는 그녀로 하여금 꿈을 포기하게 했다.

**해설** **술어 배치** 제시어 중 동사는 使(~하게 하다)과 放弃이다. 使는 겸어문을 만드는 동사이므로 술어1에 배치하고 放弃를 술어2에 배치한다.

**주어 목적어 배치** 술어 使는 목적어가 이미 결합되어 있으므로 주어로 의미상 알맞은 生活的压力(생활의 스트레스)를 배치하고, 理想은 放弃의 목적어로 배치하여 문장을 완성한다.

**어휘** 使 shǐ 통 ~하게 만들다　理想 lǐxiǎng 명 꿈　放弃 fàngqì 통 포기하다　生活 shēnghuó 명 생활　压力 yālì 명 스트레스

---

**5** 区别　东西　这些　有什么

| 관형어 | 주어 | 술어 | 관형어 | 목적어 |
|---|---|---|---|---|
| **这些**<br>대사+양사 | **东西**<br>명사 | **有**<br>동사 | **什么**<br>의문대사 | **区别**<br>명사 |

이 물건들은 어떤 차이가 있는가?

**해설** **술어 배치** 제시어에서 술어가 될 수 있는 것은 동사 有이므로 有를 술어에 배치한다. 또한 의문대사 什么가 있으므로 의문문임을 알 수 있다.

**주어 목적어 배치** 제시어에서 명사는 东西(물건)와 区别(차이)인데, 동사 有의 주어가 될 수 있는 것과 목적어가 될 수 있는 것을 구분해야 한다. 有는 '사람+有+사물(사람이 사물을 소유하다)' 또는 '장소/사물+有+사물/특징(장소/사물에 사물/특징이 있다)'로 쓰이므로 의미상 东西有区别(물건에 차이가 있다)가 적합하다. 따라서 东西를 주어에, 区别를 목적어에 배치한다.

**남은 어휘 배치** 这些는 '지시대사+양사'의 구조로 명사 앞 관형어로 쓰이므로 东西 앞에 배치하고, 区别는 什么 뒤에 배치하여 문장을 완성한다.

**어휘** 东西 dōngxi 명 물건　区别 qūbié 명 차이

# 제 2 부분
## 제시어와 사진을 보고 작문하기

### 1. 동사 제시어 실전 테스트

**1** 扔 (동) 버리다

**해설** 扔(rēng)은 동사로 '버리다'라는 뜻이고 사진은 쓰레기통에 쓰레기를 버리는 장면이다. 제시어 동사 扔을 술어로 삼고 주어로 他(그), 你(너)를, 목적어로 垃圾(쓰레기), 空瓶子(빈 병) 등을 구상한다. 주-술-목 기본 문장에 부사 在(~하는 중이다)를 추가하여 他在扔垃圾(그는 쓰레기를 버리고 있다)를 완성할 수 있다. 더 나아가 把자문을 사용하거나, 금지를 나타내는 别(~하지 마라)를 사용하여 명령을 나타내는 문장을 완성할 수도 있다.

**정답** **기본** 他在扔垃圾。 그는 쓰레기를 버리고 있다.
**확장** 你把空瓶子扔到垃圾桶里。 너는 빈병을 쓰레기통에 버려라.
这里没有垃圾桶，你先别扔了。 여기 쓰레기통이 없다. 우선 버리지 마.

**어휘** 扔 rēng (동) 던지다, 내버리다  垃圾 lājī (명) 쓰레기  空 kōng (형) (속이) 텅 비다  瓶子 píngzi (명) 병  桶 tǒng (양) 통  别 bié (부) ~하지 마라

**2** 抽烟 (동) 담배를 피우다

**해설** 抽烟 (chōuyān)은 동사로 '담배를 피우다'라는 뜻이고 사진은 금연을 나타내는 표지판이다. 제시어 동사 抽烟을 술어로 삼고 주어로 这里(여기)를 사용, 금지를 나타내는 不能(~하면 안 된다)을 사용하여 문장을 만들면 주-술-목 기본 문장에 부사어 不能을 추가하여 这里不能抽烟(이곳에서 담배를 피워서는 안 된다)을 완성할 수 있다. 또한 더 나아가 제시어 抽烟을 목적어로 삼고 禁止(금지하다)를 술어로 삼아 다른 형태의 문장도 완성해 볼 수 있다.

**정답** **기본** 这里不能抽烟。 이곳에서 담배를 피워서는 안 된다.
**확장** 这里禁止抽烟。 이곳에서의 흡연은 금지한다.
博物馆里禁止抽烟。 박물관 안에서 흡연은 금지한다.

**어휘** 抽烟 chōuyān (동) 담배를 피우다  禁止 jìnzhǐ (명)(동) 금지(하다)  博物馆 bówùguǎn (명) 박물관

**3** 挂 (동) 걸다

**해설** 挂(guà)는 동사로 '걸다'라는 뜻이고 사진은 지도를 벽에 거는 모습이다. 제시어인 동사 挂를 술어로 삼고, 她(그녀), 妈妈(엄마)를 주어로, 地图(지도)를 목적어로 삼아 주-술-목 기본 문장에 부사 在(~하는 중이다)를 추가하여 她在挂地图(그녀는 지도를 걸고 있다)를 완성할 수 있다. 여기에 목적을 나타내는 为儿子(아들을 위해)를 추가하거나, 把자문을 사용해서 더 다양한 문장을 만들 수 있다.

**정답** **기본** 她在挂地图。 그녀는 지도를 걸고 있다.
**확장** 妈妈为儿子挂地图。 엄마는 아들을 위해 지도를 건다.
妈妈把地图挂在墙上。 엄마는 지도를 벽에 건다.

**어휘** 挂 guà (동) (고리·못 따위에) 걸다  地图 dìtú (명) 지도  儿子 érzi (명) 아들  在 zài (부) ~하고 있다

**4** 激动 (동) 감동하다, 흥분하다

**해설** 激动(jīdòng)은 동사로 '감동하다, 흥분하다'라는 뜻이고 사진은 한 여자가 감격하는 모습이다. 제시어 激动을 술어로 삼고 她(그녀)를 주어로 삼아 주-술 기본 문장 她非常激动(그녀는 매우 감동했다)을 완성한다. 또한 더 나아가 '~을 ~하게 하다'라는 뜻을 나타내는 동사 让을 사용하거나, 감동한 이유를 나타내는 표현을 추가하여 문장을 만들 수 있다.

**정답** **기본** 她非常激动。 그녀는 매우 감동했다.

**확장** 这个消息让她太激动了。 이 소식은 그녀를 감동하게 했다.

她考上了大学，非常激动。 그녀는 대학교에 합격해서 매우 흥분했다.

**어휘** 激动 jīdòng 통 감동하다, 흥분하다   消息 xiāoxi 명 소식, 정보   让 ràng 통 ~하게 하다   考上 kǎoshàng 통 (시험에) 합격하다   大学 dàxué 명 대학

## 2. 형용사 제시어 실전 테스트

### 1 重 (형) 무겁다

**해설** 重(zhòng)은 형용사로 '무겁다'라는 뜻이고 사진은 한 남자가 상자를 들고 힘들어 하는 모습이다. 제시어인 형용사 重을 술어로 삼고, 箱子(상자)를 주어로 삼아 주-술 기본 문장 这个箱子很重(이 상자는 매우 무겁다)을 완성해 본다. 또한 더욱 다양한 표현을 위해 看起来(보아하니) 등의 부사어나, 요청을 나타내는 표현을 추가해 볼 수 있다.

**정답** **기본** 这个箱子很重。 이 상자는 매우 무겁다.

**확장** 这个箱子看起来很重。 이 상자는 매우 무거워 보인다.

这个箱子太重了，你能帮我拿一下箱子吗？ 이 상자 너무 무거운데, 네가 상자 좀 들어줄 수 있어?

**어휘** 重 zhòng 형 무겁다   箱子 xiāngzi 명 상자   看起来 kànqǐlái 보아하니, 보기에   帮 bāng 통 돕다   拿 ná 통 가지다, 잡다

### 2 正式 (형) 정식의

**해설** 正式(zhèngshì)는 형용사로 '정식의'라는 뜻이고 사진은 한 여자가 정장을 입고 있는 모습이다. 제시어인 형용사 正式를 술어로 삼고 她穿的衣服(그녀가 입은 옷)을 주어로 삼아 주-술 기본 문장 她穿的衣服比较正式(그녀가 입은 옷은 비교적 공식적이다)를 완성한다. 또한 정도보어 문장이나 이러한 옷을 입은 이유를 추가하여 더욱 다양한 문장을 만들어 본다.

**정답** **기본** 她穿的衣服比较正式。 그녀가 입은 옷은 비교적 격식적이다.

**확장** 她穿得很正式。 그녀는 매우 격식적으로 입었다.

我今天有面试，所以穿得很正式。 나는 오늘 면접이 있어서, 격식을 차려 입었어.

**어휘** 正式 zhèngshì 형 정식의, 공식의   穿 chuān 통 입다   衣服 yīfu 명 옷   比较 bǐjiào 부 비교적   面试 miànshì 명 면접시험   所以 suǒyǐ 접 그래서

### 3 苦 (형) 쓰다

**해설** 苦(kǔ)는 형용사로 '쓰다'라는 뜻이고 사진은 엄마가 아이에게 약을 주는데 아이의 표정이 찡그려져 있는 모습이다. 제시어인 형용사 苦를 술어로 삼고 这个药(이 약)를 주어로 삼아 주-술 기본 문장 这个药太苦了(이 약은 너무 쓰다)를 완성한다. 여기에 꾸며주는 말 实在(정말)를 추가하거나 吃不下去(먹을 수 없다)라는 표현을 추가하여 다양한 문장을 만들 수 있다.

**정답** **기본** 这个药太苦了。 이 약은 너무 쓰다.

**확장** 这个药实在是太苦了。 이 약은 정말 너무 쓰다.

药太苦了，孩子吃不下去。 약이 너무 써서 아이는 먹을 수 없다.

**어휘** 苦 kǔ 형 쓰다   药 yào 명 약   实在 shízài 부 확실히, 정말   吃不下去 chībuxiàqù 먹을 수 없다, 삼키지 못하다

### 4 凉快 (형) 시원하다

**해설** 凉快(liángkuai)는 형용사로 '시원하다'라는 뜻이고 사진은 방에서 남녀가 밝은 표정으로 에어컨을 쐬는 모습이다. 제시어인 형용사 凉快를 술어로 삼고 房间(방)을 주어로 삼아 주-술 기본 문장 房间里很凉快(방이 매우 시원하다)를 완성한다. 여기에 꾸며주는 말 看起来(보아하니)나 开着空调(에어컨이 켜 있다)와 같은 상황을 추가하여 더욱 다양한 문장을 만들어 본다.

## 3. 명사/양사 제시어   실전 테스트

### 1   袜子 명 양말

| 해설 | 袜子(wàzi)는 명사로 '양말'이라는 뜻이고 사진은 아이가 양말을 신고 있는 모습이다. 제시어인 명사 袜子를 목적어로 삼고, 술어로 穿(신다)을, 주어로 孩子(아이)를 사용하여 주-술-목 기본 문장에 부사 在(~하는 중이다)를 추가하여 孩子在穿袜子(아이가 양말을 신고 있다)를 완성한다. 여기에 더 나아가 꾸며주는 말 蓝色(파란색)를 추가하거나 개사 给(~에게)를 사용하여 피동을 나타내는 문장을 만들 수 있다. |
|---|---|

| 정답 | **기본** 孩子在穿袜子。 아이는 양말을 신고 있다. |
|---|---|
| | **확장** 孩子在穿蓝色的袜子。 아이는 파란색 양말을 신고 있다. |
| | 妈妈给孩子穿袜子。 엄마는 아이에게 양말을 신긴다. |

| 어휘 | 袜子 wàzi 명 양말   穿 chuān 동 입다   蓝色 lánsè 명 파란색   给 gěi 개 ~에게 |
|---|---|

### 2   味道 명 맛

| 해설 | 味道(wèidao)는 명사로 '맛'이라는 뜻이고 사진은 한 여자가 음식의 맛을 보고 있는 모습이다. 제시어인 명사 味道를 목적어로 삼고, 술어로 尝(맛보다)을, 주어로 她(그녀)를 사용하여 주-술-목 기본 문장에 부사 在(~하는 중이다)와 관형어 汤的(국의)를 추가하여 她在尝汤的味道(그녀는 국을 맛보고 있다)를 완성한다. 또한 味道를 주어로 삼아 형용사술어문을 완성하거나 让(~하게 하다)을 사용하여 겸어문을 만들 수도 있다. |
|---|---|

| 정답 | **기본** 她在尝汤的味道。 그녀는 국을 맛보고 있다. |
|---|---|
| | **확장** 妈妈做的汤，味道很咸。 엄마가 만든 국은 너무 짜다. |
| | 妈妈让我尝了尝汤的味道。 엄마는 나에게 국의 간을 보라고 했다. |

| 어휘 | 味道 wèidao 명 맛   尝 cháng 동 맛보다   汤 tāng 명 탕, 국   咸 xián 형 짜다 |
|---|---|

### 3   长城 명 만리장성

| 해설 | 长城(Chángchéng)은 명사로 '만리장성'이란 뜻이고 사진은 많은 사람들이 만리장성을 오르고 있는 모습이다. 제시어인 명사 长城을 목적어로 삼고, 술어로 去过(가 본 적이 있다)를, 주어로 我(나)를 사용하여 주-술-목 기본 문장 我去过长城(나는 만리장성에 가 봤다)를 완성한다. 또한 长城을 주어로 삼아 주어술어문을 만들거나, 시간을 나타내는 부사어 国庆节时(국경절 때)이나 这次中国旅游中(이번 중국 여행 중에) 등을 추가하여 더 다양한 문장을 만들 수 있다. |
|---|---|

| 정답 | **기본** 我去过长城。 나는 만리장성에 가 봤다. |
|---|---|
| | **확장** 国庆节时长城人很多。 국경절에 만리장성에는 사람이 매우 많다. |
| | 这次在中国旅游中，我们参观了长城。 이번 여행 중 우리는 만리장성을 보았다. |

| 어휘 | 长城 Chángchéng 명 만리장성   国庆节 guóqìngjié 명 건국 기념일   旅游 lǚyóu 명 동 여행(하다)   参观 cānguān 명 동 참관(하다) |
|---|---|

### 4 棵 ⑱ 그루

**해설** 棵(kē)는 양사로 '그루'라는 뜻이고 사진은 나무 한 그루의 모습이다. 제시어인 양사 棵는 수사, 명사와 결합하므로 一棵树(나무 한 그루)를 만든 뒤, 명사 성분인 이것을 목적어로 삼고 술어로 有(있다)를, 주어로 我家(우리 집)을 사용하여 주-술-목 기본 문장 我家有一棵树(우리 집에 나무 한 그루가 있다)를 완성한다. 여기에 더 나아가 집과 나무를 꾸며주는 표현을 붙이거나, 风(바람)과 刮倒(바람에 넘어지다) 등을 사용하여 더 다양한 문장을 만들 수 있다.

**정답** **기본** 我家有一棵树。 우리 집에는 나무 한 그루가 있다.
　　　**확장** 我家院子里有一棵苹果树。 우리 집 정원에는 사과나무 한 그루가 있다.
　　　　　　 风刮倒了一棵树。 바람이 나무를 쓰러뜨렸다.

**어휘** 棵 kē ⑱ 그루, 포기　树 shù ⑲ 나무　院子 yuànzi ⑲ 뜰, 정원　苹果 píngguǒ ⑲ 사과　风 fēng ⑲ 바람　刮倒 guādǎo ⑧ 바람에 넘어지다

---

## 쓰기 제2부분 미니모의고사

### 1 酸 ⑲ 시다

**해설** 酸(suān)은 형용사로 '시다'라는 뜻이고 사진에는 토마토가 있다. 제시어인 술어 酸(시다)을 술어로 삼고, 주어로 西红柿(토마토)를 사용하여 주-술 기본 문장 这个西红柿很酸(이 토마토는 아주 시다)를 완성한다. 여기에 더 나아가 정도를 나타내는 어휘를 사용하거나 강조를 나타내는 어휘 一点儿也不(조금도 ~하지 않다) 등을 사용하여 다양한 문장을 만들 수 있다.

**정답** **기본** 这个西红柿很酸。 이 토마토는 너무 시다.
　　　**확장** 这个西红柿一点儿也不酸。 이 토마토는 조금도 시지 않다.
　　　　　　 在超市买的西红柿有点儿酸。 슈퍼마켓에서 산 토마토는 조금 시다.

**어휘** 酸 suān ⑲ 시다　西红柿 xīhóngshì ⑲ 토마토　超市 chāoshì ⑲ 슈퍼마켓

---

### 2 禁止 ⑧ 금지하다

**해설** 禁止(jìnzhǐ)은 동사로 '금지하다'라는 뜻이고 사진은 사진 촬영을 금지하는 표지판이다. 제시어인 동사 禁止(금지하다)를 술어로 삼고 주어로는 这里(이곳) 또는 博物馆(박물관)과 같은 장소를 구상한다. 목적어로는 拍照(사진을 찍다)를 사용하여 주-술-목 기본 문장 这里禁止拍照(이곳은 사진 촬영을 금지한다)을 완성한다. 여기에 더 나아가 주어 또는 목적어를 꾸며주는 표현을 사용하여 더 다양한 문장을 만들 수 있다.

**정답** **기본** 这里禁止拍照。 이곳은 사진 촬영을 금지한다.
　　　**확장** 博物馆里禁止拍照。 박물관 내에서는 사진 촬영을 금한다.
　　　　　　 博物馆里所有的文物都禁止拍照。 박물관 내에서 모든 유물은 사진 촬영을 금한다.

**어휘** 禁止 jìnzhǐ ⑧ 금지하다　拍照 pāizhào ⑧ 사진을 찍다　博物馆 bówùguǎn ⑲ 박물관　所有 suǒyǒu ⑲ 모든, 일체의　文物 wénwù ⑲ 문화재

---

### 3 压力 ⑲ 스트레스

**해설** 压力(yālì)는 명사로 '스트레스'라는 뜻이고 사진은 괴로워 보이는 한 남자의 모습이다. 제시어인 명사 压力(스트레스)와 형용사 大(크다)를 사용하여 주술술어문인 我压力很大(나는 스트레스가 아주 많다)를 완성한다. 또한 스트레스가 많은 원인 工作太多(일이 너무 많다) 등을 추가하여 더욱 다양한 문장을 완성할 수 있다.

**정답** **기본** 我压力很大。 나는 스트레스가 아주 많다.
　　　**확장** 最近我工作太多了，压力很大。 요즘 난 일이 너무 많아서, 스트레스가 너무 많다.
　　　　　　 我学习压力太大了，实在受不了。 학업 스트레스가 너무 커서, 정말 견딜 수가 없다.

**어휘** 压力 yālì 명 스트레스   最近 zuìjìn 명 요즘   工作 gōngzuò 명 업무   学习 xuéxí 명 공부   实在 shízài 부 정말로   受不了 shòubuliǎo 참을 수 없다

---

**4  厚 형 두껍다**

**해설** 厚(hòu)는 형용사로 '두껍다'라는 뜻이고 사진에는 두꺼운 책이 한 권 있다. 제시어인 형용사 厚(두껍다)를 술어로 삼고 묘사하는 대상으로는 这本书(이 책)을 사용하여 형용사술어문 这本书非常厚(이 책은 매우 두껍다)를 완성한다. 여기에 더 나아가 책이 너무 두꺼워서 一天看不完(하루에 다 볼 수 없다) 등의 표현을 사용하여 더욱 다양한 문장을 완성해 본다.

**정답** **기본** 这本书非常厚。  이 책은 너무 두껍다.
**확장** 这本书太厚了，一天看不完。  이 책은 너무 두꺼워서, 하루에 다 볼 수 없다.
　　　 这本词典很厚，带起来很重。  이 사전은 너무 두꺼워서 가지고 다니기 무겁다.

**어휘** 厚 hòu 형 두껍다   书 shū 명 책   看不完 kànbuwán 다 못보다   词典 cídiǎn 명 사전   带起来 dàiqǐlai 가지고 다니기에   重 zhòng 형 무겁다

## 듣 기

| 제1부분 | | | | | | | | | |
|---|---|---|---|---|---|---|---|---|---|
| 1. ✓ | 2. ✗ | 3. ✗ | 4. ✓ | 5. ✗ | 6. ✓ | 7. ✗ | 8. ✗ | 9. ✗ | 10. ✓ |

**제2, 3부분 대화형**
11. A  12. C  13. D  14. C  15. C  16. A  17. A  18. D  19. B  20. C  21. A
22. B  23. D  24. B  25. B

**제3부분 단문형**
26. A  27. D  28. B  29. C  30. A  31. C  32. A  33. D  34. B  35. A  36. B
37. D  38. C  39. A  40. B  41. A  42. B  43. C  44. A  45. D

## 독 해

**제1부분**
46. C  47. F  48. E  49. A  50. B  51. E  52. A  53. F  54. D  55. B

**제2부분**
56. C-A-B  57. C-B-A  58. C-B-A  59. A-C-B  60. C-A-B  61. B-A-C  62. A-C-B
63. B-C-A  64. B-C-A  65. B-A-C

**제3부분**
66. B  67. D  68. A  69. A  70. C  71. A  72. B  73. C  74. D  75. A  76. B  77. B
78. B  79. C  80. C  81. C  82. B  83. B  84. A  85. D

## 쓰 기

**제1부분**

86. 非常感谢您对我们工作的支持和帮助。

87. 她咳嗽得越来越厉害。

88. 她的父亲是位网球运动员。

89. 你把这张桌子搬到会议室。

90. 我们俩有许多共同的爱好。

91. 那里的气候和北方不一样。

92. 今天上午在图书馆丢了一张饭卡。

93. 这个消息让我很吃惊。

94. 我们应该学会接受自己的缺点。

95. 我家的院子里有一棵葡萄树。

**제2부분**

96. **기본** 他在喝果汁。
    **확장** 我喜欢喝苹果汁。
    这种果汁不仅好喝，而且对身体很好。

97. **기본** 她在打扮。
    **확장** 我在镜子前打扮。
    为了跟男朋友的约会，我要好好儿打扮打扮。

98. **기본** 他在放盐。
    **확장** 他在菜里加点儿盐。
    味道有点儿淡，再加点盐吧。

99. **기본** 飞机在降落。
    **확장** 飞机正在准备降落。
    飞机马上要降落了。

100. **기본** 我的心情很复杂。
    **확장** 这么复杂的问题，我解决不了。
    问题更加复杂了，她很难受。

## 정답 및 해설 | 실전모의고사 1

### 듣기 제1부분

**1**

★ 环保要 从身边 小事做起。　(✓)

★ 환경 보호는 우리 곁의 작은 일부터 시작해야 한다.

环境污染越来越严重。为了保护环境我们可以少用塑料袋，夏天把空调温度开得高一些等等。保护环境应该从小事开始做。

환경 오염이 점점 심각해지고 있다. 환경 보호를 위해서 우리는 비닐봉투를 적게 사용하고 여름에는 에어컨의 온도를 높게 트는 등의 일을 할 수 있다. 환경 보호는 작은 일부터 시작해야 한다

**해설** 보기 문장의 키워드는 环保(환경 보호)와 从小事做起(작은 일부터 시작하다)이다. 녹음의 마지막 부분에서 保护环境应该从小事开始做(환경 보호는 작은 일부터 시작해야 한다)라고 했으므로 일치하는 내용이다.

**어휘** 环保 huánbǎo 몡 환경 보호　从 cóng 깨 ~부터　身边 shēnbiān 곁　小事 xiǎoshì 몡 작은 일　环境 huánjìng 몡 환경　污染 wūrǎn 몡 오염　越来越 yuèláiyuè 凷 갈수록　严重 yánzhòng 혱 심각하다　为了 wèile 깨 ~을 위해서　保护 bǎohù 동 보호하다　用 yòng 동 사용하다　塑料袋 sùliàodài 몡 비닐봉투　夏天 xiàtiān 몡 여름　把 bǎ 깨 ~을/를　空调 kōngtiáo 몡 에어컨　温度 wēndù 몡 온도　开 kāi 동 켜다　高 gāo 혱 높다　一些 yìxiē 양 약간　等等 děngděng 조 기타 등등

**2**

★ 看书速度最重要。(✘)

★ 책을 읽는 속도가 가장 중요하다.

在积累知识的过程中，你不应该只重视速度。也许你一个月只读了一本书，但如果真正了解了书中的内容，那就是成功的。

지식을 쌓는 과정에서 당신은 속도만 중시해서는 안 된다 혹시 당신이 한 달에 한 권의 책만 읽을지라도 만약 책의 내용을 진정으로 이해한다면 바로 성공한 것이다

**해설** 보기 문장의 키워드는 看书(책을 읽다)와 速度(속도)이다. 녹음에서 你不应该只重视速度(단지 속도만 중시해서는 안 된다)라고 했고 이어 真正了解了书中的内容, 那就是成功的(진정으로 책의 내용을 이해한 것이 성공이다)라고 했으므로 속도가 아닌 내용을 이해하는 것이 더 중요하다고 말하고 있음을 알 수 있다. 따라서 정답은 불일치이다.

**어휘** 速度 sùdù 몡 속도　最 zuì 凷 제일　重要 zhòngyào 혱 중요하다　在……过程中 zài……guòchéngzhōng ~한 과정에서　积累 jīlěi 동 쌓다　知识 zhīshi 몡 지식　只 zhǐ 凷 단지　重视 zhòngshì 동 중시하다　也许 yěxǔ 凷 어쩌면　读 dú 동 읽다　本 běn 양 책을 세는 양사　书 shū 몡 책　但 dàn 젭 그러나　如果 rúguǒ 젭 만약　真正 zhēnzhèng 혱 진정한　了解 liǎojiě 동 이해하다　内容 nèiróng 몡 내용　成功 chénggōng 몡 성공

**3**

★ 他决定 参加生日晚会。(✘)

★ 그는 생일 파티에 참가하기로 결정했다.

对不起，明天的生日晚会我去不了了，刚接到通知，我明早得去上海出差。我下次请你吃饭。

미안해. 내일 생일 파티에 나 못 가겠어 방금 연락을 받았는데, 내일 아침에 상하이에 출장을 가야 해. 내가 다음에 밥 살게.

**해설** 보기 문장의 키워드는 参加(참가하다)와 生日晚会(생일 파티)이다. 녹음에서 明天的生日晚会我去不了了(내일 생일 파티 못 갈 거 같아)라고 하며 이어서 못 가는 이유에 대해 말하고 있으므로 불일치함을 알 수 있다.

**어휘** 决定 juédìng 동 결정하다　参加 cānjiā 동 참가하다　生日 shēngrì 몡 생일　晚会 wǎnhuì 몡 파티, 연회　明天 míngtiān 몡 내일　……不了 ……buliǎo ~할 수 없다　刚 gāng 凷 방금　接到 jiēdào 동 받다　通知 tōngzhī 몡 알림　得 děi 조동 ~해야 한다　出差 chūchāi 동 출장 가다　下次 xiàcì 몡 다음 번　请 qǐng 동 (식사에) 초대하다, 한턱내다

**4**

| ★ 手机让生活更方便了。　（✓） | ★ 휴대폰은 생활을 편리하게 했다. |
|---|---|
| 有了手机后，我们的生活就方便多了。我们通过手机可以看电影、发邮件等等，而且可以使用手机在网上购物。 | 휴대폰이 생기고 나서 우리의 생활은 많이 편리해졌다. 우리는 휴대폰을 통해 영화를 볼 수 있고 메일을 보낼 수 있으며, 또 휴대폰을 사용해서 인터넷 쇼핑도 할 수 있다. |

**해설** 보기 문장의 키워드는 手机(핸드폰)과 方便(편리하다)이다. 녹음에서 有了手机后，我们的生活就方便多了(핸드폰이 생긴 뒤 우리의 삶은 편리해졌다)라고 하여 보기의 키워드가 그대로 등장했으므로 일치하는 내용이다.

**어휘** 手机 shǒujī 몡 휴대폰　让 ràng 동 ~하게 하다　生活 shēnghuó 몡 생활　更 gèng 뷔 더욱　方便 fāngbiàn 휑 편리하다　通过 tōngguò 게 ~을 통해서　电影 diànyǐng 몡 영화　发邮件 fāyóujiàn 동 메일을 보내다　等等 děngděng 조 기타 등등　而且 érqiě 접 게다가　使用 shǐyòng 동 사용하다　网上购物 wǎngshànggòuwù 몡 인터넷 쇼핑

**5**

| ★ 他反对把任务交给小李。　（✗） | ★ 그는 임무를 샤오리에게 주는 것을 반대한다. |
|---|---|
| 虽然小李平时爱开玩笑，但他做什么事都非常认真。把这个任务交给他，我相信他一定能够做得很好。 | 비록 샤오리는 평소에 농담하는 것을 좋아하지만 그는 무슨 일을 하든지 매우 열심히 한다. 이 임무를 그에게 맡기면 나는 그가 반드시 잘 해낼 수 있다고 믿는다. |

**해설** 보기 문장의 키워드는 反对(반대하다)와 把任务交给小李(임무를 샤오리에게 맡기다)이다. 녹음에서 샤오리의 장점을 말하면서 把这个任务交给他，我相信他一定能够做得很好(이 임무를 그에게 맡기면 그는 반드시 잘해낼 것이다)라고 했으므로 샤오리에게 일을 맡기려 함을 알 수 있다. 따라서 불일치하는 내용이다.

**어휘** 反对 fǎnduì 동 반대하다　把 bǎ 게 ~을/를　任务 rènwu 몡 임무　交 jiāo 동 맡기다　虽然……，但是…… suīrán……, dànshì…… 접 비록 ~하지만 ~하다　平时 píngshí 몡 평소　开玩笑 kāiwánxiào 동 농담하다　做事 zuòshì 동 일을 하다　认真 rènzhēn 휑 열심히 하다　把 bǎ 게 ~을/를　相信 xiāngxìn 동 믿다　一定 yídìng 뷔 꼭, 반드시　能够 nénggòu 동 충분히 ~할 수 있다　做好 zuòhǎo 동 (일을) 해내다

**6**

| ★ 吃甜的东西能让心情变好。　（✓） | ★ 단 음식을 먹는 것은 기분을 좋게 할 수 있다. |
|---|---|
| 研究显示，吃甜的食物能使人心情愉快。所以压力很大，觉得心烦的时候，你可以吃点儿巧克力或者蛋糕。这些甜的东西也许会给你带来好心情。 | 단 음식을 먹는 것이 사람의 기분을 유쾌하게 할 수 있음이 밝혀졌다. 따라서 스트레스가 커서 짜증이 날 때, 초콜릿이나 케이크를 좀 먹으면 된다. 이러한 단 음식은 당신에게 좋은 기분을 가져다 줄 수 있을 것이다. |

**해설** 보기 문장의 키워드는 甜的东西(단 음식)와 心情变好(마음이 좋아지다)이다. 녹음의 시작 부분에서 吃甜的食物能使人心情愉快(단 음식을 먹는 것은 사람의 마음을 즐겁게 할 수 있다)라고 했으므로 일치하는 내용이다.

**어휘** 甜 tián 휑 달다　让 ràng 동 ~하게 하다　心情 xīnqíng 몡 기분　变 biàn 동 변하다　研究 yánjiū 동 연구하다　发现 fāxiàn 동 발견하다　使 shǐ 동 ~하게 하다　愉快 yúkuài 휑 유쾌하다　所以 suǒyǐ 접 그리하여　压力 yālì 몡 스트레스　的时候 deshíhou ~할 때　巧克力 qiǎokèlì 몡 초콜릿　或者 huòzhě 접 혹은　蛋糕 dàngāo 몡 케이크　这些 zhèxiē 데 이것들　也许 yěxǔ 뷔 어쩌면　给 gěi 동 주다　带来 dàilái 동 가져오다

**7**

| ★ 我现在很安静。　（✗） | ★ 나는 현재 매우 조용하다. |
|---|---|
| 我的性格和以前不一样。小时候，我是一个比较安静的人，但现在是一个活泼、大方的人，所以我有很多朋友。 | 내 성격은 예전과 다르다. 어릴 때 나는 비교적 조용한 사람이었다. 그러나 현재는 활발하고 대범해서 친구가 많다. |

**해설** 보기 문장의 키워드는 现在(현재)와 安静(조용하다)이다. 녹음에서 小时候(어릴 때)와 现在(현재)를 설명하는데 现在是一个活泼、大方的人(지금은 활발하고 대범한 사람이다)이라고 했으므로 安静은 어릴 때 성격이고, 현재는 성격이 달라졌음을 알 수 있다. 따라서 정답은 불일치이다.

**어휘** 现在 xiànzài 명 지금   安静 ānjìng 형 조용하다   性格 xìnggé 명 성격   和 hé 접 ~와/과   以前 yǐqián 명 예전   不一样 bùyíyàng 같지 않다   小时候 xiǎoshíhou 명 어릴 때   比较 bǐjiào 부 비교적   但是 dànshì 접 그러나   现在 xiànzài 명 지금   活泼 huópo 형 활발하다   大方 dàfāng 형 대범하다, 거침없다   所以 suǒyǐ 접 그리하여   朋友 péngyou 명 친구

---

**8**

| ★ 他家离公司很近。 （✘） | ★ 그의 집은 회사로부터 가깝다. |
|---|---|
| 我住的地方离公司有点儿远，开车要一个小时，我早就想搬家了。但是一直没找到合适的房子，所以暂时只能在这儿住一段时间。 | 내가 사는 곳은 회사로부터 조금 멀다. 운전을 해도 1시간이 걸려서 나는 진작 이사를 가고 싶었다. 하지만 계속 적당한 집을 찾지 못해서 한동안 여기에서 살 수밖에 없다. |

**해설** 보기 문장의 키워드는 他家(그의 집)와 离公司很近(회사에서 가깝다)이다. 녹음의 시작 부분에서 我住的地方离公司有点儿远(내가 사는 곳은 회사에서 좀 멀다)이라고 했으므로 보기와 녹음의 내용이 불일치한다. 近(가깝다)과 远(멀다)은 전혀 대립되는 내용이다.

**어휘** 家 jiā 명 집   离 lí 개 ~로부터   公司 gōngsī 명 회사   近 jìn 형 가깝다   住 zhù 동 살다   地方 dìfang 명 장소   远 yuǎn 형 멀다   开车 kāichē 동 운전하다   一个小时 yígexiǎoshí 1시간   早就 zǎojiù 부 진작   搬家 bānjiā 동 이사하다   但是 dànshì 접 그러나   一直 yìzhí 부 계속해서   找到 zhǎodào 찾아내다   合适 héshì 형 적당하다   房子 fángzi 명 집   所以 suǒyǐ 접 그리하여   暂时 zànshí 부 잠시   得 děi 조동 ~해야 한다   一段时间 yíduànshíjiān 한동안

---

**9**

| ★ 晚会将在这个星期天举行。 （✘） | ★ 파티는 이번 주 일요일에 열릴 것이다. |
|---|---|
| 王律师，这周五晚上我们公司要举办一场新年晚会，我们经理想邀请您参加，您那时候有时间吗？ | 왕 변호사님, 이번 주 금요일 저녁에 저희 회사에서 신년회를 개최하려고 합니다. 저희 사장님께서 왕 변호사님을 초대하고 싶어 하시는데, 그때 시간 괜찮으십니까? |

**해설** 보기 문장의 키워드는 晚会(파티)와 星期天(일요일)이다. 녹음에서는 这周五晚上我们公司要举办一场新年晚会(이번주 금요일 저녁에 저희 회사에서 신년 파티를 열려고 합니다)라고 하여 星期天이 아니라 周五라고 했으므로 불일치하는 내용이다.

**어휘** 晚会 wǎnhuì 명 만찬회   将 jiāng 부 ~일 것이다   这个星期天 zhègexīngqītiān 이번 주 일요일   举行 jǔxíng 동 거행하다   律师 lǜshī 명 변호사   晚上 wǎnshang 명 저녁   公司 gōngsī 명 회사   举办 jǔbàn 동 개최하다   场 chǎng 양 번, 차례   新年 xīnnián 명 신년   经理 jīnglǐ 명 사장   邀请 yāoqǐng 동 초대하다   参加 cānjiā 동 참가하다   那时候 nàshíhou 그때   时间 shíjiān 명 시간

---

**10**

| ★ 父母对孩子讲信用很重要。 （✔） | ★ 부모가 아이에게 신용을 지키는 것은 아주 중요하다. |
|---|---|
| 父母对孩子要讲信用，对孩子说过的话一定要做到。如果实在做不到，就应该解释原因，并向孩子道歉。否则孩子会认为你是一个经常说谎的人。 | 부모는 아이에게 신용을 지켜야 한다. 아이에게 한 말은 반드시 지켜야 한다. 만일 정말 할 수 없다면 이유를 설명하고 아이에게 사과해야 한다. 그렇지 않으면 아이는 당신이 자주 거짓말을 하는 사람이라고 생각하게 된다. |

**해설** 보기 문장의 키워드는 讲信用(신용을 지키다)이다. 녹음에서 父母对孩子要讲信用(부모는 아이에게 신용을 지켜야 한다)이라고 하면서 말과 행동을 일치시키는 것의 중요성을 설명하고 있다. 따라서 정답은 일치이다.

**어휘** 父母 fùmǔ 명 부모   对 duì 개 ~에 대하여   孩子 háizi 명 아이   讲 jiǎng 동 중시하다   信用 xìnyòng 명 신용   重要 zhòngyào 형 중요하다   话 huà 명 말   如果 rúguǒ 접 만약   实在 shízài 부 정말로   做不到 zuòbudào 할 수 없다   解释 jiěshì 동 해명하다   原因 yuányīn 명 원인   并 bìng 접 그리고   向 xiàng 개 ~을 향해서   道歉 dàoqiàn 동 사과하다   否则 fǒuzé 접 만약 그렇지 않으면   认为 rènwéi 동 ~라고 생각하다   说谎 shuōhuǎng 동 거짓말하다

**11**

男：这里买沙发，能送货上门吗？
女：可以，我们提供免费送货上门服务，请您留下电话号码和地址。

问：他们最可能在哪儿？

| | |
|---|---|
| A 家具店 | B 银行 |
| C 大使馆 | D 洗手间 |

남: 여기에서 소파를 사면 배송해 줄 수 있나요?
여: 가능합니다. 저희는 무료 배송 서비스를 제공하고 있어요. 전화번호와 주소를 남겨 주세요.

질문: 그들은 어디에 있을 가능성이 가장 높은가?

| | |
|---|---|
| A 가구점 | B 은행 |
| C 대사관 | D 화장실 |

**해설** 보기의 어휘가 모두 장소들이다. 녹음에서 남자는 沙发(소파)를 언급하며 这里买沙发, 能送货上门吗?(여기에서 소파를 사면 배송해 줄 수 있나요?)라고 했으므로 가구 배송에 관한 대화임을 알 수 있다. 따라서 그들이 있는 장소로 가장 알맞은 정답은 A 家具店(가구점)이다.

**어휘** 家具店 jiājùdiàn 명 가구점　银行 yínháng 명 은행　大使馆 dàshǐguǎn 명 대사관　洗手间 xǐshǒujiān 명 화장실　沙发 shāfā 명 소파　送货上门 sònghuòshàngmén 상품을 문 앞까지 배달하다　提供 tígōng 동 제공하다　免费 miǎnfèi 무료로 하다　服务 fúwù 명 서비스　留下 liúxià 동 남기다　电话号码 diànhuàhàomǎ 명 전화번호　和 hé 접 ~와/과　地址 dìzhǐ 명 주소

**12**

女：昨晚的同学聚会，小陈怎么提前走了？
男：他跟我说，家里突然有事赶紧回去一下，所以他就先离开了。

问：小陈为什么提前离开聚会？

| | |
|---|---|
| A 身体不舒服 | B 心情不好 |
| C 家人找他 | D 想休息 |

여: 어제 동창회에서 샤오천은 왜 먼저 갔어?
남: 집에 갑자기 일이 생겨서 빨리 가 봐야 한다고 했어. 그래서 먼저 간 거야.

질문: 샤오천은 왜 먼저 갔는가?

| | |
|---|---|
| A 몸이 불편해서 | B 기분이 안 좋아서 |
| C 가족이 그를 찾아서 | D 쉬고 싶어서 |

**해설** 보기가 모두 상태를 나타내므로 키워드 身体(건강), 心情(마음), 家人(가족), 休息(쉬다)에 유의해서 듣는다. 녹음에서 남자가 他跟我说, 家里突然有事赶紧回去一下(그가 내게 말하길 집에 갑자기 일이 생겨서 빨리 가야 한다고 했어)라고 하여 샤오천이 먼저 자리를 뜬 이유를 설명하고 있다. 따라서 샤오천이 먼저 간 이유는 C 家人找他(가족이 그를 찾아서)이다.

**어휘** 身体 shēntǐ 명 신체　舒服 shūfu 형 편안하다　心情 xīnqíng 명 기분　家人 jiārén 명 식구　找 zhǎo 동 찾다　休息 xiūxi 동 휴식하다　昨晚 zuówǎn 어제 저녁　同学 tóngxué 명 동창　聚会 jùhuì 명 모임　提前 tíqián 동 앞당기다　走 zǒu 동 가다　跟 gēn 개 ~와/과　家里 jiāli 명 가정　突然 tūrán 부 갑자기　赶紧 gǎnjǐn 부 서둘러, 급히　离开 líkāi 동 떠나다

**13**

男：这块儿蛋糕味道不错，你在哪儿买的？
女：超市旁边新开了一家面包店，我是在那儿买的。

问：蛋糕是在哪儿买的？

| | |
|---|---|
| A 图书馆 | B 学校附近 |
| C 游泳馆附近 | D 超市旁边 |

남: 이 케이크 맛 괜찮다. 너 어디에서 산 거야?
여: 슈퍼마켓 옆에 빵가게가 새로 오픈 했는데, 거기에서 샀어

질문: 케이크는 어디에서 산 것인가?

| | |
|---|---|
| A 도서관 | B 학교 근처 |
| C 수영장 근처 | D 슈퍼마켓 옆 |

**해설** 보기의 어휘가 모두 장소를 나타낸다. 녹음에서 여자가 超市旁边新开了一家面包店, 我是在那儿买的(슈퍼마켓 옆에 빵가게

가 오픈했는데 거기에서 샀어)라고 했으므로 케이크를 산 곳은 D 超市旁边(슈퍼마켓 옆)이다.

어휘 图书馆 túshūguǎn 몡 도서관　学校 xuéxiào 몡 학교　附近 fùjìn 몡 근처　游泳馆 yóuyǒngguǎn 몡 수영장　超市 chāoshì 몡 슈퍼마켓　旁边 pángbiān 몡 옆　块 kuài 양 조각, 덩어리　蛋糕 dàngāo 몡 케이크　味道 wèidào 몡 맛　不错 búcuò 혱 괜찮다　新 xīn 뷘 새로이　开 kāi 개점하다　家 jiā 양 점포 등을 세는 단위　面包店 miànbāodiàn 몡 빵가게

---

**14**

女：我昨天去爬山，结果今天腿疼得动不了了。
男：你平时运动太少，突然一运动当然会受不了。

여: 나 어제 등산 갔었는데, 결국 오늘 다리가 아파서 움직일 수가 없어
남: 너는 평소에 운동을 잘 안 하는데 갑자기 운동을 하니까 견딜 수가 없지.

问：女的怎么了？

질문: 여자는 왜 그러는가?

| A 感冒了 | B 睡不好 | A 감기에 걸렸다 | B 잠을 잘 못 잤다 |
|---|---|---|---|
| **C 腿疼** | D 发烧 | **C 다리가 아프다** | D 열이 난다 |

해설 보기의 어휘는 모두 몸 상태에 관한 내용이다. 녹음에서 여자는 我昨天去爬山，结果今天腿疼得动不了了(나 어제 등산해서 오늘 다리가 아파서 움직일 수가 없어)라고 하여 등산 후 다리가 아프다는 것을 알 수 있다. 따라서 정답은 C 腿疼(다리가 아프다)이다.

어휘 感冒 gǎnmào 동 감기에 걸리다　睡不好 shuìbùhǎo 잠을 못 자다　腿 tuǐ 몡 다리　疼 téng 혱 아프다　发烧 fāshāo 동 열이 나다　昨天 zuótiān 몡 어제　爬山 páshān 동 등산하다　结果 jiéguǒ 결국　今天 jīntiān 몡 오늘　动 dòng 동 움직이다　……不了 ……buliǎo ~할 수 없다　平时 píngshí 몡 평소　运动 yùndòng 동 운동하다　突然 tūrán 뷘 갑자기　当然 dāngrán 혱 당연하다　受不了 shòubuliǎo 동 견디다

---

**15**

男：你们俩乒乓球打得真厉害。
女：我这是第一次跟小明打球的，没想到他打得这么厉害。

남: 너희 두 사람 탁구 진짜 잘 친다.
여: 난 이번에 샤오밍이랑 처음 치는 건데 그가 이렇게 잘 칠 줄은 생각도 못했어.

问：女的刚才在做什么？

질문: 여자는 방금 무엇을 했는가?

| A 洗澡 | B 买东西 | A. 샤워하다 | B 물건을 사다 |
|---|---|---|---|
| **C 打乒乓球** | D 读书 | **C 탁구를 치다** | D 책을 읽다 |

해설 보기의 어휘가 모두 행동을 나타낸다. 남자의 탁구를 잘 친다는 말에 여자는 我这是第一次跟小明打球的(나 이번에 샤오밍과 처음 치는 것이다)라고 했으므로 여자가 방금 한 일은 C 打乒乓球(탁구를 치다)이다.

어휘 洗澡 xǐzǎo 동 샤워하다　东西 dōngxi 몡 물건　打 dǎ 동 치다　乒乓球 pīngpāngqiú 몡 탁구　读书 dúshū 동 책을 읽다　俩 liǎ 쉬 두 개, 두 사람　厉害 lìhai 혱 대단하다　第一次 dìyīcì 몡 맨 처음으로　跟 gēn 개 ~와/과　打球 dǎqiú 동 공을 치다　没想到 méixiǎngdào 생각지 못하다

---

**16**

女：你说的那件衣服，我昨天在公司旁边的百货商店看到过，还打6折。
男：真的吗？我下班后就去买。

여: 네가 말했던 그 옷. 내가 어제 회사 옆에 있는 백화점에서 봤는데 40% 세일하더라.
남: 진짜? 퇴근하고 바로 가서 사야지

问：男的下班后要做什么？

질문: 남자는 퇴근 후에 무엇을 하려고 하는가?

| A 买衣服 | B 跟朋友吃饭 | A 옷을 산다 | B 친구와 밥을 먹는다 |
|---|---|---|---|
| C 加班 | D 打扫房子 | C 야근한다 | D 집 청소를 한다 |

보기의 어휘가 모두 행동을 나타낸다. 녹음에서 여자가 백화점 세일에 관한 이야기를 하자 남자가 我下班后就去买(퇴근하고 바로 가서 사야지)라고 했으므로 남자가 퇴근 후에 하려는 것은 A 买衣服(옷을 산다)이다.

衣服 yīfu 몡 옷   跟 gēn 꽤 ~와/과   朋友 péngyou 몡 친구   加班 jiābān 툉 야근하다   打扫 dǎsǎo 툉 청소하다   房子 fángzi 몡 집   件 jiàn 양 벌(옷을 세는 양사)   昨天 zuótiān 몡 어제   公司 gōngsī 몡 회사   旁边 pángbiān 몡 옆   百货商店 bǎihuòshāngdiàn 몡 백화점   看到 kàndao 툉 보다   打折 dǎzhé 툉 할인하다   下班 xiàbān 툉 퇴근하다

---

**17**

男: 你不是很喜欢吃糖吗？怎么不吃了？

女: 我在减肥，天天只吃蔬菜，不吃肉，也不吃甜的东西。

问: 女的为什么不吃糖？

| | |
|---|---|
| **A 在减肥** | B 牙疼 |
| C 肚子不舒服 | D 想吃饭 |

남: 너 사탕 먹는 거 좋아하지 않았어? 왜 안 먹어?

여: 나 다이어트 중이야. 매일 채소만 먹고, 고기는 안 먹어. 단 음식도 안 먹고.

질문: 여자는 왜 사탕을 먹지 않는가?

| | |
|---|---|
| **A 다이어트 중이다** | B 이가 아프다 |
| C 배가 아프다 | D 밥을 먹고 싶다 |

보기의 어휘는 신체와 관련된 상태를 나타낸다. 녹음에서 남자가 여자에게 왜 사탕을 먹지 않느냐고 물었을 때 여자는 我在减肥(나 다이어트 중이야), 也不吃甜的东西(단 음식도 안 먹어)라고 했으므로 여자가 사탕을 먹지 않는 이유는 A 在减肥(다이어트 중이다)이다.

减肥 jiǎnféi 툉 다이어트하다   牙疼 yáténg 휑 이가 아프다   肚子 dùzi 몡 배, 복부   舒服 shūfu 휑 편안하다   糖 táng 몡 사탕   天天 tiāntiān 몡 매일   只 zhǐ 뷘 오직, 단지   蔬菜 shūcài 몡 채소   肉 ròu 몡 고기   甜 tián 휑 달다   东西 dōngxi 몡 먹을 것

---

**18**

女: 你昨天晚上睡得好吗？

男: 不太好，空调坏了，房间里实在太热了。

问: 男的为什么睡不好？

| | |
|---|---|
| A 太吵了 | B 准备考试 |
| C 压力很大 | **D 空调坏了** |

여: 어제 밤에 잘 잤어?

남: 잘 못 잤어. 에어컨이 망가져서 방 안이 진짜 너무 더웠어.

질문: 남자는 왜 잘 못 잤는가?

| | |
|---|---|
| A 너무 시끄럽다 | B 시험을 준비한다 |
| C 스트레스가 심하다 | **D 에어컨이 망가졌다** |

보기의 키워드는 吵(시끄럽다), 考试(시험), 压力(스트레스), 空调(에어컨)이다. 녹음에서 여자가 남자에게 잘 잤냐고 했고 남자는 不太好，空调坏了(잘 못 잤어. 에어컨이 망가졌어)라고 했으므로 남자가 잘 못 잔 이유는 D 空调坏了(에어컨이 망가졌다)이다.

吵 chǎo 휑 시끄럽다   准备 zhǔnbèi 툉 준비하다   考试 kǎoshì 몡 시험   压力 yālì 몡 스트레스   空调 kōngtiáo 몡 에어컨   坏 huài 휑 고장나다   昨天 zuótiān 몡 어제   晚上 wǎnshang 몡 저녁   睡 shuì 툉 자다   房间 fángjiān 몡 방   实在 shízài 뷘 정말로   热 rè 휑 덥다

---

**19**

男: 你对那个小伙子印象怎么样？

女: 不错，人很聪明，性格大方，也很幽默，就是有点缺少经验。

问: 女的觉得那个小伙子怎么样？

| | |
|---|---|
| A 不认真 | **B 很幽默** |
| C 脾气不好 | D 很安静 |

남: 그 젊은 사람 인상이 어때요?

여: 괜찮아요. 사람이 똑똑하고, 성격도 시원시원하고, 유머러스하더라고요. 그런데 경험이 좀 부족했어요.

질문: 여자의 생각에 그 젊은이는 어떠한가?

| | |
|---|---|
| A 성실하지 않다 | **B 유머러스하다** |
| C 성격이 안 좋다 | D 매우 조용하다 |

보기는 모두 상태를 나타내는 어휘이다. 녹음에서 남자는 여자에게 그 젊은 남자에 대한 인상을 물었고 여자는 人很聪明，性格大方，也很幽默(사람이 똑똑하고 성격이 시원하면서 유머러스하다)라고 대답했다. 여자가 그 남자에 대해 가지고 있는 견해를 물었으므로 정답은 B 很幽默(유머러스하다)이다.

**어휘** 认真 rènzhēn 휑 성실하다　幽默 yōumò 휑 유머러스하다　脾气 píqi 圀 성격　安静 ānjìng 휑 조용하다　对 duì 꽤 ~에 대하여　小伙子 xiǎohuǒzi 圀 젊은이　印象 yìnxiàng 圀 인상　不错 búcuò 휑 괜찮다　聪明 cōngming 휑 똑똑하다　性格 xìnggé 圀 성격　大方 dàfāng 휑 시원시원하다　缺少 quēshǎo 통 모자라다　经验 jīngyàn 圀 경험

---

**20**

| | |
|---|---|
| 女：听说你要出国留学？ | 여: 듣자 하니 너 외국으로 유학 간다며? |
| 男：是的，我打算去美国学经济，签证刚刚办好。下个月底就走。 | 남: 그래. 나 미국에 가서 경제를 공부하려고 해. 비자가 막 나와서 다음달 말에 가. |
| 问：关于男的可以知道什么？ | 질문: 남자에 관하여 알 수 있는 것은? |
| A 去旅行 | A 여행을 간다 |
| B 签证没办好 | B 비자가 아직 발급되지 않았다 |
| **C 出国留学** | **C 외국으로 유학 간다** |
| D 想找工作 | D 취업하고 싶다 |

**해설** 보기는 모두 행동을 나타내는 어휘들이다. 녹음에서 여자의 유학가느냐는 질문에 남자는 是的，我打算去美国学经济(그래, 미국에 가서 경제를 공부하려고 해)라고 했으므로 남자에 관한 옳은 내용은 C 出国留学(외국으로 유학 간다)이다.

**어휘** 旅行 lǚxíng 통 여행하다　签证 qiānzhèng 圀 비자　办 bàn 통 처리하다　出国 chūguó 통 출국하다　留学 liúxué 통 유학 가다　找 zhǎo 통 찾다　工作 gōngzuò 圀 직업　听说 tīngshuō 듣자 하니　打算 dǎsuàn 통 ~할 계획이다　美国 Měiguó 囚圀 미국　经济 jīngjì 圀 경제　刚刚 gānggāng 閏 막　下个月底 xiàgeyuèdǐ 다음달 말　走 zǒu 통 가다

---

**21**

| | |
|---|---|
| 男：你寒假什么时候回家？ | 남: 너 겨울방학에 언제 집에 가? |
| 女：我这次不回去了，我准备出国考试，我想读研究生。 | 여: 나 이번에 안 가. 나 유학시험 준비하거든. 석사과정 공부하고 싶어서. |
| 问：女的寒假为什么不回家？ | 질문: 여자는 겨울방학에 왜 집에 가지 않는가? |
| **A 要准备读硕士** | **A 석사과정을 준비하려고** |
| B 想去旅游 | B 여행가고 싶어서 |
| C 要做生意 | C 장사를 하려고 |
| D 跟弟弟吵架了 | D 남동생과 말다툼해서 |

**해설** 보기가 모두 행동을 나타내는 어휘들이며 키워드는 硕士(석사), 旅游(여행), 生意(장사), 吵架(말다툼)이다. 녹음에서 여자는 겨울방학 때 집에 안 간다고 하면서 我准备出国考试，我想读研究生(나 유학 시험 준비하는데 석사과정 공부하고 싶어서)이라고 했고 硕士과 研究生은 '석사'라는 뜻의 동의어이므로 여자가 집에 가지 않는 이유는 A 要准备读硕士(석사과정을 준비하려고)이다.

**어휘** 准备 zhǔnbèi 통 준비하다　读 dú 통 학교에 가다　硕士 shuòshì 圀 석사　旅游 lǚyóu 통 여행　做生意 zuòshēngyi 사업을 하다　跟 gēn 꽤 ~와/과　弟弟 dìdi 圀 남동생　吵架 chǎojià 통 말다툼하다　寒假 hánjià 圀 겨울방학　回家 huíjiā 통 집에 가다　这次 zhècì 떼 이번　出国 chūguó 통 출국하다　考试 kǎoshì 圀 시험　研究生 yánjiūshēng 圀 대학원생

---

**22**

| | |
|---|---|
| 女：这家公司条件不错，你应聘了吗？ | 여: 이 회사 조건 괜찮다. 너 지원했어? |
| 男：没，我的专业不符合他们的要求。 | 남: 아니. 내 전공이 그들의 요구랑 안 맞아. |
| 问：男的为什么没应聘？ | 질문: 남자는 왜 지원하지 않았는가? |

| | |
|---|---|
| A 要读硕士 | A 석사과정을 하려고 |
| **B 专业不符合** | **B 전공이 맞지 않아서** |
| C 工资太少 | C 월급이 너무 적어서 |
| D 条件不好 | D 조건이 안 좋아서 |

**해설** 보기의 키워드는 硕士(석사), 专业(전공), 工资(월급), 条件(조건)이다. 녹음에서 여자는 남자에게 회사에 지원했느냐고 물었고 남자는 我的专业不符合他们的要求(내 전공이 그들의 요구에 맞지 않아)라고 했으므로 남자가 회사에 지원하지 않은 이유는 B 专业不符合(전공이 맞지 않아서)이다.

**어휘** 读 dú 图 학교에 가다  硕士 shuòshì 圀 석사  专业 zhuānyè 圀 전공  符合 fúhé 图 적합하다  工资 gōngzī 圀 월급  条件 tiáojiàn 圀 조건  家 jiā 鎝 점포 등을 세는 단위  公司 gōngsī 圀 회사  不错 búcuò 圀 괜찮다  应聘 yìngpìn 图 지원하다  要求 yāoqiú 圀 요구

**23**
男: 昨天的足球比赛你看了没?
女: 当然看了, 真是太精彩了。

问: 女的觉得比赛怎么样?

남: 어제 축구 시합 봤어?
여: 당연히 봤지. 정말 너무 멋졌어

질문: 여자 생각에 시합은 어땠는가?

| | | | |
|---|---|---|---|
| A 很无聊 | B 让她吃惊 | A 지루하다 | B 그녀를 놀라게 했다 |
| C 不好看 | **D 非常精彩** | C 보기 안 좋다 | **D 매우 훌륭하다** |

**해설** 보기는 모두 상태를 나타내는 어휘들이다. 녹음에서 남자는 여자에게 축구 경기를 봤느냐고 물었고 여자는 이에 대해 真是太精彩了(정말 너무 멋졌어)라고 했으므로 시합에 대한 여자의 생각은 D 非常精彩(매우 훌륭하다)이다.

**어휘** 无聊 wúliáo 圀 재미없다  让 ràng 图 ~하게 하다  吃惊 chījīng 圀 놀라다  好看 hǎokàn 圀 보기 좋다  昨天 zuótiān 圀 어제  足球 zúqiú 圀 축구  比赛 bǐsài 圀 시합  当然 dāngrán 圀 당연하다  精彩 jīngcǎi 圀 훌륭하다

**24**
女: 下个星期就期末考试了, 你考试准备得怎么样?
男: 差不多了, 这两天再把重点内容看一遍就行了。

问: 男的是什么意思?

여: 다음 주가 곧 기말시험인데, 시험 준비하는 거 어때?
남: 거의 다 됐어. 며칠 동안 중요한 내용만 다시 한 번 보면 돼

질문: 남자는 무슨 의미인가?

| | | | |
|---|---|---|---|
| A 没准备 | **B 复习得不错** | A 준비가 안 됐다 | **B 복습을 잘했다** |
| C 没预习 | D 考试太难了 | C 예습을 안 했다 | D 시험이 어려웠다 |

**해설** 보기는 모두 상태를 나타낸다. 시험 준비가 어떻게 되어가느냐는 여자의 질문에 남자는 差不多了, 这两天再把重点内容看一遍就行了(거의 다 됐어. 며칠 동안 중요한 내용만 다시 한 번 더 보면 돼)라고 했으므로 남자가 한 말의 의미는 B 复习得不错(복습을 잘했다)이다.

**어휘** 复习 fùxí 图 복습하다  不错 búcuò 圀 괜찮다  预习 yùxí 图 예습하다  考试 kǎoshì 圀 시험  难 nán 圀 어렵다  下个星期 xiàgexīngqī 다음 주  期末考试 qīmòkǎoshì 기말시험  准备 zhǔnbèi 图 준비하다  差不多 chābuduō 圀 대충 되다  这两天 zhèliǎngtiān 이 며칠 동안  把 bǎ 涝 ~을/를  重点 zhòngdiǎn 圀 중점  内容 nèiróng 圀 내용  遍 biàn 鎝 번, 회

**25**
男: 这家店门前, 怎么有这么多人排队?
女: 这家店的烤鸭非常有名, 大家都说很好吃, 我们也去吃吧。

问: 关于那家店, 可以知道什么?

남: 이 가게 앞에 왜 이렇게 많은 사람들이 줄을 서 있지?
여: 이 가게의 오리구이가 엄청 유명하거든. 모두들 아주 맛있다고 하더라고. 우리도 가서 먹자.

질문: 이 가게에 대해 알 수 있는 것은?

| | |
|---|---|
| A 服务态度很好 | A 서비스 태도가 아주 좋다 |
| **B 很有名** | **B 아주 유명하다** |
| C 很便宜 | C 아주 저렴하다 |
| D 啤酒不打折 | D 맥주는 할인하지 않는다 |

**해설** 보기의 키워드는 服务态度(서비스 태도), 有名(유명하다), 便宜(싸다), 不打折(할인하지 않다)이다. 남자는 가게에 왜 사람들이 줄을 서 있느냐고 물었고 이에 대해 여자는 这家店的烤鸭非常有名(이 가게의 오리구이가 엄청 유명해)이라고 했으므로 이 가게에 대한 옳은 내용은 B 很有名(아주 유명하다)이다.

**어휘** 服务 fúwù 몡 서비스    态度 tàidù 몡 태도    有名 yǒumíng 혱 유명하다    便宜 piányi 혱 싸다    啤酒 píjiǔ 몡 맥주    打折 dǎzhé 동 할인하다    家 jiā 양 점포 등을 세는 단위    店 diàn 몡 상점    门 mén 몡 문    排队 páiduì 동 줄을 서다    烤鸭 kǎoyā 몡 오리구이    好吃 hǎochī 혱 맛있다

## 듣기 제3부분

**26**

| | |
|---|---|
| 男：怎么样？感觉好点儿了吗？ | 남: 어때요? 좀 좋아졌나요? |
| 女：打完针就好多了。 | 여: 주사 맞고 많이 좋아졌어요. |
| 男：那就好，回家要按时吃药，好好休息。三天<br>后再来检查一下。 | 남: 그럼 다행이네요. 집에 가서 시간 맞춰 약 드시고 푹 쉬세요.<br>3일 후에 다시 검사 받으러 오세요. |
| 女：好的，大夫，谢谢您。 | 여: 알겠습니다. 의사 선생님. 감사합니다. |
| 问：他们最可能在哪儿？ | 질문: 그들은 어디에 있는가? |

| | | | |
|---|---|---|---|
| **A 医院** | B 办公室 | **A 병원** | B 사무실 |
| C 图书馆 | D 超市 | C 도서관 | D 슈퍼마켓 |

**해설** 보기의 어휘가 모두 장소를 나타낸다. 녹음에서 직접적인 장소 어휘는 등장하지 않았지만 남자와 여자의 대화에서 打针(주사를 맞다), 吃药(약을 먹다), 大夫(의사 선생님) 등의 어휘가 언급되었으므로 이들이 있는 장소로 알맞은 것은 A 医院(병원)이다.

**어휘** 医院 yīyuàn 몡 병원    办公室 bàngōngshì 몡 사무실    图书馆 túshūguǎn 몡 도서관    超市 chāoshì 몡 슈퍼마켓    感觉 gǎnjué 동 느끼다    打针 dǎzhēn 동 주사를 맞다    回家 huíjiā 동 집에 가다    按时 ànshí 뷔 시간에 맞추어    吃药 chīyào 약을 먹다    休息 xiūxi 동 휴식하다    检查 jiǎnchá 몡 검사    大夫 dàifu 몡 의사

**27**

| | |
|---|---|
| 女：我一会儿去超市，你去不去？ | 여: 나 좀 있다 슈퍼마켓에 갈 건데, 너 갈래? |
| 男：不去了，我要写报告，明天一定要交。 | 남: 아니. 나 보고서 써야 해. 내일 꼭 제출해야 하거든. |
| 女：你要买什么吗？我帮你买。 | 여: 뭐 살 거 있어? 내가 사다 줄게. |
| 男：苹果汁吧，就是我喜欢的那种。 | 남: 사과주스 사다 줘. 내가 좋아하는 그걸로. |
| 问：男的为什么不去超市？ | 질문: 남자는 왜 슈퍼마켓에 가지 않는가? |

| | | | |
|---|---|---|---|
| A 很麻烦 | B 有点儿困 | A 귀찮아서 | B 조금 졸려서 |
| C 身体不舒服 | **D 要写报告** | C 몸이 안 좋아서 | **D 보고서를 써야 해서** |

**해설** 보기의 키워드는 麻烦(귀찮다), 困(졸리다), 不舒服(몸이 안 좋다), 报告(보고서)이다. 녹음에서 여자의 슈퍼마켓에 가겠느냐는 물음에 남자는 不去了，我要写报告(아니, 나 보고서 써야 해)라고 대답했으므로 남자가 슈퍼마켓에 가지 않는 이유는 D 要写报告(보고서를 써야 해서)이다.

어휘　麻烦 máfan 형 번거롭다　困 kùn 형 졸리다　身体 shēntǐ 명 신체　舒服 shūfu 형 편안하다　报告 bàogào 명 보고　一会儿 yíhuìr 양 잠깐　超市 chāoshì 명 슈퍼마켓　明天 míngtiān 명 내일　一定 yídìng 부 반드시　交 jiāo 동 제출하다　帮 bāng 동 돕다　苹果汁 píngguǒzhī 명 사과 주스　种 zhǒng 양 종류

**28**

| | |
|---|---|
| 男：你为什么决定来中国留学？ | 남: 왜 중국에 유학 오기로 결정했어요? |
| 女：因为我对中国文化很感兴趣。 | 여: 저 중국 문화에 관심이 많거든요. |
| 男：那你喜欢京剧吗？ | 남: 그럼 경극 좋아하세요? |
| 女：不仅喜欢，我还能唱上几句呢。 | 여: 좋아할 뿐만 아니라 몇 소절 부를 수도 있어요. |
| 问：关于女的，下列哪个正确？ | 질문: 여자에 관하여 다음 중 옳은 것은? |

| | |
|---|---|
| A 很胖 | A 뚱뚱하다 |
| **B 会唱京剧** | **B 경극을 부를 줄 안다** |
| C 喜欢去旅行 | C 여행가는 것을 좋아한다 |
| D 性格很好 | D 성격이 좋다 |

해설　보기의 키워드는 胖(뚱뚱하다), 京剧(경극), 旅行(여행), 性格(성격)이다. 녹음에서 남자는 여자에게 경극을 좋아하느냐고 물었고 이에 여자는 不仅喜欢, 我还能唱上几句呢(좋아할 뿐만 아니라 몇 소절 부를 수도 있다)라고 했으므로 여자에 대한 옳은 내용은 B 会唱京剧(경극을 부를 줄 안다)이다.

어휘　胖 pàng 형 뚱뚱하다　唱 chàng 동 노래하다　京剧 jīngjù 명 경극　旅行 lǚxíng 동 여행하다　性格 xìnggé 명 성격　决定 juédìng 동 결정하다　留学 liúxué 동 유학하다　因为 yīnwèi 접 왜냐하면　对 duì 개 ~에 대하여　文化 wénhuà 명 문화　感兴趣 gǎnxìngqù 동 흥미를 느끼다　不仅……, 还…… bùjǐn…… hái…… ~일 뿐만 아니라, ~도 하다　唱 chàng 동 부르다　句 jù 양 마디

**29**

| | |
|---|---|
| 女：这件毛衣看来挺暖和的，就是不知道质量怎么样。 | 여: 이 스웨터 광장히 따뜻해 보여요. 다만 품질이 어떤지 모르겠어요. |
| 男：这您完全可以放心，我们店里的所有的衣服，都是有质量保证的。 | 남: 이 부분은 절대 안심하셔도 됩니다. 저희 매장의 모든 옷은 모두 품질 보증이 있습니다. |
| 女：是吗？那我就买这个吧。多少钱？ | 여: 그래요? 그럼 이거 살게요. 얼마인가요? |
| 男：360块。 | 남: 360위안입니다. |
| 问：关于那件毛衣可以知道什么？ | 질문: 그 스웨터에 관하여 알 수 있는 것은? |

| | | | |
|---|---|---|---|
| A 太薄了 | B 颜色不好看 | A 너무 얇다 | B 색깔이 안 예쁘다 |
| **C 质量不错** | D 很便宜 | **C 품질이 좋다** | D 매우 저렴하다 |

해설　보기는 모두 상태를 나타내며 키워드는 薄(얇다), 颜色(색깔), 质量(품질), 便宜(저렴하다)이다. 녹음에서 스웨터 품질이 어떤지 모르겠다는 여자의 말에 남자가 我们店里的所有的衣服, 都是有质量保证的(우리 가게의 모든 옷은 품질 보증이 있어요)라고 했으므로 그 스웨터에 관해 알 수 있는 내용은 C 质量不错(품질이 좋다)이다.

어휘　薄 báo 형 얇다　颜色 yánsè 명 색깔　好看 hǎokàn 형 보기 좋다　质量 zhìliàng 명 품질　不错 búcuò 형 괜찮다　便宜 piányi 형 싸다　件 jiàn 양 벌(옷을 세는 양사)　毛衣 máoyī 명 스웨터　穿 chuān 동 입다　挺……的 tǐng……de 아주 ~하다　暖和 nuǎnhuo 형 따뜻하다　知道 zhīdào 동 알다　完全 wánquán 부 완전히　放心 fàngxīn 동 마음을 놓다　店 diàn 명 상점　所有 suǒyǒu 형 모든　衣服 yīfu 명 옷　保证 bǎozhèng 동 보장하다　块 kuài 양 위안(중국 화폐 단위)

**30**

男：你有时间的话，我们一起去打网球，怎么样？
女：好啊，星期天怎么样？
男：可以，那我们下午三点在学校体育馆见吧。
女：好的。

问：他们周末打算做什么？

남: 너 시간 있으면 우리 같이 테니스 치러 가는 거 어때?
여: 좋아. 일요일 어때?
남: 괜찮아. 그럼 우리 오후 3시에 학교 체육관에서 만나자.
여: 알겠어.

질문: 그들은 주말에 무엇을 할 계획인가?

| A 打网球 | B 看电影 | | A 테니스를 치다 | B 영화를 보다 |
|---|---|---|---|---|
| C 逛街 | D 买电脑 | | C 쇼핑하다 | D 컴퓨터를 사다 |

**해설** 보기는 모두 행동을 나타내는 어휘이다. 녹음에서 남자가 我们一起去打网球，怎么样?(우리 테니스 같이 테니스 치러 가는 거 어때?)이라고 했고 이에 여자는 好啊，星期天怎么样?(좋아, 일요일 어때?)라고 했으므로 이들이 주말에 할 일은 A 打网球(테니스를 치다)이다.

**어휘** 打 dǎ 통 치다　网球 wǎngqiú 명 테니스　电影 diànyǐng 명 영화　逛街 guàngjiē 통 쇼핑하다　电脑 diànnǎo 명 컴퓨터　时间 shíjiān 명 시간　一起 yìqǐ 부 같이　星期天 xīngqītiān 명 일요일　下午 xiàwǔ 명 오후　学校 xuéxiào 명 학교　体育馆 tǐyùguǎn 명 체육관　周末 zhōumò 명 주말

**31**

女：老公，你要去超市吗？
男：嗯。有事吗？
女：那你买点儿西红柿回来吧。晚上做个汤吃。
男：好的。

问：女的让男的买什么？

여: 여보, 슈퍼마켓에 갈 거예요?
남: 응. 무슨 일 있어요?
여: 그럼 토마토 좀 사다 주세요. 저녁에 국 끓이려고요.
남: 알겠어요.

질문: 여자는 남자에게 무엇을 사오라고 했는가?

| A 啤酒 | B 牛奶 | | A 맥주 | B 우유 |
|---|---|---|---|---|
| C 西红柿 | D 鸡蛋 | | C 토마토 | D 계란 |

**해설** 보기는 모두 음식을 나타내는 어휘들이다. 녹음에서 여자는 남자에게 슈퍼마켓에 가느냐고 물었고 이어 那你买点儿西红柿回来吧(그럼 토마토 좀 사다 줘요)라고 말했으므로 여자가 남자에게 사라고 시킨 것은 C 西红柿(토마토)이다.

**어휘** 啤酒 píjiǔ 명 맥주　牛奶 niúnǎi 명 우유　西红柿 xīhóngshì 명 토마토　鸡蛋 jīdàn 명 계란　老公 lǎogōng 명 남편　超市 chāoshì 명 슈퍼마켓　晚上 wǎnshang 명 저녁　做 zuò 통 하다　汤 tāng 명 국

**32**

男：明天我要早点儿去机场，不吃早饭了。
女：要不要带包饼干？
男：不用了，飞机上免费提供早餐。
女：那就好。

问：男的明天早上要去哪儿？

남: 내일 저 일찍 공항에 가야 해서 아침 안 먹을 거예요.
여: 과자 좀 가져갈래?
남: 괜찮아요. 비행기에서 무료로 아침을 주거든요.
여: 그럼 잘됐다.

질문: 남자는 내일 아침 어디에 가려고 하는가?

| A 机场 | B 公司 | | A 공항 | B 회사 |
|---|---|---|---|---|
| C 大使馆 | D 酒店 | | C 대사관 | D 호텔 |

**해설** 보기는 모두 장소를 나타낸다. 녹음의 시작 부분에서 남자는 明天我要早点儿去机场(내일 저 일찍 공항에 가야 해요)라고 했으므로 남자가 내일 아침에 가려고 하는 곳은 A 机场(공항)이다.

어휘 机场 jīchǎng 몡 공항   公司 gōngsī 몡 회사   大使馆 dàshǐguǎn 몡 대사관   酒店 jiǔdiàn 몡 호텔   明天 míngtiān 몡 내일   早 zǎo 혱 이르다   早饭 zǎofàn 몡 아침밥   带 dài 통 가져가다   包 bāo 양 봉지   饼干 bǐnggān 몡 과자   不用了 búyòngle 괜찮아요   飞机 fēijī 몡 비행기   免费 miǎnfèi 통 무료로 하다   提供 tígōng 통 제공하다   早餐 zǎocān 몡 조식

**33**

女：这周六同学聚会，你能参加吗？

男：当然了。你联系得怎么样了？说几个人能来？

女：大概20个人。

男：是嘛，毕业都快十年了，真想大家啊。

问：他们最可能是什么关系？

여: 이번 주 토요일 동창회에 너 참석할 수 있어?

남: 당연하지. 연락은 어떻게 됐어? 몇 명 올 수 있대?

여: 20명 정도.

남: 그래? 졸업한지 벌써 10년이 되어간다. 다들 진짜 보고 싶다.

질문: 그들은 어떤 관계인가?

| A 哥哥和弟弟 | B 邻居 |
|---|---|
| C 师生 | **D 同学** |

| A 형과 남동생 | B 이웃 |
|---|---|
| C 사제 | **D 동창** |

해설 보기의 어휘는 모두 신분을 나타낸다. 녹음에서 여자가 남자에게 这周六同学聚会, 你能参加吗?(이번 주 토요일 동창 모임에 참석할 수 있어?)라고 했으므로 이들의 관계가 동창 관계임을 알 수 있다. 따라서 정답은 D 同学(동창)이다.

어휘 哥哥 gēge 몡 형, 오빠   弟弟 dìdi 몡 남동생   邻居 línjū 몡 이웃   师生 shīshēng 몡 사제   同学 tóngxué 몡 동창   周六 zhōuliù 토요일   聚会 jùhuì 몡 모임   参加 cānjiā 통 참가하다   当然 dāngrán 혱 당연하다   联系 liánxì 통 연락하다   大概 dàgài 대략   毕业 bìyè 통 졸업하다   快……了 kuài……le 곧 ~하다   关系 guānxi 몡 관계

**34**

男：刚才你打招呼的那个女孩儿是谁？

女：小夏呀，我们部门新来的职员。你以前见过一次。

男：我想起来了，是她呀。

女：下次有机会介绍你们认识一下。

问：他们在说谁？

남: 방금 네가 인사한 그 여자는 누구야?

여: 샤오샤라고 해. 우리 부서에 새로 온 직원이야. 너 예전에 한 번 본 적 있어.

남: 생각났다. 그 사람이구나.

여: 다음에 기회 있으면 너희에게 소개시켜 줄게.

질문: 그들은 누구에 대해 이야기 하고 있는가?

| A 马经理 | **B 新来的职员** |
|---|---|
| C 王医生 | D 李老师 |

| A 마 사장님 | **B 새로 온 직원** |
|---|---|
| C 왕 의사 선생님 | D 이 선생님 |

해설 보기가 모두 신분을 나타낸다. 녹음에서 남자는 여자에게 방금 인사한 여자가 누구냐고 물었고 이에 여자는 我们部门新来的职员(우리 부서에 새로 온 직원)이라고 대답했으므로 이들이 이야기 하고 있는 대상은 B 新来的职员(새로 온 직원)이다.

어휘 经理 jīnglǐ 몡 사장   新来 xīnlái 통 새로 오다   职员 zhíyuán 몡 직원   医生 yīshēng 몡 의사   老师 lǎoshī 몡 선생님   刚才 gāngcái 뷔 방금   打招呼 dǎzhāohu 통 인사하다   女孩儿 nǚháir 몡 여자아이   部门 bùmén 몡 부서   以前 yǐqián 몡 예전   次 cì 양 회, 번   下次 xiàcì 몡 다음 번   机会 jīhuì 몡 기회   介绍 jièshào 통 소개하다   认识 rènshi 통 알다

**35**

女：我猜照片中间那个男孩是你，对不对？

男：不对，他是我哥哥。

女：你们俩长得真像啊。

男：是的，大家都这么说。

问：关于男的下列哪个正确？

여: 이 사진 가운데 있는 남자아이가 너 맞지?

남: 아니야. 그는 우리 형이야.

여: 너희 둘 정말 닮았다.

남: 맞아. 다들 그렇게 말해.

질문: 남자에 관하여 옳은 내용은?

| **A 长得像哥哥** | B 个子不高 |
|---|---|
| C 是美国人 | D 脾气很好 |

| **A 형을 닮았다** | B 키가 크지 않다 |
|---|---|
| C 미국인이다 | D 성격이 좋다 |

**해설** 보기의 어휘는 모두 상태를 나타내고 키워드는 像哥哥(형을 닮다), 个子(키), 美国人(미국인), 脾气(성격)이다. 녹음에서 여자와 남자는 사진 속 남자에 대해 이야기를 나누었고 여자가 남자에게 你们俩长真像啊(둘이 정말 똑같아요)라고 했으므로 남자와 그의 형이 매우 닮았음을 알 수 있다. 따라서 정답은 A 长得像哥哥(형을 닮았다)이다.

**어휘** 长 zhǎng 图 생기다  像 xiàng 图 닮다  哥哥 gēge 圀 오빠, 형  个子 gèzi 圀 키  高 gāo 圀 크다  美国人 měiguórén 圀 미국인  脾气 píqi 圀 성격  猜 cāi 图 추측하다  照片 zhàopiàn 圀 사진  男孩 nánhái 남자아이  对 duì 圀 맞다  俩 liǎ 囵 두 개, 두 사람

## 36-37

像牛仔裤那样深颜色的衣服，36第一次洗的时候会掉颜色，其实有简单的方法，可以解决这个问题。比如，在水里加点儿盐，37用盐水来洗新衣服。这样洗的次数再多也不容易掉颜色。

청바지같이 짙은 색의 옷은 36처음 빨 때 색이 빠질 수 있다. 사실 간단한 방법으로 이 문제를 해결할 수 있다. 예를 들어, 물에 소금을 조금 넣어 37소금물로 새옷을 빨면 된다. 이렇게 하면 아무리 많이 세탁을 해도 쉽게 색이 빠지지 않는다.

**어휘** 像 xiàng 图 ~와 같다  牛仔裤 niúzǎikù 圀 청바지  深 shēn 圀 짙다  颜色 yánsè 圀 색  衣服 yīfu 圀 옷  第一次 dìyīcì 圀 맨 처음으로  洗 xǐ 图 씻다  的时候 deshíhou ~할 때  掉 diào 图 빠지다  颜色 yánsè 圀 색깔  其实 qíshí 圀 사실은  简单 jiǎndān 圀 간단하다  用 yòng 图 사용하다  方法 fāngfǎ 圀 방법  解决 jiějué 图 해결하다  问题 wèntí 圀 문제  比如 bǐrú 囵 예를 들어  水 shuǐ 圀 물  加 jiā 图 더하다  盐 yán 圀 소금  盐水 yánshuǐ 圀 염수  新 xīn 圀 새것이다  次数 cìshù 圀 횟수  容易 róngyì 圀 쉽다

## 36

| 牛仔裤洗了会怎么样？ | | 청바지는 빨면 어떻게 될 수 있는가? | |
|---|---|---|---|
| A 变薄 | **B 掉颜色** | A 얇아진다 | **B 색이 빠진다** |
| C 穿着更舒服 | D 变小 | C 입기 편하다 | D 작아진다 |

**해설** 보기가 모두 옷에 관한 어휘들이다. 녹음의 시작 부분에서 청바지 같은 짙은 색의 의류는 第一次洗的时候会掉颜色(처음 빨 때 색이 빠질 수 있다)라고 언급했으므로 키워드가 등장한 보기 B에 메모한다. 질문이 청바지를 빨면 어떻게 되는가이므로 알맞은 정답은 B 掉颜色(색이 빠진다)이다.

**어휘** 变 biàn 图 변하다  薄 báo 圀 얇다  穿 chuān 图 입다  更 gèng 囵 더욱  舒服 shūfu 圀 편안하다

## 37

| 怎样解决这个问题？ | | 어떻게 이 문제를 해결할 수 있는가? | |
|---|---|---|---|
| A 多挂会儿 | B 用洗衣机 | A 많이 걸어둔다 | B 세탁기를 사용한다 |
| C 再买一条 | **D 用盐水洗** | C 한 벌 다시 산다 | **D 소금물로 세탁한다** |

**해설** 보기의 어휘는 행동을 나타내며 키워드는 挂(걸다), 洗衣机(세탁기), 再买(다시 사다), 盐水(소금물)이다. 녹음에서 用盐水来洗新衣服。这样洗的次数再多也不容易掉颜色(소금물로 새 옷을 빨고 이렇게 자주 빨면 다시는 색이 빠지지 않는다)라고 했으므로 문제를 해결할 수 있는 방법은 D 用盐水洗(소금물로 세탁한다)이다.

**어휘** 挂 guà 图 걸다  洗衣机 xǐyījī 圀 세탁기  条 tiáo 囵 벌(옷, 하의를 세는 양사)

## 38-39

38上次的讨论活动办得很不错。讨论的问题很吸引人，大家都很感兴趣。尤其是李老师讲的那个小故事，让讨论变得更热闹了。39我想，下次也请李老师讲故事，怎么样？大家应该很喜欢的。

38지난번 토론 활동이 아주 좋았어. 토론한 문제도 사람들을 매료시켜서 모두들 흥미를 가졌어. 특히 이 선생님께서 이야기하신 그 이야기는 토론회를 더 열띠게 했어. 39내 생각에 다음에도 이 선생님께 이야기를 해 달라고 부탁하는 게 어떨까? 모두들 좋아할 거야.

실전모의고사 1 | 89

**어휘** 上次 shàngcì 지난번　讨论 tǎolùn 명 토론　活动 huódòng 명 행사, 활동　办 bàn 동 처리하다　不错 búcuò 형 괜찮다
问题 wèntí 명 문제　吸引 xīyǐn 동 끌어당기다　感兴趣 gǎnxìngqù 흥미를 느끼다　尤其 yóuqí 부 특히　老师 lǎoshī 명
선생님　讲 jiǎng 동 이야기하다　故事 gùshi 명 이야기　让 ràng 동 ~하라고 시키다　变 biàn 동 변하다　更 gèng 부 더욱
热闹 rènao 형 시끌벅적하다　这次 zhècì 대 이번　请 qǐng 동 부탁하다

**38**

| 说话人认为，上次活动怎么样？ | | 화자 생각에 지난번 활동은 어땠는가? | |
|---|---|---|---|
| A 不太好 | B 很无聊 | A 좋지 않다 | B 재미없다 |
| **C 很不错** | D 很浪漫 | **C 매우 좋다** | D 낭만적이다 |

**해설** 보기의 어휘는 모두 형용사로 이루어져 있으므로 관련 어휘가 언급되었는지 주의해서 듣는다. 녹음에서 上次的讨论活动办得很
不错(지난번 토론 활동 정말 좋았어)라고 했으므로 키워드가 언급된 보기 C에 메모한다. 질문에서 말하는 사람이 지난번 활동을
어떻게 생각하는지 물었으므로 정답은 C 很不错(매우 좋다)이다.

**어휘** 无聊 wúliáo 형 재미없다　浪漫 làngmàn 형 낭만적이다

**39**

| 说话人打算让谁来讲故事？ | | 화자는 누구에게 이야기를 해 달라고 하려고 하는가? | |
|---|---|---|---|
| **A 李老师** | B 王大夫 | **A 이 선생님** | B 왕 의사 선생님 |
| C 孙阿姨 | D 总经理 | C 손 아주머니 | D 사장님 |

**해설** 보기는 모두 신분을 나타내는 어휘들이다. 녹음에서 我想, 下次也请李老师讲故事, 怎么样？(내 생각에 다음에도 이 선생님
께 이야기들 해 달라고 하는 게 어떨까?)이라고 했으므로 화자가 이야기를 청하고 싶은 대상은 A 李老师(이 선생님)이다.

**어휘** 大夫 dàifu 명 의사　阿姨 āyí 명 아주머니　总经理 zǒngjīnglǐ 명 최고 책임자

## 40-41

| 40父母都希望自己的孩子诚实、勇敢、有礼貌。要想让孩子成为这样的人，41父母首先得从自己做起，要是连自己都做不到，别要求孩子做到。 | 40부모는 모두 자신의 아이가 성실하고, 용감하고, 예의가 있기를 바란다. 아이가 이러한 사람이 되게 하고 싶다면, 41부모는 우선 자신이 먼저 하기 시작해야 한다. 만일 자신도 할 수 없는 일이라면 아이에게 하라고 요구하지 말아라. |
|---|---|

**어휘** 父母 fùmǔ 명 부모　希望 xīwàng 동 희망하다　自己 zìjǐ 대 자신　孩子 háizi 명 아이　诚实 chéngshí 형 성실하다　勇敢
yǒnggǎn 형 용감하다　礼貌 lǐmào 명 예의　让 ràng 동 ~하라고 시키다　成为 chéngwéi 동 ~으로 되다　首先 shǒuxiān 명
먼저　从……起 cóng……qǐ ~부터 시작하다　要是 yàoshi 접 만약　连 lián 개 ~조차도　做不到 zuòbudào 할 수 없다　别
bié 부 ~하지 마라　要求 yāoqiú 동 요구하다

**40**

| 父母希望自己的孩子怎么样？ | | 부모는 자신의 아이가 어떻기를 바라는가? | |
|---|---|---|---|
| A 孤单 | **B 诚实** | A 외롭다 | **B 성실하다** |
| C 激动 | D 马虎 | C 감격하다 | D 대충대충하다 |

**해설** 보기의 어휘는 모두 사람의 상태와 태도를 나타낸다. 녹음의 시작 부분에서 父母都希望自己的孩子诚实、勇敢、有礼貌(부모
는 모두 자신의 아이가 성실하고 용감하며 예의가 있기를 바란다)라고 했으므로 키워드가 언급된 보기 B에 메모한다. 질문이 부모
가 아이에게 바라는 것이므로 정답은 B 诚实(성실하다)이다.

**어휘** 孤单 gūdān 형 외롭다　诚实 chéngshí 형 성실하다　激动 jīdòng 동 감격하다　马虎 mǎhu 형 대충대충하다

**41**

| 教育孩子时，父母应该怎样做？ | 아이를 교육할 때 부모는 마땅히 어떻게 해야 하는가? |
|---|---|

| A 自己先做好 | A 스스로 먼저 잘한다 |
| B 让孩子努力学习 | B 아이를 열심히 공부하게 한다 |
| C 降低标准 | C 기준을 낮춘다 |
| D 表示感谢 | D 감사를 표한다 |

**해설** 보기는 모두 행동을 나타내는 어휘들이며 키워드는 先做好(먼저 잘하다), 努力学习(열심히 공부하다), 标准(기준), 感谢(감사하다)이다. 녹음에서 아이가 그런 사람이 되길 바란다면 父母首先得从自己做起(부모가 먼저 스스로부터 해야 한다)라고 했으므로 아이를 교육할 때 부모가 해야 할 것은 A 自己先做好(스스로 먼저 잘한다)이다.

**어휘** 教育 jiàoyù 몡 교육　先 xiān 閂 먼저　努力 nǔlì 동 노력하다　学习 xuéxí 동 공부하다　降低 jiàngdī 동 낮추다　标准 biāozhǔn 몡 기준　表示 biǎoshì 동 나타내다　感谢 gǎnxiè 동 감사하다

## 42-43

| 　　明天检查身体，请注意一下几个方面：首先，体检前12个小时内不吃食物就可以，不用现在开始禁食。今天晚饭可以吃一些，但别吃太辣太咸的，42酒千万不要喝。然后，43明天早上别吃饭，也不能喝一口水。那么，我们明天早上八点准时在诊疗室门口集合。 | 　　내일 신체검사는 다음의 몇 가지를 주의해 주십시오. 먼저 검사 전 12시간 내에 음식을 먹지 않으면 되며 지금부터 금식할 필요는 없습니다. 오늘 저녁을 조금 드셔도 되지만, 너무 맵거나 짠 것은 드시지 마시고, 42술은 절대 드시면 안 됩니다. 그리고 43내일 아침에 식사하지 마시고, 물도 드시지 마십시오. 그럼 내일 아침 8시에 시간 맞춰 진료실 입구에서 모이겠습니다. |

**어휘** 明天 míngtiān 몡 내일　检查 jiǎnchá 동 검사하다　身体 shēntǐ 몡 신체　请 qǐng 동 ~해 주세요　注意 zhùyì 동 주의하다　方面 fāngmiàn 몡 분야, 방면　首先 shǒuxiān 몡 우선　体检 tǐjiǎn 몡 신체검사　小时 xiǎoshí 몡 시간　食物 shíwù 몡 음식물　不用 búyòng 동 ~할 필요가 없다　现在 xiànzài 몡 지금　禁食 jìnshí 동 금식(하다)　今天 jīntiān 몡 오늘　晚饭 wǎnfàn 몡 저녁밥　但 dàn 접 그러나　别 bié 閂 ~ 하지 마라　辣 là 혱 맵다　咸 xián 혱 짜다　酒 jiǔ 몡 술　千万 qiānwàn 閂 제발, 절대로　然后 ránhòu 접 그리고 나서　明天 míngtiān 몡 내일　早上 zǎoshang 몡 아침　点 diǎn 양 시　准时 zhǔnshí 閂 제때에　诊疗室 zhěnliáoshì 몡 진료실　门口 ménkǒu 몡 입구　集合 jíhé 동 집합하다

**42** | 体检前一天晚上要注意什么？ | 신체검사 하루 전날 밤에 무엇에 주의해야 하는가？ |

| A 不能工作 | A 일을 하면 안 된다 |
| **B 不能喝酒** | **B 술을 마시면 안 된다** |
| C 不能逛街 | C 쇼핑을 하면 안 된다 |
| D 吃饭后要运动 | D 밥을 먹은 후 운동을 해야 한다 |

**해설** 보기에 공통적으로 不能(~해서는 안 된다)과 要(~해야 한다)가 있으므로 하지 말아야 것에 주의해서 듣는다. 키워드는 工作(일하다), 喝酒(술을 마시다), 逛街(아이쇼핑하다), 运动(운동하다)이다. 녹음에서 신체검사에 주의할 점을 설명하면서 酒千万不要喝(술은 절대로 마시면 안 된다)라고 했으므로 키워드가 언급된 B에 메모한다. 질문이 신체검사 하루 전날 밤에 주의할 점이 무엇인가이므로 정답은 B 不能喝酒(술을 마시면 안 된다)이다.

**어휘** 工作 gōngzuò 동 일하다　逛街 guàngjiē 동 쇼핑하다　运动 yùndòng 동 운동하다

**43** | 关于体检当天下列哪个正确？ | 신체검사 당일에 관하여 다음 중 옳은 것은？ |

| A 多休息 | A 많이 쉬어라 |
| B 要穿薄点儿 | B 얇게 입어야 한다 |
| **C 别喝水** | **C 물을 마시지 말라** |
| D 不能开车 | D 운전을 하면 안 된다 |

보기는 모두 행동을 나타내며 키워드는 休息(쉬다), 穿薄点儿(얇게 입다), 喝水(물을 마시다), 开车(운전하다)이다. 녹음에서 明天早上别吃饭, 也不能喝一口水(내일 아침에 식사하지 마시고 물 한 모금도 마시면 안 됩니다)라고 했으므로 보기 C에 메모한다. 질문이 신체검사 당일에 대한 내용으로 옳은 것이 무엇인가이므로 정답은 C 别喝水(물을 마시지 말라)이다.

**어휘** 当天 dàngtiān 몡 당일　休息 xiūxi 동 휴식하다　穿 chuān 동 입다　薄 báo 형 얇다　开车 kāichē 동 운전하다

### 44-45

|  |  |
|---|---|
| 有一天, 母亲对女儿说: "44选丈夫要考虑清楚, 千万别只看好的一面。45你看你爸, 什么都会修。电视、冰箱, 连汽车坏了, 他都能修。"女儿回答道: "我明白了, 妈。""你明白什么呀? 如果你找个像你爸这样的对象, 你以后想也不能用上新东西了。" | 어느 날, 엄마가 딸에게 말했다. "44남편을 고르는 것은 잘 생각해야 하고, 좋은 부분만 보면 절대 안돼. 45너희 아빠를 봐라, 뭐든 다 고칠 수 있잖니. 텔레비전, 냉장고, 심지어 자동차가 망가져도 아빠는 고칠 수 있어."딸이 대답했다. "알겠어요. 엄마.""넌 뭘 알았다는 거니? 만일 너희 아빠 같은 남편을 만나면, 넌 다시는 새 물건을 쓰고 싶어도 못 써." |

**어휘** 有一天 yǒuyìtiān 어느 날　母亲 mǔqīn 몡 어머니　对 duì 게 ~에게　女儿 nǚ'ér 몡 딸　选 xuǎn 동 선택하다　丈夫 zhàngfu 몡 남편　考虑 kǎolǜ 동 고려하다　清楚 qīngchu 형 분명하다　修 xiū 동 수리하다　电视 diànshì 몡 텔레비전　冰箱 bīngxiāng 몡 냉장고　连 lián 게 ~조차도　汽车 qìchē 몡 자동차　坏 huài 형 망가지다　回答 huídá 동 대답하다　道 dào 동 말하다　明白 míngbái 동 이해하다　如果 rúguǒ 젭 만약　找 zhǎo 동 찾다　像 xiàng 동 비슷하다　对象 duìxiàng 몡 (연애·결혼의) 상대　以后 yǐhòu 몡 이후　用 yòng 동 사용하다　新 xīn 형 새롭다　东西 dōngxi 몡 물건

### 44

| 她们在谈什么? | 그들은 지금 무엇에 대해 이야기하고 있는가? |
|---|---|
| A 选择丈夫 | A 남편 선택하기 |
| B 买衣服 | B 옷 사기 |
| C 怎样会挣钱 | C 돈을 어떻게 벌 것인가 |
| D 女儿的烦恼 | D 딸의 고민 |

**해설** 보기의 키워드는 丈夫(남편), 衣服(옷), 挣钱(돈을 벌다), 烦恼(고민)이다. 녹음의 시작 부분에서 엄마가 딸에게 选丈夫要考虑清楚(남편을 선택할 때 제대로 생각해야 해)라고 했으므로 키워드가 언급된 A에 메모한다. 질문이 그들이 무엇을 이야기 하고 있는가이므로 정답은 A 选择丈夫(남편 선택하기)이다.

**어휘** 选择 xuǎnzé 동 선택하다　衣服 yīfu 몡 옷　挣钱 zhèngqián 동 돈을 벌다　烦恼 fánnǎo 몡 고민

### 45

| 关于爸爸, 可以知道什么? | 아빠에 관하여 알 수 있는 것은? |
|---|---|
| A 爱开玩笑 | A 농담하기를 좋아한다 |
| B 喜欢喝酒 | B 술 마시는 걸 좋아한다 |
| C 十分幽默 | C 매우 유머러스하다 |
| D 很会修东西 | D 물건을 잘 고친다 |

**해설** 보기의 키워드는 开玩笑(농담하다), 喝酒(술 마시다), 幽默(유머러스하다), 修东西(물건을 고치다)이다. 녹음에서 你看你爸, 什么都会修。电视、冰箱, 连汽车坏了, 他都能修(네 아빠를 봐라, 뭐든지 고칠 수 있어. TV, 냉장고, 자동차가 고장나면 그가 다 고쳐)라고 했으므로 보기 D에 메모한다. 질문이 아빠에 관해 알 수 있는 내용이므로 정답은 D 很会修东西(물건을 잘 고친다)이다.

**어휘** 开玩笑 kāiwánxiào 동 농담하다　酒 jiǔ 몡 술　幽默 yōumò 형 유머러스하다

**46-50**

| A 粗心 | B 热闹 | C 讨论 | A 덤벙거리다 | B 시끌벅적하다 | C 토론하다 |
|---|---|---|---|---|---|
| D 坚持 | E 世纪 | F 遍 | D 지속하다 | E 세기 | F 번, 회 |

**어휘** 粗心 cūxīn 〔형〕 덤벙거리다   热闹 rènao 〔형〕 시끌벅적하다   讨论 tǎolùn 〔동〕 토론하다   坚持 jiānchí 〔동〕 지속하다   世纪 shìjì 〔명〕 세기   遍 biàn 〔양〕 번, 차례

**46** 大家都看看桌子上的材料，两点十分我们就开始（ C 讨论 ）。

모두들 책상 위의 자료를 봐 주십시오. 2시 10분에 ( C 토론 )을 시작하겠습니다

**해설** 빈칸 앞에 동사가 있으므로 빈칸에는 목적어가 와야 한다. 开始(시작하다)는 동사 목적어를 가지므로 빈칸은 동사 자리이다. 보기 중 동사는 讨论(토론하다) 뿐이며 의미상 材料(자료)와도 어울리는 단어 C 讨论(토론하다)을 넣는다.

**어휘** 桌子 zhuōzi 〔명〕 책상   材料 cáiliào 〔명〕 자료   开始 kāishǐ 〔동〕 시작하다

**47** 这本小说非常有趣，我已经看了几（ F 遍 ），你有时间看看吧。

이 소설은 너무 재미있어서 나는 이미 몇 ( F 번 )을 봤어. 너도 시간 있으면 봐 봐.

**해설** 빈칸 앞에 의문대사 几가 있으므로 빈칸에는 양사가 와야 한다. 보기 중에 양사는 遍(번) 뿐이다. 문장이 '소설책이 너무 재미있어서 이미 몇 ~이나 보았다'는 의미이므로 횟수를 나타내는 양사 F 遍(번)을 넣는다.

**어휘** 本 běn 〔양〕 권(책을 세는 양사)   小说 xiǎoshuō 〔명〕 소설   有趣 yǒuqù 〔형〕 재미있다   已经 yǐjīng 〔부〕 이미   时间 shíjiān 〔명〕 시간

**48** 这座桥是1930年修的，到现在都快一个（ E 世纪 ）了。

이 다리는 1930년에 지어진 것으로 이제 곧 1( E 세기 )가 다 되어간다.

**해설** 빈칸 앞에 '수사+양사'인 一个(한 개)가 있으므로 빈칸에는 명사가 와야 한다. 보기 중에 명사는 世纪(세기) 뿐이다. 문장이 '이제 곧 ~가 되어간다'는 내용이므로 E 世纪(세기)를 넣는다.

**어휘** 座 zuò 〔양〕 건물, 교량 등을 세는 단위   桥 qiáo 〔명〕 다리   年 nián 〔명〕 해, 년   修 xiū 〔동〕 건축하다   现在 xiànzài 〔명〕 지금   快……了 kuài……le 곧 ~하다

**49** 你又把钥匙丢了？你太（ A 粗心 ）了，总是丢三落四的。

너 또 열쇠 잃어버렸어？ 너무 ( A 덤벙거리는구나 ). 항상 이것저것 잘 잃어버리네.

**해설** 빈칸의 앞뒤는 '太……了(너무 ~하다)' 구조이므로 빈칸에는 형용사를 넣어야 한다. 보기 중 형용사는 粗心(덜렁대다)과 热闹(시끌벅적하다)인데, 사람을 묘사하는 어휘로 알맞은 것은 A 粗心(덜렁대다)이다.

**어휘** 又 yòu 〔부〕 또   把 bǎ 〔개〕 ~을/를   钥匙 yàoshi 〔명〕 열쇠   丢 diū 〔동〕 잃어버리다   总是 zǒngshì 〔부〕 항상   丢三落四 diūsānlàsì 〔성〕 이것저것 잘 잃어버리다

**50** 有没有别的房子? 我觉得这里有点儿（ B 热闹 ），我比较喜欢安静的地方。

다른 집은 없나요? 여긴 좀 ( B 시끌벅적한 ) 것 같아요. 저는 조용한 곳을 비교적 좋아하거든요.

**해설** 빈칸 앞에 정도를 나타내는 부사 有点儿(약간)이 있으므로 빈칸에는 형용사가 와야 한다. 보기 중에 형용사는 粗心(덜렁대다)과 热闹(시끌벅적하다)이다. 문장의 주어가 这里(이곳) 장소이므로 적합한 어휘는 B 热闹(시끌벅적하다)이다.

**어휘** 别的 biéde 때 다른 것　房子 fángzi 몡 집　觉得 juéde 통 ~라고 생각하다　比较 bǐjiào 뷔 비교적　安静 ānjìng 혱 조용하다　地方 dìfang 몡 장소

## 51-55

| A 刚 | B 乱 | C 温度 | A 바로, 막 | B 어지럽다 | C 온도 |
|------|------|--------|-----------|-----------|--------|
| D 效果 | E 严格 | F 毕业 | D 효과 | E 엄격하다 | F 졸업하다 |

**어휘** 刚 gāng 뷔 방금　乱 luàn 혱 어지럽다　温度 wēndù 몡 온도　效果 xiàoguǒ 몡 효과　严格 yángé 혱 엄격하다　毕业 bìyè 통 졸업하다

**51** A：你们班新来的汉语老师怎么样?
B：他对学生的要求非常（ E 严格 ）。

A: 너희 반에 새로 오신 중국어 선생님 어때?
B: 그분은 학생에 대한 요구가 매우 ( E 엄격하셔 ).

**해설** 빈칸 앞에 정도부사 非常(매우)이 있으므로 빈칸에는 형용사가 와야 한다. 보기 중에 형용사는 乱(어지럽다)과 严格(엄격하다)이다. 문장이 '선생님의 학생에 대한 요구가 매우 어떠하다'라는 뜻이므로 사람을 묘사하는 어휘로 적합한 것은 E 严格(엄격하다)이다.

**어휘** 班 bān 몡 반　汉语 Hànyǔ 몡 중국어　老师 lǎoshī 몡 선생님　对 duì 깨 ~에 대하여　学生 xuésheng 몡 학생　要求 yāoqiú 몡 요구

**52** A：喂，马医生在吗?
B：他（ A 刚 ）出去了，他说一个小时后回来。

A: 여보세요, 마 의사 선생님 계신가요?
B: ( A 방금 ) 나가셨어요. 1시간 뒤에 돌아온다고 하셨어요.

**해설** 빈칸 뒤에 동사 出去가 있으므로 빈칸에는 부사어가 와야 한다. 제시어 중 부사어가 될 수 있는 어휘는 부사 刚(방금)인데, 문장이 '그는 ~하게 나갔다'를 나타내므로 A 刚(방금)이 적합하다.

**어휘** 喂 wéi 깹탄 여보세요　医生 yīshēng 몡 의사　一个小时 yí ge xiǎoshí 1시간

**53** A：你马上就要（ F 毕业 ）了吧? 以后有什么计划?
B：我想出国读博士，在准备考试呢。

A: 너 곧 ( F 졸업 )이지? 졸업한 뒤에 어떤 계획이 있어?
B: 나 외국에 가서 박사과정 공부하려고 시험 준비 중이야.

**해설** 빈칸 앞에는 부사어 就要(곧 ~하려고 하다)가 있고 뒤에는 어기조사 了가 있으므로 빈칸은 술어 자리이며 보기 중 술어가 될 수 있는 어휘는 형용사 乱(어지럽히다), 형용사 严格(엄격하다), 동사 毕业(졸업하다)이다. 문장이 '너 곧 ~한다면서? 나중에 무슨 계획이 있어?'이므로 가장 적합한 어휘는 F 毕业(졸업하다)이다.

실전모의고사 1

**어휘** 马上 mǎshàng 📗 바로　就要……了 jiùyào……le 곧 ~하다　以后 yǐhòu 📗 이후　计划 jìhuà 📗 계획　出国 chūguó 📗 출국하다　读 dú 📗 학교에 가다　博士 bóshì 📗 박사　准备 zhǔnbèi 📗 준비하다　考试 kǎoshì 📗 시험

**54**
A：看起来你比以前瘦了很多，你在减肥吗？
B：是吗？我每天早上跑步，虽然很辛苦，但是（ D 效果 ）不错。

A: 너 예전보다 많이 말라 보인다. 다이어트 중이야?
B: 그래? 나 매일 아침에 달리기 하거든. 비록 너무 힘들지만 ( D 효과 )는 좋아.

**해설** 빈칸 앞에는 접속사 但是(그러나)가 있고 뒤에는 형용사 不错(좋다)가 있으므로 빈칸은 주어 자리이다. 보기 중 명사 效果(효과)가 문장의 술어와 의미가 어울리므로 정답은 D 效果(효과)이다.

**어휘** 看起来 kànqǐlái 보아하니, 보기에　比 bǐ 📗 ~보다　以前 yǐqián 📗 예전　瘦 shòu 📗 마르다　减肥 jiǎnféi 📗 다이어트하다　每天 měitiān 📗 매일　早上 zǎoshang 📗 아침　跑步 pǎobù 📗 달리다　虽然……, 但是…… suīrán……, dànshì…… 📗 비록 ~할지라도, 그러나 ~하다　辛苦 xīnkǔ 📗 고생스럽다　不错 búcuò 📗 괜찮다

**55**
A：房间太（ B 乱 ）了，你快把房间打扫一下。
B：知道了，妈。

A: 방이 너무 ( B 지저분하다 ). 빨리 방 청소 좀 해라.
B: 알겠어요. 엄마.

**해설** 빈칸의 앞뒤는 '太……了(너무 ~하다)' 구조이므로 빈칸에는 형용사를 넣어야 한다. 문장의 주어가 房间(방)이므로 의미가 어울리는 형용사는 B 乱(어지럽다)이다.

**어휘** 房间 fángjiān 📗 방　快 kuài 📗 빠르다　把 bǎ 📗 ~을/를　打扫 dǎsǎo 📗 청소하다　知道 zhīdào 📗 알다　妈 mā 📗 엄마

## 독해  제2부분

**56**
A 我通过护士考试了 → 주어가 있다.
B 以后就是一名正式的护士了 → 뒷절에 쓰이는 시간명사 以后가 있다.
C 妈妈，告诉你一个好消息 → 호칭이 있다.

**해설** 먼저 눈에 띄는 단서를 보면 B의 시간명사 以后(이후)는 보통 뒷절에 쓰이므로 B는 서두에 놓지 않는다. C의 사람을 부르는 호칭은 대화의 시작에 사용하므로 C를 문장의 서두에 놓는다. C의 好消息(좋은 소식)의 구체적인 내용이 A에 제시되므로 C–A로 배치하여 C–A–B로 문장을 완성한다.

**문장** 妈妈，告诉你一个好消息，我通过护士考试了，以后就是一名正式的护士了。
엄마, 좋은 소식 하나 알려드릴게요. 저 간호사 시험에 통과했어요. 이제부터 정식 간호사예요.

**어휘** 告诉 gàosu 📗 알려 주다　消息 xiāoxi 📗 소식　通过 tōngguò 📗 통과하다　护士 hùshi 📗 간호사　考试 kǎoshì 📗 시험　以后 yǐhòu 📗 이후　就……了 jiù……le 곧 ~이다　名 míng 📗 명(사람을 세는 양사)　正式 zhèngshì 📗 정식의

**57**
A 我是不可能取得今天的成绩的 → 주어가 있다.
B 如果没有他们的帮助 → 접속사 如果가 있고 대사 他们이 있다.
C 我要感谢一直支持我的老师和同学们 → 주어가 있다.

해설 눈에 띄는 단서를 보면 보기 B에 앞절에 쓰이는 접속사 如果(만약)와 대사 他们(그들)이 있다. 문맥상 B의 他们이 가리키는 대상은 보기 C의 老师和同学们(선생님과 학우들)이므로 B는 C 뒤에 배치하도록 한다. 보기 A가 문맥상 보기 B의 조건에 대한 결과를 나타내므로 B-A로 배치한다. 따라서 C-B-A로 연결하여 문장을 완성한다.

문장 我要感谢一直支持我的老师和同学们，如果没有他们的帮助，我是不可能取得今天的成绩的。
저를 줄곧 지지해 주신 선생님과 학우들에게 감사드립니다. 만일 그분들의 도움이 없었다면 저는 오늘의 성적을 거둘 수 없었을 겁니다.

어휘 感谢 gǎnxiè 图 감사하다　一直 yìzhí 图 줄곧　支持 zhīchí 图 지지하다　老师 lǎoshī 图 선생님　和 hé 젭 ~와/과　同学们 tóngxuémen 图 학우들　如果 rúguǒ 젭 만약　帮助 bāngzhù 图 도움　可能 kěnéng 图 가능하다　取得 qǔdé 图 얻다　今天 jīntiān 图 오늘　成绩 chéngjì 图 성적

**58** A 懂得互相尊重才是最重要的 → 뒷절에 쓰이는 부사 才가 있다.
B 那么只有浪漫和爱情是不够的 → 뒷절에 쓰이는 접속사 那么가 있다.
C 两个人既然决定结婚 → 주어가 있고 접속사 既然이 있다.

해설 눈에 띄는 단서를 살펴보면 보기 A에 뒷절에 쓰이는 부사 才(그제서야)가 있고, B에 뒷절에 쓰이는 접속사 那么(그렇다면)가 있으므로 이 둘은 서두에 쓰일 수 없다. 보기 C에 주어와 앞절에 쓰이는 접속사 既然(기왕 그렇게 된 바에야)이 있으므로 C를 서두에 둔다. 보기 B의 那么는 既然과 '既然……那么……(기왕 ~하게 된 이상 그렇다면 ~하다)'의 호응 구조를 이루므로 C-B로 배치한다. 그리고 의미상 B의 '낭만과 사랑만으로는 부족하다'를 보충설명해주는 A를 B의 뒤에 배치하여 C-B-A로 문장을 완성한다.

문장 两个人既然决定结婚，那么只有浪漫和爱情是不够的，懂得互相尊重才是最重要的。
두 사람이 결혼을 하기로 결정한 이상 단지 낭만과 사랑만으로는 부족하다. 서로 존중할 줄 아는 것이 가장 중요한 것이다.

어휘 两 liǎng 囹 둘, 2　既然 jìrán 젭 기왕 ~한 바에야　决定 juédìng 图 결정하다　结婚 jiéhūn 图 결혼하다　只有 zhǐyǒu 단지 ~만 있다　浪漫 làngmàn 图 낭만적이다　和 hé 젭 ~와/과　爱情 àiqíng 图 남녀 간의 사랑　不够 búgòu 图 부족하다　懂得 dǒngde 图 이해하다　互相 hùxiāng 图 서로　尊重 zūnzhòng 图 존중하다　才 cái 图 비로소　最 zuì 图 가장　重要 zhòngyào 图 중요하다

**59** A 生活中，我们要多听听周围人的意见和建议 → 글의 도입부에 사용하는 개사구가 있다.
B 帮我们发现自己没注意到的问题 → 주어가 없으며 술어로 시작한다.
C 有时候他们能更清楚地看到我们的缺点 → 대사 他们이 있다.

해설 먼저 눈에 띄는 단서를 찾아보면 보기 C의 他们(그들)이 A의 周围人(주변 사람)을 가리키고, A에 글의 서두에 사용하는 개사구가 있으므로 A가 문장의 서두에, C가 그 뒤에 와야 한다. 의미상 보기 C의 '그들이 우리의 단점을 정확하게 볼 수 있다'는 보기 B의 '주의하지 못했던 문제를 스스로 발견하게 해 준다'의 원인이 되므로 C-B로 배치한다. 따라서 알맞은 문장의 순서는 A-C-B이다.

문장 生活中，我们要多听听周围人的意见和建议，有时候他们能更清楚地看到我们的缺点，帮我们发现自己没注意到的问题。
삶에서 우리는 주변 사람들의 의견과 건의를 많이 들어야 한다. 때로 그들은 우리의 단점을 더 정확하게 볼 수 있기 때문에 우리가 스스로 주의하지 못했던 문제들을 발견하게 해 준다.

어휘 生活 shēnghuó 图 생활　周围 zhōuwéi 图 주위　意见 yìjiàn 图 의견　和 hé 젭 ~와/과　建议 jiànyì 图 제안　有时候 yǒushíhou 图 가끔씩　更 gèng 图 더욱　清楚 qīngchu 图 분명하다　缺点 quēdiǎn 图 단점　帮 bāng 图 돕다　发现 fāxiàn 图 발견하다　自己 zìjǐ 떼 자신　注意 zhùyì 图 주의하다　问题 wèntí 图 문제

**60** A 都应该考虑清楚然后再做决定 → 주어가 없고, 부사 都로 시작한다.
B 不要等到将来再后悔 → 주어가 없다
C 无论做任何事 → 앞절에 사용하는 접속사 无论이 있다.

해설 먼저 눈에 띄는 단서를 찾아보면 보기 C에 앞절에 쓰이는 접속사 无论(~에도 불구하고)이 있고 A에 이와 호응을 이루는 부사 都(모두)가 있으므로 접속사의 호응구조 '无论……都……(~에도 불구하고 ~하다)'의 어순에 따라 C-A로 연결한다. B는 보충설명하는 내용이므로 C-A-B로 연결하여 문장을 완성한다.

96 HSK 4급 고수들의 합격전략 4주 단기완성

| 문장 | 无论做任何事，都应该考虑清楚然后再做决定，不要等到将来再后悔。 |
|---|---|

어떤 일을 하든지 나중에 가서 후회하지 않도록 잘 생각한 후에 결정해야 한다.

| 어휘 | 无论……，都…… wúlùn……, dōu…… ~을 막론하고 ~하다   做 zuò 통 하다   任何 rènhé 대 어떠한   事 shì 명 일   考虑 kǎolǜ 통 고려하다   清楚 qīngchu 형 분명하다   然后 ránhòu 접 그런 후에   决定 juédìng 통 결정하다   等到 děngdào 통 (~까지) 기다리다   将来 jiānglái 명 미래   后悔 hòuhuǐ 통 후회하다 |
|---|---|

**61**

A 不过这里以前很安静 → 뒷절에 쓰이는 접속사 不过가 있고, 과거를 나타내는 어휘 以前이 있다.

B 我小时候在这里长大的，当然熟悉了 → 주어가 있고, 시간을 나타내는 어휘가 있다.

C 不像现在这么热闹 → 주어가 없고 현재를 나타내는 어휘 现在가 있다.

| 해설 | 먼저 눈에 띄는 단서를 살펴보면 보기 A에 뒷절에 쓰이는 접속사 不过(그러나)가 있고 C에는 주어가 없으므로 이 둘은 문장의 서두에 쓰일 수 없다. 보기 B에 주어와 시간을 나타내는 어휘가 있으므로 B를 문장의 서두에 놓는다. A에는 과거를 나타내는 어휘가 있고 C에는 현재를 나타내는 어휘가 있으므로 A-C로 연결한다. 따라서 올바른 문장의 순서는 B-A-C이다. |
|---|---|

| 문장 | 我小时候在这里长大的，当然熟悉了，不过这里以前很安静，不像现在这么热闹。 |
|---|---|

나는 어릴 때 이곳에서 자랐으니 당연히 잘 알지. 근데 여기는 예전에 아주 조용했어. 지금처럼 이렇게 번화하지 않아.

| 어휘 | 小时候 xiǎoshíhou 명 어렸을 때   长大 zhǎngdà 통 자라다   当然 dāngrán 부 당연히   熟悉 shúxī 형 잘 알다   不过 búguò 접 그러나   以前 yǐqián 명 예전   安静 ānjìng 형 조용하다   像 xiàng 통 마치 ~와 같다   现在 xiànzài 명 지금   热闹 rènao 형 번화하다 |
|---|---|

**62**

A 小夏经验丰富，而且做事认真 → 주어가 있다.

B 我觉得这次也可以让她来负责 → 주어가 있고, 뒷절에 쓰이는 부사 也와 대사 她가 있다.

C 尤其是上次的讨论会，她安排得很好 → 뒷절에 쓰이는 부사 尤其가 있고 대사 她가 있다.

| 해설 | 먼저 눈에 띄는 단서를 살펴보면 B와 C에 쓰인 她는 모두 A의 小夏(샤오샤)를 가리키므로 A를 문장의 서두에 둔다. B의 这次(이번)와 C의 上次(지난 번)는 시간의 흐름에 따라 C-B로 배치하여 A-C-B의 순서로 문장을 완성한다. |
|---|---|

| 문장 | 小夏经验丰富，而且做事认真，尤其是上次的讨论会，她安排得很好，我觉得这次也可以让她来负责。 |
|---|---|

샤오샤는 경험도 풍부하고, 게다가 일을 열심히 해요. 특히 지난번 토론회를 그녀가 아주 잘 준비했어요. 제 생각엔 이번에도 그녀에게 맡겨도 될 것 같아요.

| 어휘 | 经验 jīngyàn 명 경험   丰富 fēngfù 형 풍부하다   而且 érqiě 접 게다가   做事 zuòshì 통 일을 하다   认真 rènzhēn 형 열심히 하다   尤其 yóuqí 부 특히   上次 shàngcì 지난번   讨论会 tǎolùnhuì 명 토론회   安排 ānpái 통 계획하다   觉得 juéde 통 ~라고 생각하다   这次 zhècì 대 이번   让 ràng 통 ~하라고 시키다   负责 fùzé 통 책임지다 |
|---|---|

**63**

A 我觉得，只要能做自己喜欢的事，就是幸福 → 주어가 있다.

B 什么是幸福 → 의문문의 형식으로 주제가 제시되었다.

C 每个人会说出不同的观点 → 주어가 있다.

| 해설 | 먼저 눈에 띄는 단서를 살펴보면 보기 B는 의문문 형식으로 주제를 제시하고 있으므로 문장의 서두에 둔다. 의미상 B는 '모든 사람의 관점'을 말하고 있고 C는 '화자 개인의 관점'을 말하고 있으므로 논리상 일반적인 관점을 제시한 뒤 개인의 관점을 제시하는 순서로 배열해야 한다. 따라서 B-C-A로 문장을 연결하여 완성한다. |
|---|---|

| 문장 | 什么是幸福，每个人会说出不同的观点，我觉得，只要能做自己喜欢的事，就是幸福。 |
|---|---|

행복이란 무엇인가. 모든 사람은 다른 관점을 말할 것이다. 나는 자기 자신이 좋아하는 일을 하는 것이야 말로 행복이라고 생각한다.

| 어휘 | 幸福 xìngfú 명 행복   每个人 měigerén 사람마다   不同 bùtóng 형 같지 않다   观点 guāndiǎn 명 관점, 입장   只要……, 就…… zhǐyào……, jiù…… ~하면 ~하다   做 zuò 통 하다   自己 zìjǐ 대 자신 |
|---|---|

**64**

A 当她知道这个消息后，高兴得跳了起来 → 대사 她가 있다.

B 这次期末考试 → 명사형이다.

C 小李取得了第一名 → 주어가 있다.

**해설** 먼저 눈에 띄는 단서를 살펴보면 보기 A의 她(그녀)는 C의 小李(샤오리)를 가리키므로 A는 C의 뒤에 배치해야 한다. 보기 B와 같은 명사형 어휘는 보통 문장의 서두에 쓰이며 C가 의미상 연결되므로 B-C로 배열한다. 문맥상 A가 B와 C에 대한 결과이므로 B-C-A로 연결하여 문장을 완성한다.

**문장** 这次期末考试，小李取得了第一名，当她知道这个消息后，高兴得跳了起来。
이번 기말고사에서 샤오리는 1등을 했다. 이 소식을 알게 된 후, 그녀는 뛸 듯이 기뻐했다.

**어휘** 这次 zhècì 대 이번　期末 qīmò 명 기말　考试 kǎoshì 동 시험　取得 qǔdé 동 얻다　第一名 dìyīmíng 명 일등　知道 zhīdào 동 알다　消息 xiāoxi 명 소식　高兴 gāoxìng 형 기쁘다　跳 tiào 동 뛰어 오르다

**65**

A 觉得不适应很正常 → 주어가 없다.

B 北方的冬天特别干燥，你刚来 → 주어가 있다.

C 我建议你多喝点儿水 → 주어가 있다.

**해설** 먼저 보기 A는 주어가 없으므로 문장의 서두에 두지 않고, C는 건의하는 내용이므로 문장의 뒤에 배치하도록 한다. '북쪽의 겨울'이라는 주제를 제시한 보기 B를 문장의 서두에 둔다. 보기 A의 주어가 보기 B의 你刚来(당신이 막 와서)의 你이므로 B-A로 배열한다. 추운 날씨에 대한 건의하는 내용인 C를 가장 마지막에 배치하여 B-A-C로 문장을 완성한다.

**문장** 北方的冬天特别干燥，你刚来，觉得不适应很正常，我建议你多喝点儿水。
북쪽의 겨울은 너무 건조해서 당신이 막 와서 적응하지 못하는 것은 매우 정상이다. 나는 당신이 물을 많이 마실 것을 제안한다.

**어휘** 北方 běifāng 명 북방　冬天 dōngtiān 명 겨울　特别 tèbié 부 매우　干燥 gānzào 형 건조하다　刚 gāng 부 방금　觉得 juéde 동 ~라고 생각하다　适应 shìyìng 동 적응하다　正常 zhèngcháng 형 정상적이다　建议 jiànyì 동 제안하다　水 shuǐ 명 물

---

## 독해 제3부분

**66**

| | |
|---|---|
| 　　卖东西时，了解顾客的需求非常重要，一样的东西，不管质量多好、价格多便宜，如果顾客完全不需要它，我们就很难把它卖出去。 | 　　물건을 팔 때, 고객의 필요를 이해하는 것은 매우 중요하다. 같은 물건이 아무리 품질이 좋고, 가격이 아무리 싸다고 할지라도 만일 고객이 전혀 그것을 필요로 하지 않는다면 우리는 그것을 팔기 힘들다. |
| ★ 顾客购物前会考虑： | ★ 고객이 구매 전에 고민하는 것은? |
| A 产品的颜色 | A 상품의 색 |
| **B 自己的需求** | **B 자신의 필요** |
| C 售货员的态度 | C 판매원의 태도 |
| D 赠送礼物 | D 선물 증정 |

**해설** 질문에서 고객이 구매 전에 고민하는 것에 대해 묻고 있다. 지문에서 품질과 가격이 언급되었지만 후반부에 如果顾客完全不需要它，我们就很难把它卖出去(만일 고객이 그것이 전혀 필요로 하지 않는다면 우리는 그것을 팔기 힘들다)라고 했으므로 고객이 중시하는 것은 需求(필요)임을 알 수 있다. 따라서 정답은 B 自己的需求(자신의 필요)이다.

**어휘** 卖 mài 동 팔다　时 shí 명 때　了解 liǎojiě 동 이해하다　顾客 gùkè 명 고객　需求 xūqiú 명 수요, 요구　重要 zhòngyào 형 중요하다　不管 bùguǎn 접 ~을 막론하고　质量 zhìliàng 명 품질　价格 jiàgé 명 가격　便宜 piányi 형 싸다　如果……，就…… rúguǒ……，jiù…… 접 만약 ~한다면　完全 wánquán 부 완전히　需要 xūyào 동 필요하다　难 nán 형 어렵다　把 bǎ 개

~을/를    购物 gòuwù **통** 구매하다    考虑 kǎolǜ **통** 고려하다    产品 chǎnpǐn **명** 상품    颜色 yánsè **명** 색    自己 zìjǐ **대** 자신
售货员 shòuhuòyuán **명** 판매원    态度 tàidù **명** 태도    赠送 zèngsòng **통** 증정하다    礼物 lǐwù **명** 선물

**67**

小明本来很想去德国学习音乐，但由于他母亲出了车祸，这次不得不决定放弃了。虽然这有点儿遗憾，但是家人最重要，学习的机会以后还会再有的。

★ 关于小明，我们可以知道什么？

A 想去旅行
B 要找工作
C 脾气不好
**D 放弃留学**

샤오밍은 원래 독일에 음악을 배우러 가고 싶었지만, 어머니께서 교통사고를 당하셔서 이번에 어쩔 수 없이 포기했다. 비록 조금 아쉬웠지만, 그러나 가족이 가장 중요하고, 공부할 기회는 나중에 다시 또 있을 것이다.

★ 샤오밍에 대해서 알 수 있는 것은?

A 여행을 가고 싶다
B 직장을 구하고 싶다
C 성격이 안 좋다
**D 유학을 포기했다**

**해설** 질문에서 샤오밍에 대해서 알 수 있는 것에 대해 묻고 있다. 지문의 시작 부분에서 小明本来很想去德国学习音乐(샤오밍은 원래 독일에 음악을 배우러 가고 싶었다)라고 했고 이어 这次不得不决定放弃了(이번에 어쩔 수 없이 포기하기로 했다)라고 했으므로 샤오밍에 관한 옳은 내용은 D 放弃留学(유학을 포기했다)이다.

**어휘** 本来 běnlái **부** 원래는    德国 Déguó **명** 독일    音乐 yīnyuè **명** 음악    但 dàn **접** 그러나    由于 yóuyú **접** ~때문에    母亲 mǔqīn **명** 어머니    出 chū **통** 발생하다    车祸 chēhuò **명** 교통사고    不得不 bùdébù **부** 어쩔 수 없이    决定 juédìng **통** 결정하다, 결심하다    放弃 fàngqì **통** 포기하다    虽然……，但是…… suīrán……, dànshì…… **접** 비록 ~할지라도, 그러나 ~하다    遗憾 yíhàn **형** 유감스럽다    家人 jiārén **명** 가족    最 zuì **부** 가장    重要 zhòngyào **형** 중요하다    机会 jīhuì **명** 기회    以后 yǐhòu **명** 이후    旅行 lǚxíng **통** 여행하다    找 zhǎo **통** 찾다    工作 gōngzuò **명** 직업    脾气 píqi **명** 성격

**68**

有的人总是不会拒绝朋友的要求，担心这样影响两个人的友谊。但是如果因为你的一次拒绝就受到影响，那就不是真正的朋友了。

★ 有的人不愿拒绝朋友，是害怕会：

**A 影响友谊**
B 遇到困难
C 受到批评
D 被人笑话

어떤 사람은 항상 친구의 요구를 거절하지 못하는데, 이렇게 하면 두 사람의 우정에 영향을 끼칠까 봐 걱정이 되어서이다. 그러나 만약 당신의 한번의 거절 때문에 영향을 받는다면, 그것은 진정한 친구가 아니다.

★ 어떤 사람은 친구를 거절하는 것을 원치 않는데, 무엇이 두려워서인가?

**A 우정에 영향을 끼칠까 봐**
B 어려움에 직면할까 봐
C 비평을 받을까 봐
D 사람들에게 웃음거리가 될까 봐

**해설** 질문에서 친구를 거절하지 못하는 사람들이 무엇을 두려워하는지를 묻고 있다. 지문에서 어떤 사람들은 친구의 요구를 거절하지 못한다고 하면서 担心这样影响两个人的友谊(두 사람의 우정에 영향을 줄 것이 걱정돼서)라고 했으므로 알맞은 정답은 A 影响友谊(우정에 영향을 끼칠까 봐)이다.

**어휘** 有的人 yǒuderén 어떤 사람    总是 zǒngshì **부** 항상    拒绝 jùjué **통** 거절하다    朋友 péngyou **명** 친구    要求 yāoqiú **명** 요구    担心 dānxīn **통** 걱정하다    影响 yǐngxiǎng **통** 영향을 미치다    两 liǎng **수** 둘, 2    感情 gǎnqíng **명** 감정    但是 dànshì **접** 그러나    如果……，就…… rúguǒ……, jiù…… **접** 만약 ~한다면 ~하다    因为 yīnwèi **접** 왜냐하면    次 cì **양** 회, 번    受到 shòudào **통** 받다    真正 zhēnzhèng **형** 진정한    愿 yuàn **조통** ~하기를 원하다    害怕 hàipà **통** 무서워하다    遇到 yùdào **통** 만나다    困难 kùnnan **명** 어려움    批评 pīpíng **통** 비평하다    被 bèi **개** ~에 의하여    笑话 xiàohua **통** 비웃다

**69**

我来中国已经两年了，大家都说我的汉语水平比以前提高了很多，但是我觉得我的阅读还是不太好，需要多背单词。

★ 她想要：

나는 중국에 온 지 이미 2년이 되었다. 모두들 나의 중국어 수준이 예전보다 많이 향상되었다고 하지만, 내 생각에 나의 독해는 아직 별로 좋지 않은 것 같다. 많이 단어를 암기해야 한다.

★ 그녀가 원하는 것은?

**A 多背单词**
B 多交中国朋友
C 多看电视
D 多学习语法

**A 단어 많이 외우기**
B 중국인 친구를 많이 사귀기
C TV를 많이 보기
D 어법을 많이 공부하기

[해설] 질문에서 그녀가 원하는 것이 무엇인지를 묻고 있다. 지문에서 자신의 독해가 별로 좋지 않다고 하면서 需要多背单词(단어를 많이 암기해야 한다)라고 했으므로 그녀가 하고 싶은 것은 A 多背单词(단어를 많이 외우기)이다.

[어휘] 已经 yǐjīng [부] 이미, 벌써 两 liǎng [수] 둘, 2 年 nián [명] 해, 년 汉语 Hànyǔ [명] 중국어 水平 shuǐpíng [명] 수준 比 bǐ [개] ~보다 以前 yǐqián [명] 예전 提高 tígāo [동] 향상시키다 但是 dànshì [접] 그러나 觉得 juéde [동] ~라고 생각하다 阅读 yuèdú [동] 읽다 需要 xūyào [동] 필요하다 背 bèi [동] 외우다 单词 dāncí [명] 단어 交 jiāo [동] 사귀다 朋友 péngyou [명] 친구 电视 diànshì [명] 텔레비전 语法 yǔfǎ [명] 어법

**70**

小王的汉语说得非常流利，他不但跟中国人聊天儿没什么问题，而且还看得懂中文报纸。老师也天天表扬，让我们像他那样努力学习。

★ 根据这段话，可以知道小王：

샤오왕은 중국어를 매우 유창하게 한다. 그는 중국인과의 대화에 아무 문제가 없을 뿐만 아니라, 게다가 중국어 신문도 볼 수 있다. 선생님께서는 매일 그를 칭찬하시면서 우리에게 샤오왕처럼 열심히 공부하라고 하신다.

★ 이 글에서 샤오왕에 대해 알 수 있는 것은?

A 不太聪明
B 很懒
**C 汉语说得不错**
D 很骄傲

A 별로 똑똑하지 않다
B 게으르다
**C 중국어를 잘한다**
D 교만하다

[해설] 질문에서 샤오왕에 대해 알 수 있는 것을 묻고 있다. 지문의 첫 문장에서 小王的汉语说得非常流利(샤오왕은 중국어를 매우 유창하게 한다)라고 하며 이어 그가 중국어를 잘하는 구체적인 내용을 설명하고 있다. 따라서 샤오왕에 관한 옳은 내용은 C 汉语说得不错(중국어를 잘한다)이다.

[어휘] 汉语 Hànyǔ [명] 중국어 流利 liúlì [형] 유창하다 不但……, 而且…… búdàn……, érqiě…… [접] ~일 뿐만 아니라 또한 跟 gēn [개] ~와/과 中国人 Zhōngguórén [명] 중국인 聊天儿 liáotiānr [동] 잡담하다 问题 wèntí [명] 문제 懂 dǒng [동] 이해하다 中文 Zhōngwén [명] 중국어 报纸 bàozhǐ [명] 신문 老师 lǎoshī [명] 선생님 也 yě [부] ~도 天天 tiāntiān [명] 날마다 表扬 biǎoyáng [동] 칭찬하다 让 ràng [동] ~하라고 시키다 像 xiàng [동] 마치 ~와 같다 努力 nǔlì [동] 노력하다 学习 xuéxí [명] 공부 聪明 cōngming [형] 똑똑하다 不错 búcuò [형] 괜찮다 懒 lǎn [형] 게으르다 骄傲 jiāo'ào [형] 교만하다

**71**

一般三岁左右的孩子就可以学习使用筷子了。在正式教使用筷子前，父母可以让孩子自己选择喜欢的筷子和勺子，这样更能引起他们的兴趣。

★ 让孩子选筷子，能使他们：

보통 3세 정도의 아이들은 젓가락 사용하는 것을 배울 수 있다. 정식으로 젓가락 사용을 가르치기 전에 부모는 아이 스스로 좋아하는 젓가락과 숟가락을 고르게 해도 좋다. 이렇게 하면 그들의 흥미를 더욱 불러일으킬 수 있다.

★ 아이에게 젓가락을 고르게 하는 것은 그들로 하여금 무엇을 할 수 있게 하는가?

| A 引起兴趣 | A 흥미를 불러일으킨다 |
|---|---|
| B 动作更标准 | B 동작이 더 정확하다 |
| C 减少麻烦 | C 번거로움을 덜 수 있다 |
| D 学会拒绝 | D 거절을 배울 수 있다 |

**해설** 질문에서 아이에게 젓가락을 고르게 하는 것이 그들로 하여금 무엇을 하게 하는지를 묻고 있다. 지문에서 아이에게 젓가락과 숟가락을 고르게 하면 这样更能引起他们的兴趣(이렇게 하면 그들의 흥미를 불러일으킬 수 있다)라고 했으므로 정답은 A 引起兴趣(흥미를 불러일으킨다)이다.

**어휘** 一般 yìbān 튀 일반적으로   岁 suì 몡 세, 살   左右 zuǒyòu 몡 가량, 안팎   孩子 háizi 몡 아이   学习 xuéxí 몡 공부   使用 shǐyòng 됭 사용하다   筷子 kuàizi 몡 젓가락   正式 zhèngshì 혱 정식의   教 jiāo 됭 가르치다   父母 fùmǔ 몡 부모   让 ràng 됭 ~하게 하다   自己 zìjǐ 때 자신   选择 xuǎnzé 됭 선택하다   和 hé 젭 ~와/과   勺子 sháozi 몡 숟가락   更 gèng 튀 더욱   引起 yǐnqǐ 됭 일으키다   兴趣 xìngqù 몡 흥미   动作 dòngzuò 몡 동작   标准 biāozhǔn 혱 표준적이다   减少 jiǎnshǎo 됭 감소하다   麻烦 máfan 혱 번거롭다   学会 xuéhuì 됭 배워서 할 줄 알다   拒绝 jùjué 됭 거절하다

---

**72**

| 小姐，我们这种苹果汁，不但很好喝，而且由于没放糖对身体也很好，所以比其他果汁贵一些。 | 아가씨, 저희 사과주스는 맛있을 뿐만 아니라, 게다가 설탕을 넣지 않았기 때문에 건강에도 좋습니다. 그래서 다른 주스보다 조금 비싸요. |
|---|---|
| ★ 这种苹果汁，我们可以知道什么？ | ★ 이 사과주스에 대해 알 수 있는 것은? |

| A 不好喝 | A 맛이 없다 |
|---|---|
| **B 没放糖** | **B 설탕을 넣지 않았다** |
| C 有点儿咸 | C 조금 짜다 |
| D 很便宜 | D 매우 싸다 |

**해설** 질문에서 이 사과주스에 대해 알 수 있는 내용을 묻고 있다. 지문에서 사과주스가 不但很好喝，而且由于没放糖对身体也很好(맛있을 뿐만 아니라 설탕을 넣지 않았기 때문에 건강에도 좋다)라고 했으므로 알맞은 정답은 B 没放糖(설탕을 넣지 않았다)이다.

**어휘** 小姐 xiǎojiě 몡 아가씨   种 zhǒng 양 종류   苹果汁 píngguǒzhī 몡 사과주스   不但……，而且…… búdàn……, érqiě……   ~일 뿐만 아니라 또한   好喝 hǎohē 혱 맛있다   由于……，所以…… yóuyú……, suǒyǐ……   ~때문에 그래서 ~하다   放 fàng 됭 넣다   糖 táng 몡 설탕   对 duì 개 ~에 대해   身体 shēntǐ 몡 신체   也 yě 튀 ~도   比 bǐ 개 ~보다   其他 qítā 때 기타   贵 guì 혱 비싸다   一些 yìxiē 양 약간   咸 xián 혱 짜다   便宜 piányi 혱 싸다

---

**73**

| 很多人遇到困难的时候，就放弃。但是困难只是暂时的，只要不放弃，坚持正确的方向继续努力，就一定会成功。 | 많은 사람들은 어려움에 직면했을 때 바로 포기한다. 그러나 어려움은 단지 순간일 뿐이다. 포기하지 않고, 옳은 방향으로 계속 노력하기만 한다면 반드시 성공할 것이다. |
|---|---|
| ★ 遇到困难我们应该: | ★ 어려움에 직면했을 때 우리는 마땅히 어떻게 해야 하는가? |

| A 锻炼身体 | A 신체를 단련한다 |
|---|---|
| B 写日记 | B 일기를 쓴다 |
| **C 继续努力** | **C 계속해서 노력한다** |
| D 去逛街 | D 쇼핑을 간다 |

**해설** 질문에서 어려움에 직면했을 때 어떻게 해야하는지에 대해 묻고 있다. 지문에서 많은 사람들이 어려움에 직면하면 바로 포기한다고 하면서 只要不放弃，坚持正确的方向继续努力，就一定会成功(포기하지 않고 정확한 방향으로 계속 노력해 나가면 반드시 성공할 수 있다)라고 했으므로 알맞은 정답은 C 继续努力(계속해서 노력한다)이다.

**74**

　　保护环境不是复杂的事，比如说，买菜时自备购物袋、买咖啡时自备随行杯，这样做可以减少白色污染，虽然这是一件小的事，但对保护环境却有很大的作用。

환경보호는 복잡한 일이 아니다. 예를 들어, 장을 볼 때 스스로 장바구니를 준비하거나 커피를 살 때 텀블러를 준비하면 백색오염을 줄일 수 있다. 비록 작은 일이지만 환경보호에는 큰 역할을 하게 된다.

★ 自备购物袋：

★ 장바구니를 스스로 준비하면?

A 浪费时间
B 可以减肥
C 很方便
**D 能减少污染**

A 시간을 낭비한다
B 다이어트를 할 수 있다
C 매우 편리하다
**D 오염을 줄일 수 있다**

**해설** 질문에서 장바구니를 스스로 준비하는 것이 어떤지 묻고 있다. 지문에서 장바구니나 텀블러를 준비하면 这样做可以减少白色污染(이렇게 하면 백색오염을 줄일 수 있다)이라고 했으므로 정답은 D 能减少污染(오염을 줄일 수 있다)이다.

**75**

　　我今天去机场的时候，不小心把护照忘在出租车上了。多亏司机发现后马上叫住我，否则我赶不上飞机了。

오늘 공항에 갈 때 실수로 택시에 여권을 두고 내렸다. 다행히 기사님이 발견하신 후 바로 나를 부르셨는데 그렇지 않았으면 비행기를 타지 못할 뻔 했다.

★ 司机叫住他，是因为：

★ 기사님이 그를 불러 세운 이유는?

**A 还他护照**
B 钱不够
C 找他零钱
D 想和他吃饭

**A 그에게 여권을 돌려주려고**
B 돈이 부족해서
C 잔돈을 거슬러 주려고
D 그와 밥을 먹고 싶어서

**해설** 질문에서 기사님이 그를 불러 세운 이유에 대해 묻고 있다. 지문에서 공항에 갈 때 不小心把护照忘在出租车上了(실수로 여권을 택시에 놓고 내렸다)라고 했으므로 그가 여권을 택시에 놓고 내렸음을 알 수 있다. 따라서 기사님이 그를 불러 세운 이유로 알맞은 정답은 A 还他护照(그에게 여권을 돌려주려고)이다.

**76**

当我觉得无聊时，就读书。读书是一件值得花时间去做的事。书中有很多我没有经历过的经验和智慧。无论是普通杂志，还是著名小说，我都喜欢看。

난 심심할 때 책을 읽는다. 책을 읽는 것은 시간을 들여서 할 만한 일이다. 책에는 내가 경험해 보지 못한 많은 경험과 지혜가 있다. 일반 잡지든 유명한 소설이든 관계없이 나는 보는 것을 좋아한다.

★ 这段话主要谈的是：

★ 이 문장에서 주로 말하고자 하는 것은?

A 怎样减肥
**B 值得阅读**
C 语言的艺术
D 要写日记

A 어떻게 다이어트를 해야 하는가
**B 독서는 할 만한 가치가 있다**
C 언어의 예술
D 일기를 써야 한다

**해설** 질문에서 이 문장에서 주로 말하고자 하는 것에 대해 묻고 있다. 주제는 지문의 앞부분에 주로 제시된다. 지문에서 读书是一件值得花时间去做的事(독서는 시간을 들여 할 만한 일이다)라고 했고 读书와 阅读는 모두 '독서하다'라는 뜻의 동의어이므로 이 글에서 말하고자 하는 것은 B 值得阅读(독서할 만한 가치가 있다)이다.

**어휘** 当……时 dàng……shí ～할 때　觉得 juéde 통 ～라고 생각하다　无聊 wúliáo 형 심심하다　读书 dúshū 통 책을 읽다　件 jiàn 양 일·사건을 세는 양사　值得 zhídé 통 ～할 만한 가치가 있다　花 huā 통 소비하다　时间 shíjiān 명 시간　做事 zuòshì 통 일을 하다　经历 jīnglì 통 겪다　经验 jīngyàn 명 경험　智慧 zhìhuì 명 지혜　无论……，都…… wúlùn……，dōu…… 접 ～에도 불구하고 ～하다　普通 pǔtōng 형 일반적이다　杂志 zázhì 명 잡지　还是 háishi 접 ～아니면　著名 zhùmíng 형 유명하다　小说 xiǎoshuō 명 소설　减肥 jiǎnféi 통 다이어트하다　阅读 yuèdú 통 읽다　语言 yǔyán 명 언어　艺术 yìshù 명 예술　日记 rìjì 명 일기

**77**

这段时间大家都很辛苦，这次活动也很精彩，如果没有各位的支持和努力，就不会有这样的结果。来，咱们一起干一杯。干杯！

그 동안 모두 고생 많으셨습니다. 이번 행사는 너무 훌륭했어요. 만약 여러분들의 지지와 노력이 없었다면, 이런 결과는 없었을 겁니다. 자! 우리 함께 한잔 합시다. 건배!

★ 说话人在：

★ 말하는 사람은 무엇을 하고 있는가?

A 批评别人
**B 表示感谢**
C 表示道歉
D 讨论问题

A 다른 사람을 비판한다
**B 감사를 표한다**
C 사과를 한다
D 문제를 토론한다

**해설** 질문에서 화자는 지금 현재 무엇을 하고 있는지 묻고 있다. 지문의 내용을 보고 화자의 행동을 파악해야 한다. 화자는 글의 시작 부분에서 这段时间大家都很辛苦(이 시간 동안 모두들 고생하셨습니다)라고 하며 격려하고 있으므로 화자가 하고 있는 행동은 B 表示感谢(감사를 표한다)이다.

**어휘** 这段时间 zhèduànshíjiān 그동안　辛苦 xīnkǔ 형 고생스럽다　这次 zhècì 대 이번　活动 huódòng 명 행사　精彩 jīngcǎi 형 훌륭하다　如果……，就…… rúguǒ……，jiù…… 접 만약 ～한다면 ～하다　各位 gèwèi 명 여러분　支持 zhīchí 통 지지하다　努力 nǔlì 통 노력하다　结果 jiéguǒ 명 결과　一起 yìqǐ 부 같이　干杯 gānbēi 건배하다　批评 pīpíng 통 비평하다　别人 biéren 대 다른 사람　表示 biǎoshì 통 나타내다　感谢 gǎnxiè 통 감사하다　道歉 dàoqiàn 통 사과하다　讨论 tǎolùn 통 토론하다　问题 wèntí 명 문제

**78**

在生活中输赢不是重要的，没有人会永远输，也没有人会永远赢。关键是只要你努力做了，不管是输还是赢，都一样精彩。

삶에서 승패는 중요한 것이 아니다. 영원히 지는 사람은 없고, 영원히 이기는 사람도 없다. 중요한 것은 당신이 노력했다면 지든 이기든 모두 똑같이 훌륭한 것이다.

| ★ 这段话主要想告诉我们： | ★ 이 글이 우리에게 알려 주고자 하는 것은 무엇인가? |
|---|---|
| A 要有自信 | A 자신감이 있어야 한다 |
| **B 输赢不重要** | **B 승패는 중요하지 않다** |
| C 要节约用水 | C 물을 절약해서 사용해야 한다 |
| D 要锻炼身体 | D 신체를 단련해야 한다 |

**해설** 질문에서 이 글이 우리에게 알려주고자 하는 것을 묻고 있으므로 교훈적인 내용을 찾는다. 지문의 시작 부분에서 在生活中输赢不是重要的(삶에서 승패는 중요한 것이 아니다)라고 하였으므로 정답은 B 输赢不重要(승패는 중요하지 않다)이다.

**어휘** 生活 shēnghuó 명 생활   输赢 shūyíng 승패   重要 zhòngyào 형 중요하다   永远 yǒngyuǎn 부 영원히   输 shū 동 지다   也 yě 부 ~도   赢 yíng 동 이기다   关键 guānjiàn 명 관건   只要 zhǐyào ~하기만 하면   努力 nǔlì 동 노력하다   不管……，都…… bùguǎn……, dōu…… 접 ~에 관계없이 ~하다   一样 yíyàng 같다   精彩 jīngcǎi 형 훌륭하다   自信 zìxìn 형 자신감 있다   节约 jiéyuē 동 절약하다   用 yòng 동 사용하다   水 shuǐ 명 물   锻炼 duànliàn 동 단련하다   身体 shēntǐ 명 신체

---

**79**

| 和不同国家的人交流时，最好先了解一下这个国家的文化，否则很可能会引起误会，带来麻烦。 | 다른 나라 사람과 교류할 때, 먼저 그 나라의 문화를 이해하는 것이 좋다. 그렇지 않으면 오해를 불러일으키게 되어 귀찮은 일이 일어날 수 있다. |
|---|---|
| ★ 交流时，了解他国文化，可以： | ★ 교류할 때 다른 나라의 문화를 이해하면 할 수 있는 것은? |
| A 增加信心 | A 자신감이 증가한다 |
| B 增长知识 | B 지식이 증가한다 |
| **C 减少误会** | **C 오해를 감소시킨다** |
| D 变得有礼貌 | D 예의 있게 바뀐다 |

**해설** 질문에서 교류할 때 다른 나라의 문화를 이해하면 무엇을 할 수 있는지에 대해 묻고 있다. 지문에서 다른 나라 사람과 교류할 때 그 나라의 문화를 이해하는 것이 좋다고 하며 이어 否则很可能会引起误会(그렇지 않으면 오해를 불러일으킬 수 있다)라고 했으므로 알맞은 정답은 C 减少误会(오해를 감소시킨다)이다.

**어휘** 和 hé 접 ~와/과   不同 bùtóng 형 다른   国家 guójiā 명 국가   交流 jiāoliú 동 교류하다   时 shí 명 때   最好 zuìhǎo 부 가장 좋은 것은   先 xiān 부 먼저   了解 liǎojiě 동 이해하다   文化 wénhuà 명 문화   否则 fǒuzé 접 만약 그렇지 않으면   可能 kěnéng 형 가능하다   引起 yǐnqǐ 동 일으키다   误会 wùhuì 동 오해하다   带来 dàilái 동 가져오다   麻烦 máfan 형 번거롭다   增加 zēngjiā 동 증가하다   信心 xìnxīn 명 자신감   增长 zēngzhǎng 동 넓히다   知识 zhīshi 명 지식   减少 jiǎnshǎo 동 감소하다   变 biàn 동 바뀌다   礼貌 lǐmào 명 예의

---

### 80-81

| 顾客朋友们，您好！本店在搞"购物送好礼"活动，<sup>80</sup>购物满50元即可获得矿泉水6瓶，满100元可获得方便面5袋。<sup>81</sup>另外，还有打折活动，水果3折，肉类9折，还有学习用品6折。欢迎选购！祝您购物愉快！ | 고객 여러분, 안녕하세요! 저희 가게는 지금 '구매 사은행사'를 하고 있습니다. <sup>80</sup>50위안을 구매하신 고객 분께 광천수 6병을, 100위안을 구매하신 고객 분께 라면 5봉지를 드립니다. <sup>81</sup>그 밖에도 할인 행사도 진행하고 있습니다. 과일은 70%, 고기는 10%, 그리고 학용품은 40% 할인합니다. 골라서 구매하시고 즐거운 쇼핑되시길 바랍니다. |
|---|---|

**어휘** 顾客 gùkè 명 고객   朋友们 péngyoumen 명 친구들   本店 běndiàn 명 본점   搞 gǎo 동 ~을 하다   购物 gòuwù 동 구매하다   送 sòng 동 주다   好礼 hǎolǐ 선물   活动 huódòng 명 행사   满 mǎn 동 꽉 채우다   元 yuán 명 위안(중국 화폐 단위)   即可 jíkě 부 ~하면 곧 ~할 수 있다   获得 huòdé 동 획득하다   矿泉水 kuàngquánshuǐ 명 생수   瓶 píng 양 병   方便面 fāngbiànmiàn 명 라면   袋 dài 양 부대, 자루   另外 lìngwài 접 이밖에   打折 dǎzhé 동 할인하다   水果 shuǐguǒ 명 과일   肉类 ròulèi 명 육류   学习 xuéxí 명 공부   用品 yòngpǐn 명 용품   欢迎 huānyíng 동 환영하다   选 xuǎn 동 고르다   购 gòu 동 구입하다   祝 zhù 동 바라다   愉快 yúkuài 형 유쾌하다

| 80 | ★ 购物满50元能获得什么礼物？ | ★ 50위안을 소비하면 어떤 선물을 받을 수 있는가? |
|----|------------------------------|---------------------------------------------|
| | A 牛肉 | A 소고기 |
| | B 果汁 | B 과일 주스 |
| | **C 矿泉水** | **C 광천수** |
| | D 词典 | D 사전 |

**해설** 질문에서 50위안을 소비하면 어떤 선물을 받을 수 있는지를 묻고 있다. 지문에서 购物满50元即可获得矿泉水6瓶(50위안을 소비하면 광천수 6병을 얻을 수 있다)이라고 했으므로 알맞은 정답은 C 矿泉水(광천수)이다.

**어휘** 礼物 lǐwù 명 선물　牛肉 niúròu 명 소고기　果汁 guǒzhī 명 주스　词典 cídiǎn 명 사전

| 81 | ★ 根据这段话，可以知道： | ★ 이 글에 근거하여, 알 수 있는 것은? |
|----|------------------------|------------------------------------|
| | A 水果半价 | A 과일이 반값이다 |
| | B 超市快关门了 | B 슈퍼마켓은 곧 문을 닫는다 |
| | **C 有些东西打折** | **C 어떤 물건들은 할인한다** |
| | D 东西很贵 | D 물건이 비싸다 |

**해설** 질문에서 이 글에 알 수 있는 내용을 묻고 있다. 보기의 키워드 半价(반값), 快关门了(곧 문을 닫는다), 打折(할인한다), 贵(비싸다)를 중심으로 지문을 살펴본다. 지문에서 상품 구매시 증정 행사를 한다고 하면서 이어 另外, 还有打折活动(그 밖에 할인 행사를 합니다)이라고 했으므로 이 글에 대한 옳은 내용은 C 有些东西打折(어떤 물건들은 할인한다)이다.

**어휘** 半价 bànjià 명 반값　超市 chāoshì 명 슈퍼마켓　快……了 kuài……le 부 곧 ~하다　关门 guānmén 동 문을 닫다　东西 dōngxi 명 물건　贵 guì 형 비싸다

## 82-83

| 82每个人都希望获得更多的东西，但是一个人只有两只手，不可能得到所有想要的东西。有时候放弃才是一种聪明的选择。83只有学会放弃，把自己的精力和能力用到最该做的事情上，才能获得成功。 | 82모든 사람은 더 많은 것을 얻기를 희망한다. 그러나 사람은 손이 두 개밖에 없고, 원하는 것을 모두 얻을 수 없다. 어떤 때에는 포기야말로 현명한 선택이다. 83포기할 줄 알아야만 자신의 정력과 에너지를 가장 해야 하는 일에 사용하게 되어 성공할 수 있게 된다. |
|---|---|

**어휘** 每个人 měigerén 사람마다　希望 xīwàng 동 희망하다　获得 huòdé 동 얻다　更 gèng 부 더욱　东西 dōngxi 명 물건　但是 dànshì 접 그러나　只有……, 才…… zhǐyǒu……, cái…… 단지 ~해야만 ~하다　两 liǎng 수 둘, 2　只 zhī 양 쌍을 이루는 물건의 하나를 세는 단위　手 shǒu 명 손　可能 kěnéng 형 가능하다　得到 dédào 동 얻다　所有 suǒyǒu 형 모든　有时候 yǒushíhou 부 가끔　放弃 fàngqì 동 포기하다　才 cái 부 ~에서야　种 zhǒng 양 종류　聪明 cōngming 형 똑똑하다　选择 xuǎnzé 동 선택하다　学会 xuéhuì 동 배워서 ~할 줄 알다　把 bǎ 개 ~을/를　自己 zìjǐ 대 자신　精力 jīnglì 명 정신과 체력　和 hé 접 ~와/과　能力 nénglì 명 능력　用 yòng 동 사용하다　最 zuì 부 가장　该 gāi 조동 ~해야 한다　事情 shìqíng 명 일　成功 chénggōng 명 성공

| 82 | ★ 根据这段话，每个人都想： | ★ 이 글에 근거하여, 모든 사람들이 희망하는 것은? |
|----|----------------------------|--------------------------------------------|
| | A 出去旅行 | A 여행을 가다 |
| | **B 得到更多的东西** | **B 더 많은 것을 얻다** |
| | C 多交朋友 | C 친구를 많이 사귀다 |
| | D 想结婚 | D 결혼하고 싶다 |

**해설** 질문에서 모든 사람들이 원하는 것이 무엇인지를 묻고 있다. 지문의 도입부에서 每个人都希望获得更多的东西(모든 사람들은 더 많은 물건을 얻길 바란다)라고 하여 질문의 키워드가 그대로 언급되었으므로 정답은 B 得到更多的东西(더 많은 것을 얻는다)이다.

**어휘** 旅行 lǚxíng 통 여행하다   交 jiāo 통 사귀다   朋友 péngyou 명 친구   结婚 jiéhūn 통 결혼하다

### 83

| ★ 这段话，主要想告诉我们： | ★ 이 글이 우리에게 말하고자 하는 것은? |
|---|---|
| A 要学习外语 | A 외국어를 공부해야 한다 |
| **B 要学会放弃** | **B 포기할 줄 알아야 한다** |
| C 要积累经验 | C 경험을 쌓아야 한다 |
| D 要冷静下来 | D 냉정해져야 한다 |

**해설** 질문에서 이 글이 우리에게 말하고자 하는 것을 묻고 있으므로 교훈적인 내용을 찾는다. 지문에서 포기가 똑똑한 선택이라고 하며 只有学会放弃, 把自己的精力和能力用到最该做的事情上, 才能获得成功(포기할 줄 알아야 자신의 정력과 에너지를 해야 할 일에 사용하게 되어 성공할 수 있게 된다)이라고 했으므로 이 글에서 말하고자 하는 내용은 B 要学会放弃(포기할 줄 알아야 한다)이다.

**어휘** 学习 xuéxí 통 공부하다   外语 wàiyǔ 명 외국어   积累 jīlěi 통 쌓다   经验 jīngyàn 명 경험   冷静 lěngjìng 통 침착하게 하다

### 84-85

| 目的地也许只有一个，但是达到目的地的道路却有很多条。所以，84当一条路走不通时，我们可以走另外一条路。我们只需要一点勇气。85只要不放弃努力，总会找到一条通往成功的路。 | 목적지는 하나일 수 있지만, 그러나 목적지로 가는 길은 여러 개일 수 있다. 그래서 84한 길이 통하지 않을 때, 우리는 다른 길을 가 봐야 한다. 우리는 작은 용기만 필요할 뿐이다. 85포기하지 않고 노력한다면, 성공으로 가는 길을 찾을 수 있을 것이다. |

**어휘** 目的地 mùdìdì 명 목적지   也许 yěxǔ 부 어쩌면   只 zhǐ 부 단지   但是 dànshì 접 그러나   道路 dàolù 통 도로   却 què 부 그러나   条 tiáo 양 가늘고 긴 것을 세는 단위   所以 suǒyǐ 접 그리하여   当……时 dàng……shí ~할 때   走不通 zǒubutōng 통하지 않다   时 shí 명 시   另外 lìngwài 부 이밖에   只 zhǐ 부 단지, 오직   需要 xūyào 통 ~해야 한다   放弃 fàngqì 통 포기하다   努力 nǔlì 통 노력하다   总 zǒng 부 결국   找 zhǎo 통 찾다   通往 tōngwǎng 통 ~으로 통하다   成功 chénggōng 명 성공

### 84

| ★ 当一条路走不通时，我们应该： | ★ 길이 통하지 않을 때, 우리는 마땅히 어떻게 해야 하는가? |
|---|---|
| **A 试试别的路** | **A 다른 길을 시도해 보라** |
| B 就放弃 | B 바로 포기해라 |
| C 给妈妈打电话问问 | C 엄마에게 전화해서 물어보라 |
| D 看地图 | D 지도를 보라 |

**해설** 질문에서 길이 통하지 않을 때, 어떻게 해야 하는지에 대해 묻고 있다. 지문에서 질문의 키워드 当一条路走不通时(길이 통하지 않을 때)가 그대로 언급되었고 그 뒤에 我们可以走另外一条路(우리는 다른 길로 갈 수 있다)라고 했으므로 가장 알맞은 정답은 A 试试别的路(다른 길을 시도해 보라)이다.

**어휘** 打电话 dǎdiànhuà 전화를 하다   问 wèn 통 물어보다   地图 dìtú 명 지도

### 85

| ★ 根据这段话，我们可以知道： | ★ 이 글에 근거하여, 알 수 있는 것은? |
|---|---|
| A 要积累经验 | A 경험을 쌓아야 한다 |
| B 多练习发音 | B 발음을 많이 연습해라 |
| C 学习要积极 | C 공부는 적극적으로 해야 한다 |
| **D 成功需要坚持** | **D 성공은 인내가 필요하다** |

**해설** 질문에서 이 글에 근거하여, 알 수 있는 것에 대해 묻고 있다. 지문의 마지막 부분에서 只要不放弃努力，总会找到一条通往成 功的路(포기하지 않고 노력한다면 성공으로 가는 길을 찾을 수 있을 것이다)라고 했으므로 포기하지 않고 노력해야 함을 강조하 고 있다. 따라서 알맞은 정답은 D 成功需要坚持(성공은 인내가 필요하다)이다.

**어휘** 积累 jīlěi 통 쌓다   经验 jīngyàn 명 경험   练习 liànxí 통 연습하다   发音 fāyīn 명 발음   学习 xuéxí 통 공부하다   积极 jījí 형 적극적이다   需要 xūyào 통 필요하다   坚持 jiānchí 통 지속하다

## 쓰기 제1부분

정답 86. 非常感谢您对我们工作的支持和帮助。
　　 87. 她咳嗽得越来越厉害。
　　 88. 她的父亲是位网球运动员。
　　 89. 你把这张桌子搬到会议室。
　　 90. 我们俩有许多共同的爱好。
　　 91. 那里的气候和北方不一样。
　　 92. 今天上午在图书馆丢了一张饭卡。
　　 93. 这个消息让我很吃惊。
　　 94. 我们应该学会接受自己的缺点。
　　 95. 我家的院子里有一棵葡萄树。

**86**　非常感谢您　　支持和帮助　　对　　我们工作的

| 부사어 | 술어 | 관형어 | 목적어 |
|---|---|---|---|
| **非常** 부사 | **感谢** 동사 | **您对我们工作的** 대사+개사구+的 | **支持和帮助** 명사+접속사+명사 |

저희의 업무에 대한 귀하의 지지와 도움에 매우 감사드립니다.

**해설** **술어 배치** 제시어 중 술어가 될 수 있는 동사 感谢(감사하다)를 술어에 배치한다.
**주어 목적어 배치** 감사하는 인사말에는 주어가 보통 생략될 수 있다. 술어 感谢의 목적어로 의미상 알맞은 명사 성분 支持和帮助(지지와 도움)를 배치한다.
**남은 어휘 배치** 개사 对(~에)는 뒤에 명사와 와야 하므로 의미상 어울리는 我们工作(저희의 업무)를 결합시키고, 다시 对我们工作的(저희의 업무에 대한)는 구조조사 的가 결합되어 있으므로 명사 성분인 支持和帮助 앞에 배치하여 문장을 완성한다.

**어휘** 感谢 gǎnxiè 통 감사하다   对 duì 개 ~에 대하여   工作 gōngzuò 명 일   支持 zhīchí 통 지지하다   和 hé 접 ~와/과   帮助 bāngzhù 명 도움

**87**　咳嗽　　越来越　　得　　她　　厉害

| 주어 | 술어 | 보어 |
|---|---|---|
| 她<br>대사 | 咳嗽得<br>동사+得 | 越来越厉害<br>부사+형용사 |

그녀의 기침은 점점 더 심해진다.

**해설** **술어 배치** 제시어 중 술어가 될 수 있는 어휘는 동사 咳嗽(기침하다)와 형용사 厉害(심하다)가 있다. 구조조사 得가 있어 보어가 있는 문장이므로 동사 咳嗽를 술어에 배치한다.

**주어 목적어 배치** 술어 咳嗽의 행위의 주체로 의미상 어울리는 她(그녀)를 주어에 배치한다.

**남은 어휘 배치** 보어를 만드는 구조조사 得는 술어 咳嗽 뒤에 놓고 형용사 厉害를 보어에 배치한다. 越来越(점점)는 부사이므로 의미상 알맞은 厉害 앞에 배치하여 문장을 완성한다.

**어휘** 咳嗽 késou 몡 기침  越来越 yuèláiyuè 閉 더욱더, 점점  厉害 lìhai 혱 심하다

---

**88** 网球　她的父亲　是位　运动员

| 관형어 | 주어 | 술어 | 관형어 | 목적어 |
|---|---|---|---|---|
| 她的<br>대사+的 | 父亲<br>명사 | 是<br>동사 | 位网球<br>양사+명사 | 运动员<br>명사 |

그녀의 아버지는 테니스 선수이다.

**해설** **술어 배치** 제시어 중 술어가 될 수 있는 동사 是를 술어에 배치한다.

**주어 목적어 배치** 동사 是는 'A是B(A는 B이다)'의 구조를 만든다. 제시어 중 명사 성분인 她的父亲(그녀의 아버지)과 运动员(운동 선수)을 주어와 목적어에 배치해야 하는데 보통 A에는 설명하는 대상을 사용하고 B에서 구체적인 설명을 하므로 她的父亲을 주어에, 运动员을 목적어에 배치한다.

**남은 어휘 배치** 남은 어휘 网球(테니스)는 运动员을 꾸며주는 말이므로 목적어 运动员 앞 관형어로 배치하여 문장을 완성한다.

**어휘** 父亲 fùqīn 몡 아버지  位 wèi 앵 분, 명(사람을 세는 단위)  网球 wǎngqiú 몡 테니스  运动员 yùndòngyuán 몡 운동 선수

---

**89** 这张桌子　搬到　会议室　你　把

| 주어 | 부사어 | 술어 | 보어 |
|---|---|---|---|
| 你<br>대사 | 把这张桌子<br>把+명사 | 搬<br>동사 | 到会议室<br>개사+명사 |

너는 이 책상을 회의실로 옮겨라.

**해설** **술어 배치** 제시어 중 술어가 될 수 있는 동사 搬(옮기다)이 포함된 搬到(~로 옮기다)를 술어에 배치한다. 제시어에 把가 있으므로 把자문임을 알 수 있다.

**주어 목적어 배치** 술어 搬의 행위의 주체로 의미상 알맞은 你(너)를 배치하고, 행위의 대상인 这张桌子(이 책상)는 把와 결합시켜 술어 앞에 배치한다.

**남은 어휘 배치** 到 뒤에 장소가 필요하므로 남은 어휘 会议室(회의실)를 배치하여 문장을 완성한다.

**어휘** 把 bǎ 께 ~을/를  张 zhāng 앵 장(평평한 면을 가진 사물을 세는 단위)  桌子 zhuōzi 몡 책상  搬 bān 동 옮기다  会议室 huìyìshì 몡 회의실

**90** 共同的爱好　我们俩　有　许多

| 주어 | 술어 | 관형어 | 목적어 |
|---|---|---|---|
| 我们俩<br>대사+수사 | 有<br>동사 | 许多共同的<br>형용사+형용사+的 | 爱好<br>명사 |
| 우리 두 사람은 같은 취미가 많이 있다. | | | |

**해설** **술어 배치** 제시어 중 술어가 될 수 있는 동사 有를 술어에 배치한다.
　　　　**주어 목적어 배치** 동사 有는 'A有B(A는 B를 가지고 있다)'를 만드므로 有의 주어로 我们俩(우리 둘)를 배치하고, 목적어로 共同的爱好(공통의 취미)를 배치한다.
　　　　**남은 어휘 배치** 형용사 许多(많은)는 의미상 어울리는 共同的爱好 앞에 배치하여 문장을 완성한다.

**어휘** 俩 liǎ ㈜ 두 개, 두 사람　许多 xǔduō 휑 매우 많다　共同 gòngtóng 휑 공동의　爱好 àihào 몡 취미

**91** 不一样　那里的　和北方　气候

| 관형어 | 주어 | 부사어 | 술어 |
|---|---|---|---|
| 那里的<br>대사+的 | 气候<br>명사 | 和北方不<br>개사구+부정부사 | 一样<br>형용사 |
| 그곳의 기후는 북쪽과 다르다. | | | |

**해설** **술어 배치** 제시어에 술어가 될 수 있는 형용사 一样(같다)이 포함된 不一样(다르다)을 술어에 배치한다.
　　　　**주어 목적어 배치** 술어 一样은 'A和B一样(A는 B와 같다)'을 이루므로 명사 성분 气候(기후)를 주어 자리에, 北方(북쪽)을 B에 놓는다.
　　　　**남은 어휘 배치** 구조조사 的가 결합된 那里的(그곳의)는 의미가 어울리는 气候 앞에 배치하여 문장을 완성한다.

**어휘** 气候 qìhòu 몡 기후　和 hé 쩹 ～와/과　北方 běifāng 몡 북방　一样 yíyàng 휑 같다

**92** 在图书馆　丢了　一张　今天上午　饭卡

| 주어 | 부사어 | 술어 | 관형어 | 목적어 |
|---|---|---|---|---|
| 今天上午<br>시간명사 | 在图书馆<br>개사구 | 丢了<br>동사+了 | 一张<br>수사+양사 | 饭卡<br>명사 |
| 오늘 아침 도서관에서 식당 카드를 잃어버렸다. | | | | |

**해설** **술어 배치** 제시어 중 동태조사 了가 결합된 丢了(잃었다)를 술어에 배치한다.
　　　　**주어 목적어 배치** 술어 丢의 행위의 대상으로 의미가 어울리는 饭卡(식당 카드)를 목적어에 배치한다.
　　　　**남은 어휘 배치** 今天上午(오늘 아침)와 在图书馆(도서관에서)은 '시간+장소'의 순서이므로 今天上午在图书馆으로 배치하고, '수사+양사' 구조인 一张(한 장)은 목적어 饭卡 앞에 배치하여 문장을 완성한다.

**어휘** 今天 jīntiān 몡 오늘　上午 shàngwǔ 몡 오전　图书馆 túshūguǎn 몡 도서관　丢 diū 동 잃어버리다　张 zhāng 양 장　饭卡 fànkǎ 몡 식당 카드

**93** 让　我　很吃惊　这个　消息

| 관형어 | 주어 | 술어1 | 겸어 | 부사어 | 술어2 |
|---|---|---|---|---|---|
| **这个** | **消息** | **让** | **我** | **很** | **吃惊** |
| 대사+양사 | 명사 | 겸어동사 | 대사 | 부사 | 동사 |

이 소식은 나를 매우 놀라게 했다.

**해설** **술어 배치** 제시어에 술어가 될 수 있는 동사는 让(~하게 하다)과 吃惊(놀라다)이 있다. 이 중 让은 겸어문을 만드는 동사이므로 술어1에 배치하고, 吃惊을 술어2에 배치한다.

**주어 목적어 배치** 술어 让은 'A让B……(A가 B를 ~하게 한다)'의 구조를 이루므로 消息(소식)를 A에, 행동의 영향을 받는 대상인 我(나)를 B에 배치한다.

**남은 어휘 배치** '대사+양사'인 这个(이것)는 주어 消息 앞에 배치하여 문장을 완성한다.

**어휘** 消息 xiāoxi 명 소식  让 ràng 동 ~하게 하다  吃惊 chījīng 형 놀라다

**94**  我们应该   接受自己的   学会   缺点

| 주어 | 부사어 | 술어 | 목적어 |
|---|---|---|---|
| **我们** | **应该** | **学会** | **接受自己的缺点** |
| 대사 | 조동사 | 동사 | 술목구 |

우리는 마땅히 자신의 단점을 받아들일 줄 알아야 한다.

**해설** **술어 배치** 제시어 중 술어가 될 수 있는 동사 学会(할 줄 알다)를 술어에 배치한다.

**주어 목적어 배치** 술어 学会의 행동의 주체가 될 수 있는 대사 我们(우리)을 주어에 배치한다. 学会는 술목구를 목적어로 가질 수 있으므로 동사 接受(받아들이다)를 목적어로 배치한다.

**남은 어휘 배치** 구조조사 的가 결합된 自己的(자신의) 뒤에 명사 缺点(단점)을 연결하여 接受의 목적어 자리에 배치하고 주어 뒤에 조동사 应该(~해야 한다)가 이미 결합되어 있으므로 이대로 문장을 완성한다.

**어휘** 学会 xuéhuì 동 배워서 ~할 줄 알다  接受 jiēshòu 동 받아들이다  自己 zìjǐ 대 자신  缺点 quēdiǎn 명 단점

**95**  院子   有   葡萄树   里   我家的   一棵

| 관형어 | 주어 | 술어 | 관형어 | 목적어 |
|---|---|---|---|---|
| **我家的** | **院子里** | **有** | **一棵** | **葡萄树** |
| 대사+명사+的 | 명사+방위명사 | 동사 | 수사+양사 | 명사 |

우리집 정원에 포도나무 한 그루가 있다.

**해설** **술어 배치** 제시어 중 술어가 될 수 있는 동사 有(있다)를 술어에 배치한다.

**주어 목적어 배치** 술어 有는 'A有B(A에 B가 있다)'의 구조를 이루므로 院子(정원)를 주어에, 葡萄树(포도나무)를 목적어에 배치한다.

**남은 어휘 배치** 방위를 나타내는 명사 里(안)는 장소 어휘인 院子 뒤에 배치하고, 구조조사 的가 결합된 我家的(우리집의)는 관형어이므로 院子里 앞에 배치시킨다. '수사+양사'인 一棵(한 그루)도 관형어이므로 의미가 어울리는 葡萄树 앞에 배치하여 문장을 완성한다.

**어휘** 家 jiā 명 집  院子 yuànzi 명 정원  棵 kē 양 그루  葡萄树 pútáoshù 포도나무

## 96 果汁 ⑲ 과일 주스

**해설** 果汁(guǒzhī)는 명사로 '과일 주스'라는 뜻이고 사진은 주스를 마시고 있는 남자의 모습이다. 제시어인 명사 果汁를 목적어로 삼고 술어로 喝(마시다)를, 他(그)를 주어로 삼아 주-술-목 기본 문장에 부사 在를 추가하여 他在喝果汁(그는 주스를 마시고 있다)를 완성한다. 더 나아가 동사 喜欢(좋아하다)을 사용하거나, '不仅……, 而且……(~일 뿐만 아니라 또한 ~하다)' 등의 표현을 사용하여 주스의 특징을 자세히 묘사하는 문장을 만들 수도 있다.

**정답** **기본** 他在喝果汁。 그는 주스를 마시고 있다.
**확장** 我喜欢喝苹果汁。 나는 사과주스 마시는 걸 좋아한다.
　　　　这种果汁不仅好喝，而且对身体很好。 이 주스는 맛있을 뿐만 아니라, 건강에도 좋다.

**어휘** 果汁 guǒzhī ⑲ 과일 주스　苹果汁 píngguǒzhī 사과주스　不仅……, 而且…… bùjǐn……, érqiě…… ~뿐만 아니라 게다가　好喝 hǎohē (음료수 따위가) 맛있다　对 duì ⑳ ~에게

## 97 打扮 ⑤ 단장하다

**해설** 打扮(dǎban)은 동사로 '단장하다, 화장하다'라는 뜻이고, 사진은 화장하고 있는 여자의 모습이다. 제시어인 동사 打扮을 술어로 삼고, 주어로 她(그녀)를 사용하여 주-술 기본 문장에 부사 在를 추가하여 她在打扮(그녀는 화장하고 있다)을 완성한다. 여기에 더 다양한 표현을 위해 개사구 在镜子前(거울 앞에서)을 추가하거나, 화장하는 이유 등을 추가하여 다양한 문장을 완성해 본다.

**정답** **기본** 她在打扮。 그녀는 화장하고 있다.
**확장** 我在镜子前打扮。 나는 거울 앞에서 화장하고 있다.
　　　　为了跟男朋友的约会，我要好好儿打扮打扮。 남자친구와의 데이트를 위해 나는 잘 단장하려고 한다.

**어휘** 打扮 dǎban ⑤ 단장하다, 치장하다　镜子 jìngzi ⑲ 거울　为了 wèi le ⑳ ~을 위하여　约会 yuēhuì ⑲ 만날 약속　在 zài ⑲ 마침 ~하고 있다

## 98 盐 ⑲ 소금

**해설** 盐(yán)은 명사로 '소금'이라는 뜻이고 사진은 음식에 소금을 뿌리고 있는 모습이다. 제시어인 명사 盐을 목적어로 삼고, 술어로 放(넣다)을, 주어로 他(그)를 사용하여 주-술-목 기본 문장에 부사 在를 추가하여 他在放盐(그는 소금을 넣고 있다)을 완성한다. 여기에 더욱 다양한 표현을 위해 개사구 在菜里(음식에)를 추가하거나, 소금을 넣는 이유 등을 추가한 문장을 완성할 수 있다.

**정답** **기본** 他在放盐。 그는 소금을 넣고 있다.
**확장** 他在菜里加点儿盐。 그는 음식에 소금을 넣고 있다.
　　　　味道有点儿淡，再加点盐吧。 맛이 조금 싱거우니 소금을 좀 넣어라.

**어휘** 盐 yán ⑲ 소금　放 fàng ⑤ 넣다, 타다　加 jiā ⑤ 더하다　一点儿 yìdiǎnr 조금　味道 wèidao ⑲ 맛　淡 dàn ⑱ 싱겁다

## 99 降落 ⑤ 착륙하다

**해설** 降落(jiàngluò)는 동사로 '착륙하다'라는 뜻이고 사진은 비행기가 착륙하고 있는 모습이다. 제시어 동사 降落를 술어로 삼고, 주어로 飞机(비행기)를 사용하여 주-술 기본 문장에 부사 在를 추가하여 飞机在降落(비행기가 착륙하고 있다)를 완성한다. 여기에 더욱 다양한 표현을 위해 准备(준비하다)를 술어로 삼거나, '要……了(곧 ~하려고 한다)' 등의 어휘를 사용하여 문장을 완성한다.

**정답** **기본** 飞机在降落。 비행기가 착륙하고 있다.
**확장** 飞机正在准备降落。 비행기는 지금 착륙 준비 중이다.
　　　　飞机马上要降落了。 비행기는 곧 착륙하려고 한다.

**어휘** 降落 jiàngluò ⑤ 착륙하다　飞机 fēijī ⑲ 비행기　正在 zhèngzài ⑲ 마침 ~하고 있다　准备 zhǔnbèi ⑤ 준비하다　马上 mǎshàng ⑲ 곧　要……了 yào……le 곧 ~하려고 하다

## 100 复杂 <sub>형</sub> 복잡하다

**해설** 复杂(fùzá)는 형용사로 '복잡하다'라는 뜻이고 사진은 책상 앞에서 괴로워하는 여자의 모습이다. 제시어인 형용사 复杂를 술어로 삼고 주어로 心情(마음)을 사용하여 주─술 기본 문장 我的心情很复杂(내 마음이 아주 복잡하다)를 완성한다. 여기에 더욱 다양한 표현을 위해 问题(문제), 解决不了(해결할 수 없다), 难受(괴롭다) 등을 사용하여 문장을 완성해 본다.

**정답** **기본** 我的心情很复杂。 내 마음이 아주 복잡하다.

**확장** 这么复杂的问题，我解决不了。 이렇게 복잡한 문제를 나는 해결할 수 없다.

问题更加复杂了，她很难受。 문제가 더 복잡해져서, 그녀는 너무 괴롭다.

**어휘** 复杂 fùzá <sub>형</sub> 복잡하다　心情 xīnqíng <sub>명</sub> 마음, 기분　这么 zhème <sub>대</sub> 이렇게, 이러한　解决 jiějué <sub>동</sub> 해결하다　更加 gèngjiā <sub>부</sub> 더욱, 더　难受 nánshòu <sub>형</sub> 괴롭다, 견딜 수 없다

## 듣 기

| 제1부분 | 1. ✗ | 2. ✓ | 3. ✓ | 4. ✗ | 5. ✓ | 6. ✗ | 7. ✗ | 8. ✗ | 9. ✗ | 10. ✓ |

| 제2, 3부분 대화형 | 11. B | 12. C | 13. B | 14. A | 15. C | 16. B | 17. A | 18. B | 19. C | 20. D | 21. D |
| | 22. D | 23. B | 24. A | 25. D |

| 제3부분 단문형 | 26. B | 27. B | 28. D | 29. A | 30. C | 31. B | 32. C | 33. C | 34. A | 35. B | 36. B |
| | 37. C | 38. A | 39. A | 40. A | 41. D | 42. C | 43. D | 44. C | 45. A |

## 독 해

| 제1부분 | 46. F | 47. B | 48. A | 49. C | 50. E | 51. F | 52. D | 53. B | 54. E | 55. A |

| 제2부분 | 56. A-C-B | 57. B-A-C | 58. B-A-C | 59. B-A-C | 60. A-C-B | 61. C-B-A | 62. A-B-C |
| | 63. A-B-C | 64. C-B-A | 65. A-C-B |

| 제3부분 | 66. A | 67. C | 68. B | 69. A | 70. D | 71. C | 72. A | 73. A | 74. B | 75. A | 76. A | 77. B |
| | 78. A | 79. B | 80. C | 81. A | 82. D | 83. D | 84. A | 85. C |

## 쓰 기

### 제1부분

86. 那家公司的规定挺严格的。

87. 这场比赛赢得非常轻松。

88. 大概四分之三的人反对这样做。

89. 我把不穿的衣服扔掉了。

90. 这台洗衣机的质量不错。

91. 这个消息被同学们知道了。

92. 他的工资比我高3000元。

93. 博物馆里不允许拍照。

94. 你的普通话水平考试考得怎么样？

95. 这个故事真让人感动了。

### 제2부분

96. 기본  鞋子在打折。
    확장  她想买鞋子，正好在打折。
         这家商店在搞打折活动。

97. 기본  她抱小狗。
    확장  她抱着小狗坐在椅子上。
         她抱着小狗去公园散步。

98. 기본  我毕业了。
    확장  我毕业于北京大学。（我北京大学毕业。）
         大学毕业了，既高兴又舍不得。

99. 기본  我有零钱。
    확장  我没有零钱，可以刷卡吗？
         这是找您的零钱，欢迎下次光临。

100. 기본  我们很愉快。
     확장  他们看起来很愉快。
          我最近生活过得很愉快。

# 실전모의고사 2

## 듣기 제1부분

**1**

★ 在出口处换礼物。 （✘）

★ 출구에서 사은품을 교환한다.

各位朋友们，您好。购物满三百元的顾客可以免费获得一份小礼物，请您在付款后，拿着购物小票到三楼服务台换取，谢谢。

여러분, 안녕하십니까? 300위안을 구매하신 고객분께서는 무료로 사은품을 받으실 수 있습니다. 결제 완료 후 구매영수증을 소지하셔서 3층 안내데스크에서 교환하십시오. 감사합니다.

**해설** 보기 문장의 키워드는 出口处(출구)와 换礼物(선물 교환)이다. 녹음은 사은품 증정에 관한 내용으로 마지막 부분에서 到三楼服务台换取(3층 안내데스크로 가서 교환하다)라고 했으므로 사은품 교환 장소는 出口处가 아닌 三楼服务台이다. 따라서 정답은 불일치이다.

**어휘** 出口处 chūkǒuchù 몡 출구  换 huàn 툉 바꾸다  礼物 lǐwù 몡 선물  各位 gèwèi 때 여러분  购物 gòuwù 툉 물건을 구매하다  满 mǎn 툉 채우다  百 bǎi 囹 백, 100  元 yuán 몡 위안(화폐 단위)  顾客 gùkè 몡 고객  免费 miǎnfèi 툉 무료로 하다  获得 huòdé 툉 얻다  份 fèn 양 벌, 세트  请 qǐng 툉 ~해 주세요  付款 fùkuǎn 툉 돈을 지불하다  拿 ná 툉 가지다  小票 xiǎopiào 몡 영수증  楼 lóu 양 층  服务台 fúwùtái 몡 안내데스크  换取 huànqǔ 툉 바꾸어 가지다

**2**

★ 大家认识不久。 （✔）

★ 모두들 안 지 오래되지 않았다.

新学期刚开始，大家都还不太熟悉，所以我想举办一场小晚会，希望通过这次晚会，大家都介绍一下自己，互相认识认识。

새학기가 막 시작되어 모두들 아직 잘 알지 못합니다. 그래서 저는 작은 파티를 열고 싶은데 이번 파티를 통해서 모두 각자 소개하고 서로 알게 되길 바랍니다.

**해설** 보기 문장의 키워드는 认识不久(안지 오래되지 않았다)이다. 녹음의 시작 부분에서 新学期刚开始，大家都还不太熟悉(새학기가 막 시작되어 모두들 아직 잘 알지 못한다)라고 하여 서로 안지 얼마 안 되었음을 알 수 있다. 따라서 정답은 일치이다.

**어휘** 认识 rènshi 툉 알다  久 jiǔ 囝 오래되다  学期 xuéqī 몡 학기  刚 gāng 뷴 방금  开始 kāishǐ 툉 시작하다  熟悉 shúxī 囝 잘 알다  所以 suǒyǐ 젭 그리하여  举办 jǔbàn 툉 개최하다  场 chǎng 양 회, 번(오락·체육 활동 등에 쓰임)  晚会 wǎnhuì 몡 파티, 연회  希望 xīwàng 툉 희망하다  通过 tōngguò 툉 ~을 통해서  次 cì 양 번, 횟수  介绍 jièshào 툉 소개하다  自己 zìjǐ 때 자신  互相 hùxiāng 뷴 서로

**3**

★ 用手机上网使生活更加方便了。 （✔）

★ 휴대폰으로 인터넷을 하는 것은 생활을 더욱 편리하게 했다.

随着科学技术的发展，手机也能上网了，这大大方便了人们的生活，比如说，要出门旅行时，只要选好目的地，用手机上网买好机票，拉起行李箱就可以出发了。

과학 기술이 발전함에 따라서 휴대폰으로도 인터넷을 할 수 있게 되었고, 이것은 사람들의 생활을 아주 편리하게 만들었다. 예를 들어, 여행을 갈 때 목적지를 고르고 휴대폰으로 인터넷에 접속해서 비행기표를 사기만 하면 여행가방만 끌고 바로 출발할 수 있게 되었다.

**해설** 보기 문장의 키워드는 手机上网(핸드폰으로 인터넷 하는 것)과 方便(편리하다)이다. 녹음에서 手机也能上网了，这大大方便了人们的生活(휴대폰으로도 인터넷을 할 수 있게 되었고, 이것은 사람들의 생활을 아주 편리하게 만들었다)라고 하며 휴대폰으로 인터넷을 하는 것으로 인한 다양한 편리함을 설명하고 있으므로 정답은 일치이다.

**어휘** 手机 shǒujī 몡 휴대폰  上网 shàngwǎng 툉 인터넷을 하다  使 shǐ 툉 ~하게 하다  生活 shēnghuó 몡 생활  更加 gèngjiā

부 더욱 더   方便 fāngbiàn 형 편리하다   随着 suízhe 개 ~에 따라   科学 kēxué 명 과학   技术 jìshù 명 기술   发展 fāzhǎn 동 발전하다   人们 rénmen 명 사람들   比如说 bǐrúshuō 예컨대   出门 chūmén 동 외출하다   旅行 lǚxíng 동 여행하다   时 shí 명 때   只要……, 就…… zhǐyào……, jiù…… ~하기만 하면 ~하다   选 xuǎn 동 선택하다   目的地 mùdìdì 명 목적지   用 yòng 동 사용하다   机票 jīpiào 명 비행기표   拉 lā 동 끌다   行李箱 xínglǐxiāng 명 여행용 가방   出发 chūfā 동 출발하다

---

**4**

★ 女儿晚上想看电影。　（✘）

★ 딸은 저녁에 영화를 보고 싶어 한다.

我们先吃饭吧。女儿说，她今天晚上有约会，要跟朋友去逛街，晚上不回来吃饭了。

우리 먼저 저녁 먹어요. 딸이 말하길, 오늘 저녁 약속이 있어서 친구와 쇼핑을 하러 간다고 저녁에 집에 와서 밥을 안 먹는대요.

해설   보기 문장의 키워드는 女儿(딸)과 看电影(영화를 보다)이다. 녹음에서 她今天晚上有约会, 要跟朋友去逛街(오늘 저녁에 약속이 있는데 친구와 쇼핑을 간다)라고 했으므로 딸의 약속은 看电影이 아니라 逛街임을 알 수 있다. 따라서 정답은 불일치이다.

어휘   女儿 nǚ'ér 명 딸   晚上 wǎnshang 명 저녁   电影 diànyǐng 명 영화   先 xiān 부 먼저   今天 jīntiān 명 오늘   约会 yuēhuì 명 약속   跟 gēn 개 ~와/과   朋友 péngyou 명 친구   逛街 guàngjiē 동 쇼핑하다   回来 huílái 동 돌아오다

---

**5**

★ 生气时不要急着做决定。　（✔）

★ 화가 났을 때, 조급하게 결정하지 말아라.

生气时，千万不要急着做决定，因为这时做的决定很可能会让你后悔。最好你在冷静时再做决定。

화가 났을 때, 절대로 조급하게 결정을 하지 말아라. 이 때 한 결정은 네가 후회할 가능성이 매우 크기 때문이다. 가장 바람직한 것은 네가 냉정할 때 다시 결정하는 것이다.

해설   보기 문장의 키워드는 不要(~하지 말라)와 急着做决定(조급하게 결정하다)이다. 녹음에서 千万不要急着做决定(절대 조급하게 결정하지 말아라)이라고 하여 키워드가 그대로 언급되었으므로 일치하는 내용임을 알 수 있다.

어휘   生气 shēngqì 동 화나다   时 shí 명 때   不要 búyào ~하지 마라   急着 jízhe 동 급히 서두르다   决定 juédìng 동 결정하다   千万 qiānwàn 부 절대로   因为 yīnwèi 접 왜냐하면   这时 zhèshí 이때   可能 kěnéng 동 가능하다   让 ràng 동 ~하게 하다   后悔 hòuhuǐ 동 후회하다   最好 zuìhǎo 부 가장 바람직한 것은   冷静 lěngjìng 동 침착하다

---

**6**

★ 他希望大家给他发传真。　（✘）

★ 그는 모두가 그에게 팩스를 보내길 원한다.

今天的课就讲到这儿，大家如果还有什么问题不明白，可以给我发邮件，这是我的邮箱地址。

오늘 수업은 여기까지입니다. 만일 이해가 안 되는 문제가 있으면 저에게 이메일을 보내면 됩니다. 이것은 제 메일 주소입니다.

해설   보기 문장의 키워드는 希望(바라다)과 发传真(팩스를 보내다)이다. 녹음에서 무슨 문제가 있으면 可以给我发邮件(나에게 이메일을 보내면 된다)이라고 하여 연락하는 방식이 传真이 아니라 邮件이므로 불일치하는 내용이다.

어휘   希望 xīwàng 동 희망하다   发 fā 동 보내다   传真 chuánzhēn 명 팩스   课 kè 명 수업   讲 jiǎng 동 설명하다   如果 rúguǒ 접 만약   问题 wèntí 명 문제   明白 míngbai 동 이해하다   发邮件 fāyóujiàn 동 이메일을 보내다   邮箱地址 yóuxiāngdìzhǐ 이메일 주소

---

**7**

★ 他们在谈工作。　（✘）

★ 그들은 업무에 대해 이야기한다.

那本杂志的内容很丰富，不但有艺术方面的知识，还有许多小笑话。你有兴趣的话，我可以借给你看看。

그 잡지의 내용은 매우 풍부해요. 예술 쪽 지식이 있을 뿐만 아니라, 웃긴 이야기도 많아요. 관심 있으면 제가 빌려줄 수 있어요.

해설   보기 문장의 키워드는 在谈(이야기하고 있다)과 工作(업무)이다. 녹음의 내용은 杂志(잡지)에 관한 내용으로 不但有艺术方面的知识, 还有许多小笑话(예술 쪽 지식이 있을 뿐만 아니라, 웃긴 이야기도 많아요)라고 했으므로 工作가 아니라 杂志에 관해 이야기하는 내용임을 알 수 있다. 따라서 정답은 불일치이다.

**8**

| ★ 他让小明去出差。　（✗） | ★ 그는 샤오밍에게 출장을 가라고 했다. |
|---|---|
| 小明，这次活动的安排我已经发给你邮件了。你再检查一遍，没问题的话就打印出来让大家看看，顺便告诉大家明天的会议改到下午一点。 | 샤오밍, 이번 행사 계획을 이미 당신에게 메일로 보냈어요. 다시 한 번 검토하고 문제가 없으면 출력해서 모두에게 보게 해 주세요. 그리고 모두에게 내일 회의가 오후 1시로 바뀌었다고 알려 주세요. |

**해설** 보기 문장의 키워드는 让小明(샤오밍에게 ~을 하게 하다)과 去出差(출장가다)이다. 녹음에서 말하는 사람은 샤오밍에게 你再检查一遍，没问题就打印出来让大家看看(다시 한 번 검토하고 문제가 없으면 출력해서 모두에게 보게 해 주세요)이라고 했으므로 出差(출장가다)가 아니라 打印(출력하다)을 요청하고 있다. 따라서 불일치하는 내용이다.

**9**

| ★ 他几乎每天都去打网球。　（✗） | ★ 그는 거의 매일 테니스를 치러 간다. |
|---|---|
| 我最大的爱好就是打网球，尽管平时工作很忙，很少有时间打球，可到了周末我会约朋友去打球。 | 나의 가장 큰 취미는 테니스를 치는 것이다. 비록 평소에는 일이 너무 바빠서, 테니스를 칠 시간이 아주 적지만, 그러나 주말이 되면 나는 친구랑 약속해서 테니스를 치러 간다. |

**해설** 보기 문장의 키워드는 每天(매일)과 打网球(테니스를 치러 가다)이다. 녹음에서 到了周末我会约朋友去打球(주말이 되면 친구와 약속해서 테니스를 치러 간다)라고 했으므로 시간 정보가 다름을 알 수 있다. 따라서 정답은 불일치이다.

**10**

| ★ 现在报名还来得及。　（✓） | ★ 지금 신청해도 늦지 않다. |
|---|---|
| 你不是准备参加普通话考试吗？今天报名就结束了。材料你怎么还在手里？现在都四点了，办公室六点关门，快去吧。 | 너 표준중국어 시험 준비하지 않아? 오늘 신청 마감인데, 왜 아직 자료가 손에 있어? 지금 벌써 4시야. 사무실은 6시에 문 닫으니까 빨리 가 봐. |

**해설** 보기 문장의 키워드는 报名(신청)과 来得及(늦지 않다)이다. 녹음에서 办公室六点关门，快去吧(사무실이 6시에 문 닫으니까 빨리 가 봐)라고 했으므로 아직 신청할 수 있는 시간이 남아 있음을 알 수 있다. 따라서 정답은 일치이다.

**11**

男：你这篇文章写得不错，以后要继续努力。
女：谢谢老师，我一定会努力的。

问：男的觉得这篇文章怎么样？

남: 너 이 글 정말 잘 썼구나. 앞으로도 계속해서 노력하렴.
여: 감사합니다. 선생님. 꼭 노력할게요.

질문: 남자 생각에 이 글은 어떠한가?

| | |
|---|---|
| A 重新修改 | A 다시 고쳐라 |
| **B 写得很好** | **B 잘 썼다** |
| C 不怎么样 | C 그저 그렇다 |
| D 没原来的好 | D 원래보다 좋지 않다 |

**해설** 보기의 어휘는 모두 상태를 나타내며 修改(수정하다), 写(쓰다) 등의 어휘로 보아 글과 관련된 내용임을 알 수 있다. 녹음에서 남자가 你这篇文章写得不错(너 이 글 정말 잘 썼구나)라고 했으므로 이 글에 대한 남자의 생각은 B 写得很好(잘 썼다)이다. 不错와 很好는 동의어이다.

**어휘** 觉得 juéde 통 ~라고 생각하다　重新 chóngxīn 부 다시　修改 xiūgǎi 통 수정하다　不怎么样 bùzěnmeyàng 보통이다, 별로 좋지 않다　原来 yuánlái 부 원래　篇 piān 양 편(글을 세는 단위)　文章 wénzhāng 명 글　不错 búcuò 형 좋다　以后 yǐhòu 명 이후　继续 jìxù 부 계속해서　努力 nǔlì 통 노력하다　老师 lǎoshī 명 선생님　一定 yídìng 부 꼭, 반드시

**12**

女：从这儿打车到机场至少得30分钟。9点出门恐怕来不及了。
男：那咱们明天8点就出发吧。

问：女的是什么意思？

여: 여기에서 택시 타면 공항까지 최소 30분은 걸려요. 9시에 출발하면 늦을 것 같은데.
남: 그럼 우리 내일 8시에 출발합시다.

질문: 여자는 무슨 의미인가?

| | |
|---|---|
| A 想带点饼干 | A 과자를 좀 가져가고 싶다 |
| B 要理发 | B 이발을 하고 싶다 |
| **C 要早出门** | **C 일찍 나서야 한다** |
| D 想睡觉 | D 잠을 자고 싶다 |

**해설** 보기의 어휘는 행동을 나타내고 공통적으로 想(~하고 싶다), 要(~하려고 한다) 등의 어휘가 있으므로 하고자 하는 행동을 주의해서 듣는다. 녹음에서 여자가 9点出门恐怕来不及了(9시에 출발하면 늦을 거 같아)라고 했으므로 여자의 말의 뜻은 C 要早出门(일찍 나서야 한다)이다.

**어휘** 带 dài 통 휴대하다　饼干 bǐnggān 명 과자　理发 lǐfà 통 이발하다　出门 chūmén 통 외출하다　睡觉 shuìjiào 통 자다　从……到…… cóng……dào…… ~부터 ~까지　打车 dǎchē 통 택시를 타다　机场 jīchǎng 명 공항　至少 zhìshǎo 부 최소한　得 děi 조동 ~해야 한다　分钟 fēnzhōng 명 분　点 diǎn 양 시　恐怕 kǒngpà 부 아마 ~일 것 같다　来不及 láibují 시간이 맞지 않다　那 nà 접 그러면　明天 míngtiān 명 내일　出发 chūfā 통 출발하다　意思 yìsi 명 의미, 뜻

**13**

男：你怎么不接电话，我打了好几次。
女：对不起，刚才我在会议室开会，没办法接电话。

问：女的刚才在做什么？

남: 왜 전화를 안 받아요, 제가 몇 번이나 걸었어요.
여: 미안해요. 방금 나 회의실에서 회의하느라 받을 방법이 없었어요.

질문: 여자는 방금 무엇을 했는가?

| A 复印材料 | A 자료를 복사하다 |
|---|---|
| **B 开会** | **B 회의하다** |
| C 收拾行李 | C 짐을 정리하다 |
| D 买电脑 | D 컴퓨터를 사다 |

**해설** 보기의 어휘는 모두 행동을 나타낸다. 녹음에서 남자의 전화를 왜 받지 않느냐는 말에 여자는 对不起，刚才我在会议室开会(미안해요. 방금 회의실에서 회의하고 있었어요)라고 했으므로 여자가 방금 한 일은 B 开会(회의하다)이다.

**어휘** 复印 fùyìn 图 복사하다　材料 cáiliào 图 자료　开会 kāihuì 图 회의를 열다　收拾 shōushi 图 정리하다　行李 xíngli 图 짐　电脑 diànnǎo 图 컴퓨터　接 jiē 图 (전화를) 받다　电话 diànhuà 图 전화　打 dǎ 图 (전화를) 하다　次 cì 图 회, 번　刚才 gāngcái 图 방금　会议室 huìyìshì 图 회의실　办法 bànfǎ 图 방법

---

**14**

| 女：家里的电脑坏了，我想换台新的，你知道哪种好吗？<br>男：我也不太清楚，你问小高吧，他对这方面很了解。<br><br>问：女的要买什么？ | 여: 집에 있는 컴퓨터가 망가져서, 나 새 걸로 바꾸고 싶어. 너 어떤 게 좋은지 아니？<br>남: 나도 잘 몰라. 샤오까오에게 물어 봐. 걔가 이 방면으로는 아주 잘 알아.<br><br>질문: 여자는 무엇을 사려고 하는가？ |
|---|---|
| **A 电脑**　　　B 手机<br>C 词典　　　　D 杯子 | **A 컴퓨터**　　　B 휴대폰<br>C 사전　　　　D 컵 |

**해설** 보기의 어휘가 모두 사물을 나타낸다. 녹음에서 여자가 家里的电脑坏了，我想换台新的(집에 컴퓨터가 망가져서 새 것으로 바꾸고 싶어)라고 했으므로 여자가 사고 싶어하는 것은 A 电脑(컴퓨터)이다.

**어휘** 电脑 diànnǎo 图 컴퓨터　手机 shǒujī 图 휴대폰　词典 cídiǎn 图 사전　杯子 bēizi 图 잔　家里 jiāli 图 집안　坏 huài 图 망가지다　换 huàn 图 바꾸다　台 tái 图 대(기계·차량 등을 세는 단위)　新 xīn 图 새롭다　知道 zhīdào 图 알다　种 zhǒng 图 종류　也 yě 图 ~도　清楚 qīngchu 图 분명하다　问 wèn 图 물어보다　对 duì 图 ~에 대해　方面 fāngmiàn 图 방면　了解 liǎojiě 图 알다

---

**15**

| 男：这儿附近有什么比较好的咖啡厅吗？<br>女：公司对面那家就不错，咖啡很好喝，蛋糕也很好吃。<br><br>问：关于那家咖啡厅可以知道什么？ | 남: 여기 근처에 괜찮은 카페 있어요？<br>여: 회사 근처에 그 카페 괜찮아요. 커피가 맛있고, 케이크도 맛있어요.<br><br>질문: 그 카페에 관해 알 수 있는 것은？ |
|---|---|
| A 很脏<br>B 服务态度不好<br>**C 蛋糕好吃**<br>D 饮料很贵 | A 아주 더럽다<br>B 서비스 태도가 안 좋다<br>**C 케이크가 맛있다**<br>D 음료수가 비싸다 |

**해설** 보기의 어휘는 모두 상태를 나타내고, 키워드는 脏(더럽다), 服务态度(서비스 태도), 蛋糕(케이크), 饮料(음료수)이다. 녹음에서 남자의 괜찮은 카페가 있느냐는 물음에 여자는 회사 맞은편 카페를 소개하며 咖啡很好喝，蛋糕也很好吃(커피가 맛있고 케이크도 맛있어)라고 했으므로 카페에 관한 옳은 내용은 C 蛋糕好吃(케이크가 맛있다)이다.

**어휘** 脏 zāng 图 더럽다　服务 fúwù 图 서비스　态度 tàidù 图 태도　蛋糕 dàngāo 图 케이크　好吃 hǎochī 图 맛있다　饮料 yǐnliào 图 음료수　贵 guì 图 비싸다　附近 fùjìn 图 부근, 근처　比较 bǐjiào 图 비교적　咖啡厅 kāfēitīng 图 커피숍　公司 gōngsī 图 회사　对面 duìmiàn 图 맞은편　家 jiā 图 점포 등을 세는 단위　不错 búcuò 图 괜찮다　咖啡 kāfēi 图 커피　好喝 hǎohē 맛있다　关于 guānyú 图 ~에 관하여　知道 zhīdào 图 알다

**16**

女：一会儿有客人要来，你帮我把客厅收拾一下。
男：好的。妈妈，是谁来的呢？

问：女的让男的做什么？

| A 买果汁 | B 打扫客厅 |
|---|---|
| C 洗碗 | D 写日记 |

여: 잠시 후에 손님이 오니 날 도와서 거실을 좀 정리해 주렴.
남: 알겠어요. 엄마. 누가 오세요?

질문: 여자는 남자에게 무엇을 하라고 했는가?

| A 주스를 사다 | B 거실을 청소하다 |
|---|---|
| C 설거지를 하다 | D 일기를 쓰다 |

**해설** 보기의 어휘는 모두 행동을 나타낸다. 녹음에서 여자는 남자에게 你帮我把客厅收拾一下(날 도와서 거실 좀 정리해 주렴)라고 했으므로 여자가 남자에게 시킨 일은 B 打扫客厅(거실을 청소하다)이다. 收拾(정리하다)와 打扫(청소하다)는 비슷한 의미의 동의어이다.

**어휘** 果汁 guǒzhī 몡 과일 주스 打扫 dǎsǎo 됨 청소하다 客厅 kètīng 몡 거실 洗 xǐ 됨 씻다 碗 wǎn 얭 그릇 日记 rìjì 몡 일기 一会儿 yíhuìr 얭 잠시 客人 kèrén 몡 손님 帮 bāng 됨 돕다 把 bǎ 꼐 ~을/를 收拾 shōushi 됨 정리하다 让 ràng 됨 ~하게 하다

**17**

男：祝贺你考上了大学。
女：谢谢，如果没有你们的帮助，恐怕不会有这样的结果。

问：关于女的可以知道什么？

A 考上了大学
B 准备去旅行
C 拿到签证了
D 成绩不好

남: 대학에 합격한 거 축하해.
여: 고마워. 만약에 너희의 도움이 없었다면, 아마 이런 결과는 없었을 거야.

질문: 여자에 대해 알 수 있는 것은?

A 대학에 합격했다
B 여행 갈 준비를 한다
C 비자를 받았다
D 성적이 안 좋다

**해설** 보기의 키워드는 大学(대학), 旅行(여행), 签证(비자), 成绩(성적)이다. 녹음에서 남자는 여자에게 祝贺你考上了大学(대학교에 합격한 거 축하해)라고 했으므로 여자가 대학에 합격한 것을 알 수 있다. 따라서 여자에 관해 알 수 있는 내용으로 올바른 정답은 A 考上了大学(대학에 합격했다)이다.

**어휘** 考上 kǎoshàng 됨 시험에 합격하다 大学 dàxué 몡 대학교 准备 zhǔnbèi 됨 준비하다 旅行 lǚxíng 됨 여행하다 拿到 nádào 됨 손에 넣다 签证 qiānzhèng 몡 비자 成绩 chéngjì 몡 성적 祝贺 zhùhè 됨 축하하다 如果 rúguǒ 젭 만약 帮助 bāngzhù 몡 도움 恐怕 kǒngpà 뷔 아마도 这样 zhèyàng 때 이렇게, 이러한 结果 jiéguǒ 몡 결과 关于 guānyú 꼐 ~에 관하여 知道 zhīdào 됨 알다

**18**

女：一共380块，您付现金还是刷卡？
男：我没带现金，还是刷卡吧。

问：根据对话，下列哪个正确？

A 他们在吃饭
B 男的没带现金
C 女的在借钱
D 男的没带卡

여: 모두 380위안입니다. 현금으로 지불하시겠습니까, 카드로 결제하시겠습니까?
남: 저 현금을 안 가지고 와서요. 카드로 할게요.

질문: 대화에 근거하여 알 수 있는 것은?

A 그들은 밥을 먹고 있다
B 남자는 현금을 안 가져왔다
C 여자는 돈을 빌리는 중이다
D 남자는 카드를 안 가져왔다

보기는 남자와 여자의 행동을 나타내는 어휘들이므로 남자와 여자의 행동에 각각 주의해서 듣는다. 녹음에서 남자가 我没带现金, 还是刷卡吧(저 현금을 안 가지고 와서요, 카드로 할게요)라고 했으므로 대화에 근거해서 옳은 내용은 B 男的没带现金(남자는 현금을 안 가져 왔다)이다.

带 dài 통 지니다  现金 xiànjīn 명 현금  借 jiè 통 빌리다  卡 kǎ 명 카드  一共 yígòng 부 전부  块 kuài 양 위안(중국 화폐 단위)  付 fù 통 지불하다  还是 háishi 접 아니면  刷卡 shuākǎ 카드로 지불하다

**19**

男：你现在去超市吗？顺便帮我买牙膏，好吗？  
女：外面阳光这么好，正好去散散步，你和我一起去吧。

问：外面天气怎么样？

남: 너 지금 슈퍼마켓에 가? 가는 김에 치약 좀 사다줄래?  
여: 바깥에 햇볕이 이렇게 좋은데, 산책하기에 딱 좋네. 나랑 같이 가자.

질문: 바깥 날씨는 어떠한가?

| A 下大雨 | B 阴天 | A 비가 온다 | B 흐린 날 |
| **C 晴天** | D 很冷 | **C 맑은 날** | D 매우 춥다 |

보기의 어휘는 모두 날씨를 나타낸다. 녹음에서 여자가 外面阳光这么好，正好去散散步(바깥에 햇볕이 이렇게 좋은데 산책하기에 딱 좋다)라고 했으므로 바깥 날씨가 맑다는 것을 알 수 있다. 따라서 정답은 C 晴天(맑은 날)이다.

下雨 xiàyǔ 통 비가 오다  阴天 yīntiān 명 흐린 날씨  晴天 qíngtiān 명 맑은 날씨  冷 lěng 형 춥다  现在 xiànzài 명 지금  超市 chāoshì 명 슈퍼마켓  顺便 shùnbiàn 부 ~하는 김에  帮 bāng 통 돕다  牙膏 yágāo 명 치약  外面 wàimiàn 명 밖  阳光 yángguāng 명 햇빛  正好 zhènghǎo 부 마침  散步 sànbù 통 산보하다  和 hé 접 ~와/과  一起 yìqǐ 부 같이  天气 tiānqì 명 날씨

**20**

女：师傅，麻烦您开快点儿行吗？我得在八点之前到公司。  
男：您放心，保证按时把您送到。

问：他们最可能在哪儿？

여: 기사님, 죄송하지만 좀 빨리 운전해 주실 수 있나요? 제가 8시 전까지 회사에 도착해야 해서요.  
남: 걱정하지 마세요. 제시간에 모셔다 드릴 수 있어요.

질문: 그들은 어디에 있을 가능성이 가장 큰가?

| A 博物馆 | B 机场 | A 박물관 | B 공항 |
| C 海洋公园 | **D 出租车上** | C 해양 공원 | **D 택시 안** |

보기의 어휘는 모두 장소를 나타낸다. 녹음에서 여자는 남자를 师傅(기사님)라고 불렀고 이어 麻烦您开快点儿行吗?(죄송하지만 좀 빨리 운전해 주실 수 있나요?)라고 했으므로 이들이 있는 장소로 가장 알맞은 것은 D 出租车上(택시 위)이다.

博物馆 bówùguǎn 명 박물관  机场 jīchǎng 명 공항  海洋公园 hǎiyáng gōngyuán 명 해양공원  出租车 chūzūchē 명 택시  师傅 shīfu 명 기사님  麻烦 máfan 형 번거롭다  开 kāi 통 운전하다  快 kuài 형 빠르다  行 xíng 통 되다  得 děi 조동 ~해야 한다  点 diǎn 양 시  之前 zhīqián 명 ~이전  公司 gōngsī 명 회사  放心 fàngxīn 통 마음을 놓다, 안심하다  保证 bǎozhèng 통 보장하다  按时 ànshí 부 제때에  把 bǎ 개 ~을/를  送 sòng 통 데려다주다  最 zuì 부 가장  可能 kěnéng 형 가능하다

**21**

男：真奇怪，我的手机哪儿去了？  
女：你那会儿不是在客厅打电话吗？是不是在那儿？

问：男的在找什么？

남: 정말 이상하네. 내 핸드폰 어디 갔지?  
여: 너 아까 거실에서 전화하지 않았어? 거기 있는 거 아니야?

질문: 남자는 지금 무엇을 찾고 있는가?

| A 铅笔 | B 钱包 | A 연필 | B 지갑 |
|---|---|---|---|
| C 眼镜 | **D 手机** | C 안경 | **D 핸드폰** |

**해설** 보기는 모두 사물을 나타낸다. 녹음에서 남자는 我的手机哪儿去了？(내 핸드폰 어디 갔지?)라고 했으므로 남자가 핸드폰을 잃어버렸음을 알 수 있다. 따라서 남자가 찾고 있는 물건은 D 手机(핸드폰)이다.

**어휘** 铅笔 qiānbǐ 명 연필　钱包 qiánbāo 명 지갑　眼镜 yǎnjìng 명 안경　手机 shǒujī 명 휴대폰　奇怪 qíguài 동 이상하다
客厅 kètīng 명 거실　打电话 dǎdiànhuà 동 전화하다　找 zhǎo 동 찾다

**22**
| 女: 老张，这是你儿子吧？长得真帅，个子也很高。<br>男: 对，他在读博士。放寒假了就来看看我。 | 여: 라오장, 이 사람은 당신 아들이죠? 잘생기고, 키도 크네요.<br>남: 맞아요. 그는 박사과정을 밟고 있어요. 방학해서 저를 보러 왔어요. |
|---|---|
| 问: 他们在谈谁？ | 질문: 그들은 누구에 대해 이야기하고 있는가? |

| A 马经理 | B 王医生 | A 마 사장 | B 왕 의사 |
|---|---|---|---|
| C 新同学 | **D 老张的儿子** | C 새로운 반 친구 | **D 라오장의 아들** |

**해설** 보기는 모두 사람의 신분 또는 명칭이므로 등장인물 간의 관계를 잘 파악하며 들어야 한다. 녹음에서 여자가 남자에게 老张，这是你儿子吧？(라오장, 이 사람 당신 아들이죠?)라고 했으므로 이들이 이야기하고 있는 대상은 라오장의 아들임을 알 수 있다. 따라서 정답은 D 老张的儿子(라오장의 아들)이다.

**어휘** 经理 jīnglǐ 명 사장　医生 yīshēng 명 의사　新 xīn 형 새롭다　同学 tóngxué 명 학우　儿子 érzi 명 아들　长 zhǎng 동 생기다
帅 shuài 형 잘생기다　个子 gèzi 명 키　也 yě 부 ~도, 역시　对 duì 형 맞다　读 dú 동 공부하다　博士 bóshì 명 박사
放寒假 fànghánjià 겨울방학을 하다　谈 tán 동 이야기하다

**23**
| 男: 你要的那份材料，我打印出来，传真给你。<br>女: 不用了，直接发电子邮件给我就行。 | 남: 원하신 그 자료 출력해서 팩스로 보내 드리겠습니다.<br>여: 괜찮습니다. 바로 메일로 보내 주시면 돼요. |
|---|---|
| 问: 女的希望男的怎么做？ | 질문: 여자는 남자가 어떻게 하기를 바라는가? |

| A 寄信给她 | A 편지를 그녀에게 보내다 |
|---|---|
| **B 发邮件** | **B 이메일을 보내다** |
| C 重新改一改 | C 새롭게 고치다 |
| D 翻译成英文 | D 영어로 번역하다 |

**해설** 보기는 모두 행동을 나타내고 키워드는 寄信(편지를 부치다), 发邮件(이메일을 보내다), 重新改(다시 수정하다), 翻译(번역하다)이다. 녹음에서 남자는 传真给你(팩스로 보내줄게)라고 했지만 여자는 사양하면서 直接发电子邮件给我就行(바로 메일로 보내 주시면 돼요)이라고 했으므로 여자가 바라는 남자의 행동으로 올바른 것은 B 发邮件(이메일을 보내다)이다.

**어휘** 寄 jì 동 부치다　信 xìn 명 편지　发 fā 동 보내다　邮件 yóujiàn 명 메일　重新 chóngxīn 부 다시　改 gǎi 동 고치다　翻译
fānyì 동 번역하다　成 chéng 동 (~으로) 되다　英文 Yīngwén 명 영문　份 fèn 양 자료를 세는 양사　材料 cáiliào 명 자료
打印 dǎyìn 동 인쇄하다　传真 chuánzhēn 명 팩스　不用了 búyòng le 괜찮아요　直接 zhíjiē 형 직접적이다　电子邮件
diànzǐyóujiàn 명 메일　行 xíng 동 되다　希望 xīwàng 동 희망하다

**24**

| 女：他乘坐的就是这个航班呀。怎么还没看见他呢？<br>男：他刚才打电话说，航班推迟了，不用等他了。 | 여: 그가 탑승한 게 바로 이 항공편인데, 왜 아직도 안 보이지?<br>남: 그가 방금 전화로 얘기했는데 항공편이 연착돼서 기다리지 말래. |
|---|---|
| 问：他们最有可能在哪儿？ | 질문: 그들은 어디에 있을 가능성이 가장 큰가? |

| A 机场 | B 火车站 | A 공항 | B 기차역 |
|---|---|---|---|
| C 地铁站 | D 动物园 | C 지하철역 | D 동물원 |

**해설** 보기가 모두 장소로 이루어져 있으므로 직접적인 장소 언급이나, 장소를 추측할 수 있는 어휘에 주의해서 들어야 한다. 녹음에서 여자가 他乘坐的就是这个航班呀(그가 탑승한 게 바로 이 항공편이야)라고 하며 航班(항공편)을 언급했으므로 이들이 있는 장소로 가장 알맞은 곳은 机场(공항)이다.

**어휘** 机场 jīchǎng 몡 공항　火车站 huǒchēzhàn 몡 기차역　地铁站 dìtiězhàn 몡 지하철역　动物园 dòngwùyuán 몡 동물원　乘坐 chéngzuò 통 탑승하다　航班 hángbān 몡 항공편　刚才 gāngcái 뿐 방금　打电话 dǎdiànhuà 통 전화를 하다　推迟 tuīchí 통 미루다　不用 búyòng ~할 필요 없다　等 děng 통 기다리다

**25**

| 男：这个地方有点儿难，我的动作还是不太标准。<br>女：是有点复杂，你多练习几遍就好了。 | 남: 이 부분이 좀 어려워요. 제 동작이 아직도 정확하지 않아요.<br>여: 조금 복잡한데 몇 번 더 연습하면 좋아질 거예요. |
|---|---|
| 问：女的建议男的怎么做？ | 질문: 여자는 남자가 어떻게 하라고 제안하는가? |

| A 向老师学习 | A 선생님께 배운다 |
|---|---|
| B 放弃 | B 포기한다 |
| C 降低标准 | C 기준을 낮춘다 |
| **D 多练习** | **D 연습을 많이 한다** |

**해설** 보기의 어휘는 모두 행동을 나타낸다. 녹음에서 남자의 동작이 어렵다는 말에 여자가 你多练习几遍就好了(몇 번 더 연습하면 좋아질 거예요)라고 했으므로 여자가 남자에게 제안한 것은 D 多练习(연습을 많이 한다)이다.

**어휘** 向 xiàng 깨 ~을 향해서　老师 lǎoshī 몡 선생님　学习 xuéxí 몡 공부　放弃 fàngqì 통 포기하다　降低 jiàngdī 통 낮추다　标准 biāozhǔn 형 표준적이다　练习 liànxí 통 연습하다　地方 dìfang 몡 장소　难 nán 형 어렵다　动作 dòngzuò 몡 동작　复杂 fùzá 통 복잡하다　几 jǐ 쉬 몇　遍 biàn 양 번, 회　建议 jiànyì 몡 제안

## 듣기 제3부분

**26**

| 男：你今天怎么穿得这么正式？<br>女：我有面试，所以就打扮了一下。<br>男：面试怎么样？<br>女：不太清楚，面试时我有点儿紧张，很多题都答不上来了。 | 남: 너 오늘 왜 이렇게 갖춰 입었어?<br>여: 나 면접이 있어서, 좀 꾸몄어.<br>남: 면접은 어땠어?<br>여: 잘 모르겠어. 면접할 때 좀 긴장해서 많은 질문에 대답 못했어. |
|---|---|
| 问：女的为什么穿得很正式？ | 질문: 여자는 왜 갖춰 입었는가? |

| A 要表演节目 | A 공연을 해야 해서 |
|---|---|
| **B 要去面试** | **B 면접에 가려고** |
| C 要参加比赛 | C 시합에 참가해야 해서 |
| D 要看父母 | D 부모님을 뵈러 |

보기에 공통적으로 要(~해야 한다)가 있으므로 해야 할 일에 주의해서 듣는다. 녹음에서 남자가 你今天怎么穿得这么正式？(오늘 왜 이렇게 갖춰 입었어?)라고 물었을 때 여자는 我有面试(오늘 면접이 있어)라고 대답했다. 질문이 여자가 옷을 갖춰 입은 이유이므로 정답은 B 要去面试(면접보러 가려고)이다.

表演 biǎoyǎn 동 공연하다　节目 jiémù 명 프로그램　面试 miànshì 명 면접　参加 cānjiā 동 참가하다　比赛 bǐsài 명 시합　父母 fùmǔ 명 부모　穿 chuān 동 입다　正式 zhèngshì 형 정식의　所以 suǒyǐ 접 그리하여　打扮 dǎban 동 치장하다　清楚 qīngchu 형 분명하다　时 shí 명 때　紧张 jǐnzhāng 형 긴장되다　题 tí 명 문제　答不上 dábushàng 대답하지 못하다

**27**

| 女：昨天的足球比赛，谁赢了？ | 여: 어제 축구시합 누가 이겼어? |
|---|---|
| 男：难道你没看吗？ | 남: 설마 너 못 봤어? |
| 女：别提了，我家突然停电了。我只看了10分钟。 | 여: 말도 마. 우리집 어제 갑자기 정전돼서 10분밖에 못 봤어. |
| 男：真可惜！后半场踢得挺精彩的。 | 남: 진짜 아깝다. 후반전이 진짜 재미있었는데. |
| 问：他们在聊什么？ | 질문: 그들은 무슨 이야기를 하고 있는가? |

| A 电视节目 | **B 足球比赛** | A 텔레비전 프로그램 | **B 축구 시합** |
|---|---|---|---|
| C 流行音乐 | D 电脑游戏 | C 유행 음악 | D 컴퓨터 게임 |

보기는 모두 명사형 어휘들이다. 녹음에서 여자가 昨天的足球比赛，谁赢了？(어제 축구 시합 누가 이겼어?)라고 했으므로 보기 B에 메모한다. 질문이. 이들이 이야기하는 주제가 무엇인가이므로 정답은 B 足球比赛(축구 시합)이다.

电视 diànshì 명 텔레비전　节目 jiémù 명 프로그램　比赛 bǐsài 명 시합　流行 liúxíng 동 유행하다　音乐 yīnyuè 명 음악　电脑 diànnǎo 명 컴퓨터　游戏 yóuxì 명 게임　昨天 zuótiān 명 어제　足球 zúqiú 명 축구　赢 yíng 동 이기다　难道 nándào 부 설마　别提了 biétí le 말도 마라　家 jiā 명 집　突然 tūrán 부 갑자기　停电 tíngdiàn 동 정전되다　只 zhǐ 부 오로지　分钟 fēnzhōng 명 분　可惜 kěxī 형 아쉽다　后半场 hòubànchǎng 후반전　踢 tī 동 차다　挺……的 tǐng……de 매우 ~하다　精彩 jīngcǎi 형 뛰어나다　聊 liáo 동 담화하다

**28**

| 男：听说你最近在租房子？找到适合的了吗？ | 남: 너 요즘 집 구한다며? 적당한 것 찾았어? |
|---|---|
| 女：看好了一个，租金不贵，离公司很近，就是……… | 여: 하나 봤는데, 방값이 안 비싸고, 회사에서 가까워. 근데…… |
| 男：有什么不满意的地方吗？ | 남: 뭐 맘에 안 드는 곳이 있어? |
| 女：就是周围有点儿吵，我比较喜欢安静的地方。 | 여: 그냥 주위가 좀 시끄러워. 난 좀 조용한 곳이 좋은데. |
| 问：女的觉得那个房子怎么样？ | 질문: 여자는 그 집이 어떻다고 생각하는가? |

| A 地点不好 | B 太小了 | A 위치가 안 좋다 | B 너무 작다 |
|---|---|---|---|
| C 交通不方便 | **D 有点儿吵** | C 교통이 불편하다 | **D 조금 시끄럽다** |

보기의 어휘는 모두 상태를 나타내며 키워드는 地点(위치), 小(작다), 交通(교통), 吵(시끄럽다)이다. 녹음에서 여자가 방에 대해 租金不贵，离公司很近，就是……(임대료가 안 비싸고 회사에서도 가까워 그런데……)라고 말하고서 이어 불만스러운 부분에 대해 就是周围有点儿吵(그런데 주변이 좀 시끄러워)라고 했으므로 여자가 그 집에 대해 생각하는 것은 D 有点儿吵(좀 시끄럽다)이다.

听说 tīngshuō 듣자 하니　最近 zuìjìn 圆 최근　租 zū 屬 임대하다　房子 fángzi 圆 집　找到 zhǎodào 屬 찾다　适合 shìhé 屬 적합하다　租金 zūjīn 圆 임대료　贵 guì 圈 비싸다　离 lí 囝 ~로부터　公司 gōngsī 圆 회사　近 jìn 圈 가깝다　满意 mǎnyì 圈 만족하다　地方 dìfang 圆 부분　周围 zhōuwéi 圆 주위　比较 bǐjiào 囝 비교적　吵 chǎo 圈 시끄럽다　喜欢 xǐhuan 屬 좋아하다　安静 ānjìng 圈 조용하다　觉得 juéde 屬 ~라고 생각하다　地点 dìdiǎn 圆 장소　交通 jiāotōng 圆 교통　方便 fāngbiàn 圈 편리하다

**29**

| | | |
|---|---|---|
| 女：您好！您要理发吗？ | | 여: 안녕하세요. 이발하시려고요? |
| 男：是的，现在可以理发吗？ | | 남: 그렇습니다. 지금 머리 자를 수 있나요? |
| 女：可以，您想理成什么样的呢？ | | 여: 그럼요. 어떤 스타일로 자르고 싶으세요? |
| 男：稍微短一点儿就行。 | | 남: 조금만 잘라주시면 돼요. |
| | | |
| 问：他们最可能在哪儿？ | | 질문: 그들은 어디에 있는가? |

| | | | |
|---|---|---|---|
| A 理发店 | B 大使馆 | A 이발소 | B 대사관 |
| C 办公室 | D 公园 | C 사무실 | D 공원 |

보기는 모두 장소를 나타내는 어휘들이다. 녹음에서 장소 어휘가 직접적으로 언급되지 않았지만 여자와 남자의 대화에서 理发(이발하다), 稍微短一点儿就行(좀 짧게 해 주시면 돼요) 등이 있으므로 이들이 있는 장소는 A 理发店(이발소)이다.

理发店 lǐfàdiàn 圆 미용실, 이발소　大使馆 dàshǐguǎn 圆 대사관　办公室 bàngōngshì 圆 사무실　公园 gōngyuán 圆 공원　理发 lǐfà 屬 이발하다　现在 xiànzài 圆 지금　成 chéng 屬 ~으로 되다　稍微 shāowēi 囝 약간　短 duǎn 圈 짧다　行 xíng 屬 되다　最 zuì 囝 가장　可能 kěnéng 圈 가능하다

**30**

| | | |
|---|---|---|
| 男：喂！小张，你们在哪儿啊？我刚才去洗手间了。出来就找不到你们了。 | | 남: 여보세요, 샤오장. 너희 어디에 있어? 나 방금 화장실에 갔었는데 나오니까 너희 찾을 수가 없어. |
| 女：我们也在找你呢。打你手机一直不接。 | | 여: 우리도 널 찾고 있는데 핸드폰으로 전화하니까 계속 안 받았어. |
| 男：那你们现在在哪儿呢？ | | 남: 너희 지금 어딘데? |
| 女：我们在动物园售票处。你过来吧。 | | 여: 우리 동물원 매표소에 있어. 네가 와라. |
| | | |
| 问：女的让男的去哪儿找她？ | | 질문: 여자는 남자에게 어디로 찾아오라고 하는가? |

| | | |
|---|---|---|
| A 国家海洋馆 | | A 국립 해양관 |
| B 图书馆旁边 | | B 도서관 옆 |
| **C 动物园售票处** | | **C 동물원 매표소** |
| D 商店入口 | | D 상점 입구 |

보기는 모두 장소를 나타낸다. 녹음에서 남자의 너희들 지금 어디 있느냐는 물음에 여자가 我们在动物园售票处。你过来吧(우리 동물원 매표소에 있어. 네가 와라)라고 했으므로 여자가 남자에게 찾아오라고 한 장소는 C 动物园售票处(동물원 매표소)이다.

国家 guójiā 圆 국가　海洋馆 hǎiyángguǎn 圆 해양관　图书馆 túshūguǎn 圆 도서관　旁边 pángbiān 圆 옆, 옆쪽　动物园 dòngwùyuán 圆 동물원　售票处 shòupiàochù 圆 매표소　商店 shāngdiàn 圆 상점　入口 rùkǒu 圆 입구　喂 wéi 囧 여보세요　刚才 gāngcái 囝 방금　洗手间 xǐshǒujiān 圆 화장실　找不到 zhǎobúdào 찾을 수 없다　也 yě 囝 ~도　找 zhǎo 屬 찾다　一直 yìzhí 囝 계속해서　接 jiē 屬 받다　那 nà 囵 그러면　现在 xiànzài 圆 지금　过来 guòlái 屬 오다　让 ràng 屬 ~하게 하다

**31**

| | |
|---|---|
| 女: 这条路怎么这么堵? | 여: 이 길 왜 이렇게 막혀요? |
| 男: 这个时间上下班的人挺多的,所以车比平时多。 | 남: 이 시간은 출퇴근 시간이라 사람이 엄청 많아요. 그래서 차가 평소보다 많아요. |
| 女: 我们迟到了怎么办? | 여: 우리 늦으면 어떻게 해요? |
| 男: 我们换条路走吧,西边的那条路应该不会堵车的。 | 남: 우리 길을 바꿔서 가요. 서쪽 그 길은 아마 안 막힐 거예요. |
| 问: 男的是什么意思? | 질문: 남자는 무슨 의미인가? |
| A 想去洗手间 | A 화장실에 가고 싶다 |
| **B 换条路** | **B 길을 바꿔 가다** |
| C 迷路了 | C 길을 잃었다 |
| D 没带手机 | D 휴대폰을 안 가지고 왔다 |

**해설** 보기는 모두 행동을 나타낸다. 녹음에서 여자는 지각하면 어떻하냐고 하는 말에 남자는 我们换条路走吧(우리 길을 바꿔서 가요)라고 했으므로 남자의 의도는 B 换条路(길을 바꿔 가다)이다.

**어휘** 洗手间 xǐshǒujiān 몡 화장실   换 huàn 통 바꾸다   条 tiáo 양 가늘고 긴 것을 세는 단위   路 lù 몡 길   迷路 mílù 통 길을 잃다   带 dài 통 가져가다, 지니다   手机 shǒujī 몡 휴대폰   堵 dǔ 통 막히다   时间 shíjiān 몡 시간   上下班 shàngxiàbān 통 출퇴근하다   挺 tǐng 뷔 매우   所以 suǒyǐ 졥 그리하여   车 chē 몡 차   比 bǐ 게 ~보다   平时 píngshí 몡 평소   迟到 chídào 통 지각하다   怎么办 zěnmebàn 통 어떻게 하나   走 zǒu 통 가다   西边 xībian 몡 서쪽   意思 yìsi 몡 의미

**32**

| | |
|---|---|
| 男: 听说你开了家小吃店,生意怎么样? | 남: 듣자 하니 너 식당 차렸다며. 장사는 어때? |
| 女: 我本来以为很简单,做起来才发现并不容易,很辛苦。 | 여: 원래 엄청 간단할 줄 알았는데, 해보니까 쉽지 않은 걸 알았어. 너무 힘들어. |
| 男: 别着急,慢慢来,关键是要多积累经验。 | 남: 조급해 하지 말고 천천히 해. 중요한 건 경험을 많이 쌓는 거야. |
| 女: 是的,我也是这样想的。 | 여: 그래. 나도 그렇게 생각해. |
| 问: 男的是什么意思? | 질문: 남자는 무슨 의미인가? |
| A 降低标准 | A 기준을 낮춰라 |
| B 结果最重要 | B 결과가 가장 중요하다 |
| **C 多积累经验** | **C 경험을 많이 쌓아라** |
| D 做打折活动 | D 할인 행사를 해라 |

**해설** 보기의 키워드는 标准(기준), 结果(결과), 经验(경험), 打折(할인)이다. 녹음에서 남자는 여자에게 식당 장사에 대해 물었고 여자는 힘들다고 대답했다. 이에 남자는 别着急,慢慢来,关键是要多积累经验(조급해 하지 말고 천천히 해. 중요한 것은 경험을 많이 쌓는 거야)라고 했으므로 남자가 여자에게 말하고자 하는 의도는 C 多积累经验(경험을 많이 쌓아라)이다.

**어휘** 降低 jiàngdī 통 낮추다   标准 biāozhǔn 몡 기준   结果 jiéguǒ 몡 결과   最 zuì 뷔 가장   重要 zhòngyào 혱 중요하다   积累 jīlěi 통 쌓다   经验 jīngyàn 몡 경험   打折 dǎzhé 통 할인하다   活动 huódòng 몡 행사   听说 tīngshuō 듣자 하니   开 kāi 통 열다   家 jiā 양 점포 등을 세는 단위   小吃店 xiǎochīdiàn 몡 간이 식당   生意 shēngyi 몡 장사   本来 běnlái 뷔 원래는   以为 yǐwéi 통 ~라고 생각하다   简单 jiǎndān 혱 간단하다   做起来 zuòqǐlái 하기 시작하다   才 cái 뷔 비로소   发现 fāxiàn 통 발견하다   并 bìng 뷔 결코   容易 róngyì 혱 쉽다   辛苦 xīnkǔ 혱 고생스럽다   别 bié 뷔 ~하지 마라   着急 zháojí 혱 조급하다   慢慢来 mànmànlái 천천히 해라   关键 guānjiàn 몡 관건   意思 yìsi 몡 의미

실전모의고사 2   125

**33**

女：公司对面新开了家餐厅，你去过吗？
男：去过，那儿菜不错。就是去晚了没有座位。
女：那我这会儿去估计是来不及了。
男：是的，你想去的话，要早点儿出发。

问：男的觉得那家餐厅怎么样？

여: 회사 맞은편에 새로 연 음식점 너 가 봤어?
남: 가 봤어. 거기 음식 괜찮아. 근데 늦게 가면 자리가 없어.
여: 그럼 나 지금 가면 늦을 거 같네.
남: 그래. 가고 싶으면 일찍 출발해야 해.

질문: 남자의 생각에 그 음식점은 어떠한가?

| | |
|---|---|
| A 饮料很贵 | A 음료가 비싸다 |
| B 服务态度不好 | B 서비스 태도가 좋지 않다 |
| **C 菜好吃** | **C 음식이 맛있다** |
| D 很安静 | D 매우 조용하다 |

**해설** 보기의 키워드는 饮料(음료), 服务态度(서비스 태도), 菜(음식), 安静(조용하다)이다. 녹음에서 여자는 남자에게 새로 연 음식점에 가 봤느냐고 물었고 남자는 이에 那儿菜不错。就是去晚了没有座位(거기 음식 괜찮아. 근데 늦게 가면 자리가 없어)라고 했으므로 그 음식점에 대한 남자의 견해로 바른 것은 C 菜好吃(음식이 맛있다)이다.

**어휘** 饮料 yǐnliào 명 음료수  贵 guì 형 비싸다  服务 fúwù 명 서비스  态度 tàidù 명 태도  菜 cài 명 음식  好吃 hǎochī 형 맛있다  安静 ānjìng 형 조용하다  公司 gōngsī 명 회사  对面 duìmiàn 명 맞은편  新 xīn 형 새롭다  开 kāi 동 열다  家 jiā 양 점포 등을 세는 단위  餐厅 cāntīng 명 레스토랑  不错 búcuò 형 괜찮다  晚 wǎn 형 늦다  座位 zuòwèi 명 자리  那 nà 접 그러면  估计 gūjì 동 예측하다  来不及 láibují 시간이 맞지 않다  早 zǎo 형 이르다  出发 chūfā 동 출발하다  觉得 juéde 동 ~라고 생각하다

**34**

男：听说你最近学弹钢琴？
女：对啊，我从小就想学弹钢琴。
男：你以前学过弹钢琴吗？
女：没有，我是第一次学的，这次有好机会开始
　　学习了。

问：女的最近学习什么？

남: 듣자 하니 너 요즘 피아노 배운다며?
여: 맞아. 난 어릴 때부터 피아노를 배우고 싶었어.
남: 너 예전에 피아노 배운 적 있어?
여: 아니. 처음 배우는 거야. 이번에 좋은 기회가 있어서 배우기 시작했어.

질문: 여자는 요즘 무엇을 배우고 있는가?

| | | | |
|---|---|---|---|
| **A 钢琴** | | B 英语 | |
| C 科学 | | D 数学 | |

| | | | |
|---|---|---|---|
| **A 피아노** | | B 영어 | |
| C 과학 | | D 수학 | |

**해설** 보기는 모두 명사형 어휘들이다. 녹음에서 남자가 여자에게 听说你最近学弹钢琴?(너 요즘 피아노 배운다며?)라고 했으므로 여자가 요즘 피아노를 배우고 있다는 것을 알 수 있다. 따라서 정답은 A 钢琴(피아노)이다.

**어휘** 钢琴 gāngqín 명 피아노  英语 Yīngyǔ 명 영어  科学 kēxué 명 과학  数学 shùxué 명 수학  听说 tīngshuō 듣자 하니  最近 zuìjìn 명 최근  学 xué 동 배우다  弹钢琴 tángāngqín 동 피아노를 치다  对 duì 형 맞다  从 cóng 개 ~로부터  小 xiǎo 형 어리다  以前 yǐqián 명 이전  第一次 dìyīcì 최초  这次 zhècì 대 이번  机会 jīhuì 명 기회  开始 kāishǐ 동 시작하다  学习 xuéxí 명 공부

**35**

女：我虽然在这儿出生，可是10岁就搬走了。
男：你觉得这儿变化大吗？
女：挺大的，以前这儿很安静，没有现在这么热
　　闹。
男：那你还能找到当时住的地方吗？

여: 저는 비록 여기에서 태어났지만, 10살 때 이사 갔어요.
남: 여기 많이 변한 거 같아요?
여: 많지요. 예전에는 아주 조용해서 지금처럼 이렇게 시끌벅적하지 않았어요.
남: 그럼 그 당시에 살던 곳을 찾을 수 있어요?

| 问：女的觉得，那儿现在怎么样？ | 질문: 여자 생각에 현재 그곳은 어떠한가? |
|---|---|
| A 交通方便 | A 교통이 편리하다 |
| **B 很热闹** | **B 아주 시끌벅적하다** |
| C 房价很贵 | C 방값이 비싸지 않다 |
| D 和以前一样 | D 예전과 같다 |

해설 보기의 어휘에 交通(교통)과 房价(방값)이 있으므로 이에 관한 대화임을 예상할 수 있다. 녹음에서 여자는 이곳에서 태어났다고 하며 변화에 대해 말하면서 以前这儿很安静，没有现在这么热闹(예전에 여기는 아주 조용했어. 지금처럼 이렇게 시끌벅적하지 않았어)라고 했으므로 현재 그곳의 상황으로 가장 알맞은 것은 B 很热闹(아주 시끌벅적하다)이다.

어휘 交通 jiāotōng 몡 교통　方便 fāngbiàn 혱 편리하다　热闹 rènao 혱 시끌벅적하다　房价 fángjià 몡 집값　贵 guì 혱 비싸다　和 hé 젭 ~와/과　以前 yǐqián 몡 이전　一样 yíyàng 혱 같다　虽然……, 可是…… suīrán……, kěshì…… 젭 비록 ~할지라도 그러나~하다　出生 chūshēng 동 출생하다　岁 suì 몡 세, 살　搬走 bānzǒu 동 이사 가다　觉得 juéde 동 ~라고 생각하다　变化 biànhuà 몡 변화　挺 tǐng 부 매우　安静 ānjìng 혱 조용하다　现在 xiànzài 몡 지금　那 nà 젭 그러면　找到 zhǎodào 동 찾아내다　当时 dāngshí 몡 당시　住 zhù 동 살다　地方 dìfang 몡 장소

## 36-37

| 37保护地球，并不是很难做到的事情。实际上，我们只要注意一下身边的小事就可以了。例如，出门时记得关空调，节约用电；36少开车，多骑自行车或者坐公共汽车来，降低空气污染……。 | 37지구를 보호하는 것은 하기 어려운 일이 아니다. 사실 우리는 우리 주변의 작은 일에 주의를 기울이면 된다. 예를 들어, 외출할 때 에어컨을 끄는 것을 기억하면 전기를 절약할 수 있다. 36운전을 적게 하고, 자전거나 버스를 많이 타면 공기오염을 줄일 수 있다. |
|---|---|

어휘 保护 bǎohù 동 보호하다　地球 dìqiú 몡 지구　并 bìng 부 결코　难 nán 혱 어렵다　做到 zuòdào 동 해내다　事情 shìqíng 몡 일　实际上 shíjìshang 부 사실상　只 zhǐ 부 단지　注意 zhùyì 동 주의하다　身边 shēnbiān 몡 곁　小事 xiǎoshì 몡 사소한 일　例如 lìrú 동 예를 들다　出门 chūmén 동 외출하다　时 shí 몡 때　记得 jìdé 동 기억하다　关 guān 동 끄다　空调 kōngtiáo 몡 에어컨　节约 jiéyuē 동 절약하다　用 yòng 동 사용하다　电 diàn 몡 전기　开车 kāichē 동 운전하다　骑 qí 동 타다　自行车 zìxíngchē 몡 자전거　或者 huòzhě 젭 혹은　坐 zuò 동 (교통수단을) 타다　公共汽车 gōnggòngqìchē 몡 버스　降低 jiàngdī 동 낮추다　空气 kōngqì 몡 공기　污染 wūrǎn 몡 오염

| 36 | 为了减少空气污染，我们应该： | 공기 오염을 줄이기 위해, 우리는 어떻게 해야 하는 것은? |
|---|---|---|
| | A 少用塑料袋 | A 비닐봉투를 적게 사용한다 |
| | **B 多坐公交车** | **B 버스를 많이 탄다** |
| | C 用杯子喝水 | C 컵을 사용해서 물을 마신다 |
| | D 多穿衣服 | D 옷을 많이 입는다 |

해설 보기에 少(적게 ~하다), 多(많이 ~하다) 등의 어휘가 있으므로 해야 할 일에 대해 주의해서 듣는다. 녹음에서 少开车，多骑自行车或者坐公共汽车来，降低空气污染(적게 운전하고 자전거를 많이 타거나 버스를 타는 것으로 공기 오염을 줄일 수 있다)라고 했으므로 공기 오염을 줄이기 위해 해야 할 일은 B 多坐公交车(버스를 많이 타다)이다.

어휘 为了 wèile 개 ~을 위해서　减少 jiǎnshǎo 동 감소하다　塑料袋 sùliàodài 몡 비닐봉지　公交车 gōngjiāochē 몡 버스　杯子 bēizi 몡 잔　水 shuǐ 몡 물　穿 chuān 동 입다　衣服 yīfu 몡 옷

| 37 | 这段话主要谈什么？ | 이 글이 주로 말하고자 하는 것은 무엇인가? |
|---|---|---|

| A 管理时间 | A 시간 관리 |
| B 怎样阅读 | B 어떻게 읽어야 하는가 |
| **C 环境保护** | **C 환경보호** |
| D 社会责任 | D 사회적 책임 |

**해설** 보기는 모두 명사형 어휘들이다. 녹음의 시작 부분에서 保护地球, 并不是很难做到的事情(지구를 보호하는 것은 결코 하기 어려운 일이 아니다)라고 하여 주제를 소개하였다. 질문이 이 글이 주로 말하고자 하는 것이므로 정답은 C 环境保护(환경보호)이다.

**어휘** 管理 guǎnlǐ 图 관리하다   时间 shíjiān 몡 시간   阅读 yuèdú 图 읽다   社会 shèhuì 몡 사회   责任 zérèn 몡 책임

### 38-39

小王从小就想当一名作家，³⁸他辞了现在的公司，开始专门写小说。³⁹当时，朋友们都替他感到可惜，父母和亲戚也都不支持他。可是现在，已成为著名作家的他，终于向所有人证明了，他的选择是正确的。

샤오왕은 어렸을 때부터 작가가 되고 싶었다. ³⁸그는 현재의 회사를 그만둔 후, 전문적으로 소설을 쓰기 시작했다. ³⁹그때 친구들은 그를 대신해 안타까워했고, 부모와 친척들도 그를 지지하지 않았다. 그러나 지금 이미 유명한 작가가 된 그는 결국 모두에게 그의 선택이 옳았음을 증명했다.

**어휘** 从 cóng 꺠 ~로부터   当 dāng 图 ~이 되다   名 míng 양 명(사람 세는 양사)   作家 zuòjiā 몡 작가   辞 cí 图 사직하다   现在 xiànzài 몡 지금   公司 gōngsī 몡 회사   开始 kāishǐ 图 시작하다   专门 zhuānmén 틧 전문적으로   小说 xiǎoshuō 몡 소설   当时 dāngshí 몡 당시   替 tì 图 대신하다   感到 gǎndào 图 느끼다   可惜 kěxī 휑 안타깝다   父母 fùmǔ 몡 부모   和 hé 쩝 ~와/과   亲戚 qīnqi 몡 친척   支持 zhīchí 图 지지하다   可是 kěshì 쩝 그러나   已 yǐ 틧 이미   成为 chéngwéi ~으로 되다   著名 zhùmíng 휑 유명하다   终于 zhōngyú 틧 결국   向 xiàng 꺠 ~을 향해서   所有人 suǒyǒurén 모든 사람   证明 zhèngmíng 图 증명하다   选择 xuǎnzé 图 선택하다   正确 zhèngquè 휑 정확하다

### 38

| 小王是做什么的？ | 샤오왕은 무엇을 하는 사람인가? |
| **A 作家** | B 老师 |
| C 律师 | D 服务员 |

| **A 작가** | B 선생님 |
| C 변호사 | D 종업원 |

**해설** 보기는 모두 신분과 직업을 나타내는 어휘들이다. 녹음에서 샤오왕이 어릴 때부터 작가가 되고 싶어했다고 하면서 他辞了现在的公司, 开始专门写小说(그는 현재의 회사를 그만두고 소설을 쓰기 시작했다)라고 했으므로 샤오왕은 현재 직업이 작가임을 알 수 있다. 따라서 정답은 A 作家(작가)이다.

**어휘** 老师 lǎoshī 몡 선생님   律师 lǜshī 몡 변호사   服务员 fúwùyuán 몡 종업원

### 39

| 小王辞职的时候，大家是什么态度？ | 샤오왕이 회사를 그만두었을 때, 사람들은 어떤 태도였는가? |
| **A 不支持** | B 羡慕 |
| C 鼓励 | D 感动 |

| **A 지지하지 않다** | B 부러워하다 |
| C 격려하다 | D 감동하다 |

**해설** 보기의 어휘는 모두 심리활동을 나타내는 동사들이다. 녹음에서 当时, 朋友们都替他感到可惜, 父母和亲戚也都不支持他(당시에 친구들은 모두 아쉬워했고 부모님과 친척들도 모두 그를 지지하지 않았다)라고 했으므로 보기 A에 메모한다. 질문이 샤오왕이 회사를 그만두었을 때 사람들의 반응이므로 알맞은 정답은 A 不支持(지지하지 않다)이다.

**어휘** 态度 tàidù 몡 태도   羡慕 xiànmù 图 부러워하다   鼓励 gǔlì 图 격려하다

| | |
|---|---|
| 对不起，小姐。40我们店的刷卡机坏了，现在只能用现金。41不过楼下有很多取款机。您下了电梯往左转，就能看到。这件衣服，我们先给您留着。您看可以吗？ | 죄송합니다. 아가씨. 40저희 가게의 카드리더기가 망가져서 현재 현금밖에 사용하실 수가 없습니다. 41하지만 아래층에 현금인출기가 많이 있습니다. 엘리베이터에서 내리셔서 좌회전하시면 바로 보입니다. 이 옷은 저희가 보관해드려도 되겠습니까? |

**어휘** 对不起 duìbuqǐ 미안합니다　小姐 xiǎojiě 뗑 아가씨　店 diàn 뗑 상점　刷卡机 shuākǎjī 뗑 카드단말기　坏 huài 통 고장나다　现在 xiànzài 뗑 지금　只 zhǐ 甼 단지　用 yòng 통 사용하다　现金 xiànjīn 뗑 현금　不过 búguò 젭 그러나　楼下 lóuxià 뗑 아래층　取款机 qǔkuǎnjī 뗑 현금인출기　电梯 diàntī 뗑 엘리베이터　往 wǎng 깨 ~를 향하여　左转 zuǒzhuǎn 통 좌측으로 돌다　件 jiàn 향 벌(옷을 세는 양사)　衣服 yīfu 뗑 옷　先 xiān 甼 먼저　给 gěi 깨 ~에게　留 liú 통 남기다

---

**40**

| 那位小姐为什么不能用信用卡付款？ | 그 아가씨는 왜 카드를 이용해서 지불할 수 없는가? |
|---|---|
| **A 刷卡机坏了** | **A 카드리더기가 고장났다** |
| B 停电了 | B 정전됐다 |
| C 卡有问题 | C 카드에 문제가 있다 |
| D 卡里没有钱 | D 카드에 돈이 없다 |

**해설** 보기의 키워드는 刷卡机(카드리더기), 停电(정전되다), 卡(카드), 没有钱(돈이 없다)이다. 녹음에서 我们店的刷卡机坏了，现在只能用现金(저희 가게의 카드리더기가 고장나서 지금은 현금만 사용할 수 있습니다)라고 했으므로 키워드가 언급된 보기 A에 메모한다. 질문이 카드로 지불할 수 없는 이유이므로 정답은 A 刷卡机坏了(카드리더기가 고장났다)이다.

**어휘** 信用卡 xìnyòngkǎ 뗑 신용카드　付款 fùkuǎn 통 돈을 지불하다　停电 tíngdiàn 통 정전되다　卡 kǎ 뗑 카드　问题 wèntí 뗑 문제　钱 qián 뗑 돈

---

**41**

| 哪里有取款机？ | 현금인출기는 어디에 있는가? |
|---|---|
| A 宾馆入口 | A 호텔 입구 |
| B 电梯右边 | B 엘리베이터 오른쪽 |
| C 办公室旁边 | C 사무실 옆쪽 |
| **D 商场楼下** | **D 상점 아래층** |

**해설** 보기는 모두 장소를 나타내는 어휘들이다. 녹음에서 不过楼下有很多取款机(하지만 아래층에 현금인출기가 많이 있습니다)라고 했으므로 키워드가 언급된 D에 메모한다. 질문이 현금인출기가 있는 위치이므로 정답은 D 商场楼下(상점 아래층)이다. 녹음에 电梯(엘리베이터)가 언급되었으나 내려서 오른쪽이 아니라 往左转(왼쪽으로 가세요)이라고 했으므로 정답이 아니다.

**어휘** 宾馆 bīnguǎn 뗑 호텔　入口 rùkǒu 뗑 입구　右边 yòubiān 뗑 오른쪽　办公室 bàngōngshì 뗑 사무실　旁边 pángbiān 뗑 옆쪽　商场 shāngchǎng 뗑 상점

---

| | |
|---|---|
| 42骄傲，没有礼貌，爱批评的人不受人们的欢迎。即使他们很成功，朋友也很少，43而热情，有礼貌，有同情心的人往往更受欢迎。即使他们并不优秀，也能交到很多朋友。 | 42거만하고, 예의가 없고, 남을 비판하는 것을 좋아하는 사람은 사람들의 환영을 받지 못한다. 설령 그들이 아무리 성공했을지라도 친구는 아주 적다. 43그러나 친절하고, 예의있고, 동정심이 있는 사람은 종종 더 환영을 받는다. 설령 그들은 뛰어나지 않다고 해도 많은 친구를 사귈 수 있게 된다. |

**어휘** 骄傲 jiāo'ào 혱 거만하다　礼貌 lǐmào 뗑 예의　批评 pīpíng 통 비평하다　受 shòu 통 받다　欢迎 huānyíng 통 환영하다

即使……, 也……  jíshǐ……, yě…… 접 설사 ~하더라도 ~하겠다    成功 chénggōng 명 성공    而 ér 접 그러나    热情 rèqíng 형 친절하다    同情心 tóngqíngxīn 명 동정심    往往 wǎngwǎng 부 자주    更 gèng 부 더욱    并不 bìngbù 부 결코 ~하지 않다    优秀 yōuxiù 형 우수하다    交 jiāo 동 사귀다    朋友 péngyou 명 친구

**42**

| 根据这段话, 什么样的人会让人讨厌? | 이 글에 따르면 어떤 사람이 사람들의 미움을 받는가? |
|---|---|
| A 爱说话的 | A 말하는 것을 좋아하는 사람 |
| B 懒人 | B 귀찮은 사람 |
| **C 没有礼貌的人** | **C 예의가 없는 사람** |
| D 幽默的 | D 유머러스한 사람 |

**해설** 보기의 어휘는 모두 사람의 성격을 나타낸다. 녹음의 시작 부분에서 骄傲, 没有礼貌, 爱批评的人不受人们的欢迎(거만하고 예의가 없고 비판하기 좋아하는 사람은 환영을 받지 못한다)라고 했으므로 키워드가 언급된 보기 C에 메모한다. 질문이 미움받는 사람의 특징이므로 정답은 C 没有礼貌的人(예의가 없는 사람)이다.

**어휘** 让 ràng 동 ~하게 하다    讨厌 tǎoyàn 동 싫어하다    说话 shuōhuà 동 말하다    懒人 lǎnrén 명 게으른 사람    幽默 yōumò 형 유머러스하다

**43**

| 根据这段话, 下列哪个正确? | 이 글에 근거하여 옳은 것은? |
|---|---|
| A 做人要诚实 | A 사람은 성실해야 한다 |
| B 要学会放弃 | B 포기할 줄 알아야 한다 |
| C 学习要努力 | C 공부를 열심히 해야 한다 |
| **D 要互相帮助** | **D 서로 도와야 한다** |

**해설** 보기에 공통적으로 要(~해야 한다)가 있으므로 교훈적인 내용에 주의해서 듣는다. 녹음에서 而热情, 有礼貌, 有同情心的人往往更受欢迎(그러나 친절하고 예의가 있으며 동정심이 있는 사람은 종종 더욱 환영을 받는다)이라고 했다. 동정심이 있다는 것은 남을 잘 돕는다는 것과 유사한 내용으로 볼 수 있으므로 보기 D에 메모한다. 따라서 이 글에 근거하여 옳은 내용은 D 要互相帮助(서로 도와야 한다)이다.

**어휘** 诚实 chéngshí 형 성실하다    学会 xuéhuì 동 배워서 할 줄 알다    放弃 fàngqì 동 포기하다    学习 xuéxí 명 공부    努力 nǔlì 동 노력하다    互相 hùxiāng 부 서로    帮助 bāngzhù 명 도움

**44-45**

| 　　小李在逛百货商场, 她想买一条裤子。她从试衣间出来后, 售货员说: "44您穿这条裤子很漂亮, 但有点儿大。"小李却说: "那太好了, 我就买这条了, 多少钱?"售货员感到很奇怪, 小李解释说: "我穿上它, 朋友见了肯定会说我减肥成功了。" | 　　샤오리는 바지를 사고 싶어서 백화점에서 쇼핑하고 있었다. 그녀가 탈의실에서 나온 후, 점원이 말했다. "44이 바지 입으시니까 너무 예뻐요. 그런데 조금 크네요." 샤오리는 말했다. "그럼 너무 잘됐네요. 이걸로 살게요. 얼마예요?" 점원은 이상해고 샤오리는 설명했다. "제가 이걸 입으면 친구들이 보고 다이어트에 성공했다고 할 거예요." |

**어휘** 百货商店 bǎihuòshāngdiàn 명 백화점    裤子 kùzi 명 바지    从 cóng 개 ~로부터    试衣间 shìyījiān 명 피팅룸    售货员 shòuhuòyuán 명 판매원    穿 chuān 동 입다    条 tiáo 양 벌 (옷, 하의를 세는 양사)    却 què 부 오히려    感到 gǎndào 동 느끼다    奇怪 qíguài 동 이상하다    解释 jiěshì 동 해명하다    穿 chuān 동 입다    朋友 péngyou 명 친구    肯定 kěndìng 부 분명히    减肥 jiǎnféi 동 다이어트하다    成功 chénggōng 명 성공

| 44 售货员觉得那条裤子小李穿怎么样? | 판매원은 이 바지가 샤오리가 입기에 어떻다고 생각하는가? |
|---|---|
| A 颜色很好看<br>B 很合适<br>**C 有点儿大**<br>D 很贵 | A 색이 예쁘다<br>B 어울린다<br>**C 조금 크다**<br>D 비싸다 |

**해설** 보기는 모두 형용사이며 키워드는 颜色(색), 合适(어울리다), 大(크다), 漂亮(예쁘다)이다. 녹음에서 您穿这条裤子很漂亮，但有点儿大(이 바지 입으니까 너무 예뻐요. 하지만 조금 크네요)라고 했으므로 보기 C와 D에 메모한다. 질문에서 판매원이 샤오리가 그 바지를 입기에 어떠하다고 생각하는지 물었으므로 정답은 C 有点儿大(좀 크다)이다.

**어휘** 觉得 juéde 图 ~라고 생각하다　颜色 yánsè 명 색깔　好看 hǎokàn 형 예쁘다　合适 héshì 형 알맞다　贵 guì 형 비싸다

| 45 她们最有可能在哪儿? | 그들은 어디에 있을 가능성이 높은가? |
|---|---|
| **A 百货商店**　　B 图书馆<br>C 理发店　　　D 邮局 | **A 백화점**　　　　B 도서관<br>C 이발소　　　　D 우체국 |

**해설** 보기는 모두 장소를 나타내는 어휘들이다. 녹음의 시작 부분에서 小李在逛百货商场，她想买一条裤子(샤오리는 바지를 사고 싶어서 백화점에서 쇼핑하고 있었다)라고 했으므로 A에 메모해 둔다. 질문이 그들이 있는 장소가 어디인가이므로 알맞은 정답은 A 百货商店(백화점)이다.

**어휘** 图书馆 túshūguǎn 명 도서관　理发店 lǐfàdiàn 명 이발소　邮局 yóujú 명 우체국

## 독해 제1부분

### 46-50

| A 棵　　　B 吸引　　　C 乱<br>D 坚持　　E 辛苦　　F 联系 | A 그루　　　B (주의를) 끌다　　C 어지럽다<br>D 지속하다　　E 고생하다　　F 연락하다 |
|---|---|

**어휘** 棵 kē 양 그루　吸引 xīyǐn 图 끌다, 유인하다　乱 luàn 형 어지럽다　坚持 jiānchí 图 지속하다　辛苦 xīnkǔ 图 고생하다<br>联系 liánxì 图 연락하다

**46** 报告写好了吗? 你发邮件后和我 ( F 联系 ) 一下。

보고서 다 썼어요? 메일로 보내고 나서 제게 ( F 연락주세요 )

**해설** 빈칸 앞에는 개사구 和我(나에게)가 있고 뒤에는 동작의 양을 나타내는 동량사 一下(좀 ~하다)가 있으므로 빈칸은 동사 술어 자리이다. 보기 중 동사는 吸引(끌다)가 联系(연락하다)인데 의미상 빈칸 앞의 개사구 和我와 어울리는 것은 F 联系(연락하다)이다.

**어휘** 报告 bàogào 명 보고　发邮件 fāyóujiàn 图 메일을 보내다

**47** 春节的时候，很多商场为了 ( B 吸引 ) 顾客而搞打折活动。

춘절 때, 많은 상점들은 고객을 ( B 끌기 ) 위해 할인 행사를 한다.

**해설** 빈칸의 문장은 '为了……, 而……(~하기 위해서 ~하다)'의 구조이며, 빈칸 뒤에는 명사 顾客(고객)가 있으므로 빈칸은 顾客를 목적어로 두는 동사가 와야 한다. 보기 중 의미가 어울리는 동사는 B 吸引(끌다)이다.

**어휘** 春节 chūnjié 몡 설, 춘절  的时候 de shíhou ~할 때  商场 shāngchǎng 몡 상점  为了 wèile 꺠 ~을 위해서  顾客 gùkè 몡 고객  搞 gǎo 동 하다  打折 dǎzhé 동 할인하다  活动 huódòng 몡 행사

**48** 我家有两（ A 棵 ）苹果树，每到秋天就会长满又大又甜的苹果。

우리 집에는 두 ( A 그루 )의 사과나무가 있는데 가을마다 크고 단 사과가 가득 열린다.

**해설** 빈칸 앞에는 수사 两(둘), 뒤에는 명사 树(나무)가 있으므로 빈칸은 양사 자리이다. 보기에서 양사는 棵(그루)인데 나무를 셀 때 사용하므로 A 棵(그루)를 넣는다.

**어휘** 家 jiā 몡 집  两 liǎng 주 둘, 2  苹果树 píngguǒshù 몡 사과나무  秋天 qiūtiān 몡 가을  长满 zhǎngmǎn 동 가득 자라다  又……又…… yòu……yòu…… ~하면서 ~하다  甜 tián 혱 달다  苹果 píngguǒ 몡 사과

**49** 你不是明天有面试吗？头发长了，看上去有些（ C 乱 ）。

너 내일 면접 아니야? 머리가 길어서 좀 ( C 지저분해 ) 보여.

**해설** 빈칸 앞에는 정도를 나타내는 어휘 有些(약간)가 있고 문장에 다른 술어가 없으므로 빈칸은 술어 자리이며 형용사가 들어가야 한다. 보기 중 형용사는 乱(어지럽다)과 辛苦(고생하다)인데, 문장의 주어인 头发(머리카락)와 어울리는 것은 C 乱(어지럽다)이다.

**어휘** 明天 míngtiān 몡 내일  面试 miànshì 몡 면접  头发 tóufà 몡 머리카락  长 cháng 혱 길다  看上去 kànshàngqu 보아하니  有些 yǒuxiē 븐 조금

**50** 大家都（ E 辛苦 ）了，今天早点儿回去休息吧，明天早上八点在这儿集合。

모두들 ( E 고생하셨습니다 ). 오늘은 일찍 돌아가서 쉬고 내일 오전 8시에 여기에서 모이겠습니다.

**해설** 빈칸 앞에는 부사 都(모두)가 있고 뒤에는 어기조사 了가 있으므로 빈칸은 술어 자리이다. 빈칸 문장의 뒷부분에 '오늘은 일찍 돌아가서 쉬세요'라는 내용이 있으므로 보기 중 어울리는 어휘는 E 辛苦(고생하다)이다.

**어휘** 今天 jīntiān 몡 오늘  早 zǎo 혱 일찍이다  休息 xiūxi 동 휴식하다  早上 zǎoshang 몡 아침  集合 jíhé 동 집합하다

---

**51-55**

| A 超过 | B 轻 | C 温度 | A 초과하다 | B 가볍다 | C 온도 |
| D 客厅 | E 演员 | F 严重 | D 거실 | E 배우 | F 심각하다 |

**어휘** 超过 chāoguò 동 초과하다, 넘다  轻 qīng 혱 가볍다  温度 wēndù 몡 온도  客厅 kètīng 몡 거실  演员 yǎnyuán 몡 배우  严重 yánzhòng 혱 심각하다

**51** A：身体好点儿了吗？
B：没事儿。医生说不（ F 严重 ），明天可以出院。

A: 몸은 괜찮아졌어요?
B: 괜찮아요. 의사가 ( F 심각하지 ) 않다고 내일 퇴원해도 된대요.

**해설** A와 B는 건강에 대한 대화를 나누고 있고 빈칸 문장은 의사의 말을 전하는 것이다. 빈칸 앞에 부정부사 不(안/못)가 있으므로 빈칸에는 건강과 관련된 내용의 형용사 또는 동사가 와야 한다. 보기 중 의미가 어울리는 것은 F 严重(심각하다)이다.

**어휘** 身体 shēntǐ 뎽 신체   医生 yīshēng 뎽 의사   明天 míngtiān 뎽 내일   出院 chūyuàn 동 퇴원하다

**52**

A：你看见我的手机了吗？我怎么也找不着。

B：你看看（ D 客厅 ）的桌子上吧，我好像在那里看到过。

---

A: 내 휴대폰 못 봤어? 왜 못 찾겠지.

B: ( D 거실 ) 테이블 위에 봐. 나 거기서 본 거 같아.

**해설** 빈칸의 앞은 동사가 중첩된 看看(좀 보다)이 있고 뒤에는 '구조조사的+명사'인 的桌子上(~의 책상 위)가 있으므로 빈칸은 관형어 자리이다. A와 B는 핸드폰을 찾는다는 대화를 하고 있으므로 보기 어휘 중 의미가 어울리는 것은 D 客厅(거실)이다.

**어휘** 手机 shǒujī 뎽 휴대폰   也 yě 뷔 ~도   找不着 zhǎobuzháo 동 찾을 수 없다   桌子 zhuōzi 뎽 테이블   好像 hǎoxiàng 동 마치 ~와 같다

**53**

A：你最近在减肥吗？

B：对啊。我比上个月（ B 轻 ）了四公斤。

---

A: 요즘 다이어트해요?

B: 맞아요. 지난달보다 4kg ( B 가벼워졌어요 ).

**해설** 빈칸 앞에 比로 이루어진 개사구가 있고 뒤에는 동태조사 了가 있으므로 빈칸에는 술어가 와야 한다. A와 B는 다이어트에 관한 이야기를 하고 있고 빈칸 뒤의 목적어가 四公斤(4kg)이므로 중량을 목적어로 둘 수 있는 단어 B 轻(가볍다)을 넣는다.

**어휘** 最近 zuìjìn 뎽 최근   减肥 jiǎnféi 동 다이어트하다   对 duì 개 ~에 대하여   比 bǐ 개 ~보다   上个月 shàng ge yuè 지난달   公斤 gōngjīn 양 킬로그램

**54**

A：我从小就想成为一名（ E 演员 ），你呢？

B：我想成为数学老师，谁知道我当了一名记者。

---

A: 난 어렸을 때부터 ( E 배우 )가 되고 싶었어. 너는?

B: 나는 수학 선생님이 되고 싶었어. 내가 기자가 될 줄 누가 알았겠어.

**해설** 빈칸 앞에 '수사+양사'인 一名(한 명)이 있으므로 빈칸은 명사 자리이다. 보기 중 명사는 客厅(거실)과 演员(배우)인데, 양사 名은 사람을 세는 단위이므로 알맞은 어휘는 E 演员(배우)이다.

**어휘** 从 cóng 개 ~로부터   成为 chéngwéi 동 ~으로 되다   名 míng 양 명(사람 세는 양사)   数学 shùxué 뎽 수학   老师 lǎoshī 뎽 선생님   知道 zhīdào 동 알다   当 dāng 동 ~이 되다   记者 jìzhě 뎽 기자

**55**

A：你好，请问我儿子可以买儿童票吗？

B：可以，年龄没 （ A 超过 ）五岁就可以买。

---

A: 안녕하세요. 말씀 좀 여쭐게요. 제 아들이 아동표를 살 수 있나요?

B: 가능합니다. 나이가 5세를 ( A 넘지 않으면 ) 살 수 있어요.

**해설** 빈칸 앞에는 부정부사 没(아직 ~않다)이 있고 뒤에는 五岁(5세)가 있으므로 빈칸은 동사 술어 자리이다. 문장이 '나이가 5세를 아직 안 ~한다면 살 수 있다'를 나타내므로 A 超过(넘다)를 넣어야 한다.

**어휘** 请问 qǐngwèn 말씀 좀 묻겠습니다   儿子 érzi 뎽 아들   儿童 értóng 뎽 어린이   票 piào 뎽 표   年龄 niánlíng 뎽 연령, 나이   岁 suì 양 세, 살

**56**

A 我儿子给我发短信了 → 주어가 있다.

B 有几门还得了优 → 뒷절에 쓰이는 부사 还이 있다.

C 他说这个学期的课都合格了 → 대사 他가 있다.

해설 먼저 눈에 띄는 단서를 살펴보면 보기 B에 뒷절에 쓰이는 부사 还(또한)가 있고 C에 대사 他(그)가 있으므로 이 둘은 문장의 서두에 쓰일 수 없다. 보기 A는 주어가 있는 절이므로 문장의 서두에 쓰일 수 있으며 C의 他가 A의 我儿子(우리 아들)를 가리키므로 A–C의 순서로 배치한다. A의 短信(문자메시지)의 내용이 C에 설명되어 있고 보기 B는 이에 대한 추가 설명이므로 A–C–B로 연결하여 문장을 완성한다.

문장 我儿子给我发短信了，他说这个学期的课都合格了，有几门还得了优。

우리 아들이 나에게 문자를 보냈는데 그가 말하길 이번 학기의 과목을 모두 통과했고 몇 개 과목은 '우수'를 받았다고 한다.

어휘 儿子 érzi 명 아들　发 fā 통 보내다　短信 duǎnxìn 명 문자메시지　学期 xuéqī 명 학기　课 kè 명 수업　合格 hégé 통 합격하다　门 mén 양 과목　得 dé 통 얻다　优 yōu 형 우수하다

**57**

A 我们还是把它搬到里面去吧 → 뒷절에 쓰이는 부사 还是가 있고 대사 它가 있다.

B 我们买的桌子太大了，放这里进出不方便 → 주어가 있다.

C 把这个地方空出来 → 주어가 없으며 대사 这가 있다.

해설 먼저 눈에 띄는 단서를 살펴보면 보기 A에 뒷절에 쓰이는 부사 还是(～하는 편이 더 좋다)가 있고 C는 주어가 없는 절이므로 이 둘은 문장의 서두에 쓰일 수 없다. 보기 B가 주어가 있는 문장이고 구매한 책상이 너무 커서 불편하다는 문제 제기의 내용이므로 문장의 서두에 놓는다. A의 대사 它(그것)가 B의 桌子(책상)를 가리키고, A의 내용이 B의 문제에 대한 대안이므로 B–A로 연결시킨다. C는 보충 설명이므로 가장 마지막에 놓아 B–A–C 순서로 문장을 완성한다.

문장 我们买的桌子太大了，放这里进出不方便；我们还是把它搬到里面去吧，把这个地方空出来。

우리가 산 테이블이 너무 커서 여기에 두면 출입이 불편해요. 우리 차라리 이걸 안쪽으로 옮겨서 여기 공간을 비우도록 해요.

어휘 桌子 zhuōzi 명 책상　放 fàng 통 놓다　进出 jìnchū 통 출입하다　方便 fāngbiàn 통 편리하다　还是 háishi 부 ～하는 편이 좋다　把 bǎ 개 ～을/를　搬 bān 통 운반하다, 옮기다　地方 dìfang 명 장소　空出来 kōngchūlái 비우다

**58**

A 所以她能来参加这次跳舞大赛 → 뒷절에 쓰이는 접속사 所以가 있다.

B 在我的印象中，小张一直是个不爱说话的孩子 → 서두에 쓰이는 개사구가 있고 주어가 있다.

C 让我感到非常吃惊 → 주어가 없고 동사로 시작한다.

해설 눈에 띄는 단서를 찾아보면 보기 A는 뒷절에 쓰이는 접속사 所以(그래서)로 시작하고, C는 동사로 시작하므로 문장의 서두에 쓰일 수 없다. 보기 B는 주어가 있으며 문장의 서두에 쓰이는 개사구가 있으므로 B를 가장 앞에 둔다. 문맥상 C의 놀라게 된 원인이 A이므로 A–C로 연결한다. 따라서 문장의 순서를 B–A–C로 완성한다.

문장 在我的印象中，小张一直是个不爱说话的孩子，所以她能来参加这次跳舞大赛，让我感到非常吃惊。

내 기억 속의 샤오장은 늘 말하기를 좋아하지 않는 아이였다. 그래서 그녀가 이번 댄스 대회에 참가한 것은 나를 많이 놀라게 했다.

어휘 印象 yìnxiàng 명 인상　一直 yìzhí 부 줄곧　说话 shuōhuà 통 말하다　孩子 háizi 명 아이　所以 suǒyǐ 접 그래서　参加 cānjiā 통 참가하다　这次 zhècì 대 이번　跳舞 tiàowǔ 통 춤추다　大赛 dàsài 명 규모가 큰 경기　让 ràng 통 ～하게 하다　感到 gǎndào 통 느끼다　吃惊 chījīng 형 놀라다

**59**

A 入口处有存包的地方 → 주어가 있다.

B 抱歉，先生，您的包不能带入馆内 → 호칭을 나타내는 어휘가 있다.

C 您可以把包放在那儿，谢谢您的配合 → 대사 那儿이 있고, 인사말의 마지막에 쓰이는 표현이 있다.

**해설** 먼저 눈에 띄는 단서를 살펴보면 보기 B에 호칭을 나타내는 어휘 先生(선생님)이 있으므로 문장의 서두에 둔다. 의미상 B에서 가방을 가지고 들어갈 수 없다고 말한 뒤 A의 보관할 장소가 안내되어야 하므로 B-A로 연결시킨다. C의 대사 那儿(그곳)은 A의 存包的地方(보관할 곳)을 가리키므로 B-A-C로 연결하여 문장을 완성한다.

**문장** 抱歉，先生，您的包不能带入馆内，入口处有存包的地方，您可以把包放在那儿，谢谢您的配合。
죄송합니다. 선생님. 가방을 건물 안으로 가지고 들어가실 수 없습니다. 입구에 가방을 맡기는 곳이 있으니 그곳에 가방을 보관하십시오. 협조해 주셔서 감사합니다.

**어휘** 抱歉 bàoqiàn 통 미안하게 생각하다　先生 xiānsheng 명 성인 남자에 대한 호칭　包 bāo 명 가방　带 dài 통 휴대하다　把 bǎ 개 ~을/를　入口处 rùkǒuchù 입구　存 cún 통 맡기다　地方 dìfang 명 장소　配合 pèihé 통 협력하다

**60**　A 当你想联系一个人，但是又不清楚他是不是有空儿 → 주어가 있고 부사 又가 있다.
B 这时最好先给他发条短信 → 대사 这가 있다.
C 又担心直接打电话会打扰到他 → 주어가 없고 부사 又로 시작한다.

**해설** 먼저 눈에 띄는 단서를 찾아보면 보기 B에 대사 这(이)가 있고, C는 주어가 없이 부사로 시작하므로 이 둘은 문장의 서두에 쓰일 수 없다. 보기 A는 주어가 있으므로 문장의 서두에 놓는다. 문맥상 A의 又와 C의 又가 '又……，又……(~하기도 하고 ~하기도 하다)'의 형식을 이루므로 A-C로 연결시킨다. B의 这时(이 때)는 A의 상황을 가리키므로 A보다 뒤에 와야 한다. 따라서 A-C-B의 순서로 문장을 완성한다.

**문장** 当你想联系一个人，但是又不清楚他是不是有空儿，又担心直接打电话会打扰到他，这时最好先给他发条短信。
당신이 한 사람에게 연락을 하고 싶은데, 그가 시간이 있는지 없는지 잘 모르고 또 바로 그에게 전화하면 방해하게 될까 봐 걱정된다면 이 때 가장 좋은 건 먼저 그에게 문자메시지를 보내는 것이다.

**어휘** 当 dāng ~할 때　联系 liánxì 통 연락하다　但是 dànshì 접 그러나　又 yòu 부 또　清楚 qīngchu 통 알다　空儿 kòngr 명 시간　担心 dānxīn 통 걱정하다　直接 zhíjiē 형 직접적이다　打电话 dǎdiànhuà 통 전화하다　打扰 dǎrǎo 통 방해하다　最好 zuìhǎo 부 바람직한 것은　先 xiān 부 먼저　给 gěi 개 ~에게　发短信 fāduǎnxìn 문자메시지를 보내다　条 tiáo 양 가늘고 긴 것을 세는 단위, 항목

**61**　A 一切顺利，永远幸福 → 축복을 기원하는 표현이다.
B 希望大家在一年里 → 希望으로 시작하고 大家의 술어가 없다.
C 新的一年开始了 → 주어가 있다

**해설** 먼저 눈에 띄는 단서를 찾아보면 보기 C에 주어가 있으므로 문장의 서두에 놓는다. 보기의 내용이 새해 인사를 나타내므로 기원을 나타내는 希望(~하기를 바라다)이 있는 B는 술어가 없으므로 A를 그 뒤에 배치하여 C-B-A의 순서로 문장을 완성한다.

**문장** 新的一年开始了。希望大家在一年里，一切顺利，永远幸福。
새로운 한 해가 시작되었습니다. 모두들 한 해 동안 모든 일이 순조롭고 늘 행복하시길 바랍니다.

**어휘** 新 xīn 형 새롭다　开始 kāishǐ 통 시작하다　希望 xīwàng 통 희망하다　一切 yīqiè 명 모든 것　顺利 shùnlì 형 순조롭다　永远 yǒngyuǎn 부 언제나　幸福 xìngfú 형 행복하다

**62**　A 人们常说"天下没有免费的午餐" → 주어가 있고, 큰 따옴표로 제시된 어휘가 있다.
B 意思是你想得到什么 → 뜻을 설명하는 어휘가 있다.
C 就必须付出努力 → 주어가 없고 부사 就로 시작한다.

**해설** 먼저 눈에 띄는 단서를 살펴보면 보기 B는 뜻을 설명하는 내용이고, C는 주어가 없이 부사로 시작하므로 문장의 서두에 쓰일 수 없다. 주어가 있으며 강조하는 어휘가 있는 A를 문장의 서두에 놓는다. 큰 따옴표로 제시된 어휘에 대해 B가 뜻을 설명하고 있으므로 A-B로 배열한다. 그리고 B가 '무엇을 얻고 싶으면'이라고 가정을 나타내고 C가 '반드시 노력을 해야 한다'라고 방법을 나타내므로 C를 B 뒤에 배치하여 A-B-C의 순서로 문장을 완성한다.

**문장** 人们常说"天下没有免费的午餐"，意思是你想得到什么，就必须付出努力。
사람들은 종종 '천하에 공짜 점심은 없다'라고 말한다. 이 말은 무엇을 얻고 싶다면 반드시 노력해야 한다는 뜻이다.

**어휘** 常 cháng 튄 늘   天下没有免费的午餐 tiānxià méiyǒu miǎnfèi de wǔcān 세상에 거저 되는 일은 없다   意思 yìsi 명 의미
得到 dédào 통 얻다   必须 bìxū 튄 반드시   付出 fùchū 통 지불하다   努力 nǔlì 통 노력하다

---

### 63

A 乘客您好，欢迎乘坐北京地铁。为了保证您和他人的安全 → 인사말이 있다.
B 请您按照"先下后上"的顺序上下车 → 청유문의 시작 부분이다.
C 并坐好扶稳，照顾好自己的小孩 → 주어가 없고 뒷절에 쓰이는 접속사 并으로 시작한다.

**해설** 먼저 눈에 띄는 단서를 살펴보면 A에 기내 안내 방송에서 사용하는 인사말이 있으므로 문장의 서두에 놓는다. 보기 C는 주어가 없으며 의미상 B와 비슷한 내용으로 연결되므로 B-C로 연결한다. A의 뒷부분이 为了(~하기 위해서)로 시작하여 목적을 나타내고 문맥상 B와 C가 구체적인 행동을 나타내므로 A-B-C 순서로 배치하여 문장을 완성한다.

**문장** 乘客您好，欢迎乘坐北京地铁。为了保证您和他人的安全，请您按照"先下后上"的顺序上下车，并坐好扶稳，照顾好自己的小孩。
승객 여러분, 안녕하십니까? 베이징 지하철에 탑승하신 것을 환영합니다. 귀하와 다른 사람들의 안전을 위해 '먼저 내리고 나중에 타는' 순서대로 승하차해 주십시오. 그리고 손잡이를 꼭 잡아주시고 아이들을 잘 살펴 주십시오.

**어휘** 乘客 chéngkè 명 승객   欢迎 huānyíng 통 환영하다   乘坐 chéngzuò 통 타다   地铁 dìtiě 명 지하철   为了 wèile 개 ~을
위해서   保证 bǎozhèng 통 보장하다   和 hé 접 ~와/과   他人 tārén 명 타인   安全 ānquán 명 안전   请 qǐng 통 ~해 주세요
按照 ànzhào 개 ~에 따라   先下后上 xiānxiàhòushàng 먼저 내리고 타세요   顺序 shùnxù 명 순서   上下车 shàngxiàchē
승하차   并 bìng 접 그리고   坐 zuò 통 앉다   扶稳 fúwěn 잘 붙잡다   照顾 zhàogù 통 돌보다   自己 zìjǐ 대 자기   孩子 háizi
명 아이

---

### 64

A 相信这些都会成为我日后的美好回忆 → 주어가 없고 대사 这가 있다.
B 我在这里学到了很多知识，也积累了很多经验 → 주어가 있다.
C 4年的留学生活很快就要结束了 → 주어가 있다.

**해설** 먼저 눈에 띄는 단서를 살펴보면 보기 B와 C에 주어가 있는데 C의 내용이 문맥상 도입에 어울린다. 말할 때는 먼저 상황을 이야기하고 자신의 감회를 밝히므로 C-B의 순서로 연결한다. 보기 A의 这些(이것들)는 B의 很多知识(많은 지식)과 很多经验(많은 경험)을 가리키므로 C-B-A로 연결하여 문장을 완성한다.

**문장** 4年的留学生活很快就要结束了，我在这里学到了很多知识，也积累了很多经验，相信这些都会成为我日后的美好回忆。
4년간의 유학 생활이 곧 끝난다. 나는 여기에서 많은 지식을 배웠고, 경험도 많이 쌓았다. 이것들은 모두 훗날 좋은 추억이 되리라 믿는다.

**어휘** 留学 liúxué 명 유학   生活 shēnghuó 명 생활   结束 jiéshù 통 끝나다   学到 xuédào 통 습득하다   也 yě 튄 ~도   积累 jīlěi
통 쌓다   知识 zhīshi 명 지식   相信 xiāngxìn 통 믿다   成为 chéngwéi 통 ~으로 되다   日后 rìhòu 명 나중   美好 měihǎo
형 행복하다   回忆 huíyì 명 추억

---

### 65

A 这几天随着天气变暖 → 주어가 있고 접속사 随着가 있다.
B 很多人都前去参观 → 주어가 있고 부사 都가 있다.
C 那儿的花儿都开了，非常漂亮 → 주어가 있다.

**해설** 먼저 문장의 단서를 살펴보면 보기 A, B, C에 모두 주어가 있고 B에 뒷절에 쓰이는 부사 都(모두)가 있으므로 A와 C는 문장의 서두에 올 수 있다. 문맥상 A가 随着天气变暖(날씨가 따뜻해짐에 따라)이 C의 那儿的花儿都开了(그곳의 꽃이 모두 피었다)의 원인이 되므로 A-C로 배열한다. B는 이에 대한 결과이므로 가장 마지막에 배치하여 A-C-B로 문장을 완성한다.

**문장** 这几天随着天气变暖，那儿的花儿都开了，非常漂亮，很多人都前去参观。
요즘 날씨가 따뜻해지면서 그곳의 꽃이 모두 펴서 굉장히 아름답다. 그래서 많은 사람들이 보러 간다.

**어휘** 这几天 zhèjǐtiān 요즘   随着 suízhe 개 ~에 따라   天气 tiānqì 명 날씨   变 biàn 통 변하다   暖 nuǎn 형 따뜻하다   花儿
huār 명 꽃   开 kāi 통 피다   漂亮 piàoliang 형 아름답다   参观 cānguān 통 참관하다

---

**66**

音乐是一种语言，人们可以通过音乐来表达自己的感情，而且和其他语言比起来，音乐表达的感情有时更容易让人感动。

★ 根据这段话，音乐表达的感情：

A 更感动      B 更复杂
C 让人难过      D 听不懂

음악은 일종의 언어이다. 사람들은 음악을 통해 자신의 감정을 표현할 수 있고 또한 다른 언어들과 비교했을 때 음악으로 표현하는 감정은 때로 사람을 더욱 감동시킨다.

★ 이 글에 근거하여, 음악이 표현하는 감정은 어떠한가?

A 더 감동적이다      B 더 복잡하다
C 사람을 슬프게 한다      D 못 알아듣는다

**해설** 질문에서 음악이 표현하는 감정에 대해 묻고 있으므로 질문의 키워드를 지문에서 찾는다. 지문에서 音乐表达的感情有时更容易让人感动(음악으로 표현하는 감정은 때로 사람을 더욱 감동시킨다)라고 하여 키워드가 그대로 언급되었다. 따라서 알맞은 정답은 A 更感动(더 감동적이다)이다.

**어휘** 音乐 yīnyuè 몡 음악  种 zhǒng 양 종류  语言 yǔyán 몡 언어  通过 tōngguò 동 ~을 통해서  表达 biǎodá 동 표현하다  自己 zìjǐ 대 자신  感情 gǎnqíng 몡 감정  而且 érqiě 접 게다가  和……比起来 hé……bǐqǐlái ~와 비교하자면  其他 qítā 대 기타  有时 yǒushí 튀 어떤 때  更 gèng 튀 더욱  容易 róngyì 휑 쉽다  让 ràng 동 ~하게 하다  感动 gǎndòng 동 감동하다  复杂 fùzá 동 복잡하다  难过 nánguò 휑 슬프다  听不懂 tīngbudǒng 알아들을 수 없다

**67**

小姐，这儿是云山路307号没错，可是没有您找的李经理这个人，您最好再打电话问问，这个地址是不是正确。

★ 那位小姐：

A 要点菜
B 想买衣服
C 要找李经理
D 要办签证

아가씨, 여기가 원난루 307호가 맞습니다. 하지만 찾으시는 이 사장님이란 분은 안 계세요. 다시 전화를 걸어서 이 주소가 맞는지 물어보세요.

★ 그 아가씨는?

A 요리를 주문하려고 한다
B 옷을 사고 싶다
C 이 사장님을 찾는다
D 비자를 발급받으려고 한다

**해설** 질문에서 그 아가씨에 대한 옳은 내용을 묻고 있다. 보기의 키워드는 李经理(이 사장님), 衣服(옷), 点菜(음식을 주문하다), 签证(비자)이다. 지문에서 可是没有您找的李经理这个人(그런데 찾으시는 이 사장님이란 분이 안 계세요)라고 했으므로 아가씨가 사람을 찾고 있음을 알 수 있다. 따라서 키워드가 언급된 C 要找李经理(이 사장님을 찾는다)가 정답이다.

**어휘** 小姐 xiǎojiě 몡 아가씨  号 hào 몡 호(배열의 순서를 표시함)  错 cuò 휑 틀리다  可是 kěshì 접 그러나  找 zhǎo 동 찾다  经理 jīnglǐ 몡 사장  最好 zuìhǎo 튀 가장 좋기는  打电话 dǎdiànhuà 동 전화하다  问 wèn 동 물어보다  地址 dìzhǐ 몡 주소  正确 zhèngquè 휑 정확하다. 올바르다  点菜 diǎncài 동 요리를 주문하다  衣服 yīfu 몡 옷  办 bàn 동 처리하다  签证 qiānzhèng 몡 비자

**68**

我本来很喜欢吃甜的东西，但是下个月我就要结婚了，我希望那时候的自己是最漂亮的，所以我决定从今天开始减肥，不再吃巧克力、蛋糕等一切甜的东西。

★ 她：

나는 원래 단 음식 먹는 걸 아주 좋아한다. 그러나 다음 달에 곧 결혼인데, 나는 그 때의 내가 가장 예뻐 보이고 싶기 때문에 나는 오늘부터 다이어트를 하기로 결심했다. 다시는 초콜릿과 케이크 같은 단 음식을 먹지 않을 것이다.

★ 그녀는?

| | | | |
|---|---|---|---|
| A 很瘦 | **B 快结婚了** | A 매우 말랐다 | **B 곧 결혼한다** |
| C 准备考试 | D 能力不好 | C 시험을 준비한다 | D 능력이 없다 |

[해설] 질문에서 그녀에 대한 옳은 내용을 묻고 있다. 보기의 키워드는 结婚(결혼하다), 瘦(마르다), 考试(시험), 能力(능력)이다. 지문에서 下个月我就要结婚了(다음 달에 곧 결혼한다)라고 했으므로 B 快结婚了(곧 결혼한다)가 정답이다. '就要……了'와 '快……了'는 모두 '곧 ~할 것이다'라는 뜻을 나타낸다.

[어휘] 本来 běnlái [부] 원래 甜 tián [형] 달다 东西 dōngxi [명] 음식 但是 dànshì [접] 그러나 下个月 xià ge yuè 다음달 就要……了 jiùyào……le 곧 ~하다 结婚 jiéhūn [동] 결혼하다 希望 xīwàng [동] 희망하다 自己 zìjǐ [대] 자신 最 zuì [부] 가장 漂亮 piàoliang [형] 아름답다 所以 suǒyǐ [접] 그리하여 决定 juédìng [동] 결정하다 从……开始 cóng……kāishǐ ~부터 시작하다 今天 jīntiān [명] 오늘 减肥 jiǎnféi [동] 다이어트하다 巧克力 qiǎokèlì [명] 초콜릿 蛋糕 dàngāo [명] 케이크 等 děng [조] 기타 一切 yíqiè [명] 모든 것 瘦 shòu [형] 마르다 快……了 kuài……le 곧 ~하다 准备 zhǔnbèi [동] 준비하다 考试 kǎoshì [명] 시험 能力 nénglì [명] 능력

**69**

| | |
|---|---|
| 叶诗文是中国著名的游泳运动员，她6岁时老师看她的身体条件很符合游泳运动员的要求，就鼓励她专门去学游泳。尽管她现在只有16岁，但已经获得了好几个国际大奖。<br><br>★ 叶诗文是一名： | 예스원은 중국의 유명한 수영 선수이다. 그녀가 6살 때 선생님께서 그녀의 신체 조건이 수영 선수에 적합한 것을 보시고 그녀가 전문적으로 수영을 배울 수 있도록 격려해 주셨다. 비록 그녀는 지금 겨우 16살이지만, 이미 몇 개의 국제 대상을 받았다.<br><br>★ 예스원은? |

| | | | |
|---|---|---|---|
| **A 运动员** | B 作家 | **A 운동 선수** | B 작가 |
| C 老师 | D 记者 | C 선생님 | D 기자 |

[해설] 질문에서 예스원에 대한 옳은 내용을 묻고 있고 보기가 모두 직업을 나타내므로 직업 어휘를 주의해서 살펴본다. 지문에서 叶诗文是中国著名的游泳运动员(예스원은 중국의 유명한 수영 선수이다)이라고 했으므로 직업이 운동 선수임을 알 수 있다. 따라서 정답은 A 运动员(운동 선수)이다.

[어휘] 叶诗文 yèshīwén [인명] 예스원 著名 zhùmíng [형] 유명하다 游泳 yóuyǒng [동] 수영하다 运动员 yùndòngyuán [명] 운동선수 岁 suì [명] 살, 세 时 shí [명] 때 老师 lǎoshī [명] 선생님 身体 shēntǐ [명] 신체 条件 tiáojiàn [명] 조건 符合 fúhé [동] 부합하다 要求 yāoqiú [명] 요구 鼓励 gǔlì [동] 격려하다 专门 zhuānmén [부] 특별히 尽管……, 但…… jǐnguǎn…… ,dàn…… [접] ~에도 불구하고 그러나 ~하다 现在 xiànzài [명] 지금 只有 zhǐyǒu [부] 오직, 오로지 已经 yǐjīng [부] 이미 获得 huòdé [동] 획득하다 国际 guójì [명] 국제 大奖 dàjiǎng [명] 대상 作家 zuòjiā [명] 작가 记者 jìzhě [명] 기자

**70**

| | |
|---|---|
| 教育学家建议，父母应该让孩子认识钱、了解钱的作用，对于6到10岁的孩子，很适合教他们管理自己的钱，并认识到存钱的重要性。<br><br>★ 父母应教孩子： | 교육학자는 부모는 아이에게 돈을 알게 하고, 돈의 역할을 이해하게 해야 한다고 권한다. 6~10세의 아이는 자신의 돈을 관리하는 것을 가르치고, 저축의 중요성을 알게 하기에 적합하다고 한다.<br><br>★ 부모는 아이에게 무엇을 가르쳐야 하는가? |

| | |
|---|---|
| A 节约用水 | A 물 절약하는 것 |
| B 做饭 | B 밥하는 것 |
| C 别随便借钱 | C 마음대로 돈을 빌리지 말 것 |
| **D 怎样管理钱** | **D 어떻게 돈을 관리하는지** |

[해설] 질문에서 부모가 아이를 어떻게 교육해야 하는지에 대해 묻고 있다. 지문에서 당위를 나타내는 应该(~해야 한다)가 사용된 부분

에서 父母应该让孩子认识钱、了解钱的作用(부모는 아이에게 돈을 알게 하고 돈의 역할을 이해하게 해야 한다)이라고 했고 6~10살의 아이에게 管理自己的钱(자신의 돈을 관리하기)을 가르치기에 적합하다라고 했으므로 정답은 D 怎样管理钱(어떻게 돈을 관리하는지)이다.

어휘 教育 jiàoyù 명 교육　学家 xuéjiā 명 학자　建议 jiànyì 동 제안하다　父母 fùmǔ 명 부모　让 ràng 동 ~하게 하다　孩子 háizi 명 아이　认识 rènshi 동 알다　钱 qián 명 돈　了解 liǎojiě 동 이해하다　作用 zuòyòng 명 작용　对于 duìyú 개 ~에 대해　岁 suì 명 살, 세　适合 shìhé 동 적합하다　教 jiāo 동 가르치다　管理 guǎnlǐ 동 관리하다　自己 zìjǐ 대 자신　并 bìng 접 그리고　存钱 cúnqián 동 저금하다　重要性 zhòngyàoxìng 명 중요성　节约 jiéyuē 동 절약하다　用 yòng 동 사용하다　水 shuǐ 명 물　做饭 zuòfàn 동 밥을 짓다　别 bié 부 ~하지 마라　随便 suíbiàn 동 마음대로 하다　借 jiè 동 빌리다

**71**

市区和郊区各有各的好处。市区的交通很方便，但是空气污染很严重；相反，在郊区的生活虽然出行不方便，但风景很美，空气很新鲜。

시내 지역과 교외 지역은 각각 장점이 있다. 시내 지역은 교통이 편리하지만 공기 오염이 심각하고, 반대로 교외 지역의 생활은 비록 다니기는 불편하지만, 풍경이 아름답고 공기가 깨끗하다.

★ 他觉得市区：

★ 그의 생각에 시내 지역은 어떠한가?

A 很热闹
B 收入高
**C 空气不好**
D 容易找房子

A 시끌벅적하다
B 소득이 높다
**C 공기가 안 좋다**
D 집을 구하기 쉽다

해설 질문에서 시내 지역에 대한 그의 생각을 묻고 있다. 지문에서 시내와 교외가 각자의 장점이 있다고 시작하면서 市区的交通很方便，但是空气污染很严重(시내의 교통은 아주 편하지만 공기 오염이 아주 심각하다)이라고 했으므로 시내의 공기가 좋지 않음을 알 수 있다. 따라서 정답은 C 空气不好(공기가 안 좋다)이다.

어휘 市区 shìqū 명 시내 지역　和 hé 접 ~와/과　郊区 jiāoqū 명 교외 지역　各有各的 gèyǒugède 제각기 다른　好处 hǎochu 명 장점　交通 jiāotōng 명 교통　方便 fāngbiàn 형 편리하다　但是 dànshì 접 그러나　空气 kōngqì 명 공기　污染 wūrǎn 명 오염　严重 yánzhòng 형 심각하다　相反 xiāngfǎn 접 반대로　生活 shēnghuó 명 생활　虽然……，但…… suīrán……，dàn…… 접 비록 ~할지라도, 그러나 ~하다　出行 chūxíng 동 외출하여 멀리 가다　风景 fēngjǐng 명 풍경　美 měi 형 아름답다　新鲜 xīnxiān 형 신선하다　热闹 rènao 형 시끌벅적하다　收入 shōurù 명 수입　容易 róngyì 형 쉽다　找 zhǎo 동 찾다　房子 fángzi 명 집

**72**

学习外语时，很多人遇到不懂的词就去查词典。你可以先根据上下文来猜它的意思，实在猜不出，再去查词典，这样才能提高你的外语水平。

많은 사람들이 외국어를 공부할 때 모르는 단어를 만나면 바로 사전을 찾는데, 우선 앞뒤의 내용에 근거해서 그것의 뜻을 추측해 볼 수 있다. 정말 추측하기 어려우면 그때 사전을 찾아라. 이렇게 해야 비로소 당신의 외국어 실력이 향상될 수 있다.

★ 遇到不懂的词语，最好先：

★ 모르는 단어를 만났을 때 우선 어떻게 하는 것이 가장 바람직한가?

**A 猜词语的意思**
B 上网查查
C 问问老师
D 写在笔记本上

**A 단어의 뜻을 추측해라**
B 인터넷으로 찾아라
C 선생님께 물어보라
D 노트에 적어라

해설 질문에서 모르는 단어를 만났을 때 어떻게 하는 것이 가장 바람직한지를 묻고 있다. 지문에서 외국어 공부를 할 때 일반적으로 사전을 바로 찾는다는 것을 설명하고 이어 你可以先根据上下文来猜它的意思(당신은 먼저 앞뒤의 내용에 근거하여 그것의 뜻을 추측할 수 있다)라고 했으므로 화자는 사전을 바로 찾기보다는 단어의 뜻을 추측해 보기를 권하고 있음을 알 수 있다. 따라서 알맞은 정답은 A 猜词语的意思(단어의 뜻을 추측하다)이다.

**73**

旅行前要做个计划，比如怎样坐车，要去什么地方，找个酒店，带什么衣服，一共要玩儿多少天等。把这些都详细计划好，旅游时才会更轻松。

여행 전에 계획을 세워야 한다. 예를 들면 무엇을 타고 갈 것인지, 어디에 갈지, 호텔을 찾고, 어떤 옷을 챙길지, 며칠 동안 놀지 등이다. 이러한 것들은 모두 자세히 계획해 두면 여행할 때 더 수월해진다.

★ 旅游前，我们应该：

★ 여행을 하기 전에, 우리는 마땅히 무엇을 해야 하는가?

A **提前做好计划**

B 先挣钱

C 请假

D 准备做饭

A **사전에 계획을 잘 세운다**

B 먼저 돈을 번다

C 휴가를 신청한다

D 밥을 할 준비를 한다

**해설** 질문에서 여행 전에 해야 하는 일이 무엇인지에 대해 묻고 있다. 지문에서 旅行前要做个计划(여행 전에 계획을 세워야 한다)라고 하여 질문의 키워드가 그대로 등장하였다. 여행 전에는 계획을 세워야 한다는 내용이므로 알맞은 정답은 A 提前做好计划(사전에 계획을 잘 세운다)이다.

**74**

人们常说"抽烟有害无益"。抽烟不仅对自己的身体不好，还会影响周围人的健康。为了自己和他人的健康，少抽烟。

사람들은 자주 '담배는 백해무익하다'고 말한다. 담배는 자신의 건강에 안 좋을 뿐만 아니라, 또한 주변 사람의 건강에도 영향을 줄 수 있다. 자신과 타인의 건강을 위해 담배를 적게 피워라.

★ 这段话主要告诉我们要：

★ 이 글은 우리에게 어떻게 하라고 말하고 있는가?

A 每天运动

B **少抽烟**

C 保护环境

D 多读书

A 매일 운동해라

B **담배를 적게 피워라**

C 환경을 보호하라

D 책을 많이 읽어라

**해설** 질문에서 이 글이 우리에게 어떻게 하라고 하는지에 대해 묻고 있다. 교훈적인 내용은 보통 후반부에 등장한다. 지문에서 담배가 좋지 않음을 설명하면서 为了自己和他人的健康，少抽烟(자신과 타인의 건강을 위해 담배를 적게 피워라)이라고 하여 보기의 키워드가 그대로 언급되었으므로 B 少抽烟(담배를 적게 피워라)이 정답이다.

**75**

做决定之前一定要考虑清楚，不要以为你还年轻，就可以想做什么就做什么，你现在做出的每一个决定都有可能影响到你的将来。

★ 根据这段话，做决定前要：

A 考虑清楚
B 和父母商量
C 多运动
D 去逛街

결정을 하기 전에 반드시 잘 생각해야 한다. 당신이 아직 젊다고 생각해서 하고 싶은 대로 하지 말아라. 당신이 현재 하는 모든 결정은 당신의 미래에 영향을 끼칠 수 있다.

★ 이 글에 근거하여 결정하기 전에 해야 하는 것은?

A 잘 생각한다
B 부모와 상의한다
C 운동을 많이 한다
D 쇼핑을 간다

**해설** 질문에서 결정을 하기 전에 해야 하는 것에 대해 묻고 있다. 지문에서 做决定之前一定要考虑清楚(결정하기 전에 반드시 잘 생각해야 한다)라고 하여 질문의 키워드가 그대로 등장하였다. 결정하기 전에 잘 생각해야 한다는 내용이므로 A 考虑清楚(잘 생각한다)가 정답이다.

**어휘** 做 zuò 통 하다 决定 juédìng 통 결정하다 之前 zhīqián 명 ~이전 一定 yídìng 부 반드시 考虑 kǎolǜ 통 고려하다 清楚 qīngchu 형 분명하다 以为 yǐwéi 통 ~라고 생각하다 年轻 niánqīng 형 젊다 现在 xiànzài 명 지금 可能 kěnéng 형 가능하다 影响 yǐngxiǎngdào 통 영향을 주다 将来 jiānglái 명 미래 和 hé 접 ~와/과 父母 fùmǔ 명 부모 商量 shāngliang 통 상의하다 运动 yùndòng 통 운동하다 逛街 guàngjiē 통 쇼핑하다

**76**

要想交个朋友，其实有很多办法。例如多和周围的人打招呼，在别人遇到麻烦的时候去帮助他，或者跟别人聊聊他感兴趣的事，这样使人更快地接受你。

★ 怎样可以交朋友？

A 多和人聊天
B 请客
C 讲笑话
D 说自己的缺点

친구를 사귀고 싶다면 사실 여러 가지 방법이 있다. 예를 들어, 주변의 사람과 많이 인사하거나 다른 사람이 귀찮은 일을 만났을 때 돕거나 또는 다른 사람과 그가 흥미 있어 하는 일에 대해 이야기하는 것이다. 이렇게 하면 사람들이 더 빠르게 당신을 받아들이게 된다.

★ 어떻게 해야 친구를 사귈 수 있는가?

A 다른 사람과 많이 대화해라
B 한턱 내라
C 웃긴 이야기를 해라
D 자신의 단점을 말해라

**해설** 질문에서 어떻게 해야 친구를 사귈 수 있는지를 묻고 있다. 지문에서 친구를 사귀는 여러가지 방법을 소개하면서 그 중의 한 가지로 跟别人聊聊他感兴趣的事(다른 사람이 관심있어 하는 일에 대해 이야기 하라)이라고 했으므로 알맞은 정답은 A 多和人聊天(사람과 이야기를 많이 한다)이다.

**어휘** 交 jiāo 통 사귀다 其实 qíshí 부 사실 办法 bànfǎ 명 방법 例如 lìrú 예를 들면 和 hé 접 ~와/과 周围 zhōuwéi 명 주위 打招呼 dǎzhāohu 통 인사하다 在……的时候 zài……deshíhòu ~할 때 别人 biéren 대 다른 사람 遇到 yùdào 통 직면하다 麻烦 máfan 형 번거롭다 帮忙 bāngmáng 통 돕다 或者 huòzhě 접 혹은, 또는 跟 gēn 개 ~와/과 感兴趣 gǎnxìngqù 흥미를 느끼다 使 shǐ 통 ~하게 만들다 更 gèng 부 더욱 快 kuài 형 빠르다 接受 jiēshòu 받아들이다 聊天 liáotiān 통 수다를 떨다 请客 qǐngkè 통 한턱 내다 讲 jiǎng 통 이야기하다 笑话 xiàohua 명 우스운 이야기 自己 zìjǐ 대 자신 缺点 quēdiǎn 명 단점

**77**

如果必须要完成一件自己不喜欢的事情，很多人把它留到最后才做，但是我觉得最好的办法就是早点儿把它做完，这样才能提前结束烦恼。

만일 자신이 좋아하지 않는 일을 반드시 해야 한다면 많은 사람들은 그 일을 가장 마지막으로 미뤄 두었다가 한다. 하지만 내 생각에 가장 좋은 방법은 그 일을 일찍 하는 것이다. 이렇게 하면 미리 걱정을 끝내버릴 수 있다.

| ★ 说话人觉得对不喜欢却又必须做的事，最好： | ★ 화자는 하기 싫지만 꼭 해야 하는 일에 대해 어떻게 하는 것이 가장 좋다고 생각하는가? |
|---|---|
| A 找人帮忙 | A 도와줄 사람을 찾는다 |
| **B 早点儿完成** | **B 일찍 완성한다** |
| C 不做 | C 안 한다 |
| D 叫别人来做 | D 다른 사람에게 하라고 시킨다 |

**해설** 질문에서 싫어하지만 꼭 해야 하는 일에 대해 어떻게 하는 것이 가장 좋은지 화자의 생각을 묻고 있다. 지문에서 많은 사람들이 하기 싫은 일은 마지막까지 미뤘다가 한다라고 하며 이어서 我觉得最好的办法就是早点儿把它做完(가장 좋은 방법은 그것을 일찍 하는 것이라고 생각한다)이라고 했으므로 정답은 B 早点儿完成(일찍 완성한다)이다.

**어휘** 如果 rúguǒ 젭 만약  必须 bìxū 튀 반드시  完成 wánchéng 통 완성하다  事情 shìqíng 명 일  把 bǎ 개 ~을/를  留 liú 통 머무르다  最后 zuìhòu 명 마지막  才 cái 튀 그제서야  但是 dànshì 젭 그러나  觉得 juéde 통 ~라고 생각하다  最好 zuìhǎo 튀 가장 좋기는  办法 bànfǎ 명 방법  早 zǎo 혱 이르다  做完 zuòwán 통 (일을) 끝내다  提前 tíqián 통 미리  结束 jiéshù 통 끝나다  烦恼 fánnǎo 명 걱정거리  找 zhǎo 통 찾다  帮忙 bāngmáng 통 돕다  叫 jiào 통 ~하게 하다  别人 biéren 데 다른 사람

**78**

| 小明，你认识的人，有学法律的吗？我有个朋友想找个律师，咨询一下有关法律方面的问题，你可以给他介绍一个吗？ | 샤오밍, 네가 아는 사람 중에 법을 공부한 사람이 있니? 내 친구가 변호사를 찾는데 법률상의 문제를 물어보려고 하거든. 그에게 한 명 소개해 줄 수 있어? |
|---|---|
| ★ 说话人的朋友： | ★ 화자의 친구는? |
| **A 找律师** | **A 변호사를 찾는다** |
| B 想买空调 | B 에어컨을 사고 싶다 |
| C 是公司职员 | C 회사원이다 |
| D 明天结婚 | D 내일 결혼한다 |

**해설** 질문에서 화자의 친구에 대한 옳은 내용을 묻고 있다. 지문에서 화자는 샤오밍에게 법을 공부한 사람을 아느냐고 물어보면서 我有个朋友想找个律师(내 친구가 변호사를 찾고 있어)이라고 했으므로 화자의 친구가 변호사를 찾고 있음을 알 수 있다. 따라서 정답은 A 找律师(변호사를 찾는다)이다.

**어휘** 认识 rènshi 통 알다  法律 fǎlǜ 명 법률  朋友 péngyou 명 친구  找 zhǎo 통 찾다  律师 lǜshī 명 변호사  咨询 zīxún 통 자문하다  有关 yǒuguān 통 관계가 있다  方面 fāngmiàn 명 방면, 부분  问题 wèntí 명 문제  介绍 jièshào 통 소개하다  空调 kōngtiáo 명 에어컨  公司职员 gōngsīzhíyuán 명 회사 직원  明天 míngtiān 명 내일  结婚 jiéhūn 통 결혼하다

**79**

| 选择职业时，不要只考虑收入，应该要根据自己的性格去判断什么样的工作适合自己，这样才能找到自己满意的工作。 | 직업을 선택할 때 수입만 고려하지 말고, 자신의 성격에 따라 어떤 직업이 자신에게 적합한지를 판단해야 한다. 이렇게 하면 자신이 만족하는 직업을 찾을 수 있다. |
|---|---|
| ★ 选择职业时： | ★ 직업을 선택할 때는? |
| A 打好基础 | A 기초를 잘 다져라 |
| **B 考虑自己的性格** | **B 자신의 성격을 고려해라** |
| C 接受批评 | C 비평을 받아들여라 |
| D 多读书 | D 책을 많이 읽어라 |

**해설** 질문에서 직업을 선택할 때 어떻게 해야 하는지 묻고 있다. 지문에 질문의 키워드가 그대로 등장하며 应该要根据自己的性格去 判断什么样的工作适合自己(자신의 성격에 따라 어떤 일이 자신에게 맞는지 판단해야 한다)라고 했으므로 직업 선택 시에 자신 의 성격을 고려해야 함을 알 수 있다. 따라서 알맞은 정답은 B 考虑自己的性格(자신의 성격을 고려해라)이다.

**어휘** 选择 xuǎnzé 튕 선택하다   职业 zhíyè 뗑 직업   时 shí 뗑 때   只 zhǐ 튀 오로지   考虑 kǎolǜ 튕 고려하다   收入 shōurù 뗑 수입   根据 gēnjù 껜 ~에 근거하여   自己 zìjǐ 댇 자신   性格 xìnggé 뗑 성격   判断 pànduàn 튕 판단하다   工作 gōngzuò 뗑 직업   适合 shìhé 튕 적합하다   才 cái 튀 비로소   找到 zhǎodào 튕 찾다   满意 mǎnyì 휑 만족하다   打好基础 dǎhǎo jīchǔ 기본을 다지다   接受 jiēshòu 튕 받아들이다   批评 pīpíng 튕 비평하다   读书 dúshū 튕 책을 읽다

## 80-81

| | |
|---|---|
| 　　有句话叫"规定是死的，人是活的"。虽然 要按规定做事，但是80 当"规定"和"经验"不 能解决问题时，81应该试着以前从来没做过的方法， 也许这样就能找到解决问题的好方法了。 | '규정은 죽은 것이고, 사람은 살아있는 것이다'라는 말이 있다. 비 록 규정에 따라 일을 해야 하지만, 80 '규정'과 '경험'으로 문제를 해결 할 수 없을 때는 81예전에는 한번도 해 보지 않은 방법을 시도해 봐 야 한다. 어쩌면 이렇게 해서 문제를 해결하는 좋은 방법을 찾을 수 있을지도 모른다. |

**어휘** 句 jù 양 마디   话 huà 뗑 말   叫 jiào 튕 ~라고 하다   规定 guīdìng 뗑 규정   死 sǐ 튕 죽다   活 huó 튕 살다   虽然……, 但是…… suīrán……, dànshì…… 쩝 비록 ~할지라도 그러나 ~하다   按 àn 껜 ~에 따라   当……时 dāng……shí ~할 때   和 hé 쩝 ~와/과   经验 jīngyàn 뗑 경험   解决 jiějué 튕 해결하다   问题 wèntí 뗑 문제   试 shì 튕 시도해보다   以前 yǐqián 뗑 이전   从来 cónglái 튀 여태껏   方法 fāngfǎ 뗑 방법   也许 yěxǔ 튀 어쩌면   找 zhǎo 튕 찾다

| 80 | |
|---|---|
| ★ "人是活的"这里"活"指的是： | ★ '사람은 살아있는 것이다'에서 '살아있는 것'이 가리키는 것은 무엇인가? |
| A 懂得放弃<br>B 有信心<br>**C 懂得改变**<br>D 有责任心 | A 포기를 안다<br>B 자신감이 있다<br>**C 변화를 이해한다**<br>D 책임감이 있다 |

**해설** 질문에서 '사람은 살아있는 것이다'의 '살아있는 것'의 의미를 묻고 있다. 지문에는 '活'가 가리키는 대상이 명확하게 제시되지 않았 으므로 전체 내용을 파악해서 의미를 유추해야 한다. 글의 시작 부분에서 规定是死的, 人是活的(규정은 죽어있는 것이고 사람 은 살아있는 것이다)라고 하여 규정과 사람을 비교하면서 当"规定"和"经验"不能解决问题时, 应该试着以前从来没做过的 方法('규정'과 '경험'이 문제를 해결할 수 없을 때 예전에는 해 보지 않은 방법을 시도해야 한다)라고 했다. 새로운 것을 시도한다는 것은 변화의 의미이므로 가장 알맞은 정답은 C 懂得改变(변화를 이해해라=변화할 줄 알다)이다.

**어휘** 懂得 dǒngde 튕 알다   放弃 fàngqì 튕 포기하다   信心 xìnxīn 뗑 자신감   改变 gǎibiàn 튕 바꾸다   责任心 zérènxīn 뗑 책임감

| 81 | |
|---|---|
| ★ 根据这段话，不能解决问题时： | ★ 이 글에 근거하여, 문제를 해결할 수 없을 때 어떻게 해야 하는가? |
| **A 试试新的方法**<br>B 再做计划<br>C 去旅行<br>D 找自己的缺点 | **A 새로운 방법을 시도한다**<br>B 다시 계획을 세운다<br>C 여행을 간다<br>D 자신의 단점을 찾는다 |

**해설** 질문에서 문제를 해결할 수 없을 때 어떻게 해야 하는지를 묻고 있다. 지문에서 문제를 해결할 수 없을 때 应该试着以前从来没 做过的方法(예전에 해 보지 않은 방법을 시도해봐야 한다)고 했으므로 정답은 A 试试新的方法(새로운 방법을 시도한다)이다.

新 xīn 웹 새롭다    计划 jìhuà 웹 계획    旅行 lǚxíng 웹 여행하다    找 zhǎo 웹 찾다    自己 zìjǐ 뎁 자신    缺点 quēdiǎn 웹 단점

## 82-83

|  |  |
| --- | --- |
| 　　很多人认为选择越多越好。有大学做了一个研究：让82前10名学生在3种饮料中选择一种，后10名学生在20种饮料中选择。结果发现，后10名学生中有更多的人觉得自己选的饮料不好喝，后悔当时的选择。83太多的东西往往让人无法选择。 | 　　많은 사람들은 선택이 많을수록 좋다고 생각한다. 어떤 대학교에서 연구를 했다. 82먼저 10명의 학생들에게는 3종류의 음료수 중에서 한 종류를 선택하게 했고, 뒤의 10명의 학생들에게는 20종류의 음료수 중에서 선택하게 했다. 결과는 뒤의 10명의 학생 중의 더 많은 사람들이 자신이 선택한 음료수가 맛있다고 느꼈고 자신의 선택에 후회했다. 83너무 많은 물건은 종종 사람을 선택할 수 없게 만든다. |

认为 rènwéi 웹 ~라고 생각하다    选择 xuǎnzé 웹 선택하다    越……越…… yuè……yuè…… ~할수록 ~하다    大学 dàxué 웹 대학교    研究 yánjiū 웹 연구하다    让 ràng 웹 ~하게 하다    名 míng 웹 명(사람 세는 단위)    学生 xuésheng 웹 학생    种 zhǒng 웹 종류    饮料 yǐnliào 웹 음료수    选择 xuǎnzé 웹 선택하다    结果 jiéguǒ 웹 결과    发现 fāxiàn 웹 발견하다    更 gèng 웹 더욱    觉得 juéde 웹 ~라고 생각하다    自己 zìjǐ 뎁 자신    选 xuǎn 웹 선택하다    好喝 hǎohē 웹 맛있다    后悔 hòuhuǐ 웹 후회하다    当时 dāngshí 웹 당시    东西 dōngxi 웹 물건    往往 wǎngwǎng 웹 자주    无法 wúfǎ 방법이 없다

### 82

| ★ 关于那些学生，可以知道： | ★ 그 학생들에 관하여 알 수 있는 것은? |
| --- | --- |
| A 不喜欢运动 | A 운동을 좋아하지 않는다 |
| B 成绩优秀 | B 성적이 우수하다 |
| C 很马虎 | C 아주 대충한다 |
| D 一共20名 | D 모두 20명이다 |

질문에서 그 학생들에 관한 옳은 내용을 묻고 있다. 보기의 키워드는 运动(운동), 成绩(성적), 马虎(대충하다), 20名(20명)이므로 지문과 빠르게 대조한다. 지문에서 前10名学生(앞의 10명)과 后10名学生(뒤의 10명)이 언급되었으므로 학생은 모두 20명임을 알 수 있다. 다른 보기의 키워드는 언급되지 않았으므로 정답은 D 一共20名(모두 20명이다)이다.

运动 yùndòng 웹 운동하다    成绩 chéngjì 웹 성적    优秀 yōuxiù 웹 우수하다    马虎 mǎhu 웹 대충하다    一共 yígòng 웹 모두    名 míng 웹 사람을 세는 단위

### 83

| ★ 这段话主要想告诉我们什么？ | ★ 이 글이 우리에게 말하고자 하는 것은 무엇인가? |
| --- | --- |
| A 要认真学习 | A 공부를 열심히 해야 한다 |
| B 要保护环境 | B 환경을 보호해야 한다 |
| C 重视结果 | C 결과를 중시한다 |
| D 选择多不一定好 | D 선택이 많은 것이 꼭 좋은 것만은 아니다 |

질문에서 이 글이 우리에게 말하고자 하는 것을 묻고 있으므로 글의 후반부를 살펴본다. 글의 시작 부분에서 많은 사람들의 견해(선택이 많을수록 좋게 여김)를 소개한 뒤 한 실험연구의 결과를 제시하고 있다. 글의 후반부에서 太多的东西往往让人无法选择(너무 많은 물건이 사람으로 하여금 선택하지 못하게 한다)라고 했으므로 이 글에서 말하고자 하는 바는 D 选择多不一定好(선택이 많다고 꼭 좋은 것은 아니다)이다.

认真 rènzhēn 웹 열심히 하다    学习 xuéxí 웹 공부하다    保护 bǎohù 웹 보호하다    环境 huánjìng 웹 환경    重视 zhòngshì 웹 중시하다    不一定 bùyídìng 웹 반드시 ~한 것은 아니다

## 84-85

　　为了了解学生的想法，我请他们对我提出批评。有个学生说："教授，您教得非常好，但是84您总是在课前等那些迟到的同学。"我听了很吃惊，就问她："难道这样不对吗？"有个学生向我解释："迟到说明不尊重别人的时间，您当然也不必尊重他。85只有尊重别人时间的人，才值得别人尊重。"

　　학생들의 생각을 알기 위해 나는 그들에게 나에 대한 비평을 달라고 했다. 어떤 학생이 말했다. "교수님, 교수님은 아주 잘 가르쳐 주십니다. 하지만 84항상 수업 전 지각하는 학생들을 기다려 주세요." 나는 듣고 너무 놀라서 그에게 물었다. "이렇게 하는 것이 틀렸다는 것인가요?" 학생이 나에게 설명하기를 "지각하는 것은 다른 사람의 시간을 존중하지 않는 것을 말합니다. 교수님도 당연히 그를 존중할 필요가 없죠. 85다른 사람의 시간을 존중하는 사람만이 다른 사람의 존중을 받을 가치가 있습니다."

**어휘** 为了 wèile 껜 ~을 위해서　了解 liǎojiě 통 알다　学生 xuésheng 명 학생　想法 xiǎngfǎ 명 생각　请 qǐng 통 부탁하다　对 duì 껜 ~에 대하여　提出 tíchū 통 제출하다　批评 pīpíng 통 비평하다　教授 jiàoshòu 명 교수　教 jiāo 통 가르치다　但是 dànshì 접 그러나　总是 zǒngshì 부 항상　课 kè 명 수업　等 děng 통 기다리다　迟到 chídào 통 지각하다　同学 tóngxué 명 학우　吃惊 chījīng 형 놀라다　问 wèn 통 묻다　难道 nándào 부 설마 ~하겠는가　对 duì 형 옳다　向 xiàng 껜 ~을 향해서　解释 jiěshì 통 해명하다　说明 shuōmíng 통 설명하다　尊重 zūnzhòng 통 존중하다　别人 biéren 대 다른 사람　时间 shíjiān 명 시간　当然 dāngrán 형 당연하다　不必 búbì 부 ~할 필요가 없다　只有……, 才…… zhǐyǒu…, cái… 접 ~해야만 ~하다　值得 zhídé 통 ~할 만한 가치가 있다

## 84

★ 学生建议教授：

★ 학생이 교수에게 건의한 것은 무엇인가?

**A 别等迟到的学生**
B 早点儿下课
C 声音大点儿
D 少留作业

**A 지각하는 학생을 기다리지 말라**
B 일찍 수업을 끝내 달라
C 목소리를 크게 해 달라
D 숙제를 적게 내 달라

**해설** 질문에서 학생이 교수에게 건의한 내용을 묻고 있다. 지문에서 한 학생이 您总是在课前等那些迟到的同学(교수님은 늘 수업 전에 지각하는 학생들을 기다려 주세요)라고 하며 교수님께 대한 불만을 나타내고 있다. 따라서 학생이 교수에게 건의한 것은 A 别等迟到的学生(지각하는 학생을 기다리지 말라)이다.

**어휘** 建议 jiànyì 통 제안하다　别 bié 부 ~하지 마라　早 zǎo 형 이르다　下课 xiàkè 통 수업을 마치다　声音 shēngyīn 명 소리　留 liú 통 남기다　作业 zuòyè 명 숙제

## 85

★ 这段话告诉我们要：

★ 이 글이 우리에게 알려 주고자 하는 것은?

A 学会放弃
B 学习要认真
**C 尊重他人时间**
D 学会原谅

A 포기를 할 줄 알아야 한다
B 공부를 열심히 해야 한다
**C 다른 사람의 시간을 존중해야 한다**
D 용서를 할 줄 알아야 한다

**해설** 질문에서 이 글이 우리에게 말하고자 하는 것은 무엇인지를 묻고 있다. 교훈적인 내용은 주로 후반부에 등장한다. 지문에서 只有尊重别人时间的人，才值得别人尊重(다른 사람의 시간을 존중하는 사람만이 다른 사람의 존중을 받을 가치가 있다)라고 했으므로 이 글의 교훈으로 알맞은 것은 C 尊重他人时间(다른 사람의 시간을 존중해야 한다)이다.

**어휘** 学会 xuéhuì 통 배워서 할 줄 알다　放弃 fàngqì 통 포기하다　认真 rènzhēn 형 열심히 하다. 성실하다　原谅 yuánliàng 통 용서하다

정답 86. 那家公司的规定挺严格的。

87. 这场比赛赢得非常轻松。

88. 大概四分之三的人反对这样做。

89. 我把不穿的衣服扔掉了。

90. 这台洗衣机的质量不错。

91. 这个消息被同学们知道了。

92. 他的工资比我高3000元。

93. 博物馆里不允许拍照。

94. 你的普通话水平考试考得怎么样？

95. 这个故事真让人感动了。

---

**86** 严格　那家公司的　挺　的　规定

| 관형어 | 주어 | 부사어 | 술어 |
|---|---|---|---|
| 那家公司的<br>대사+양사+명사+的 | 规定<br>명사 | 挺<br>부사 | 严格的<br>형용사+的 |
| 그 회사의 규정은 매우 엄격하다. | | | |

해설　**술어 배치** 제시어 중 술어가 될 수 있는 형용사 严格(엄격하다)를 술어에 배치한다.
　　　**주어 목적어 배치** 형용사는 목적어를 두지 않으므로 술어 严格의 묘사의 대상으로 规定(규정)을 주어에 배치한다.
　　　**남은 어휘 배치** 구조조사 的가 결합되어 있는 那家公司的(그 회사의)는 관형어이므로 의미가 어울리는 规定 앞에 배치하고 정도의 의미를 나타내는 挺과 的는 '挺……的'의 형식으로 쓰이므로 형용사와 결합시켜 문장을 완성한다.

어휘　家 jiā 양 점포 등을 세는 단위　公司 gōngsī 명 회사　规定 guīdìng 명 규정　挺 tǐng 부 매우　严格 yángé 형 엄격하다

---

**87** 比赛　赢得　轻松　这场　非常

| 관형어 | 주어 | 술어 | 보어 |
|---|---|---|---|
| 这场<br>대사+양사 | 比赛<br>명사 | 赢得<br>동사+得 | 非常轻松<br>부사+형용사 |
| 이번 시합은 매우 쉽게 이겼다. | | | |

해설　**술어 배치** 제시어 중 보어를 만드는 구조조사 得와 결합되어 있는 赢得(~하게 이기다)를 술어에 배치한다.
　　　**주어 목적어 배치** 술어 赢得의 주어로 의미가 어울리는 比赛(시합)를 배치한다.
　　　**남은 어휘 배치** '대사+양사'인 这场(이번) 뒤에는 명사가 와야 하므로 比赛 앞에 배치하고, 정도부사 非常(매우)은 형용사 轻松(수월하다)과 결합시켜 술어 뒤 보어로 배치시킨다.

어휘　场 chǎng 양 번(스포츠 경기를 세는 양사)　比赛 bǐsài 명 시합　赢 yíng 동 이기다　轻松 qīngsōng 형 수월하다

**88** 四分之三的人　　大概　　这样做　　反对

| 관형어 | 주어 | 술어 | 목적어 |
|---|---|---|---|
| **大概四分之三的**<br>부사+수사+的 | **人**<br>명사 | **反对**<br>동사 | **这样做**<br>대사+동사 |

4분의 3의 사람들이 이렇게 하는 것을 반대한다.

**해설** **술어 배치** 제시어 중 술어가 될 수 있는 동사는 做(하다)와 反对(반대하다)이다. 해석상 '~하는 것을 반대하다'가 자연스러우므로 反对를 술어에 배치한다.
**주어 목적어 배치** 술어 反对의 행위의 주체로 人(사람)을 주어에 배치하고, 반대하는 내용으로 这样做(이렇게 하는 것)를 목적어에 배치한다.
**남은 어휘 배치** 부사 大概(대략)는 숫자 앞에 사용하므로 四分之三(4분의 3) 앞에 배치하여 문장을 완성한다.

**어휘** 这样 zhèyàng 대 이렇게　做 zuò 동 하다　反对 fǎnduì 동 반대하다　大概 dàgài 부 대략　四分之三 sìfēnzhīsān 명 4분의 3

**89** 把　我　扔　　不穿的衣服　　掉了

| 주어 | 부사어 | 술어 | 보어 |
|---|---|---|---|
| **我**<br>대사 | **把不穿的衣服**<br>把+명사 | **扔**<br>동사 | **掉了**<br>동사+了 |

나는 안 입는 옷을 버려 버렸다.

**해설** **술어 배치** 제시어 중 술어가 될 수 있는 동사 扔(버리다)을 술어에 배치한다. 把가 있으므로 把자문임을 예상한다.
**주어 목적어 배치** 술어 扔의 행위의 주체로 我(나)를 주어에 배치하고, 행위의 대상으로 不穿的衣服(입지 않는 옷)을 把 뒤에 목적어로 배치시킨다.
**남은 어휘 배치** 把자문의 술어는 동사 하나만 사용하지 않고 기타 성분과 함께 쓰이므로 掉了(~해 버렸다)를 보어로 배치하여 문장을 완성한다.

**어휘** 把 bǎ 개 ~을/를　穿 chuān 동 입다　衣服 yīfu 명 옷　扔掉 rēngdiào 동 내버리다

**90** 这台　　不错　　洗衣机的　　质量

| 관형어 | 주어 | 술어 |
|---|---|---|
| **这台洗衣机的**<br>대사+양사+명사+的 | **质量**<br>명사 | **不错**<br>형용사 |

이 세탁기의 품질이 좋다.

**해설** **술어 배치** 제시어 중 술어가 될 수 있는 형용사 不错(좋다)를 술어에 배치한다.
**주어 목적어 배치** 술어 不错의 묘사의 대상이 될 수 있는 质量(품질)을 주어에 배치한다.
**남은 어휘 배치** '대사+양사'인 这台(이)는 기계 앞에 사용하므로 洗衣机(세탁기) 앞에 배치하고, 구조조사 的가 결합된 洗衣机的(세탁기의)는 质量 앞에 배치하여 문장을 완성한다.

**어휘** 台 tái 양 대(가전제품을 세는 단위)　洗衣机 xǐyījī 명 세탁기　质量 zhìliàng 명 품질　不错 búcuò 형 좋다

**91** 被　知道了　同学们　这个消息

| 관형어 | 주어 | 부사어 | 술어 |
|---|---|---|---|
| 这个<br>대사+的 | 消息<br>명사 | 被同学们<br>被+명사 | 知道了<br>동사+了 |

이 소식은 학우들에 의해 알려졌다.

**해설** **술어 배치** 제시어 중 동태조사 了가 결합되어 있는 知道(알다)를 술어에 배치한다. 被가 있으므로 被자문을 완성한다.
**주어 목적어 배치** 被자문은 행위의 대상이 주어가 되므로 술어 知道의 행위의 대상이 되는 消息(소식)을 주어에 배치하고, 행위를 가하는 주체 同学们(학우들)을 被 뒤에 배치한다.
**남은 어휘 배치** '대사+양사'인 这个(이)는 관형어이므로 의미가 어울리는 消息 앞에 배치하여 문장을 완성한다.

**어휘** 消息 xiāoxi 몡 소식　被 bèi 게 ~에 의하여(피동을 나타냄)　知道 zhīdào 통 알다　同学们 tóngxuémen 몡 학우들

---

**92** 他的工资　3000元　比　高　我

| 관형어 | 주어 | 부사어 | 술어 | 보어 |
|---|---|---|---|---|
| 他的<br>대사+的 | 工资<br>명사 | 比我<br>比+대사 | 高<br>형용사 | 3000元<br>명사 |

그의 월급은 나보다 3000위안이 더 높다.

**해설** **술어 배치** 제시어 중 술어가 될 수 있는 형용사 高(높다)를 술어에 배치한다. 比가 있으므로 비교문임을 예상한다.
**주어 목적어 배치** 형용사는 목적어를 가지지 않으므로 주어를 배치한다. 술어 高의 묘사의 대상이 될 수 있는 他的工资(그의 월급)를 주어에 배치한다.
**남은 어휘 배치** 비교문이므로 개사 比 뒤에 我(나)를 배치하여 술어 앞에 두고, 비교의 결과가 필요하므로 3000元(3000위안)을 보어로 배치하여 문장을 완성한다.

**어휘** 比 bǐ 게 ~보다　工资 gōngzī 몡 월급　元 yuán 몡 위안(화폐 단위)　高 gāo 혱 높다

---

**93** 里　拍照　不允许　博物馆

| 주어 | 부사어 | 술어 | 목적어 |
|---|---|---|---|
| 博物馆里<br>명사+방위명사 | 不<br>부사 | 允许<br>동사 | 拍照<br>동사 |

박물관 안에서 사진 촬영을 허락하지 않는다.

**해설** **술어 배치** 제시어 중 술어가 될 수 있는 것은 동사 允许(허락하다)와 拍照(사진을 찍다)이다. 보통 允许는 동사 목적어를 가지므로 允许를 술어에 배치한다.
**주어 목적어 배치** 술어 允许의 목적어로 의미가 어울리는 拍照를 배치하고, 행위의 주체자가 없으므로 博物馆里(박물관 안에서)를 주어로 배치하여 문장을 완성한다.

**어휘** 博物馆 bówùguǎn 몡 박물관　里 lǐ 몡 안　允许 yǔnxǔ 통 허락하다　拍照 pāizhào 통 사진을 찍다

**94** 普通话水平考试　怎么样　考得　你的

| 관형어 | 주어 | 술어 | 보어 |
|---|---|---|---|
| 你的<br>대사+的 | 普通话水平考试<br>명사 | 考得<br>동사+得 | 怎么样？<br>의문대사 |
| 너 표준중국어 시험 어떻게 봤어? | | | |

해설 **술어 배치** 제시어 중 구조조사 得가 결합되어 있는 考得(~하게 시험을 보다)를 술어에 배치한다. 得가 있으므로 보어가 있는 문장임을 알 수 있다.
**주어 목적어 배치** 술어 考의 주어로 명사 普通话水平考试(표준중국어 시험)를 배치한다.
**남은 어휘 배치** 구조조사 的가 결합된 你的(너의)는 관형어이므로 普通话水平考试 앞에 배치하고, 상태를 나타내는 의문대사 怎么样(어때)을 보어로 배치하여 문장을 완성한다.

어휘 普通话 pǔtōnghuà 명 표준중국어　水平 shuǐpíng 명 수준　考试 kǎoshì 명 시험　考 kǎo 동 시험을 치르다　怎么样 zěnmeyàng 대 어떠하다

**95** 真让人　感动　这个　故事

| 관형어 | 주어 | 부사어 | 술어1 | 겸어 | 술어2 |
|---|---|---|---|---|---|
| 这个<br>대사+양사 | 故事<br>명사 | 真<br>부사 | 让<br>겸어동사 | 人<br>명사 | 感动<br>동사 |
| 이 이야기는 사람을 정말 감동시킨다. | | | | | |

해설 **술어 배치** 제시어 중 술어가 될 수 있는 동사는 让(~하게 하다)과 感动(감동시키다)이다. 让은 겸어문을 만드는 동사이므로 술어1에 배치하고 感动을 술어2에 배치한다.
**주어 목적어 배치** 술어 让은 'A让B……(A가 B를 ~하게 하다)'의 구조를 이루는데 让人으로 B는 이미 제시되어 있으므로 명사 故事(이야기)를 주어에 배치시킨다.
**남은 어휘 배치** '대사+양사'인 这个(이)는 관형어이므로 의미가 어울리는 故事 앞에 배치하여 문장을 완성한다.

어휘 故事 gùshi 명 이야기　让 ràng 동 ~하게 하다　感动 gǎndòng 동 감동하다

## 쓰기 제2부분

**96** 打折 동 할인하다

해설 打折(dǎzhé)는 동사로 '할인하다'라는 뜻이고 사진은 여자가 구두를 신어보는 모습이다. 제시어인 打折(할인하다)를 술어로 삼고, 주어로는 鞋子(신발)를 구상하여 주-술 기본 문장에 부사 在를 추가하여 鞋子在打折(신발이 할인하고 있다)를 완성한다. 여기에 더 나아가 想买(사고 싶다)를 술어로 사용하거나 搞打折活动(할인 행사를 하다)을 사용하여 다양한 문장을 완성해 본다.

정답 **기본** 鞋子在打折. 신발이 할인 중이다.
**확장** 她想买鞋子, 正好在打折. 그녀는 신발을 사고 싶었는데, 때마침 할인하고 있다.
这家商店在搞打折活动. 이 상점은 할인 행사를 하는 중이다.

어휘 鞋子 xiézi 명 신발　在 zài 부 ~하는 중이다　打折 dǎzhé 동 할인하다　正好 zhènghǎo 부 때마침　家 jiā 양 가정·가게 등을 세는 양사　商店 shāngdiàn 명 상점　搞 gǎo 동 하다　活动 huódòng 명 행사

## 97  抱 (동) 안다

**해설** 抱(bào)는 동사로 '안다'라는 뜻이고 사진은 여자가 강아지를 안고 있는 모습이다. 제시어 抱(안다)를 술어로 삼고, 주어로는 她(그녀)를, 목적어로는 小狗(강아지)를 사용하여 주-술-목 기본 문장 她抱小狗(그녀는 강아지를 안는다)를 완성한다. 여기에 더 나아가 동태조사 着(~하고 있다)를 사용해서 연동문의 형식으로 다양한 문장을 완성해 본다.

**정답**  **기본** 她抱小狗。 그녀는 강아지를 안는다.

 **확장** 她抱着小狗坐在椅子上。 그녀는 강아지를 안고 의자에 앉아 있다.

 她抱着小狗去公园散步。 그녀는 강아지를 안고 공원에 산책하러 간다.

**어휘** 抱 bào 동 안다  小狗 xiǎogǒu 명 강아지  公园 gōngyuán 명 공원  散步 sànbù 동 산책하다

## 98  毕业 (동) 졸업하다

**해설** 毕业(bìyè)는 '졸업하다'라는 뜻이고 사진은 학생들이 졸업하는 모습이다. 제시어인 毕业(졸업하다)를 술어로 삼고 我(나)를 주어로 삼아 주-술 기본 문장 我毕业了(나는 졸업했다)를 완성한다. 여기에 졸업한 학교의 이름을 추가하거나 졸업해서 기분이 어떻다 등의 표현을 추가해 본다.

**정답**  **기본** 我毕业了。 나는 졸업했다.

 **확장** 我毕业于北京大学。(我北京大学毕业。) 나는 베이징대학교를 졸업했다.

 大学毕业了，既高兴又舍不得。 대학교를 졸업하니 기쁘면서도 섭섭하다.

**어휘** 毕业 bìyè 동 졸업하다  北京大学 BěijīngDàxué 베이징대학교  既……又…… jì……yòu…… ~하면서 ~하다  高兴 gāoxìng 형 기쁘다  舍不得 shěbude 헤어지기 아쉽다

## 99  零钱 (명) 잔돈

**해설** 零钱(língqián)은 '잔돈'이라는 뜻이고 사진은 계산대에서 계산을 하는 모습입니다. 제시어 零钱(잔돈)을 목적어로 삼고, 주어로는 我(나)를 술어로는 有(있다)를 사용하여 주-술-목 기본 문장 我有零钱(저는 잔돈이 있어요)을 완성한다. 여기에 더 나아가 刷卡(카드 결제하다)를 사용하거나 找零钱(잔돈을 거슬러 주다) 등을 사용하여 다양한 문장을 완성해 본다.

**정답**  **기본** 我有零钱。 저는 잔돈이 있어요.

 **확장** 我没有零钱，可以刷卡吗？ 저 잔돈이 없는데 카드 결제 되나요?

 这是找您的零钱，欢迎下次光临。 이것은 잔돈입니다. 다음에 또 오세요.

**어휘** 只有 zhǐyǒu 오직 ~만 있다  零钱 língqián 명 잔돈  找 zhǎo 동 거슬러주다  请 qǐng 동 ~해 주세요  下次 xiàcì 다음번  光临 guānglín 동 왕림하다

## 100  愉快 (형) 복잡하다

**해설** 愉快(yúkuài)는 형용사로 '유쾌하다, 기분이 좋다, 기쁘다'라는 뜻이고 사진은 사람들이 활짝 웃고 있는 모습이다. 제시어 愉快(유쾌하다)를 술어로 삼고 주어로 我们(우리)을 사용하여 주-술 기본 문장 我们很愉快(우리는 아주 기분이 좋다)를 완성한다. 여기에 看起来(보아하니)를 사용하거나 제시어를 보어로 만들어 过得很愉快(유쾌하게 지내다) 등의 형식으로 다양한 문장을 완성해 본다.

**정답**  **기본** 我们很愉快。 우리는 기분이 아주 좋다.

 **확장** 他们看起来很愉快。 그들은 아주 즐거워 보인다.

 我最近生活过得很愉快。 나는 요즘 아주 즐겁게 지낸다.

**어휘** 愉快 yúkuài 형 유쾌하다  看起来 kànqǐlái 동 보기에 ~하다  最近 zuìjìn 명 최근  生活 shēnghuó 명 생활  过 guò 동 지내다

# HSK 4급 고수들의 합격전략

## 4주 단기완성

# 필수어휘 1200 단어장

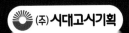
(주)시대고시기획

필수 어휘 1200

# HSK 4급
# 단어장

## 단어장 활용법

1. 매일 40개 단어를 학습하고 암기합니다.
2. 어려운 단어는 아래와 같이 단어 옆 박스(ㅁ)에 체크 표시를
   한 뒤 복습합니다.

   ✅ **Day 01**

   | 0001 ☑ 阿姨 3급 | āyí | 몡 아주머니 |
   |---|---|---|
   | 0002 ㅁ 啊 3급 | a | 图 (문장 끝에 쓰여 감탄의<br>문·의문문·명령문의 끝에 ⋯ |
   | 0003 ☑ 矮 3급 | ǎi | 톙 (키가) 작다, (높이가) 낮다 |

3. 매일 40개 단어를 3회에 걸쳐 암기하고, 1회 암기를 완료할
   때마다 박스(ㅁ)에 체크 표시를 합니다.

   ☑ 1번 외우기   ☑ 2번 외우기   ㅁ 3번 외우기

   | bāi | 图 물건을 쪼개다, 뜯다 |
   |---|---|

4. 하단의 마무리 학습으로 주요 단어를 테스트해 봅니다.

   ※ 다음 어휘의 뜻을 바르게 연결해 보세요.
   ㄱ. 差不多 ·          · 톙 성실하다
   ㄴ. 诚实 ·            · 图 초과하다, 따라 앞서다
   ㄷ. 厕所 ·            · 톙 거의 비슷하다, 큰 차이가 없다
   ㄹ. 超过 ·            · 몡 화장실

| 0001 ☑ | 阿姨 3급 | āyí | 몡 아주머니 |
|---|---|---|---|
| 0002 □ | 啊 3급 | a | 조 (문장 끝에 쓰여 감탄의 어기를 나타냄, 평서문·의문문·명령문의 끝에 쓰여 어기를 나타냄) |
| 0003 ☑ | 矮 3급 | ǎi | 혱 (키가) 작다, (높이가) 낮다 |
| 0004 □ | 爱 1급 | ài | 몡 동 사랑(하다) |
| 0005 □ | 爱好 3급 | àihào | 동 애호하다, ~하기를 즐기다<br>몡 취미 |
| 0006 □ | 爱情 4급 | àiqíng | 몡 애정, 사랑 |
| 0007 □ | 安静 3급 | ānjìng | 혱 조용하다, 고요하다 |
| 0008 □ | 安排 4급 | ānpái | 동 안배하다, 처리하다 |
| 0009 □ | 安全 4급 | ānquán | 몡 혱 안전(하다) |
| 0010 □ | 按时 4급 | ànshí | 뷔 제때에, 제시간에 |
| 0011 □ | 按照 4급 | ànzhào | 개 ~에 따라, ~대로 |
| 0012 □ | 八 1급 | bā | 숴 8, 여덟 |
| 0013 □ | 把 3급 | bǎ | 개 ~을/를 양 ~자루 |
| 0014 □ | 爸爸 1급 | bàba | 몡 아빠 |
| 0015 □ | 吧 2급 | ba | 조 문장 끝에 쓰여 추측·청유·명령의 어기를 나타냄 |
| 0016 □ | 白 2급 | bái | 혱 희다, 하얗다 |
| 0017 □ | 百 2급 | bǎi | 숴 100, 백 |
| 0018 □ | 百分之 4급 | bǎifēnzhī | 퍼센트 |
| 0019 □ | 班 3급 | bān | 몡 반, 조 |
| 0020 □ | 搬 3급 | bān | 동 운반하다, 옮기다, 이사하다 |

※ 다음 어휘의 뜻을 바르게 연결해 보세요.
ㄱ. 安排 •　　　　　　　• 개 ~에 따라, ~대로
ㄴ. 按时 •　　　　　　　• 뷔 제때에, 제시간에
ㄷ. 安全 •　　　　　　　• 동 운반하다,
ㄹ. 按照 •　　　　　　　• 동 안배하다, 처리하다

| | | | |
|---|---|---|---|
| **0021** ☐ 半 3급 | bàn | ④ 2분의 1, 반 |
| **0022** ☐ 办法 3급 | bànfǎ | 몡 방법, 수단 |
| **0023** ☐ 办公室 3급 | bàngōngshì | 몡 사무실, 행정 부서 |
| **0024** ☐ 帮忙 3급 | bāngmáng | 통 일을 돕다, 도움을 주다 |
| **0025** ☐ 帮助 2급 | bāngzhù | 통 돕다, 원조하다 |
| **0026** ☐ 棒 4급 | bàng | 혱 (성적이) 좋다, (수준이) 높다 |
| **0027** ☐ 包 3급 | bāo | 통 싸다 몡 보따리 |
| **0028** ☐ 包子 4급 | bāozi | 몡 (소가 든) 찐빵, 빠오즈 |
| **0029** ☐ 饱 3급 | bǎo | 혱 배부르다 |
| **0030** ☐ 保护 4급 | bǎohù | 통 보호하다 |
| **0031** ☐ 保证 4급 | bǎozhèng | 통 보증하다 몡 담보 |
| **0032** ☐ 抱 4급 | bào | 통 안다, 껴안다 |
| **0033** ☐ 报名 4급 | bàomíng | 통 신청하다, 등록하다, 지원하다 |
| **0034** ☐ 抱歉 4급 | bàoqiàn | 통 미안하다, 죄송합니다 |
| **0035** ☐ 报纸 2급 | bàozhǐ | 몡 신문사 |
| **0036** ☐ 杯子 1급 | bēizi | 몡 잔, 컵 |
| **0037** ☐ 北方 3급 | běifāng | 몡 북방, 북쪽 |
| **0038** ☐ 北京 1급 | Běijīng | 몡 베이징 |
| **0039** ☐ 被 3급 | bèi | 꽤 ~에 의해 ~당하다 |
| **0040** ☐ 倍 4급 | bèi | 몡 배, 배수 |

※ 다음 어휘의 뜻을 바르게 연결해 보세요.

ㄱ. 保护 ·　　　　　　　　· 통 보증하다 몡 담보

ㄴ. 抱 ·　　　　　　　　· 통 미안하다, 죄송합니다

ㄷ. 抱歉 ·　　　　　　　　· 통 안다, 껴안다

ㄹ. 保证 ·　　　　　　　　· 통 보호하다

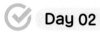 **Day 02**

| 0041 ☐ | 本 1급 | běn | ⑧ 권 |
|---|---|---|---|
| 0042 ☐ | 本来 4급 | běnlái | ⑨ 본래, 원래 |
| 0043 ☐ | 笨 4급 | bèn | ⑩ 멍청하다, 어리석다 |
| 0044 ☐ | 鼻子 3급 | bízi | ⑨ 코 |
| 0045 ☐ | 比 2급 | bǐ | ⑧ 비교하다, 재다 |
| 0046 ☐ | 笔记本 3급 | bǐjiběn | ⑨ 노트, 노트북 |
| 0047 ☐ | 比较 3급 | bǐjiào | ⑧ 비교하다 ⑨ 비교적 |
| 0048 ☐ | 比如 4급 | bǐrú | ⑬ 예를 들어 |
| 0049 ☐ | 比赛 3급 | bǐsài | ⑨ 경기, 시합 |
| 0050 ☐ | 必须 3급 | bìxū | ⑨ 반드시 ~해야 한다 |
| 0051 ☐ | 毕业 4급 | bìyè | ⑨ ⑧ 졸업(하다) |
| 0052 ☐ | 遍 4급 | biàn | ⑧ 번, 차례 |
| 0053 ☐ | 变化 3급 | biànhuà | ⑨ ⑧ 변화(하다) |
| 0054 ☐ | 标准 4급 | biāozhǔn | ⑨ 표준, 기준 ⑩ 표준적이다 |
| 0055 ☐ | 表格 4급 | biǎogé | ⑨ 표, 양식 |
| 0056 ☐ | 表示 4급 | biǎoshì | ⑧ 나타내다, 가리키다 |
| 0057 ☐ | 表演 4급 | biǎoyǎn | ⑨ 연기 ⑧ 연기하다, 연출하다 |
| 0058 ☐ | 表扬 4급 | biǎoyáng | ⑨ ⑧ 표창(하다) |
| 0059 ☐ | 别 2급 | bié | ⑨ ~하지 마라 ⑩ 별개의, 다른 |
| 0060 ☐ | 别人 3급 | biérén | ⑨ 다른 사람 |

※ 다음 어휘의 뜻을 바르게 연결해 보세요.
ㄱ. 本来 ·               · ⑧ 나타내다, 가리키다
ㄴ. 表示 ·               · ⑨ ⑧ 표창(하다)
ㄷ. 比如 ·               · ⑨ 본래, 원래
ㄹ. 表扬 ·               · ⑬ 예를 들어

| 0061 □ | 宾馆 2급 | bīnguǎn | 명 호텔 |
| 0062 □ | 冰箱 3급 | bīngxiāng | 명 냉장고 |
| 0063 □ | 饼干 4급 | bǐnggān | 명 과자, 비스킷 |
| 0064 □ | 并且 4급 | bìngqiě | 접 또한, 그리고 |
| 0065 □ | 博士 4급 | bóshì | 명 박사 |
| 0066 □ | 不但……, 而且…… 3급 | búdàn……, érqiě…… | 접 ～뿐만 아니라 게다가 |
| 0067 □ | 不过 4급 | búguò | 접 그런데, 그러나 |
| 0068 □ | 不客气 1급 | búkèqi | 사양하지 않다, 천만에요 |
| 0069 □ | 不 1급 | bù | 부 동사, 형용사 앞에 쓰여 부정을 나타냄 |
| 0070 □ | 不得不 4급 | bùdébù | ～하지 않으면 안 된다 |
| 0071 □ | 部分 4급 | bùfen | 명 부분, 일부 |
| 0072 □ | 不管 4급 | bùguǎn | 접 ～에 관계없이, ～을 막론하고 |
| 0073 □ | 不仅 4급 | bùjǐn | 접 ～일 뿐만 아니라 |
| 0074 □ | 擦 4급 | cā | 동 닦다, 비비다 |
| 0075 □ | 猜 4급 | cāi | 동 추측하다 |
| 0076 □ | 材料 4급 | cáiliào | 명 재료, 원자재 |
| 0077 □ | 菜 1급 | cài | 명 채소, 요리 |
| 0078 □ | 菜单 3급 | càidān | 명 메뉴, 메뉴판 |
| 0079 □ | 参观 4급 | cānguān | 명 동 참관(하다) |
| 0080 □ | 参加 3급 | cānjiā | 동 참가하다, 참여하다 |

※ 다음 어휘의 뜻을 바르게 연결해 보세요.

ㄱ. 并且　·　　　　　·접 또한, 그리고
ㄴ. 猜　·　　　　　·동 닦다, 비비다
ㄷ. 擦　·　　　　　·～하지 않으면 안 된다
ㄹ. 不得不 ·　　　　　·동 추측하다

## Day 03

| | | | |
|---|---|---|---|
| 0081 □ | 餐厅 4급 | cāntīng | 명 식당 |
| 0082 □ | 草 3급 | cǎo | 명 풀 |
| 0083 □ | 厕所 4급 | cèsuǒ | 명 화장실 |
| 0084 □ | 层 3급 | céng | 양 층, 겹 |
| 0085 □ | 茶 1급 | chá | 명 차 |
| 0086 □ | 差 3급 | chà | 형 부족하다, 좋지 않다 |
| 0087 □ | 差不多 4급 | chàbuduō | 형 거의 비슷하다, 큰 차이가 없다 |
| 0088 □ | 长 2급 | cháng | 형 길다 |
| 0089 □ | 尝 4급 | cháng | 동 맛보다, 시험해 보다 |
| 0090 □ | 长城 4급 | Chángchéng | 명 만리장성 |
| 0091 □ | 长江 4급 | Chángjiāng | 명 장강, 양쯔강 |
| 0092 □ | 场 4급 | chǎng | 양 회, 번 |
| 0093 □ | 唱歌 2급 | chànggē | 동 노래를 부르다 |
| 0094 □ | 超过 4급 | chāoguò | 동 초과하다, 따라 앞서다 |
| 0095 □ | 超市 3급 | chāoshì | 명 슈퍼마켓 |
| 0096 □ | 衬衫 3급 | chènshān | 명 셔츠, 와이셔츠 |
| 0097 □ | 成功 4급 | chénggōng | 명 동 성공(하다) |
| 0098 □ | 成绩 3급 | chéngjì | 명 성적 |
| 0099 □ | 诚实 4급 | chéngshí | 형 성실하다 |
| 0100 □ | 城市 3급 | chéngshì | 명 도시 |

※ 다음 어휘의 뜻을 바르게 연결해 보세요.

ㄱ. 差不多 •　　　　　• 형 성실하다
ㄴ. 诚实　 •　　　　　• 동 초과하다, 따라 앞서다
ㄷ. 厕所　 •　　　　　• 형 거의 비슷하다, 큰 차이가 없다
ㄹ. 超过　 •　　　　　• 명 화장실

| 0101 ☐ | 成为 4급 | chéngwéi | (동) ~으로 되다 |
|---|---|---|---|
| 0102 ☐ | 乘坐 4급 | chéngzuò | (동) (탈것에) 타다 |
| 0103 ☐ | 吃 1급 | chī | (동) 먹다 |
| 0104 ☐ | 吃惊 4급 | chījīng | (동) (깜짝) 놀라다 |
| 0105 ☐ | 迟到 3급 | chídào | (동) 지각하다 |
| 0106 ☐ | 重新 4급 | chóngxīn | (부) 다시, 거듭 |
| 0107 ☐ | 抽烟 4급 | chōuyān | (동) 담배를 피우다 |
| 0108 ☐ | 出 2급 | chū | (동) 나가다, 출석하다 |
| 0109 ☐ | 出差 4급 | chūchāi | (동) 출장하다 |
| 0110 ☐ | 出发 4급 | chūfā | (명) (동) 출발(하다) |
| 0111 ☐ | 出生 4급 | chūshēng | (명) (동) 출생(하다) |
| 0112 ☐ | 出现 4급 | chūxiàn | (동) 출현하다 |
| 0113 ☐ | 出租车 1급 | chūzūchē | (명) 택시 |
| 0114 ☐ | 厨房 4급 | chúfáng | (명) 부엌, 주방 |
| 0115 ☐ | 除了 3급 | chú le | (접) ~을 제외하고, ~외에 또 |
| 0116 ☐ | 穿 2급 | chuān | (동) 입다, 신다, 뚫다 |
| 0117 ☐ | 船 3급 | chuán | (명) 배, 선박 |
| 0118 ☐ | 传真 4급 | chuánzhēn | (명) (동) 팩스(를 보내다) |
| 0119 ☐ | 窗户 4급 | chuānghu | (명) 창문 |
| 0120 ☐ | 春 3급 | chūn | (명) 봄 |

※ 다음 어휘의 뜻을 바르게 연결해 보세요.

ㄱ. 传真 •　　　　　　　　　　• (동) 출장하다
ㄴ. 乘坐 •　　　　　　　　　　• (동) (탈것에) 타다
ㄷ. 出差 •　　　　　　　　　　• (동) (깜짝) 놀라다
ㄹ. 吃惊 •　　　　　　　　　　• (명) (동) 팩스(를 보내다)

| 0121 □ | 词典 3급 | cídiǎn | 명 사전 |
|---|---|---|---|
| 0122 □ | 词语 4급 | cíyǔ | 명 단어 뒤에 쓰여 부사어를 만듦 |
| 0123 □ | 次 2급 | cì | 양 번, 횟수 |
| 0124 □ | 聪明 3급 | cōngming | 형 총명하다, 똑똑하다 |
| 0125 □ | 从 2급 | cóng | 개 ~부터 |
| 0126 □ | 从来 4급 | cónglái | 부 지금까지, 여태껏 |
| 0127 □ | 粗心 4급 | cūxīn | 형 세심하지 못하다, 부주의하다 |
| 0128 □ | 存 4급 | cún | 동 있다, 저장하다, 저축하다 |
| 0129 □ | 错 2급 | cuò | 형 틀리다, 나쁘다 |
| 0130 □ | 错误 4급 | cuòwù | 명 실수, 잘못 형 틀리다 |
| 0131 □ | 答案 4급 | dá'àn | 명 답안, 해답 |
| 0132 □ | 打扮 4급 | dǎban | 동 분장하다, 치장하다 |
| 0133 □ | 打电话 1급 | dǎ diànhuà | 전화를 걸다 |
| 0134 □ | 打篮球 2급 | dǎ lánqiú | 농구를 하다 |
| 0135 □ | 打扰 4급 | dǎrǎo | 동 방해하다, 지장을 주다 |
| 0136 □ | 打扫 3급 | dǎsǎo | 동 청소하다 |
| 0137 □ | 打算 3급 | dǎsuàn | 동 ~하려고 하다, ~할 작정이다 |
| 0138 □ | 打印 4급 | dǎyìn | 동 인쇄하다 |
| 0139 □ | 打招呼 4급 | dǎ zhāohu | 인사하다 |
| 0140 □ | 打折 4급 | dǎzhé | 동 할인하다, 에누리하다 |

※ 다음 어휘의 뜻을 바르게 연결해 보세요.

ㄱ. 打扮 ·　　　　　　　· 인사하다
ㄴ. 打招呼 ·　　　　　　· 동 분장하다, 치장하다
ㄷ. 打扰 ·　　　　　　　· 동 방해하다, 지장을 주다
ㄹ. 粗心 ·　　　　　　　· 형 세심하지 못하다, 부주의하다

| | | | |
|---|---|---|---|
| 0141 □ | 打针 4급 | dǎzhēn | ⑧ 주사를 놓다 |
| 0142 □ | 大 1급 | dà | ⑲ 크다 |
| 0143 □ | 大概 4급 | dàgài | ⑨ 아마도 ⑲ 대강의 |
| 0144 □ | 大家 2급 | dàjiā | ⑲ 모두, 여러분 |
| 0145 □ | 大使馆 4급 | dàshǐguǎn | ⑲ 대사관 |
| 0146 □ | 大约 4급 | dàyuē | ⑨ 대략 |
| 0147 □ | 带 3급 | dài | ⑧ 지니다, 휴대하다 |
| 0148 □ | 戴 4급 | dài | ⑧ 착용하다, 쓰다 |
| 0149 □ | 大夫 4급 | dàifu | ⑲ 의사 |
| 0150 □ | 担心 3급 | dānxīn | ⑧ 염려하다, 걱정하다 |
| 0151 □ | 蛋糕 3급 | dàngāo | ⑲ 케이크 |
| 0152 □ | 当 4급 | dāng | ⑧ 맡다, 담당하다 |
| 0153 □ | 当然 3급 | dāngrán | ⑨ 당연히, 물론 ⑲ 당연하다 |
| 0154 □ | 当时 4급 | dàngshí | ⑲ 당시, 그 때 |
| 0155 □ | 刀 4급 | dāo | ⑲ 칼 |
| 0156 □ | 导游 4급 | dǎoyóu | ⑲ 관광 안내원, 가이드 |
| 0157 □ | 到 2급 | dào | ⑧ 도착하다, 도달하다 ㉮ ~에, ~까지 |
| 0158 □ | 倒 4급 | dào | ⑧ 거꾸로 되다, 반대로 되다 |
| 0159 □ | 到处 4급 | dàochù | ⑲ 도처, 곳곳 |
| 0160 □ | 到底 4급 | dàodǐ | ⑨ 도대체, 마침내 |

※ 다음 어휘의 뜻을 바르게 연결해 보세요.

ㄱ. 到底 •　　　　　　　　• ⑲ 당시, 그 때
ㄴ. 当时 •　　　　　　　　• ⑨ 아마도 ⑲ 대강의
ㄷ. 打针 •　　　　　　　　• ⑨ 도대체, 마침내
ㄹ. 大概 •　　　　　　　　• ⑧ 주사를 놓다

**Day 05**

| | | | |
|---|---|---|---|
| 0161 ☐ | 道歉 4급 | dàoqiàn | 동 사과하다 |
| 0162 ☐ | 得意 4급 | déyì | 동 의기양양하다 |
| 0163 ☐ | 的 1급 | de | 조 ~의 (수식 또는 종속 관계를 나타냄) |
| 0164 ☐ | 得 2급 | de | 조 동사나 형용사 뒤에 쓰여 보어를 연결시키는 역할을 함 |
| 0165 ☐ | 地 3급 | de | 조 단어 뒤에 쓰여 부사어를 만듦 |
| 0166 ☐ | 得 4급 | děi | 동 ~해야 한다 |
| 0167 ☐ | 灯 3급 | dēng | 명 등, 등불 |
| 0168 ☐ | 登机牌 4급 | dēngjīpái | 명 탑승권 |
| 0169 ☐ | 等 2급 | děng | 동 기다리다 |
| 0170 ☐ | 等 4급 | děng | 조 등, 따위 |
| 0171 ☐ | 低 4급 | dī | 형 낮다 |
| 0172 ☐ | 底 4급 | dǐ | 명 밑, 끝 |
| 0173 ☐ | 弟弟 2급 | dìdi | 명 아우, 남동생 |
| 0174 ☐ | 地点 4급 | dìdiǎn | 명 지점, 장소, 위치 |
| 0175 ☐ | 地方 3급 | dìfang | 명 장소, 부분, 점 |
| 0176 ☐ | 地球 4급 | dìqiú | 명 지구 |
| 0177 ☐ | 地铁 3급 | dìtiě | 명 지하철 |
| 0178 ☐ | 地图 3급 | dìtú | 명 지도 |
| 0179 ☐ | 第一 2급 | dìyī | 수 첫 번째, 최초 |
| 0180 ☐ | 地址 4급 | dìzhǐ | 명 주소 |

※ 다음 어휘의 뜻을 바르게 연결해 보세요.

ㄱ. 得意 ·            · 명 밑, 끝
ㄴ. 底 ·            · 형 낮다
ㄷ. 得 ·            · 동 ~해야 한다
ㄹ. 低 ·            · 동 의기양양하다

| 0181 □ | 点 1급 | diǎn | 명 시 |
|---|---|---|---|
| 0182 □ | 电脑 1급 | diànnǎo | 명 컴퓨터 |
| 0183 □ | 电视 1급 | diànshì | 명 텔레비전 |
| 0184 □ | 电梯 3급 | diàntī | 명 엘리베이터 |
| 0185 □ | 电影 1급 | diànyǐng | 명 영화 |
| 0186 □ | 电子邮件 3급 | diànzǐ yóujiàn | 명 전자 우편, 이메일 |
| 0187 □ | 掉 4급 | diào | 동 떨어지다 |
| 0188 □ | 调查 4급 | diàochá | 명 동 조사(하다) |
| 0189 □ | 丢 4급 | diū | 동 잃다, 잃어버리다 |
| 0190 □ | 东 3급 | dōng | 명 동쪽 |
| 0191 □ | 冬 3급 | dōng | 명 겨울 |
| 0192 □ | 东西 1급 | dōngxi | 명 물건, 음식 |
| 0193 □ | 懂 2급 | dǒng | 동 알다, 이해하다 |
| 0194 □ | 动物 3급 | dòngwù | 명 동물 |
| 0195 □ | 动作 4급 | dòngzuò | 명 동작<br>동 움직이다 |
| 0196 □ | 都 1급 | dōu | 부 모두, 다 |
| 0197 □ | 读 1급 | dú | 동 읽다, 공부하다 |
| 0198 □ | 堵车 4급 | dǔchē | 동 차가 막히다 |
| 0199 □ | 肚子 4급 | dùzi | 명 복부 |
| 0200 □ | 短 3급 | duǎn | 형 짧다 |

※ 다음 어휘의 뜻을 바르게 연결해 보세요.
ㄱ. 掉 ·　　　　　　　　· 동 떨어지다
ㄴ. 肚子·　　　　　　　· 동 차가 막히다
ㄷ. 丢 ·　　　　　　　　· 명 복부
ㄹ. 堵车·　　　　　　　· 동 잃다, 잃어버리다

## Day 06

| 0201 □ | 短信 4급 | duǎnxìn | 몡 메시지 |
|---|---|---|---|
| 0202 □ | 段 3급 | duàn | 앵 사물이나 시간의 한 구분을 나타냄 |
| 0203 □ | 锻炼 3급 | duànliàn | 동 (몸과 마음을) 단련하다 |
| 0204 □ | 对 2급 | duì | 혱 맞다, 옳다 |
| 0205 □ | 对 2급 | duì | 껜 ~에게, ~에 대하여 |
| 0206 □ | 对不起 1급 | duìbuqǐ | 미안합니다 |
| 0207 □ | 对话 4급 | duìhuà | 몡 동 대화(하다) |
| 0208 □ | 对面 4급 | duìmiàn | 몡 반대편, 정면 |
| 0209 □ | 对于 4급 | duìyú | 껜 ~에 대해 |
| 0210 □ | 多 1급 | duō | 혱 (수량이) 많다 |
| 0211 □ | 多么 3급 | duōme | 뷔 얼마나, 어느 정도 |
| 0212 □ | 多少 1급 | duōshao | 때 얼마, 몇 |
| 0213 □ | 饿 3급 | è | 혱 배고프다 |
| 0214 □ | 而 4급 | ér | 젭 ~하고 |
| 0215 □ | 儿童 4급 | értóng | 몡 어린이, 아동 |
| 0216 □ | 儿子 1급 | érzi | 몡 아들 |
| 0217 □ | 耳朵 3급 | ěrduo | 몡 귀 |
| 0218 □ | 二 1급 | èr | 쉬 둘 |
| 0219 □ | 发 3급 | fā | 동 보내다, 발생하다 |
| 0220 □ | 发烧 3급 | fāshāo | 동 열이 나다 |

---

※ 다음 어휘의 뜻을 바르게 연결해 보세요.
ㄱ. 对于 ·           · 몡 어린이, 아동
ㄴ. 儿童 ·           · 젭 ~하고
ㄷ. 短信 ·           · 몡 메시지
ㄹ. 而  ·           · 껜 ~에 대해

| | | | |
|---|---|---|---|
| 0221 ☐ | 发生 4급 | fāshēng | 동 발생하다, 생기다 |
| 0222 ☐ | 发现 3급 | fāxiàn | 명 동 발견(하다) |
| 0223 ☐ | 发展 4급 | fāzhǎn | 명 동 발전(하다) |
| 0224 ☐ | 法律 4급 | fǎlǜ | 명 법률 |
| 0225 ☐ | 翻译 4급 | fānyì | 동 번역하다, 통역하다 |
| 0226 ☐ | 烦恼 4급 | fánnǎo | 형 번뇌하다, 마음이 괴롭다 |
| 0227 ☐ | 反对 4급 | fǎnduì | 명 동 반대(하다) |
| 0228 ☐ | 饭店 1급 | fàndiàn | 명 호텔, 여관, 식당 |
| 0229 ☐ | 方便 3급 | fāngbiàn | 형 편리하다 |
| 0230 ☐ | 方法 4급 | fāngfǎ | 명 방법, 수단 |
| 0231 ☐ | 方面 4급 | fāngmiàn | 명 방면, 분야 |
| 0232 ☐ | 方向 4급 | fāngxiàng | 명 방향 |
| 0233 ☐ | 房东 4급 | fángdōng | 명 집주인 |
| 0234 ☐ | 房间 2급 | fángjiān | 명 방법, 수단 |
| 0235 ☐ | 放 3급 | fàng | 동 놓다, 두다 |
| 0236 ☐ | 放弃 4급 | fàngqì | 동 버리다, 포기하다 |
| 0237 ☐ | 放暑假 4급 | fàng shǔjià | 동 여름 방학을 하다 |
| 0238 ☐ | 放松 4급 | fàngsōng | 동 늦추다, 느슨하게 하다 |
| 0239 ☐ | 放心 3급 | fàngxīn | 동 마음을 놓다, 안심하다 |
| 0240 ☐ | 非常 2급 | fēicháng | 부 대단히, 심히 |

※ 다음 어휘의 뜻을 바르게 연결해 보세요.

ㄱ. 翻译 ·　　　　　　　　· 동 늦추다, 느슨하게 하다
ㄴ. 轻松 ·　　　　　　　　· 동 번역하다, 통역하다
ㄷ. 发展 ·　　　　　　　　· 동 버리다, 포기하다
ㄹ. 放弃 ·　　　　　　　　· 명 동 발전(하다)

**Day 07**

| 0241 □ | 飞机 1급 | fēijī | 몡 비행기 |
|---|---|---|---|
| 0242 □ | 分 3급 | fēn | 동 나누다, 구분하다 |
| 0243 □ | 分钟 1급 | fēnzhōng | 몡 분 |
| 0244 □ | 份 4급 | fèn | 양 벌, 세트, (신문이나 문건의) 부 |
| 0245 □ | 丰富 4급 | fēngfù | 혱 풍부하다, 많다 |
| 0246 □ | 否则 4급 | fǒuzé | 졉 만약 그렇지 않으면 |
| 0247 □ | 符合 4급 | fúhé | 동 부합하다, 맞다 |
| 0248 □ | 服务员 2급 | fúwùyuán | 몡 종업원 |
| 0249 □ | 富 4급 | fù | 혱 재산이 많다, 부유하다 |
| 0250 □ | 附近 3급 | fùjìn | 몡 부근, 근처 |
| 0251 □ | 付款 4급 | fùkuǎn | 동 돈을 지불하다 |
| 0252 □ | 父亲 4급 | fùqīn | 몡 부친 |
| 0253 □ | 复习 3급 | fùxí | 몡 동 복습(하다) |
| 0254 □ | 复印 4급 | fùyìn | 몡 동 복사(하다) |
| 0255 □ | 复杂 4급 | fùzá | 혱 복잡하다 |
| 0256 □ | 负责 4급 | fùzé | 동 책임이 있다, 책임을 지다 |
| 0257 □ | 改变 4급 | gǎibiàn | 동 바뀌다, 바꾸다 몡 변화 |
| 0258 □ | 干杯 4급 | gānbēi | 동 건배하다, 잔을 비우다 |
| 0259 □ | 干净 3급 | gānjìng | 혱 깨끗하다, 깔끔하다 |
| 0260 □ | 赶 4급 | gǎn | 동 뒤쫓다, (시간에) 대다, 서두르다 |

※ 다음 어휘의 뜻을 바르게 연결해 보세요.
ㄱ. 赶 ·
ㄴ. 符合 ·
ㄷ. 负责 ·
ㄹ. 否则 ·

· 졉 만약 그렇지 않으면
· 동 뒤쫓다, (시간에) 대다, 서두르다
· 동 부합하다, 맞다
· 동 책임이 있다, 책임을 지다

| 0261 □ | 敢 4급 | gǎn | 동 감히 ~하다 |
| 0262 □ | 感动 4급 | gǎndòng | 동 감동하다, 감동시키다 |
| 0263 □ | 感觉 4급 | gǎnjué | 명 감각, 느낌 동 느끼다 |
| 0264 □ | 感冒 3급 | gǎnmào | 명 동 감기(에 걸리다) |
| 0265 □ | 感情 4급 | gǎnqíng | 명 감정 |
| 0266 □ | 感谢 4급 | gǎnxiè | 명 동 감사(하다) |
| 0267 □ | 感兴趣 3급 | gǎn xìngqù | 동 흥미를 느끼다, 관심을 갖다 |
| 0268 □ | 干 4급 | gàn | 동 (일을) 하다 |
| 0269 □ | 刚 4급 | gāng | 부 막, 바로, 마침 |
| 0270 □ | 刚才 3급 | gāngcái | 명 지금 막, 방금 |
| 0271 □ | 高 2급 | gāo | 형 높다 |
| 0272 □ | 高速公路 4급 | gāosù gōnglù | 명 고속도로 |
| 0273 □ | 高兴 1급 | gāoxìng | 형 기쁘다, 즐겁다 |
| 0274 □ | 告诉 2급 | gàosù | 동 알리다, 말하다 |
| 0275 □ | 胳膊 4급 | gēbo | 명 팔 |
| 0276 □ | 哥哥 2급 | gēge | 명 형, 오빠 |
| 0277 □ | 个 1급 | gè | 양 개, 명 |
| 0278 □ | 各 4급 | gè | 대 여러, 각각 |
| 0279 □ | 个子 3급 | gèzi | 명 키 |
| 0280 □ | 给 2급 | gěi | 동 주다 개 ~을 위하여, ~에게 |

※ 다음 어휘의 뜻을 바르게 연결해 보세요.

ㄱ. 感情 •　　　　　　　　　• 동 감히 ~하다

ㄴ. 感动 •　　　　　　　　　• 명 감정

ㄷ. 胳膊 •　　　　　　　　　• 동 감동하다, 감동시키다

ㄹ. 敢　 •　　　　　　　　　• 명 팔

15

# Day 08

| 0281 ☐ | 跟 3급 | gēn | (동) 따라가다  (개) ~와/과 |
|---|---|---|---|
| 0282 ☐ | 根据 3급 | gēnjù | (동) (명) 근거(하다), 의거(하다) |
| 0283 ☐ | 更 3급 | gèng | (부) 더욱, 더 |
| 0284 ☐ | 功夫 4급 | gōngfu | (명) 시간, 노력 |
| 0285 ☐ | 公共汽车 2급 | gōnggòng qìchē | (명) 버스 |
| 0286 ☐ | 公斤 3급 | gōngjīn | (양) 킬로그램 |
| 0287 ☐ | 公里 4급 | gōnglǐ | (양) 킬로미터(km) |
| 0288 ☐ | 公司 2급 | gōngsī | (명) 회사 |
| 0289 ☐ | 公园 3급 | gōngyuán | (명) 공원 |
| 0290 ☐ | 工资 4급 | gōngzī | (명) 임금, 노임 |
| 0291 ☐ | 工作 1급 | gōngzuò | (명) (동) 일(하다) |
| 0292 ☐ | 共同 4급 | gòngtóng | (형) 공동의  (부) 함께 |
| 0293 ☐ | 狗 1급 | gǒu | (명) 개 |
| 0294 ☐ | 够 4급 | gòu | (형) 충분하다, 넉넉하다 |
| 0295 ☐ | 购物 4급 | gòuwù | (동) 물건을 구입하다, 쇼핑하다 |
| 0296 ☐ | 估计 4급 | gūjì | (동) 예측하다, 추측하다 |
| 0297 ☐ | 鼓励 4급 | gǔlì | (동) 격려하다, 북돋우다 |
| 0298 ☐ | 顾客 4급 | gùkè | (명) 고객 |
| 0299 ☐ | 故事 3급 | gùshi | (명) 이야기 |
| 0300 ☐ | 故意 4급 | gùyì | (부) 고의로, 일부러 |

※ 다음 어휘의 뜻을 바르게 연결해 보세요.

ㄱ. 工资 •　　　　　　　　• (명) 시간, 노력
ㄴ. 故意 •　　　　　　　　• (명) 임금, 노임
ㄷ. 功夫 •　　　　　　　　• (형) 충분하다, 넉넉하다
ㄹ. 够 •　　　　　　　　　• (부) 고의로, 일부러

| 0301 ☐ | 刮风 3급 | guāfēng | 동 바람이 불다 |
| 0302 ☐ | 挂 4급 | guà | 동 (고리에) 걸다, 전화를 끊다 |
| 0303 ☐ | 关 3급 | guān | 동 닫다, 끄다 |
| 0304 ☐ | 关键 4급 | guānjiàn | 명 관건, 키포인트 |
| 0305 ☐ | 关系 3급 | guānxi | 명 관계, 관련 |
| 0306 ☐ | 关心 3급 | guānxīn | 명 동 관심(을 갖다) |
| 0307 ☐ | 关于 3급 | guānyú | 개 ~에 관해서 |
| 0308 ☐ | 观众 4급 | guānzhòng | 명 관중 |
| 0309 ☐ | 管理 4급 | guǎnlǐ | 명 동 관리(하다) |
| 0310 ☐ | 光 4급 | guāng | 명 빛, 광선 |
| 0311 ☐ | 广播 4급 | guǎngbō | 동 방송하다  명 라디오 방송 |
| 0312 ☐ | 广告 4급 | guǎnggào | 명 광고, 선전 |
| 0313 ☐ | 逛 4급 | guàng | 동 한가롭게 거닐다, 산보하다 |
| 0314 ☐ | 规定 4급 | guīdìng | 동 규정하다  명 규정, 규칙 |
| 0315 ☐ | 贵 2급 | guì | 형 비싸다 |
| 0316 ☐ | 国籍 4급 | guójí | 명 국적 |
| 0317 ☐ | 国际 4급 | guójì | 명 국제 |
| 0318 ☐ | 国家 3급 | guójiā | 명 국가, 나라 |
| 0319 ☐ | 果汁 4급 | guǒzhī | 명 과일주스 |
| 0320 ☐ | 过 3급 | guò | 동 지나다, 경과하다, 겪다 |

※ 다음 어휘의 뜻을 바르게 연결해 보세요.

ㄱ. 关键 ·　　　　　　　· 명 국적
ㄴ. 国籍 ·　　　　　　　· 명 관중
ㄷ. 观众 ·　　　　　　　· 동 한가롭게 거닐다, 산보하다
ㄹ. 逛　 ·　　　　　　　· 명 관건, 키포인트

 **Day 09**

| | | | |
|---|---|---|---|
| **0321** ☐ | 过程 4급 | guòchéng | 몡 과정 |
| **0322** ☐ | 过去 3급 | guòqù | 동 지나가다 몡 과거 |
| **0323** ☐ | 过 2급 | guo | 조 동사 뒤에 놓여 과거의 경험을 나타냄 |
| **0324** ☐ | 还 2급 | hái | 부 아직, 더, 또 |
| **0325** ☐ | 还是 3급 | háishi | 부 아직도 접 아니면 |
| **0326** ☐ | 孩子 2급 | háizi | 몡 아동, 아이 |
| **0327** ☐ | 海洋 4급 | hǎiyáng | 몡 해양 |
| **0328** ☐ | 害怕 3급 | hàipà | 동 두려워하다, 무서워하다 |
| **0329** ☐ | 害羞 4급 | hàixiū | 동 부끄러워하다, 수줍어하다 |
| **0330** ☐ | 寒假 4급 | hánjià | 몡 겨울 방학 |
| **0331** ☐ | 汗 4급 | hàn | 몡 땀 |
| **0332** ☐ | 汉语 1급 | Hànyǔ | 몡 중국어 |
| **0333** ☐ | 航班 4급 | hángbān | 몡 항공편 |
| **0334** ☐ | 好 1급 | hǎo | 형 좋다, 안녕하다 |
| **0335** ☐ | 好吃 2급 | hǎochī | 형 맛있다, 맛나다 |
| **0336** ☐ | 好处 4급 | hǎochu | 몡 장점, 좋은 점 |
| **0337** ☐ | 好像 4급 | hǎoxiàng | 동 마치 ~과 같다 |
| **0338** ☐ | 号 1급 | hào | 몡 일, 번호 |
| **0339** ☐ | 号码 4급 | hàomǎ | 몡 번호, 숫자 |
| **0340** ☐ | 喝 1급 | hē | 동 마시다 |

※ 다음 어휘의 뜻을 바르게 연결해 보세요.

ㄱ. 航班 •                       • 몡 항공편
ㄴ. 好像 •                       • 동 부끄러워하다, 수줍어하다
ㄷ. 害羞 •                       • 동 마치 ~과 같다
ㄹ. 好处 •                       • 몡 장점, 좋은 점

| 0341 □ | 和 1급 | hé | 접 ~와/과 |
| 0342 □ | 合格 4급 | hégé | 동 명 합격(하다) |
| 0343 □ | 合适 4급 | héshì | 형 적당하다, 알맞다 |
| 0344 □ | 盒子 4급 | hézi | 명 작은 상자 |
| 0345 □ | 黑 2급 | hēi | 형 검다, 까맣다 |
| 0346 □ | 黑板 3급 | hēibǎn | 명 칠판 |
| 0347 □ | 很 1급 | hěn | 부 매우, 아주 |
| 0348 □ | 红 2급 | hóng | 형 붉다, 빨갛다 |
| 0349 □ | 厚 4급 | hòu | 형 두껍다 명 두께 |
| 0350 □ | 后悔 4급 | hòuhuǐ | 명 동 후회(하다) |
| 0351 □ | 后来 3급 | hòulái | 부 그 뒤에, 그 다음에 |
| 0352 □ | 后面 1급 | hòumiàn | 뒤쪽 |
| 0353 □ | 互联网 4급 | hùliánwǎng | 명 인터넷 |
| 0354 □ | 护士 4급 | hùshi | 명 간호사 |
| 0355 □ | 互相 4급 | hùxiāng | 부 서로, 상호 |
| 0356 □ | 护照 3급 | hùzhào | 명 여권 |
| 0357 □ | 花 3급 | huā | 명 꽃 |
| 0358 □ | 花 3급 | huā | 동 (돈, 시간을) 쓰다 |
| 0359 □ | 画 3급 | huà | 동 명 그림(을 그리다) |
| 0360 □ | 怀疑 4급 | huáiyí | 동 의심하다 |

※ 다음 어휘의 뜻을 바르게 연결해 보세요.

ㄱ. 互联网 •      • 동 의심하다

ㄴ. 合适 •      • 명 인터넷

ㄷ. 怀疑 •      • 형 적당하다, 알맞다

ㄹ. 后悔 •      • 명 동 후회(하다)

| | | | |
|---|---|---|---|
| **0361** ☐ 坏 3급 | huài | 형 나쁘다, 상하다 |
| **0362** ☐ 欢迎 3급 | huānyíng | 동 환영하다 |
| **0363** ☐ 还 3급 | huán | 동 돌려주다, 갚다 |
| **0364** ☐ 环境 3급 | huánjìng | 명 환경 |
| **0365** ☐ 换 3급 | huàn | 동 교환하다, 바꾸다 |
| **0366** ☐ 黄河 3급 | Huánghé | 명 황허 |
| **0367** ☐ 回 1급 | huí | 동 되돌아가다 |
| **0368** ☐ 回答 3급 | huídá | 동 명 대답(하다) |
| **0369** ☐ 回忆 4급 | huíyì | 명 동 회상(하다), 추억(하다) |
| **0370** ☐ 会 1급 | huì | 동 ~을 할 수 있다, ~할 것이다 |
| **0371** ☐ 会议 3급 | huìyì | 명 회의 |
| **0372** ☐ 活动 4급 | huódòng | 동 활동하다, 운동하다 |
| **0373** ☐ 活泼 4급 | huópō | 형 활발하다, 활기차다 |
| **0374** ☐ 火 4급 | huǒ | 명 불 |
| **0375** ☐ 火车站 2급 | huǒchēzhàn | 명 기차역 |
| **0376** ☐ 获得 4급 | huòdé | 동 획득하다, 얻다 |
| **0377** ☐ 或者 3급 | huòzhě | 접 ~이거나 ~든지 |
| **0378** ☐ 机场 2급 | jīchǎng | 명 공항 |
| **0379** ☐ 基础 4급 | jīchǔ | 명 기초, 기반 |
| **0380** ☐ 鸡蛋 2급 | jīdàn | 명 계란, 달걀 |

※ 다음 어휘의 뜻을 바르게 연결해 보세요.
ㄱ. 获得 ·　　　　　　　　· 명 기초, 기반
ㄴ. 回忆 ·　　　　　　　　· 형 활발하다, 활기차다
ㄷ. 基础 ·　　　　　　　　· 동 획득하다, 얻다
ㄹ. 活泼 ·　　　　　　　　· 명 동 회상(하다), 추억(하다)

| | | | |
|---|---|---|---|
| **0381** □ | 激动 4급 | jīdòng | 동 감격하다, 흥분하다 |
| **0382** □ | 几乎 3급 | jīhū | 부 거의 비슷하다, 큰 차이가 없다 |
| **0383** □ | 机会 3급 | jīhuì | 명 기회 |
| **0384** □ | 积极 4급 | jījí | 형 적극적이다 |
| **0385** □ | 积累 4급 | jīlěi | 동 쌓이다, 축적하다 |
| **0386** □ | 极 3급 | jí | 부 아주, 몹시, 매우 |
| **0387** □ | 及时 4급 | jíshí | 부 제때에, 적시에 |
| **0388** □ | 即使 4급 | jíshǐ | 접 설령 ～하더라도 |
| **0389** □ | 几 1급 | jǐ | 수 몇 |
| **0390** □ | 寄 4급 | jì | 동 부치다, 보내다 |
| **0391** □ | 记得 3급 | jìde | 동 기억하고 있다 |
| **0392** □ | 计划 4급 | jìhuà | 명 동 계획(하다) |
| **0393** □ | 季节 3급 | jìjié | 명 계절, 철 |
| **0394** □ | 既然 4급 | jìrán | 접 기왕 이렇게 된 이상 |
| **0395** □ | 技术 4급 | jìshù | 명 기술 |
| **0396** □ | 继续 4급 | jìxù | 명 동 계속(하다) |
| **0397** □ | 记者 4급 | jìzhě | 명 기자 |
| **0398** □ | 家 1급 | jiā | 명 집, 가정<br>양 가게 · 기업 등을 세는 단위 |
| **0399** □ | 加班 4급 | jiābān | 동 야근하다, 초과 근무하다 |
| **0400** □ | 家具 4급 | jiāju | 명 가구 |

※ 다음 어휘의 뜻을 바르게 연결해 보세요.
- ㄱ. 加班 ·
- ㄴ. 即使 ·
- ㄷ. 既然 ·
- ㄹ. 寄 ·

- · 접 기왕 이렇게 된 이상
- · 동 부치다, 보내다
- · 동 야근하다, 초과 근무하다
- · 접 설령 ～하더라도

| | | | |
|---|---|---|---|
| **0401** ☐ | 加油站 4급 | jiāyóuzhàn | 몡 주유소 |
| **0402** ☐ | 假 4급 | jiǎ | 몡 가짜  혱 가짜의 |
| **0403** ☐ | 价格 4급 | jiàgé | 몡 가격 |
| **0404** ☐ | 坚持 4급 | jiānchí | 동 견지하다, 끝까지 버티다 |
| **0405** ☐ | 检查 3급 | jiǎnchá | 동 검사하다, 점검하다 |
| **0406** ☐ | 简单 3급 | jiǎndān | 혱 간단하다, 단순하다 |
| **0407** ☐ | 减肥 4급 | jiǎnféi | 동 체중을 줄이다, 다이어트하다 |
| **0408** ☐ | 减少 4급 | jiǎnshǎo | 동 덜다, 줄이다 |
| **0409** ☐ | 件 2급 | jiàn | 양 일, 옷을 세는 단위 |
| **0410** ☐ | 健康 3급 | jiànkāng | 몡 혱 (몸이) 건강(하다) |
| **0411** ☐ | 见面 3급 | jiànmiàn | 동 만나다, 대면하다 |
| **0412** ☐ | 建议 4급 | jiànyì | 몡 동 건의(하다) |
| **0413** ☐ | 将来 4급 | jiānglái | 몡 장래, 미래 |
| **0414** ☐ | 讲 3급 | jiǎng | 동 이야기하다, 말하다 |
| **0415** ☐ | 奖金 4급 | jiǎngjīn | 몡 상금, 보너스 |
| **0416** ☐ | 降低 4급 | jiàngdī | 동 낮추다, 인하하다, 하락하다 |
| **0417** ☐ | 降落 4급 | jiàngluò | 동 착륙하다, (가격이) 떨어지다 |
| **0418** ☐ | 教 3급 | jiāo | 동 가르치다 |
| **0419** ☐ | 交 4급 | jiāo | 동 넘기다, 제출하다 |
| **0420** ☐ | 骄傲 4급 | jiāo'ào | 혱 자랑스럽다, 거만하다 |

※ 다음 어휘의 뜻을 바르게 연결해 보세요.

ㄱ. 建议 ·                    · 동 견지하다, 끝까지 버티다
ㄴ. 坚持 ·                    · 동 착륙하다, (가격이) 떨어지다
ㄷ. 假　 ·                    · 몡 가짜  혱 가짜의
ㄹ. 降落 ·                    · 몡 동 건의(하다)

| 0421 □ | 交流 4급 | jiāoliú | 동 교류하다, 왕래하다 |
| 0422 □ | 郊区 4급 | jiāoqū | 명 교외 지역 |
| 0423 □ | 交通 4급 | jiāotōng | 명 교통 |
| 0424 □ | 角 3급 | jiǎo | 양 '지아오'(화폐 단위, 1위안의 10분의 1에 해당) |
| 0425 □ | 脚 3급 | jiǎo | 명 발 |
| 0426 □ | 饺子 4급 | jiǎozi | 명 교자, 만두 |
| 0427 □ | 叫 1급 | jiào | 동 외치다, 부르다, (이름을) ~라고 하다 |
| 0428 □ | 教室 2급 | jiàoshì | 명 교실 |
| 0429 □ | 教授 4급 | jiàoshòu | 동 교수하다 명 교수 |
| 0430 □ | 教育 4급 | jiàoyù | 명 동 교육(하다) |
| 0431 □ | 接 3급 | jiē | 동 잇다, 연결하다 |
| 0432 □ | 街道 3급 | jiēdào | 명 거리, 큰길 |
| 0433 □ | 接受 4급 | jiēshòu | 동 받아들이다, 수락하다 |
| 0434 □ | 接着 4급 | jiēzhe | 부 잇따라, 연이어 |
| 0435 □ | 节 4급 | jié | 동 절약하다, 아껴 쓰다 |
| 0436 □ | 结果 4급 | jiéguǒ | 명 결과 부 결국, 드디어 |
| 0437 □ | 结婚 3급 | jiéhūn | 동 결혼하다 |
| 0438 □ | 节目 3급 | jiémù | 명 프로그램, 항목 |
| 0439 □ | 节日 3급 | jiérì | 명 기념일, 명절 |
| 0440 □ | 结束 3급 | jiéshù | 동 끝나다, 마치다 |

※ 다음 어휘의 뜻을 바르게 연결해 보세요.

ㄱ. 交通 ·　　　　　　　· 명 교자, 만두
ㄴ. 节 ·　　　　　　　· 명 교통
ㄷ. 饺子 ·　　　　　　　· 동 절약하다, 아껴 쓰다
ㄹ. 教授 ·　　　　　　　· 동 교수하다 명 교수

## Day 12

| | | | |
|---|---|---|---|
| **0441** ☐ | 节约 4급 | jiéyuē | 동 절약하다 |
| **0442** ☐ | 姐姐 2급 | jiějie | 명 누나, 언니 |
| **0443** ☐ | 解决 3급 | jiějué | 동 해결하다 |
| **0444** ☐ | 解释 4급 | jiěshì | 동 해설하다, 설명하다 |
| **0445** ☐ | 借 3급 | jiè | 동 빌려 주다, 빌리다 |
| **0446** ☐ | 介绍 2급 | jièshào | 동 소개하다 |
| **0447** ☐ | 今天 1급 | jīntiān | 명 오늘 |
| **0448** ☐ | 尽管 4급 | jǐnguǎn | 부 얼마든지<br>접 비록 ~라 하더라도 |
| **0449** ☐ | 紧张 4급 | jǐnzhāng | 형 긴장해 있다, 바쁘다 |
| **0450** ☐ | 进 2급 | jìn | 동 (바깥에서 안으로) 들다 |
| **0451** ☐ | 近 2급 | jìn | 형 가깝다 |
| **0452** ☐ | 进行 4급 | jìnxíng | 동 진행하다, (어떤 활동을) 하다 |
| **0453** ☐ | 禁止 4급 | jìnzhǐ | 명 동 금지(하다) |
| **0454** ☐ | 精彩 4급 | jīngcǎi | 형 뛰어나다, 훌륭하다 |
| **0455** ☐ | 经常 3급 | jīngcháng | 부 늘, 항상 |
| **0456** ☐ | 经过 3급 | jīngguò | 동 경과하다, 경험하다 |
| **0457** ☐ | 经济 4급 | jīngjì | 명 경제 |
| **0458** ☐ | 京剧 4급 | jīngjù | 명 경극 |
| **0459** ☐ | 经理 3급 | jīnglǐ | 명 기업의 책임자, 사장, 매니저 |
| **0460** ☐ | 经历 4급 | jīnglì | 동 겪다, 경험하다  명 경험 |

※ 다음 어휘의 뜻을 바르게 연결해 보세요.
ㄱ. 禁止 •　　　　　　　　　• 동 겪다, 경험하다  명 경험
ㄴ. 经历 •　　　　　　　　　• 동 해설하다, 설명하다
ㄷ. 解释 •　　　　　　　　　• 동 진행하다, (어떤 활동을) 하다
ㄹ. 进行 •　　　　　　　　　• 명 동 금지(하다)

| 0461 □ | 经验 4급 | jīngyàn | 몡 경험 |
|--------|---------|---------|--------|
| 0462 □ | 警察 4급 | jǐngchá | 몡 경찰 |
| 0463 □ | 景色 4급 | jǐngsè | 몡 경치, 풍경 |
| 0464 □ | 竟然 4급 | jìngrán | 튄 뜻밖에도, 결국, 마침내 |
| 0465 □ | 竞争 4급 | jìngzhēng | 몡 동 경쟁(하다) |
| 0466 □ | 镜子 4급 | jìngzi | 몡 거울 |
| 0467 □ | 究竟 4급 | jiūjìng | 튄 도대체, 필경, 결국 |
| 0468 □ | 九 1급 | jiǔ | 쉬 9, 아홉 |
| 0469 □ | 久 3급 | jiǔ | 혱 오래다, (시간이) 길다 |
| 0470 □ | 就 2급 | jiù | 튄 곧, 바로 |
| 0471 □ | 旧 3급 | jiù | 혱 옛날의, 과거의, 낡다 |
| 0472 □ | 举 4급 | jǔ | 동 들어 올리다 |
| 0473 □ | 举办 4급 | jǔbàn | 동 거행하다, 개최하다 |
| 0474 □ | 举行 4급 | jǔxíng | 동 거행하다, 개최하다, 실시하다 |
| 0475 □ | 聚会 4급 | jùhuì | 몡 모임 동 모이다 |
| 0476 □ | 拒绝 4급 | jùjué | 동 몡 거절(하다) |
| 0477 □ | 距离 4급 | jùlí | 몡 거리, 간격 |
| 0478 □ | 句子 3급 | jùzi | 몡 문장, 구 |
| 0479 □ | 觉得 2급 | juéde | 동 ~라고 여기다, 느끼다 |
| 0480 □ | 决定 3급 | juédìng | 동 결정하다, 결심하다 |

※ 다음 어휘의 뜻을 바르게 연결해 보세요.

ㄱ. 竞争 •              • 동 몡 거절(하다)

ㄴ. 拒绝 •              • 몡 동 경쟁(하다)

ㄷ. 竟然 •              • 튄 도대체, 필경, 결국

ㄹ. 究竟 •              • 튄 뜻밖에도, 결국, 마침내

**Day 13**

| 0481 ☐ | 咖啡 2급 | kāfēi | 몡 커피 |
|---|---|---|---|
| 0482 ☐ | 开 1급 | kāi | 동 열다 |
| 0483 ☐ | 开玩笑 4급 | kāi wánxiào | 농담을 하다, 웃기다 |
| 0484 ☐ | 开始 2급 | kāishǐ | 동 시작하다 |
| 0485 ☐ | 开心 4급 | kāixīn | 혱 유쾌하다, 즐겁다 |
| 0486 ☐ | 看 1급 | kàn | 동 보다, 구경하다, (눈으로만) 읽다 |
| 0487 ☐ | 看法 4급 | kànfǎ | 몡 견해, 주장 |
| 0488 ☐ | 看见 1급 | kànjiàn | 동 보다, 보이다 |
| 0489 ☐ | 考虑 4급 | kǎolǜ | 몡 동 고려(하다) |
| 0490 ☐ | 考试 2급 | kǎoshì | 몡 동 시험(을 보다) |
| 0491 ☐ | 烤鸭 4급 | kǎoyā | 몡 오리 구이 |
| 0492 ☐ | 棵 4급 | kē | 양 그루, 포기 |
| 0493 ☐ | 科学 4급 | kēxué | 몡 과학 |
| 0494 ☐ | 咳嗽 4급 | késou | 몡 동 기침(하다) |
| 0495 ☐ | 渴 3급 | kě | 혱 목이 마르다 |
| 0496 ☐ | 可爱 3급 | kě'ài | 혱 사랑스럽다, 귀엽다 |
| 0497 ☐ | 可怜 4급 | kělián | 혱 가련하다, 불쌍하다 |
| 0498 ☐ | 可能 2급 | kěnéng | 뷔 아마도, 아마 |
| 0499 ☐ | 可是 4급 | kěshì | 젭 그러나, 하지만 |
| 0500 ☐ | 可惜 4급 | kěxī | 혱 아쉽다, 아깝다  동 아쉬워하다 |

※ 다음 어휘의 뜻을 바르게 연결해 보세요.
ㄱ. 考虑 •　　　　　　　　　　• 몡 동 고려(하다)
ㄴ. 可惜 •　　　　　　　　　　• 몡 견해, 주장
ㄷ. 咳嗽 •　　　　　　　　　　• 혱 아쉽다, 아깝다  동 아쉬워하다
ㄹ. 看法 •　　　　　　　　　　• 몡 동 기침(하다)

| | | | |
|---|---|---|---|
| 0501 □ 可以 2급 | kěyǐ | 동 ~할 수 있다, ~해도 좋다 |
| 0502 □ 课 2급 | kè | 명 수업, 강의 |
| 0503 □ 刻 3급 | kè | 양 15분 |
| 0504 □ 客人 3급 | kèrén | 명 손님 |
| 0505 □ 客厅 4급 | kètīng | 명 객실, 응접실 |
| 0506 □ 肯定 4급 | kěndìng | 동 긍정하다  형 긍정적이다  부 확실히 |
| 0507 □ 空 4급 | kōng | 형 (속이) 텅 비다 |
| 0508 □ 空气 4급 | kōngqì | 명 공기, 그릇 |
| 0509 □ 空调 3급 | kōngtiáo | 명 에어컨 |
| 0510 □ 恐怕 4급 | kǒngpà | 부 아마 ~일 것이다 |
| 0511 □ 口 3급 | kǒu | 명 입, 출입구 |
| 0512 □ 哭 3급 | kū | 동 (소리 내어) 울다 |
| 0513 □ 苦 4급 | kǔ | 형 쓰다, 고생스럽다 |
| 0514 □ 裤子 3급 | kùzi | 명 바지 |
| 0515 □ 块 1급 | kuài | 양 덩어리, 조각, 위안(화폐 단위) |
| 0516 □ 快 2급 | kuài | 형 (속도가) 빠르다 |
| 0517 □ 快乐 2급 | kuàilè | 형 즐겁다, 유쾌하다 |
| 0518 □ 筷子 3급 | kuàizi | 명 젓가락 |
| 0519 □ 矿泉水 4급 | kuàngquánshuǐ | 명 미네랄워터 |
| 0520 □ 困 4급 | kùn | 형 졸리다 |

※ 다음 어휘의 뜻을 바르게 연결해 보세요.
ㄱ. 空气 ·　　　　　　　　· 형 졸리다
ㄴ. 困 ·　　　　　　　　· 부 아마 ~일 것이다
ㄷ. 恐怕·　　　　　　　　· 명 공기, 그릇
ㄹ. 苦 ·　　　　　　　　· 형 쓰다, 고생스럽다

## Day 14

| 0521 ☐ | 困难 4급 | kùnnan | 몡 곤란, 어려움 톙 (생활이) 어렵다 |
|---|---|---|---|
| 0522 ☐ | 拉 4급 | lā | 동 끌다, 당기다 |
| 0523 ☐ | 垃圾桶 4급 | lājītǒng | 몡 쓰레기통 |
| 0524 ☐ | 辣 4급 | là | 몡 매운 맛 톙 맵다 |
| 0525 ☐ | 来 1급 | lái | 동 오다 |
| 0526 ☐ | 来不及 4급 | láibují | 미치지 못하다, 시간이 맞지 않다 |
| 0527 ☐ | 来得及 4급 | Láidejí | 늦지 않다 |
| 0528 ☐ | 来自 4급 | láizì | 동 ~에서 오다 |
| 0529 ☐ | 蓝 3급 | lán | 톙 남색의 |
| 0530 ☐ | 懒 4급 | lǎn | 톙 게으르다, 나태하다 |
| 0531 ☐ | 浪费 4급 | làngfèi | 동 낭비하다 |
| 0532 ☐ | 浪漫 4급 | làngmàn | 톙 로맨틱하다, 낭만적이다 |
| 0533 ☐ | 老 3급 | lǎo | 톙 늙다, 나이 먹다 |
| 0534 ☐ | 老虎 4급 | lǎohǔ | 몡 호랑이 |
| 0535 ☐ | 老师 1급 | lǎoshī | 몡 선생님 |
| 0536 ☐ | 了 1급 | le | 죄 동작의 완료, 변화를 나타냄 |
| 0537 ☐ | 累 2급 | lèi | 톙 지치다, 피곤하다 |
| 0538 ☐ | 冷 1급 | lěng | 톙 춥다 |
| 0539 ☐ | 冷静 4급 | lěngjìng | 톙 조용하다, 냉정하다 동 침착하게 하다 |
| 0540 ☐ | 离 2급 | lí | 게 ~에서, ~로부터 |

※ 다음 어휘의 뜻을 바르게 연결해 보세요.

ㄱ. 拉 •　　　　　　　　• 미치지 못하다, 시간이 맞지 않다

ㄴ. 来不及 •　　　　　　• 톙 조용하다, 냉정하다 동 침착하게 하다

ㄷ. 冷静 •　　　　　　　• 동 낭비하다

ㄹ. 浪费 •　　　　　　　• 동 끌다, 당기다

| | | | |
|---|---|---|---|
| 0541 □ | 离开 3급 | líkāi | 통 떠나다, 벗어나다 |
| 0542 □ | 里 1급 | lǐ | 명 속, 안 |
| 0543 □ | 礼拜天 4급 | lǐbàitiān | 명 일요일 |
| 0544 □ | 理发 4급 | lǐfà | 통 이발하다 |
| 0545 □ | 理解 4급 | lǐjiě | 명 통 이해(하다) |
| 0546 □ | 礼貌 4급 | lǐmào | 명 예의 형 예의 바르다 |
| 0547 □ | 礼物 3급 | lǐwù | 명 선물 |
| 0548 □ | 理想 4급 | lǐxiǎng | 명 이상 형 이상적이다 |
| 0549 □ | 厉害 4급 | lìhai | 형 사납다, 대단하다 |
| 0550 □ | 力气 4급 | lìqi | 명 (육체적인) 힘, 체력 |
| 0551 □ | 例如 4급 | lìrú | 예를 들면 |
| 0552 □ | 历史 3급 | lìshǐ | 명 역사 |
| 0553 □ | 俩 4급 | liǎ | 수 두 개, 두 사람 |
| 0554 □ | 连 4급 | lián | 부 계속하여, 연이어 |
| 0555 □ | 联系 4급 | liánxì | 명 통 연결(하다), 연락(하다) |
| 0556 □ | 脸 3급 | liǎn | 명 얼굴 |
| 0557 □ | 练习 3급 | liàn xí | 통 연습하다, 익히다 명 연습 |
| 0558 □ | 凉快 4급 | liángkuai | 형 서늘하다, 선선하다 |
| 0559 □ | 两 2급 | liǎng | 수 2, 둘 |
| 0560 □ | 辆 3급 | liàng | 양 대 (차량을 셀 때 쓰는 양사) |

※ 다음 어휘의 뜻을 바르게 연결해 보세요.

ㄱ. 厉害 ·   · 형 사납다, 대단하다
ㄴ. 俩 ·   · 형 서늘하다, 선선하다
ㄷ. 凉快 ·   · 명 예의 형 예의 바르다
ㄹ. 礼貌 ·   · 수 두 개, 두 사람

| | | | |
|---|---|---|---|
| **0561** ☐ | 聊天 3급 | liáotiān | 통 한담하다 |
| **0562** ☐ | 了解 3급 | liǎojiě | 통 알다, 이해하다 |
| **0563** ☐ | 邻居 3급 | línjū | 명 이웃, 이웃 사람 |
| **0564** ☐ | 零 2급 | líng | 수 0, 공 |
| **0565** ☐ | 零钱 4급 | língqián | 명 잔돈, 용돈 |
| **0566** ☐ | 另外 4급 | lìngwài | 대 별도의, 다른 |
| **0567** ☐ | 留 4급 | liú | 통 머무르다, 묵다, 남기다 |
| **0568** ☐ | 流利 4급 | liúlì | 형 (문장, 말 등이) 유창하다 |
| **0569** ☐ | 流行 4급 | liúxíng | 명 통 유행(하다) |
| **0570** ☐ | 留学 3급 | liúxué | 통 명 유학(하다) |
| **0571** ☐ | 六 1급 | liù | 수 6, 여섯 |
| **0572** ☐ | 楼 3급 | lóu | 명 건물 양 층 |
| **0573** ☐ | 路 2급 | lù | 명 길, 도로 |
| **0574** ☐ | 旅行 4급 | lǚxíng | 명 통 여행(하다) |
| **0575** ☐ | 旅游 2급 | lǚyóu | 명 통 여행(하다), 관광(하다) |
| **0576** ☐ | 绿 3급 | lǜ | 형 푸르다 명 초록색 |
| **0577** ☐ | 律师 4급 | lǜshī | 명 변호사 |
| **0578** ☐ | 乱 4급 | luàn | 형 어지럽다 통 어지럽히다 |
| **0579** ☐ | 妈妈 1급 | māma | 명 엄마, 어머니 |
| **0580** ☐ | 麻烦 4급 | máfan | 형 귀찮다, 성가시다 통 귀찮게 하다 |

※ 다음 어휘의 뜻을 바르게 연결해 보세요.
ㄱ. 律师 ·　　　　　　　· 형 어지럽다 통 어지럽히다
ㄴ. 乱　 ·　　　　　　　· 명 통 유행(하다)
ㄷ. 流行 ·　　　　　　　· 명 잔돈, 용돈
ㄹ. 零钱 ·　　　　　　　· 명 변호사

| 0581 □ | 马 3급 | mǎ | 몡 말 |
| 0582 □ | 马虎 4급 | mǎhu | 혱 소홀하다, 건성건성하다 |
| 0583 □ | 马上 3급 | mǎshàng | 븬 곧, 즉시 |
| 0584 □ | 吗 1급 | ma | 㪰 문장 끝에 쓰여 의문을 표시함 |
| 0585 □ | 买 1급 | mǎi | 됭 사다 |
| 0586 □ | 卖 2급 | mài | 됭 팔다, 판매하다 |
| 0587 □ | 满 4급 | mǎn | 혱 가득하다  됭 (정한 기한이) 다 차다 |
| 0588 □ | 满意 3급 | mǎnyì | 혱 만족하다, 만족스럽다 |
| 0589 □ | 慢 2급 | màn | 혱 느리다 |
| 0590 □ | 忙 2급 | máng | 혱 바쁘다 |
| 0591 □ | 猫 1급 | māo | 몡 고양이 |
| 0592 □ | 毛 4급 | máo | 몡 털  양 '마오'(화폐 단위, 1위안의 10분의 1에 해당)) |
| 0593 □ | 毛巾 4급 | máojīn | 몡 수건, 타월 |
| 0594 □ | 帽子 3급 | màozi | 몡 모자 |
| 0595 □ | 没关系 1급 | méiguānxi | 관계가 없다, 괜찮다, 문제없다 |
| 0596 □ | 没有 1급 | méiyǒu | 됭 없다, 가지고 있지 않다 |
| 0597 □ | 每 2급 | měi | 떼 매, ~마다 |
| 0598 □ | 美丽 4급 | měilì | 혱 아름답다 |
| 0599 □ | 妹妹 2급 | mèimei | 몡 누이동생 |
| 0600 □ | 门 2급 | mén | 몡 문, 출입구 |

※ 다음 어휘의 뜻을 바르게 연결해 보세요.

ㄱ. 马虎 •　　　　　　　　　　• 몡 수건, 타월

ㄴ. 满 •　　　　　　　　　　• 혱 소홀하다, 건성건성하다

ㄷ. 美丽 •　　　　　　　　　　• 혱 가득하다  됭 (정한 기한이) 다 차다

ㄹ. 毛巾 •　　　　　　　　　　• 혱 아름답다

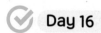

## Day 16

| | | | |
|---|---|---|---|
| **0601** □ | 梦 4급 | mèng | 명 꿈 |
| **0602** □ | 迷路 4급 | mílù | 동 길을 잃다 |
| **0603** □ | 米 3급 | mǐ | 명 쌀 양 미터 |
| **0604** □ | 米饭 1급 | mǐfàn | 명 밥, 쌀밥 |
| **0605** □ | 密码 4급 | mìmǎ | 명 암호, 비밀 번호 |
| **0606** □ | 免费 4급 | miǎnfèi | 동 무료로 하다 |
| **0607** □ | 面包 3급 | miànbāo | 명 빵 |
| **0608** □ | 面条 2급 | miàntiáo | 명 국수 |
| **0609** □ | 秒 4급 | miǎo | 양 (시간의 단위로서의) 초 |
| **0610** □ | 民族 4급 | mínzú | 명 민족 |
| **0611** □ | 明白 3급 | míngbai | 형 분명하다 동 이해하다, 알다 |
| **0612** □ | 明天 1급 | míngtiān | 명 내일 |
| **0613** □ | 名字 1급 | míngzi | 명 이름, 사물의 명칭 |
| **0614** □ | 母亲 4급 | mǔqīn | 명 모친, 어머니 |
| **0615** □ | 目的 4급 | mùdì | 명 목적 |
| **0616** □ | 拿 3급 | ná | 동 (손으로) 잡다, 가지다 |
| **0617** □ | 哪 1급 | nǎ | 때 어느, 어떤 |
| **0618** □ | 那 1급 | nà | 때 저것, 그것 |
| **0619** □ | 奶奶 3급 | nǎinai | 명 할머니 |
| **0620** □ | 耐心 4급 | nàixīn | 명 참을성 동 인내심이 강하다 |

※ 다음 어휘의 뜻을 바르게 연결해 보세요.

ㄱ. 民族 •　　　　　　　　　　• 동 무료로 하다
ㄴ. 耐心 •　　　　　　　　　　• 명 민족
ㄷ. 免费 •　　　　　　　　　　• 명 암호, 비밀 번호
ㄹ. 密码 •　　　　　　　　　　• 명 참을성 동 인내심이 강하다

| 0621 □ | 男 2급 | nán | 명 남자, 남성 |
| 0622 □ | 南 3급 | nán | 명 남, 남쪽 |
| 0623 □ | 难 3급 | nán | 형 어렵다, 곤란하다 |
| 0624 □ | 难道 4급 | nándào | 부 설마 ~하겠는가? |
| 0625 □ | 难过 3급 | nánguò | 형 괴롭다, 슬프다 |
| 0626 □ | 难受 4급 | nánshòu | 형 괴롭다, 참을 수 없다 |
| 0627 □ | 哪儿 1급 | nǎr | 대 어디, 어느 곳 |
| 0628 □ | 呢 1급 | ne | 조 의문문의 끝에 쓰여 의문을 나타냄 |
| 0629 □ | 内 4급 | nèi | 명 안, 안쪽, 내부 |
| 0630 □ | 内容 4급 | nèiróng | 명 내용 |
| 0631 □ | 能 1급 | néng | 동 ~할 수 있다 (능력을 표시함) |
| 0632 □ | 能力 4급 | nénglì | 명 능력, 역량 |
| 0633 □ | 你 1급 | nǐ | 대 너, 당신 |
| 0634 □ | 年 1급 | nián | 명 해, 년 |
| 0635 □ | 年级 3급 | niánjí | 명 학년 |
| 0636 □ | 年龄 4급 | niánlíng | 명 연령, 나이 |
| 0637 □ | 年轻 3급 | niánqīng | 형 젊다 |
| 0638 □ | 鸟 3급 | niǎo | 명 새 |
| 0639 □ | 您 2급 | nín | 대 당신, 귀하(你를 높여 부르는 말) |
| 0640 □ | 牛奶 2급 | niúnǎi | 명 우유 |

※ 다음 어휘의 뜻을 바르게 연결해 보세요.

ㄱ. 内容 ·　　　　　　　　　　· 형 괴롭다, 참을 수 없다
ㄴ. 年龄 ·　　　　　　　　　　· 명 내용
ㄷ. 难受 ·　　　　　　　　　　· 부 설마 ~하겠는가?
ㄹ. 难道 ·　　　　　　　　　　· 명 연령, 나이

| | | | |
|---|---|---|---|
| **0641** ☐ | 弄 4급 | nòng | 图 다루다, 하다, 행하다 |
| **0642** ☐ | 努力 3급 | nǔlì | 图 명 노력(하다) |
| **0643** ☐ | 女 2급 | nǚ | 명 여자 |
| **0644** ☐ | 女儿 1급 | nǚ'ér | 명 딸 |
| **0645** ☐ | 暖和 4급 | nuǎnhuo | 형 따뜻하다 |
| **0646** ☐ | 偶尔 4급 | ǒu'ěr | 円 이따금, 때때로 |
| **0647** ☐ | 爬山 3급 | páshān | 图 명 등산(하다) |
| **0648** ☐ | 排队 4급 | páiduì | 图 줄을 서다, 정렬하다 |
| **0649** ☐ | 排列 4급 | páiliè | 图 배열하다, 정렬하다 |
| **0650** ☐ | 盘子 3급 | pánzi | 명 쟁반 |
| **0651** ☐ | 判断 4급 | pànduàn | 명 图 판단(하다) |
| **0652** ☐ | 旁边 2급 | pángbiān | 명 옆 |
| **0653** ☐ | 胖 3급 | pàng | 형 뚱뚱하다, 살지다 |
| **0654** ☐ | 跑步 2급 | pǎobù | 图 명 달리다, 구보, 달리기 |
| **0655** ☐ | 陪 4급 | péi | 图 모시다, 동반하다 |
| **0656** ☐ | 朋友 1급 | péngyou | 명 친구 |
| **0657** ☐ | 批评 4급 | pīpíng | 图 비평하다 |
| **0658** ☐ | 皮肤 4급 | pífū | 명 피부 |
| **0659** ☐ | 啤酒 3급 | píjiǔ | 명 맥주 |
| **0660** ☐ | 脾气 4급 | píqi | 명 성격, 기질 |

※ 다음 어휘의 뜻을 바르게 연결해 보세요.
ㄱ. 偶尔·　　　　　　　　· 명 피부
ㄴ. 脾气·　　　　　　　　· 명 성격, 기질
ㄷ. 皮肤·　　　　　　　　· 円 이따금, 때때로
ㄹ. 暖和·　　　　　　　　· 형 따뜻하다

| 0661 □ | 皮鞋 3급 | píxié | 몡 가죽 구두 |
| 0662 □ | 篇 4급 | piān | 양 편 (문장을 세는 단위) |
| 0663 □ | 便宜 2급 | piányi | 혱 (값이) 싸다 |
| 0664 □ | 骗 4급 | piàn | 됭 속이다, 기만하다 |
| 0665 □ | 票 2급 | piào | 몡 표, 증명서 |
| 0666 □ | 漂亮 1급 | piàoliang | 혱 아름답다, 예쁘다 |
| 0667 □ | 乒乓球 4급 | pīngpāngqiú | 몡 탁구, 탁구공 |
| 0668 □ | 苹果 1급 | píngguǒ | 몡 사과 |
| 0669 □ | 平时 4급 | píngshí | 몡 보통 때, 평소 |
| 0670 □ | 瓶子 3급 | píngzi | 몡 병 |
| 0671 □ | 破 4급 | pò | 됭 찢어지다, 파손되다 |
| 0672 □ | 葡萄 4급 | pútáo | 몡 포도 |
| 0673 □ | 普遍 4급 | pǔbiàn | 혱 보편적이다, 널리 퍼져 있다 |
| 0674 □ | 普通话 4급 | pǔtōnghuà | 몡 현대 중국어의 표준어 |
| 0675 □ | 七 1급 | qī | 쉬 7, 일곱 |
| 0676 □ | 妻子 2급 | qīzi | 몡 아내 |
| 0677 □ | 骑 3급 | qí | 됭 (동물이나 자전거 등에) 타다 |
| 0678 □ | 其次 4급 | qícì | 몡 다음, 그다음, 부차적인 위치 |
| 0679 □ | 奇怪 3급 | qíguài | 혱 이상하다, 의아하다 |
| 0680 □ | 其实 3급 | qíshí | 뷔 사실은, 실제는 |

※ 다음 어휘의 뜻을 바르게 연결해 보세요.

ㄱ. 普遍 ·          · 혱 보편적이다, 널리 퍼져 있다
ㄴ. 破 ·            · 양 편 (문장을 세는 단위)
ㄷ. 篇 ·            · 됭 찢어지다, 파손되다
ㄹ. 其次 ·          · 몡 다음, 그다음, 부차적인 위치

**Day 18**

| | | | | |
|---|---|---|---|---|
| 0681 ☐ | 其他 3급 | qítā | 몡 | 기타, 그 외 |
| 0682 ☐ | 其中 4급 | qízhōng | | 그 중 |
| 0683 ☐ | 起床 2급 | qǐchuáng | 됭 | 일어나다, 기상하다 |
| 0684 ☐ | 起飞 3급 | qǐfēi | 됭 | 이륙하다, 날아오르다 |
| 0685 ☐ | 起来 3급 | qǐlai | 됭 | 일어나다, 일어서다 |
| 0686 ☐ | 气候 4급 | qìhòu | 몡 | 기후 |
| 0687 ☐ | 千 2급 | qiān | 囹 | 천 |
| 0688 ☐ | 铅笔 2급 | qiānbǐ | 됭 | 연필 |
| 0689 ☐ | 千万 4급 | qiānwàn | 뷔 | 부디, 제발 |
| 0690 ☐ | 签证 4급 | qiānzhèng | 됭 | 비자, 사증 |
| 0691 ☐ | 钱 1급 | qián | 됭 | 돈, 화폐 |
| 0692 ☐ | 前面 1급 | qiánmiàn | 됭 | 앞, 전면 |
| 0693 ☐ | 敲 4급 | qiāo | 됭 | 두드리다, 치다 |
| 0694 ☐ | 桥 4급 | qiáo | 몡 | 다리, 교량 |
| 0695 ☐ | 巧克力 4급 | qiǎokèlì | 몡 | 초콜릿 |
| 0696 ☐ | 亲戚 4급 | qīnqī | 몡 | 친척 |
| 0697 ☐ | 轻 4급 | qīng | 혱 | 가볍다, 약하다 |
| 0698 ☐ | 清楚 3급 | qīngchu | 혱 | 분명하다, 뚜렷하다 |
| 0699 ☐ | 轻松 4급 | qīngsōng | 혱 | 수월하다, 가볍다, 홀가분하다 |
| 0700 ☐ | 晴 2급 | qíng | 혱 | 맑다, 개어 있다 |

---

※ 다음 어휘의 뜻을 바르게 연결해 보세요.
ㄱ. 巧克力 •   • 혱 수월하다, 가볍다, 홀가분하다
ㄴ. 轻松 •    • 몡 초콜릿
ㄷ. 气候 •    • 됭 두드리다, 치다
ㄹ. 敲 •     • 몡 기후

| | | | |
|---|---|---|---|
| **0701** □ | 情况 4급 | qíngkuàng | 몡 상황, 정황, 형편 |
| **0702** □ | 请 1급 | qǐng | 동 요청하다, 초빙하다, 초대하다 |
| **0703** □ | 请假 3급 | qǐngjià | 동 휴가를 받다, 휴가를 신청하다 |
| **0704** □ | 穷 4급 | qióng | 혱 가난하다, 궁하다 |
| **0705** □ | 秋 3급 | qiū | 몡 가을 |
| **0706** □ | 区别 4급 | qūbié | 동 구별하다　몡 구별, 차이 |
| **0707** □ | 取 4급 | qǔ | 동 얻다, 가지다, 찾다 |
| **0708** □ | 去 1급 | qù | 동 가다 |
| **0709** □ | 去年 2급 | qùnián | 몡 작년, 지난 해 |
| **0710** □ | 全部 4급 | quánbù | 몡 전부　혱 전부의 |
| **0711** □ | 缺点 4급 | quēdiǎn | 몡 결점, 부족한 점 |
| **0712** □ | 缺少 4급 | quēshǎo | 동 모자라다, 결핍하다 |
| **0713** □ | 却 4급 | què | 뷔 도리어, 오히려 |
| **0714** □ | 确实 4급 | quèshí | 혱 확실하다　뷔 확실히 |
| **0715** □ | 裙子 3급 | qúnzi | 몡 치마, 스커트 |
| **0716** □ | 然而 4급 | rán'ér | 젭 그렇지만, 그러나, 그런데 |
| **0717** □ | 然后 3급 | ránhòu | 젭 그리고 나서 |
| **0718** □ | 让 2급 | ràng | 동 ~하게 하다, 양보하다 |
| **0719** □ | 热 1급 | rè | 혱 덥다, 뜨겁다 |
| **0720** □ | 热闹 4급 | rènao | 혱 왁자지껄하다　동 떠들썩하게 놀다 |

※ 다음 어휘의 뜻을 바르게 연결해 보세요.

ㄱ. 热闹 •　　　　　　　　　• 몡 상황, 정황, 형편
ㄴ. 情况 •　　　　　　　　　• 뷔 도리어, 오히려
ㄷ. 却　 •　　　　　　　　　• 젭 그렇지만, 그러나, 그런데
ㄹ. 然而 •　　　　　　　　　• 혱 왁자지껄하다　동 떠들썩하게 놀다

**Day 19**

| 0721 ☐ | 热情 3급 | rèqíng | 몡 열정, 의욕 혱 친절하다 |
| 0722 ☐ | 人 1급 | rén | 몡 사람, 인간 |
| 0723 ☐ | 任何 4급 | rènhé | 때 어떠한, 무슨 |
| 0724 ☐ | 认识 1급 | rènshi | 동 알다, 인식하다 |
| 0725 ☐ | 认为 3급 | rènwéi | 동 여기다, 생각하다 |
| 0726 ☐ | 任务 4급 | rènwu | 몡 임무, 책무 |
| 0727 ☐ | 认真 3급 | rènzhēn | 혱 진지하다, 성실하다 |
| 0728 ☐ | 扔 4급 | rēng | 동 던지다, 내버리다 |
| 0729 ☐ | 仍然 4급 | réngrán | 뷔 여전히, 아직도, 변함없이 |
| 0730 ☐ | 日 2급 | rì | 몡 낮, 하루, 일 |
| 0731 ☐ | 日记 4급 | rìjì | 몡 일기 |
| 0732 ☐ | 容易 3급 | róngyì | 혱 쉽다, 용이하다 |
| 0733 ☐ | 如果 3급 | rúguǒ | 젭 만일, 만약 |
| 0734 ☐ | 入口 4급 | rùkǒu | 몡 입구 |
| 0735 ☐ | 三 1급 | sān | 쉬 3, 셋 |
| 0736 ☐ | 伞 3급 | sǎn | 몡 우산 |
| 0737 ☐ | 散步 4급 | sànbù | 동 산책하다, 산보하다 |
| 0738 ☐ | 森林 4급 | sēnlín | 몡 숲, 삼림 |
| 0739 ☐ | 沙发 4급 | shāfā | 몡 소파 |
| 0740 ☐ | 商店 1급 | shāngdiàn | 몡 상점 |

※ 다음 어휘의 뜻을 바르게 연결해 보세요.
ㄱ. 森林 •　　　　　　　　　 • 몡 임무, 책무
ㄴ. 任何 •　　　　　　　　　 • 뷔 여전히, 아직도, 변함없이
ㄷ. 仍然 •　　　　　　　　　 • 몡 숲, 삼림
ㄹ. 任务 •　　　　　　　　　 • 때 어떠한, 무슨

| 0741 □ | 商量 4급 | shāngliáng | (동) 의논하다, 상의하다 |
| 0742 □ | 伤心 4급 | shāngxīn | (동) 슬퍼하다, 상심하다 |
| 0743 □ | 上 1급 | shàng | (명) 위 (동) 오르다, 가다 |
| 0744 □ | 上班 2급 | shàngbān | (동) 출근하다 |
| 0745 □ | 上网 3급 | shàngwǎng | (동) 인터넷에 접속하다 |
| 0746 □ | 上午 1급 | shàngwǔ | (명) 오전 |
| 0747 □ | 稍微 4급 | shāowēi | (부) 조금, 약간 |
| 0748 □ | 勺子 4급 | sháozi | (명) 국자, 숟가락 |
| 0749 □ | 少 1급 | shǎo | (형) 적다, 부족하다 |
| 0750 □ | 社会 4급 | shèhuì | (명) 사회 |
| 0751 □ | 谁 1급 | shéi | (대) 누구, 아무 |
| 0752 □ | 深 4급 | shēn | (형) 깊다, 심오하다 |
| 0753 □ | 申请 4급 | shēnqǐng | (명)(동) 신청(하다) |
| 0754 □ | 身体 2급 | shēntǐ | (명) 신체, 몸, 건강 |
| 0755 □ | 什么 1급 | shénme | (대) 무엇, 어떤, 무슨 |
| 0756 □ | 甚至 4급 | shènzhì | (부) 심지어 (접) 더욱이 |
| 0757 □ | 生病 2급 | shēngbìng | (동) 병이 나다, 발병하다 |
| 0758 □ | 生活 4급 | shēnghuó | (명)(동) 생활(하다) |
| 0759 □ | 生命 4급 | shēngmìng | (명) 생명 (형) 생동감 있다 |
| 0760 □ | 生气 3급 | shēngqì | (동) 화내다, 성내다 |

※ 다음 어휘의 뜻을 바르게 연결해 보세요.
ㄱ. 深 ·　　　　　　　· (부) 심지어 (접) 더욱이
ㄴ. 甚至 ·　　　　　　· (동) 슬퍼하다, 상심하다
ㄷ. 稍微 ·　　　　　　· (부) 조금, 약간
ㄹ. 伤心 ·　　　　　　· (형) 깊다, 심오하다

**Day 20**

| 0761 ☐ | 生日 2급 | shēngrì | 몡 생일, 생신 |
|---|---|---|---|
| 0762 ☐ | 生意 4급 | shēngyi | 몡 장사, 영업 |
| 0763 ☐ | 声音 3급 | shēngyīn | 몡 소리, 목소리 |
| 0764 ☐ | 省 4급 | shěng | 동 아끼다, 절약하다  몡 성(지방 행정 단위) |
| 0765 ☐ | 剩 4급 | shèng | 동 남다 |
| 0766 ☐ | 失败 4급 | shībài | 몡 동 실패(하다) |
| 0767 ☐ | 师傅 4급 | shīfu | 몡 스승, 숙련공, 선생 |
| 0768 ☐ | 失望 4급 | shīwàng | 동 실망하다, 낙담하다 |
| 0769 ☐ | 十 1급 | shí | 쉬 10, 열 |
| 0770 ☐ | 十分 4급 | shífēn | 뷔 매우, 대단히 |
| 0771 ☐ | 时候 1급 | shíhou | 몡 시간, 기간, 때 |
| 0772 ☐ | 实际 4급 | shíjì | 톙 실제적이다  몡 실제 |
| 0773 ☐ | 时间 2급 | shíjiān | 몡 시간, 기간, 때 |
| 0774 ☐ | 实在 4급 | shízài | 뷔 참으로, 정말  톙 진실하다 |
| 0775 ☐ | 使 4급 | shǐ | 동 ~에게 ~하게 하다, ~시키다 |
| 0776 ☐ | 使用 4급 | shǐyòng | 몡 동 사용(하다) |
| 0777 ☐ | 是 1급 | shì | 동 ~이다, 네(응답의 말) |
| 0778 ☐ | 试 3급 | shì | 동 몡 시험(하다) |
| 0779 ☐ | 是否 4급 | shìfǒu | ~인지 아닌지 |
| 0780 ☐ | 适合 4급 | shìhé | 동 적합하다, 알맞다 |

※ 다음 어휘의 뜻을 바르게 연결해 보세요.

ㄱ. 是否 •　　　　　　　　　• 톙 실제적이다  몡 실제
ㄴ. 剩 •　　　　　　　　　　• ~인지 아닌지
ㄷ. 实际•　　　　　　　　　• 동 아끼다, 절약하다  몡 성(지방 행정 단위)
ㄹ. 省 •　　　　　　　　　　• 동 남다

| 0781 □ | 世纪 4급 | shìjì | 몡 세기 |
| 0782 □ | 世界 3급 | shìjiè | 몡 세계, 세상 |
| 0783 □ | 事情 2급 | shìqing | 몡 일, 사건 |
| 0784 □ | 适应 4급 | shìyìng | 몡 통 적응(하다) |
| 0785 □ | 收 4급 | shōu | 통 (물건을) 거두다, 얻다 |
| 0786 □ | 收入 4급 | shōurù | 몡 수입, 소득  통 수록하다 |
| 0787 □ | 收拾 4급 | shōushi | 통 치우다, 정리하다 |
| 0788 □ | 手表 2급 | shǒubiǎo | 몡 손목시계 |
| 0789 □ | 首都 4급 | shǒudū | 몡 수도 |
| 0790 □ | 手机 2급 | shǒujī | 몡 휴대폰, 핸드폰 |
| 0791 □ | 首先 4급 | shǒuxiān | 몡 우선, 맨 먼저, 첫째 |
| 0792 □ | 瘦 3급 | shòu | 혱 마르다, 여위다 |
| 0793 □ | 受不了 4급 | shòubuliǎo | 참을 수 없다 |
| 0794 □ | 受到 4급 | shòudao | 통 ~을 받다 |
| 0795 □ | 售货员 4급 | shòuhuòyuán | 몡 점원, 판매원 |
| 0796 □ | 书 1급 | shū | 몡 책 |
| 0797 □ | 输 4급 | shū | 통 패하다, 지다, 운송하다 |
| 0798 □ | 舒服 3급 | shūfu | 혱 편안하다, 상쾌하다 |
| 0799 □ | 叔叔 3급 | shūshu | 몡 아저씨, 숙부 |
| 0800 □ | 熟悉 4급 | shúxī | 통 충분히 알다, 상세히 알다 |

※ 다음 어휘의 뜻을 바르게 연결해 보세요.

ㄱ. 输 ·　　　　　　　　　· 몡 통 적응(하다)
ㄴ. 收拾 ·　　　　　　　　· 통 패하다, 지다, 운송하다
ㄷ. 熟悉 ·　　　　　　　　· 통 치우다, 정리하다
ㄹ. 适应 ·　　　　　　　　· 통 충분히 알다, 상세히 알다

## Day 21

| 0801 ☐ | 树 3급 | shù | 몡 나무 동 심다 |
|---|---|---|---|
| 0802 ☐ | 数量 4급 | shùliàng | 몡 수량, 양 |
| 0803 ☐ | 数学 3급 | shùxué | 몡 수학 |
| 0804 ☐ | 数字 4급 | shùzì | 몡 숫자 |
| 0805 ☐ | 刷牙 3급 | shuāyá | 동 이를 닦다 몡 칫솔 |
| 0806 ☐ | 帅 4급 | shuài | 형 멋지다, 잘생기다 |
| 0807 ☐ | 双 3급 | shuāng | 형 두, 쌍 |
| 0808 ☐ | 水 1급 | shuǐ | 몡 물 |
| 0809 ☐ | 水果 1급 | shuǐguǒ | 몡 과일 |
| 0810 ☐ | 水平 3급 | shuǐpíng | 몡 수준 |
| 0811 ☐ | 睡觉 1급 | shuìjiào | 동 자다 |
| 0812 ☐ | 顺便 4급 | shùnbiàn | 뷔 ~하는 김에 |
| 0813 ☐ | 顺利 4급 | shùnlì | 형 순조롭다 |
| 0814 ☐ | 顺序 4급 | shùnxù | 몡 순서, 차례 |
| 0815 ☐ | 说 1급 | shuō | 동 말하다 |
| 0816 ☐ | 说话 2급 | shuōhuà | 동 말하다, 이야기하다 |
| 0817 ☐ | 说明 4급 | shuōmíng | 몡 동 설명(하다) |
| 0818 ☐ | 硕士 4급 | shuòshì | 몡 석사 |
| 0819 ☐ | 司机 3급 | sījī | 몡 운전사 |
| 0820 ☐ | 死 4급 | sǐ | 동 죽다 |

※ 다음 어휘의 뜻을 바르게 연결해 보세요.

ㄱ. 帅 ·              · 동 죽다
ㄴ. 顺便·          · 뷔 ~하는 김에
ㄷ. 死 ·              · 형 순조롭다
ㄹ. 顺利·          · 형 멋지다, 잘생기다

| | | | |
|---|---|---|---|
| **0821** ☐ | 四 ₁급 | sì | ㉘ 4, 넷 |
| **0822** ☐ | 送 ₂급 | sòng | ⑧ 보내다, 주다, 선물하다 |
| **0823** ☐ | 速度 ₄급 | sùdù | ⑲ 속도 |
| **0824** ☐ | 塑料袋 ₄급 | sùliàodài | ⑲ 비닐봉지 |
| **0825** ☐ | 酸 ₄급 | suān | ⑲ 시다, 시큼하다 |
| **0826** ☐ | 虽然……, 但是…… ₂급 | suīrán……, dànshì…… | ㉧ 비록~, 하지만~ |
| **0827** ☐ | 随便 ₄급 | suíbiàn | ⑭ 마음대로　⑲ 제멋대로 하다 |
| **0828** ☐ | 随着 ₄급 | suízhe | ~에 따라, ~따라서 |
| **0829** ☐ | 岁 ₁급 | suì | ⑱ 세, 살 (나이를 세는 단위) |
| **0830** ☐ | 孙子 ₄급 | sūnzi | ⑲ 손자 |
| **0831** ☐ | 所有 ₄급 | suǒyǒu | ⑲ 모든　⑲ ⑧ 소유(하다) |
| **0832** ☐ | 他 ₁급 | tā | ㉗ 그 |
| **0833** ☐ | 她 ₁급 | tā | ㉗ 그녀 |
| **0834** ☐ | 它 ₂급 | tā | ㉗ 그, 그것(사람 이외의 것을 가리킴) |
| **0835** ☐ | 台 ₄급 | tái | ⑱ 대(기계, 설비 등을 셀 때 쓰는 양사) |
| **0836** ☐ | 抬 ₄급 | tái | ⑧ 들다, 들어올리다 |
| **0837** ☐ | 太 ₁급 | tài | ⑭ 너무, 매우, 대단히 |
| **0838** ☐ | 态度 ₄급 | tàidu | ⑲ 태도, 기색 |
| **0839** ☐ | 太阳 ₃급 | tàiyáng | ⑲ 태양, 해 |
| **0840** ☐ | 谈 ₄급 | tán | ⑧ 말하다, 이야기하다 |

※ 다음 어휘의 뜻을 바르게 연결해 보세요.

ㄱ. 随便　·　　　　　　·⑲ 비닐봉지

ㄴ. 谈　·　　　　　　·⑧ 들다, 들어올리다

ㄷ. 抬　·　　　　　　·⑧ 말하다, 이야기하다

ㄹ. 塑料袋·　　　　　　·⑭ 마음대로　⑲ 제멋대로 하다

 **Day 22**

| | | | |
|---|---|---|---|
| **0841** ☐ | 弹钢琴 4급 | tán gāngqín | 피아노를 치다 |
| **0842** ☐ | 汤 4급 | tāng | 몡 국, 탕 |
| **0843** ☐ | 糖 4급 | táng | 몡 사탕, 설탕 |
| **0844** ☐ | 躺 4급 | tǎng | 통 눕다, 드러눕다 |
| **0845** ☐ | 趟 4급 | tàng | 얭 차례, 번(사람이나 차의 왕래하는 횟수를 나타냄) |
| **0846** ☐ | 讨论 4급 | tǎolùn | 몡 통 토론(하다) |
| **0847** ☐ | 讨厌 4급 | tǎoyàn | 통 싫어하다, 미워하다 |
| **0848** ☐ | 特别 3급 | tèbié | 甼 특히, 특별히 |
| **0849** ☐ | 特点 4급 | tèdiǎn | 몡 특징, 특성 |
| **0850** ☐ | 疼 3급 | téng | 통 아프다 |
| **0851** ☐ | 踢足球 2급 | tī zúqiú | 통 축구를 하다 |
| **0852** ☐ | 题 2급 | tí | 몡 제목, 문제 |
| **0853** ☐ | 提 4급 | tí | 통 끌어올리다, 들다, 제시하다, 언급하다 |
| **0854** ☐ | 提高 3급 | tígāo | 통 향상시키다, 높이다 |
| **0855** ☐ | 提供 4급 | tígōng | 통 제공하다 |
| **0856** ☐ | 提前 4급 | tíqián | 통 (시간이나 기한을) 앞당기다 |
| **0857** ☐ | 提醒 4급 | tíxǐng | 통 일깨우다, 주의를 환기시키다 |
| **0858** ☐ | 体育 3급 | tǐyù | 몡 체육 |
| **0859** ☐ | 天气 1급 | tiānqì | 몡 날씨 |
| **0860** ☐ | 甜 3급 | tián | 웽 달다, 달콤하다 |

---

※ 다음 어휘의 뜻을 바르게 연결해 보세요.
ㄱ. 弹钢琴 •
ㄴ. 提醒 •
ㄷ. 趟 •
ㄹ. 躺 •

• 얭 차례, 번(사람이나 차의 왕래하는 횟수를 나타냄)
• 피아노를 치다
• 통 일깨우다, 주의를 환기시키다
• 통 눕다, 드러눕다

| 0861 □ | 填空 4급 | tiánkòng | 동 빈칸에 써 넣다 |
| 0862 □ | 条 3급 | tiáo | 양 가늘고 긴 것을 세는 양사 |
| 0863 □ | 条件 4급 | tiáojiàn | 명 조건 |
| 0864 □ | 跳舞 2급 | tiàowǔ | 동 명 춤(을 추다) |
| 0865 □ | 听 1급 | tīng | 동 듣다 |
| 0866 □ | 停 4급 | tíng | 동 멈추다, 서다, 정지하다 |
| 0867 □ | 挺 4급 | tǐng | 부 매우, 아주 형 곧다 |
| 0868 □ | 通过 4급 | tōngguò | 동 건너가다, 통과하다 |
| 0869 □ | 通知 4급 | tōngzhī | 동 통지하다, 알리다 명 통지 |
| 0870 □ | 同情 4급 | tóngqíng | 명 동 동정(하다) |
| 0871 □ | 同时 4급 | tóngshí | 명 동시, 같은 때 부 동시에 접 또한 |
| 0872 □ | 同事 3급 | tóngshì | 명 동료, 동업자 |
| 0873 □ | 同学 1급 | tóngxué | 명 동창, 학우 |
| 0874 □ | 同意 3급 | tóngyì | 명 동 동의(하다) |
| 0875 □ | 头发 3급 | tóufa | 명 머리카락 |
| 0876 □ | 突然 3급 | tūrán | 형 갑작스럽다 부 갑자기 |
| 0877 □ | 图书馆 3급 | túshūguǎn | 명 도서관 |
| 0878 □ | 推 4급 | tuī | 동 밀다 |
| 0879 □ | 推迟 4급 | tuīchí | 동 미루다, 연기하다 |
| 0880 □ | 腿 3급 | tuǐ | 명 다리 |

※ 다음 어휘의 뜻을 바르게 연결해 보세요.

ㄱ. 推迟 •　　　　　　　　• 명 동시, 같은 때 부 동시에 접 또한
ㄴ. 同时 •　　　　　　　　• 동 미루다, 연기하다
ㄷ. 填空 •　　　　　　　　• 부 매우, 아주 형 곧다
ㄹ. 挺　 •　　　　　　　　• 동 빈칸에 써 넣다

**Day 23**

| 0881 ☐ | 脱 4급 | tuō | 통 벗다 |
|---|---|---|---|
| 0882 ☐ | 袜子 4급 | wàzi | 명 양말 |
| 0883 ☐ | 外 2급 | wài | 명 밖, 바깥 |
| 0884 ☐ | 完 2급 | wán | 통 다하다, 끝나다, 완성하다 |
| 0885 ☐ | 玩 2급 | wán | 통 놀다 |
| 0886 ☐ | 完成 3급 | wánchéng | 통 완성하다 |
| 0887 ☐ | 完全 4급 | wánquán | 형 완전하다  부 완전히, 아주 |
| 0888 ☐ | 碗 3급 | wǎn | 명 공기, 그릇 |
| 0889 ☐ | 晚上 2급 | wǎnshang | 명 저녁, 밤 |
| 0890 ☐ | 万 3급 | wàn | 수 만 |
| 0891 ☐ | 往 2급 | wǎng | 개 ~쪽으로, ~을 향해 |
| 0892 ☐ | 网球 4급 | wǎngqiú | 명 테니스, 테니스공 |
| 0893 ☐ | 往往 4급 | wǎngwǎng | 부 자주, 종종 |
| 0894 ☐ | 网站 4급 | wǎngzhàn | 명 웹 사이트 |
| 0895 ☐ | 忘记 3급 | wàngjì | 통 잊어버리다, 소홀히 하다 |
| 0896 ☐ | 危险 4급 | wēixiǎn | 명 형 위험(하다) |
| 0897 ☐ | 为 3급 | wèi | 개 ~에게, ~을 위하여 |
| 0898 ☐ | 位 3급 | wèi | 양 ~분, ~명 |
| 0899 ☐ | 喂 1급 | wèi | 감 야, 어이, 여보세요 |
| 0900 ☐ | 味道 4급 | wèidao | 명 맛, 느낌 |

※ 다음 어휘의 뜻을 바르게 연결해 보세요.

ㄱ. 网站 •　　　　　　　　　• 명 웹 사이트
ㄴ. 脱 •　　　　　　　　　　• 명 형 위험(하다)
ㄷ. 完全 •　　　　　　　　　• 통 벗다
ㄹ. 危险 •　　　　　　　　　• 형 완전하다  부 완전히, 아주

| 0901 □ | 为了 3급 | wèi le | ⑳ ~을 위하여 |
| 0902 □ | 卫生间 4급 | wèishēngjiān | ⑲ 화장실 |
| 0903 □ | 为什么 2급 | wèishénme | ⑪ 무엇 때문에, 왜 |
| 0904 □ | 温度 4급 | wēndù | ⑲ 온도 |
| 0905 □ | 文化 3급 | wénhuà | ⑲ 문화 |
| 0906 □ | 文章 4급 | wénzhāng | ⑲ 글, 문장, 저작 |
| 0907 □ | 问 2급 | wèn | ⑧ 묻다, 질문하다 |
| 0908 □ | 问题 2급 | wèntí | ⑲ 문제, 질문 |
| 0909 □ | 我 1급 | wǒ | ⑪ 나, 저 |
| 0910 □ | 我们 1급 | wǒmen | ⑪ 우리(들) |
| 0911 □ | 污染 4급 | wūrǎn | ⑧ ⑲ 오염(시키다), 오염되다 |
| 0912 □ | 无 4급 | wú | ⑧ 없다 |
| 0913 □ | 无聊 4급 | wúliáo | ⑱ 지루하다, 심심하다 |
| 0914 □ | 无论 4급 | wúlùn | ⑳ ~에도 불구하고, ~에 관계없이 |
| 0915 □ | 五 1급 | wǔ | ④ 5, 다섯 |
| 0916 □ | 误会 4급 | wùhuì | ⑲ ⑧ 오해(하다) |
| 0917 □ | 西 3급 | xī | ⑲ 서쪽 |
| 0918 □ | 西瓜 2급 | xīguā | ⑲ 수박 |
| 0919 □ | 西红柿 4급 | xīhóngshì | ⑲ 토마토 |
| 0920 □ | 希望 2급 | xīwàng | ⑧ ⑲ 희망(하다) |

※ 다음 어휘의 뜻을 바르게 연결해 보세요.

ㄱ. 误会 ·　　　　　　　　· ⑲ 온도
ㄴ. 温度 ·　　　　　　　　· ⑱ 지루하다, 심심하다
ㄷ. 无聊 ·　　　　　　　　· ⑲ ⑧ 오해(하다)
ㄹ. 污染 ·　　　　　　　　· ⑧ ⑲ 오염(시키다), 오염되다

**Day 24**

| 0921 □ | 吸引 4급 | xīyǐn | 동 끌어당기다, 매료시키다 |
| 0922 □ | 习惯 3급 | xíguàn | 명 습관, 버릇 |
| 0923 □ | 洗 2급 | xǐ | 동 씻다 |
| 0924 □ | 喜欢 1급 | xǐhuan | 동 좋아하다, 즐거워하다 |
| 0925 □ | 洗手间 3급 | xǐshǒujiān | 명 화장실 |
| 0926 □ | 洗澡 3급 | xǐzǎo | 동 목욕하다 |
| 0927 □ | 下 1급 | xià | 명 밑, 아래, 나중, 다음 |
| 0928 □ | 夏 3급 | xià | 명 여름 |
| 0929 □ | 下午 1급 | xiàwǔ | 명 오후 |
| 0930 □ | 下雨 1급 | xiàyǔ | 동 비가 내리다 |
| 0931 □ | 先 3급 | xiān | 부 먼저, 우선 |
| 0932 □ | 先生 1급 | xiānsheng | 명 선생, 씨 (성인 남자에 대한 존칭) |
| 0933 □ | 咸 4급 | xián | 형 (맛이) 짜다 |
| 0934 □ | 现金 4급 | xiànjīn | 명 현금 |
| 0935 □ | 羡慕 4급 | xiànmù | 동 부러워하다 |
| 0936 □ | 现在 1급 | xiànzài | 명 지금, 현재 |
| 0937 □ | 香 4급 | xiāng | 형 향기롭다, 맛있다  명 향 |
| 0938 □ | 相反 4급 | xiāngfǎn | 동 상반되다, 반대되다 |
| 0939 □ | 香蕉 3급 | xiāngjiāo | 명 바나나 |
| 0940 □ | 相同 4급 | xiāngtóng | 형 서로 같다, 똑같다 |

※ 다음 어휘의 뜻을 바르게 연결해 보세요.

ㄱ. 相反 ·  　　　　　 · 형 (맛이) 짜다
ㄴ. 咸 ·  　　　　　 · 동 끌어당기다, 매료시키다
ㄷ. 羡慕 ·  　　　　　 · 동 상반되다, 반대되다
ㄹ. 吸引 ·  　　　　　 · 동 부러워하다

| 0941 □ | 相信 3급 | xiāngxìn | (동) 믿다 |
| 0942 □ | 详细 4급 | xiángxì | (형) 상세하다, 자세하다 |
| 0943 □ | 想 1급 | xiǎng | (동) 생각하다, ~하고 싶다 |
| 0944 □ | 响 4급 | xiǎng | (동) 소리를 내다, 소리가 나다 |
| 0945 □ | 向 3급 | xiàng | (개) ~로, ~을 향하여 |
| 0946 □ | 像 3급 | xiàng | (동) 닮다, 비슷하다 |
| 0947 □ | 橡皮 4급 | xiàngpí | (명) 지우개, 고무 |
| 0948 □ | 消息 4급 | xiāoxi | (명) 정보, 뉴스 |
| 0949 □ | 小 1급 | xiǎo | (형) 작다, 적다, 어리다 |
| 0950 □ | 小吃 4급 | xiǎochī | (명) 간단한 음식, 스낵 |
| 0951 □ | 小伙子 4급 | xiǎohuǒzi | (명) 젊은이, 총각 |
| 0952 □ | 小姐 1급 | xiǎojie | (명) 아가씨 |
| 0953 □ | 小时 2급 | xiǎoshí | (명) 시간 |
| 0954 □ | 小说 4급 | xiǎoshuō | (명) 소설 |
| 0955 □ | 小心 3급 | xiǎoxīn | (동) 조심하다, 주의하다 |
| 0956 □ | 笑 2급 | xiào | (동) 웃다 |
| 0957 □ | 效果 4급 | xiàoguǒ | (명) 효과 |
| 0958 □ | 笑话 4급 | xiàohua | (명) 우스운 이야기, 우스갯소리 |
| 0959 □ | 校长 3급 | xiàozhǎng | (명) 학교장 |
| 0960 □ | 些 1급 | xiē | (양) 약간, 조금 |

※ 다음 어휘의 뜻을 바르게 연결해 보세요.

ㄱ. 效果 •　　　　　　　　　• (동) 소리를 내다, 소리가 나다
ㄴ. 橡皮 •　　　　　　　　　• (형) 상세하다, 자세하다
ㄷ. 详细 •　　　　　　　　　• (명) 지우개, 고무
ㄹ. 响　 •　　　　　　　　　• (명) 효과

# Day 25

| | | | |
|---|---|---|---|
| **0961** ☐ | 写 1급 | xiě | 통 글씨를 쓰다 |
| **0962** ☐ | 谢谢 1급 | xièxie | 감사합니다. 고맙습니다. |
| **0963** ☐ | 新 2급 | xīn | 형 새롭다, 새로운 |
| **0964** ☐ | 辛苦 4급 | xīnku | 형 통 고생스럽다, 수고했습니다. |
| **0965** ☐ | 心情 4급 | xīnqíng | 명 심정, 마음, 기분 |
| **0966** ☐ | 新闻 3급 | xīnwén | 명 뉴스 |
| **0967** ☐ | 新鲜 3급 | xīnxiān | 형 신선하다 |
| **0968** ☐ | 信封 4급 | xìnfēng | 명 편지봉투 |
| **0969** ☐ | 信息 4급 | xìnxī | 명 소식, 뉴스, 정보 |
| **0970** ☐ | 信心 4급 | xìnxīn | 명 자신, 믿음 |
| **0971** ☐ | 信用卡 3급 | xìnyòngkǎ | 명 신용 카드 |
| **0972** ☐ | 兴奋 4급 | xīngfèn | 통 흥분하다, 감격하다 명 흥분 |
| **0973** ☐ | 星期 1급 | xīngqī | 명 요일 |
| **0974** ☐ | 行 4급 | xíng | 형 좋다, 괜찮다 |
| **0975** ☐ | 行李箱 3급 | xínglǐxiāng | 명 트렁크, 여행용 가방 |
| **0976** ☐ | 醒 4급 | xǐng | 통 깨다 |
| **0977** ☐ | 姓 2급 | xìng | 명 성 통 ~을 성으로 하다 |
| **0978** ☐ | 性别 4급 | xìngbié | 명 성별 |
| **0979** ☐ | 幸福 4급 | xìngfú | 명 행복 형 행복하다 |
| **0980** ☐ | 性格 4급 | xìnggé | 명 성격 |

※ 다음 어휘의 뜻을 바르게 연결해 보세요.

ㄱ. 兴奋 •          • 명 성별
ㄴ. 性别 •          • 명 행복 형 행복하다
ㄷ. 辛苦 •          • 통 흥분하다, 감격하다 명 흥분
ㄹ. 幸福 •          • 형 통 고생스럽다, 수고했습니다.

| | | | |
|---|---|---|---|
| **0981** ☐ | 熊猫 3급 | xióngmāo | 몡 판다 |
| **0982** ☐ | 修理 4급 | xiūlǐ | 동 수리하다, 고치다 |
| **0983** ☐ | 休息 2급 | xiūxi | 몡 동 휴식(하다) |
| **0984** ☐ | 需要 3급 | xūyào | 동 요구되다, 필요로 하다  몡 수요, 필요 |
| **0985** ☐ | 许多 4급 | xǔduō | 혱 대단히 많은, 허다한 |
| **0986** ☐ | 选择 3급 | xuǎnzé | 동 몡 선택(하다) |
| **0987** ☐ | 学期 4급 | xuéqī | 몡 학기 |
| **0988** ☐ | 学生 1급 | xuésheng | 몡 학생 |
| **0989** ☐ | 学习 1급 | xuéxí | 몡 동 공부(하다) |
| **0990** ☐ | 学校 1급 | xuéxiào | 몡 학교 |
| **0991** ☐ | 雪 2급 | xuě | 몡 눈 |
| **0992** ☐ | 压力 4급 | yālì | 몡 압력, 스트레스 |
| **0993** ☐ | 牙膏 4급 | yágāo | 몡 치약 |
| **0994** ☐ | 亚洲 4급 | Yàzhōu | 몡 아시아 주 |
| **0995** ☐ | 呀 4급 | ya | 조 어세를 돕는 어기조사 |
| **0996** ☐ | 盐 4급 | yán | 몡 소금 |
| **0997** ☐ | 严格 4급 | yángé | 혱 엄격하다, 엄하다 |
| **0998** ☐ | 研究 4급 | yánjiū | 몡 동 연구(하다) |
| **0999** ☐ | 颜色 2급 | yánsè | 몡 색채, 색 |
| **1000** ☐ | 严重 4급 | yánzhòng | 혱 중대하다, 심각하다 |

※ 다음 어휘의 뜻을 바르게 연결해 보세요.

ㄱ. 许多 •　　　　　　　　　• 혱 중대하다, 심각하다
ㄴ. 严重 •　　　　　　　　　• 동 수리하다, 고치다
ㄷ. 压力 •　　　　　　　　　• 혱 대단히 많은, 허다한
ㄹ. 修理 •　　　　　　　　　• 몡 압력, 스트레스

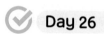

# Day 26

| 1001 □ | 演出 4급 | yǎnchū | 몡 동 공연(하다) |
|---|---|---|---|
| 1002 □ | 眼镜 4급 | yǎnjìng | 몡 안경 |
| 1003 □ | 眼睛 2급 | yǎnjing | 몡 눈의 통칭 |
| 1004 □ | 演员 4급 | yǎnyuán | 몡 배우, 연기자 |
| 1005 □ | 阳光 4급 | yángguāng | 몡 햇빛 |
| 1006 □ | 羊肉 2급 | yángròu | 몡 양고기 |
| 1007 □ | 养成 4급 | yǎngchéng | 동 양성하다, 기르다, 키우다 |
| 1008 □ | 样子 4급 | yàngzi | 몡 모양, 형태 |
| 1009 □ | 邀请 4급 | yāoqǐng | 몡 동 초청(하다), 초대(하다) |
| 1010 □ | 要求 3급 | yāoqiú | 몡 동 요구(하다) |
| 1011 □ | 药 2급 | yào | 몡 약간, 조금 |
| 1012 □ | 要 2급 | yào | 동 필요하다, 원하다, ~해야 한다 |
| 1013 □ | 要是 4급 | yàoshi | 젭 만일 ~이라면 |
| 1014 □ | 钥匙 4급 | yàoshi | 몡 열쇠 |
| 1015 □ | 爷爷 3급 | yéye | 몡 할아버지, 조부님 |
| 1016 □ | 也 2급 | yě | 뷔 ~도, 역시 |
| 1017 □ | 也许 4급 | yěxǔ | 뷔 어쩌면, 아마도 |
| 1018 □ | 页 4급 | yè | 양 페이지, 쪽 |
| 1019 □ | 叶子 4급 | yèzi | 몡 잎 |
| 1020 □ | 一 1급 | yī | 1, 하나 |

※ 다음 어휘의 뜻을 바르게 연결해 보세요.

ㄱ. 钥匙 •　　　　　　　　• 동 양성하다, 기르다, 키우다
ㄴ. 演出 •　　　　　　　　• 몡 안경
ㄷ. 养成 •　　　　　　　　• 몡 동 공연(하다)
ㄹ. 眼镜 •　　　　　　　　• 몡 열쇠

| 1021 ☐ | 衣服 1급 | yīfu | 몡 옷, 의복 |
| 1022 ☐ | 医生 1급 | yīshēng | 몡 의사 |
| 1023 ☐ | 医院 1급 | yīyuàn | 몡 병원 |
| 1024 ☐ | 一定 3급 | yídìng | 뷔 반드시, 필히, 꼭 |
| 1025 ☐ | 一共 3급 | yígòng | 몡 합계, 전부 뷔 모두 |
| 1026 ☐ | 一会儿 3급 | yíhuìr | 잠시, 잠깐 동안 |
| 1027 ☐ | 一切 4급 | yíqiè | 몡 일체, 모든 것 혱 일체의 |
| 1028 ☐ | 一下 2급 | yíxià | 양 시험삼아 해보다 뷔 금방 |
| 1029 ☐ | 一样 3급 | yíyàng | 혱 같다, 동일하다 |
| 1030 ☐ | 以 4급 | yǐ | 갸 ~으로써, ~을 가지고 |
| 1031 ☐ | 已经 2급 | yǐjing | 뷔 이미, 벌써 |
| 1032 ☐ | 以前 3급 | yǐqián | 몡 이전 |
| 1033 ☐ | 以为 4급 | yǐwéi | 동 생각하다, 여기다 |
| 1034 ☐ | 椅子 1급 | yǐzi | 몡 의자 |
| 1035 ☐ | 一般 3급 | yìbān | 혱 같다, 보통이다 |
| 1036 ☐ | 一边 3급 | yìbiān | 몡 한쪽, 한편 |
| 1037 ☐ | 一点儿 1급 | yìdiǎnr | 조금 |
| 1038 ☐ | 意见 4급 | yìjiàn | 몡 의견 |
| 1039 ☐ | 一起 2급 | yìqǐ | 뷔 같이, 함께 |
| 1040 ☐ | 艺术 4급 | yìshù | 몡 예술 |

※ 다음 어휘의 뜻을 바르게 연결해 보세요.

ㄱ. 以为 •　　　　　• 갸 ~으로써, ~을 가지고
ㄴ. 意见 •　　　　　• 동 생각하다, 여기다
ㄷ. 一切 •　　　　　• 몡 의견
ㄹ. 以　 •　　　　　• 몡 일체, 모든 것 혱 일체의

| 1041 ☐ | 意思 2급 | yìsi | 명 생각, 의견 |
|---|---|---|---|
| 1042 ☐ | 一直 3급 | yìzhí | 부 똑바로, 계속해서 |
| 1043 ☐ | 阴 2급 | yīn | 형 흐리다 |
| 1044 ☐ | 因此 4급 | yīncǐ | 접 그래서, 그러므로 |
| 1045 ☐ | 因为……, 所以…… 2급 | yīnwèi……, suǒyǐ…… | 접 ~때문에 그래서~ |
| 1046 ☐ | 音乐 3급 | yīnyuè | 명 음악 |
| 1047 ☐ | 银行 3급 | yínháng | 명 은행 |
| 1048 ☐ | 饮料 3급 | yǐnliào | 명 음료 |
| 1049 ☐ | 引起 4급 | yǐnqǐ | 동 (주의를) 끌다, 야기하다, (사건 등을) 일으키다 |
| 1050 ☐ | 印象 4급 | yìnxiàng | 명 인상 |
| 1051 ☐ | 应该 3급 | yīnggāi | 동 마땅히 ~해야 한다 |
| 1052 ☐ | 赢 4급 | yíng | 동 이기다 |
| 1053 ☐ | 影响 3급 | yǐngxiǎng | 동 명 영향(을 주다) |
| 1054 ☐ | 应聘 4급 | yìngpìn | 동 초빙에 응하다, 지원하다 |
| 1055 ☐ | 勇敢 4급 | yǒnggǎn | 형 용감하다 |
| 1056 ☐ | 永远 4급 | yǒngyuǎn | 형 영원하다 부 늘, 항상 |
| 1057 ☐ | 用 3급 | yòng | 동 쓰다, 사용하다 명 쓸모, 용도 |
| 1058 ☐ | 优点 4급 | yōudiǎn | 명 장점, 우수한 점 |
| 1059 ☐ | 幽默 4급 | yōumò | 명 유머 형 유머러스하다 |
| 1060 ☐ | 优秀 4급 | yōuxiù | 형 우수하다, 뛰어나다 |

※ 다음 어휘의 뜻을 바르게 연결해 보세요.

ㄱ. 印象 •　　　　　　　　　• 동 (주의를) 끌다, 야기하다, (사건 등을) 일으키다
ㄴ. 应聘 •　　　　　　　　　• 접 그래서, 그러므로
ㄷ. 因此 •　　　　　　　　　• 동 초빙에 응하다, 지원하다
ㄹ. 引起 •　　　　　　　　　• 명 인상

| 1061 □ | 由 4급 | yóu | ㉑ ~이/가(동작의 주체를 나타냄), ~으로부터 |
| 1062 □ | 邮局 4급 | yóujú | ㉢ 우체국 |
| 1063 □ | 尤其 4급 | yóuqí | ㉞ 특히, 더욱 |
| 1064 □ | 游戏 3급 | yóuxì | ㉟ 놀다, 장난치다 |
| 1065 □ | 游泳 2급 | yóuyǒng | ㉟ ㉢ 수영(하다) |
| 1066 □ | 由于 4급 | yóuyú | ㉑ ㉦ ~때문에, ~로 인하여 |
| 1067 □ | 有 1급 | yǒu | ㉟ 있다, 가지고 있다, ~만큼 되다 |
| 1068 □ | 友好 4급 | yǒuhǎo | ㉢ ㉡ 우호(적이다) |
| 1069 □ | 有名 3급 | yǒumíng | ㉡ 유명하다 |
| 1070 □ | 有趣 4급 | yǒuqù | ㉡ 재미있다, 흥미 있다 |
| 1071 □ | 友谊 4급 | yǒuyì | ㉢ 우의, 우정 |
| 1072 □ | 又 3급 | yòu | ㉞ 또, 다시 |
| 1073 □ | 右边 2급 | yòubiān | 오른쪽 |
| 1074 □ | 鱼 2급 | yú | ㉢ 물고기 |
| 1075 □ | 于是 4급 | yúshì | ㉦ 그래서, 그리하여 |
| 1076 □ | 与 4급 | yǔ | ㉑ ~와/과 |
| 1077 □ | 语法 4급 | yǔfǎ | ㉢ 어법, 문법 |
| 1078 □ | 语言 4급 | yǔyán | ㉢ 언어 |
| 1079 □ | 遇到 3급 | yùdào | ㉟ 만나다, 마주치다 |
| 1080 □ | 预习 4급 | yùxí | ㉢ ㉟ 예습(하다) |

※ 다음 어휘의 뜻을 바르게 연결해 보세요.

ㄱ. 语言 •　　　　　　　　　　• ㉢ 언어
ㄴ. 由于 •　　　　　　　　　　• ㉢ 우체국
ㄷ. 于是 •　　　　　　　　　　• ㉑ ㉦ ~때문에, ~로 인하여
ㄹ. 邮局 •　　　　　　　　　　• ㉦ 그래서, 그리하여

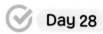

## Day 28

| | | | |
|---|---|---|---|
| 1081 ☐ | 元 3급 | yuán | 몡 위엔 (중국의 화폐 단위) |
| 1082 ☐ | 原来 4급 | yuánlái | 唄 몡 원래, 본래 |
| 1083 ☐ | 原谅 4급 | yuánliàng | 통 양해하다, 용서하다 |
| 1084 ☐ | 原因 4급 | yuányīn | 몡 원인 |
| 1085 ☐ | 远 2급 | yuǎn | 혱 멀다 |
| 1086 ☐ | 愿意 3급 | yuànyì | 통 ~하기를 바라다 |
| 1087 ☐ | 约会 4급 | yuēhuì | 몡 약속 |
| 1088 ☐ | 月 1급 | yuè | 몡 월, 달 |
| 1089 ☐ | 越 3급 | yuè | 통 넘다, 정도를 넘다 |
| 1090 ☐ | 阅读 4급 | yuèdú | 통 읽다, 열독하다 |
| 1091 ☐ | 月亮 3급 | yuèliang | 몡 달 |
| 1092 ☐ | 愉快 4급 | yúkuài | 혱 기분이 좋다, 기쁘다 |
| 1093 ☐ | 羽毛球 4급 | yǔmáoqiú | 몡 배드민턴 |
| 1094 ☐ | 云 4급 | yún | 몡 구름 |
| 1095 ☐ | 允许 4급 | yǔnxǔ | 통 허가하다 |
| 1096 ☐ | 运动 2급 | yùndòng | 몡 운동 |
| 1097 ☐ | 杂志 4급 | zázhì | 몡 잡지 |
| 1098 ☐ | 在 1급 | zài | 통 존재하다, 있다 |
| 1099 ☐ | 再 2급 | zài | 唄 다시, 또 |
| 1100 ☐ | 再见 1급 | zàijiàn | 또 뵙겠습니다. 안녕히 계십시오. |

※ 다음 어휘의 뜻을 바르게 연결해 보세요.
ㄱ. 原谅·　　　　　　　　　·통 허가하다
ㄴ. 允许·　　　　　　　　　·唄 몡 원래, 본래
ㄷ. 约会·　　　　　　　　　·통 양해하다, 용서하다
ㄹ. 原来·　　　　　　　　　·몡 약속

| | | | |
|---|---|---|---|
| **1101** □ | 咱们 4급 | zánmen | 때 우리, 우리들 |
| **1102** □ | 暂时 4급 | zànshí | 명 잠깐, 잠시 |
| **1103** □ | 脏 4급 | zāng | 형 더럽다 동 더럽히다 |
| **1104** □ | 早上 2급 | zǎoshang | 명 아침 |
| **1105** □ | 责任 4급 | zérèn | 명 책임 |
| **1106** □ | 怎么 1급 | zěnme | 때 어떻게, 왜 |
| **1107** □ | 怎么样 1급 | zěnmeyàng | 때 어떻게, 왜 |
| **1108** □ | 增加 4급 | zēngjiā | 명 동 증가(하다), 더하다 |
| **1109** □ | 站 3급 | zhàn | 동 서다, 일어서다 명 정거장 |
| **1110** □ | 占线 4급 | zhànxiàn | 동 (전화가) 통화 중이다 |
| **1111** □ | 张 3급 | zhāng | 양 종이, 책상, 침대 등을 세는 단위 |
| **1112** □ | 长 3급 | zhǎng | 동 생기다, 자라다 |
| **1113** □ | 丈夫 2급 | zhàngfu | 명 남편 |
| **1114** □ | 招聘 4급 | zhāopìn | 동 초대하다, 초빙하다 |
| **1115** □ | 着急 3급 | zháojí | 동 조급해하다, 초조해하다 |
| **1116** □ | 找 2급 | zhǎo | 동 찾다, 구하다 |
| **1117** □ | 照 4급 | zhào | 동 비추다, (사진, 영화를) 찍다 |
| **1118** □ | 照顾 3급 | zhàogù | 동 돌보다, 보살펴 주다 |
| **1119** □ | 照片 3급 | zhàopiàn | 명 사진 |
| **1120** □ | 照相机 3급 | zhàoxiàngjī | 명 사진기, 카메라 |

※ 다음 어휘의 뜻을 바르게 연결해 보세요.

ㄱ. 招聘 ·  　　　 · 때 우리, 우리들
ㄴ. 咱们 ·  　　　 · 형 더럽다 동 더럽히다
ㄷ. 占线 ·  　　　 · 동 (전화가) 통화중이다
ㄹ. 脏 ·  　　　 · 동 초대하다, 초빙하다

## Day 29

| | | | |
|---|---|---|---|
| 1121 □ | 这 1급 | zhè | [대] 이, 이것 |
| 1122 □ | 着 2급 | zhe | [조] ~하고 있다, ~해 있다 |
| 1123 □ | 真 2급 | zhēn | [부] 정말, 참으로 |
| 1124 □ | 真正 4급 | zhēnzhèng | [형] 진정한 부 진실로 |
| 1125 □ | 整理 4급 | zhěnglǐ | [명] [동] 정리(하다) |
| 1126 □ | 正常 4급 | zhèngcháng | [형] 정상적이다 |
| 1127 □ | 正好 4급 | zhènghǎo | [형] 꼭 알맞다 [부] 마침, 때마침 |
| 1128 □ | 证明 4급 | zhèngmíng | [명] 증명서 [동] 증명(하다) |
| 1129 □ | 正确 4급 | zhèngquè | [형] 정확하다, 틀림없다 |
| 1130 □ | 正式 4급 | zhèngshì | [형] 정식의, 공식의 |
| 1131 □ | 正在 2급 | zhèngzài | [부] 마침, 바야흐로 |
| 1132 □ | 只 3급 | zhī | [양] 마리 (동물을 세는 단위) |
| 1133 □ | 之 4급 | zhī | [조] ~의(수식 관계를 나타냄) |
| 1134 □ | 支持 4급 | zhīchí | [동] 힘써 견디다, 지지하다 |
| 1135 □ | 知道 2급 | zhīdào | [동] 알다, 이해하다 |
| 1136 □ | 知识 4급 | zhīshi | [명] 지식 |
| 1137 □ | 值得 4급 | zhíde | [동] ~할 만한 가치가 있다 |
| 1138 □ | 直接 4급 | zhíjiē | [명] [형] 직접(의), 직접적(인) |
| 1139 □ | 植物 4급 | zhíwù | [명] 식물 |
| 1140 □ | 职业 4급 | zhíyè | [명] 직업 [형] 전문가적인 |

※ 다음 어휘의 뜻을 바르게 연결해 보세요.

| | |
|---|---|
| ㄱ. 正式 • | • [명] 직업 [형] 전문가적인 |
| ㄴ. 值得 • | • [형] 정식의, 공식의 |
| ㄷ. 职业 • | • [명] [동] 정리(하다) |
| ㄹ. 整理 • | • [동] ~할 만한 가치가 있다 |

| 1141 ☐ | 只 3급 | zhǐ | 튀 단지, 오직 |
| 1142 ☐ | 指 4급 | zhǐ | 동 가리키다, 지적하다 |
| 1143 ☐ | 只好 4급 | zhǐhǎo | 튀 부득이, 할 수 없이 |
| 1144 ☐ | 只要 4급 | zhǐyào | 접 ~하기만 하면, 만약 ~라면 |
| 1145 ☐ | 只有……, 才…… 3급 | zhǐyǒu……, cái…… | 접 ~해야만 ~하다 |
| 1146 ☐ | 质量 4급 | zhìliàng | 명 품질, 질 |
| 1147 ☐ | 至少 4급 | zhìshǎo | 튀 최소한, 적어도 |
| 1148 ☐ | 中国 1급 | Zhōngguó | 명 중국 |
| 1149 ☐ | 中间 3급 | zhōngjiān | 명 속, 중, 가운데 |
| 1150 ☐ | 中文 3급 | Zhōngwén | 명 중국어 |
| 1151 ☐ | 中午 1급 | zhōngwǔ | 명 점심, 정오 |
| 1152 ☐ | 终于 3급 | zhōngyú | 튀 마침내, 결국 |
| 1153 ☐ | 种 3급 | zhǒng | 양 종류, 가지 |
| 1154 ☐ | 重 4급 | zhòng | 형 무겁다 |
| 1155 ☐ | 重点 4급 | zhòngdiǎn | 명 중점, 중요한 점 |
| 1156 ☐ | 重视 4급 | zhòngshì | 명 동 중시(하다) |
| 1157 ☐ | 重要 3급 | zhòngyào | 형 중요하다 |
| 1158 ☐ | 周末 3급 | zhōumò | 명 주말 |
| 1159 ☐ | 周围 4급 | zhōuwéi | 명 주위, 사방 |
| 1160 ☐ | 主要 3급 | zhǔyào | 형 주요하다 튀 주로, 대부분 |

※ 다음 어휘의 뜻을 바르게 연결해 보세요.
ㄱ. 周围 ·      · 튀 최소한, 적어도
ㄴ. 至少 ·      · 동 가리키다, 지적하다
ㄷ. 重视 ·      · 명 주위, 사방
ㄹ. 指  ·      · 명 동 중시(하다)

**Day 30**

| | | | |
|---|---|---|---|
| **1161** ☐ | 主意 4급 | zhǔyi | 똉 생각, 의견 |
| **1162** ☐ | 住 1급 | zhù | 동 살다, 거주하다, 숙박하다 |
| **1163** ☐ | 祝贺 4급 | zhùhè | 똉 동 축하(하다) |
| **1164** ☐ | 著名 4급 | zhùmíng | 혱 저명하다, 유명하다 |
| **1165** ☐ | 注意 3급 | zhùyì | 동 주의하다, 조심하다 |
| **1166** ☐ | 专门 4급 | zhuānmén | 똉 전문 혱 일부러 |
| **1167** ☐ | 专业 4급 | zhuānyè | 똉 전공, 학과, 전문 |
| **1168** ☐ | 转 4급 | zhuǎn | 동 달라지다, 바뀌다, 돌아가다 |
| **1169** ☐ | 赚 4급 | zhuàn | 동 벌다, 이윤을 얻다 |
| **1170** ☐ | 准备 2급 | zhǔnbèi | 동 준비하다 |
| **1171** ☐ | 准确 4급 | zhǔnquè | 혱 확실하다, 틀림없다 |
| **1172** ☐ | 准时 4급 | zhǔnshí | 똉 정각 뷔 정시에, 제때에 |
| **1173** ☐ | 桌子 1급 | zhuōzi | 똉 탁자, 테이블 |
| **1174** ☐ | 仔细 4급 | zǐxì | 혱 꼼꼼하다, 자세하다 |
| **1175** ☐ | 字 1급 | zì | 똉 글자, 문자 |
| **1176** ☐ | 自己 3급 | zìjǐ | 때 자기, 자신 뷔 스스로 |
| **1177** ☐ | 自然 4급 | zìrán | 똉 자연 뷔 저절로 |
| **1178** ☐ | 自信 4급 | zìxìn | 똉 동 자신(하다) |
| **1179** ☐ | 自行车 3급 | zìxíngchē | 똉 자전거 |
| **1180** ☐ | 总结 4급 | zǒngjié | 똉 동 총괄(하다) |

---

※ 다음 어휘의 뜻을 바르게 연결해 보세요.

ㄱ. 赚 ・　　　　　　　　・똉 정각 부 정시에, 제때에

ㄴ. 准时・　　　　　　　　・혱 꼼꼼하다, 자세하다

ㄷ. 主意・　　　　　　　　・동 벌다, 이윤을 얻다

ㄹ. 仔细・　　　　　　　　・똉 생각, 의견

| 1181 □ | 总是 3급 | zǒngshì | 튀 늘, 줄곧, 결국 |
| 1182 □ | 走 2급 | zǒu | 동 걷다, 걸어가다 |
| 1183 □ | 租 4급 | zū | 동 빌려 주다, 빌리다 |
| 1184 □ | 嘴 3급 | zuǐ | 명 입의 통칭, 주둥이, 말 |
| 1185 □ | 最 2급 | zuì | 튀 가장, 제일 |
| 1186 □ | 最好 4급 | zuìhǎo | 형 가장 좋다  튀 제일 좋기는 |
| 1187 □ | 最后 3급 | zuìhòu | 명 최후, 맨 마지막 |
| 1188 □ | 最近 3급 | zuìjìn | 명 최근, 요즈음 |
| 1189 □ | 尊重 4급 | zūnzhòng | 동 존중하다, 중시하다 |
| 1190 □ | 昨天 1급 | zuótiān | 명 어제 |
| 1191 □ | 左边 2급 | zuǒbiān | 명 왼쪽 |
| 1192 □ | 左右 4급 | zuǒyòu | 명 좌와 우, 가량, 안팎 |
| 1193 □ | 坐 1급 | zuò | 동 앉다 |
| 1194 □ | 做 1급 | zuò | 동 만들다, 하다 |
| 1195 □ | 座 4급 | zuò | 양 동, 채(산, 건축물 등을 세는 양사) |
| 1196 □ | 作家 4급 | zuòjiā | 명 작가 |
| 1197 □ | 座位 4급 | zuòwèi | 명 자리, 좌석 |
| 1198 □ | 作业 3급 | zuòyè | 명 숙제, 과제 |
| 1199 □ | 作用 4급 | zuòyòng | 동 명 작용(하다) |
| 1200 □ | 作者 4급 | zuòzhě | 명 작가, 필자 |

※ 다음 어휘의 뜻을 바르게 연결해 보세요.

ㄱ. 座 ·　　　　　　　　· 동 명 작용(하다)

ㄴ. 尊重 ·　　　　　　　· 양 동, 채(산, 건축물 등을 세는 양사)

ㄷ. 作用 ·　　　　　　　· 동 빌려 주다, 빌리다

ㄹ. 租 ·　　　　　　　　· 동 존중하다, 중시하다

MEMO

필수어휘 1200 단어장